『고려사』 병지 역주

十餘間　宣宗八年兵馬使奏安邊都護府
境內霜陰縣最爲邊地要害乞築城壘以防
外寇制可　睿宗二年尹瓘於蒙羅骨嶺下
築城廊九百五十間號英州火串山下築九
百九十二間號雄州吳林金村築七百七十
四間號福州弓漢伊村築六百七十間號吉
州　三年城咸州及公險鎭　尹瓘等令諸
軍撤內城材瓦以築九城徙南界民實之號咸
州日鎭東軍置戶一萬三千號英州日安嶺軍雄州日寧海軍各置戶一萬福吉宜三州
各置戶七千公險通泰平戎三鎭各置戶五千四年撤東界崇寧通
泰二鎭城　撤英福咸雄四州及眞陽宣化
二鎭城　十年復城永淸縣六百七十一間
門四水口一城頭四遮城二　城東界預州
十二年城義州八百六十五間門五城頭
十七遮城七　十四年增築長城三尺金邊
吏發兵止之不從且報曰修補舊城　仁宗
十五年復城安戎鎭三百四十九間門四水
口一城頭遮城各一　毅宗三年復城嘉州

『고려사』 병지 역주

이기백 · 김용선 지음

일조각

머리말

이기백 선생께서는 많은 저서를 남기셨는데, 그중에서 『한국사신론』을 제외하고 전문학술서로 맨 처음 간행된 책은 『고려병제사연구』이다. 1968년에 발간된 이 책 서문의 첫 문장은 이렇게 시작된다. "1953년의 일로 기억하지만, 나는 일종의 흥분에 가까운 심정에 휩싸여 『고려사』를 통독하였다. 그때, 애써 만든 카아드들은 지금 거의 먼지 속에 쌓여 있는 대로인 형편이긴 하나, 나의 연구 역정에서 잊을 수 없는 한 시기를 그어주었다. 그것은 이 때부터 제도사적인 면에 새로 눈을 뜨게 되었기 때문이다." 이러한 회고로 시작되는 『고려병제사연구』는 고려의 군사제도를 하나의 단순한 제도로서가 아니라, '위로는 정치권력과 연결될 뿐 아니라, 아래로는 사회의 기층에까지 관련을 가지는 문제'라는 거시적 관점에서 파악하였다는 점에서 제도사 연구의 새로운 지평을 개척한 주요한 업적으로 평가받고 있다.

이 책이 출간된 바로 다음 해에 나온 것이 선생의 『고려사 병지 역주 1』이다(고려사연구회, 1969). 그러므로 이 책은 『고려병제사연구』의 분신이자 쌍벽을 이루는 것으로, 선생의 10여 년간의 "흥분에 가까운" 학문적 열정이 고스란히 담겨 있다고 하여도 지나치지 않을 것이다.

고려시대의 군사제도를 연구하기 위해 절대적으로 중요한 기록인 『고려사高麗史』 '병지兵志'는 모두 3권으로 구성되어 있다(『고려사』 권81~83). 그런데 선생께서는 이 중에서 권1의 서문과 '병제兵制'만을 역주하셨다. 나머지 병지 권2와 권3에 대하여서는 뒤에 선생께서 번역을 하기는 하였으나 단순 번역에 그쳤을 뿐, 이에 대한 역주 작업은 더 이상 진행하지 않으셨다. 그러므로 『고려사』 병지 전체에 대한 역주는 40여 년의 세월이 지나는 동안 미완인 채로 남아 있었던 것이다.

선생께서 별세하신 뒤, 『고려사』 제지諸志의 역주 작업을 연구 과제로 선정한 한국학중앙연구원에서 나에게 병지의 역주를 맡아줄 것을 제의하여 왔다. 나는 그때까지 병제사에 관한 연구를 해본 적이 없는 터이라 처음에는 극구 사양하였으나, 학문적 중요성에서도 그러하고 선생의 유업을 잇는 것도 나름대로 보람이 있는 일이라 생각하여 감히 그 작업에 동참하기로 하였다. 그러나 병지 권1에 대해서는 이미 선생의 훌륭한 역주가 있고, 또 선생께서는 그 내용을 일부 고쳐 『한국고전연구』(이기백한국사학논집 권12, 일조각, 2004)라는 책의 일부로 다시 펴내신바 있으므로, 내용을 새로 추가하거나 보완할 필요성도 크지 않다고 생각하였다. 그러므로 나는 병지 권2와 권3의 역주만을 담당하기로 연구원 측의 양해를 얻어 작업에 착수하였다.

애초의 계획은 나의 역주만을 따로 출간하는 것이었으나, 역주가 끝나자 권 1 · 2 · 3을 하나로 묶어 펴내는 것이 좋지 않겠는가 하는 주위의 권고도 있고 하여 마침내 이 책이 나오게 된 것이다. 따라서 이 책은 공동 작업이라기보다는 선생의 원래의 역주와 나의 역주를 합한 것으로서, 각자 독립적으로 이루어진 책이 되는 셈이다. 그러나 가능하면 체재는 물론이고 내용 면에서도 일정한 통일을 기하려고 노력하였고, 특히 수업을 들으면서 직접 대화하는 심정으로 선생의 원뜻이 훼손되지 않도록 세심한 주의를 기울였다. 아울러 독자들의 이해를 돕고자 병지를 전반적으로 해설한 「고려사 병지의 검토」라는 선생의 글과, 병지의 특성과 그동안의 역주 성과를 검토한 「고려사 병지의 특성과 역주의 방향」이라는 나의 글도 함께 수록하였다.

이제 막상 책을 만들게 되니, 선생의 업적을 마무리 지었다는 보람보다는 역량이 미치지 못한 채 공연한 누를 끼치지 않았을까 하는 염려가 앞선다. 이 책에서 혹시 부족한 점이 있다면 그것은 전적으로 선생의 그 뜨거웠던 학문적 열정을 제대로 이어받지 못한 본인의 탓이다. 이 점에서 독자들의 양해를 구하는 바이다.

이 책을 만들면서도 여러분의 도움을 받았다. 특히 허흥식 교수는 『고려사』 지志의 전체 역주 작업을 주도하면서 연구비 지원 등 많은 배려를 해주셨고, 박용운 · 정구복 · 박종기 · 채웅석 · 김기덕 · 김일권 교수도 역주 작업에 함께 동참하면서 든든한 격려와 훌륭한 조언을 아끼지 않으셨다. 또 정요근 교수는 고려시대의 복잡한 역도驛道를 정리한 지도의 사용을 허락해주었을 뿐 아니라 새로이 만들어주기까지 하였고(병지 권2 참역 조 참조), 한림대학교 대학원의 권영규 군은 원고 정리를 비롯한 여러 가지 귀찮은 일을 잘 처리해주었다. 그리고 무엇보다도 제자의 부족한 재능을 탓하지 않고 은사님과 이름을 나란히 하도록 허락해주신 이기백 선생의 사모님 최연순 여사와, 출판을 맡아주신 일조각의 김시연 사장님과 편집부 여러분께도 감사를 드린다.

2011년 6월

김용선

『고려사 병지 역주 1』 머리말

고려시대사高麗時代史를 전공하는 동학同學들이 모인 어느 자리에서 『고려사高麗史』를 서로 같이 읽어보자는 이야기가 나온 것은 퍽 오랜 이전의 일이다. 이 의견은 곧 동학들의 찬성을 얻어 우리는 그것을 실천하기 위하여 첫 회합을 이화여자대학교의 사학과 연구실에서 가졌다. 정확한 날짜는 기억에서 사라져버렸으나 1963년 11월 상순 바람이 몹시 찬 어느 날의 오후였다는 것만은 선명히 뇌리에 남아 있다. 이날 모인 멤버는 김성준金成俊, 이기백李基白, 이우성李佑成, 그리고 강진철姜晋哲 네 명이었다. 우리는 여기서 우리들끼리 '고려사연구회高麗史硏究會'라는 극히 자그마한 세미나 그룹을 조직하고 회會의 활동 방침과 같은 것을 의논하였다. 회의 주목적은 같이 『고려사』를 읽는 것이었다. 그러나 분량이 많은 『고려사』를 어디서부터 읽느냐가 문제였다. 우리는 이 문제를 신중히 토의한 끝에 먼저 '선거지選擧志', '식화지食貨志', '병지兵志'를 읽기로 합의하였다. 우리가 읽을 『고려사』의 편목篇目이 이렇게 결정된 것은 회원 각자가 연구하는 전공 분야의 관계도 있었지마는 그보다는 지류志類의 공부, 특히 위에 든 세 편목의 세밀한 검독檢讀이 고려사 연구의 핵심적인 기본 과업이라고 확신하였기 때문이다. 분담은 김성준이 '선거지'를 맡고 이우성, 강진철이 '식화지', 이기백이 '병지'를 각각 맡기로 하여 첫 회합이 있던 그다음 주, 즉 11월 중순경에 최초의 강독을 성균관대학교의 이우성 교수 연구실에서 시작하였다.

우리들의 강독회는 그 후 오늘에 이르기까지 만 6년간 비교적 꾸준히 계속되었다. 그 사이에 우리가 살고 있는 현실사회에서는 시대의 모순과 고민을 상징하는 격동이 파도를 쳤고, 또 우리들의 집회 장소도 이곳에서 저곳으로 전전하여 몇 번이나 이동을 면하지 못하였으나, 그럼에도 불구하고 우리들은 한결같이 『고려사』 '지志'의 검독에 혼신의 정열을 기울였다. 회원들에게 만부득이한 큰 지장이 없는 이상 격주로 매달에 두 번씩 모이는 세미나 활동은 대체로 줄곧 강행되었다. 강독에 있어서는 각자가 자기의 담당한 부분을 미리 번역을 해두고 또 필요한 개소個所에는 주해註解를 달아놓았다가 윤독輪讀의 석상에서 그 원고를 읽어 내려가는 방식을 취하였다. 『고려사』 지류는 아직 거의 손을 대지 못한 미개척의 원시림 상태에 있기 때문에 원문을 해독하고 그 어려운 주해를 다는 작업은 여간 곤란한 일이 아니었다. 때로는 한 줄의 원문을 읽는 데에 두서너 시간을 소비하는 일이 허다하였고, 또 주해 하나를 달기 위하여 온종일 토론을 하였다가 그러고도 결론을 얻지 못하는 일이 한두 번이 아니었다. 윤독은 회원들만이 분담하였으나 간혹 방청한 객원들 측에서 좋은 지식을 제공하여 우리들을 계몽하고 도와준 적이 여러 번 있었다. 이리하여 우리들은 부족한 지식을 서로 보충하여 윤독이 끝나면 미리 준비한 원고에 많은 주필朱筆을 가하였다.

이러한 작업이 오래 계속되었다. 6년이라는 세월이 흐르는 사이에 한 장 두 장 쓴 원고가 차곡차곡 쌓여 이제는 그 분량이 제법 크게 되었다. 처음 우리가 목적한 사업의 전부가 지금 완전히 종결된 것은 아니지마는 선거지 3 전주銓注, 식화지 1 전제田制, 병지 1 병제兵制의 번역, 주해는 일단 완료되었다. 당초의 계획으로서는 전기한 지류의 각 편목의 번역, 주해가 완전히 다 끝나기를 기다려 각 편목별로 그 역주본을 간행할 예정이었으나 정리를 다 마친 구고舊稿를 언제까지나 광저筐底에 파묻어두는 것도 어떨까 해서 이제 본래의 예정을 바꾸어 우선 완결된 부분부터 서둘러 출판하기로 하였다.

이 역주본에는 응당히 비판을 받아야 할 잘못이 많이 있을 것으로 짐작된다. 그러나 그 잘못은 분담 집필자 개인의 책임이 아니라 이것을 같이 읽고 같이 토론한 우리들 회원 네 명의 공동책임이라는 것을 여기에 분명히 밝혀둔다. 동학 제현諸賢의 가차 없는 질정叱正을 바라 마지않는다.

생각건대 『고려사』 지류의 연구 분야는 광야와 같이 넓다. 해명을 요하는 미지의 문제가 문자 그대로 산적되어 있다. 6년간 강독회를 계속한 끝에 이 작은 책자를 학계에 내어놓는 우리들의 심정은 황원荒原의 일각一角에 겨우 안식할 가옥假屋을 하나 마련한 느낌이다. 우리는 이 가옥을 근거지로 삼아 앞으로도 광막한 『고려사』 '지'의 연구 분야를 개척하는 근면하고도 용감한 일꾼이 되기를 마음속 굳게 다짐한다. 간단하나마 고려사연구회의 유래와 이 책 성립의 경위를 서술하여 서序에 대신하려고 한다.

끝으로 우리는 이 책의 간행에 즈음하여 고려사연구회에 연구조성금을 지출하고 또 이 책의 출판비를 부담하여 준 합불연경학사哈佛燕京學社와 동 학사學社의 원조를 주선하여준 동아문화연구위원회東亞文化硏究委員會 및 동 위원회의 이사장인 김재원金載元 박사에게 충심으로 심심한 감사의 뜻을 표한다. 한편 마포고등학교의 교사 김윤곤金潤坤 군은 고려사연구회의 발족 이래 조수로서 본회本會의 잡무는 물론 자료의 수집, 원고의 정리 및 정서에 이르기까지 온갖 어려운 일들을 혼자서 도맡아주었다. 여기서 동군同君의 노고를 특기하여 깊이 감사하는 바이다.

1969년 10월 24일

고려사연구회 대표 강진철

차례

* 일러두기

1. 병지 권1의 역주는 이기백이, 권2와 권3의 역주는 김용선이 각각 담당하였다. 특히 권1의 역주는 『고려사 병지 역주』(이기백, 『한국고전연구』 이기백한국사학논집 권12, 일조각, 2004)를 저본으로 하되, 그 모본인 『고려사 병지 역주 1』(고려사연구회, 1969)도 부분적으로 참고하였다. 병지 권2와 권3의 역주 일부는 원래 『고려시대연구』 IX · XI · XII(한국학중앙연구원, 2005 · 2006 · 2007)에 각각 수록되었으나, 이 책의 출간에 맞춰 내용 일부와 체재를 수정 · 보완하였다.
2. 『고려사』 역주의 원문 교감은 1972년에 아세아문화사에서 영인 간행한 『고려사』를 저본으로 삼되, 연세대학교 동방학연구소의 간행본과 『간송문고』 소장본을 이용하였으며, 읽기에 편하도록 원문에 방점을 붙였다.
3. 병지에 빠져 있는 기록일지라도, 『고려사』나 『고려사절요』 등 다른 기록을 통해 보충할 수 있는 기사는 [ ]로 보충하였다.
4. 번역은 직역을 원칙으로 하되, 이해를 돕기 위해 필요한 부분은 ( ) 속에 넣어 설명하였다. 한자는 필요한 경우 한글 뒤에 병기併記해두었다.
5. →표는 병지의 다른 부분에 나오는 해당 주해를 참고하라는 뜻이다.

* 『고려사 병지 역주 1』의 일러두기

1. 『고려사』 역주의 원문은 『간송문고』 소장본과 연세대학교 동방학연구소 간행 『국고총간國故叢刊』 영인본을 대교對校하여 수정한 것이다. 단, 교정 경위를 원문 직후에 적어 넣어 독자의 편의에 응하도록 하였다.
2. 번역은 원문에 충실하기를 기期하였으며, 표현은 되도록 현대문답게 만들도록 노력하였다. 번역문 속에 [ ]로 묶은 부분은 원문에는 없으나 뜻이 통하도록 보충한 것이다.
3. 주해註解는 사실事實의 역사적 설명을 위주로 하였으며, 과거의 학설을 충실히 소개하도록 하되, 주해자의 견해도 또한 밝혔다. 그리고 →로 표시한 것은 병지의 다른 부분에 나온 해당 주해를 참고하라는 뜻이다.
4. 원래 병지는 선거지 및 식화지와 함께 출판될 예정이었으므로 중첩되는 항목은 뺀 것이 있다. 이 점을 양해하고 전기前記 양지兩志의 역주를 아울러 참조할 것을 바라는 바이다.
5. 연대는 모두 ( ) 안에 서기西紀를 기입하여 두었다.
6. 이 병지 첫머리에는 응당 병지에 대한 전반적인 해설을 붙여야 할 것이지만 이에 대해서는 이미 나의 글, 「고려사 병지의 검토」(『진단학보』 31. 1967; 『고려병제사연구』, 일조각, 1968)가 있으므로 이를 참조하여주기 바란다.

— 역주자

I
해설

『고려사』 병지의 검토—이기백

『고려사』 병지의 특성과 역주의 방향—김용선

『고려사』 병지의 검토

이기백

1. 머리말

고려시대 병제兵制에 대한 중요한 기록이 한군데에 모여 있는 것으로는, 『고려사高麗史』 '병지兵志'를 첫손으로 꼽아야 할 것이다. 고려 병제의 대강을 파악하려고 하는 경우에, 우선 이 『고려사』 병지를 뒤적여보게 되는 것은 이 때문인 것이다. 또 후대의 고려 병제에 대한 저술들—예컨대 『문헌비고文獻備考』 중 '병고兵考'의 고려에 해당하는 부분 같은 것—이 대체로 『고려사』 병지에 의존하고 있는 것도 지극히 당연한 일이라고 할 수 있다. 그러한 만큼 고려의 병제를 연구하는 데 있어서는 이 병지에 대하여 대체적인 이해를 가져두는 것이 필요한 것이다.

『고려사』 병지에 대하여는 그 서문에 찬자撰者의 편찬 의도가 표명되어 있다. 그러므로 우선 서문을 여기에 인용하여 이 병지에 대한 검토의 실마리로 삼고자 한다.

A. 병兵이란 포악한 것을 막고 어지러운 자를 베는 것이니, 천하와 국가를 가진 자(帝王)가 진실로 폐할 수 없고, 병제兵制의 득실에 국가의 안위가 달려 있다.

B.(1) 고려 태조太祖는 삼한三韓을 통일하고 비로소 6위衛를 두었는데, 위衛에

는 38영領이 있고, 영領은 각기 1,000명이었으며 위와 아래가 서로 연결되고 체통이 서로 속하니 당唐의 부위제府衛制에 거의 가까웠다.

(2) 숙종肅宗 때에 이르러 동여진東女眞이 말썽을 일으키자, 이에 더욱 단단하게 방위에 힘쓰고 날마다 군사 훈련을 일삼아 드디어 별무반別武班을 설치하였는데 산관散官·이서吏胥로부터 상인(商賈)·천예賤隷·승려(緇流)에 이르기까지 예속되지 않음이 없었다. 이는 비록 옛 제도와 합치하는 것은 아니지만, 그러나 한때 이를 써서 성과를 거두었음은 족히 일컬을 만한 것이 있었다.

(3) 의종毅宗·명종明宗 이후에 권신權臣이 정권을 쥐자 병권兵權은 밑으로 옮아가 용감한 장수와 강한 병졸이 모두 사가私家에 속하게 되고, 나라에 바야흐로 외적의 침략이 심해지는 일이 생겨도 공가公家에는 1여旅의 군사가 없게 되고, 갑자기 급한 지경에 이르면 기세를 떨치지 못하게 되었다. 그런 뒤에야 비로소 여러 방면으로 징발하였는데, 혹은 서울에서 귀천을 가리지 않고 긁어모으고, 혹은 문무文武의 산직散職과 백정白丁·잡색雜色을 점고하고, 혹은 4품 이상 (관리의) 가동家僮을 뽑고, 혹은 가옥 칸수의 다소로써 차이를 두기도 하였다. 나라의 형세가 이에 이르면 비록 위태롭지 않기를 바라더라도 되겠는가.

C.(1) 국가의 대사는 군사軍事에 있으니, 그 제도가 진실로 의당 자상히 갖추어졌을 것이로되, 이전의 사적史籍이 자세하지 못함을 애석해한다.

(2) 지금 특히 상고할 수 있는 것을 기록하니, 병제兵制, 숙위宿衛, 진수鎭戍, 간수군看守軍, 위숙군圍宿軍, 검점군檢點軍, 주현군州縣軍, 선군船軍, 공역군工役軍이다. 그밖에 참역站驛·마정馬政·둔전屯田·성보城堡도 역시 병兵의 부류이다. 그러므로 여기에 아울러 붙여서 병지兵志를 만든다.

이 서문은 위에서 A, B, C로 구분한 것과 같이, 3대분大分하여 크게 생각할 수 있다. A는 서문序文의 또 서序라고 할 수 있는바, 병제가 국가의 안위와 직결되는 중요성을 지니고 있다는 일반적인 이야기를 말하고 있다. 따라서 고려의 구체적인 병제와는 직접적인 관계가 없는 부분이다.

B는 찬자가 본 고려의 병제에 대한 개관이라고 할 수가 있다. 『고려사』는

하나의 사료집일 뿐 아니라, 일정한 체계를 갖춘 역사서술이기도 한 것이다. 그 당연한 결과로서, 이 병지도 거의 독립된 것이라고 할 수 있는 체계적인 고려 병제사의 서술인 것이다. 이 병지의 편찬을 담당한 사람이 누구인지를 지금 갑자기 밝힐 수는 없으나, 정인지鄭麟趾 이하 모두 32명에 이르는 『고려사』의 수사관修史官들 중에는, 양성지梁誠之같이 병제에 밝은 분이 섞여 있으며, 아마도 그를 가장 유력한 병지의 찬자로 추측해도 좋을 것 같다. 하여튼 이 병지의 찬자는 찬자대로 고려 병제사에 대한 일정한 견해를 가지고 있었다는 점을 잊을 수가 없는 것이다. 그리고 그의 견해가 후대에 끼친 영향이 컸던 그만큼 우리는 그의 견해를 검토해보아야 할 것이라고 생각한다.

서문의 C부분은 본 병지의 구성에 대한 것이며, 그리고 이 병지 구성의 문제는 우리가 둘째로 살펴보아야 할 문제인 것이다. 본 병지는 몇 개의 부문部門으로 분류해서 편찬되고 있는데, 그 각 부문의 내용이 무엇인지를 알아둘 필요가 있는 것이다. 그렇지 않고는 병지를 이용하는 데 만전을 기할 수가 없다는 것은 자명한 일이다. 그리고 찬자의 고려 병제에 대한 견해가 그러한 분류의 바탕을 이루고 있음은 물론이다.

끝으로 또 하나, 이 병지에 수록되어 있는 개개의 기록들의 사료적 성격을 알아보아야 할 것이다. 『고려사』 전체가 그러한 것과 마찬가지로, 이 병지도 기본적으로는 사료들의 집성인 것이다. 그리고 고려 병제사 연구의 자료로서의 이 사료들은 반드시 모두가 완벽한 상태로 전존傳存되어온 것이 아니다. 때로는 찬자에 의하여 적당히 발췌 또는 개작되는 경우가 있었던 것이다. 그러므로 그러한 예비지식을 갖고 있지 않으면 뜻하지 않은 잘못을 저지를 위험이 있는 것이다.

본고는 이상의 몇 가지 문제들을 다루어볼 목적으로 기고起稿된 것이다. 그리고 이러한 검토는 본 병지를 이해하는 데 있어서 필요한 기초작업의 하나가 될 것이다.

2. 병지 찬자의 고려 병제兵制 사관史觀

이미 앞에서 언급한 바와 같이, 찬자의 고려병제 사관史觀은 서문의 B부분에 나타나 있다. 이 부분은 또 (1), (2), (3)으로 세분되는데, 이는 곧 찬자가 고려 병제의 발전을 3단계로 나누어 생각하고 있음을 말하여주는 것이다. 즉, 제1기는 6위衛시대라고도 할 수 있는 시기로서, 태조로부터 숙종 이전까지에 걸치며, 이를 당唐의 부위제府衛制에 견주고 있다. 제2기는 숙종 이후의 시기인데 별무반別武班의 설치로 특징지어지는 시대다. 제3기는 의종·명종 이후, 즉 무인정권이 성립한 이후로서, 사병私兵이 성행하고 국가에는 1여旅의 군대도 없어 변을 당하면 임시적인 조발調發로 이에 대처하던 시대로 보고 있다.

나이토 슌포內藤雋輔는 이 병지 서문의 시대 구분을 대체로 옳은 것으로 보고 있으며, 이 시대들을 각기 '부병시대府兵時代', '소모병시대召募兵時代', 그리고 '사병시대私兵時代'라고 부르고 있다. 다만 그는 고려 말기 충렬왕 이후를 몽고풍의 병제가 행해지던 시기라고 생각하여 이를 따로 독립시켜서, 고려의 병제는 4변變했다고 보았다.[1] 그러나 나이토의 이 견해는 일관된 원칙을 지니지 못하고 있다. 즉 만일 고려 말의 병제를 몽고풍의 시대라고 한다면, 제1기의 그가 말하는 소위 부병府兵시대는 차라리 당풍唐風의 시대라고 해야 옳을 것이다. 이러한 방법론적인 결점 이외에, 병지 찬자의 의도를 잘못 이해한 데서 오는 점도 있는 듯하다. 즉 그는 병지 찬자의 제3기를 사병시대로 규정하였는데, 이렇게 규정하고 보면, 충렬왕 이후를 계속해서 그렇게 부를 수는 없게 된 것이다. 이에 이를 달리 떼어서 하나의 시기로 설정하고, 거기에 적당한 명칭을 붙여야 했던 것이다. 일정한 기준을 찾지 못하고, 또 몽고의 영향을 중시하던 그는 급기야 이를 몽고풍蒙古風의 시대라고 부르게 되었던 것으로 추측된다.

그러므로 필자는 우선 병지 찬자의 의견을 좀더 정확히 이해해주는 노력

1 內藤雋輔, 「高麗 兵制 管見」, 『青丘學叢』 15·16, 1934; 『朝鮮史研究』, 182쪽.

이 필요하다고 생각한다. 병지 찬자의 고려 병제사에 대한 견해의 특징은 일종의 흥망사관적興亡史觀的 입장에 있다고 생각한다. 고려 건국 초의 정비된 제도가 점차 문란해가는 과정을 몇 개의 단계로 구분하여 본 것이 그의 병제사 시대 구분인 것이다. 그의 관심은 국가의 제도로서의 병제에 있는 것이지 사병에 있는 것이 아니었다. 다만 그가 병지 본문에서는 일절 수록하지 않은 사병에 관하여 여기 서문에서 언급한 까닭은, 그것이 고려의 병제를 문란하게 한 계기를 이루었다고 생각한 때문이었을 것이다. 하여튼 건국 초에 정제整齊되었던 병제가 별무반에 이르러 제1차적인 변질을 가져왔으나, 오히려 족히 일컬을 만한 것이 있었다는 것이다. 그것이 무신란 이후는 문란의 극에 이르러 국가의 공적 군대는 1여旅도 안 되어 결국 국방은 위기에 처하였다고 본 것이다. 고려 왕조의 흥망과 그 병제의 성쇠를 맞추어 생각하는 찬자의 입장에 선다면, 국가의 공적인 병제의 충실 여하만이 문제가 되는 것이었음은 충분히 이해할 수 있다.

그러면 찬자는 병제의 성쇠를 어떠한 기준에서 평가하였는가. 그것은 상비군常備軍의 충실과 그 지휘계통의 정제 여하에 두었다고 생각한다. 이 점은 고려 태조가 정비하였다고 말한—이것은 찬자의 오해였거나 또는 고의적인 조작이었을 것이지만[2]—6위에 대한 설명을 보면 대강 짐작이 가는 것이다. 즉 서문 B(1)에서의 6위에 대한 설명은 그 병액兵額과 상하의 연결에 대한 것으로 그치고 있는 것이다. 이것을 당의 부병제府兵制에 가깝다고 한 것도 중국에서의 이상적인 병제라고 한 당의 부병제를 내세워서 그 권위를 돋우려는 의도가 다분히 있었던 것이 아닌가 한다. 이러한 입장에서 볼 때에 항구적인 상비군 제도라 할 수 없는 별무반은 그보다 못한 것이요, 더구나 1여旅의 공적인 군대도 가지지 못한 시대는 병제의 대괴란기大壞亂期가 될 것이다. 이에 이르면 국세가 위태롭지 않기를 바라더라도 이미 어찌할 수 없는 시기가 되었다고 병지의 찬자는 생각한 것이다.

2 아마도 建國者 太祖를 치켜들어 그 권위에 의하여 건국 초의 병제를 이상적인 것으로 만들려는 의도가 있었다고 생각한다.

또 하나 본 병지의 찬자가 병제의 성쇠를 가늠하는 기준으로 내세운 것은 병농일치兵農一致를 이상적인 병제로 생각하는 관념이었다고 생각한다. 이 점은 서문 속에 명확하게는 나타나 있지가 않다. 그러나 첫째로 B(1)에서 제1기의 6위제를 당의 부병제와 대비하여보려는 데에서 짐작되는 일이다. 다음은 B(2)에서 별무반이 상인商人·천예賤隷·승도僧徒에 이르기까지 예속시킨 것은 고제古制와 합치하지 않는다고 한 데에도 비추어져 있다. 즉 찬자는 국가의 상비군이 병농일치의 원칙에 서 있을 때에 가장 이상적인 것이요, 농민이 아닌 상인·천예·승도들로 구성된 것은 버금이요, 이미 상비군제가 무너져 임기응변의 조발에 의하여 국난에 대처할 때는 최악의 형세였다고 본 것이라고 생각한다.

병지의 찬자는 결코 무정견無定見한 어름으로 고려 병제의 변천을 본 것이 아니며, 그 나름으로 일정한 기준과 체계를 갖추고 있었던 것이다. 그의 견해는 대체로 고려 말기의 조준趙浚이나 정도전鄭道傳 등 개혁논자들의 견해를 계승한 것으로 보이며,[3] 이조 건국 초기의 제도 정비 과정에 있어서 그들이 생각하고 있던 이상적 병제에 대한 구상과 연관되는 것이라고 생각한다.

필자는 병지의 찬자가 고려 병제사의 변천과정을 이상과 같이 3구분하여 생각한 까닭을 더듬어보았다. 그리고 이러한 구분은 일관된 기준에 의한 것이고, 오늘의 우리에게도 고려의 역사를 더듬는 데 적지 않은 시사를 던져준다고 할 수가 있다. 그의 견해에 따라서 별무반의 설치나 무신들의 사병소유를 고려 병제의 중요한 전환점으로 생각할 수 있는 것이다.

그럼에도 불구하고 동同 찬자撰者의 의견은 정치적 선입견에 의하여 왜곡된 것이 아닌가 하는 혐의도 벗을 수는 없다. 고려의 6위를 태조가 설치하였다고 한 것이 잘못인 것과 마찬가지의 그릇된 견해가 있으리라고 짐작되는 것이다. 병지 전체에 대한 상인上引 서문과 함께 병지 속의 소항목에 대

3 이기백, 「高麗 初期 兵制에 관한 後代 諸說의 검토」(『亞細亞研究』 1-2, 1958; 『고려병제사연구』, 일조각, 1968, 8쪽) 참조.

하여는 유일한 서문인 주현군州縣軍 조의 서序를 읽어보면 이러한 우려는 더욱 심하여진다.

D. 고려의 병제兵制는 모두 당唐의 부위府衛를 모방하였으므로 주현州縣에 흩어져 있는 군대도 생각하건대 또한 모두 6위衛에 속하였을 것이고, 6위 외에 따로 주현군州縣軍이라는 것이 있지 않았을 것이다. 그러나 가히 살필 수가 없으므로 잠시 이로써 제목으로 한다.

이 글을 허심탄회하게 읽어보면, 결국 고려의 병제가 당의 부위제와 마찬가지라는 전제 아래서 내려진 결론이요, 충분한 사료에 의하여 내려진 것이 아님을 알 수 있는 것이다. 그러므로 찬자의 견해를 하나의 견해로서 참조하는 것은 현명한 일이지만, 이것을 사료 자체나 혹은 절대적인 권위를 가진 것으로 생각하여, 우리들의 입론의 근거로 삼을 수는 없는 것이다.

3. 병지의 구성

상인上引 병지 서문의 C(2) 부분에 기록되어 있는 것과 같이, 본 병지는 병제兵制 · 숙위宿衛 · 진수鎭戍 · 간수군看守軍 · 위숙군圍宿軍 · 검점군檢點軍 · 주현군州縣軍 · 선군船軍 · 공역군工役軍, 그리고 참역站驛 · 마정馬政 · 둔전屯田 · 성보城堡의 13항목으로 나뉘어져 있다. 다만 실제에 있어서는 서문에 기록된 순서와는 약간 달라져 있는데, 이들을 권별로 순서를 따라 일람표를 작성하여보면 〈표 1〉과 같다. 참고로 『증보문헌비고增補文獻備考』(권 109~126) 병고兵考의 해당항목과 대조하였다.

이 같은 병지의 구성은 또 다른 면에서의 찬자의 고려 병제에 대한 이해를 나타내주는 것이며, 그의 이러한 이해가 우리에게 적지 않은 도움을 주고 있는 것이다. 그러나 이러한 분류가 과연 모두 타당한 것인가 어떤가는 의문이다. 찬자 자신도 '주현군州縣軍' 조의 서序D에서 이 항목을 독립시켜야 좋을지 어떨지를 망설이고 있으며, 그것이 잠정적인 조처임을 말하고 있다. 그러므로 그가 이러한 분류를 하게 된 의도나 근거를 살펴보아야 할 것이다.

〈표 1〉

	『고려사』「兵志」	『증보문헌비고』「兵考」
권 1	兵制	制置·法令·教閱
		兵書·衛兵·烽燧
권 2	宿衛	宿衛
	鎭戍	
	站驛	驛遞
	馬政	馬政
	城堡	
	屯田 附 兵糧	軍資糧餉
권 3	看守軍	
	宿衛軍	
	檢點軍	
	州縣軍	
		畿輔兵·州郡兵
		舟師
	船軍	
	工役軍	
		軍門
		總論軍制
		邊禁

찬자는 고려 국가의 공적인 군대조직에 관한 기록들을 '병제' 라는 조항 속에 일괄하여 수록하려고 하였다. 따라서 '병제' 조에는 너무나 잡박한 많은 사항들이 포함되어 있다. 앞의 표에 나타나 있는 바와 같이, 『증보문헌비고』 병고에서 이에 해당하는 조항들을 추려보면, 제치制置를 위시하여 법령法令·교열教閱·병서兵書·위병衛兵·봉수烽燧 등을 들 수가 있는데, 『증보문헌비고』의 찬자도 『고려사』 병지의 '병제' 조에 불만이 있었음을 짐작할 수가 있다. 하여튼 이러한 관계로 해서 이 '병제'는 가장 분량이 많은 항목이 되었으며, 병지 전 3권 중의 첫째 권 전부를 차지하고 있는 것이다. 혹은 '병제' 조의 첫머리에 나열된 2군軍·6위衛·제부諸府·별호제반別號諸班·5군 등의 군호軍號로 미루어서 이를 중앙군中央軍에 대한 항목으로 생각할는지도 모르겠다. 실상 이들 중앙군에 대한 설명이 많은 것도 사실이다. 그러나 실제 '병제' 조를 살펴보면, 중앙군뿐만 아니라 지방의 주현군州縣軍이나 주진군州鎭軍에 대해서 언급한 대목들도 있으며,[4] 또 봉확식烽㸌式 같은 대목도 수록되어 있는 것이

4 다음과 같은 기록들을 참조할 것이다.

· 判하여, '모든 州의 一品軍의 別將은 副戶長 이상을, 校尉는 兵正·倉正·戶正·倉祿正·公須正을, 隊正은 副兵正·副倉正·副戶正·諸壇正을 활쏘기과목[弓科]으로 시험쳐

다.[5] 요컨대 고려의 어떠한 군사적인 조직의 제도적 변화나 또는 이에 관한 어떤 규정에 대하여서도 이 '병제'의 조항은 이를 널리 받아들이고 있다고 할 것이다. 그러므로 이 대목은 '병제' 전체의 총론에 해당한다고 할 것이다.

'병제' 이외의 다른 항목들은 총론에 대한 각론에 해당한다고도 할 수가 있다. 그런데 총론과 각론이란 표현은 찬자의 의도에 꼭 적합한 것이 아닐지도 모르겠다. 왜냐하면 찬자는 이들 여러 항목에서 '병제' 조와 중복되는 것을 피하고 있기 때문이다. 오히려 다른 여러 항목들은 '병제' 조와는 다른 분야에 관한 것으로 예정되고 있는 것이다. 이 점은 위에서도 약간 언급하였지만, 만일 주현군이 6위와 동일한 지휘계통의 부대조직임이 확실하였다면, 찬자는 이를 독립된 항목으로 하지 않고, '병제' 조에 삽입하였을 것으로 미루어지는 점에서도 알 수 있다. 이러한 데에 병지의 구성이 지니는 약점이 엿보이고 있다고 생각한다.

하여튼 '병제' 이외의 부분은 또 크게 둘로 나누어볼 수가 있는데, 병지 권2의 숙위宿衛·진수鎭戍·마정馬政·성보城堡·둔전屯田이 그 첫 부분을 이루며, 그중에서도 숙위와 진수는 또 특별한 의미를 지니고 있다. 그것은 서문의 C(2)에서 이 둘을 본래부터 '병제' 다음으로 예정하고 있는 것으로도 짐작할 수 있다. 그러고 보면, 원래 서문 C(2)에서는 맨 마지막으로 예정된 듯싶던 나머지 네 항목은 편의상 권2에 편입된 듯한 느낌이다.

'숙위宿衛'는 궁성의 군사적 수위에 관한 기사들인 것이다. 숙위라는 용어는 상경上京 시위侍衛라는 뜻으로도 쓰이고 있으며, 따라서 이를 지방으로부터 부경赴京하여 시위侍衛하는 군대에 관한 것으로 생각할 수도 있다. 가

서 선발하여 보충한다.'라고 하였다.

·判하여, '西京과 東·西의 州鎭에 들어와 거주하고 있는 軍人은 本貫의 雜役을 면제한다. 만일 (이를) 문란하게 하는 자가 있으면 담당하는 기관[色典 記官]에게 죄를 준다.'라고 하였다.

5 烽燧式에 대해서는 의종 3년 8월 조에 '西北面兵馬使 曹晉若이 아뢰어 烽燧式을 정하였는데, 평시에는 밤에는 불을 낮에는 연기를 각 1번 (피우되), 2急이면 2번, 3急이면 3번, 4急이면 4번으로 하고, 매 곳에 防丁 2명, 白丁 20명을 (두고), 각각 平田 1結을 지급하기로 하였다.'라고 되어 있다.

령 동同 항목의 공민왕 13년 7월 조에

> 여러 도道의 양가자제良家子弟를 뽑아서 8위衛에 보충하고 교대로 숙위하게 하였다. 양광도楊廣道의 8,500명, 전라도全羅道의 5,500명, 경상도慶尙道의 9,000명, 교주도交州道의 3,000명, 강릉도江陵道의 1,000명을 5군軍에 나누어 소속시켜, 경성京城의 각 문門에 주둔하게 하였는데, 강릉도의 자제만은 본도本道(江陵道)에 주둔하여 동북東北을 방비하게 하였다.

라고 한 것이라든가, 또 동왕 16년 8월 조에

> 여러 도道의 산관散官을 서울에 와서 숙위하게 하였다.

라고 한 것은 그 예다. 그러나 소위 상경上京 시위侍衛는 위의 단지 2조뿐이며, 그 밖은 모두 궁성의 숙위에 관한 구체적인 사항들인 것이다. 그러므로 이 '숙위' 조는 궁궐에 대한 숙위로 봄이 사리에 합당한 것으로 생각한다. 상인上引 2조는 아마 '숙위'라는 용어가 사용되어 있기 때문에 일어난 혼란이었다고 생각한다.

이에 대하여 '진수鎭戍' 조는 주진州鎭에 대한 방수防戍를 의미하는 것이며, 그런 의미에서 숙위와는 대조적인 위치에 있는 것이다. 찬자가 이를 숙위와 나란히 하여 편집한 뜻이 여기에 있는 것이라고 믿는다. 이 진수鎭戍는 물론 처음엔 주로 북방의 변경 제진諸鎭에의 그것이었으나, 말기에 왜구가 창궐함에 미쳐서는 남도南道의 해안지대나 심지어는 개경開京에 가까운 동서강東西江에까지 확대되어간 것은 자연의 세勢라고 하겠다.

다음의 '참역站驛'이 중앙과 지방을 연결하는 군사적인 통신 및 교통망에 관한 것임은 곧 알 수가 있다. 이 통신 및 교통이 역마驛馬에 의하여 행해지는 만큼, '참역'에 이어 '마정馬政'을 넣은 것은 현명한 조처였다고 하겠다.

다음의 '성보城堡'는 국방을 위한 축성築城의 기록이다. 이 '성보' 조의 기록은 우리가 기대하는 것과 같이 완벽한 것은 아니며, 따라서 '진수' 조나 기타 부문의 기사에 의하여 보충되어야 한다. 예컨대 태조 3년 골암성鶻岩城 동산東山의 축성은 '성보'에는 없고, '진수'에서 찾아볼 수가 있다. 이같이 불완전한 것이긴 하지만, 고려 일대의 축성築城기사를 한군데 수록하여준 것은 고려의 영토 확장 과정이나 국방 문제를 살펴보는 데 큰 도움이 되는 것이다.[6]

'둔전屯田'은 이들 변경 진성鎭城에 주둔하는 군대가 군량軍糧을 자급자족하기 위하여 경작하는 토지에 관한 기록이며, 이에 따라서 여기에 병량兵糧에 관한 것이 부록된 것이라 생각한다.

이상에서 살펴본 바에 의하면, 병지 권2에 실려 있는 여러 항목들은 고려의 기본적인 군사제도를 보완하는 여러 사실들을 적당한 조목으로 나누고, 또 적절한 순서를 밟아 서술하고 있음을 알 수가 있다. 이에 대하여 권3의 여러 항목들은 특수군대들의 나열인 것이다. 따라서 분류의 기준이 전혀 달라진다고 할 수가 있다.

권3에 실린 여섯 개의 군사조직 중에서 간수군看守軍·위숙군圍宿軍·검점군檢點軍의 셋은 다른 셋과 구별하여 생각할 수가 있다. 그것은 그들이 모두 개경開京의 일정한 장소를 수위하는 데 충당되고 있기 때문이다. 각기 맡은 장소는 차이가 있어서 간수군은 주로 창고倉庫에 배치되고 있으며,[7] 위숙군은 각종 문門에 배치되고 있으며, 검점군은 시가市街의 요소要所에 배치되고 있는 것이다.

이러한 차이에도 불구하고, 이들은 모두 개경에서 일정한 임무를 맡고 있는 군대들이며, 중앙군의 일부를 구성하는 부대들이란 점에서 일치하고 있다. 가령 위숙군은 분명히 6위衛의 하나인 감문위監門衛의 군대로써 충당되

6 鎭戍와 城堡의 두 항목은 『增補文獻備考』 兵考의 邊禁 조에 대비시켜볼 수가 있으나, 꼭 일치하는 것은 아니다.

7 반드시 전부가 倉庫로 되어 있지는 않다. 그러나 官府—예컨대 鹵部都監·內莊宅·惠民局 같은 따위—의 경우라도 반드시 창고가 있을 것이 예상되는 데에 배치되고 있음이 주목되는 것이다.

고 있음은, 거기에 감문위군監門衛軍이 배치되어 있는 사실로써 알 수가 있다. 간수군과 검점군은 분명하지 않으나, 금오위金吾衛 소속의 군대가 배치되었을 가능성이 크다. 따라서 이들 세 군대는 경군京軍인 것이요, 6위와 별도로 존재하는 것이 아니다. 그렇다면 6위는 이를 '병제'에 포함시키면서 그와는 따로 이들 항목을 세운 것은 모순이라고 할 밖에 없다. 추측하건대 찬자는 고려 때에 작성된 이들 제군諸軍의 배치 일람표를 가지고 있었던 것 같다. 그런데 찬자는 이들 제군을 6위와는 별개의 부대조직으로 생각하여 여기에 별도로 항목을 세웠던 것으로 보인다. 그러므로 이들 일람표가 6위 소속 부대들의 구체적인 활동을 이해하는 데는 중요한 보탬이 되는 것이지만, 본 병지에 독립된 항목을 세웠다는 것을 근거로 해서 이를 6위와 별도의 부대조직으로 생각한다면, 이는 또한 잘못을 초래하는 것이라고 하겠다.

다음의 주현군州縣軍은 위의 제군諸軍과는 반대로 지방군地方軍인 것이다. 그러나 이 '주현군' 조도 주현군의 단순한 부대배치 일람표에 지나지 않는다. 이 주현군에 대한 설명적인 기록은 비록 극히 적기는 하지만, '병제' 조에서 찾을 수밖에 없게 되어 있다. 만일 그러한 설명적인 기록들을 주현군의 일람표 뒤에 연대순으로 수록했더라면 좋았을 것이다. 그런데 찬자는 6위와 주현군과의 관계에 대하여 분명한 견해를 갖고 있지 못하였던 관계로 해서, 이러한 혼란을 초래하게 되었다고 생각한다. 하여튼 '주현군' 조 서D에서 그의 고충을 털어놓고 있기는 하지만, 현재의 체재로서는 정체를 알 수 없는 부대조직으로 되어버리고만 셈이다. 우리가 병지 찬자의 식견에만 만족할 수가 없고, 그 이상의 이해가 필요하다는 사실을 말하여주는 것으로 생각한다.

'선군船軍' 조는 문자 그대로 해군海軍에 관한 기록들이며, 비록 불충분하나마 응당 독립된 항목으로 다루어져야 할 것임은 물론이다.

마지막의 '공역군工役軍' 조는 일품군一品軍 · 품종品從 · 기인其人 등에 관한 기록들로 구성되어 있다. 이 중에서 일품군은 이미 '주현군' 조의 일람표에 나타나 있는 만큼 여기에 따로 이에 대한 설명이 나오는 것은 역시 부정확한 편찬 방법이라고 할 밖에 없다. 품종과 기인에 이르면, 이를 병지에서 다루는 것이 적당한지 어떤지조차 의문이다. 『고려사』 선거지選擧志 전주銓注 조에는 따로 '기인其人'의 항목이 있으며, 기인에 관한 기사는 차라리 거기에 넣는 것이 좋았을 것이다.

찬자는 아마 식화지食貨志 기타에 역역力役에 관한 항목이 따로 설정되어 있지 않으므로, 병지를 역役에 관한 지志로 넓게 해석해서, 여기에 '공역군工役軍'의 항목을 넣은 것같이 생각된다. 그의 혼란된 편집에도 불구하고, 바로 이 점에서 이 '공역군工役軍' 조의 설정은 의의가 있다고 해야겠으며, 고려 병제의 특이한 일면을 찬자가 일깨워주는 효과를 가져다주었다고 하겠다.

이상의 병지 구성에 대한 검토를 통하여 찬자의 편찬 의도나, 또 그러한 편찬을 하게 된 논거 같은 것을 찾아보았다. 그 결과 그의 상기 제항목의 분류와 배열이 고려 병제의 이해에 많은 도움을 주기도 하지만, 또 한편으로는 오해를 가져올 우려가 있는 곳도 있음을 알게 되었다. 그리고 이러한 인식은 병지 이용자에게는 불가결의 예비지식이 될 것이다.

4. 병지의 사료적 성격

『고려사』 병지는 찬자의 주견이 작용한 편찬이긴 하지만, 그러나 기본적으로는 사료집인 것이다. 그리고 고려의 병제에 관한 적지 않은 사료들을 모아놓고 있는 것이다. 그러나 그것이 고려 병제를 해명하는 데 충분한 것이 못되는 것임은 이미 찬자도 서문 C(1) 부분에서 인정하고 있는 바와 같다.

그런데 사료의 부족은 고려 전기가 특히 심하다. 예컨대 병지 권1 '병제' 조는 대체로 공민왕 이후가 전체의 반을 차지하고 있는 것으로서도 그 사정을 짐작할 수가 있다. 그러나 이것은 물론 찬자의 허물인 것은 아니며 원래 그 시대의 사료가 부족했던 탓이라고 해야 할 것이다. 다만 가끔 마땅히 끼어야 하리라고 생각되는 사료들이 누락되고 있는 경우도 있다. 예컨대 태조 왕건이 후백제를 치러 갈 때의 부대 편성에 관한 기록 같은 것이 그러하다.[8] 아마 찬자는 애초부터 병제 관계 사료를 집대성할 의도를 가지고 있지는 않았던 것같이 보인다. 하여튼 본 병지가 고려 병제사 연구의 유일한 사료집일 수는 없는 것이다.

그리고 찬자가 의식적으로 제외하였다고 생각되는 사료들이 있다는 점도 주목해야 할 것이다. 어쩌면 태조 시의 5군軍에 관한 기록도 그 하나였는지도 모르겠다. 그러나 가장 주목되어야 할 것은 사병私兵에 관한 기록들이 제외되었다는 사실이다. 찬자는 그의 왕조 중심의 사관史觀에서 국가 혹은 공가公家의 군대에 대한 기록만을 취하고, 개인 즉 사가私家의 군대에 관한 기록은 이를 모두 제외하였다. 그러므로 무인정권 이후의 시기를 병제사상兵制史上의 하나의 시대로 구분하여 놓으면서도, 도방都房이나 마별초馬別抄 같은 경대승慶大升이나 최충헌崔忠獻 등의 사병私兵조직에 대하여는 일절 언급하지 않고 있는 것이다. 이에 관한 기록은 모두 그들의 개인 전기에 주로 의존할 수밖에 없는 것이다. 그런 중에도 삼별초三別抄에 관한 기록을 수록한 것은, 그것이 비록 실질적으로는 최씨崔氏의 사병과 같은 구실을 하였다 하더라도, 원칙적으로는 국가에서 녹봉祿俸을 받는 국가의 공적인 군대조직이었기 때문이었을 것이다. 이런 데에서 찬자의 세심한 주의를 찾아볼 수가 있거니와, 또 역사를 편찬하는 입장의 차이에서 오는 사료의 취사선택이 때로는 중대한 의미를 가지게 된다는 하나의 예증例證이 될 것으로 믿는다.

다음으로 문제되는 것은 연대를 기입하지 않은 몇 개의 일람표들이다. 이러한 일람표들의 제목과 수록된 조항을 표로 작성하여 제시하면 〈표 2〉와 같다. 이러한 일람표들은 부대의 조직이나 혹은 그 분포상황 등을 아는 데 중요한 자료인 것임은 물론이다. 그런데 불행히 그들 일람표가 작성된 연

8 『고려사』 2 世家 태조 19년 9월 조 참조. 韓致奫의 『海東繹史』(23 兵制)에서 이 기록에 着目하여 太祖 時의 5軍에 언급하고 있다.

대를 알려주지 않고 있으므로, 이들을 사료로 이용하는 데에는 많은 제약을 가져오고 있다. 그러므로 먼저 그 연대를 구명하는 업무를 선행해야 하는 것이다. 그러나 동시에 알아야 할 것은 이러한 일람표들이 작성된 연대가 곧 그들 부대가 성립된 연대는 아니라는 사실이다. 따라서 일람표의 작성연대보다도 더 중요한 그들 부대의 성립연대는 이를 다른 각도에서 구명해야 된다는 점을 새겨둘 필요가 있다.

〈표 2〉

일람표명	수록 조항
二軍	兵制
六衛	兵制
諸府	兵制
別號諸班	兵制
五軍	
站驛	兵制
牧馬場	站驛
看守軍	馬政
圍宿軍	
檢點軍	看守軍
州縣軍	圍宿軍
	檢點軍
	州縣軍

이와 거의 비슷한 경우에 놓여 있는 것이 제정制定연대를 모르는 〈표 3〉과 같은 몇 개의 규정인 것이다. 이들도 연대 불명인 나름으로 많은 도움을 주는 것이긴 하지만, 앞의 부대 일람표 이상으로 그 규정은 연대를 모르는 것이 아쉬우며, 또 연대를 알아내기도 힘든 것이다. 그러나 이 경우에도 그 규정들이 문자화된 연대가 반드시 그러한 제도의 시초를 의미하는 것이 아니라는 점을 아울러 생각해야 할 것이다.

〈표 3〉

규정	수록 조항
州鎭에서의 弓弩연습	鎭戍
驛丁戶의 6科 구분	站驛
懸鈴 傳送	站驛
津驛 皮角 傳送	站驛

끝으로 이러한 사료들 중에는 거두절미하고 필요한 대목만 초출해 놓았기 때문에, 때로는 그 의미를 이해하는 데에 불편을 가져오는 경우가 있다는 사실을 지적해두어야 할 것 같다. 예컨대 '병제' 조의 현종 11년 3월 기사에는

> 채충순蔡忠順이 청하기를, "군사軍士 중 부모의 나이 80 이상인 자가 있으면 군역(軍)을 면하여 봉양하도록 하십시오."라고 하니, 이에 좇았다.

라고 하였는데, 여기의 군사軍士가 병졸兵卒만을 가리킨 것인지, 또는 무관武官까지를 포함한 것인지 퍽 애매하다. 그러나 『고려사절요』 3 동년월 조에는

채충순蔡忠順이 청하기를, "군사軍士 중 나이 80 이상이 된 부모가 있는 자는 군역을 면하고 가서 부모를 봉양하게 하고, 모든 문무관료 중 부모의 나이가 70 이상이나 다른 형제가 없는 자는 외직外職에 임명하지 않도록 하며, 그 부모가 병이 있으면 휴가 200일을 주어 간호하게 하십시오."라고 하니, 그 말을 따랐다.

라고 하여, 뒤에 문무원료文武員僚가 나오기 때문에 그 군사가 병졸만을 가리키고 있다는 것을 알 수 있는 것이다. 그러므로 항상 같은 기사가 다른 부분에 실려 있는가를 찾아서 이를 대조해보아야 하는 것이다.

이와 비슷한 경우는 찬자에 의한 고의적이거나 무의식적인 문구의 개작改作을 들 수가 있다.[9] 예컨대 '병제' 조의 문종 23년 3월 일품군一品軍 장교의 임명 기사에

활쏘기과목(弓科)으로 시험쳐서 선발하여 보충한다(試選弓科而差充).

라고 되어 있는데, 이와 동일한 기사가 선거지 전주銓注 '향직鄕職' 조에서는

모두 활쏘기과목(弓科)에 합격한 사람을 뽑아서 겸차兼差하게 하였다(竝弓科試選兼差).

라고 되어 있다. 후자의 겸차兼差가 더 실제 상태를 분명히 하여주는 것으로 생각되는데, 차충差充이 잘못인 것은 아니지만, 겸차에 비하면 불충분한 표현인 것이다. 그러므로 『고려사』의 다른 부분 혹은 다른 책에 실려 있는 동일한 기사를 대조하는 것을 게을리하지 말아야 한다는 점을 더욱 느끼게 될 것이라 믿는다.

9 찬자에게는 책임이 없는 誤字 같은 것도 이와 마찬가지 경우가 될 것이다. 이때에는 다른 부분에 실려 있는 같은 기사뿐 아니라, 여러 판본을 대조해보아야 한다는 일이 겹치게 된다.

5. 결론

이상에서 필자는 병지의 찬자가 고려 병제의 발전을 어떻게 보았는가, 어떠한 의도와 논거에서 현재와 같은 구성으로 편찬하게 되었는가, 그리고 여기에 포함된 기록들이 지니는 사료적 가치는 어떠하였는가 하는 세 가지 관점에서 『고려사』 병지를 살펴보았다. 이 병지가 고려시대 병제를 연구하는 가장 중요한 역사기록인 만큼, 이러한 검토는 고려 병제사 연구를 위한 기초 작업의 하나라는 것을 알게 되었다고 믿는다.

도시 『고려사』를 포함한 옛 사서史書를 단순한 사료집으로서만 다루는 것은 그 가치를 반감하는 것이라고 생각한다. 그를 편찬한 것은 일정한 견해를 가지고 있는 역사가들이었던 것이다. 그러므로 편찬자의 의도를 머릿속에 넣어두고서 이들 사서를 대한다면, 좀더 색다른 관점에서 이들을 해석해볼 수가 있을 것이다. 그리고 그들이 지니는 사료적 가치도 더 정확하게 이해되는 것이라고 믿는다.

—『고려병제사연구』, 일조각, 1968 게재

『고려사』 병지의 특성과 역주의 방향

김용선

1. 머리말

『고려사』 병지의 서문 첫 대목에는 다음과 같은 말이 나온다.

> 군사(兵)란 포악한 자를 막고 어지러운 자를 베는 것이니, 천하와 국가를 가진 이가 진실로 폐지할 수 없다. 군사제도(兵制)의 득실에 따라 국가의 편안함과 위태로움이 달려 있다(『고려사』 81 병지 1, 서문).

고려는 후삼국 중 가장 늦게 건국된 국가였지만, 치열한 전쟁에서 마침내 승리함으로써 통일의 위업을 이루었다. 건국 이후에도 여러 차례 이민족의 침입을 받았으나 번번이 그들을 물리쳤다. 대규모 군사를 동원하여 3차례나 전쟁을 일으킨 요遼는 결국 강감찬姜邯贊이 이끄는 고려 군사에게 귀주龜州에서 대패하였다. 여진女眞이 국경을 넘나들며 소요를 일으키자 고려는 별무반別武班을 창설하여 그들을 정벌하고, 윤관尹瓘은 국경 일대에 9성城을 쌓는 방책으로 대응하였다. 이후 당시 세계 최강의 전력을 자랑하던 몽고蒙古 군대가 쳐들어와 40년이 넘는 오랜 기간 전쟁을 벌였지만, 고려 무인정권은 수도를 옮기는 등 강력하게 대항한 끝에 결국 상호 간에 강화를 맺음으로써 나라를 지켜냈다. 고려 후기에도 홍건적紅巾賊이나 왜구倭寇에게 시달림을 당하였으나, 화포火砲를 개발하고 함선艦船을 제조하는 등 새로운 무기를 사용함으로써 그들을 이 땅에서 쫓아낼 수 있었다. 이러한 점에서 전쟁을 승리로 이끌 수 있었던 고려국가의 군사조직이나 방위체제, 혹은 고려만의 독특한 전술이나 전략은 특히 큰 의미를 갖는다.

또 고려는 내부적으로도 여러 차례 정치적 변란을 겪었다. 이자겸李資謙의 난이라든가 묘청妙淸의 난도 그러하지만, 무인들은 쿠데타를 일으켜 마침내 그들만의 정권을 수립하기도 하였다. 무인정권기에는 농민이나 노비들도 전국 각지에서 대규모로 난을 일으켜 그들의 지위를 향상시키고자 하였다. 이와 같은 고려 사회의 정치적·사회적 변동은 무력을 수반하는 것이므로, 궁극적으로는 군사제도와 깊이 연결되게 된다. 이러한 점에서 국가통치기구로서 군사제도는 상층부의 정치권력과 연결되는 동시에 군역의 부담을 짊어진 농민들의 일상생활까지 영향을 끼치는 중요한 문제로 대두하는 것이다.

『고려사』 병지는 이러한 고려시대의 군사제도 일반에 대하여 서술하고 있는 역사서이다. 이 기록에는 고려시대의 군사조직과 그 변천 과정 등 군사제도에 대한 가장 중요하고도 핵심적인 내용이 담겨 있다. 이 글에서는 『고려사』 병지가 어떤 체제로 어떻게 구성되어 있는가 간단하게 살펴보고, 지금까지 이에 대한 번역이나 주해가 어느 정도 이루어졌으며, 앞으로 본격적인 역주작업을 하기 위해 무엇이 필요한가 하는 문제를 생각해보려고 한다. 이를 통해 『고려사』 병지를 제대로 이해하고, 보다 가깝게 대하는 데 도움이 되기를 바란다.

2. 병지의 체제와 구성

『고려사』가 고려시대를 연구하기 위한 가장 중요하면서도 기본적인 역사서라는 데 이의를 달 사람은 아무도 없을 것이다. 조선 문종文宗 원년(1451)에 편찬된 이 책은 전형적인 기전체 형식을 따르고 있는바, 그 구성은 전체 137권으로 되어 있고, 세가世家 46권(권1~권46), 지志 39권(권47~권85), 표表 2권(권86~권87), 열전列傳 50권(권88~권137)으로 나뉘어 있다.[1]

이와 같은 기전체 역사서에서 전반적인 제도나 문물을 이해하기 위하여 지志의 존재는 절대적이다. 『고려사』에 설정된 각 지의 편목을 다른 주요 역사서들과 비교해보면 〈표 1〉과 같다.

〈표 1〉 주요 역사서 지志의 편목篇目 비교

順序 \ 史書	『舊唐書』(945년)	『新唐書』(1060년)	『三國史記』(1145년)	『宋史』(1345년)	『元史』(1369년)	『高麗史』(1451년)
1	禮儀(7)	禮樂(12)	祭祀(1/2)	天文(13)	天文(2)	天文(3)
2	音樂(4)	儀衛(1)	樂(1/2)	五行(7)	五行(2)	曆(3)
3	曆(3)	車服(1)	色服(1/4)	律曆(17)	曆(6)	五行(3)
4	天文(2)	曆(6)	車騎(1/4)	地理(6)	地理(6)	地理(3)
5	五行(1)	天文(3)	器用(1/4)	河渠(7)	河渠(3)	禮(11)
6	地理(4)	五行(3)	屋舍(1/4)	禮(28)	禮樂(5)	樂(2)
7	職官(3)	地理(7)	地理(4)	樂(17)	祭祀(6)	輿服(1)
8	輿服(1)	選擧(2)	職官(3)	儀衛(6)	輿服(3)	選擧(3)
9	經籍(2)	百官(4)		輿服(6)	選擧(4)	百官(2)
10	食貨(2)	兵(1)		選擧(6)	百官(8)	食貨(3)
11	刑法(1)	食貨(5)		職官(12)	食貨(5)	兵(3)
12		刑法(1)		食貨(14)	兵(4)	刑法(2)
13		藝文(4)		兵(12)	刑法(4)	
14				刑法(3)		
15				藝文(8)		
지志/총권수	30/200	50/225	9/50	162/496	58/210	39/137

( )는 배정 권수

이 〈표 1〉을 보아 알 수 있듯이, 『고려사』 지志는 모두 12편목으로 구성되어 있다. 그리고 이 편목을 다른 사서와 비교해보면, 『고려사』 지는 그보다 80여 년 앞서 만들어진, 그러나 당시로서는 최신의 역사서이던 『원사』를 참고하였다는 사실을 쉽게 알 수 있다. 『고려사』 지의 편목 이름이나 구성, 배열이 『원사』와 거의 흡사하기 때문이다. 물론 『원사』는 또 그보다 20여 년

1 『고려사』에는 이 밖에 '進高麗史箋', '高麗世系', '目錄' 2권, '編修高麗史凡例', '修史官'이라는 항목이 맨 첫 부분에 제시되어 있다.

앞서 만들어진 『송사』의 체제를 많이 답습하고 있으므로, 『고려사』 지의 편목 설정에는 『송사』와 『원사』가 두루 참고되었다고 보아야 할 것이다. 그러나 그러한 면을 감안한다고 하더라도 『고려사』 편찬에는 『원사』가 직접적인 영향을 주었다는 점은 분명하다.[2]

「고려사를 편찬하는 범례編修高麗史凡例」에도 이와 같은 사실이 자세하게 기록되어 있다.

> 역대 사서史書의 지志를 살펴보면 각 시대마다 같지가 않다. 당唐의 지志에 이르러서는 사실事實로써 한데 엮어서 편篇을 만들었으므로 참고하기가 어렵다. 지금 『고려사』를 편찬함에 있어서는 『원사』에 준하여 조條로 나누고 유類를 모아서(條分類聚) 보는 사람들로 하여금 쉽게 참고할 수 있게 하였다(『고려사』 편수고려사범례編修高麗史凡例).

『고려사』 병지의 경우도 이 점에서는 마찬가지가 아닐까 한다. 무엇보다도 『원사』의 지에 설정된 병지의 순서는 『고려사』 병지의 배열순서와 거의 흡사하기 때문이다. 그러므로 『고려사』 병지 편찬에는 『원사』의 체제가 큰 영향을 끼쳤다고 보아야 할 것이다.

그러나 세부적으로 살펴보면 조금 다른 각도에서 생각해볼 여지가 있는 것 같다. 즉 『고려사』에서 병지는 전체 3권(권81~권83)으로 되어 있는데, 이 분량은 천문지, 역지, 오행지, 지리지, 선거지, 식화지에 배당된 분량과 동일하다. 이 점에서 본다면 11권으로 된 예지를 제외하면, 병지는 『고려사』 내에서 다른 지들과 같은 비중으로 대우받고 있으며, 특히 2권으로 구성된 백관지나 형법지보다 더 중요하게 취급되고 있다고 할 수 있다. 이는 특별히 주목해야 할 현상이 아닌가 한다.

---

2 『고려사』를 연구한 모든 연구자들이 이와 같은 견해를 보이고 있다. 그중 대표적인 것으로, 변태섭, 『고려사의 연구』, 삼영사, 1982; 윤희면, 「고려사 형법지 소고」, 『동아연구』 6, 서강대학교 동아연구소, 1985, 335~337쪽; 박용운, 「고려사 백관지의 특성과 역주」, 『고려시대연구』 III, 한국정신문화연구원, 2001, 45~67쪽 참조.

〈표 1〉에서 보듯이 『원사』나 『송사』에는 병지보다 백관지나 식화지가 더 중요하게 취급되고 있다. 즉 『원사』에는 병지가 4권인 데 비하여, 백관지는 8권, 식화지는 5권이고, 『송사』에는 병지가 12권인데, 직관지와는 권수가 같지만, 식화지는 14권으로 되어 있는 것이다. 이러한 점에서 볼 때 『고려사』 편찬자들은 『송사』나 『원사』를 참조하면서도 나름대로 고려시대의 병제에 대해 그 중요성을 인식하고 있었다고 할 수 있다. 이러한 사실은 『고려사』 병지를 검토하면서 일차적으로 유념해야 할 대목이라고 생각한다.

『고려사』 편찬자들이 병지에 대한 비중을 크게 둔 이유는 여러 가지로 검토되어야 할 것이다. 『고려사』의 병지를 중국 사서와 비교하면서 이러한 점을 좀더 살펴보기로 한다. 〈표 1〉에서 보듯이 병지가 제일 처음 등장하는 사서는 『신당서』이다. 『신당서』의 이 체제가 이후 『송사』와 『원사』에 계승되고, 『고려사』에도 영향을 주었던 것이다. 이들 네 역사서에 설정된 병지의 항목구성을 살펴보면 〈표 2〉와 같다.

〈표 2〉 주요 역사서의 병지 항목구성

	『新唐書』	『宋史』	『元史』	『高麗史』
1	(序文)	禁軍(序文)	(序文)	(序文)
2	府兵之制	廂兵	兵制	兵制
3	方鎭	鄕兵	宿衛	宿衛
4	天子禁軍	召募之制	鎭戍	鎭戍
5		揀選之制	馬政	站驛
6		廩給之制	屯田	馬政
7		訓練之制	站赤	城堡
8		遷補之制	弓手	屯田 兵糧 付
9		屯戍之制	急遞鋪兵	看守軍
10		器甲之制	鷹房捕獵	圍宿軍
11		馬政		檢點軍
12				州縣軍
13				船軍
14				工役軍

〈표 2〉에서 보듯이 『신당서』에서 처음 등장한 병지의 체제는 비교적 간단하다. 서문을 제외하면 겨우 3개 항목만이 있을 뿐이다. 그 뒤 『송사』에서는 항목이 11개로 늘어났지만, 이들 항목은 『원사』에서 거의 전부가 새로운 항목으로 대폭 대체되고 있다. 그런데 『고려사』 병지의 항목설정이나 구성은 바로 『원사』의 것과 매우 유사하다. 그러므로 『고려사』 병지가 『원사』의 체제를 많이 참조하였다는 사실은 누구나 쉽게 인정할 수 있을 것이다.

그러나 『고려사』 병지는 서문을 제외하면 모두 13개 항목으로, 중국 사서와 비교해볼 때 적어도 항목 수에서는 가장 많다는 것이 주목된다. 이것은 앞서 언급한 바와 같이 『고려사』 편찬자들이 병지를 만들면서 나름대로 비중을 더 주기 위하여 고심하였다는 점을 반증하는 것이라고 생각한다. 즉 그들은 『원사』의 체제를 따르면서도, 내용면에서는 『원사』와는 다른, 혹은 『고려사』 병지만의 독특한 내용을 담으려고 애를 썼다고 추측할 수 있다는 것이다.

고려사회의 주요한 제도나 문물 가운데 당이나 송의 것을 차용한 것이 많다는 사실은 잘 알려져 있다. 고려시대 중앙정부 조직인 3성6부제三省六部制나 추밀원樞密院도 그러하고, 가장 중요한 관리 등용 방법이었던 과거제科擧制도 그러하다. 고려 후기 원元의 간섭을 받으면서 원의 제도나 문물이 대거 도입되기는 하였지만, 그것들은 대부분은 고려사회에 일시적이고 부분적인 흔적을 남기는 데 그쳤다. 특히 공민왕 때 반원적인 개혁정책을 적극 실시하면서 원에서 도입된 제도나 풍습 등은 거의가 철폐되고 말았기 때문이다. 따라서 국초 이래 중요한 제도의 근간은 대부분 고려 후기까지 절대적인 영향을 끼치면서 존속하여갔다고 할 수 있다.

그러나 『고려사』 편찬자들이 『원사』의 체제를 참조하였다고는 하지만, 정작 본문을 서술하는 단계에 이르러서는 그 내용까지 참고하기가 매우 어려울 수밖에 없었다고 생각한다. 이와 관련하여 『고려사』 각 지의 서문에 적힌 몇 가지 내용을 살펴보기로 하자.

1) 고려는 따로 역曆을 만들지 않고, 당唐의 선명력宣明曆을 받아썼다. 장경長慶 임인년(822, 이 해 당唐은 선명력을 처음 채택하였다 – 필자 주)으로부터 (고려) 태조가 건국하기까지 거의 100년이 지났고, 그 기술도 이미 차이가 생겼다. 이런 까닭에 당은 이미 역曆을 바꾸고, 이후 무릇 22번이나 바뀌었다. 그러나 고려는 아직도 이것을 쓰다가, 충선왕忠宣王에 이르러 원元의 수시력授時曆으로 바꾸어 쓰게 되었다(『고려사』 50 역지曆志 1, 서문 – 밑줄은 필자가 그음. 이하 동일).

2) 예종睿宗 조에 송宋에서 신악新樂을 주고 또 대성악大晟樂을 주었다. 공민왕 때 (명) 태조太祖황제가 특별히 아악雅樂을 주어 드디어 조정朝廷과 종묘宗廟에서 사용하였다. 또 당악唐樂과 삼국三國 및 당시의 속악俗樂을 함께 썼는데, 〈중략〉 아악雅樂과 당악唐樂과 속악俗樂으로 분류하여 악지樂志를 만든다(『고려사』 70 악지樂志 1, 서문).

3) 동국東國은 삼한三韓부터 의장儀章과 복식服飾에 고유한 관습을 따르다가 신라 태종왕太宗王이 당唐의 제도를 따르기를 청하였다. 이 뒤부터 관복冠服의 제도가 점차 중화中華를 모방하게 되었다. 고려 태조太祖는 나라를 건국하였으나 초창기에 일이 많아 신라의 옛 제도를 그대로 썼다. 〈중략〉 의종毅宗 때 평장사平章事 최윤의崔允儀가 조종祖宗의 헌장憲章을 모으고 당唐의 제도를 여러 가지 가려서 『상정고금예詳定古今禮』를 만드니, 위로는 왕의 면복冕服, 여로輿輅, 의위儀衛, 노부鹵簿와 아래로는 백관百官의 관복冠服에 이르기까지 갖추어 싣지 않음이 없으니 일대一代의 제도가 완비되었다. 원元을 섬긴 이래 머리를 깎아 변발辮髮을 하고 호복胡服을 입기를 거의 100년이나 하였으나, 대명大明 태조太祖 고황제高皇帝가 공민왕恭愍王에게 면복冕服을 주고 왕비와 군신들에게도 또한 모두 내려주니, 이로부터 의관衣冠과 문물文物이 환연히 다시 새로워졌다(『고려사』 72 여복지輿服志 1, 서문).

4) 삼국三國 이전에는 아직 과거법科擧法이 없었다. 고려 태조太祖는 먼저 학교를 세웠으나 과거로 선비를 뽑지는 못하였다. 광종光宗은 쌍기雙冀의 말을 받아들여 과거로 선비를 뽑으니, 이로부터 문풍文風이 크게 일어났다. 대체로

그 법은 당唐의 제도를 자못 썼다(『고려사』 73 선거지選擧志 1, 서문).

5) 고려 태조太祖는 나라를 건국한 이후 신라와 태봉泰封의 제도를 참고하고 써서 관부官府를 만들고 직職을 나누어 온갖 일을 맡게 하였다. 그러나 그 관호官號에는 간혹 방언方言이 섞여 있었으니, 대개 초창기에 고칠 겨를이 없었기 때문이다. (태조) 2년에 3성省 6상서尙書 9시寺 6위衛를 세우니, 대략 당의 제도를 모방한 것이다(『고려사』 76 백관지百官志 1, 서문).

6) 고려 태조太祖는 삼한三韓을 통일하고 비로소 6위衛를 두었으니, 위에는 38영領이 있고, 영領은 각각 1,000명이었다. 위와 아래가 서로 연결되고 체통이 서로 속했는데, 당唐의 부위제府衛制에 거의 가까웠다(『고려사』 81 병지兵志 1, 서문).

7) 고려 일대의 제도는 대개 모두 당唐을 모방한 것이다. 형법刑法에 있어서도 또한 당률唐律을 채택하였으나, 시의時宜를 참작하여 이를 썼다(『고려사』 84 형법지刑法志 1, 서문).

이들 사료에서 보는 것과 같이, 『고려사』에 수록된 여러 지의 서문에는 고려의 주요 제도가 삼국 이래의 전통적인 것도 있지만, 기본적으로는 주로 당이나 송의 제도를 기반으로 한 것이라는 점을 강조하고 있다. 즉 『고려사』 편찬자들은 각종 문물과 제도의 변혁이나 내용을 다루는 지志를 만들면서 원의 제도보다는 당이나 송의 제도에 더 관심을 기울였고, 이들 제도와 고려사회와의 연관성을 밝히려고 애를 썼던 것이다.[3] 그러므로 우리가 『고려사』 지에 실린 구체적 내용을 검토하고자 한다면 당연히 『원사』보다는 『송사』나 『구당서』, 『신당서』의 기사를 중시하여야 한다고 생각한다.

특히 『고려사』는 흥망사관적興亡史觀的 입장에서 서술된 역사서이다. 즉 건국의 초창기에는 이상적인 제도나 문물이 만들어지고 운영되었지만, 점차 시간이 지날수록 그 제도가 문란해지게 되고 마침내 멸망에 이른다는 입장에서 전 왕조의 역사를 서술하였던 것이다. 그것은 새 왕조의 건국의 정

3 박용운, 앞의 글, 47~53쪽에서도 이와 같은 점을 강조하고 있다.

당성과 전 왕조의 몰락의 불가피성을 합리화하기 위해 전통사회에서의 사관史官들이 취할 수 있는 당연한 입장이기도 하였다. 특히 기전체 역사서에서 지志를 서술할 경우, 그 제도의 실체와 함께 변혁과정을 언급하지 않을 수 없는데, 그 운영이나 변화의 방향은 필연적으로 몰락의 길로 향해갈 수밖에 없었던 것이다.

『고려사』의 경우도 이 점에서 예외가 아니었다. 『고려사』의 지를 보면 거의가 초창기에는 이상적인 제도들이 만들어지고 운영되었으나, 후기로 갈수록 그것들이 문란해져갔다는 방식으로 서술되고 있다. 아울러 초기의 이상적인 제도는 삼국 이래 한반도의 전통적인 것들도 있지만, 주요한 것은 대부분 당이나 송으로부터 차용한 제도였다고 그 기원을 밝히고 있는 것이다.

병지에도 이러한 입장은 당연히 강하게 반영되어 있다.

> 고려 태조太祖는 삼한三韓을 통일하고 비로소 6위衛를 두었으니, 위衛에는 38영領이 있고, 영領은 각각 1,000명이었다. 위와 아래가 서로 연결되고 체통이 서로 속했는데, 당唐의 부위제府衛制에 거의 가까웠다 〈중략〉 의종毅宗·명종明宗 이후에 권신權臣이 정권을 쥐면서 병권兵權은 아래로 옮겨가서 용감한 장수와 강한 병졸들이 모두 사가私家에 속하게 되니, 나라에 바야흐로 외적이 침입하여도 국가에는 1여旅의 군사가 없게 되었다. 〈중략〉 나라의 힘이 이 지경에 이르렀으니 비록 위태롭게 되지 않기를 바라더라도 될 수 있겠는가(『고려사』 81 병지兵志 1, 서문).

이 서문에서 보듯이 고려 초기에는 이상적인 군사제도가 만들어졌으나, 후기로 가면서 이 제도는 붕괴되고 마침내 멸망하고 말았다는 시각에서 고려의 군사제도를 조망하고 있는 것이다.[4] 『고려사』 병지도 이러한 입장에

4 이기백, 「고려사 병지의 검토」, 『고려병제사연구』, 일조각, 1968, 30~33쪽. 한편 『고려사』 식화지를 검토한 박종기는 『고려사』 편찬자들의 이와 같은 정치적 명분론이 식화지뿐만 아니라 『고려사』 전편에 걸쳐 투영되어 있다고 하였다(박종기, 「고려사 식화지의 사료 성격」, 『역주 고려사 식화지』, 한국정신문화연구원, 1996, 25~26쪽).

따라 서술되었던 만큼, 병지를 이용할 때 우리는 이 점을 충분히 유념하고 있어야 한다고 생각한다. 즉 병지의 편찬자들이 그들의 사관史觀에 맞추어 필요한 사료만을 발췌하거나 개작하였을 가능성은 없는가 주의하여야 하는 것이다.[5] 그러므로 『고려사』 편찬자들이 강조하고 있는 중국제도에 대하여서도 좀더 깊은 이해와 함께, 그들의 생각처럼 그 제도들이 고려시대에 과연 그대로 적용되었을까 하는 점에 대해서도 세심한 검토가 필요한 것이다.

3. 병지의 기사 분석

앞에서 언급한 것처럼, 『고려사』 병지는 3권에 걸쳐 13개의 항목으로 구성되어 있다. 이들 항목의 배열을 보면 권1은 '병제兵制', 권2는 '숙위宿衛', '진수鎭戍', '참역站驛', '마정馬政', '성보城堡', '둔전屯田(부附 병량兵糧)', 권3은 '간수군看守軍', '위숙군圍宿軍', '검점군檢點軍', '주현군州縣軍', '선군船軍', '공역군工役軍'으로 되어 있다. 서술된 양이나 비중만으로 본다면 권 하나를 모두 차지하고 있는 '병제'가 모든 항목 중에서 가장 중요하게 취급되었다고 할 수 있다.

병지는 기본적으로 사료의 집성으로 이루어져 있다. 그런데 이 병지에 수록된 기사의 형태는 크게 둘로 나눌 수 있지 않을까 한다. 즉 하나는 구체적인 연대의 제시 없이 (부대의 편성이나 조직 등을) 그냥 일람표와 같은 형식으로 제시한 것이고, 다른 하나는 구체적인 연대가 밝혀져 있는 기사들이다.

예컨대 '병제'를 보면 제일 먼저 2군二軍과 6위六衛, 제부諸府와 별호제반別號諸班이 나오는데, 이들은 다음과 같은 방식으로 서술되고 있다.

---

5 이기백, 앞의 글, 30쪽. 이기백은 이러한 가능성에 주목하여 고려시대의 병제가 『고려사』 편찬자들이 주장하는 부병제가 아니라 군반제를 기반으로 하였음을 논증하였다.

병제兵制

2군二軍

응양군鷹揚軍 1영領

용호군龍虎軍 2영

6위六衛

좌우위左右衛	보승保勝	10영領	정용精勇	3영領
신호위神虎衛	보승	10영	정용	2영
흥위위興威衛	보승	7영	정용	5영
금오위金吾衛	정용	6영	역령	1영
천우위千牛衛	상령常領	1영	해령海領	1영
감문위監門衛	1영			

제부諸府

도부외都府外

의장부儀仗府

견예부堅銳府

노부弩府

별호제반別號諸班

신기神騎 신보神步 경궁梗弓 정노精弩 석투石投

대각大角 철수鐵水 강노剛弩 도탕跳盪 사궁射弓

발화發火

이 기사에서 보듯이 '병제'의 첫 기사는 각 부대의 설치연대나 조직, 임무 등에 대해 아무런 부가설명도 하지 않고, 단순히 부대의 일람표만 나열하고 있다. 물론 2군과 6위 및 제부의 도부외, 의장부, 견예부의 부대편성에 대한 기록은 『고려사』 77 백관지 2 서반西班 조에서 따로 언급하고 있으므로, 병지에서는 설명이 생략된 것으로 볼 수도 있다. 병지가 아닌 백관지에 이들에 관한 기록을 넣은 것은, 병지가 독립된 편목으로 등장하기 이전에 만들어진 역사서의 전통을 이은 것이 아닐까 한다.

앞의 〈표 1〉에서 보듯이 『구당서』와 『삼국사기』에는 병지가 설정되어 있지 않다. 그런데 『삼국사기』의 직관지職官志를 보면 무관武官 항목이 있고 그 아래에 시위부侍衛府, 제국관諸軍官, 군호軍戶, 금衿 등의 소항목을 설정하였다.[6] 『구당서』에도 직관지에 무관 항목을 설정한 다음, 그 아래에 좌우위左右衛, 제부諸府 등의 소항목을 나열하고 있다.[7] 『신당서』 백관지에도 16위衛, 제위절충도위부諸衛折衝都尉府 등의 부대가 있으며,[8] 『송사』 직관지에도 시위친군侍衛親軍, 환위관環衛官 등의 항목이 설정되어 있다.[9] 주로 숙위宿衛나 의장儀仗 등의 임무를 지닌 시위군侍衛軍 같은 부대들이 병지兵志가 아닌 직관지職官志(또는 백관지)에 실려 있는 것이 특징이기도 하다.

어떻든 연대기적 기사가 적혀 있지 않은 이러한 사정은 특히 병지의 셋째 권에 실린 항목에 가면 더욱 심해진다. 즉 병지 권3에는 6개의 부대가 나오는데, 이 중 선군船軍과 공역군工役軍을 제외한 나머지 간수군看守軍, 위숙군圍宿軍, 검점군檢點軍, 주현군州縣軍은 각 부대의 일람표만 제시되고 있을 뿐, 그와 관련된 연대기적 기사는 하나도 실려 있지 않은 것이다.

『고려사』 병지에 실려 있는 연대기 기사를 항목별로 나누고 시기에 따라 정리하면 〈표 3〉과 같다.

이 〈표 3〉에서 보듯이 병지에 실려 있는 연대기적 기사들도 항목에 따라서는 연대가 특정한 시기에 치우쳐 있거나, 전체적인 분량이 절대적으로 적은 경우도 많다. 예컨대 '병제兵制'나 '성보城堡'와 같은 항목은 고려 전기에 관한 기사가 압도적으로 많다. 이에 비해, '참역站驛'이나 '둔전屯田' 같은 항목은 고려 후기 이후의 기사가 더 많다. '선군船軍'은 고려 전기나 무인정권기의 기사는 아예 하나도 없고, '공역군工役軍'에 대한 기사는 고려 전 시기에 걸쳐 고작 3개만 제시되고 있을 뿐이다.

---

6 『삼국사기』 40 잡지 9 직관지 하, 무관 조.

7 『구당서』 44 직관지 3 武官.

8 『신당서』 49 상 백관지 4 상.

9 『송사』 166 직관지 6.

〈표 3〉 『고려사』 병지 각 항목에 수록된 연대기 기사의 수

	고려 전기 (태조~의종)	무인정권기 (명종~원종)	고려 후기 (충렬왕~충정왕)	고려 말기 (공민왕~공양왕)	계
兵制	78	15	19	3	115
宿衛	4	4	7	9	24
鎭戍	13	2	9	8	32
站驛	3	3	9	8	23
馬政	3	1	3	6	13
城堡	78	5	0	4	87
屯田	5	2	11	16	34
看守軍	(연대기 기사 없음)				0
圍宿軍	(연대기 기사 없음)				0
檢點軍	(연대기 기사 없음)				0
州縣軍	(연대기 기사 없음)				0
船軍	0	0	1	7	8
工役軍	0	1	2	0	3

이러한 현상을 병지 편찬자들의 탓으로만 돌릴 수는 없을 것이다. 그들도 병지를 엮으면서

> 국가의 대사는 군사軍事에 있으니, 그 제도가 진실로 마땅히 갖추어졌을 것이다. 그러나 종전의 사적史籍이 자세하지 못한 것을 애석해하며, 지금 특히 상고할 수 있는 것으로 기록한다(『고려사』 81 병지 1, 서문).

라고 하여 사료의 부족에 따른 고충을 토로하고 있기 때문이다.

그렇다고 하더라도 이와 같은 기사들은 『고려사』 병지나 고려시대의 군사제도를 이해하려 할 때 큰 부담을 주는 것은 사실이다. 그러므로 병지에 실린 이들 기사를 검토하기 위해서는 다른 사료를 통하여 부족하거나 빠진 부분을 가능한 한 최대로 메우려는 노력이 절대적으로 필요하다.

한편 연대기적 기사는 그 자체로서 독립적인 성격의 것이 많지만, 판判이나 제制, 지旨, 교敎, 게방揭榜, 상소上疏, 주청奏請 등의 형식으로 나오는 것

들도 많이 있다. 이러한 기사들은 『고려사』의 세가나 열전, 혹은 다른 지의 기록들을 참고하면 서로 연결되는 경우가 많다. 예컨대 유명한 최승로崔承老의 상서문은 『고려사』의 그의 열전뿐 아니라,[10] 병지 권2 '숙위宿衛' 조와 '진수鎭戍' 조에도 해당 조목이 실려 있다. 또 우왕 14년 7월과 공양왕 즉위년 12월에 올린 조준趙浚의 상소문은 식화지食貨志의 것이 널리 알려져 있지만,[11] 병지 권2 '참역站驛' 조에도 그 상소문의 조목들이 실려 있다. 이밖에도 공민왕 5년 11월에 서북면도원수西北面都元帥 염제신廉悌臣이 올린 상소문은 병지 권1 '병제' 조와 병지 권2 '둔전' 조에 나뉘어 실려 있으며, 공민왕 20년 7월에 나주목사羅州牧使 이진수李進修가 올린 상소문도 병지 권1 '병제' 조와 병지 권2 '숙위' 조에 나뉘어 실려 있다. 또 원종 11년 5월 삼별초三別抄를 폐지하는 기사는 병지 권1 '병제' 조에 실려 있는데, 『고려사절요』에도 거의 꼭 같은 기사가 실려 있다.[12]

이와 같이 원래는 하나였던 사료가 기전체 역사서라는 체제상의 제약과 특성으로 말미암아 여러 곳으로 나누어진 것들이 많고, 또 다른 사서와 비교할 수 있는 기사들도 상당히 많다. 그러므로 이러한 기사들은 가능한 대로 다른 자료들을 참고하거나 전후 사정을 고려하면서 그 연대나 연혁을 살펴보고, 원래의 형태를 복원해내려는 노력이 절대적으로 필요하다. 물론 항목에 따라서는 이런 검토가 전혀 불가능한 것도 상당수 있겠지만, 역주에 앞서 반드시 이루어져야 할 작업이라고 생각된다.

4. 역주 현황과 과제

고려시대의 군사제도에 대한 연구는 일일이 꼽기가 어려울 정도로 매우 많다. 그중에서 군사제도만을 전문적으로 다룬 저서와 박사학위논문을 꼽

10 『고려사』 93 열전 6 최승로전.

11 『고려사』 78 식화지 1 田制 조.

12 『고려사절요』 19 원종 11년 5월 병인 조.

아보면 다음과 같다.

이기백, 『고려병제사연구』, 일조각, 1968.

육군본부 편, 『고려군제사』, 육군본부, 1983.

정경현, 『고려전기 2군 6위제 연구』, 서울대학교 박사학위논문, 1992.

권영국, 『고려후기 군사제도 연구』, 서울대학교 박사학위논문, 1995.

송인주, 『고려시대의 금군연구』, 경북대학교 박사학위논문, 1998.

윤훈표, 『여말선초 군제개혁 연구』, 혜안, 2000.

홍원기, 『고려전기 군제연구』, 혜안, 2001.

한편 고려 군사제도에 관한 연구성과를 점검하는 노력도 틈틈이 행하여졌는데, 그중 주요한 것을 들면 다음과 같다.

김남규, 「군사제도」, 『한국사론』 2, 국사편찬위원회, 1978.

민현구, 「한국군제사 연구의 회고와 전망」, 『사총』 26, 1982; 『조선초기의 군사제도와 정치』, 한국연구원, 1983.

정경현, 「한국 군사사연구의 방법론적 반성–고려전기 중앙군제를 중심으로」, 『군사』 23, 국방군사연구소, 1991.

홍원기, 「고려 군반씨족제설의 학설적 의의와 한계」, 『군사』 24, 국방군사연구소, 1992.

홍승기, 「고려초기 경군의 2원적 구성론에 대하여」, 『이기백선생 고희기념 한국사학논총(상)』, 일조각, 1994.

윤훈표, 「고려시대 군제사 연구의 현황과 과제」, 『군사』 34, 국방군사연구소, 1997.

다소 단순화시키는 감이 있지만, 위와 같은 목록에 의할 때 고려의 군사제도는 1990년대 후반에 들어와 다시 활기차게 연구되고 있다고 보아도 좋을 것 같다. 특히 고려군사제도에 대하여는 기존의 부병제설府兵制說과 군반제설軍班制說 이외에, 그것을 절충하는 입장의 이른바 2원적 구성론이 새로이 제기되고, 또 그에 대한 반론이 다시 더해지는 등 다양한 논의가 본격적으로 일어나고 있다. 또 민중의 생활에 대한 관심이 높아지면서 군역軍役이나 군인전軍人田의 실체에 대하여도 새로운 각도에서 많은 관심이 주어지고 있다. 중앙군의 경우에도 권력의 핵심에 바짝 다가서 있던 금군禁軍이나 시위군侍衛軍에 대한 연구도 많이 이루어지고 있다. 이 글에서 이러한 연구성과를 일일이 언급할 필요는 없을 것이다. 그러나 이 모든 연구의 기본이 되는 『고려사』 병지에 대해서도 이제 본격적인 검토가 이루어질 때가 되었다는 점은 분명하다고 말하고 싶다.

사실 고려시대의 군사제도에 대한 높은 관심에도 불구하고, 병지 자체를 본격적으로 검토한 연구는

이기백, 「고려사 병지의 검토」, 『진단학보』 31, 1967; 『고려병제사연구』, 일조각, 1968.

가 유일하다. 그러므로 고려시대 군사제도에 대한 심층적인 연구를 위해서는, 가장 기본 사료가 되는 『고려사』 병지에 대하여 좀더 많은 관심을 기울여야 할 것이다.

한편 『고려사』 병지의 번역본으로는 다음과 같은 3종이 있다.

A. 사회과학원 고전연구실 편, 『고려사 역본』, 1963(『북역 고려사』 7, 신서원 편집부 재간행, 1991, 448~543쪽).

B. 동아대학교 고전연구실 편, 『역주 고려사』 7, 동아대학교 출판부, 1971, 451~563쪽.

C. ① 이기백, 『고려사 병지 역주 1』, 고려사연구회, 1969.

② 이기백, 「고려사 병지 1 · 2 · 3」, 『고려군제사』 부록 사료편, 육군본부,

1983, 349~403쪽.

이 중 북한의 사회과학원 번역본(A)은 최초의 『고려사』 번역이자 병지에 관한 최초 완역이라는 점에서 그 의의가 매우 크다. 특히 이 번역자들은

모든 력사적 사실을 원문에 있는 그대로 정확하게 옮기기에 노력하였다(「고려사 역본을 내면서」, 『북역 고려사』 1~2쪽).

라고 하여, 직역에 충실하였음을 밝히고 있다.

동아대학교 고전연구실의 번역본(B)은 북한 것보다 약 10년 정도 뒤늦게 나온 것이다. 이 번역도

本書의 譯은 充實을 期하여 意譯보다는 直譯에 힘써 可及的 原文에 接近하기를 期하였다(凡例, 『譯註 高麗史』 1, 19쪽).

라고 밝혔듯이 직역 위주의 원칙을 지니고 있다.

『고려사』 전체를 대상으로 한 위의 두 책과는 달리, 이기백의 번역(C)은 『고려사』 병지만을 대상으로 한 것이다. 그런데 C-①은 병지 권1만 번역한 것이고, C-②는 병지 권1 · 2 · 3을 번역한 것이다. 또 C-②는 『고려군제사』라는 연구서의 부록 형식으로 제시되어 있는데, 이 책에는 '범례'와 같은 번역 원칙이나 기준은 밝혀져 있지 않다. 그러나 그 번역은 C-①을 토대로 하여 번역한 것이다. 다만 C-①은 책이름이 말해주듯 번역문과 함께 상세한 주해가 달려 있으나, C-②는 번역문만 있을 뿐 주해는 하나도 제시되지 않고 있다.

이 세 번역본은 나름대로 각각의 장단점을 가지고 있다. 그 특징을 대표적인 사례 하나를 통하여 살펴보기로 하겠는데, 『고려사』 병지 1 병제 조에 나오는 공민왕 5년 6월에 내려진 교敎를 예로 들어보기로 한다. 이 기사의

원문을 제시하면 다음과 같다.

五年六月 下教曰 一 推刷行省三所・諸軍萬戶府隷屬丁口用備戍兵 〈중략〉 一 國家以田十七結爲一足丁 給軍一丁 古者田賦之遺法也 凡軍戶素所連立 爲人所奪者 許陳告還給 又奸詐之徒 雖無兒息 妄稱閑人 連立土田 無有限極 仰選軍別監 根究推刷 以募戍卒 其逆賊之田 計結爲丁 亦給募卒 一 各處逆賊之奴 自稱達魯花赤 奪人土田 役使良民 蓄積財産 其令所在官籍沒 以募戍卒(『고려사』 81 병지 1 병제 공민왕 5년 6월 下教－밑줄은 필자, 이하 동일).

이에 대한 번역문을 위의 순서에 따라 차례로 옮겨 보면 다음과 같다.

A. 5년 6월에 다음과 같은 명령을 내렸다.

《첫째 행성(行省) 3개 소, 여러 군(軍), 만호부(萬戶府)에 배속된 장정들을 몰아내어 군졸로 편입할 것이다. 〈중략〉 네째 국가에서 토지 17결을 한 족정(足丁)으로 하여 군인 1정(丁)에게 주는 것은 옛날 토지 제도가 끼친 법이다. 모든 군호(軍戶)들은 본래 련립(連立－공동 합작)한 것인데 이 토지를 남에게 빼앗긴 자가 있으면 그들이 신고에 의하여 다시 돌려주게 할 것이다. 또 간사한 자들이 자식은 없으면서 한인(閑人)이라고 자칭하고 토지에 련립(連立)되여 있는 것이 매우 많으니 선군 별감을 시켜 그 근본을 밝히고 모두 몰아다가 위수군(衛戍軍)으로 삼고 역적들의 토지도 결(結)을 계산하여 족정을 만들어 모집한 군사에게 주게 할 것이다. 다섯째 각처 역적의 노비들이 달로화치(達魯花赤)라고 자칭하고 남의 토지를 빼앗고 양민을 부려 재산을 축적하고 있으니 소재지 관원을 시켜 그들의 재산을 몰수하고 위수군으로 삼을 것이다.》

(『북역 고려사』 7, 464쪽)

B. 五年 六月에 下教하기를 「一, 行省 三所와 諸軍 萬戶府에 隷屬된 丁口를 推刷하여 戍兵에 對備할 것. 〈중략〉 一, 國家에서 田 十七結로 一足丁을 삼아 軍人에게 一丁을 支給하는 것은 옛날 田賦制度의 遺法인 것이다. 무릇 軍戶는(註

八) 平素 連立하는 바이니 남에게 빼앗긴 것은 陳告하고 還給함을 許하고 또 奸詐한 무리들이 비록 子息이 없으면서도 망녕되이 閑人이라고 稱하고 土田을 連立함이 끝이 없으니 選軍別監으로 하여금 끝까지 推刷하여서 戍卒을 募集하고 逆賊의 밭은 結을 헤아려 丁을 만들어서 또한 募卒에게 지급할 것. 一. 各處에 있는 逆賊의 奴婢들이 스스로 達魯花赤이라 稱하면서 남의 土田을 빼앗고 良民을 役使하여 財産을 蓄積하고 있으니 所在地의 官吏로 하여금 籍沒케 하여 戍卒을 募集할 것」이라고 하였다.

(註八) 軍戶連立=田丁連立과 같은 말로 軍戶에는 一定한 土地로 軍人田(田丁足丁)을 지급하고 있었기 때문에 足丁의 세습과 같은 뜻을 가진다.

(『역주 고려사』 7, 472~473쪽)

C-②. 5년 6월에 敎를 내리어 [다음과 같이] 말하였다.

「1. 行省 3所와 諸軍萬戶府에 예속된 丁口를 推刷하여 軍事에 대비하라.

〈중략〉

1. 국가가 田地 17結을 1足丁으로 삼아 軍人에 1丁을 줌은 옛 田賦의 遺法이다. 무릇 軍戶는 본래 連立하는 바이니 남에게 빼앗긴 것은 陳告하여 돌려줄 것을 허락하자. 또 간사한 무리가 비록 자식이 없더라도 閑人을 망칭하여 土地를 連立하여 한도 끝도 없으니 選軍別監에 의뢰하여 끝까지 조사해서 [이를] 推刷하여 戍卒을 모집하고 역적의 田地는 結을 세어서 丁을 삼아 또한 募卒에게 주라.

1. 각처에 있는 역적의 奴들이 스스로 達魯花赤라 칭하고 남의 土田을 빼앗고 良民을 役使하여 재산을 축적하였으니 所在地의 관리로 하여금 籍沒케 하여 戍卒을 모집하라.」

(『고려군제사』, 358쪽)

이 세 번역을 대조하면 다음과 같은 특징을 찾아볼 수 있다.

먼저, 북한의 번역(A)은 한자를 ( ) 속에 병기하는 등 비교적 쉬운 문장으로 번역되어 부담 없이 읽을 수 있다는 장점이 있다. 그러나 오역이 더러 눈에 띈다(인용하지 않은 다른 부분에서는 의역된 곳도 많이 있다). 예컨대 '軍戶連立'을 '군호軍戶들은 본래 련립(一공동합작)한 것'으로 이해하고 있다든가, '戍卒'을 '衛戍軍'으로 번역하여 특정한 군호軍號처럼 인식시키는 점, '諸軍萬戶府'를 '여러 군(軍), 만호부(萬戶府)'라고 하여 각각 독립된 단어로 나누어 번역하고 있는 사례 등이 그것이다. 이러한 점은 당시의 고려사 연구의 성과나 수준을 감안한다면 어쩔 수 없는 것이 아닌가 여겨지기도 하지만, 어쨌든 오역임에는 분명하다.

다음, 동아대학교의 번역(B)은 철저하게 직역주의를 고수하고 있으나, 그 결과 어떤 문장은 한문에 단순히 한글 토를 단 것과 같은 인상도 주고, 문장이 다소 딱딱하다는 느낌도 준다. 그러나 이 책은 위의 인용문 중의 (註八)과 같은 사례에서 보듯이, 적으나마 필요한 역주를 군데군데 언급하고 있어서 도움을 준다. 역주를 가능한 한 본문 중에서 처리하고 있는 북한본과 매우 다른 점이다. 또한 이 번역본은 (이 글에서는 인용하지 못하였지만) 매 책마다 끝에 구두점을 찍은 원문을 붙여놓아 독자들에게 상당한 편의를 제공하고 있다.

마지막으로, 이기백의 번역 C-②는 동아대학교 본과 비교해볼 때 더 철저한 직역주의를 택하고 있음이 돋보인다. 예컨대 원문에 나오는 '逆賊之奴'라는 구절을 북한본이나 동아대본에서는 모두 '역적의 노비'라고 번역하고 있으나, 이 책에서는 '역적의 노奴'라고 번역하고 있는 것이다. 이와 같이 원문에 충실하면서도 이 번역은 [ ] 같은 부호를 적절하게 이용함으로써 번역문을 매끄럽게 하는 효과를 거두고 있다. 그러나 이 번역 역시 1969년에 이루어진 C-①의 번역을 기본으로 하고 있으므로, 오늘날의 입장에서 본다면 문장을 조금 더 쉽게 풀어쓸 필요가 있다고 생각한다. 아울러 (『고려사 병지 역주』로 간행된 병지 권1은 그렇다고 쳐도) 병지 권2 · 3의 경우 주해가 하나도 제시되지 않고 있는 점도 매우 아쉬운 대목이다.

이상 세 번역을 다소 거칠게 비교하면서 그 장단점을 살펴보았지만, 이들은 어디까지나 번역이고 본격적인 역주가 아니므로 이 자리에서 더 이상 언급할 필요는 없을 것이다. 장차 본격적인 역주나 혹은 그에 버금가는 번역본이 나오기를 기대하지만, 이 자리에서는 우선 보다 나은 역주의 탄생을 위해 기존에 나온 역주본을 다시 한번 검토해보기로 한다.

현재『고려사』병지를 본격적으로 역주한 것은, 앞에서 말한 것과 같이

C-① 이기백,『고려사 병지 역주 1』, 고려사연구회, 1969.

하나뿐이다.

이 책이 밝히고 있는 역주 원칙을 보면 다음과 같다.

〈전략〉

二, 飜譯은 原文에 忠實하기를 期하였으며, 表現은 되도록 現代文답게 만들도록 努力하였다. 飜譯文 속에 [ ]로 묶은 部分은 原文에는 없으나 뜻이 통하도록 補充한 것이요, ( )로 묶은 부분은 간단한 語句의 解釋이다.

三, 註解는 事實의 歷史的 說明을 爲主로 하였으며, 過去의 學說을 충실히 紹介하도록 하되, 註解者의 見害도 또한 밝히었다. 그리고 →表로 표시한 것은 本書의 다른 부분에 나온 該當 註解를 參考하라는 뜻이다.

〈하략〉

(凡例,『高麗史 兵志 譯註 1』, v쪽－이하『고려사 병지 역주』라 함)

즉, 원문에 충실한 직역을 위주로 하되 현대문답게 번역하며, 주해는 사실事實의 역사적 설명을 주로 하되 과거의 학설과 아울러 본인의 견해도 밝힌다고 한 것이다. 이러한 원칙이 구체적으로 역주에 어떻게 반영되어 있는지, 조금 전 인용한 공민왕 5년 6월의 기사를 중심으로 하여 다시 살펴보기로 하자. 이에 다소 번거롭더라도『고려사 병지 역주』에 실려 있는 번역문을 옮겨와 본다.

五年 六月에 教를 내리어 [다음과 같이] 말하였다.

『1. 行省 三所①와 諸軍萬戶府②에 예속된 丁口를 推刷하여 軍事에 對備하라.

〈중략〉

1. 國家가 田地 十七結을 一足丁③으로 삼아 軍人에 一丁을 줌은 옛 田賦의 遺法이다. 무릇 軍戶는 본래 連立하는 바④이니, 남에게 빼앗긴 것은 陳告하여 돌려줄 것을 허락하라. 또 奸詐한 무리가 비록 兒息이 없드라도 閑人을 妄稱하여 土地를 連立하여 限極이 없으니, 選軍別監에 의뢰하여 끝까지 조사해서 [이를] 推刷하여 戍卒을 모집하고, 逆賊⑤의 田地는 結을 세어서 丁을 삼아⑥ 또한 募卒에게 주라.

1. 各處에 있는 逆賊의 奴들이 스스로 達魯花赤⑦라 칭하고 남의 土田을 빼앗고 良民을 役使하여 財産을 蓄積하였으니 所在地의 官吏로 하여금 籍沒케 하여 戍卒을 모집하라』(『고려사 병지 역주』, 101쪽).

이 문장을 위의 번역문 C와 비교해보면, 한자가 조금 더 많이 쓰였고, 자식子息이 아식兒息으로 되어 있는 등이 약간 다를 뿐, 전체 번역문장은 거의 같다. 그러나 『고려사 병지 역주』에서는 행성 3소行省三所, 제군만호부諸軍萬戶府, 족정足丁, 군호연립軍戶連立, 역적逆賊, 계결위정計結爲丁, 달로화적達魯花赤 7개 항목에 걸쳐 주해를 달아놓고 있다. 즉 병제에 관한 것이 아니더라도 전후 문맥이나 역사적 사실을 이해하는 데 도움을 주는 항목들에 대해서는 거의 빠짐없이 주해를 달고 있는 것이다. 예컨대, ① 行省三所, ⑤ 逆賊, ⑦ 達魯花赤 같은 항목은 병제와는 거의 관련이 없는 것들이다. 이 같은 점에서 보더라도 이 『고려사 병지 역주』가 얼마나 세밀하고 꼼꼼하게 이루어졌는가를 짐작할 수 있다.

이 주해를 일일이 다 살펴볼 필요는 없겠지만, 그중 '軍戶連立'과 '計結爲丁'이라는 2항목에 대해 어떻게 주해를 달았는지 보기로 한다.

軍戶連立 軍戶連立은 高麗 兵制의 基幹이 되는 原則이었다고 생각된다. 軍戶

連立이라는 말은 여기에 처음 나오지만, '軍人年老身病者 許令子孫親族代之'(兵志 兵制 文宗 23年 10月 判)라고 한 것은 마찬가지 말이며, 또 軍戶에는 일정한 土地 軍人田(田丁 · 足丁)이 주어졌으므로 '田丁連立'(兵志 兵制 靖宗 11년 5월 揭榜)이란 말도 같은 뜻을 가지고 있다. 여기서도 軍戶의 連立이 곧 足丁의 世襲과 같은 뜻으로 쓰이고 있음을 알 수 있다. 이 軍戶連立은 高麗로 하여금 一定한 數의 軍隊를 確保하는 길을 만들어준 셈이다. 그러나 그것보다도 중요한 것은 軍人이라는 身分層을 낳게 하였다는 사실이며, 이들이 곧 軍班氏族이었다고 생각되는 것이다.

(參考 : 拙稿, 「高麗軍役考」, 『高麗兵制史研究』, 一潮閣, 1968, 143~144面) (→田丁連立)

計結爲丁 土地의 結數를 세어서 17結을 1足丁으로 삼는다는 뜻이다. (→足丁)

(『고려사 병지 역주』, 103쪽)

즉 『고려사 병지 역주』에는 '군호연립軍戶連立'을 설명하면서 『고려사』의 다른 기사들을 인용하여 '전정연립田丁連立'과 같은 뜻이며, 더 나아가 이 용어는 고려 병제가 군반제를 기반으로 하는 주요 원칙을 보여준다고 설명하고 있다. '계결위정計結爲丁'이라는 구절의 설명도 번역문에서는 원문을 그대로 번역해두되, 주해를 통하여 내용을 쉽게 설명해줌으로써, 독자들의 이해에 상당한 도움을 주고 있다. (그의 주장이 옳고 그른가는 별도로 생각하더라도) 주해의 명료하고도 수준 높은 내용이나, 원문을 그대로 살리면서도 역주를 적절하게 이용하여 병지의 내용을 설명하는 테크닉은 단연 타의 추종을 불허한다고 하여도 과언이 아닐 것이다. 이러한 점에서 이 『고려사 병지 역주』는 앞으로 두고두고 참고하여야 할 모범적인 사례가 아닌가 한다.

물론 이 책에도 아쉬운 점은 몇 가지 있다. 첫째로 지적하고 싶은 것은 이 책에는 '고려' 병제에 대해서는 치밀한 검토가 이루어지고 있지만, 중국과의 비교나 연관성에 대한 언급이 매우 적다는 점이다. 예컨대, 『고려사』 병지 권

1의 병제 맨 첫 대목에 2군 6위와 함께 언급되고 있는 제부諸府에 대하여, 『고려사 병지 역주』에는 다음과 같이 설명하고 있다.

> **諸府** 2군과 6위가 정규전투부대라고 하면 諸府는 전투 이외의 특수임무를 맡는 부대들이라고 생각된다. 대체로 왕을 측근에서 모시는 것이 그 공통된 특징이었던 것 같다(『고려사 병지 역주』, 9쪽).

제부諸府에 대한 이 주해는 틀린 것은 아니라고 생각되지만, 그 실체나 연혁에 대해 명확하게 밝히지 못하고 추측하는 것으로 그치고 있다. 그런데 『구당서』 직관지의 무관 조에는 '제부諸府'라는 소항목이 설정되어 있다. 그 항목을 보면, 먼저 부대편성을 열거한 다음

> 제부諸府의 절충도위折衝都尉는 5교五校의 소속(군인)들을 장악하며, 숙위宿衛에 대비한다. 사역師役에 나갈 때에는 융구戎具, 자량資糧, 차점差點, 교습教習의 법령 등을 총괄한다[諸府 折衝都尉 掌領五校之屬 以備宿衛 以從師役 總其戎具·資糧·差點·教習之法令](『구당서』 44 직관지 3 무관 제부諸府 조).

라고 설명하고 있다. 아마 고려시대 중앙군의 하나였던 제부가 중국의 이 제부와 관련이 있다는 것은 분명할 것이다. 그런데 『고려사 병지 역주』에는 이러한 점에 대한 언급이 없이, 추론으로만 일관하고 있는 것이다.

『고려사』 병지의 편찬과정에서 체제나 구성은 『원사』를 참고하고, 내용면에서는 『송사』나 『신·구당서』의 영향을 많이 받았다는 사실은 앞에서 언급하였다. 뿐만 아니라 병지의 편찬자들은 고려의 병제와 당의 부병제도의 상관성도 언급한 바 있다. 물론 이기백은 『고려사』 편찬자들의 이러한 견해가 오해에서 비롯된 것임을 적극 주장하고 있지만, 어떻든 『고려사 병지 역주』에서 이용한 중국 자료는 『주례』, 『논어』, 『사기』, 『당서』 백관지, 『요동지遼東志』, 『고려도경』뿐이다. 이런 점에서 중국 사서에 대한 언급이 좀

더 많았으면 좋지 않았을까 하는 아쉬움이 있다.[13]

다음, 『고려사 병지 역주』에는 인명, 관직명, 지명 등 고유명사에 해당하는 것들에는 거의 예외 없이 주해를 붙여놓았다. 예컨대 윤관·최우·이성계를 비롯한 유·무명의 인물들, 재추·재상·시중·어사대·간관·상사봉어·연등도감·향리와 같은 관직과 관부, 선정전宣政殿·함화문咸化門·남명문南明門·홍왕사興王寺·장경사長慶寺 등의 각종 시설이나 사찰 등에 대해 주해를 달면서, 생애, 임무, 위치 등등 매우 자세한 설명을 하고 있다. 이러한 점은 역주자의 성실한 노력과 자상한 배려를 보여주는 것이므로, 독자의 입장에서 이를 굳이 결점이라고까지 지적할 필요는 없을 것 같다. 그러나 이들 각종 항목에 대해 어떤 범위에서 어느 정도까지 해설을 해주어야 하는가 하는 문제는 언제 어디서나 떠오를 수 있는 문제이다.

또 병지 권1 이외에 권2와 권3에 대한 역주가 이루어지지 않은 것도 매우 아쉬운 일이다. 이것도 물론 『고려사 병지 역주』의 역주자가 책임져야 할 문제는 아니다. 그렇다고 하더라도 이들 항목은, 그 중요성이 '병제'보다 덜하다는 평가가 있을 수 있겠으나, 나름대로 존재 이유와 역사적 의의는 충분히 있다고 생각된다. 그러므로 이들에 대한 정확한 번역과 주해도 당연히 시급하게 이루어져야 한다.

이렇게 보면 기존의 『고려사 병지 역주』에 대한 문제점을 지적하기보다는 앞으로 강구해야 할 문제가 더 시급한 것으로 떠오르게 된다. 병지 역주라는 대전제와 원칙을 살리면서도 지나치게 세분화되지 않는 것, 전체적인 균형감각을 유지하는 것, 이러한 것들은 역주자 개개인이 책임질 문제는 아닐 터이다. 『고려사』 지志의 역주라는 전체 프로젝트 속에서 힘을 분산하지 않고 효과적으로 집중하여 사용할 수 있는 방안을 모두가 지혜롭게 모색해야 할 문제라고 생각한다.

---

13 한편, 『고려사 병지 역주』에서는 조선시대의 자료로 『태종실록』, 『세종실록』, 『증보문헌비고』, 『반계수록』, 『彙纂麗史』 등을 참고하였다.

5. 맺는 말

최근 들어 고려시대 군사제도에 대한 관심이 다시 높아지고 있는바, 그에 대한 가장 중요하고도 기본적인 사료인 『고려사』 병지에 대한 역주는 시급히 이루어져야 할 과제라고 생각된다. 『고려사』 병지에 대한 번역은 현재 세 종류가 있으나 각각 장단점을 가지고 있고, 병지 일부에 대한 훌륭한 역주도 이루어졌으나 그 전체를 대상으로 한 주해작업은 아직 이루어지지 않았기 때문이다.

이 작업이 보다 효과적으로 이루어지기 위해 다음과 같은 점을 검토해보았다. 먼저 병지를 제대로 이해하기 위하여 중국 측 사서와 중국의 군사제도에 대해 좀더 관심을 가질 필요가 있다는 점이다. 『고려사』 병지는 체제상으로는 『원사』의 영향을 많이 받았으나, 고려의 군사제도를 당의 부위제와 연결지어 생각하는 등 내용면으로는 『신 · 구당서』나 『송사』의 영향을 더 많이 받았다. 또 병지를 포함하여 『고려사』 편찬자들은 홍망사관적인 입장에서 이 책을 편찬하였으므로, 고려 병제에 대해 선입관을 가지고 잘못 이해했을 가능성도 많다. 그러므로 고려 자체의 독자적인 군사제도의 구명과 아울러 비교사적인 검토도 필요하다고 본다.

또 『고려사』는 기전체 형식으로 편찬되었는데, 그 결과 상소문이나 교서 같은 동일한 기사들이 세가世家나 각 지志에 분산되어 실리게 되었다. 그러므로 병지 연구라 할지라도 이러한 기사들을 서로 연결지어 검토함으로써 보다 입체적인 시각을 가질 필요가 있다. 병지의 기사 중 연대기적 사항을 밝히지 않은 기사도 상당히 많은데, 이러한 노력을 통하여 전후 사정을 가능한 한 살펴봄으로써 고려의 병제를 보다 심층적으로 이해할 수 있을 것이다.

번역은 원문의 뜻을 최대한 살릴 수 있도록 직역을 하여야겠지만, 가급적이면 쉬운 현대말로 이루어져야 할 것이다. 또 주해는 가능한 자세하게 달아야 하겠지만, 『고려사』의 '병지'라는 대주제를 벗어나지 않는 범위 내에서 항목 선정이 이루어지고 그에 맞게 설명하는 것이 온당하지 않을까 한다.

특히 앞으로 CD-ROM 등으로 인해 전자출판이 활성화되면 상호검색은 훨씬 더 다양하고 쉽게 이루어질 것이라고 전망된다. 이러한 점을 감안한다면 역주를 위한 보다 거시적인 안목과 원칙이 마련되어야 할 것이다.

—『고려시대연구』 VI, 한국정신문화연구원, 2004 게재

II
역주

『고려사』 권81 병지 1(兵一)
『고려사』 권82 병지 2(兵二)
『고려사』 권83 병지 3(兵三)

『고려사』 권81 병지 1

【原文】 正憲大夫 工曹判書 集賢殿大提學 知經筵春秋館事 兼 成均大司成 臣 鄭麟趾 奉敎 修.

정헌대부 공조판서 집현전대제학 지경연춘추관사 겸 성균관대사성 정인지鄭麟趾가 임금의 명을 받아 편찬한다.

병지兵志 1

【原文】 兵者 所以禦暴誅亂 有天下國家者 固不可廢 而兵制之得失 國家之安危係焉. 高麗太祖統一三韓 始置六衛 衛有三十八領 領各千人 上下相維 體統相屬 庶幾乎唐府衛之制矣. 逮至肅宗 東女眞構釁 於是銳意捍禦 日事鍊兵 遂置別武班 自散官·吏胥 以至商賈·賤隷·緇流 莫不隷焉. 是雖不合古制 然亦用之一時而收效 有足稱者. 毅·明以後 權臣執命 兵柄下移 悍將勁卒 皆屬私家 國有方張之寇 而公無一旅之師 卒至倉皇不振. 然後始多方調發 或括京都無問貴賤 或閱文武散職·白丁·雜色 或僉四品以上家僮 或以屋閒多少爲差. 國勢至此 雖欲不危得乎. 國之大事在戎 其制固宜詳備 惜前史之不悉也. 今特紀其可考者 曰兵制 曰宿衛 曰鎭戍 曰看守軍 曰圍宿軍 曰檢點軍 曰州縣軍 曰船軍 曰工役軍. 其他站驛·馬政·屯田·城堡 亦兵之類也. 故幷附焉 作兵志.

병兵이란 것은 포악한 것을 막고 어지러운 자를 버히는 것이니, 천하와 국가를 가진 자(帝王)가 진실로 폐할 수 없는 것이요, 병제兵制의 득실에 국가의 안위가 달려 있는 것이다. 고려 태조太祖는 삼한三韓[1]을 통일하고 비로

1 **三韓** 후삼국시대에 이들 3國을 보통 三韓이라고 부른 것 같다. 이 이후 고려시대에는 흔히

소 6위六衛를 두었는데,[2] 위衛에는 38영領이 있고,[3] 영領은 각기 1,000명이었으며[4] 상하上下가 서로 연결되고 체통體統이 서로 속해서 당唐의 부위제府衛制에 거의 가까웠다.[5]

숙종肅宗 때에 이르러 동여진東女眞이 쟁단爭端을 일으키자, 이에 예의銳意 방위에 힘쓰고, 날마다 군사 훈련을 일삼아 드디어 별무반別武班을 설치

우리나라를 三韓이라고 불러왔고, 통일의 공신을 三韓功臣, 혹은 三韓壁上功臣이라고 불렀다.

2 **始置六衛** 고려 太祖가 후삼국을 통일한 뒤에 六衛를 설치하였다는 이 『고려사』 찬자의 견해는 兵志의 본문과 상치된다. 다음의 兵制 조에는 太祖 2년(919) 정월, 즉 그가 즉위한 뒤의 첫 정월에 설치한 것으로 되어 있다. 六衛 설치 연대에 대해서는 그 항목에서 상론할 예정이다. (→ 각주 51 참조)

3 **衛有三十八領** 고려에 38領의 군대가 있었다는 것은 元宗 시에 永寧公 綧이 몽골에 대해서 '高麗有三十八領'이라고 한 데에도 나타나 있다(『고려사』 102 李藏用傳). 『고려사』의 찬자가 반드시 이 기록에 근거하여 '衛有三十八領'이라고 한 것 같지는 않으므로, 이는 오랜 所傳이었을 것이다. 그런데 六衛 소속의 全領數는, 뒤의 兵制 조 첫머리의 일람표에서 알 수 있는 바와 같이, 모두 42領인 것이다. 그러나 그중에서 保勝과 精勇만을 추리면 꼭 38領이 되므로 이것은 六衛에 소속된 保勝과 精勇의 領數만을 가리킨 것임이 분명하다. 이에 대해서는 이미 『文獻備考』 찬자의 다음과 같은 고증이 있다. '臣謹按 鄭麟趾曰 六衛三十八領 若除麗史所稱四十二領中 役領·海領·常領·監門一領 而只計保勝·精勇 則合於三十八之數'(『增補文獻備考』 116 兵考 8 衛兵). 이렇게 保勝과 精勇만을 합계해서 이를 고려의 병력수로 나타낸 것은 그들이 고려 京軍의 핵심적인 존재였기 때문일 것이다.

4 **領各千人** 1領이 1,000명으로 편성되어 있었다는 것은 永寧公 綧의 말에 '高麗有三十八領 領各千人 通爲三萬八千人'(『高麗史』 102 李藏用傳)이라고 한 데에도 나타나 있다. 이것은 靖宗 11년(1045) 5월의 揭榜에 '國家之制 近仗及諸衛 每領設護軍一·中郎將二·郎將五·別將五·散員五·伍尉二十·隊正四十·正軍訪丁人一千·望軍丁人六百'(『고려사』 81 兵志 1 兵制)이라고 한 正軍訪丁人과 그 수가 일치하고 있으므로, 그것을 가리킨 것임이 분명하다. (→ 각주 118 참조)

5 **上下相維 體統相屬 庶幾乎唐府衛之制** 과거에 고려 초기의 兵制가 唐의 府兵制와 같았다고 믿어온 중요한 논거가 이 대목에 있었다. 그러나 이 서문은 『고려사』 찬자의 견해에 지나지 않는다는 데에는 이미 설이 있다(이기백, 「高麗初期 兵制에 관한 後代 諸說의 檢討」, 『亞細亞研究』 1-2, 1958; 『高麗兵制史研究』, 一潮閣, 1968, 4~5쪽). 그러므로 이러한 견해를 갖게 된 근거를 다른 구체적인 사료에서 찾아야 할 것이다. 그리고 이 견해의 근거는 다음과 같은 憲司의 상소문에 있었다고 생각한다. '本朝五軍四十二都府 蓋漢之南北軍 唐之府衛兵也 〈中略〉 願自今 前銜四品以上 屬之三軍 軍置將佐 五品以下 屬之府衛 而統于軍簿 使上下相維 體統相聯 軍政出于一 衆心統于一'(『고려사』 81 兵志 1 兵制 恭讓王 원년 12월). 물론 상기 인용문 중의 후반부는 고려 兵制에 대한 설명이 아니라 이렇게 하자는 건의였으므로 주저되는 점이 없지 않으나, 그 원칙은 고려 말의 개혁론자들이 고려 초의 것이었다고 믿고 있던 것이리라고 생각해서 좋겠다.

하여[6] 산관散官 · 이서吏胥로부터 상인(商賈) · 천한 노예(賤隷) · 승려(緇流)에 이르기까지 예속되지 않음이 없었다. 이는 비록 고제古制와 합치하는 것은 아니지만, 그러나 한때 이를 써서 성과를 거두었음은 족히 일컬을 만한 것이 있었다.

의종毅宗 · 명종明宗 이후에 권신權臣이 정권을 쥐매[7] 병권兵權은 밑으로 옮아가서 용감한 장수와 강한 병졸이 모두 사가私家에 속하게 되고,[8] 나라에 바야흐로 심해지는 외구外寇가 있어도 공가公家에는 1여旅[9]의 군사가 없고, 드디어는 창황하여 떨치지 못함에 이르렀다. 그런 뒤에야 비로소 다방

---

6 **置別武班** 肅宗 9년(1104) 12월 東女眞 정벌을 위하여 尹瓘이 건의하여 別武班을 설치한 것임은 유명한 사실이다. 이 부분은 뒤의 兵志 兵制 해당 연월 조와 『고려사』 96 尹瓘傳에 나와 있는 기사에서 요약한 것이다. (→ 각주 230 참조)

7 **權臣執命** 毅宗 24년(1170)에 鄭仲夫 등 무신이 난을 일으켜 정권을 쥐고 毅宗을 축출하고 明宗을 옹립하였다. 이후 약 100년간 무인정권시대가 되었는데, 權臣執命은 이 무인정권을 가리키는 것이다.

8 **悍將勁卒 皆屬私家** 兵志의 찬자는 고려의 兵制 발전과정을 3단계로 나누어서 설명하고 있는데, 그 최종단계를 무신난 이후로 보고 있다. 이 시기를 內藤雋輔는 私兵時代라고 명명하였다(內藤雋輔, 「高麗兵制管見」, 『青丘學叢』 15, 1934; 『朝鮮史研究』, 京都大 東洋史研究會, 1961, 182쪽). 그런데 본 兵志의 구체적 기록 속에는 국가의 公的 군대가 아닌 개인의 사병에 대하여는 한 마디의 언급도 없는 것이다. 이것은 왕조를 중심으로 한 대의명분을 중시하는 유교적 사관의 결과라고 보아야 하겠다. 그러므로 무인정권시대의 사병에 대한 설명은 주로 崔忠獻을 비롯한 정권 담당자들의 개인 전기에 의존할 수밖에 없다. 여기서는 이에 대하여 장황한 언급을 피하고 본 서문이 의거했다고 생각되는 대목을 인용하는데 그치고자 한다.

a. (明宗 3년) 忠獻自知縱恣 恐其變生不測 凡文武官閑良軍卒强有力者 皆招致 分爲六番 更日直宿其家 號都房(『고려사』 129 崔忠獻傳)

b. (高宗 3년) 時遣將禦契丹兵 驍勇者皆忠獻父子門客 官軍羸弱不可用 忠獻閱家兵 自左梗里至右梗里 作隊數重 連亘二三里 槍竿懸銀瓶 或三或四 誇示國人 以募兵 怡兵自選地橋至崇仁門 用旗鼓習戰 門客有請從官軍者 卽流遠島(위와 같음)

【참고】 內藤雋輔, 「高麗兵制管見」, 『青丘學叢』 15 · 16, 1934; 『朝鮮史研究』, 京都大 東洋史研究會, 1961.

金庠基, 「高麗武人政治機構考」, 『東方文化交流史論攷』, 乙酉文化社, 1948.

金鍾國, 「高麗武臣政權の特質に關する一考察」, 『朝鮮學報』 17, 1960.

9 **一旅** 旅는 周代에 500명으로 이루어진 단위부대였다. 『周禮』 夏官司馬 조에 다음과 같이 있다. '凡制軍 萬有二千五百人爲軍 王六軍 大國三軍 次國二軍 小國一軍 軍將皆命卿 二千有五百人爲師 師帥皆中大夫 五百人爲旅 旅帥皆下大夫 百人爲卒 卒長皆上士 二十五人爲兩 兩司馬皆中士 五人爲伍 伍皆有長'

多方으로 조발調發하되, 혹은 경도京都에서 귀천을 가리지 않고 긁어모으고,[10] 혹은 문무文武의 산직散職과 백정白丁 · 잡색雜色을 점고하고,[11] 혹은 4품 이상 (관리의) 가동家僮을 뽑고,[12] 혹은 가옥 칸수의 다소로써 차差를 두기도 하였다.[13]

국세國勢가 이에 이르면 비록 위태롭지 않기를 바라더라도 되겠는가. 국가의 대사는 군사軍事에 있으니, 그 제도가 진실로 의당 자상히 갖추어졌을 것이로되, 종전 사적史籍이 자세하지 못함을 애석해한다. 지금 특히 그 상고할 수 있는 것을 기록하는 것이니, 병제兵制요, 숙위宿衛요, 진수鎭戍요, 간수군看守軍이요, 위숙군圍宿軍이요, 검점군檢點軍이요, 주현군州縣軍이요, 선군船軍이요, 공역군工役軍이다. 그 밖에 참역站驛 · 마정馬政 · 둔전屯田 · 성보城堡도 역시 병兵의 부류이다. 고로 여기에 아울러 붙여서 병지兵志를 만든다.[14]

---

10 **或括京都 無問貴賤** 본 兵志 1 兵制 高宗 3년 10월 조에 '文括京都人 不論職之有無 凡可從軍者 皆屬部伍'라고 한 것은 이에 준하는 다른 기록들과 함께 이 대목 서술의 근거가 되었을 것으로 추측된다.

11 **或閱文武散職 · 白丁 · 雜色** 본 兵志 1 兵制 元宗 12년(1271) 4월 조에 '司空田份 · 左僕射 尹君正等 閱府衛兵 不滿其額 乃幷閱文武散職 · 白丁 · 雜色及僧徒 以充之'라고 한 것에서 이 대목은 인용된 것이라고 생각된다.

12 **或僉四品以上家僮** 이것도 본 兵志 1 兵制 元宗 12년 5월 조의 '遣將軍邊亮 · 李守深等 領舟師三百 討珍島賊 令四品以上出家奴一口 充水手'라고 한 것이 본 서문의 근거가 되었다고 생각한다.

13 **或以屋間多少爲差** 본 兵志 1 兵制 속에서 이에 해당하는 구체적 기록들을 다음과 같이 찾아 볼 수 있다.

'改定都城五部戶數 凡屋間架二十以上爲一戶 出軍一丁 間架小則或倂五家 或倂三 · 四家爲一戶'(禑王 원년 8월)

'點五部街里戶數 以屋三十間出丁三人 二十間出丁二人 十間出丁一人 九間以下令出從軍者軍具'(禑王 3년 4월)

14 **曰兵制 曰宿衛 云云** 兵制 이하는 본 兵志를 구성하는 편목을 열거한 것이다. 그중 병제가 兵志 권1 전부를 차지하고 있으며, 권2에는 宿衛 · 鎭戍 · 站驛 · 馬政 · 城堡 · 屯田 등의 諸篇目이 포함되어 있고, 권3에는 看守軍 · 圍宿軍 · 檢點軍 · 州縣軍 · 船軍 · 工役軍 등의 諸篇目이 포함되어 있다.

병제兵制[15]

【原文】二軍

鷹揚軍: 一領

龍虎軍: 二領

2군二軍[16]

응양군鷹揚軍[17] 1영領

용호군龍虎軍[18] 2영

---

15 **兵制** 서문 말미에서 밝혀져 있는 바와 같이 兵制는 『고려사』 兵志의 한 편목으로서 首篇을 이루고 있으며 권1 전체가 이로써 충당되고 있다. 兵制篇에 수록된 기록들을 보면 먼저 고려 京軍의 부대편성 일람표를 제시하고, 이어 연대순으로 부대의 置廢, 군인의 징집, 군대의 임무, 군복·무기 등의 軍裝篇, 군대의 훈련, 군인에 대한 대우 등등에 관한 내용이 기록되어 있다. 兵志의 여러 편목 중에서도 가장 중요한 부분이라고 하겠다.

16 **二軍** 『高麗史』 77 百官志 2 西班 鷹揚軍 조에 '鷹揚·龍虎二軍 上·大將軍 稱近仗上·大將軍 將軍稱親從將軍 中郎將以下亦稱近仗'이라고 한 것으로 보아 二軍은 왕을 시위하는 近仗部隊였음을 알 수 있다. 그러므로 비록 모두 3領 3,000명밖에 안 되는 적은 兵員의 부대였으나 六衛보다 상위에 놓여 있었던 것으로, '鷹揚·龍虎 二軍 在六衛之上'(『고려사』 77 百官志 2 西班 조)이라고 있는 까닭일 것이다. 『고려사』 百官志 西班 序에는 二軍의 설치 연대에 대해서 '穆宗五年 備置六衛職員 後置鷹揚·龍虎二軍'이라 하여 穆宗 5년(1002) 이후임을 말하고 있으나 그것이 언제인가는 분명하지 않다. 『磻溪隨錄』 15 兵制攷說에는 '穆宗時 於六衛之外 加置鷹揚·龍虎二軍'이라 하여 穆宗說을 취하고 있는데 그 근거는 역시 알 수 없다. 『고려사』에서는 顯宗世家 8년 11월 병신 조에 龍虎軍이, 본 兵志 兵制 顯宗 9년 9월 조에 鷹揚軍이 나타나 있으므로 이때까지는 설치되었음이 분명하다.

【참고】 이기백, 「高麗京軍考」, 『李丙燾華甲紀念論叢』, 一潮閣, 1956; 「高麗 二軍·六衛의 形成過程에 대한 再考」, 『黃義敦記念史學論叢』, 東國大學校出版部, 1960. 두 논문은 모두 『高麗兵制史研究』, 一潮閣, 1968, 수록.

17 **鷹揚軍** 二軍 중에서도 龍虎軍보다 상위에 있어서 그 지휘관인 上將軍은 二軍·六衛의 上·大將軍으로 구성되는 重房會議의 의장 구실을 담당하였던 것으로 보인다. 『고려사』 77 百官志 2 西班 鷹揚軍 조에는 '鷹揚軍上將軍兼軍簿典(尙?)書者 稱班主'라고 하였는데, 이 班主는 武班의 長이란 뜻일 것이다. 『고려사』 76 百官志 1 兵曹 조에 의하면 忠烈王 24년(1298)에 忠宣王이 즉위하여 관제개혁을 할 때에 兵曹의 尙書를 2인 증가하여 그 1인은 班主가 겸하게 하였다 한다. 兵員數는 불과 1,000명에 지나지 않았으나 二軍·六衛 중에서 가장 우위에 있었다.

18 **龍虎軍** 二軍 중의 하나인데 忠宣王이 虎賁이라고 고쳤고, 뒤에 親禦軍이라고 또 고쳤다

【原文】 六衛

左右衛: 保勝十領 精勇三領

神虎衛: 保勝五領 精勇二領

興威衛: 保勝七領 精勇五領

金吾衛: 精勇六領 役領一領

千牛衛: 常領一領 海領一領

監門衛: 一領

6위六衛[19]

좌우위左右衛[20]	보승保勝	10영	정용精勇	3영[21]
신호위神虎衛	보승	5영	정용	2영
흥위위興威衛	보승	7영	정용	5영
금오위金吾衛[22]	정용	6영	역령役領[23]	1영

가 다시 龍虎軍이라고 하였다고 한다. 兵員數는 2,000명으로서 그 장교 수는 『고려사』 77 百官志 2 西班 龍虎軍 조에 보이고 있다.

19 **六衛** 다음에 적어 놓은 左右·神虎·興威·金吾·千牛·監門의 諸衛를 말하는데, 고려 중앙군의 대표적 군사조직이었다. 모두 42領으로서 42,000명에 달하는 兵員을 擁有하고 있었으며 開京의 수비와 경찰, 변경의 更戍, 儀式에서의 儀仗, 궁성 내외 諸門의 수비 등 각종 임무를 分掌하였다. (→ 각주 2, 51 참조)

【참고】 이기백, 「高麗京軍考」, 『李丙燾華甲紀念論叢』, 一潮閣, 1956; 『高麗兵制史研究』, 一潮閣, 1968.

20 **左右衛·神虎衛·興威衛** 이 세 衛는 六衛 중에서도 가장 중요한 衛로서 전투부대의 중심이 되었던 것으로 보인다. 이 세 衛는 모두 保勝과 精勇만으로 구성되어 있고 그 領數가 32, 兵員數가 32,000으로서 六衛 전체 병력의 3분의 2를 차지하고 있는 것으로 짐작이 된다. 이러한 까닭으로 이들만이 따로 三衛라고 불리우는 경우도 있지 않았나 한다(본 兵志 兵制 顯宗 9년 9월 조 참조). 단 三衛 상호 간의 차이점은 분명하지 않다.

21 **保勝·精勇** 六衛 속의 保勝·精勇·役領·監門衛領 등의 구분이 무엇을 뜻하는 것인지가 분명하지 않다. 만일 이것이 文宗 30년(1076)의 更定된 田柴科에 나오는 馬軍·步軍·役軍·監門軍 등에 대비시킬 수 있다면, 保勝은 步軍, 精勇은 馬軍이 아닐까 추측된다.

【참고】 이기백, 「高麗軍人考」, 『震檀學報』 21, 1960; 『高麗兵制史研究』, 一潮閣, 1968, 90쪽.

22 **金吾衛** 『고려사』 77 百官志 2 西班 金吾衛 조에 의하면 金吾衛는 누차 備巡衛라고 개칭된 일이 있는데, 이것은 金吾衛가 경찰의 임무를 맡고 있었음에서였다. 精勇과 役領을 합하여 7,000명으로 구성되어 있었다.

23 **役領** 명칭으로 보아서는 노동부대인 것 같이 생각되나, 兵員數가 겨우 1,000명밖에 안 되고, 또 金吾衛 소속인 것으로 보아서는 그렇지가 않고, 복역 죄인을 감독하는 임무를 지

천우위千牛衛[24] 상령常領[25] 1영 해령海領[26] 1영
감문위監門衛[27] 1영

【原文】 諸府
都府外
儀仗府
堅銳府
弩府

제부諸府[28]
도부외都府外[29]

닌 군대가 아니었을까 하고 생각된다. 文宗 30년(1076)에 更定된 田柴科에 나오는 役軍에 비정할 수 있을 것이다.

24 **千牛衛** 왕을 시위하는 儀仗부대였다. 千牛는 중국의 刀名으로 군왕의 防身刀인 데서 이름이 유래한 것이다. 『고려사』 72 輿服志 1 儀衛 조를 보면 千牛衛 소속임이 분명한 千牛大將軍·千牛備身將軍·備身將軍 등이 각종 儀式에 할당되고 있음을 찾아 볼 수 있다. 常領과 海領 각기 1,000명, 도합 2,000명으로 조직되어 있었다.

25 **常領** 千牛衛가 왕의 의장병이라면, 이에 소속되어 있는 常領과 海領은 儀仗을 위해서 필요한 구분이었을 것이다. 海領이 해군일 것으로 추측되므로 常領은 육군이었다고 볼 수 있는데, 이들은 육지에서 의장의 임무를 담당하였던 듯하다.

26 **海領** 海上이나 江上에서 왕을 의장하는 임무를 맡은 부대가 아니었을까 한다. 『高麗圖經』 12 兵衛 조에 나오는 '龍虎下海軍'이라는 것도 이와 같은 것이 아니었던가 한다.

27. **監門衛** 監門衛는 그 명칭으로 보나 또 궁성 내외의 諸門에 배치되어 있는 것으로 보나(『고려사』 83 兵志 3 圍宿軍) 문자 그대로 문을 수위하는 부대였음을 알 수 있다. 그러나 監門衛는 또 현역에 복무하지 않는 휴가병이나 60세 이상의 노병 혹은 환자병을 명목상으로 閑屬시키는 부대이기도 하였다(본 兵志 兵制 文宗 즉위년 判 및 文宗 23년 10월 判 참조).

28 **諸府** 二軍과 六衛가 정규전투부대라고 하면 諸府는 전투 이외의 특수임무를 맡는 부대들이라고 생각된다. 대체로 왕을 측근에서 모시는 것이 그 공통된 특징이었던 것 같다.

29 **都府外** 『고려사』 77 百官志 2 西班 조에는 都府外에 '中郎將一人 郎將三人 別將二(三?)人 散員三人 尉·隊正數闕'의 장교가 배속되어 있었음을 말하여주고 있다. 中郎將을 최고 지휘관으로 하는 都府外는 그 규모가 1,000명에도 미치지 못하는 특별부대였음을 짐작하게 한다. 그런데 『太宗實錄』 1 太宗 원년 정월 갑술 조의 門下府郎舍 상소문에 '巡軍所屬螺匠·都府外 幾數幾於千五百 皆以圻甸之民充之 守令不能差役'이라고 한 것을 보면 都府外는 巡軍 소속의 부대로 경찰의 임무를 띠고 있었고, 경기지방의 民丁으로 조직되어 있으며, 일반 民丁이 지는 役은 자연 면제되었음을 알 수 있다.

【참고】 韓沽劤, 「麗末 鮮初 巡軍 硏究」, 『震檀學報』 22, 1961, 52쪽.

의장부儀仗府[30]

견예부堅銳府[31]

노부弩府[32]

【原文】 別號諸班: 神騎 · 神步 · 梗弓 · 精弩 · 石投 · 大角 · 鐵水 · 剛弩 · 跳盪 · 射弓 · 發火

별호제반別號諸班[33]:

신기(神騎班)[34]

신보(神步班)[35]

30 儀仗府 『고려사』 77 百官志 2 西班 儀仗府 조에 그 조직에 대해서 다음과 같이 적혀 있다. '一領 郎將一人 別將一人 散員二人 尉五人 隊正十人'. 이에 의해서 1領이라고는 하지만 그 인원수가 250명 정도였음을 짐작할 만하다. 이 이외에 儀仗府에 관한 기사를 찾지 못하였으나 문자 그대로 의장대였을 것이다.

31 堅銳府 『고려사』 77 百官志 2 西班 堅銳府 조에는 '一領 別將一人 尉二人 隊正四人'이라고 하였다. 약 100명 정도의 인원으로 조직된 것임이 짐작된다. 『世宗實錄』 53 世宗 13년 9월 갑신 조의 禮曹 啓에 '曾設堅銳府諸員時 自九品遷至五品 去乙卯年 改號武工'이라고 한 것을 보면 禑王 원년(을묘, 1375)에 武工房이라고 개칭하였음을 알겠다. 같은 啓에 의하면 武工은 各祭의 舞踏에 있어서 武舞를 담당하였다고 하므로(文舞는 齋郎이 맡음) 堅銳府는 祭享에서 武舞를 담당하였다고 생각된다.

32 弩府 『世宗實錄』 56 世宗 14년 4월 임자 조, 申商의 말에 '武舞高麗弩院也 前朝太祖殿用之 吾東方以爲盛事爭觀之 善粧年少 如今之中禁也 後改爲武工房'이라고 있다. 여기의 弩院과 弩府와가 동일한 것이라면 弩府도 武工房의 전신으로 武舞를 담당했다고 하겠다. 단 堅銳府와의 관계는 분명하지 않다.

33 別號諸班 二軍 · 六衛 이외에 별도로 조직된 전투부대들이었으며, 대체로 그 부대가 사용하는 특수무기를 기준으로 해서 조직된 것으로 보인다. 尹瓘이 건의하여 설치한 別武班은 이 別號諸班이란 말과 서로 가깝고, 또 別武班 속의 神步 · 神騎 · 跳盪 · 梗弓 · 精弩 · 發火 등의 諸軍(班)도 이 別號諸班 속에 포함되어 있으므로 양자는 동일한 것이라고 생각된다. 물론 이들 諸班은 개별적으로는 이미 尹瓘 이전에 있었을 것이지만 이들이 모두 뭉쳐서 別號諸班으로 불리게 된 것은 尹瓘 이후였다고 보아서 좋을 것이다. (→ 각주 230 참조)

34 神騎[班] 神騎는 본 兵志 兵制 文宗 17년 2월 조에도 나타나 있는 바와 같이 이미 文宗 때도 있었으나 尹瓘이 別武班을 조직함에 이르러 이를 더욱 강화하였던 것으로 보인다. 윤관은 무릇 말(馬)이 있는 자를 神騎로 삼았다고 하는 데서 알 수 있는 바와 같이 騎兵임은 분명한 일이나, 말(馬)은 自辨에 의한 것이었으므로 대개 귀족의 자제들로써 조직된 것이었다고 생각된다.

35 神步[班] 尹瓘에 의하여 조직된 別武班 중의 神步班과 일치한다고 생각된다. 일반 보병일

경궁(梗弓班)[36]

정노(精弩班)[37]

석투(石投班)[38]

대각(大角班)[39]

철수(鐵水班)[40]

강노(剛弩班)[41]

도탕(跳盪班)[42]

사궁(射弓班)[43]

발화(發火班)[44]

【原文】 五軍

中軍 置兵陣都指諭及都將校 五兵都指諭及將校都業師 神騎都領及指諭 左右梗弓都領及指諭 左右精弩都領及指諭. 神步·石投·大角·鐵水·發火·

것이며, 주로 白丁들을 징발하여 조직하였던 것이 아닌가 한다.

36 **梗弓[班]** 梗은 强이므로 强弓을 사용하는 부대였는지 모르겠다.

37 **精弩[班]** 문자로 미루어서 정교한 弩를 사용하는 부대였다고 생각된다. 뒤의 剛弩班과 대조적인 존재였을 것이다.

38 **石投[班]** 돌을 던지는 특기를 지닌 부대였을 것이다. 우리나라에 古來로 있는 石戰의 습관과도 관계가 있을 것이다.

39 **大角[班]** 大角은 큰 뿔로 만든 악기를 이름이니, 날이 저물고 밝음을 알리는 목적으로 군대에서 사용하였다. 그러므로 大角班은 일종의 군악대였을 것이다. 『唐書』 49 上 百官志 左右翊中郞將府 조에 '衛士六百爲大角手 六番閱習 吹大角爲昏明之節'이라고 있음을 참조할 것이다.

40 **鐵水[班]** 미상이다.

41 **剛弩[班]** 精弩班보다 강력한 弩를 사용하는 부대였던 듯하다.

42 **跳盪[班]** 『唐書』 百官志에 '矢石未交 陷敵突衆 敵因而敗者 曰跳盪'이라고 있다. 일종의 돌격대와 흡사한 것이 아니었나 한다.

43 **射弓[班]** 활을 쏘는 부대였을 것으로 추측되는데 梗弓에 대해서 그리 강력하지 못한 활을 사용하였음직하다.

44 **發火[班]** 이것은 화공부대일 것이며 아마 화약을 사용한 것이 아닌가 한다. 만일 그렇다면 고려에서는 肅宗 대쯤에 비록 화약을 제조할 줄은 몰랐다 하더라도 이를 이미 무기로 사용하고 있었다는 이야기가 된다.

【참고】 許善道, 「麗末 鮮初 火器의 傳來와 發達」 상, 『歷史學報』 24, 1964, 7쪽.

跳盪·剛弩 亦各置都領及指諭. 前·後·左·右軍 亦各置兵陣都指諭 神騎·神步·精弩都領及指諭.

5군五軍[45]

45 五軍 中軍·前軍·後軍·左軍·右軍을 말하는 것인데, 그 조직의 대강을 본문에 의해서 표로 제시하면 별표와 같다.

中軍	兵陣都指諭·都將校
	五兵都指諭·將校都業師
	神騎都領·指諭
	左梗弓都領·指諭
	右梗弓都領·指諭
	左精弩都領·指諭
	右精弩都領·指諭
	神步都領·指諭
	石投都領·指諭
	大角都領·指諭
	鐵水都領·指諭
	發火都領·指諭
	跳盪都領·指諭
	剛弩都領·指諭
前軍	兵陣都指諭
	神騎都領·指諭
	神步都領·指諭
	精弩都領·指諭
後軍	위와 같음
左軍	위와 같음
右軍	위와 같음

이에 의하면 前記 別號諸班 조에 나오는 특수부대들이 여기 五軍에도 모두 포함되어 있는 셈이다(단 射弓만이 빠져 있다). 이러한 전투적 성격을 띤 부대들이 포함되어 있는 것은 五軍이 평상시의 군사조직이 아니라 전투에 동원하기 위한 편제이기 때문이었다고 생각한다. 추측하건대 五軍은 평상시에는 편제상으로만 존재하고 거기에 앞의 일람표에 나타나 있는 것과 같은 기간요원들이 배치되어 있다가, 비상시가 되면 元帥·副元帥 및 各軍兵馬使 등의 지휘체계가 이루어지고 아울러 六衛의 중앙군과 지방의 주진군 등이 징발 배속되어 출동했던 것으로 생각된다. 그러다가 고려 말에 이르러 군사적인 긴장상태가 오래 계속됨에 미쳐, 五軍은 고려 군사조직의 대표적인 존재가 되었던 것이라고 생각한다.

【참고】 白南雲, 『朝鮮封建社會經濟史』 上, 改造社, 1937, 653~659쪽.

중군中軍에는 병진도지유兵陣都指諭[46] 및 도장교都將校와,[47] 5병도지유五兵都指諭[48] 및 장교도업사將校都業師,[49] 신기도령神騎都領[50] 및 지유指諭와, 좌우경궁도령左右梗弓都領 및 지유指諭와, 좌우정노도령左右精弩都領 및 지유指諭를 두었는데, 신보神步 · 석투石投 · 대각大角 · 철수鐵水 · 발화發火 · 도탕跳盪 · 강노剛弩 또한 각각 도령都領과 지유指諭를 두었다.

전 · 후 · 좌 · 우군前 · 後 · 左 · 右軍도 역시 각기 병진도지유兵陣都指諭와 신기神騎 · 신보神步 · 정노도령精弩都領 및 지유指諭를 두었다.

【原文】 太祖 二年正月 置六衛.

태조 2년(919) 정월에 6위六衛를 두었다.[51]

【原文】 十六年 置兵禁官 · 郎中 · 史各一人 以掌戎事.

이기백, 「高麗軍役考」, 『高麗兵制史研究』, 一潮閣, 1968, 136～138쪽.

46 **兵陣都指諭** 兵陣이라는 용어는 이 五軍이 원래 出陣하는 군대의 편제였다는 것을 말하여 주는 것이다. 都指諭는 指諭보다 상급 무관이었음을 알 수 있을 뿐 그 직책에 대해서는 알 수 없다.

47 **都將校** 장교는 대개 하급무관을 가리키는 경우가 많다. 都將校는 그보다 상위일 것이나 都指諭보다는 하위에 있었을 것이다.

48 **五兵** 아마 五軍과 마찬가지 뜻으로 사용되었을 것이다. 五兵이 붙는 무관이 中軍에 한한 것을 보면 五軍 전체에 대한 일을 맡은 직책에 붙여진 것이 아닌가 한다.

49 **將校都業師** 자세히 알 수 없다.

50 **都領** 都領의 어의는 전체를 거느린다는 뜻일 것이다. 총지휘관과 마찬가지 뜻이라고 생각한다. 그러므로 같은 등급의 무관이라도 都領이 상위에 있으며 또 한 부대에 1명이었던 것이다. 그 구체적인 예를 『고려사』 83 兵志 3 州縣軍 北界 조에서 살필 수 있다.

51 **置六衛** 『고려사』 1 太祖世家 2년 정월 조에는 '定都于松嶽之陽 創宮闕 置三省 · 六尙書官 · 九寺 立市廛 辨坊里 分五部 置六衛'라고 하여 고려의 중요한 제도가 이미 太祖가 건국한 다음 해 정월에는 완비된 것으로 적고 있다. 그러나 이것이 잘못임은 太祖 시의 구체적인 기록들이 이를 증명하고 있다. 六衛의 太祖 2년 설치설은 이러한 일련의 조작에 속하는 것이다. 六衛의 명칭이 처음 나타나기는 穆宗 원년(998) 전시과에서이고, 該田柴科 설정의 배경이 된 것은 成宗 14년(995)에 정비된 관제이므로, 六衛도 成宗 14년에 처음 설치되었다고 보는 것이 옳다고 생각한다.

【참고】 이기백, 「高麗 二軍 · 六衛의 形成過程에 대한 再考」, 『黃義敦記念史學論叢』, 東國大學校出版部, 1960; 『高麗兵制史研究』, 一潮閣, 1968, 77～79쪽.

(태조) 16년(933)에 병금관兵禁官[52] · 낭중郎中 · 사史 각 1명을 두어 군사(軍事)를 장악하게 하였다.

【原文】 定宗 二年 以契丹將侵 選軍三十萬 號光軍 置光軍司.

정종定宗 2년(947)에 거란契丹이 장차 침입하려고 하므로, 군사 30만을 선選하여 광군光軍[53]이라 일컫고 광군사光軍司[54]를 두었다.

【原文】 成宗 九年十月 置左右軍營.

성종 9년(990) 10월에 좌 · 우군영左 · 右軍營[55]을 두었다.

---

52 **兵禁官** 『고려사』 76 百官志 1 兵曹 조에는 徇軍部와 아울러 兵禁官의 설치에 대해 언급하고, 이어 '其職掌未詳 疑皆是掌兵之官 後並廢之'라고 하였다. 郎中과 史는 모두 兵禁官에 소속된 관직이었을 것이다.

53 **光軍** 定宗 2년(947)에 光軍이 설치되는 과정에 대하여는 『고려사』 92 崔彦撝傳에 다음과 같이 자세히 나온다. '光胤嘗以賓貢進士 遊學入晋 爲契丹所虜 以才見用拜官 奉使龜城 知契丹將侵我 爲書付蕃人以報 於是命有司選軍三十萬 號光軍'(『高麗史節要』 2 定宗 2년 조에도 거의 같은 기사가 나타난다). 末松保和는 이 광군을 국민군, 농민군으로 이해하고 있다(「朝鮮古代國家の軍事組織」, 『古代史講座』 5, 1962; 『青丘史草』 1, 1965, 81쪽). 광군이 농민으로 조직되었을 것이라는 점에서 이러한 이해는 일면의 진리가 있으나, 당시 아직 중앙의 권력이 지방에까지 침투할 수 없었던 것을 생각하면, 아마 지방호족(城主)들의 사병을 편제상으로 광군으로 편입하고 이를 중앙에 설치한 光軍司에서 지휘 호령하는 성주연합군으로 봄이 오히려 좋을 것 같다. 그러므로 광군은 간접적이나마 중앙의 통제를 받는 최초의 고려 지방군 조직이었다고 생각되며, 이러한 점에서 고려 주현군의 단초적인 형태로 볼 수 있을 것이다. 광군이 고려의 지방군 조직이었음은 顯宗 원년(1010)에 慶北 醴泉의 開心寺五層石塔을 건립할 때에 光軍 46隊(1,150명)를 동원했다는 石塔記로써도 증명된다고 하겠다.

【참고】 이기백, 「高麗光軍考」, 『歷史學報』 27, 1965; 『高麗兵制史硏究』, 一潮閣, 1968.

54 **光軍司** 『고려사』 77 百官志 2 諸司都監各色 光軍司 조에 의하여 光軍司는 뒤에 光軍都監이라 개칭되었다가 顯宗 2년(1012)에 다시 光軍司라 칭한 것을 알 수 있다. 광군의 사령부로서 開京에 설치되었을 이 광군사는 지방의 호족 지배하에 산재해 있는 광군의 각 부대를 중앙정부의 통제하에 묶는 기구로서 중요시되어야 할 것이다.

55 **左右軍營** 『高麗圖經』 11 仗衛 조 序에서 고려 병제에 언급한 가운데 '無營屯之居'라고 하였으나 이는 잘못일 것이다. 이 左右軍營의 설치는 아마 아직 六衛가 형성되지 않고 고려의 全中央軍이 左軍 · 右軍 혹은 左衛 · 右衛의 둘로 나뉘어 있었다는 증거가 아닌가 생각된다.

【참고】 이기백, 「高麗京軍考」, 『李丙燾華甲紀念論叢』, 一潮閣, 1956; 『高麗兵制史硏究』, 一

【原文】穆宗 五年五月 作六衛軍營 備置職員·將帥 令其軍士蠲除雜役.[56]

목종 5년(1002) 5월에 6위六衛의 군영軍營을 짓고[57] 직원職員·장수將帥[58]를 갖추어 두고, 그 군사로 하여금 잡역雜役[59]을 면제하도록 하였다.

【原文】顯宗 五年六月 敎曰: "軍人在防戍 若在途死者 官給斂具 函其骨 驛送于家."

현종 5년(1014) 6월 교敎에, "군인이 방수防戍[60] 중이거나 혹은 도중에 죽

潮閣, 1968, 65쪽.

56 『고려사절요』에는 '徭役'으로 되어 있다. 이 兩語는 서로 통용되고 있다.

57 **六衛軍營** 六衛軍營의 설치는 고려 중앙군의 기간인 六衛가 이미 정비되었다는 것을 뜻하는 것이다. 六衛軍營의 위치 등에 대하여는 알 수 없다.

58 **職員·將帥** 衛의 최고지휘관인 上將軍 이하 大將軍·將軍·中郎將·郎將·別將·散員·伍尉·隊正의 지휘계통 및 長史·錄事의 사무계통을 총칭한 것일 것이다.

【참고】『고려사』 77 百官志 2 西班 조.

59 **雜役** 『고려사』 3 穆宗世家 5년 조에도 雜役으로 되어 있으나 『고려사절요』 2 穆宗 5년 5월 조에서는 徭役으로 되어 있다. 太祖 十訓要 제9조에서도 '又以强惡之國爲隣 安不可忘危 兵卒宜加護恤 量除徭役'이라고 하였다(『고려사』 2 太祖世家 26년 4월). 今堀誠二는 이것이 唐의 雜徭에 해당하는 것이 아닌가라고 하였다(「高麗賦役考覈」, 『社會經濟史學』 9-4, 1939, 41쪽). 그러나 군인들이 평상시에 늘 토목공사 등에 동원되고 있는 것을 보면, 이것은 어떤 규정된 役의 일종이 아니라 막연한 工役을 말한 것이리라고 생각한다. 『고려사』 3 穆宗世家 5년 5월 조의 敎에는 이와 같은 조처를 하게 된 경위를 설명하고 있는데, 이에 의하면 토목공사에 軍夫를 勞役하여 군인의 원망을 산다는 것은 일단 유사시에 대비하는 도리가 아니므로, 平時에 군대의 환심을 살 필요를 느끼어 이 같은 조처가 취해진 것으로 설명되고 있다.

60 **防戍** 京軍이 防戍에 교대로 파견되었다는 것은 아직 고려 병제가 정비되기 이전인 成宗 원년(982) 崔承老의 상서문 속에서도 이미 다음과 같이 뚜렷이 나타나 있다. '我國家統三以來四十七年 士卒未得安枕 糧餉未免糜費者 以西北隣於戎狄 而防戍之所多也 願聖以上此爲念 夫以馬歇灘爲界 太祖之志也 鴨江邊石城爲界 大朝之所定也 乞將此兩處 斷於宸衷 擇要害以定疆域 選土人能射御者 充防戍 選其中二三偏將以統領之 則京軍免更戍之勞 芻粟省飛挽之費矣'(『고려사』 93 崔承老傳). 여기에 그냥 京軍이라고 하였으나 아마 京軍 중의 保勝과 精勇의 임무였을 것이며, 경군뿐만이 아니라 州縣軍의 보승과 정용도 짊어지는 임무였던 것으로 생각된다. 수자리 보는 동안의 식량은 官給이었으나 개인의 무기, 의복 등은 自辨이었던 것으로 보인다. 防戍에는 물론 교대로 동원되었으며, 『宋史』 高麗傳에는 '戍西北 半歲而更'이라고 하여 반년 교대라고 하였다. 그러나 『고려사』 82 兵志 1 鎭戍 恭愍王 6년 정월 조의 都評議使의 請에 의하면 '今西北面戍卒二月遞代 軍官則八月遞代'라고 하여 공민왕 대에는 1년 교대였음을 말하고 있다.

는 자가 있으면 관에서 염구(斂具, 棺槨)를 주어 그 뼈를 넣어서 집으로 역송驛送하라."고 하였다.

【原文】 八年九月 御宣政殿 閱兵.

(현종) 8년(1017) 9월에 선정전宣政殿[61]에 나아가 열병閱兵하였다.[62]

【原文】 九年二月 御宣化門 閱射. 賜海弩二軍校尉船頭[63]以下茶布有差.

(현종) 9년(1018) 2월에 선화문宣化門[64]에 나아가 사射를 열閱하였다. 해海[65]·노弩[66] 2군軍의 교위校尉[67]·선두船頭[68] 이하에게 차(茶)와 베(布)를 주되 차差가 있게 하였다.

【참고】 이기백, 「高麗軍役考」, 『高麗兵制史硏究』, 一潮閣, 1968, 138~139쪽; 「高麗州縣軍考」, 앞의 책, 214~216쪽.

61 **宣政殿** 왕이 聽政하는 便殿으로서, 大臣과 時政의 득실을 논하거나, 重刑을 裁斷하거나, 女眞人을 引見하는 등이 여기에서 행해졌다.

【참고】 前間恭作, 「開京宮殿簿」, 『朝鮮學報』 26, 1963, 13~14쪽.

62 **閱兵** 閱兵은 9월의 정기적 행사였던 것으로 보인다. 다음 해인 9년 9월, 10년 9월, 11년 9월 등 조에도 모두 閱兵의 기사가 나타나 있다.

63 『고려사절요』에는 '船軍'이라고 했으나, 校尉와 병기되어 있는 점으로 미루어보아 '船頭'가 정확할 것이다.

64 **宣化門** 仁宗 때 通仙(『고려사』 16 仁宗世家 16년 5월 경술) 혹은 通仁(『고려사』 56 地理志 1 王京開城府)이라고 개명되었다는 궁성문의 하나이다.

【참고】 前間恭作, 「開京宮殿簿」, 『朝鮮學報』 26, 1963, 6쪽.

65 **海軍** 前記 六衛 조에 나오는 千牛衛 소속 海領(1領)을 가리키는 것이 아닌가 한다.

66 **弩軍** 前記 諸府 중의 弩府 소속 군인을 가리키는 것이라고 생각한다.

67 **校尉** 정9품의 무관직으로 일명 伍尉라고 한다. 校尉가 伍라는 단위부대의 지휘관이었음은 '伍有尉'라고 한 趙浚의 말에서 알 수 있다(『고려사』 118 趙浚傳). 伍가 50명으로 조직된 부대였음은 校尉가 1,000명의 領에 20명 있었던 것으로 알 수 있다. 1領에 隊正이 40명 있었기 때문에 校尉와 隊正을 합쳐 60이라 불렀고, 장교 중의 최하급을 이루어 일반병사에 준하는 낮은 대우를 받았다. 이들의 합좌기관인 校尉房이 있었음은 주목할 사실이다. (→각주 116 참조)

68 **船頭** 육군의 旗頭(『고려사』 20 明宗世家 12년 3월 경인)와 마찬가지 지위에 있는 것이 아닌가 한다. 旗頭가 장교가 아닌 일반군인이었던 것과 마찬가지로, 船頭도 장교가 아니었을 것이며, 그 명칭으로 미루어보아 오늘의 선임하사관과 같은 존재였을 것이다.

【原文】 八月 教: "自乙卯年以來 北鄙戰亡將卒父母妻子 賜茶・薑・布物有差."

(현종 9년) 8월 교敎에, "을묘년[69] 이래로 북변北邊에서 전사한 장졸將卒의 부모처자에게 차茶・생강(薑)・피륙(布物)을 주되 차差가 있게 하라."고 하였다.

【原文】 九月 御宣化門 集三衛・鷹揚軍・功臣子孫及文班六品以下有武藝者 試定科等.

(현종 9년) 9월에 선화문宣化門에 나아가 3위衛,[70] 응양군鷹揚軍, 공신의 자손 및 문반 6품 이하로서 무예가 있는 자를 모아 시험하여 과등(科等, 等級)을 정하였다.[71]

【原文】 十年七月 都兵馬使奏: "今禦契丹戰陣有功者九千四百七十二人 乞各增階職." 從之.

(현종) 10년(1019) 7월에 도병마사都兵馬使[72]가 아뢰어, "이번에 거란契丹

69 乙卯年 顯宗 6년(1015)을 말한다. 契丹은 顯宗 원년(1010)의 제2차 침입 이후 고려왕의 親朝와 江東 6성의 환부를 요구하였으나 고려가 모두 거절하자 顯宗 6년에 압록강에 다리를 놓아 교두보를 만들고 자주 江東 6성에 침입해왔다. 특히 동년 9월의 興化鎭 공격이 유명하며, 이때 고려군은 이를 잘 막았으나 유명한 장군 鄭神勇을 비롯한 전사자가 많았다. 이 이후 顯宗 9년(1018)의 제3차 대규모 침입 때까지 자주 江東지방에서 契丹과의 전투가 있었다.

70 三衛 六衛 중의 左右衛・神虎衛・興威衛 등 셋을 말하는 것으로 추측된다. 이 三衛는 六衛 중에서도 가장 병력이 많은 전투부대였다. 六衛의 나머지 셋인 金吾衛・千牛衛・監門衛는 警察・儀衛・守門 등 비전투적 임무를 맡고 있었는데, 혹은 이 셋을 가리킬 가능성도 있다.

71 有武藝者 試定科等 이것은 무예 있는 자를 무관으로 발탁하기 위한 것이 아니었던가 한다(본 兵制 顯宗 22년 2월 조 참조). 三衛는 六衛 중 가장 전투부대다운 군대였고, 鷹揚軍은 二軍 중에서도 우위에 있는 부대였으며, 공신의 자손은 科擧를 거침이 없이 등용하기 위한 특전이 자주 주어졌던 사회층인 것이다. 문반 6품 이하의 경우는 이미 관직을 가지고 있으므로 이에 해당시키기가 곤란하다. 그러나 만일 이를 6품 이하 관리의 子로 본다면 5품 이상의 子가 蔭敍에 의해서 자동적으로 관직을 가지는 것이 인정되었던 것에 비추어볼 때 이러한 특전이 허락되었음 직하다.

72 都兵馬使 都兵馬使는 成宗 8년(989)에 설치된 東西 兩界의 방위조직인 兵馬使 제도가 발

을 방어하여 전진戰陣에서 공이 있는 자 9,472명에게 각기 계직階職을 더하여 줍시다."[73]라고 하니, (왕이) 이에 좇았다.

【原文】 九月 御咸和門 閱六衛將校射御.

(현종 10년) 9월에 함화문咸和門[74]에 나아가 6위六衛 장교의 활쏘기와 말타기(射御)를 사열하였다.

【原文】 十一年三月 蔡忠順請: "軍士有父母年八十以上者 免軍就養." 從之.

(현종) 11년 3월에 채충순蔡忠順[75]이 청하기를, "군사로서 부모의 나이 80

전하여 된 것이다. 즉 兩界의 병마사를 중앙에서 통수하는 기관으로서 설치된 것이다. 그 初見은 顯宗 6년(1015) 7월의 일이지만(『고려사』 4 顯宗世家) 그 하위직인 '都兵馬錄事'는 이미 顯宗 2년(1011) 정월에 나타나고 있으므로(『고려사절요』 3 顯宗 2년 정월 경인) 이때에는 설치되어 있었을 것이다. 처음 兵馬使의 통수기관이던 都兵馬使는 점차 병마사로부터 독립된 기관으로 발전하여 忠烈王 5년(1279)에는 都評議使司로 되었다. 이에 따라 그 직무도 처음은 국방에 관한 것에서 뒤에는 국정 일반에 관한 것으로 확대되었다. 都兵馬使의 특징은 그것이 합좌기관이었다는 데 있지만, 합좌인원은 『고려사』 77 百官志 2 諸司都監各色 都評議使司 조에 의하면 侍中·平章事·參知政事·政堂文學·知門下省事로서 임명되는 判事와 6樞密 및 職事 3품 이상으로써 임명되는 使였다. 즉 門下省의 2품 이상인 宰臣과 樞密院의 3품 이상인 樞臣들의 합좌기관이었던 것이다.

【참고】 末松保和, 「高麗兵馬使考」, 『東洋學報』 39-1, 1956; 『靑丘史草』 1, 1965.
李丙燾, 『韓國史 中世篇』, 乙酉文化社, 1961, 130~132쪽.

73 **禦契丹戰陣有功者九千四百七十二人 乞各增階職** 이와 비슷한 기록은 世家에서 허다하게 찾아볼 수 있다. 몇 개만 예시하면 다음과 같다.

a. 都兵馬使奏 將軍鄭神勇·林英含及軍士一萬二千五百餘人 皆有邊功 請增級以賞 從之(『고려사』 4 顯宗世家 6년 7월)

b. 兵部奏 郎將秦明·柳高價·康孝等 七十四人 請增爵一級 以賞邊功 從之(同上 7년 정월 임술)

c. 兵部奏 將軍黃虎猛等 三十九人 皆有戰功 請加鄕職一級 從之(同上 7년 2월 신축)

d. 兵部奏 正輔李龍奉·正朝任述光等 三十人 皆有邊功 請加鄕職一級 從之(同上 8년 7월 경자)

본 都兵馬使의 上奏는 同年(顯宗 10년) 2월 姜邯贊의 龜州大捷 때의 전공에 대한 논공행상인 것으로 생각된다.

74 **咸和門** 開京 本闕의 어느 문일 것이나 불명이다. 이 문은 11년 9월 조에도 다시 나온다.

75 **蔡忠順** (光宗 12년~靖宗 2년, 961~1036) 顯宗을 영립하는 데 공이 있었고, 顯宗 원년(1010) 契丹의 침입 시에 왕을 호종한 공이 있어 공신호와 봉작을 받았다. 관직이 門下侍

이상인 자가 있으면 군(軍, 軍役)을 면하여 봉양하게 합시다."[76]라고 하니, (왕이) 이에 좇았다.

【原文】 五月 乙卯 有司奏: "前制 凡人年八十以上及篤疾者 給侍丁一名 九十以上二名 百歲者五名 唯征防人不與焉. 謹按 丁酉年間 淸州人成允 罪當移鄕 以其父年滿七十 除流侍養. 況父子俱無罪責 而父母年七・八十者 豈謂禮文所無 而不許侍丁. 古今孝心無貴賤一也. 請依舊制 征防人亦免役養親."

(현종 11년) 5월 을묘에 유사有司가 아뢰기를, "전제前制에 무릇 연령이 80세 이상인 자와 병이 위독한 자는 시정侍丁[77] 1명을, 90세 이상이면 2명을, 100세인 자는 5명을 주었으나, 오직 정방인征防人(防戍人)은 (이에) 참여하지 못하였습니다. 삼가 살피건대 정유丁酉 연간에[78] 청주淸州 사람 성윤成允은 죄가 마땅히 이향移鄕[79]해야 할 것이지만, 그 아버지의 나이가 만 70세이기 때문에 유죄流罪를 면하고 모시고 봉양하도록 하였습니다. 하물며 부자가 모두 죄책罪責이 없고 부모의 나이 7・80인 자가 어찌 예문禮文(法文・令文)에 없는 바라고 하여 시정侍丁을 허락하지 않겠습니까. 예나 지금이나 효심에는

郎平章事에 이르렀다.

【참고】『고려사』 93 蔡忠順傳.

76 **軍士有父母年八十以上者 免軍就養** 무관 및 군인을 포함해서 軍士라고 부르는 경우도 있으나 여기서는 군인(병졸)만을 가리킨 것이다. 그것은 『고려사』 93 蔡忠順傳이나 『고려사절요』에 의하면 이어 文武員僚에 대한 규정이 나오기 때문이다. 侍丁을 주어 면역하게 하여 노친을 侍養하게 하는 규정은 다음에 나오는 顯宗 11년 5월 을묘 조를 참조하기 바란다.

77 **侍丁** 국가의 役에 동원되지 않고 부모를 봉양하도록 허락된 壯丁을 말한다. 『고려사』 84 刑法志 1 官吏給暇 文宗 35년 詔에 '定 父母年七十以上八十以下 侍丁一人 九十 二人 百歲五人'이라 하였다. 또 『고려사』 80 食貨志 3 賑恤 鰥寡孤獨賑貸之制 忠肅王 12년 10월 下敎에 '年九十以上 官給資糧 七十以上 給侍丁一人復其身'이라고 한 규정도 있다.

78 **丁酉年間 云云** 정유년은 成宗 16년 穆宗 즉위년(997)에 해당한다. 단 成允의 사실을 기록에서 달리 발견하지는 못하였다. 『고려사』 85 刑法志 2 恤刑 조에 '年七十以上父母 無守護 其子犯罪 應配島者 存留孝養'이란 규정이 있는데, 이 규정은 적어도 成宗 무렵부터 적용되었다고 보겠다.

79 **移鄕** 歸鄕보다 무겁고 流配보다는 가벼운 처벌. 本貫인 고향으로부터 타향으로 가게 하는 것이니, 상경하여 관직을 얻을 수 없을 뿐 아니라 고향의 생활근거지로부터도 축출되는 것이다.

귀천이 없이 한결같은 것입니다. 청하건대 구제舊制에 의하여 정방인征防人도 역시 역役을 면하여 부모를 모시고 시양侍養하게 합시다."라고 하였다.

【原文】 九月 御咸和門 閱諸將射御.

(현종 11년) 9월에 함화문咸和門에 나아가서 제장諸將의 사射・어御를 열閱하였다.

【原文】 二十年閏二月 始令文官四品以下[80]年未六十者 每暇日 習射于東西郊 禁中外軍士請托規免征役.

(현종) 20년(1029) 윤2월에 처음으로 문관 4품 이하로서 연령이 60세 미만인 자로 하여금 가일暇日[81]마다 동서교東西郊에서 궁사弓射를 익히게 하였다. 중외군사中外軍士[82]가 청탁해서 정역征役[83]을 면하기를 도모하는 것을 금하였다.

【原文】 二十二年二月 文班有武藝者 改授將校.

(현종) 22년(1031) 2월에 문반으로서 무예가 있는 자에게 장교직을 개수改授하였다.[84]

---

80 『澗松文庫』本 및 『國故叢刊』本에는 모두 '以上'으로 되어 있으나, 『고려사절요』에는 '以下'로 되어 있다. 내용상 '以下'가 옳다.

81 暇日 관리의 給暇에 대한 규정은 『고려사』 84 刑法志 1 官吏給暇 조에 자세하다. 단, 여기서는 공휴일을 말하는 것이지, 부모의 기일과 같은 경우의 특별한 휴가를 말하는 것은 아닐 것이다.

82 中外軍士 中外軍士란 중앙군과 지방군의 뜻이지만, 防戍의 役을 부담하는 것은 중앙군인 二軍・六衛나 지방군인 주현군 중에서 保勝軍과 精勇軍이었다고 생각되므로 여기서는 그들을 가리키는 것이라고 보아야 하겠다.

83 征役 征防의 役, 곧 防戍의 役을 말하며, 兩界 邊鎭에서의 일정기간의 군역복무인 것이다. 그러나 전투에의 출동을 말하는 것으로도 생각할 수 있을 듯하다. (→ 각주 60 참조)

84 文班有武藝者 改授將校 이것은 2월과 9월의 정기적인 閱兵・閱射와 관계가 있을 것이다. 특히 顯宗 9년 9월의 '文班六品以下 有武藝者 試定科等'했다는 것과 서로 통하는 것이다. 그리고 이 경우에도 顯宗 9년 9월의 기사와 같이 6품 이하에 해당되는 일이거나 혹은 20년

【原文】 德宗元年三月 尙舍奉御朴元綽請: "令有司作革車·繡質弩·雷騰石砲." 又請: "以八牛弩二十四般兵器 置邊城." 從之.

덕종德宗 원년(1032) 3월에 상사국尙舍局 봉어奉御[85] 박원작朴元綽[86]이 청하기를, "담당관리로 하여금 혁차革車[87]·수질노繡質弩[88]·뇌등석포雷騰石砲[89]를 만들게 합시다."라고 하고, 또 청하기를,[90] "팔우노八牛弩[91] (등) 24종 병기兵器를 변성邊城에 둡시다."라고 하니, (왕이) 이에 좇았다.

【原文】 十一月 遣使九道 選軍士.

(덕종 원년) 11월에 사使를 9도道[92]에 보내어 군사를 뽑았다.

【原文】 靖宗二年七月 制: "諸衛軍人家貧而名田不足者頗衆 今邊境征戍未息 不可不恤 其令戶部 分公田加給."

윤2월의 경우와 같이 4품 이하이거나였을 것이다.

85 **尙舍奉御** 尙舍局은 뒤에 司設署라고도 부른 관부로서 『고려사』 77 百官志 2에는 '掌供鋪設'이라고 하였고, 그 후신인 李朝의 典設司는 『경국대전』에 '掌供帳幕'이라고 하였으므로, 사람을 收用하는 장막 설비를 관장한 관청이다. 奉御는 그 長으로 1인이며 秩은 정7품으로 되어 있다.

86 **朴元綽** 뒤에 西面兵馬都監使와 少監(軍器少監?)을 거친 인물로 兵器에 능하여 繡質九弓弩 등 우수한 병기를 만들었다고 한다.

87 **革車** 전쟁에 사용하는 兵車로서 원래 중국에서는 車를 가죽으로 감쌌기 때문에 그러한 명칭을 얻었다. 뒤에는 병거의 통칭으로 쓰이고 있다.

88 **繡質弩** 다음의 靖宗 6년 10월 조에 나오는 繡質九弓弩 및 宣宗 10년 6월 조에 나오는 千鈞弩와 비슷한 것이리라고 생각된다. 이들은 모두 朴元綽과 관련되고 있다. 그 성능에 대해서는 알 길이 없다.

89 **雷騰石砲** 돌을 멀리 던져서 성을 파괴하거나 적병을 무찌르는 抛石과 같은 것으로 추측된다.

90 **又請** 이 又請 조는 『고려사절요』에 의하면 德宗 원년 10월의 일이었다. 여기서 두 기사가 한데 묶어진 것은 『고려사』 찬자의 임의에 속한 것으로서 『절요』의 기사를 신용해야 할 것이다.

91 **八牛弩** 弩의 일종일 것이나 미상. 혹은 繡質弩와 같은 것인지도 모르겠다.

92 **九道** 道는 지방행정구역을 가리키는 경우도 있으나 또 지정된 일정한 방면을 가리키는 경우도 있는데, 여기서는 후자를 말하는 것으로 보인다.

【참고】 河炫綱, 「高麗 地方制度의 一硏究」, 『史學硏究』 13·14, 1962.

정종靖宗 2년(1036) 7월 제制에, "제위諸衛(六衛)의 군인이 집이 가난하여 명전名田[93]이 부족한 자가 대단히 많다. 지금 변경의 정수征戍[94]가 아직 그치지 않아 진휼하지 않을 수 없으니, 호부戶部[95]로 하여금 공전公田을 나누어 가급加給하게 하라."고 하였다.

【原文】 五年六月 制曰: "蓋自前朝偃武修文 蓋有年矣. 雖四方無事 不可忘戰. 周禮 以軍禁糾邦國 以蒐狩習戎旅 傳曰 以不教人戰 是謂弃之. 宜遣使兩京·兩路·諸州 簡取驍勇 教習弓馬."

(정종) 5년(1039) 6월 제制에, "전조前朝로부터 무武를 쉬고 문文을 닦음이 대개 수년數年이 되었다. (이제) 비록 사방이 무사하지만 전쟁을 잊을 수는 없다. 『주례周禮』[96]에 '군금軍禁으로써 나라를 살피고, 수수蒐狩로써 군사를 익힌다'[97]라고 하였고, 『전傳』[98]에는 '가르치지 않은 사람으로써 싸우게 하는 것은 곧 이를 버리는 것이라 한다'[99]라고 하였다. (그러므로) 마땅히 사신을

---

93 名田 개인의 명의로 되어 있는 토지를 말하는 것이며, 모든 종류의 永業田은 名田이라고 불리었을 것으로 보인다. 여기서는 軍人田을 말하는 것이겠지만, 田柴科에는 군인전의 지급에 대한 규정이 되어 있으나 실제에 있어서는 규정대로 지급되지 못하였다는 것을 알 수 있다. 군인전의 부족은 逃散의 중요한 원인이 되었던 것이다.

【참고】 李佑成, 「高麗의 永業田」, 『歷史學報』 28, 1965, 16쪽.

94 邊境征戍 兩界에의 防戍를 말하는 것이겠지만, 德宗 2년(1033)부터 靖宗 10년(1044)까지에는 長城의 축조가 행해졌으므로 특히 이를 염두에 두고 생각해야 할 것 같다.

95 戶部 고려 6部의 하나로 『고려사』 百官志에서는 戶口·貢賦·錢糧을 관장하였다고 했다. 公田에 대한 관리는 戶部의 직책이었을 것이다. 뒤에 版圖司 혹은 民部라고 개칭되기도 하였다.

96 『周禮』 周의 정치제도를 기술한 책으로서 周初에 周公이 제정한 것이라고 전한다. 그러나 비록 個中에는 周代의 사실이 포함되어 있더라도 대체로는 후대에 조작된 것이며 前漢末 경의 저작으로 생각되고 있다.

【참고】 津田左右吉, 「六官の研究」, 『滿鮮地理歷史研究報告』 15, 1937.

97 以軍禁糾邦國 以蒐狩習戎旅 『周禮』 夏官司馬 조에 나타나 있다. 軍禁은 군사와 경찰을 말하며, 蒐는 봄의 사냥, 狩는 겨울의 사냥으로서 蒐狩는 곧 수렵을 말한다.

98 『傳』 『集韻』에 '賢人書曰傳'이라고 한 것에 해당하는 것이다. 여기서는 『論語』를 가리키고 있다.

99 以不教人戰 是謂弃之 『論語』 13 子路篇에 나와 있다.

양경兩京(開京과 西京)·양로兩路(東西兩界)·제주諸州에 보내어 효용驍勇한 자를 뽑아 궁마弓馬를 가르쳐 익히게 하라."고 하였다.

【原文】 六年二月 賜兩京軍士有邊功者衣著有差.

(정종) 6년(1040) 2월에 양경兩京의 군사[100]로서 변공邊功이 있는 자에게 의복을 주되 차差가 있게 하였다.

【原文】 八月 西北路兵馬使奏: "金海兵書 武略之要訣也 請沿邊州鎭 各賜一本." 從之.

(정종 6년) 8월에 서북로西北路[101] 병마사兵馬使[102]가 아뢰기를, "『김해병서金海兵書』[103]는 무략武略의 요결要訣이니, 청하건대 연변沿邊 주진州鎭[104]에 각기 1본本씩 줍시다."라고 하니, 이에 좇았다.

【原文】 十月 西面兵馬都監使朴元綽 造繡質九弓弩以獻 極爲神巧. 王命造 置於東西邊鎭.

---

100 **兩京軍士** 開京의 군사는 곧 二軍·六衛의 군사를 말할 것이요, 西京의 군사는 본 兵志 3 州縣軍 조에 나타난 그것을 말할 것이다.

101 **西北路** 西北界 즉 西界를 말한다. 慈悲嶺 이북의 關西지방으로 현 平安道와 黃海道 북부에 해당한다.

102 **兵馬使** 成宗 8년(989)에 처음 설치한 것으로 西北面과 東北面에 각기 1인씩 임명하여 왕으로부터 斧鉞을 받아 邊鎭에 가서 軍事를 專制하였다. 兩界라는 특수군사지역의 설정에 따라서 설치된 것이며 고려의 對북방 관계의 긴장상태가 반영된 것이라고 하겠다. 兵馬使는 3품직이었으며 임기는 6개월로서 춘추에 교대하였다. 이 兵馬使를 開京에서 遙領한 것이 門下侍中·中書令·尙書令으로 구성된 兵馬判事였는데, 이것은 뒤에 都兵馬使로 발전하였다.

【참고】『고려사』 77 百官志 2 外職 조.

末松保和, 「高麗兵馬使考」, 『東洋學報』 39-1, 1956; 『青丘史草』 1, 1965.

103 **『金海兵書』** 高麗兵書로서 알려진 유일한 것이나 그 저자, 시대, 내용 등에 대하여는 알 수가 없다. 金海가 지명인지 혹은 인명인지도 불분명하다.

104 **沿邊州鎭** 東西兩界의 州鎭을 말한다. 州鎭이라고 하면 항상 東西兩界를 가리키는 것이다(州縣은 兩界 이외의 지방이다).

(정종 6년) 10월에 서면병마도감사西面兵馬都監使[105] 박원작朴元綽이 수질구궁노繡質九弓弩[106]를 만들어 바쳤는데, 극히 신교神巧하였다. 왕이 명하여 (이를) 만들어서 동서변진東西邊鎭에 두게 하였다.

【原文】 八年 判 國子監諸業學生 年壯不成才者 充光軍.

(정종) 8년(1042) 판判에, "국자감國子監 제업학생諸業學生[107]으로서 나이 장년壯年이 되어도 재才를 이루지 못한 자[108]는 광군光軍[109]에 충당한다."라고 하였다.

【原文】 十一年五月 揭榜云: "國家之制 近仗及諸衛 每領設護軍一・中郎將二・郎將五・別將五・散員五・伍尉二十・隊正四十・正軍訪丁人一千・望軍丁人六百 凡扈駕內外力役 無不爲之. 比經禍亂 丁人多闕 丁人所爲賤役 使祿官六十代之. 因此領役艱苦 爭相求避 伍尉・隊正等未能當之 若有國家力役 乃以秋役軍・品從・五部坊里各戶刷出 以致騷擾. 今國家大平 人物如古 宜令一領 各補一・二百名 京中五部坊里 除各司從公令史・主事・記官・有蔭品官子・有役賤口外 其餘兩班及內外白丁人子 十五歲以上五十歲以下 選出充補. 令選軍別監 依前田丁連立 其領內十將・六十有闕 除他人

105 **西面兵馬都監使** 西面兵馬都監의 使일 것이나, 西面兵馬都監이란 관부가 그 명칭으로 보아 西界兵馬使와 관계가 있음을 추측할 수 있을 뿐이다. 朴元綽이 원래 무기에 조예가 깊었으므로 혹은 西界의 무기를 관장하지 않았나 하는 의심이 든다.

106 **繡質九弓弩** 繡質弩와 비슷한 것이나 더 개량된 것인 듯하다.

107 **國子監諸業學生** 國子監은 開京에 설치된 고려의 국립대학으로서 儒學에 입각한 관리양성 기관이었던 것이다. 국자감에는 京師6學이라 하여 國子學・太學・四門學・律學・書學・算學 등이 있었는데, 앞의 3개는 유학교육기관으로 7품 이상 관리의 자제가 입학하였고, 뒤의 3개는 기술교육기관으로서 8품 이하 관리의 자제가 입학하였다. 국자감의 諸業學生은 京師6學의 학생을 가리키는 것이다.

108 **年壯不成才者** 『고려사』 74 選擧志 2 學校 文宗 17년 8월 判에 '儒生在監九年 律生六年 荒昧無成者 並令屛黜'이라고 하여 수학 연한의 한계가 그어져 있다. 여기서는 연령으로 壯年이라고 규정하였는데, 표현이 모호하지만 대개 같은 이야기가 아닐까 한다.

109 **光軍** 이것은 지방군 조직으로서의 본래의 光軍이 아니라 변질된 光軍일 것이다. (→ 각주 164 참조)

並以領內丁人 遷轉錄用 中禁·都知·白甲別差 亦以丁人當差 丁人戶各給津貼 務要完恤 復立都監 擇公廉官吏掌之 勿令容私. 如有飾詐求免者 着枷立市 決杖七十七 下配島 指揮人並令徵銅. 其間諸宮院及兩班等 以丘史·賤口 枸交造飾求請者 宮院則所掌員 兩班則勿論職之有無 依例科罪. 諸衙門詐稱通粮·丘史 追錄名籍 知情規避者 亦皆科罪."

(정종) 11년 5월에 방榜을 게시揭示하여 이르기를, "국가의 제도가 근장近仗 및 제위諸衛[110]는 영領마다 호군護軍[111] 1명, 중랑장中郞將[112] 2명, 낭장郎將[113] 5명, 별장別將[114] 5명, 산원散員[115] 5명, 오위伍尉[116] 20명, 대정隊正[117] 40명, 정군방정인正軍訪丁人[118] 1,000명, 망군정인望軍丁人[119] 600명을 두는데,

---

110 **近仗及諸衛** 『고려사』 77 百官志 2 西班 鷹揚軍 조에 '鷹揚·龍虎二軍上·大將軍 稱近仗上·大將軍 將軍稱親從將軍 中郞將以下亦稱近仗'이라고 한 것으로 보아 近仗은 二軍을 가리킨다. 諸衛는 六衛임이 분명하므로, 近仗 及 諸衛는 곧 二軍·六衛로서 중앙군의 정규부대이다.

【참고】 이기백, 「高麗京軍考」, 『李丙燾華甲紀念論叢』, 一潮閣, 1956; 『高麗兵制史硏究』, 一潮閣, 1968.

111 **護軍** 정4품의 무관직. 일명 將軍이라고도 했음은 『고려사』 77 百官志 2 西班 鷹揚軍 조에 '恭愍王改將軍爲護軍'이라 함에서 알 수 있다. 단 공민왕 이전부터 이미 쓰이어졌음은 예가 있다(『고려사』 106 尹諧傳 附 尹澤傳 참조). 이 護軍(將軍)은 每領 1명이므로 領의 최고 지휘관임이 분명하며, 將軍房이라고 하여 上·大將軍의 重房에 대응하는 합좌기관을 갖고 있었다(『고려사』 101 宋詝傳).

112 **中郞將** 정5품의 무관직. 2명인 것으로 보아 領의 부지휘관이 아니었을까 추측된다.

113 **郎將** 정6품의 무관직. 1領에 5명인 것으로 보아 200명씩으로 구성되는 단위부대의 지휘관이었던 것 같다. 郎將房(『고려사』 101 宋詝傳)은 郎將들의 합좌기관이었을 것이다.

114 **別將** 정7품의 무관직. 郎將과 한가지로 1領에 5명인 것으로 보아 200명으로 구성되는 단위부대의 부지휘관이었던 것으로 생각된다.

115 **散員** 정8품의 무관직. 일정한 단위부대의 지휘관이나 부지휘관이 아니었던 것 같다. 『고려도경』 21 皁隷散員 조를 보면 '如中華班直殿侍之類也 武臣子弟兵衛出職 皆補之'라고 하여 이들이 특수한 무관직임을 말하여주고 있다. 散員房은 이들의 합좌기관이었을 것이다.

116 **伍尉** 정9품의 무관직. 일명 校尉. 伍라는 단위부대의 지휘관이었기 때문에 伍尉라고 불렀을 것이나, 보통 校尉라고 일컬어졌다. (→ 각주 67 참조)

117 **隊正** 品外의 무관직. 隊라는 단위부대의 장이었음은 '隊有正'(『고려사』 118 趙浚傳)이란 용어에서 알 수 있다. 隊가 25명으로 구성되어 있었음은 隊正이 40명이었음에서 알겠다.

118 **正軍訪丁人** 실질적으로 領을 구성하는 현역군인들로서, 보통 領이 1,000명의 군인으로 구성되었다고 할 때에는 이들 正軍訪丁人을 가리키는 것이다.

119 **望軍丁人** 望軍丁人은 편제상으로는 二軍·六衛의 각 領마다 600명씩 배치되어 있지만,

무릇 호가扈駕와 내외內外의 역역力役을 하지 않는 것이 없다. 근래에 화난禍難을 겪어서 정인丁人이 많이 궐闕하여 정인이 하는 바 천역賤役을 녹관祿官인 60[120]으로 하여금 대신하게 할 (정도)였다. 이로 인하여 영역領役이 간고艱苦해서 다투어 서로 피하려고 하니, 오위伍衛 · 대정隊正 등이 능히 이를 감당할 수가 없어서, 만일 국가의 역역力役이 있으면 이에 추역군秋役軍[121] · 품종品從[122] · 5부방리五部坊里[123] 각호各戶로써 쇄출刷出해서 소요騷

이들은 현역병은 아니었을 것이다. 이들은 아마 지방에 있던 듯하며, 굳이 비정을 하자면 州縣軍의 保勝軍과 精勇軍이 아니었나 한다.

【참고】 이기백, 「高麗州縣軍考」, 『歷史學報』 29, 1965; 『高麗兵制史硏究』, 一潮閣, 1968, 210~211쪽.

120 六十 伍尉 20인과 隊正 40인을 합하여 말하는 것이다. 『世宗實錄』 82 世宗 20년 9월 계사 조에 '十司每領 隊正二十人 伍尉四十人 各有統屬 故謂之六十 六十之號 自高麗至于本朝常稱之'라고 한 것으로 미루어 확실하다. 伍尉와 隊正은 장교로서 무반에 속하는 것이지만, 丁人과 큰 차이가 없이 자주 賤役에 동원되던 실정을 이해하게 된다.

121 秋役軍 州縣軍의 1品軍을 말하는 것이다. 그것은 '舊制 諸州一品軍 分爲二番 當秋而遞使之循環'(『고려사』 83 兵志 3 工役軍 明宗 21년 8월)이라 하여 가을에 교체하기 때문에 생긴 명칭으로 보인다.

【참고】 이기백, 「高麗州縣軍考」, 『歷史學報』 29, 1965; 『高麗兵制史硏究』, 一潮閣, 1968, 222쪽.

122 品從 국가의 力役에 충당하기 위하여 양반 관리가 차출하는 役夫를 말한다. 예컨데 忠宣王 원년(1309) 3월에 康安 · 延慶 二宮을 重新했을 때에는 現任宰相과 諸君은 日當 3명, 致仕宰相과 現任3품은 2명, 4품 이하는 差가 있게 하였다 하고, 忠宣王 4년(1312) 5월에는 諸君과 宰樞는 5명, 3품은 4명, 4품은 3명, 5 · 6품은 2명, 7 · 8품은 1명, 9품 및 權務官은 모두 1명으로 하였다 한다(『고려사』 83 兵志 3 工役軍 조). 이 제도는 결국 양반들이 소유하고 있는 노비의 노동력을 국가의 工役에 동원하자는 것이었다고 생각된다.

123 五部坊里 開京에 五部坊里의 제도가 실시된 것은 太祖 2년(919) 정월의 일이라고 전하며, 그 뒤 成宗 6년(987)에 이를 更定하였다고 하는데, 顯宗 15년(1024)에 일단락을 지은 것 같다. 이제 『고려사』 56 地理志 1 王京開城府 조에 의하여 五部坊里의 일람표를 작성하면 다음과 같다.

部名	坊數	坊名	里數
東部	7	安定坊 奉香坊 令昌坊 松令坊 楊堤坊 倉令坊 弘仁坊	70
南部	5	德水坊 德豊坊 安興坊 德山坊 安申坊	71
西部	5	森松坊 五正坊 乾福坊 鎭安坊 香川坊	81
北部	10	正元坊 法王坊 興國坊 五冠坊 慈雲坊 王輪坊 堤上坊 舍乃坊 師子岩坊 內天王坊	47
中部	8	南溪坊 興元坊 弘道坊 鸎溪坊 由岩坊 變羊坊 廣德坊 星化坊	75

開京에는 兩班 · 吏屬 · 公賤 등 비록 신분상의 차별은 있으나마 중앙정부기관에서 봉직

擾를 이루게 한다. 지금 국가는 태평하고 인물은 옛과 같으니, 마땅히 1영領으로 하여금 100~200명을 보충하게 하되, 경중京中의 5부방리에서 각사各司의 공무에 종사하는 영사令史·주사主事·기관記官[124]과 유음품관有蔭品官[125]의 자子와 유역천구有役賤口[126]를 제외한 그 나머지의 양반兩班[127] 및 내외內外 백정인白丁[128]人의 자子로서 15세 이상 50세 이하인 자[129]를 선출해서 보

하는 많은 인구가 집중해 있었고, 이 밖에 白丁·私賤 등이 있었던 것이다. 部에는 使 1인(4품 이상), 副使 1인(5품 이상), 錄事 2인(8품)의 관원이 배치되어 있어서 이들이 소관 坊里의 戶口 파악, 軍丁 차출, 科歛 할당 등의 업무를 담당하였다.

124 **令史·主事·記官** 중앙 諸官府에 소속되어 있는 吏屬들이다. 이 이속들은 말단의 행정 실무를 담당하는 하급관리들이며, 대개 그 직을 세습하는 일정한 氏族 출신자들이 임명된 것으로 생각되나, 혹은 鄕吏의 자제들 중에서 吏才가 있는 자가 임명되기도 하고, 또 蔭敍에 의하여 5품 이상 관리의 子가 임명되기도 하였다. 하여튼 이 이속은 문·무 양반과 아울러 고려 관료체계의 중요한 일환을 이루고 있었다. 『고려사』 百官志에는 각 관부에 달린 이속의 명칭과 員數가 기록되어 있다. 이속에는 상기 3者 이하의 雜類가 있지만 이들은 같은 이속이라도 일층 신분이 낮은 것이었다.

【참고】 李佑成, 「高麗朝의 吏에 對하여」, 『歷史學報』 23, 1964.

125 **有蔭品官** 5품 이상의 품관을 말한다. '文武五品以上子 授蔭職'(『고려사』 75 選擧志 3 銓注 蔭敍 穆宗 즉위년)이라고 한 바와 같이 5품 이상 품관의 子에게 음직을 주기 때문인 것이다. 일시 4품 이상의 子에게 음서를 한 일도 있으나 대개는 5품 이상이었고, 이 靖宗 때도 그러하였다. 음서는 과거시험을 거치지 않고 관직에 임명하는 것이며, 따라서 5품 이상 양반의 가족에게 관직을 보장해주는 셈이다. 그러므로 이는 양반 신분에 대한 일종의 보장책이며 고려사회가 지니는 특징의 하나이다(조선왕조에서는 이 음서의 특권이 훨씬 좁혀져서 대략 3품 이상으로 되는 것이다). 有蔭品官의 子를 軍人 簡選의 대상에서 제외하는 것은 그들이 양반후보자이기 때문이다.

126 **有役賤口** 국가에 役의 의무를 지고 있는 賤人들을 말함이니, 樂工·工匠 등을 포함하는 모든 公賤(公奴)이 여기에 들 것이다. 이들은 그 신분이 천인이지만 그들이 짊어지는 공적인 役 때문에 군인의 簡選 대상에서 제외되고 있는 것이다. 이들은 때로는 과거의 합격이나 軍功 등에 의하여 放良되어 官途에 오를 수는 있으나 清要理民職이나 5품 이상의 관직에는 오르지 못하게 하는 限職제도가 적용되고 있었다.

【참고】 李佑成, 「閑人·白丁의 新解釋」, 『歷史學報』 19, 1962.

127 **其餘兩班** 有蔭品官을 제외한 나머지의 양반이니 곧 6품 이하의 양반들이다. 이들의 子는 음서의 혜택을 입지 못하므로 軍人 簡選의 대상이 되고 있다. 이들의 子는 비록 음서의 혜택은 못 입지만, 이들에게 일정한 토지 즉 閑人田을 주어 그들을 閑人이라 칭하였다고 하는 설은 경청할 만하다(李佑成, 「閑人·白丁의 新解釋」, 『歷史學報』 19, 1962). 이들은 군인 선발의 대상으로서 白丁과 함께 중요시되었던 것이다.

128 **白丁** 종래 고려시대의 白丁은 조선의 그것과는 달리 일반백성으로서 常民이라는 신분층으로 막연히 파악되어 왔다(今西龍, 「朝鮮白丁考」, 『藝文』 9-4, 1918. 鮎貝房之進, 「白丁」, 『雜攷』 5, 1932. 白南雲, 『朝鮮封建社會經濟史』 上, 改造社, 1937, 304~307쪽). 그

충할 것이다. (그리고) 선군별감選軍別監[130]으로 하여금 종전과 같이 전정田丁은 연립連立하게 하고,[131] 그 영領 내의 10장將[132] · 60이 궐闕할 때에는 타인을 제수하되 아울러 영領 내의 정인丁人을 천전遷轉해서 녹용錄用하게 하며, 중금中禁[133] · 도지都知[134] · 백갑白甲[135]도 따로 임명하나 또한 정인丁人

러나 최근 旗田巍는 白丁을 일정한 신분층으로서 파악하는 것을 거부하고 白丁에는 良賤이 모두 포함되어 있음을 주장하는 한편, 특정한 職役이 없고 또 거기에 따른 토지의 지급을 받지 않는다는 데에서 그 특징을 구하였다(旗田巍, 「高麗時代の白丁」, 『朝鮮學報』 14, 1959). 이러한 旗田의 의견에 기초를 두고 李佑成은 白丁의 실태를 더욱 천착하여 白丁을 호주가 못되는 付籍者들, 즉 호주의 상속자인 長子 이외의 동거자식들을 가리키는 것으로 이해하였다. 이러한 白丁은 국가로부터 토지의 지급을 받지 않는 대신 국가에 대하여 일정한 役을 지지 않으므로 한 사람의 丁이긴 하지만 실질적인 丁의 구실을 못하기 때문에 白丁이라고 규정한 것이라고 해석했다(李佑成, 「閑人 · 白丁의 新解釋」, 『歷史學報』 19, 1962).

129 **十五歲以上 五十歲以下** 군인을 뽑는 연령의 제한이다. 『고려사』 79 食貨志 2 戶口 조 序에는 '國制 民年十六爲丁 始服國役 六十爲老 而免役'이라 하였고, 『고려도경』 11 仗衛 조에도 '其制 民年十六以上 充軍役'이라고 하여 모두 16세에 充軍하는 것으로 되어 있다. 그런데 구체적인 選軍 기록에는 종종 15세로 되어 있어서 1년의 차이가 지는데, 혹은 15세란 것은 滿으로 셈한 것이었을까. 하여튼 15~16세면 役의 대상자가 되었으므로, 응당 선군도 되었을 것이다. 免役은 上引 戶口 조에 60세로 되어 있어 의심이 없는데, 따라서 50세에 선군되더라도 10년 동안은 군에 복무할 수 있는 셈이다.

130 **選軍別監** 選軍이라는 官府의 장을 말한다. 選軍은 『고려사』 77 百官志 2 諸司都監各色 조에도 보이고 있지만, 군인의 簡選과 그들에 대한 軍人田의 지급 등을 관장하는 관부였다. 이 選軍의 長인 選軍別監은 전임직이 아니라 겸직이었던 것으로 보인다.
【참고】 이기백, 「高麗軍人考」, 『震檀學報』 21, 1960; 『高麗兵制史硏究』, 一潮閣, 1968, 112쪽.

131 **田丁連立** 종래 이 田丁連立은 田丁群에 의한 토지의 連帶占有로 해석되어 왔다(白南雲, 『朝鮮封建社會經濟史』 상, 改造社, 1937, 289쪽). 그러면 田丁은 丁壯의 뜻이 된다. 그러나 여기의 田丁은 군인이 점유하고 있는 토지를 말하며, 連立은 군인이 그 田丁을 세습한다는 뜻인 것이다(旗田巍, 「高麗時代における土地の嫡長子相續と奴婢の子女均分相續」, 『東洋文化』 22, 1957). 토지의 세습은 곧 군인직의 세습을 뜻하는 것이므로 이는 軍戶連立制의 원칙에 의해서 고려의 兵制가 성립되어 있다는 것을 토지제도 면에서 뒷받침해주는 것이다.

132 **十將** 十將은 郎將과 別將을 가리키는 것이다. 郎將과 別將은 각기 5명으로서 계 10명이요, 200명으로 구성된 단위부대의 長과 그 副인 것으로 보인다.

133 **中禁** 『世宗實錄』 49 世宗 12년 7월 임자 조의 左議政 黃喜 말에 '中禁之任 御前通喝 其任匪輕 前此 必以容貌端正 聲音淸亮者差定 非近仗比也 且其數止二十餘人 故去官最速 因此人多爭入'이라고 하여, 中禁이 왕의 御前에서 通喝하는 가볍지 않은 임무를 지니고 있고 또 승진이 빠르기 때문에 다투어 되려고 하였음을 말하고 있다. 『고려사』 72 輿服志 儀衛 조를 보면 朝會儀仗, 法駕衛仗 등 각종 儀衛에 中禁이 동원되고 있음을 알 수 있다. 이들은 하나의 班을 이루고 領指諭 · 行首 · 班士 등으로 구성되어 있었는데, 여기서는 班士를 말하는 것이다.

으로써도 임명하게 하며, 정인호丁人戶[136]에는 각기 보조를 주어 완휼完恤하도록 힘쓰며, 도감都監[137]을 다시 세워 공렴公廉한 관리를 택해서 이를 관장하되 사私를 개재介在하지 못하게 할 것이다. 만일 거짓을 꾸며서 면하기를 구하는 자는 칼(枷)을 씌워 저자(市)에 세우고 장杖 77을 결決하고 섬에 유배하며, 지휘한 자도 아울러 동銅을 징수하도록 하고, 그동안 제궁원諸宮院 및 양반兩班 등이 서로 얼려서 구사丘史[138]·천구賤口라고 거짓 꾸민 자는, 궁원宮院이면 관장한 관원을, 양반이면 직職의 유무를 논함이 없이, 규례規例대로 죄를 과科하고, 제아문諸衙門의 통량通粮[139]·구사丘史를 사칭하고 명적名籍을 추록追錄해서 정情을 알면서 피하기를 도모하는 자도 역시 모두 죄를 과科한다."라고 하였다.

【原文】文宗卽位 侍中崔齊顔等奏曰: "兵書云 '萬人之軍 取三千爲奇 千人之軍 取三百爲奇' 請以六衛軍 每一將軍領下 選三百[140]人爲先鋒軍," 從之.

---

134 都知 『고려사』 72 輿服志 儀衛 조에는 都知가 中禁 다음으로 이와 나란히 해서 각종 儀衛에 동원되고 있다. 그러므로 中禁과는 대개 비슷한 성격과 지위를 가지고 있었을 것이며 그 조직도 비슷하였을 것으로 추측되나, 명확한 차이점은 잘 알 수가 없다.

135 白甲 역시 『고려사』 72 輿服志 儀衛 조에 白甲隊가 儀衛에 동원되고 있음을 기록하고 있다. 그러나 中禁이나 都知와가 아니라 先排, 淸遊, 防牌, 銀骨朶子 등의 諸隊와 나란히 하고 있어서 前記 兩者와는 차가 있음을 알겠다. 白甲은 隊로 조직되고 領都將·將校·軍士 등으로 구성되어 있었으며, 여기서는 그 군사를 말하는 것일 것이다.

136 丁人戶 丁人은 上記 正軍訪丁人과 望軍丁人을 가리키는 것일 터이므로 丁人戶는 곧 軍人戶 혹은 軍戶의 뜻이 될 것이다. 군호는 군인과 동거하는 자손친족으로 구성되어 있었다고 생각되며, 連立制에 의하여 대대로 군인이 되고 그 경제적 뒷받침으로서 軍人田을 세습하였던 것이다. 그러므로 이들에 대한 보조는 주로 토지의 보충이었다고 보아야 할 것이다.

137 都監 『고려사』 77 百官志 2 諸司都監各色 조에 나오는 諸領府完護都監과 같은 것을 말한 것으로 생각된다. 百官志에는 이것이 忠烈王 21년(1295)에 설치된 것으로 되어 있으나 이미 靖宗 11년(1045) 이전에도 이와 동일한 성격의 것이 있었음이 분명하다.

138 丘史 혹은 驅史라고도 쓰며, 공신에게 驅從으로 준 노비의 일종이다. 電吏·所由·注膳·幕士 등과 함께 雜類 혹은 雜路人의 하나에 속하며 신분적으로는 公賤이다. 따라서 有役賤口이며 選軍의 대상에서 제외되는 것이다.

139 通粮 원래 糧食을 보내는 사람이란 뜻이었지만, 후대에는 관아에서 심부름하는 賤人의 일종이 되었다.

140 『澗松文庫』本 및 『國故叢刊』本에는 모두 '二百人'으로 되어 있다. 그러나 내용상 '三百人'

문종文宗이 즉위하매(1046) 시중侍中[141] 최제안崔齊顔[142] 등이 아뢰어 가로되, "병서兵書에 이르기를 '10,000명의 군대는 3,000을 뽑아서 기奇로 삼고, 1,000명의 군대는 300을 취하여 기奇로 삼는다'고 하였으니, 청하건대 6위군六衛軍으로 하여금 매 1장군將軍의 영領 밑에마다 300명을 뽑아서 선봉군을 삼읍시다."라고 하니, 이에 좇았다.

【原文】 判 凡軍人 有七十以上父母 而無兄弟者 京軍則屬監門 外軍則屬村留二·三品軍 親沒後還屬本役.

판判하기를, "무릇 군인이 70세 이상의 부모가 있고 형제가 없는 자는 경군京軍이면 감문위監門衛에 속하고, 외군外軍이면 촌류村留하는 2·3품군二·三品軍[143]에 속하게 하되, 양친이 사망한 뒤에 돌아와 본역本役에 속하게

이 옳을 것이다. 뒤의 文宗 원년 7월 조에는 분명히 '三百'으로 되어 있다.

141 **侍中** 3省의 하나인 門下省의 長으로 門下侍中이라고도 하였다. 그러나 門下省은 독립된 관부이기보다는 中書省과 합하여 中書門下省으로 통용되었으므로 中書令(內史令)과 함께 중서문하성의 두 長의 하나였던 셈이다. 兩者는 모두 종1품으로서 同秩이었으나 석차로는 시중이 낮은 편이었다. 그러나 실권은 오히려 侍中에게 있어서 고려의 실질적인 수상이었다. 忠烈王 때 中書令을 폐하는 동시에 門下侍中은 僉議中贊이라 하여 左右 2인을 두었던 일이 있고, 이 이후 그 명칭과 인원에 여러 차례 변경이 있었으나 대개 2인이었으며, 말년에는 이를 侍中·守侍中이라고 불렀다.

【참고】 邊太燮, 「高麗의 中書門下省에 대하여」, 『歷史學報』 10, 1967.

142 **崔齊顔** 崔承老의 孫이며, 顯·德·靖·文의 4대에 歷仕하여 官이 太師·門下侍中에 이르렀다. 행방불명이 된 「太祖十訓要」를 崔沆의 집에서 얻어 왕에게 바친 것으로 유명하다.

【참고】 『고려사』 93 崔承老傳 附 齊顔傳.

143 **二·三品軍** 一品軍과 마찬가지로 州縣軍 소속일 것이지만, 『고려사』 83 兵志 3의 州縣軍 조에는 기재되어 있지 않나. 그것은 二·三品軍이 중앙정부의 직접적인 통제를 받고 있지 않기 때문일 것이다. 이들은 촌락마다에 조직되어 있었을 것이며, 그 지휘관은 村長·村正이요, 그 소속 군인은 村落民이었을 것이다. 군인이라고 하지만 이들은 一品軍과 같은 노동부대였을 것이다. 一品軍이 중앙정부의 명에 의하여 향리의 지휘하에 勞役에 동원된 데 대해서, 이들은 촌장의 지휘하에 주로 科田의 경작에 집단적으로 동원되었다고 본 李佑成의 견해는 二·三品軍의 이해에 크게 이바지하고 있다.

【참고】 李佑成, 「麗代百姓考」, 『歷史學報』 14, 1961, 41쪽.

———, 「高麗의 永業田」, 『歷史學報』 28, 1965, 16쪽.

이기백, 「高麗州縣軍考」, 『歷史學報』 29, 1965; 『高麗兵制史硏究』, 一潮閣, 1968, 225~226쪽.

한다."라고 하였다.

【原文】 元年二月 衛尉寺奏請: "依定制 送手弩箭[144]六萬隻 · 車弩箭三萬隻于西北路兵馬所." 從之.

(문종) 원년(1047) 2월에 위위시衛尉寺[145]에서 아뢰기를, "정제定制에 의해서 수노전手弩箭(손으로 당겨서 쏘는 노弩의 전箭) 60,000개(隻)와 차노전車弩箭(수레를 사용하는 노의 전) 30,000개(隻)을 서북로병마소西北路兵馬所[146]에 보냅시다."라고 청하니, 이에 좇았다.

【原文】 七月 制: "西京監軍與分司御史 選猛 · 海軍共一十領 依上京例 每千人選先鋒三百 以郎將一人領之 仍屬左府."

(문종 원년) 7월 제制에, "서경 감군西京 監軍[147]이 분사어사分司御史[148]와

144 『澗松文庫』本 및 『國故叢刊』本에는 '弩手箭'으로 되어 있으나, 『고려사절요』에는 '手弩箭'으로 되어 있다. 뒤의 車弩箭과 비교해보면 후자가 옳음을 알 수 있다.

145 **衛尉寺** 『고려사』 百官志에 의하면 太祖 時의 內軍이 光宗 11년(960)에 掌衛部로 되었다가 뒤에 司衛寺가 되고 이것이 成宗 14년(995)에 衛尉寺로 되었다. 그 직무는 儀物器械를 관장하는 것으로 규정되어 있는데, 儀物은 군대가 왕을 시위할 때에 필요로 하는 盤螭扇 · 革蓋 등임이 『고려도경』 9 儀物 조에 의하여 알 수 있고, 器械는 여기 본문에 나타나 있는 것과 같이 箭 등을 말하는 것 같다. 요컨대 衛尉寺는 처음 왕을 시위하는 군대였으나 뒤에 군대에 필요한 儀物器械를 관장하는 관부로 바뀐 것 같다.

【참고】 이기백, 「高麗京軍考」, 『李丙燾華甲紀念論叢』, 一潮閣, 1956; 『高麗兵制史硏究』, 一潮閣, 1968, 55~56쪽.

146 **西北路兵馬所** 西北路兵馬使가 머무는 곳이란 뜻으로 해석할 수 있을 것이다. 원래 兵馬使는 6개월 임기이며 그 기간에 任內의 州鎭을 一巡하여 그 長들의 치적을 감찰하는 것이므로 일정한 治所가 없는 것으로 알아왔으나, 이 기록에 의하면 역시 治所가 지정되어 있었던 것 같다. 그 위치는 미상이나, 安北都護府가 아니었을까 한다.

147 **監軍** 西京에 설치되어 있던 것으로서, 군대에 대한 감찰을 그 임무로 했던 것 같다. 『고려사』 77 百官志 2 西京留守官 조에는 '仁宗十四年 命兩府大臣議西京官班沿革 監軍 · 分司御史臺並仍舊 其餘官並省之'라고 하여, 妙淸亂 후의 西京 관제개혁에 있어서 다른 관부가 많이 없어졌으나 이것은 그냥 남아 있었음을 말하여주고 있다. 亂後 西京 군대의 감찰이 특히 필요한 때문이 아니었던가 싶다.

148 **分司御史** 정확히는 分司御史臺이며, 西京에 설치된 감찰기관으로 본래부터 이런 감찰기관은 있었을 것이지만 睿宗 11년(1116)에 西京의 관제를 개혁하여 소위 分司制度를 실

함께 맹군猛軍[149]과 해군海軍[150]을 아울러 10영領 뽑고, 상경上京(開京)의 예에 따라 매 1,000명마다 선봉 300을 뽑아서 낭장郎將 1명으로 하여금 이를 거느리고 인하여 좌부左府[151]에 속하게 하라."고 하였다.

【原文】 四年十月 都兵馬使王寵之奏: 傳曰 '安不忘危' 又曰 '無恃敵之不來 恃吾有備' 故國家每當仲秋 召會東南班[152]員吏於郊外 教習射御. 而況諸衛軍士 國之爪牙 宜於農隙 教金鼓·旌旗·坐作之節. 又馬軍[153]皆不練習 請先選先鋒馬兵 每一隊給馬甲十副 俾習馳逐. 仍令御史臺·兵部·六衛 掌其教閱." 從之.

(문종) 4년(1050) 10월에 도병마사都兵馬使[154] 왕총지王寵之[155]가 아뢰기를, "『전傳』에 가로되 '평안하여도 위태로움을 잊지 않는다' 하였고, 또 가로

시할 때에 이렇게 개칭되었을 것이다. 妙淸亂 후 西京의 기구 축소 시에도 監軍과 함께 남아 있던 것을 보면 중앙정부의 西京 감시에 중요한 구실을 한 것으로 볼 수 있겠다.

149 **猛軍** 『고려도경』 仗衛 조 序에는 '別以三等 日超軍·海軍·猛軍'이라 있고 또 '龍虎中猛軍'이 보이는데 '兵仗中獨此軍最衆 約三萬人'이라 하였다. 단 여기서는 西京 소재의 그것을 가리키는 것으로 생각된다.

150 **海軍** 해군이 西京에도 있었음은 『고려사』 83 兵志 3 州縣軍 西京 조에 '海軍'이 있는 것으로 알 수 있다. 그런데 같은 기사에 의하면 해군은 1隊로서 行首 1명과 行軍 49명으로 도합 50명으로 되어 있었다.

151 **左府** 『고려사』 77 百官志 2 外職 西京留守官 조에 의하면 明宗 8년(1178)에 左右營을 兵曹에 속하게 하였다고 하는데, 여기의 左營이 左府가 아닌가 한다. 西京에는 左右의 兩營(府)이 있어서 군대를 兩分해서 소속시키고 있었던 것 같다.

152 『고려사』 95 王寵之傳에는 '東西班'으로 되어 있으나, 『고려사절요』에도 '東南班'이어서 후자를 취한다. 뒤의 諸衛軍士에는 西班이 포함되어 있으므로 내용상으로 東南班이 타당할 것이다.

153 前記 王寵之傳에는 '軍馬'로 되어 있다.

154 **都兵馬使** 여기서는 합좌기관으로서의 都兵馬使가 아니라, 都兵馬使라는 합좌기관의 1 관직인 使를 말하는 것으로 보인다. 이 使는 『고려사』 77 百官志 1 諸司都監各色 都評議使司 조에 의하면 6樞密 及 職事3품 이상으로 임명하게 되어 있는데, 당시 王寵之는 吏部尙書(정3품)였으므로 職事3품 이상에 해당한다.

155 **王寵之** (成宗 16년?~文宗 21년, 997?~1067) 靖·文 兩代에 주로 中樞院과 兵馬使職을 역임하며 군사정책에 공이 있었다. 門下侍中을 거쳐 中書令으로 致仕하였으며, 文宗廟廷에 배향되었다.

【참고】 『고려사』 95 王寵之傳.

되 '적이 오지 않는 것을 믿지 않고 내가 방비防備가 있음을 믿는다'라고 하였습니다. 고로 국가에서는 매양 중추中秋(음력 8월)를 당하면 동東·남반南班[156]의 원리員吏를 교외郊外에 불러 모아 사射(궁사弓射)·어御(어마御馬)를 익히게 합니다. 하물며 제위군사諸衛軍士는 국가의 조아爪牙(새의 발톱과 짐승의 이빨과 같은 존재)이니 마땅히 농한기에 금고金鼓·정기旌旗·좌작坐作[157]의 법을 가르칠 것입니다.[158] 또 마군馬軍은 모두 연습하지 않는데, 청하건대 먼저 선봉병先鋒兵[159]을 뽑아서 매 1대隊마다 마갑馬甲(말의 갑옷) 10부副를 주어 달리고 좇고 하는 것을 익히게 할 것입니다. 인하여 어사대御史臺[160]·병부兵部[161]·6위六衛로 하여금 그 교열敎閱을 맡게 합시다."라고 하

156 **東·南班** 실제 예로 보면 東西班이 옳을 것도 같으나, 뒤에 諸衛軍士가 나오고 있으므로 東南班을 취하고 싶다. 東班은 문관이요, 南班은 閤門(通禮門) 및 掖庭局 소속의 內僚職이다.

157 **金鼓·旌旗·坐作** 金은 錚으로서 군사를 거두는 군악기이며, 鼓는 북으로서 進軍을 알리는 군악기이다. 그러므로 金鼓에 의한 훈련은 군사의 진퇴에 대한 훈련을 말한다. 그리고 旌은 원래 천자가 사기를 고무하기 위하여 사용하는 五采의 羽毛를 단 旗요, 旗는 軍將이 사용하는 곰(熊)과 범(虎)을 그린 旗이지만, 뒤에는 旗物의 통칭이 되었고, 이는 군대에서 軍將이 명령을 전하는 데 사용하였다. 그러므로 旌旗에 의한 훈련은 旗를 보고 명령을 알아차리는 훈련인 것이다. 坐作은 앉고 서는 동작을 말한다.

158 **於農隙 敎金鼓·旌旗·坐作之節** 諸衛의 군사를 농한기에 훈련시킨다는 것은 府兵이 交代 番上하기 때문이라고 보는 것은 퍽 자연스러우며 고려의 兵制를 府兵制에 의해서 이해하려는 견해에 많은 뒷받침을 해준다고 하겠다(姜晋哲, 「高麗 初期의 軍人田」, 『淑明大論文集』 3, 1963, 156쪽). 이에 대해서 훈련의 대상자를 州縣軍으로 보고, 주현군이 비록 독립되어 있으나 편제상으로는 京軍의 통제하에 놓여 있기 때문이라는 해석(千寬宇, 「閑人考」, 『社會科學』 2, 1958, 42쪽), 또 군인의 養戶나 望軍丁人으로 볼 수도 있을 것이라는 해석(이기백, 「高麗軍人考」, 『震檀學報』 21, 1960; 『高麗兵制史硏究』, 一潮閣, 1968, 99~100쪽) 등이 있다. 한편 이 농한기의 훈련을 그 대상자와는 상관없이 농업에 대한 피해를 덜기 위하여 추수 후에 실시하는 것이거나 혹은 관념적인 것으로 해석할 수도 있다(이기백, 「高麗 府兵制說의 批判」, 『高麗兵制史硏究』, 一潮閣, 1968, 275~276쪽).

159 **先鋒馬兵** 前出 文宗 즉위년 조의 崔齊顔 上書에 나타나 있는 바와 같이 1,000명에 300명의 비례로 뽑는 것이었을 것이다.

160 **御史臺** 『고려사』 76 百官志 1 司憲府 조에 의하면 御史臺는 원래 司憲臺로서 成宗 14년(995)에 御史臺로 고쳐졌으며, 뒤에 監察司·司憲府 등으로 고쳐졌다. 時政을 論執하고 風俗을 矯正하고 糾察·彈劾의 任을 맡았다.

161 **兵部** 6部의 하나. 『고려사』 76 百官志 1 兵曹 조에는 武選·軍務·儀衛·郵驛을 맡았다고 기록되어 있다. 이들 중에서도 무관 인사의 관장은 가장 중요한 직책이었으며, 군인의 簡選을 장악한 選軍과 서로 보완하는 위치에 있었다. 이제 百官志의 기록에 의해서 兵

니, 이에 좇았다.

【原文】判: "近仗將校 以諸領府將校中御選有身彩多功勞者 充差."

판判하기를, "근장장교近仗將校[162]는 여러 영부領府[163]의 장교 중 어선御選

部의 변천 과정을 표로 제시하면 다음과 같다.

年代	部名	所屬 官職名
太祖 원년(918)	兵部	令 · 卿 · 郎中
成宗 2년(983)(?)	兵官	御事侍郎 · 郎中 · 員外郎
成宗 14년(995)	尙書兵部	
文宗	兵部	判事(1인) 宰臣겸임 尙書(1인) 정3품 知部事(1인) 他官겸임 侍郎(2인) 정4품 郎中(2인) 정5품 員外郎(2인) 정6품
忠烈王 원년(1275)	軍簿司	判書 · 摠郎 · 正郎 · 佐郎
忠烈王 24년(1298)	兵曹	尙書(增2인 其一班主兼之) 侍郎(增3인 其一他官兼之) 郎中(增3인 其一以西班兼之) 員外郎(增3인 其一以西班兼之)
忠宣王 즉위년(1308)	倂于選部	
	摠部	
	軍簿司	
恭愍王 5년(1356)	兵部	尙書 · 侍郎 · 郎中 · 員外郎
恭愍王 11년(1362)	軍簿司	判書 · 摠郎 · 正郎 · 佐郎
恭愍王 18년(1369)	摠部	尙書 · 議郎 · 直郎 · 散郎
恭愍王 21년(1372)	軍簿司	判書 · 摠郎 · 正郎 · 佐郎
恭讓王 원년(1389)	兵曹	

162 近仗將校 近仗은 鷹揚軍과 龍虎軍의 2軍으로 보는 것이 제일 무난할 것이지만, 그 밖에도 왕을 옹위하는 牽龍軍 · 控鶴軍 · 內巡檢軍 등이 여기에 포함되는 것으로 생각할 수 있다. 때로는 여기에 소속된 일반 병졸까지도 왕이 친히 선발한 경우가 있는 것은 毅宗이 白任至를 選해서 內巡檢軍으로 삼았다는 사실(『고려사』 100 白任至傳)로도 알 수 있다.

163 領府 二軍 · 六衛 소속의 45領을 가리키는 것으로 생각된다.

【참고】 이기백, 「高麗軍人考」, 『震檀學報』 21, 1960; 『高麗兵制史硏究』, 一潮閣, 1968, 94~96쪽.

된 신채身彩가 있고 공로가 많은 자로써 보충 임명한다."라고 하였다.

【原文】 五年 判: "有蔭奇光軍 以文武七品以上之子 · 五品之孫 · 京職大常以上之子 爲之."

(문종) 5년(1051)에 판判하기를, "유음기광군有蔭奇光軍[164]은 문무 7품 이상의 자子와 5품의 손孫과 경직京職의 대상大常[165] 이상의 자子로써 삼는다."라고 하였다.

【原文】 六年三月 制曰: "東北路諸州鎭戍邊之卒 連年旱暵 飢饉相仍 可令兵馬 · 監倉使及首領官 分道賑恤." 仍賜衣服.

(문종) 6년(1052) 3월 제制에 가로되, "동북로東北路 여러 주진州鎭의 변경

---

164 **有蔭奇光軍** 고려 초기에 지방 성주들의 사병 연합체로서 형성되었다고 생각되는 光軍은 고려의 지방군 조직인 州縣軍이 顯宗 때에 성립하므로 해서 소멸되었다고 생각한다. 단, 중앙에는 광군조직의 일부가 奇光軍이라는 명칭으로 존속하였던 것이다. 이 기광군은 군대였다기보다는 일종의 특혜를 위한 조직이었다고 생각되며, 특히 有蔭奇光軍이 그러하였다. 그 점 다음 일람표에 나타나 있는 바와 같이 蔭敍제도와 대비해봄으로써 알 수가 있다.

蔭職	5품 이상의 子
有蔭奇光軍	① 5품의 孫 ② 문무 6 · 7품의 子 ③ 京職 大常 이상의 子

즉 兩者는 서로 보완되도록 조심스럽게 규정되고 있는 것이다. 그러므로 有蔭奇光軍은 蔭職의 혜택을 입지 못하는 관리의 자손에 대한 특혜조직이었다고 생각하는 것이다. 그러나 8품 이하에는 미치지 않고 있음이 역시 주목되어야 하겠다.

【참고】 이기백, 「高麗光軍考」, 『歷史學報』 27, 1965; 『高麗兵制史研究』, 一潮閣, 1968, 174~179쪽.

165 **大常** 『고려사』 9 文宗世家 27년 2월 을미 조에 東女眞 추장들에게 준 관직 속에 元甫와 함께 大常이 나오고 장들에게 元甫가 鄕職인 것으로 미루어보아 大常도 역시 향직인 것으로 추측되며, 『고려사』 75 選擧志 銓注 鄕職 조에 나오는 鄕職 4품의 大相과 동일한 것으로 생각된다. 그 鄕職을 京職이라고 형용한 것은 其人의 예에서와 같이 上京하여 일정한 役을 지니는 鄕職를 가리킨 것으로 생각된다(이기백, 「高麗光軍考」, 『歷史學報』 27, 1965; 『高麗兵制史研究』, 一潮閣, 1968, 177~179쪽). 한편 鄕職을 京職의 대칭이기보다는 오히려 중국식 관직(唐職)의 대칭으로 보고 그것이 중앙과 지방에 모두 존재하였을 것임을 시사하는 설도 있다(武田幸男, 「高麗時代の鄕職」, 『東洋學報』 47-2, 1964).

을 지키는 병졸은, 연년連年 가물어서 기근이 연이으니, 병마사兵馬使·감창사監倉使[166] 및 수령관首領官[167]으로 하여금 도道를 나누어 진휼하게 할 것이다."라고 하고, 인하여 (수졸戍卒에게) 의복을 주었다.

【原文】 九年九月 都兵馬使 准舊制請: "以九月遣使 訓鍊中外軍士." 從之.

(문종) 9년(1055) 9월에 도병마사都兵馬使가 구제舊制에 따라서 청하기를, "9월에 사使를 보내어 중외中外의 군사를 훈련시킵시다."라고 하니, 이에 좇았다.

【原文】 十一年五月 參知政事金元鼎奏曰: "今尙書兵部請遣軍卒 以備東西兩界 近來軍民[168]困於封冊使迎送 又赴興王寺之役 不得休息 廩料[169]亦乏 乞依封冊軍例 賜物以遣." 制可.

(문종) 11년(1057) 5월에 참지정사參知政事[170] 김원정金元鼎[171]이 아뢰어 가

166 監倉使 『고려사』 77 百官志 2 外職 監倉使 조에 의하면 이는 東西北面에 설치하였다고 한다. 하지만 監倉使는 兩界에 각기 1명씩 설치한 것이 아니라 北界는 雲中道와 興化道, 東界는 溟州道·朔方道·沿海道로 나누어 각기 1명씩을 설치하였으므로 도합 5명이 있음을 同上 勸農使 조에서 알 수 있다. 이 監倉使의 임무가 분명히 규정된 기록은 없으나 그 명칭으로 보아 倉廩에 관한 것을 관할하였다고 여겨지는데, 兩界에서는 租를 開京으로 보내지 않고 이를 군량으로 충당하던 사실을 생각하면 이들은 군량의 저장을 관장한 것이었다고 생각된다.

167 首領官 『世宗實錄』 地理志에 의하면 '京畿 都觀察黜陟使一人 首領官一人 醫學敎諭·檢律各一人 他道倣此'라고 하여 道의 차석 관리가 首領官인 것이다. 고려에서도 이와 같거나 혹은 界首官의 이칭이거나 할 것이다.

168 『고려사』 95 金元鼎傳에는 '士卒'로 되어 있다. 兩者는 흔히 혼용되었다.

169 上記 金元鼎傳에는 '資糧'으로 되어 있다.

170 參知政事 中書門下省의 종3품직으로 원래는 정원이 1인이었다. 뒤에 僉議參理, 評理 등으로도 불리었고 정원도 3인으로 증가하였다. 參知政事는 宰臣의 1인으로서 都兵馬使(都評議使司)의 判事에 임명되도록 되어 있었으며 국가의 정책을 결정하는 중요한 직위의 하나였다.

171 金元鼎 (?~文宗 17년, ?~1063) 德·靖·文 3대에 歷仕하였다. 官은 門下侍中에 이르렀다. 靖宗代에 東北面의 長州·定州·元興鎭의 축성에 공이 있었다.
【참고】 『고려사』 95 金元鼎傳.

로되, “지금 상서병부尙書兵部에서 ‘군졸을 보내어 동서 양계東西 兩界를 방비하자’라고 청하는데, 근래 군민軍民이 봉책사封册使[172]의 영송迎送에 지치고, 또 흥왕사興王寺[173]의 공역工役에 나아가서 휴식할 수가 없고, 늠료廩料도 또한 떨어졌으니, 봉책군封册軍[174]의 예에 따라서 물품을 하사하여 보내기를 빕니다.”라고 하니, 제制하여 “가可하다.”라고 하였다.

【原文】 十二年 判: “四面奇光軍 以年十五以上 六十以下 無疾病者 爲之.

(문종) 12년(1058)에 판判하기를, “사면기광군四面奇光軍[175]은 나이 15 이상 60 이하의 질병이 없는 자로써 삼는다.”라고 하였다.

【原文】 十三年三月 命有司 訓鍊禁衛軍士.

(문종) 13년(1059) 3월에 유사有司에게 명하여 금위禁衛의 군사[176]를 훈련시켰다.

【原文】 九月 賜東北邊戍卒冬衣.

---

172 **封册使** 金元鼎傳에는 北朝封册使로 되어 있다. 遼에서 왕을 봉하는 册書를 가지고 오는 사신을 말한다.

173 **興王寺** 文宗 21년(1067)에 12년의 세월을 소비하여 완성된 고려 최대의 사찰이다. 2,800칸의 굉장한 규모를 자랑하였으며, 낙성식에는 文宗이 친히 참석하여 성대한 의식을 행하였다. 국가에서 창건하는 사찰의 工役에 군대가 동원되는 일은 흔히 있었다.

174 **封册軍** 封册使를 迎送 호위하는 임무를 띤 군대로 생각된다.

175 **四面奇光軍** 奇光軍이 원래의 光軍의 성격을 상실한 그 잔재적인 존재일 것이라고 함은 이미 ‘有蔭奇光軍’ 조에서 언급한 바가 있었다. 그런데 有蔭奇光軍이 중앙의 하급 관인에 대한 특혜조처로서 그 의의를 지닌 것인 데 대하여, 四面奇光軍은 四面이라는 용어에 비추어서 지방과 관련이 있을 것 같고, 따라서 지방 호족(鄕吏)들에 대한 어떤 특혜조처로서 그 의의를 지닌 것이 아닌가 하는 추측이 든다. 그러나 그것이 군대인 이상 연령이나 신체상의 건강 여부와 같은 일정한 제약이 필요하였던 듯하다.

【참고】 이기백, 「高麗光軍考」, 『歷史學報』 27, 1965; 『高麗兵制史硏究』, 一潮閣, 1968, 180쪽.

176 **禁衛軍士** 鷹揚軍과 龍虎軍의 2군을 위시해서 왕의 신변과 궁성을 호위하는 군사를 말하는 것이다. 이는 때로는 近仗軍士라고 불리었다.

(문종 13년) 9월에 동북변東北邊의 수졸戍卒[177]에게 동의冬衣를 주었다.

【原文】 十月 訓鍊近仗諸軍於東郊.

(문종 13년) 10월에 근장제군近仗諸軍을 동교東郊에서 훈련시켰다.

【原文】 十五年 判: "東西界防戍軍徵發時 一領內百人以上 一隊三人以上有闕者 將軍領隊正罷職 一校尉領七人 一別將指諭領十五人 一郎將領三十人 所領內有闕 罷領軍職 參以上申奏 參外直罷."

(문종) 15년(1061) 판判에, "동서계東西界의 방수군防戍軍을 징발할 때에 1영領 안에 100명 이상, 1대隊에 3명 이상 궐闕함이 있으면 장군령將軍領의 대정隊正은 직을 파하고, 1교위령校尉領에 7명, 1별장지유령別將指諭領에 15명, 1낭장령郎將領에 30명이 영領하는바 안에서 궐闕함이 있으면 영군직領軍職을 파하되, 참參 이상(6품 이상)이면 왕에게 신주申奏하고 참외參外(7품 이하)면 곧 파한다.[178]"라고 하였다.

【原文】 十七年二月 諸州鎭兵 已點戰馬二科以上神騎 及曾經戰事步班 並蠲

177 戍卒 防戍하는 군졸. 戍卒들은 원칙적으로 그들의 피복을 自辨하였던 것이며, 국가에서는 추위가 심하거나 빈핍한 자에게 이를 특별히 주는 것이 보통이었다. 여기서 冬衣를 준 것도 특별한 예외에 속하는 것이다.

178 防戍軍徵發時 云云 여기의 防戍軍 징발은 지방 州縣軍의 防戍 동원을 말하는 것으로 봄이 자연스러울 것이다. 이 때에 생기는 결원에 대하여 그 지휘관에 책임을 지워 직을 파면하도록 조처하고 있는데, 그 규정을 표로 만들어 제시하면 다음과 같다.

部隊	定員	缺員數	缺員比
1 領	1,000명	100명 이상	10% 이상
1 郎將領	200명	30명 이상	15% 이상
1 別將指諭領	100명(?)	15명 이상	15% 이상(?)
1 校尉領	50명	7명 이상	14% 이상
1 隊	25명	3명 이상	12% 이상

이것은 防戍軍 징발에 적지 않은 도피자가 있었다는 증거가 된다.

苦役 只許情願役事 將戰馬隨例調習者 亦免苦役.

(문종) 17년(1063) 2월에 제주진병諸州鎭兵[179]으로써 이미 전마戰馬 2과科 이상을 점검한 신기神騎와 일찍이 전사戰事를 거친 보반步班은 아울러 고역苦役을 면제하되 오직 진심으로 원하는 역사役事만을 허許하고, 전마戰馬를 가지고 규례規例대로 조습調習하는 자도 역시 고역苦役을 면하게 했다.

【原文】 十八年閏五月 兵部奏: "軍班氏族成籍既久 蠹損朽爛 由此軍額不明. 請依舊式 改成帳籍." 從之.

(문종) 18년(1064) 윤5월에 병부兵部에서 아뢰기를, "군반씨족軍班氏族[180]의 적籍[181]을 만듦이 이미 오래되어 좀먹고 썩어서 이로 말미암아 군액軍額(兵數)이 분명하지 못하니[182] 청하건대 옛 법에 의해서 장적帳籍을 고쳐 만듭시다."라고 하니, 이에 좇았다.

---

179 諸州鎭兵 東西兩界의 州鎭에 주둔하는 諸軍士이며, 『고려사』 83 兵志 3 州縣軍 조에 기록되어 있는 兩界의 군사가 곧 이에 해당될 것이다. 이들은 州縣軍이기보다는 여기서와 같이 州鎭兵 혹은 州鎭軍이라고 하는 것이 적합한 표현이라고 생각한다.
【참고】 이기백, 「高麗 兩界의 州鎭軍」, 『高麗兵制史研究』, 一潮閣, 1968.

180 軍班氏族 고려시대에 있어서 軍役의 대상자를 軍班氏族이라는 말로 표현하였다는 것은 퍽 의의가 깊다고 하겠다. 軍人이 아닌 軍班이란 표현은 그것이 문반이나 무반과 같이 사회적인 신분과 연결되는 느낌을 주며, 또 氏族이라고 한 것은 그것이 개인으로서가 아니라 씨족으로서 파악되며 국가에서 軍額을 확보하기 위하여 그 후계자를 장악하려는 목적이 있었다고 생각되기 때문이다. 그 씨족은 '軍人年老身病者 許令子孫親族代之'(『고려사』 81 兵志 병제 文宗 23년 10월 判)라고 한 자손친족에 해당되는 것으로 생각할 수 있을 것 같다(이기백, 「高麗軍人考」, 『震檀學報』 21, 1960; 『高麗兵制史研究』, 一潮閣, 1968, 108~109쪽). 한편 고려의 수취체계가 개별적 부담에 의한 것이 아니라 집단적 파악을 원칙으로 한 사실에 근거하여 軍役도 일종의 力役이었던 만큼 그것이 집단적으로 부과되었을 것으로 보고, 이 군반씨족을 '군역 파악의 대상이 된 지역=촌락에 거주하는 혈연적인 집단=소공동체'라고 보는 견해도 있다(姜晋哲, 「高麗 初期의 軍人田」, 『淑明大論文集』 3, 1963, 177쪽).

181 軍籍 일반 군인의 전문적인 軍籍이 있었다는 것에 대해서는 이미 白南雲이 언급한 바 있다(『朝鮮封建社會經濟史』 상, 改造社, 1937, 120쪽). 이러한 軍籍이 위에서 설명한 軍班氏族을 단위로 작성되었다는 것이 주목되어야 할 것이다. 하여튼 이 軍籍은 軍役 대상자의 帳籍이었던 만큼 고려국가에서 軍額을 파악하는 수단으로 중요시되었을 것임은 분명하다.

182 蠹損朽爛 문자 그대로 좀먹고 썩었다고 보기보다는 이미 옛 軍籍으로써는 군인을 충당시키기에 불가능할 정도로 제도 자체가 파괴되었음을 뜻한다고 보아야 할 것이다.

【原文】八月 以緜袍·緜袴·毛冠各一千 賜西北面戍邊軍士貧乏者.

(문종 18년) 8월에 면포緜袍·면고緜袴·모관毛冠[183] 각기 1,000을 서북면西北面 수변戍邊 군사軍士의 가난한 자에게 주었다.

【原文】十二月 命出征袍庫緜衣袴·毛冠及靴 賜兵卒貧乏者.

(문종 18년) 12월에 명하여 정포고征袍庫[184]의 면의고緜衣袴·모관毛冠 및 화靴를 꺼내어 병졸의 가난한 자에게 주었다.

【原文】二十三年三月 判: "諸州一品 別將則以副戶長以上 校尉則以兵倉正·戶正·倉祿正·公須正 隊正則以副兵倉正·副戶正·諸壇正 試選弓科而差充.[185]"

(문종) 23년(1069) 3월에 판判하기를, "제주諸州의 일품군一品軍[186]의 별

---

183 **緜袍·緜袴·毛冠** 모두 방한용 피복류이다. 여기의 緜은 물론 繭綿일 것이며(韓致奫, 『海東繹史』 26 物産志 布帛類 綿 조 참조), 보온용으로 옷 속에 넣는 풋솜으로 해석하는 것이 옳을 것이다(澤村東平, 『朝鮮棉作綿業の生成と發展』, 朝鮮纖維協會, 1941, 13쪽). 毛冠은 털로 만든 모자였을 것이다.

184 **征袍庫** 征袍都監에서 관장하는 창고로서 군사들의 피복을 보관해두었던 것으로 생각된다. 征袍都監은 『고려사』 77 百官志 2 諸司都監各色 조에 보이는데 '掌軍士衣服'이라고 그 직무를 설명하고 있다. 征袍庫에는 看守軍으로서 장교 2명, 군인 5명 및 散職將相 2명이 배치되어 있었다(『고려사』 83 兵志 3 看守軍 조 참조).

185 『고려사』 75 選擧志 3 銓注 文宗 23년 2월에는 '兼差'로 되어 있다. '兼差'가 더 명확한 표현이다.

186 **一品[軍]** 『고려사』 83 兵志 3 州縣軍 조에 나오는 一品과 동일한 것이요, 또 兵志 3 工役軍 조에 나오는 外方役軍, 그리고 『고려사』 81 兵志 1 병제 靖宗 11년 揭榜에 나온 秋役軍과 동일한 것이다. 一品軍의 初見은 顯宗 21년(1031)의 「淨兜寺五層石塔造成形止記」인데, 여기에는 '月十二日 正位剛·隊正嵩函·式莫 一品軍作隣等卄一人亦掘取五尺石 築十方良中'이라고 있다. 顯宗 원년(1010)에 세운 「開心寺五層石塔記」에는 光軍이 동원되고 있는 데 대해서, 여기서는 광군 대신에 1품군이 등장하고 있는 것으로 보아, 광군에서 1품군으로 개편되는 과정을 짐작할 수 있겠고, 1품군의 설치는 顯宗 원년에서 21년에 이르는 사이로 보아야 할 것이다. 그 사이에서 가장 가능성이 많은 것은 顯宗 9년(1018) 지방제도가 정비되는 해를 잡아야 하겠다. 州縣軍 속에는 一品과 함께 精勇·保勝도 있는데, 향리들이 그 장교직에 임명되는 것은 1품군에 한정되어 있다. 이것은 주목할 만한 점으로서 1품군이야말로 가장 대표적인 지방군 조직임을 말하여주는 것이라고 믿는다. 위의 「淨兜寺五層石塔造成形止記」에도 1품군만이 나올 뿐 精勇과 保勝은 나오지 않는다(이것은 반면에 精

장別將은 부호장副戶長 이상을,[187] 교위校尉는 병정兵正·창정倉正·호정戶正·창록정倉祿正·공수정公須正을, 대정隊正은 부병정副兵正·부창정副倉正·부호정副戶正·제단정諸壇正을 궁과弓科로 시선試選하여 차충差充한다.[188]"라고 하였다.

【原文】 十月 以繡質九弓弩 習射于北郊.

(문종 23년) 10월에 북교北郊에서 수질구궁노繡質九弓弩로 사射를 익혔다.

【原文】 判: "軍人年老身病者 許令子孫親族代之 無子孫親族者 年滿七十 間屬監門衛. 至於海軍 亦依此例."

勇과 保勝이 중앙군과 연결될 가능성을 표시해주는 것이다). 1품군이 일종의 노동부대로서 국가의 노역에 동원되었음은 '分外方役軍爲三番 舊制 諸州一品軍 分爲二番 當秋而遞使之循環 比緣營造 合而役之 至是分焉'(『고려사』 83 兵志 3 工役軍 明宗 21년 8월)이라고 한 것에서 분명하다. 그리고 가을을 기준으로 兩交代制에 의하여 동원되었음을 알겠다.

【참고】 이기백, 「高麗州縣軍考」, 『歷史學報』 29, 1965; 『高麗兵制史研究』, 一潮閣, 1968.

187 鄕吏職과 將校職 一品軍의 장교와 거기에 임명되는 향리와의 관계를 일람표로 제시하면 별표와 같다.

別將(정7품)	副戶長
校尉(정9품)	兵正·倉正·戶正·倉祿正·公須正
隊正(품외)	副兵正·副倉正·副戶正·諸壇正

향리가 임명될 수 있는 최고의 장교직은 別將인데, 이것은 부대의 크기와도 관련이 되겠지만 (別將은 200명 부대의 부지휘관이었던 듯하다) 또 別將이 정7품으로서 參外職이기도 한 때문이었을 것이다. 郞將도 200명 부대의 지휘관이지만 정6품으로서 參職이기 때문에 허락되지 않았던 것같다. 別將 다음에 散員이 빠진 것은 그것이 지휘관이 아니기 때문이었을 것이다. 그리고 諸史가 장교직 임명에서 빠진 것은 이들이 향리직 중에서는 말단의 사무담당직이었기 때문인 것으로 생각된다.

188 試選弓科而差充 一品軍의 장교는 弓科로 試選하였다고 하였으므로 향리 중의 일부가 임명되었음을 알 수가 있다. 그리고 선발의 기준은 弓射였던 것이다. 이에 근거해서 1품군이 전투적 임무에도 동원되었을 가능성을 추측할 수는 있다. 그러나 향리 중에서 일부를 선발하는 경우에 아무리 노동부대라 하더라도 그것이 무술을 기준으로 하였을 것임은 오히려 당연한 일일 것이다.

【참고】 이기백, 「高麗州縣軍考」, 『歷史學報』 29, 1965; 『高麗兵制史研究』, 一潮閣, 1968, 223~224쪽.

(문종 23년) 판判하기를, "군인이 연로하고 몸이 병든 자는 자子·손孫·친족親族으로 하여금 이를 대신하게 하고[189] 자·손·친족이 없는 자는 나이 70이 차도록 감문위監門衛에 간속間屬시키는 것을 허許한다.[190] 해군海軍에 이르러서도 역시 이 예에 의한다."라고 하였다.

【原文】二十五年六月 制曰: "近聞 諸衛軍人亡命者甚多 是由執事不公 富强者托勢以免 貧窮者獨受其勞 衣食乏絶而略無休息. 雖每降恩詔減省 而有司營作不已 近年以來 軍民頗興怨咨 以爲朕不之恤也. 自今宜除不急之役 其各處監巡點檢之卒 減前數之半 所隷官司及其軍將 勿得擅自驅使 違者罪之. 宜令兵部·選軍別監 准制行之."

(문종) 25년(1071) 6월 제制에, "근래 제위군인諸衛軍人이 도망하는 자가 심히 많다고 하는데, 이는 일을 집행함이 공평하지 못하여 부강자富强者는 권세가와 결탁하여 면하고, 빈궁자貧窮者만이 홀로 그 노勞를 받아 의식衣食이 핍절乏絶하고 거의 휴식함이 없는 데 말미암는 것이다.[191] 비록 매양 은조恩詔를 내려서 덜어주더라도 관계 관리들이 공사工事를 그치지 않으니, 근년 이래로 군민軍民이 대단히 원망을 일으켜 내가 애휼愛恤하지 않는다고 한다. (그러므로) 이제로부터는 마땅히 급하지 않은 역사役事를 제하고, 각처各處의 감순점검監巡點檢하는 병졸[192]은 전수前數의 반을 줄이고, (그들

---

189 **軍人年老身病者 許令子孫親族代之** 이것은 곧 軍戶連立 혹은 田丁連立을 말한다. 군인은 60세가 되면 免役이 되고 그 子나 孫이나 親族이 그 직을 계승하였다. 이와 동시에 軍人田도 繼受되었음은 물론이다. (→ 각주 347 참조)

190 **無子孫親族者 年滿七十 間屬監門衛** 이것은 그 직을 계승할 자가 없는 경우에 60~70세에 해당하는 군인을 실제로는 軍役에 복무하지 않으면서 명의만은 監門衛에 속하게 하는 것을 말한다. 이런 경우에는 選軍에 의하여 군인을 보충하였을 것이다. 그리고 70세가 넘으면 監門衛에서조차 명의를 빼고 口分田만을 주어 생계를 유지하게 하였다.

191 **富强者托勢以免 貧窮者獨受其勞** 軍籍에 오른 軍班氏族 중에서 富强者와 貧窮者가 생기어 이것이 軍役 복무에 불공평을 초래하였음을 말하여주고 있다. 우리는 이로써 고려사회의 기층의 일부에서 분화작용이 생겨나고 있었다는 것을 알 수 있다.

192 **各處監巡點檢之卒** 『고려사』 83 兵志 3에 나오는 看守軍·圍宿軍·檢點軍 등에 소속된 병졸을 가리키는 것으로 생각한다. 看守軍은 창고의 수위, 圍宿軍은 궁성·영문·왕릉의 수위, 檢點軍은 요주의처의 순찰 등의 임무를 맡고 있다.

이) 예속되어 있는 관사官司와 그 군장軍將[193]은 함부로 자신이 구사驅使할 수 없게 하고, (이를) 어기는 자는 죄주라. 마땅히 병부兵部와 선군별감選軍別監으로 하여금 제制에 준해서 이를 행하게 할 것이다."라고 하였다.

【原文】二十七年三月 命 州鎭入居軍人 例給本貫養戶二人.

(문종) 27년(1073) 3월에 명하여 주진입거군인州鎭入居軍人[194]에게 본관本貫[195]의 양호養戶[196] 2인을 예급例給하였다.

---

193 **所隷官司 及其軍將** 看守軍 · 圍宿軍 · 檢點軍의 병졸이 배속되어 있는 관부와 그들 병졸을 인솔지휘하는 장교를 말한다.

194 **州鎭入居軍人** 이 州鎭入居軍人은 『고려사』 78 食貨志 1 田制 조에 나오는 禑王 14년 7월의 大司憲 趙浚 등의 상서문 속에 '自是以來 閑人 · 功蔭 · 投化 · 入鎭 · 加給 · 補給 · 登科 · 別賜之名 代有增益 掌田之官 不堪煩瑣 … 授受之官 不問其已見任在官而當食役分者耶 未仕未嫁當食閑人者耶 其身果府兵歟 其父果入戍於鎭邊歟 其祖果自異國而來投王化歟'라고 한 중의 鎭邊에 入戍하는 군인과 마찬가지일 것이며, 그들에게 入鎭田을 준 것으로 되어 있으므로 入鎭軍이라고 칭해도 좋을 것이다. 그러나 이들은 京軍의 防戍부대와는 구별해야 될 것으로 생각하는데, 그것은 京軍은 이미 軍人田을 받고 있으므로 京軍이 防戍에 동원되었다고 해서 다시 첨가해서 入鎭田을 줄 까닭은 없을 것이기 때문이다. 그러므로 이 州鎭入居軍人은 가족을 本貫에 남기고 兩界의 州鎭에 가서 사는 屯田軍으로 봄이 좋지 않을까 한다. 이들은 兩界의 군사적 성격에 비추어 상비군적인 성격을 지니고 있었을 것이므로, 京軍의 경우와 같이 本貫에 養戶가 주어져서 軍戶를 형성하고 京軍의 軍人田에 해당하는 入鎭田이 주어졌다고 생각한다.

【참고】 이기백, 「高麗 兩界의 州鎭軍」, 『高麗兵制史硏究』, 一潮閣, 1968, 264~265쪽.

195 **本貫** 本貫은 보통 씨족의 시조가 살던 토지를 말하는 것이다. 그런데 본관은 지방호족 출신의 異姓 귀족들의 사회적 진출과 깊은 인연을 가지고 있으며, 본질적으로 귀족사회의 속성인 것이다. 그러나 뒤에는 力役기피를 방지하기 위한 戶籍을 정리할 필요에서 평민에게도 本貫, 즉 土姓吏民의 「姓氏所本之地」(『新增東國輿地勝覽』 7 驪州牧 登神莊)의 기재가 강요되었는데, 여기서는 이 후자의 경우로 생각된다.

【참고】 今村鞆, 『朝鮮の姓名氏族に關する研究調査』, 朝鮮總督府中樞院, 1934, 285~294쪽.

196 **養戶** 養戶는 州鎭入居軍人뿐 아니라 京軍 소속의 군인에게도 주어졌음은 다음의 『고려사』 79 食貨志 2 農桑 조 睿宗 3년 2월 制에 의하여 알 수 있다. '近來州縣官 祗以宮院朝家田 令人耕種 其軍人田 雖膏腴之壤 不用心稼勸 亦不令養戶輸粮 因此軍人飢寒逃散 自今先以軍人田 各定佃戶'. 그러므로 養戶는 京軍이나 州鎭入居軍人과 같이 본관을 떠나서 군역에 복무하는 군인에 대하여 할당된 것임을 알 수 있다. 養戶는 2인이라고 하였는데, 이것은 문자 그대로 2명인지 혹은 2명의 가장으로서 대표되는 2세대를 말하는 것인지 불분명하다. 만일 이것이 『고려사』 81 兵志 1 병제 禑王 9년 8월에 나오는 李成桂의 安邊策에 인용된 恭愍王 5년(병신)의 敎書에 '以三家爲一戶 以百戶統主 隷於帥營 無事則三家番上 有

【原文】二十九年 判: "征防軍人有疾病 必使醫藥療治 身死者給棺槨 令隊典護屍遞傳. 幷其資財付諸妻子 官給葬時所需."

(문종) 29년(1075)에 판判하기를, "정방군인征防軍人[197]이 질병이 있으면 반드시 의약으로 치료하게 하고, 죽은 사람에게는 관곽棺槨을 주고, 대전隊典[198]으로 하여금 시체를 보호하여 체전遞傳하게 하고, 아울러 그의 재물財物은 이들 처자妻子에게 송부送付하고, 장례 시에 필요한 것은 관에서 주라."고 하였다.

【原文】三十年正月 命有司 量給袍袴于赴防軍士貧乏者.

(문종) 30년(1076) 정월에 담당관리에게 명해서 부방군사赴防軍士[199]의 가난한 자에게 포袍와 고袴를 헤아려주게 하였다.

【原文】九月 有司請: "依前例 習射繡質九弓弩於南郊." 從之.

(문종 30년) 9월에 담당관리가 전례에 의해서 남교南郊에서 수질구궁노

事則俱出 事急則悉發家丁'이라고 한 三家一戶의 원칙과 관계가 있는 것이라면 후자의 해석이 옳을 것이다(姜晋哲, 「高麗 初期의 軍人田」, 『淑明大論文集』 3, 1963). 그러나 이것이 고려 말기에 지방 邊鎭에서의 일을 말하고 있다는 점에서 의문이 남게 된다. 養戶의 임무는 軍人田을 경작하여 軍人戶를 부양하는 데 있었다고 보는 것이 보통이다. 이에 대해서 軍人田의 경작은 2·3品軍이 담당하고, 養戶는 輸糧이 그 주된 임무였을 것이라고 보는 견해도 있다(李佑成, 「高麗의 永業田」, 『歷史學報』 28, 1965, 16~17쪽). 養戶의 지위는 收租權者에 대한 佃戶와 마찬가지로 보고자 하는 견해(이기백, 「高麗軍人考」, 『震檀學報』 21, 1960; 『高麗兵制史硏究』, 一潮閣, 1968, 105쪽)가 있으나, 이에 대하여 軍戶를 형성하는 3명은 공동경작을 하여 3/4을 3分한 뒤 남은 1/4은 국고에 수입시켰다가 祿의 형태를 통하여 군인에게 지급된다고 보는 견해도 있다(姜晋哲, 「高麗 初期의 軍人田」, 『淑明大論文集』 3, 1963, 171쪽).

197 **征防軍人** 邊方에 防戍하는 군인. 명령대로 잘 이행되지가 않았을 이러한 征防軍人에 대한 대우는 결국 그들에 대한 국가의 관심도가 높아졌다는 증거이겠는데, 이는 도망자가 많았기 때문이었을 것이다. (→ 각주 60 참조)

198 **隊典** 隊의 일을 주관하는 자, 즉 隊正을 말하는 것으로 보인다. 恭愍王 5년에 설치된 忠勇衛에는 隊長이 있는데, 이것도 마찬가지 것으로 보인다. (→ 각주 117 참조)

199 **赴防軍士** 防戍하는 군인. 앞의 征防軍人과 동일.

繡質九弓弩를 발사하는 것을 익히기를 청한대, 이에 좇았다.

【原文】 三十五年[200]十月 判: "凡內外軍丁 親年七十以上 無他兄弟者 並令侍養 親沒 許令充軍."

(문종) 35년(1081) 10월에 판判하기를,[201] "무릇 내외군정內外軍丁으로서 부모의 나이 70 이상이요 다른 형제가 없는 자는 모두 부모를 시양侍養하게 하고, 부모가 돌아가면 군軍에 충당하게 하는 것을 허許한다."라고 하였다.

【原文】 判: "發鎭將相將校鞋脚米 將軍以下郎將以上十五石 攝郎將以下散員以上十石 校尉·隊正八石 借隊正更米三石二斗四升四合·造米三石七斗五升六合."

(문종 35년에) 판判하기를, "진鎭 장상將相·장교將校[202]의 혜각미鞋脚米[203]를 징발하는데, 장군將軍 이하 낭장郎將 이상은 15석石, 섭낭장攝郎將[204] 이하 산원散員 이상은 10석, 교위校尉와 대정隊正은 8석, 차대정借隊正[205]은 갱미更米(精米) 3석 2두斗 4승升 4홉合, 조미造米(玄米) 3석 7두 5승 6홉이라."고 하였다.

---

200 『澗松文庫』本에는 '二十五年'으로 되어 있으나, 『國故叢刊』本에는 '三十五年'으로 되어 있다. 후자가 옳다.

201 三十五年十月 判 文宗 즉위년 判과 동일 내용의 것이다(89~90쪽 참조).

202 鎭將相將校 이것은 『고려사』 80 食貨志 3 祿俸 조에 '州鎭將相將校祿'이라 한 州鎭將相將校와 동일한 존재임이 분명하다. 이 규정에 의하면 州鎭將相將校에는 中郎將·攝中郎將·攝郎將·別將·校尉·隊正 등이 포함되어 있다. 이것은 『고려사』 83 兵志 3 州縣軍 조의 北界에 배치된 지휘관(장교)들의 계급과 대개 일치하므로(攝中郎將·攝郎將만이 없다) 동일한 존재로 생각해서 좋을 것이다. 단 將相과 將校의 구분이 어디에 있는지는 불분명하나, 대체로 別將 이상과 校尉 이하로 구분하여 생각해서 좋지 않을까 한다.

203 鞋脚米 鞋脚은 곧 靴이니, 鞋脚米는 방한용 군화를 만들기 위한 비용에 충당하는 미곡으로 보아야 할 것이다. 군화를 戍邊軍士에게 供與한 예는 文宗 18년 12월 조에 보인다.

204 攝郎將 攝에는 假나 代의 뜻이 있으므로, 아직 정식 郎將은 못되지만 郎將과 같은 직무를 담당하는 직을 말하는 것으로 보인다.

205 借隊正 정식 隊正이 아니라 그 직을 임시로 담당하는 자를 말하는 것 같다.

【原文】宣宗 元年十一月 風雪寒甚. 王念戍邊士卒衝冒苦寒 以乾明庫平布一千餘匹 命征袍都監 製衣袴分賜.

선종宣宗 원년(1084) 11월에 풍설風雪의 추위가 심하매 왕은 수변사졸戍邊士卒이 혹독한 추위를 무릅쓰고 있음을 염려하여 건명고乾明庫[206]의 평포平布 1,000여 필匹로써 정포도감征袍都監[207]에 명하여 의고衣袴를 만들어 나누어주게 하였다.

【原文】三年九月 召兩京武官 閱射于東亭 數月而罷 十二月 召兩京文官 亦如之.

(선종) 3년(1086) 9월에 양경兩京의 무관武官을 불러 동정東亭[208]에서 사射를 열閱하기 수월數月에 파하고, 12월에는 양경兩京의 문관을 불러 역시 이와 같이 하였다.

【原文】八年正月 西北面兵馬使柳洪請: "造兵車 藏之龜州 以備不虞." 制可.

(선종) 8년(1091) 정월에 서북면병마사西北面兵馬使 유홍柳洪[209]이 청하기를, "병거兵車[210]를 만들어 구주龜州[211]에 두어 뜻밖의 일에 대비합시다."라

---

206 **乾明庫** 乾明殿 소속의 창고일까. 乾明殿은 어떤 궁전인지 분명하지 않으나 仁宗 때에 儲祥殿이라 고쳤고, 儲祥門에는 圍宿軍으로서 將相 1명이 배치되어 있었다.

207 **征袍都監** 『고려사』 77 百官志 2 諸司都監各色 조에 征袍都監에 대하여 '掌軍士衣服 宣宗元年見'이라고 하였다. 그 임무가 군사의 피복을 관장하는 것임을 알겠다. 宣宗 원년에 나타난다는 것은 이 기록을 가리킨 것임이 분명하다. 여기에는 征袍庫라는 창고가 달려 있었다. (→ 각주 184 참조)

208 **東亭** 東池에 있는 정자이기 때문에 東亭이라고 약칭한 것으로 보인다. 궁성의 東池에는 龜齡閣이 있어서 召宴과 閱武가 행해졌다.

【참고】前間恭作, 「開京宮殿簿」, 『朝鮮學報』 26, 1963, 23~26쪽. (→ 각주 217 참조)

209 **柳洪** (?~宣宗 8년, ?~1091) 貞州 柳氏. 宣宗 때에 官이 門下侍中에 이르고 宣宗廟廷에 배향되었다. 딸은 肅宗妃가 되어 睿宗을 낳았다. 武略에 능하여 그로 인하여 승진하였다고 한다.

210 **兵車** 앞에 나온 革車와 마찬가지로 일종의 전차일 것이다. (→ 각주 87 참조)

211 **龜州** 현 平北 龜城. 본래 高句麗의 萬年郡이었으며, 成宗 13년(994)에 徐熙가 女眞을 축출하고 성을 쌓아 고려의 영토가 되었고, 이후 江東 6州의 하나로서 契丹과의 사이에 외교 교섭의 대상이 되었다. 契丹의 제3차 침입 시에 姜邯贊이 契丹軍을 무찌른 곳으로 유명하

고 한대, 제制하여 "가可하다."라고 하였다.

【原文】八月 都兵馬使奏: "安不忘危 有國之急務. 請於戶部[212]南廊閑地 置射場一所 諸領軍卒及凡學射者 皆令肄習. 若有中鵠者 賞以銀椀楪一事." 制可.

(선종 8년) 8월에 도병마사都兵馬使가 아뢰기를, "평안하여도 위태로움을 잊지 않는 것은 국가의 급무急務이니, 청하건대 호부戶部 남랑南廊의 한지閑地에 사장射場 1소所를 설치하여 제령諸領의 군졸 및 무릇 궁사弓射를 배우는 자가 모두 익히게 하고, 만일 과녁을 맞추는 자가 있으면 은완접銀椀楪 한 개를 상 주게 합시다."라고 한대, 제制하여 "가可하다."라고 하였다.

【原文】十年六月 都兵馬使奏: "少監朴元綽所造千鈞弩 實爲有利 故每令於郊原習射 廢久. 乞自今年 更依舊法行之." 制可.

(선종) 10년(1093) 6월에 도병마사都兵馬使가 아뢰기를, "소감少監[213] 박원작朴元綽이 만든 천균노千鈞弩[214]는 실로 유리한 고로 매양 교원郊原에서 습사習射하게 하였는데 (지금은) 폐한 지 오래입니다. 청하건대 금년부터 다시 옛 법에 따라서 이를 행합시다."라고 한대, 제制하여 "가可하다."라고 하였다.

【原文】八月 都兵馬使奏: "兵書云 '急行軍者 着縛絡' 今縫衣是也. 乞以大盈

며, 몽고 침입 시에도 朴犀가 이를 잘 지키어 定遠大都護府로 승격되기도 하였다.

212 『고려사절요』에는 '民部'로 되어 있으나 '戶部'가 옳을 것이다. 戶部를 民部라 한 것은 忠烈王 34년(1308)의 일이었다.

213 **少監** 어느 관부의 少監인지 분명하지는 않으나 朴元綽의 경력으로 보아 軍器監의 少監일 것이다. 少監은 軍器監의 차관으로서 (장관은 監) 文宗 時 종5품으로 되어 있으나 忠宣王 때에 종4품으로 승격되었다.

【참고】『고려사』 76 百官志 1 軍器寺 조.

214 **千鈞弩** 역시 朴元綽이 제조했다는 繡質弩 혹은 繡質九弓弩와 같은 것이 아닌가 한다. 본문의 기사에 의하면 과거에도 千鈞弩를 가지고 교외에서 習射한 것으로 되어 있는데, 千鈞弩는 지금 初見이요, 繡質九弓弩로 교외에서 習射한 기록은 여러 차례 나오고 있기 때문이다(文宗 23년 10월 조, 文宗 30년 9月 조). 이러한 명칭의 상이는 하나는 弩의 기능에 의해서, 하나는 그 중량에 의해서 명명한 것이기 때문일 것이다.

庫蠹布 付征袍都監 製三四千領 分送東北兩界 藏於營庫 有急許着之." 制可.

(선종 10년) 8월에 도병마사都兵馬使에서 아뢰기를, "병서兵書에 이르기를 '급히 행군하는 자는 박락縛絡을 입는다'고 하였는데, 지금의 봉의縫衣가 그것입니다. 청하건대 대영고大盈庫[215]의 좀먹은 베(布)를 정포도감征袍都監에 주어 (봉의) 3,000~4,000벌을 만들어서 동북 양계東北 兩界에 분송分送하여, 영고營庫[216]에 저장하였다가 위급한 일이 있으면 이를 입는 것을 허許합시다."라고 한대, 제制하여 "가可하다."라고 하였다.

【原文】 肅宗元年八月 御龜齡閣 親閱武班將軍以下隊正以上射御 四月而罷.

숙종肅宗 원년(1096) 8월에 구령각龜齡閣[217]에 나아가서 무반의 장군將軍 이하 대정隊正 이상이 활 쏘고 말 타는 것을 친열親閱하기 4개월 만에 그쳤다.

【原文】 御東池射亭. 召左僕射黃仲寶等及近仗六衛上大將軍·侍臣·中禁·都知 賜弓矢 令射侯. 御史中丞金景庸先中鵠心 賜銀楪五事·廏馬一匹 其餘中者 皆有賜.

동지東池[218] 사정射亭[219]에 나아가서 좌복야左僕射[220] 황중보黃仲寶[221] 등 및

---

215 **大盈庫** 궁중의 倉廩으로 생각되는 大盈署의 창고일 것이다. 『고려사』 83 兵志 3 看守軍조에 의하면 大盈庫에는 看守軍으로서 장교 8명이 배속되어 있었다고 한다.

【참고】 前間恭作, 「開京宮殿簿」, 『朝鮮學報』 26, 1963.

216 **營庫** 兵營의 창고란 뜻일 것이다. 兩界의 各鎭에 설치되어 있었던 것으로 보인다.

217 **龜齡閣** 龜齡閣이 本闕 안의 東池에 있었음은 '東池龜齡閣'이란 용례로써 알 수 있다(『고려사』 6 靖宗世家 7년 12월, 同 13 睿宗世家 9년 8월 병인, 同 81 兵志 1 병제 肅宗 6년 10월 및 7년 6월). 東池樓(『고려사』 7 文宗世家 10년 9월 계사), 東亭(『고려사』 81 兵志 1 병제 宣宗 3년 9월), 東池射亭(同上 肅宗 원년 8월) 등도 이 龜齡閣을 말하는 것 같다. 여기서는 주로 閱武를 하고 있다. (→ 각주 218, 219 참조)

【참고】 前間恭作, 「開京宮殿簿」, 『朝鮮學報』 26, 1963.

218 **東池** 宮闕 안의 東쪽에 자리 잡고 있기 때문에 東池라고 부른 것 같다. 『고려사』 6 靖宗世家 4년 12월 계미 조에 '內史門下省言 東池白鶴·鵝鴨·山羊之類 日飼稻粱 爲費多矣 乞放海島 從之'라고 한 것을 보면 이 東池에서는 여러 가지 새와 짐승들을 기른 것으로 보인다. 왕은 가끔 이 東池에서 주연을 베풀고 있으며, 때로는 못에 배를 띄우고 놀기도 하였다. 이 못가에 龜齡閣이 있어서 閱武의 장소로 쓰였는데, 이를 또 射亭이라고 부른 것이 아

근장近杖 · 6위六衛의 상 · 대장군上 · 大將軍, 시신侍臣, 중금中禁, 도지都知를 불러서 궁시弓矢를 주어 후侯[222]를 쏘게 하였는데, 어사중승御史中丞[223] 김경용金景庸[224]이 먼저 과녁의 중심을 맞추니 은접銀楪 5개와 구마廐馬 1필을 주었고, 그 나머지 맞춘 자에게도 모두 하사下賜함이 있었다.

【原文】 六年十月 御東池龜齡閣. 閱近仗 · 六衛諸將士射御.

(숙종) 6년(1101) 10월에 동지東池 구령각龜齡閣에 나아가 근장近杖 · 6위六衛의 제장사諸將士가 활 쏘고 말 타는 것을 사열하였다.

【原文】 七年六月 御東池龜齡閣. 召宰樞 閱騎兵 賞賜.

(숙종) 7년(1102) 6월에 동지東池 구령각龜齡閣에 나아가 재추宰樞[225]를 불

닌가 한다. (→ 각주 217 참조)

219 **射亭** 東池에 있는 龜齡閣의 별칭인 듯하며 閱武를 하기 때문에 붙여진 이름일 것이다. (→ 각주 217, 218 참조)

220 **左僕射** 尙書省의 정2품직이다. 尙書省의 장관은 尙書令이지만, 尙書令은 실상 명예직과 같았으므로 左僕射는 사실상 尙書省의 최고관직이었다. 中國에서는 左 · 右僕射가 6部를 2分하여 이를 각기 통할하였으나 고려의 경우는 어떠하였는지 잘 알 수가 없다.

221 **黃仲寶** (?~肅宗 7년, ?~1102) 가문 · 행적을 잘 알 수 없으나 李資義가 誅殺된 직후 右僕射로 임명된 것을 보면 肅宗의 일당으로 보인다.

222 **侯** 射侯라고도 한다. 활을 쏘아 맞추는 데 사용하는 布인데, 『周禮』 天官司裘 조에 '王大射則共虎侯 · 熊侯 · 豹侯 設其鵠 諸侯則共熊侯 · 豹侯 卿大夫則共麋侯 皆設其鵠'이라 하여 왕이 郊廟에 제사를 행하려 할 제 大射를 행하였는데, 쏘는 사람에 따라서 侯를 차등 있게 하였음을 나타내고 있다. 各 侯는 虎 · 熊 · 豹의 皮로 옆을 장식하고 鵠도 역시 그들의 皮로 만들었다 한다. 『世宗實錄』 133 五禮 軍禮 序例 射器 侯 조에는 侯의 그림이 있다.

223 **御史中丞** 御史臺(司憲臺)의 종4품직.

224 **金景庸** (靖宗 7년~仁宗 3년, 1041~1125) 경주 김씨 출신. 官이 門下侍中에 이르렀다. 尹瓘의 女眞征伐에 반대하였던 듯하여, 尹瓘이 패군한 죄를 논한 일이 있다.
【참고】 『고려사』 97 金景庸傳.

225 **宰樞** 宰臣과 樞臣을 말하는 것이다. 宰臣은 곧 中書門下省의 고관을 말하며, 樞臣은 樞密院의 고관을 말하는 것이니, '省五樞七'(『고려사』 75 選擧志 3 銓注 選法 恭讓王 원년 12월 具成祐 등 상소), '省不過五 樞不過七'(『고려사』 76 百官志 1 序) 등에 의하여 宰臣 5인, 樞臣 7인으로 구성되어 있었음을 알 수 있다. 『고려사』 77 百官志 2 諸司都監各色 諸評議使司 조에 都兵馬使 구성원으로서 열거한 侍中 · 平章事 · 叅知政事 · 政堂文學 · 知門下省

러 기병騎兵을 사열하여 표창하고 물건을 주었다.

【原文】 十月 御會福樓. 命選東班臣僚射. 幸長慶寺 閱兩京及靜州將士馬隊 命宰樞及扈駕臣僚射侯 中者賜廐馬綾絹有差.

(숙종 7년) 10월에 회복루會福樓[226]에 나아가 명하여 동반東班 신료를 뽑아 활 쏘게 하였다. 장경사長慶寺[227]에 가서 양경兩京 및 정주靜州[228]의 장사將士·마대馬隊를 사열하고, 재추宰樞 및 호가扈駕한 신료에게 명해서 후侯를 쏘게 하고, 맞춘 자에게는 구마廐馬·능견綾絹을 주되 차差가 있게 하였다.

【原文】 九年十二月 尹瓘奏 始置別武班. 自文武散官吏胥 至于商賈僕隸及州府郡縣 凡有馬者爲神騎 無馬者爲神步·跳盪·梗弓·精弩·發火等軍 年二十以上者 非擧子 皆屬神步 兩班與諸鎭府軍人 四時訓鍊. 又選僧徒爲降魔軍. 國初內外寺院 皆有隨院僧徒 常執勞役 如郡縣之居民 有恒産者多至千百 每國家興師 亦發內外諸寺隨院僧徒 分屬諸軍.

事가 宰臣의 윤곽을 제시해주고 있다. 宰樞는 곧 고려 정치기구의 최고기관을 이루고 있으며, 이것은 곧 고려 귀족정치를 정치기구상에서 나타내주는 것으로 생각된다.

【참고】 邊太燮, 「高麗宰相考」, 『歷史學報』 35·36합집, 1968.

226 **會福樓** 西京에 있는 누각인데, 별궁 내에 있었던 듯하다. 여기서 주로 왕이 閱射한 기록들이 나오고 있으므로(『고려사』 11 肅宗世家 7년 9월 무자 및 계묘 조) 閱武하는 곳이었던 것 같다. 肅宗은 이때 7년 7월 경술에 西京에 가서 10월 갑술에 떠나고 있다.

227 **長慶寺** 西京에 있던 佛寺. 『新增東國輿地勝覽』 51 平安道 平壤府 佛宇 조에 長慶寺를 '在府城中'이라고 하였으니 西京의 성내에 있었음을 알 수가 있다. 西京에 있어서는 興福寺·永明寺·金剛寺 등과 함께 손꼽히는 大寺였으며, 睿宗은 이들 諸寺에서 文豆婁道場을 베풀어 女眞 정벌의 성공을 기원한 일도 있었다(『고려사』 13 睿宗世家 4년 4월 을유).

228 **靜州** 『新增東國輿地勝覽』 53 義州 古跡 조에 의하면, 靜州는 義州 南 25里에 있었다. 『고려사』 58 地理志 3 靜州 조에 의하면 德宗 2년(1032)에 비로소 성을 쌓고 民戶 1,000을 옮겨서 살게 하였다 한다. 이 해에 고려는 북방의 국경지대에 서해안에서 동해안에 이르는 長城을 쌓기 시작하였고, 이 장성은 靜州를 거치고 있으므로, 靜州의 축성 및 徙民은 이 長城 축조와 관계가 있음을 알 수 있다. 조선 太宗 2년(1402)에 靜州는 義州에 속하게 하여 주를 폐하였다. 여기서 靜州의 將士·馬隊가 兩京의 그것과 함께 사열을 받고 있는 까닭은 잘 알 수가 없다.

(숙종) 9년(1104) 12월에 윤관尹瓘[229]이 아뢰어 처음으로 별무반別武班[230]

---

229 尹瓘 (?~睿宗 6년, ?~1111) 坡平 尹氏. 林幹이 女眞에 패하자 東北面行營都統으로 출정하였으나 역시 패하였다. 이에 肅宗에 건의하여 別武班을 조직하였다. 睿宗 2년(1107)에 別武班을 이끌고 대규모의 女眞 정벌을 단행하여 長城 북쪽에 9성을 쌓았으나 결국 還付하고 말았다. 패군의 죄가 거론되자 官을 辭하고 실의 속에서 사망하였다.

【참고】『고려사』 96 尹瓘傳.

230 別武班 肅宗의 女眞 정벌 계획 실천을 위하여 尹瓘이 건의하여 설치한 특별부대였다. 이 설치 사정에 대하여 『고려사』 96 尹瓘傳에는 다음과 같이 전하고 있다. '奏曰 臣觀賊勢 倔强難測 宜休徒養士 以待後日 且臣子所以敗者 賊騎我步 不可敵也 於是建議 始立別武班'. 이에 의하면 別武班 설치 목적은 첫째는 '養士' 즉 군대의 증강에 있고, 둘째는 '賊騎我步'의 불균형을 시정하기 위하여 기병을 특히 증가시키는 데 있었다고 하겠다. 이것은 첫째, 당시 고려 초기 兵制의 원칙인 軍戶連立制가 문란해진 결과 병력의 부족을 느끼고 있었기 때문에 대규모 外征을 위하여는 새로운 調兵방법과 새로운 부대편성이 요구되었음을 뜻하는 것이다. 둘째는 기병의 증가이니, 別武班이 이 점에 힘을 기울인 것임을 알 수 있다. 이제 본문의 내용을 참작하여 別武班의 편제를 圖示하면 대체로 아래의 도표와 같이 된다.

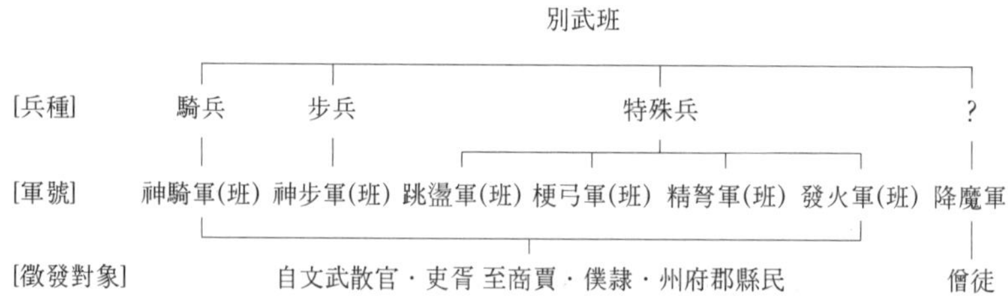

尹瓘이 동원한 군대는 무려 17만 명에 이르렀으므로 別武班은 상당한 軍額에 이르렀다고 생각되는데 그는 이를 이끌고 나가 女眞征伐에 一時 성공하였던 것이다. 그러나 이 別武班의 조직도 여러 가지 모순을 내포하고 있었고, 그 모순은 그 효능을 길이 보존해주지 못하였다. 즉 처음은 文武散官 · 吏胥로부터 商人 · 奴隷 및 州府郡縣의 주민까지 징발하였다고 한 바와 같이 현직 관리와 擧子를 제외한 모든 사람을 징발하였다. 그러나 宰臣과 樞臣의 子로서 자원한 者가 아니면 면하게 한다는 예에서 알 수 있는 것과 같이(본 兵志 병제 睿宗 원년 정월 조) 양반 특권층의 자제들은 대부분 빠졌을 것이고, 결국 남은 것은 주요한 징발대상자인 白丁이었다고 보인다. 그러나 白丁들에게 토지의 급여와 같은 생활의 대책 없이 종군하게 하는 것은 別武班이 쉬이 와해할 원인이 되었다고 생각된다. 『고려사』 96 尹瓘傳에 '國家調兵多端 中外騷擾'라고 한 것은 이러한 사실의 결과를 말하는 것임이 틀림없다. 한편 기병은 군마가 각자 조달에 의한 것이기 때문에 필연적으로 양반의 자제들이 중심이 되었다고 생각되는데, 그들이 많이 免軍하게 됨으로 해서 자연히 약화될 수밖에 없었다고 생각된다.

【참고】 이기백, 「高麗別武班考」, 『金載元博士回甲紀念論叢』, 金載元博士回甲紀念論叢編纂委員會, 1969.

을 설치하였는데, 문무 산관文武 散官[231]과 이서吏胥로부터 상인商人·노복奴僕 및 주부군현민州府郡縣民[232]에 이르기까지, 무릇 말(馬)이 있는 자는 신기神騎를 삼고, 말(馬)이 없는 자는 신보神步·도탕跳盪·경궁梗弓·정노精弩·발화發火 등 군軍을 삼되, 나이 20세 이상인 자로서 거자擧子[233]가 아니면 모두 신보神步에 속하게 하고, 양반兩班과 제진부군인諸鎭府軍人[234]은 사시四時 훈련하였다. 또 승도僧徒를 뽑아서 항마군降魔軍[235]을 삼았다. 국초에 내외內外의 사원이 모두 수원승도隨院僧徒[236]를 가지고 항상 노역勞役하기를 군현郡縣의 거민居民과 같이하고, 항산恒産을 가진 자 많기가 천백 명에 이르렀는데, 국가에서 군사를 일으킬 때마다 또한 내외 여러 사원의 수원승도隨院僧徒를 징발하여 제군諸軍에 분속分屬시켰다.

【原文】 集保勝軍 閱兵陣.

(숙종 9년 12월) 보승군保勝軍을 모아서 병진兵陣을 사열하였다.

---

231 **文武散官** 이것은 '文武와 散官' 혹은 '文武의 散官' 두 가지로 다 읽을 수 있으나 후자를 택한다. 밑에 擧子(科擧應試者)를 조달 대상에서 제외하고 있는 것으로 미루어 알 수 있다. 散官은 곧 同正職을 말하는 것이라는 金光洙의 견해가 있다(「高麗時代의 同正職」, 『歷史教育』 11·12합집, 1969).

232 **州府郡縣民** 州·府·郡·縣의 주민을 말하는 것이며, 실제는 白丁이 중요한 부분을 차지하는 것으로 생각한다. 別武班에 백정이 속하고 있었음을 다음 睿宗 4년 判에서 알 수 있다.

233 **擧子** 과거응시자. 과거응시자를 제외한 것은 양반관료의 보충을 위한 명목이겠으나 실상은 양반층의 자기보호책이었을 것이다.

234 **諸鎭府軍人** 諸鎭의 군인, 즉 兩界의 군인을 말하는 것으로 생각된다.

235 **降魔軍** 승도들로 구성된 이 군인은 종교적인 힘을 가지고 적, 즉 악마를 항복시킬 수 있기를 희망하여 이러한 명칭이 붙여졌을 것이다. 그들의 무기에 대하여는 언급이 없으므로 알 수 없으나 아마 보병으로서 대개 神步班과 마찬가지였을 것이다.

236 **隨院僧徒** 사원에 달려 있는 僧徒란 뜻으로 승려와는 구별되어야 할 것이다. 『고려사』의 용례를 보면 승도는 대개 사원에서 각종 노동에 종사하는 자들을 가리키고 있다. 이들은 국가의 役을 기피하여 사원에 도피한 자들일 것이다. 이들 중에는 寺院에서 각종 雜役에 종사하는 가내노예적인 성격을 지닌 자들도 있고, 또 일정한 토지를 소유하고 이를 경작하는 자들도 있었을 것이다. 다만 후자에서 그 토지는 사원의 소유로 臺帳에 올라 있었을 것이고 또 수확 중의 일정한 분량을 사원에 바쳤을 것이므로 그들은 佃戶와 같은 지위에 있었다고 보여진다.

【原文】睿宗 元年正月 東界兵馬使吳延寵奏: "今所徵發內外神騎軍 有父母年七十以上獨子者聽免 一戶內三四人從軍者減一人 宰臣樞密之子 非自募從軍者亦免." 從之.

예종睿宗 원년(1106) 정월에 동계병마사東界兵馬使 오연총吳延寵[237]이 아뢰기를, "금번 징발한 내외內外 신기군神騎軍으로서 부모가 있어 나이 70 이상이요 독자獨子인 자는 면하게 하고,[238] 1호戶 안에 3~4명이 종군한 자는 1명을 감하고,[239] 재신宰臣과 추신樞臣의 자子로서 스스로 응모해서 종군하지 아니한 자도 역시 면합시다.[240]"라고 한대, 이에 좇았다.

【原文】親閱神騎軍.

신기군神騎軍을 친히 사열하였다.

【原文】八月 遣使諸道 教習兵陣.

(예종 원년) 8월에 사使를 제도諸道에 보내어 병진兵陣을 교습教習시켰다.

---

237 **吳延寵** (文宗 9년~睿宗 11년, 1055~1116) 海州의 한미한 가계 출신으로 과거에 급제하여 출세하였다. 睿宗 時 女眞 정벌에 尹瓘에 副하여 출정하였다. 9城 반환 후 削職되었으나 뒤에 재등용되어 吏·禮·兵部의 判事가 되었다.

【참고】『고려사』 96 吳延寵傳.

238 **今所徵發……聽免** 이것은 본 兵志 병제 조 文宗 35년 10월 判에 있는 侍丁의 급여 규정에 준하는 것이다. 단 이 규정이 神步軍에는 적용되지 않고 神騎軍에만 적용되었다는 것은 주목할 만하며, 여기서도 神騎軍에 징발된 군인들의 사회적 신분이 높았다는 것을 짐작할 수 있다.

239 **一戶內三四人從軍者 減一人** 神騎軍으로 징발된 자들 중에서 1戶 내에 3·4인이 종군한 자는 거의 없었음 직하다. 결국 이것은 尹瓘의 강경한 동원책에 대한 양반관료들의 불만의 결과였다고 보이며, 따라서 神騎軍의 약화와 女眞 정벌의 실패를 가져올 징조였다고 보인다.

240 **宰臣樞密之子 非自募從軍者 亦免** 宰臣과 樞密의 子로서 스스로 응모해서 종군한 자는 거의 없었다고 보는 것이 옳을 것이므로, 이 규정은 결국 그들을 모두 免軍하게 했다는 말이 될 것이다. 문자 상으로는 宰臣과 樞密의 子라 하였으나 사실은 그 이하라도 上品 관리의 子는 이에 준하였다고 보여지고, 또 이들은 대개 神騎軍에 속하였다고 생각되므로, 이는 神騎軍의 약화를 초래하였다고 보인다.

【原文】 分遣九道點軍使 以選壯士.

9도 점군사九道點軍使[241]를 분견分遣하여 장사壯士를 뽑았다.

【原文】 四年 判: "神步班屬諸白丁 願受內外族親田地者 田雖在他邑 名隷本邑者 許令充補 樂工及犯奸盜者 良賤未辨者 勿許."

(예종) 4년(1109)에 판判하기를, "신보반神步班에 속한 여러 백정白丁으로서 내외족친族親의 전지田地를 받기를 원하는 자는,[242] 전지田地가 비록 타읍他邑에 있더라도 명의名儀가 본읍本邑에 속해 있는 것은[243] (이를 계수繼受하여) 보충하게 함을 허락하되, 악공樂工 및 간음·절도를 범한 자와 양천良賤을 가리지 못한 자는 허락하지 말라.[244]"고 하였다.

【原文】 五年九月 御南明門. 閱神騎·神步·精弩·跳盪班軍將等. 仍令神騎打毬 賜物有差.

(예종) 5년(1110) 9월에 남명문南明門[245]에 나아가서 신기반神騎班·신보

---

241 九道點軍使 아홉 개의 臨時道(方面)을 편성하여 點軍使를 파견하였기 때문에 그렇게 불렀을 것이다. 이것이 女眞 정벌과 관계가 있음은 물론이다(본 兵志 병제 德宗 원년 11월 조 참조).

242 諸白丁 願受內外族親田地者 본 사료로 인해서 神步班에는 많은 白丁이 소속해 있었던 것을 알 수 있는데, 사실상 神步班에 징발된 주요대상은 白丁이었을 것이다. 원래 군인이 아니므로 토지의 급여와 상속의 권리가 없는 白丁이 神步班에 속하여 종군하게 된 대가로 토지를 얻어 軍戶가 될 수 있도록 한 것이 본 규정일 것으로 보인다. 이로써 神步班 소속의 임시징발 군인들이 六衛 소속 군인으로 개편되어 토지를 얻게 된 것이다. 그리고 田丁連立에 있어서 女孫이 끼어 있음은 이미 주목되어 왔지만(旗田巍, 「高麗時代における土地の嫡長子相續と奴婢の子女均分相續」, 『東洋文化』 22, 1957, 3~4쪽), 여기서도 白丁이 부계뿐 아니라 모계 족친의 田地도 물려받을 수 있도록 되어 있다(旗田巍, 「高麗時代の白丁」, 『朝鮮學報』 14, 300~301쪽).

243 田雖在他邑 名隷本邑者 여기의 田은, 名이 本邑에 속해 있다고 한 것으로 보아 名田, 즉 軍人田일 것으로 보인다. 그러면 군인은 군인전을 他邑에 받는 경우도 있음을 나타내는 것이며, 이것은 군인과 군인전의 경작과가 분리되었을 가능성을 말하여준다. (→ 각주 93 참조)

244 樂工及犯奸盜者 良賤未辨者 勿許 功蔭田柴의 규정에 '樂工·賤口·放良員吏 皆不得與'라고 한 것과 마찬가지로 군인전의 繼受 자격에 일정한 제한을 가한 것이다.

245 南明門 궁성의 남쪽에 있는 문일 것으로 추측된다. 같은 해의 10월에는 南明門 밖에서

반神步班·정노반精弩班·도탕반跳盪班의 군장軍將들을 사열하였다. 인하여 신기군神騎軍으로 하여금 타구打毬[246]를 하게 하고, 물건을 주되 차差가 있게 하였다.

【原文】 仁宗 五年 下旨: "撫恤軍士 以時閱武外 無令服勞."

인종仁宗 5년(1127)에 지旨를 내려서,[247] "군사를 무휼撫恤할 것이며, (정한) 때에 열무閱武하는 이외에는[248] 노역勞役에 복服하게 하지 말라."고 하였다.

【原文】 六年 判: "諸領府軍人遭父母喪者 給暇百日."

(인종) 6년(1128)에 판判하기를, "여러 영부領府의 군인[249]으로서 부모의 상喪을 당한 자는 휴가 100일을 주라.[250]"고 하였다.

80세 이상 者와 효자·順孫·義夫·節婦·鰥寡·孤獨·篤廢疾者를 친히 饗應한 일도 있었다(『고려사』 13 睿宗世家 5년 10월 임자).

246 **打毬** 世家에는 擊毬라 하였으므로 打毬와 擊毬가 같은 것임을 알 수 있으나 고려에서는 흔히 擊毬라 칭하였다. 격구가 시작된 시기는 분명하지 않으나 太祖 원년(918)의 기사에 毬庭이 나오고 있으므로 이미 고려 이전부터 행해지고 있었음을 짐작할 수 있다. 격구는 일종의 武戲로서 尙武習陣을 위하여 이용될 뿐 아니라 하나의 종교적 의식으로서 燃燈會나 八關會 때에는 왕의 친림하에 성대히 행해졌다. 격구 방법은 騎馬한 군인이 棒을 들고 양편으로 갈리어 毬를 쳐서 毬門을 통과하게 하는 것이니, 오늘날의 폴로polo경기와 비슷한 느낌이다.

【참고】 崔南善,「擊毬」「擊毬方法」,『朝鮮常識』風俗篇, 국문사, 1953.

247 **仁宗五年** 李資謙의 난이 있은 다음 해인 仁宗 5년 2월에 西京에 간 仁宗은 3월 무오에 15개 조의 維新의 詔를 내렸는데, 本項은 그중의 하나이다.

248 **以時閱武** 閱武는 대개 2월과 9월에 행하였던 것으로 보이며, 특히 9월에 행한 기사가 많다.

249 **諸領府軍人** 곧 諸領의 군인이니 六衛 군인을 가리키는 것이다. 이 兩者는 衛를 단위로 하여 부르느냐, 領을 단위로 하여 부르냐의 차이인 것이다. 이때의 府는 따로 독립된 의미를 갖고 있지 않음을 『고려사』 84 刑法志 1 職制 忠烈王 34년 정월 조의 忠宣王 下敎 속에 '又領府校尉·隊正 無功超授軍不領散員 謀避本領職役 云云'이라고 하여 領府와 領을 동일하게 쓰고 있음으로써 알 수 있다.

【참고】 이기백,「高麗軍人考」,『震檀學報』21, 1960;『高麗兵制史研究』, 一潮閣, 1968, 94~96쪽.

250 **遭父母喪者 給暇百日** '新定五服給暇式 斬衰齊衰三年 給百日'(『고려사』 84 刑法志 官吏給暇 成宗 4년)이라고 한 것과 같이 이미 成宗 때에 百日給暇의 규정이 만들어져 있었다.

【原文】 十年三月 閱騎·步軍於丹鳳門外.

(인종) 10년(1132) 3월에 기군騎軍과 보군步軍[251]을 단봉문丹鳳門[252] 밖에서 사열하였다.

【原文】 二十二年 判: "西京·東西州鎭入居軍人 蠲本貫雜役. 若有侵擾者 罪其色典記官."

(인종) 22년(1144)에 판判하기를, "서경西京과 동·서東·西(양계兩界) 주진州鎭에 입거入居하는 군인軍人은 본관本貫의 잡역雜役[253]을 면제한다. 만일 침요侵擾하는 자가 있으면 그 담당하는 기관記官[254]을 죄준다."라고 하였다.

【原文】 二十三年 判: "兵馬員吏衛身從卒 以閑人·白丁·公私奴子率行 仍給公料 元帥·副元帥各十人 都知兵馬六人 各軍使十五人 各軍知兵馬使十二人 各軍副使十人 各軍判官八人 各軍軍候使用藥員五人 各軍諸色員各四人 各軍兵馬人吏·諸色人吏各二人."

(인종) 23년(1145)에 판判하기를, "병마원리兵馬員吏[255]의 위신종졸衛身從卒[256]은 한인閑人[257]·백정白丁·공사노公私奴의 자子를 거느리고 가게 하고,

---

251 **騎步軍** 아마 神騎軍과 神步軍을 말하는 것이라고 생각된다.

252 **丹鳳門** 궁문의 하나일 것이나 위치 등 기타사항은 미상이다.

253 **雜役** 西京과 兩界 州鎭에 入居하는 군인들이 本貫에서 짊어지는 잡역을 말한다. 이들에게는 2명의 養戶가 주어졌으므로, 그 雜役은 양호들이 대신 맡았을 것이나, 이제 그것을 면제해준다는 결정을 내린 것이다. 이것은 양호들에게는 軍人田의 경작과 같은 일정한 무거운 임무가 있었다는 증거이기도 하며, 한편 州鎭入居軍人과 양호 사이에 개재하는 모순으로 인한 군사제도의 해이함을 간접적으로 느러내주는 것이다.

254 **記官** 이를 담당하는 記官으로 혹 향리직 중의 兵吏가 아니었나 추측된다.

255 **兵馬員吏** 전쟁에 출동하는 부대의 員吏라는 뜻이며, 본문의 元帥 이하 諸色人吏까지를 말하는 것이다.

256 **衛身從卒** 兵馬員吏 개인의 신변 호위와 雜役을 위하여 국가에서 허락한 從卒을 말하는 것이다.

257 **閑人** 종래에 閑人은 武士的 小地主群이라는 막연한 견해에 만족하여왔다. 그런데 최근 千寬宇는 이에 대한 專考를 발표하여 田柴科 및 지방통제에 관한 분석을 통해서 閑人을 府兵은

인하여 공료公料(국가에서 주는 급료)를 주는데 원수元帥와 부원수副元帥[258]는 각기 10명, 도지병마都知兵馬[259]는 6명, 각군사各軍使[260]는 15명, 각군지병마사各軍知兵馬使는 12명, 각군부사各軍副使는 10명, 각군판관各軍判官은 8명, 각군군후사용약원各軍軍候使用藥員은 5명, 각군제색원各軍諸色員은 각 4명, 각군병마인리各軍兵馬人吏와 제색인리諸色人吏는 각 2명이라."고 하였다.

【原文】毅宗 三年八月 中軍兵馬使奏: "古制 '天子六軍 大國三軍 次國二軍 小國一軍' 請改五軍爲三軍." 制可.

의종毅宗 3년(1149) 8월에 중군병마사中軍兵馬使[261]가 아뢰어, "고제古制[262]에 천자天子는 6군軍이요, 대국大國은 3군軍이요[263], 차국次國은 2군軍이요, 소국은 1군軍이었으니, 청하건대 5군軍을 고쳐서 3군軍으로 합시다."라고 하니, 제制하여 "가可하다."라고 하였다.

아니지만 군사적 요원의 자질을 가지고 있으며, 평시에는 편제상으로만 존재하는 州縣軍의 隊正 이상의 하급간부로서 직업적 무인이며, 그 결과로 閑人田을 받았는데, 이러한 閑人의 한 표본으로서 佐尹 이하의 鄕職者를 생각하였다(千寬宇, 「閑人考」, 『社會科學』 2, 1958). 이에 대해서 李佑成은 趙浚의 上書에 나타나는 '未仕未嫁 當食閑人者耶'에 착목하여 閑人을 未仕未嫁者로 보고 이를 5품 이상 관리에게 功蔭田柴를 주는 것과 대조하여 閑人을 6품 이하의 관리의 자녀라고 보았다. 즉 5품 이상에게 功蔭田을 주는 것과 마찬가지로 6품 이하의 자녀에게 閑人田을 주었다고 본 것이다(李佑成, 「閑人·白丁의 新解釋」, 『歷史學報』 19, 1962).

258 **元帥·副元帥** 동원된 군대의 총사령관과 부사령관을 말하는 것이다. 그러므로 이것은 상설의 將帥職이 아니라 문관으로 그때그때 임명되는 것이 상례였다. 元帥가 상설직이 되는 것은 고려 말기였다.

259 **都知兵馬** 都兵馬使의 약어일 것으로 생각되는데, 그 임무는 불명확하다.

260 **各軍使** 各軍兵馬使, 즉 五軍兵馬使를 말하는 것이며, 元帥의 지휘하에 있는 中·左·右·前·後 5군의 지휘관이었을 것이다. 이하의 各軍知兵馬使·各軍副使·各軍判官·各軍軍候使用藥員·各軍諸色員·各軍兵馬人吏·諸色人吏 등은 모두 5군에 소속된 員吏일 것이다.

261 **中軍兵馬使** 본 兵制 仁宗 23년 判의 兵馬員吏 중에서 各軍使, 즉 五軍兵馬使의 한 사람이다. 五軍兵馬使 중에서는 中軍兵馬使가 상위에 있었을 것이다.

262 **古制** 古制는 『周禮』 夏官司馬 조에 '凡制軍 萬有二千五百人爲軍 王之軍 大國三軍 次國二軍 小國一軍 軍將皆命卿'이라고 한 것을 말한다.

263 **三軍** 3軍인 경우에는 5軍에서 前軍과 後軍이 빠지고 左軍·右軍·中軍이 된다.

【原文】西北面兵馬使曹晉若奏: "定烽燧式 平時夜火晝烟各一 二急二 三急三 四急四 每所 防丁二 白丁二十人 各例給平田一結."

서북면병마사西北面兵馬使 조진약曹晉若[264]이 아뢰어 봉확식烽㸅式[265]을 정하되, 평시에는 밤에 불, 낮에 연기를 각기 1이요, 2급急이면 2, 3급急이면 3, 4급急이면 4로 하고, 매소每所에 방정防丁[266]은 2명, 백정白丁은 20명이요, 각기 평전平田 1결結을 예급例給하였다.

【原文】明宗 六年[267] 南賊執捉兵馬使奏: "與賊戰不利 士卒多亡. 請募僧以濟師."

명종明宗 6년(1176)에 남적南賊[268] 집촉병마사執捉兵馬使[269]가 아뢰기를,

264 曹晉若 仁宗 · 毅宗時人. 妙淸亂 때 西京으로 宣諭하러 간 일이 있다. 毅宗 때 樞密院職에 있으면서 軍機에 참여하였다.

265 烽㸅式 烽火를 올리는 절차에 관한 규정을 말한다. 『經國大典』 兵典 烽燧 조에 의하면 '平時一炬 敵現形則二炬 近境則三炬 犯境則四炬 接戰則五炬'라고 하였다. 조선의 경우는 5炬에까지 이르고 있는데, 고려의 경우는 4炬에 그치고 있으나 대개는 조선시대의 것과 비슷한 것이었으리라고 생각한다.

266 防丁 보통 烽卒이라고 불렀다. 이들 烽卒은 대체로 驛丁과 마찬가지 신분과 대우를 받았던 것으로 추측되며, 따라서 일종의 천민에 속하며 대를 이어 烽卒로 지냈을 것이다. 이들에게 토지를 주었음은 役에 대한 반대급부였으며, 그들을 대대로 烽燧에 매어두는 하나의 방편이었음은 물론이다. 그러나 그것이 불과 1結이었다는 데에 그들과 군인과의 사이에 개재하는 차이점을 발견할 수 있다. 이것은 結數의 多寡 문제가 아니라 兩者의 질적인 차이를 말하여주는 것이다. 한편 1結의 토지로써 防丁 1戶의 최저생활이 보장될 수 있었다는 것은 고려 말기에 白丁에게 代田 1結을 주는 안이 나왔던 것과 함께 토지의 생산력이 점차 증대해가고 있었다는 증거가 된다.

267 『澗松文庫』本 및 『國故叢刊』本에는 '明宗五年'으로 되어 있으나, 『고려사』 世家 및 『고려사절요』에는 '明宗六年'으로 되어 있다. 이 史實은 明宗 5년의 石令史亂보다 明宗 6년의 亡伊 · 亡所伊亂의 경우가 더 타당할 것이므로 明宗 6년이 옳다고 생각한다.

268 南賊 忠淸 · 全羅 · 慶尙道이 南道 일대의 民亂을 말한다. 明宗 5년(1175)의 石令史의 난을 시초로 하여 이후 明宗 6년(1176)의 公州 鳴鶴所民 亡伊 · 亡所伊의 난, 明宗 12년(1182)의 全州의 竹同을 중심으로 한 軍人 · 官奴의 난 등 처음은 산발적으로 일어났다. 그러나 明宗 23년의 雲門(淸道)의 金沙彌, 草田(蔚山?)의 孝心 등이 일어남에 미쳐 각지의 반란군은 서로 호응 연결하여 일련의 연쇄적인 반란으로 발전하여 神宗 7년(1204) 경까지 10여 년간 계속하였다. 이러한 발전 과정은 동시에 지방관이나 향리들의 가혹한 착취에 대한 자연발생적인 반항에서 점차 신분해방 및 정권탈취까지를 목적으로 하는 조직적인 반란으로 확대 발전해가는 과정도 되는 것이다.

【참고】 旗田巍, 「高麗の明宗神宗時代における農民一揆」, 『歷史學硏究』 2-4 · 5, 1934.

"적과 싸워 불리해서 사졸이 많이 도망하니, 청하건대 승僧(도徒)을 징집해서 군사軍事를 잘되게 합시다."라고 하였다.

【原文】 十八年三月 制曰: "撫恤戰軍 不奪其時 公私營造 一切禁止 無令服勞."

(명종) 18년(1188) 3월에 제制하여 이르기를,[270] "전군戰軍[271]을 무휼撫恤하여 그 시기를 빼앗지 말고,[272] 공사公私의 영조營造를 일절 금지하여 노역勞役에 복服하지 않게 하라."고 하였다.

【原文】 十月 大閱于東郊凡十日. 自庚寅以來 國家多故 且懼有變 久廢不行 至是而復.

(명종 18년) 10월에 동교東郊에서 크게 사열하기를 무릇 10일이나 하였다. 경인庚寅[273] 이래로 국가에 변고가 많고 또 (사열로 인하여) 변이 있을까 두려워하여 오랫동안 폐하고 행하지 않더니 이에 이르러 회복되었다.

【原文】 高宗 三年十月 以鄭叔瞻爲行營元帥 率五領軍馬 以禦丹賊. 又括京都

---

269 **南賊執捉兵馬使** 南賊의 토벌을 목적으로 하여 파견된 군대의 사령관을 말한다. 이 경우는 亡伊·亡所伊 등의 鳴鶴所民의 난을 진압하기 위하여 파견된 것이다. 이와 비슷한 직명은 南道지방의 반란이 계속되는 동안 자주 발견할 수 있는데, 예컨대 東京賊을 토벌하기 위한 南路捉賊使(『고려사』 20 明宗世家 20년 12월 계사), 金沙彌·孝心의 반란 토벌을 위한 南路捉賊兵馬使(『고려사』 20 明宗世家 23년 11월 임진) 등이 그것이다.

270 **制** 『고려사절요』 12 明宗 18년 3월 조에 '制曰 百姓乃國家根本 朕欲其安土樂業 故遣朝臣分憂宣化 近聞 守令因公事不急之務 侵漁勞擾 民不堪弊 流移逃散 轉于溝壑 朕甚愍之 其令兩界兵馬使·五道按察使 咨訪民間利病 黜陟守令賢否 審治寃滯 勸課農桑 撫恤軍士 摧抑豪强 除歲貢外 貢獻之物一切罷之'라고 한 중의 '撫恤軍士'에 해당하는 부분일 것으로 보인다. 『고려사절요』의 制는 원문을 간추린 것이라고 생각한다.

271 **戰軍** 戰軍은 곧 전투부대의 군사를 말하는 것이다. 여기서는 兩界와 5道에 관련지어 이야기하고 있는 것으로 보아 州縣軍의 保勝과 精勇 및 兩界의 左軍·右軍·抄軍 등이 이에 해당되는 것으로 생각한다.

272 **不奪其時** 營造 때문에 농경과 훈련의 시기를 뺏지 말도록 하라는 뜻일 것이다.
【참고】 『고려사』 100 鄭世裕傳 附 叔瞻傳.

273 **庚寅** 毅宗 24년(1170)이니, 곧 무신란이 일어나던 해이다.

人[274] 不論職之有無 凡可從軍者 皆屬部伍 又抄僧爲軍 共數百.

고종高宗 3년(1216) 10월에 정숙첨鄭叔瞻[275]을 행영원수行營元帥[276]를 삼아 5영領의 군마를 거느리고 거란적契丹賊[277]을 막게 하였다. 또 경도京都에 사는 사람을 긁어모으는데 관직의 유무를 가리지 않고[278] 무릇 종군할 수 있는 자는 모두 부오部伍에 속하게 하고, 또 승도僧徒[279]를 뽑아 군사로 삼으니 모두 수백 명이었다.

【原文】 十一月 宰樞重房奏: "勿論太祖苗裔及文科出身 悉令充軍." 從之.

(고종 3년) 11월 재추宰樞와 중방重房[280]이 아뢰기를, "태조太祖의 후손 및

---

274 『澗松文庫』本 및 『國故叢刊』本에는 공란으로 되어 있다. 『고려사절요』에는 '人'자가 기록되어 있으므로 이에 보충하여 넣었다.

275 **鄭叔瞻** 崔怡의 舅. 퍽 교만하여 자주 崔忠獻을 비방한 관계로 고향인 河東으로 유배되었다.

【참고】 『고려사』 100 鄭世裕傳 附 叔瞻傳.

276 **行營元帥** 『고려사』 100 鄭世裕傳 附 叔瞻傳에는 '中軍元帥'라 하였고, 『고려사절요』 14 高宗 3년 10月 조에는 行營中軍元帥라 하였다. 아마 『고려사절요』의 기사가 정확할 것이다.

277 **契丹賊** 金이 蒙古에게 쫓기어 수도를 燕京(北京)에서 汴京(開封)으로 옮길 즈음, 契丹의 遺族들이 滿洲지방에서 일어나 金에 반기를 들었는데, 蒲鮮萬奴는 間島지방에 東眞國을, 耶律留哥는 咸平(開原)을 중심으로 遼를 세웠다. 遼主 耶律留哥의 계통이 遼東에 大遼收國을 세우더니, 蒙古軍에게 쫓기어 金山의 지휘를 받으며 고려로 침입하여 왔던 것이다. 이들은 남쪽으로 原州·提川에까지 이르렀으나 金就礪 등에게 패하여 북상, 江東城에 의거하다가 高宗 6년(1219)에 고려와 몽고 연합군에게 함락하여 모두 兩國의 포로가 되고 말았다.

278 **括京都人 不論職之有無** 文武의 散官 및 吏胥 등의 有職者까지도 징집의 대상자가 되었다는 뜻일 것이다. 양반의 현직자가 여기에 포함되지는 않았을 것이다.

279 **僧徒** 鄭叔瞻傳에 의하면 이때 종군한 승도들은 崔忠獻을 죽이려 꾀하였으므로 이들을 잡아 국문하였더니 혐의가 鄭叔瞻에까지 미쳐 그는 罷還되었다. (→ 각주 236 참조)

280 **重房** 『고려사』 77 百官志 2 西班 조 서문에 '又設重房 使二軍·六衛上·大將軍皆會焉'이라고 한 바와 같이 2軍과 6衛의 지휘관인 上將軍과 부지휘관인 大將軍의 합좌기관이었으며, 鷹揚軍의 上將軍이 班主로서 의장의 구실을 한 것으로 추측된다. 重房은 무신들의 최고 권력기구였지만, 무신은 워낙 문신들보다 사회적 지위가 낮았던 만큼 그 권력은 극히 미약하여 문신들의 합좌기관인 宰樞會議에는 도저히 비길 수가 없었다. 그러다가 무신난 이후 重房은 집권자인 무신들의 權府로서 崔忠獻이 집권할 때까지 정치적 실권을 장악하고 있었다.

【참고】 內藤雋輔, 「高麗時代の重房及政房について」, 『滿鮮史論叢－稻葉博士還曆記念』, 稻

문과文科[281] 출신을 가리지 않고 모두 군에 충당하게 합시다."라고 한대, 이에 좇았다.

【原文】 四年五月 以大將軍任輔爲東南道加發兵馬使 選城中公私隸 充部伍以遣之.

(고종) 4년(1217) 5월에 대장군大將軍 임보任輔[282]로써 동남도 가발병마사東南道 加發兵馬使[283]를 삼고, 성중城中의 공사 천예公私 賤隸를 뽑아서 부오部伍에 충당하여 이를 파견하였다.

【原文】 五年七月 宰樞議: "生徒[284]未登仕版者 試以詩 選取八十人 其不中者皆令從軍."

(고종) 5년 7월에 재추宰樞[285]가 의논하기를, "생도生徒[286]로서 아직 관직에 오르지 아니한 자는 시詩로써 시험하여 80인을 뽑고 (이에) 합격하지 못한 자는 모두 종군하게 하자."라고 하였다.

【原文】 八月 賜戰沒孤兒爵.

葉博士還曆記念會, 1938; 『朝鮮史硏究』, 京都大 東洋史硏究會, 1961.
金庠基, 「高麗武人政治機構攷」, 『東方文化交流史論攷』, 乙酉文化社, 1948.
이기백, 「高麗京軍考」, 『李丙燾華甲紀念論叢』, 一潮閣, 1956; 『高麗兵制史硏究』, 一潮閣, 1968.

281 **文科** 製述業과 明經業의 문관 등용을 위한 과거시험을 말한다.

282 **任輔** 金山의 契丹賊이 原州에 이르자 高宗 4년에 任輔는 大將軍으로서 開京의 公私賤隷로써 조직된 원병을 거느리고 갔었다는 사실 이외에는 아는 바가 없다.

283 **東南道 加發兵馬使** 契丹兵이 침입하자 앞서 中 · 前 · 左 · 右 · 後의 5軍兵馬使를 파견하여 이를 막게 하였는데 契丹兵이 原州에까지 이르러 이를 함락시키자 東南道 加發兵馬使를 보내게 되었으니, 이는 곧 원군을 추가 파병한 것이다.

284 『澗松文庫』本 및 『國故叢刊』本에는 모두 '生從'으로 되어 있다. 그러나 『고려사절요』에는 '生徒'로 되어 있으며, 이 후자가 옳다.

285 **宰樞** 『고려사절요』에는 中軍과 宰樞가 의논하였다고 적혀 있다.

286 **生徒未登仕版者** 生徒는 國子監과 十二徒의 학생을 말하며, 따라서 자연히 未登仕版者일 것이므로 『고려사절요』에서는 그냥 生徒라고만 하고 있는 것이다.

(고종 5년) 8월에 전망자戰亡者의 유자遺子에게 관작官爵을 주었다.

【原文】 三十九年八月 設充實都監 點閱閑人·白丁 充補各領軍隊.

(고종) 39년(1252) 8월에 충실도감充實都監[287]을 설치하고 한인閑人과 백정白丁을 점열點閱하여 각各 영領 군대에 충보하였다.

【原文】 四十年八月 習水戰于甲串江.

(고종) 40년(1253) 8월에 갑곶강甲串江[288]에서 수전水戰을 연습하였다.[289]

【原文】 元宗 十一年五月 罷三別抄. 初崔瑀憂國中多盜 聚勇士 每夜巡行禁暴 因名夜別抄 及盜起諸道 分遣別抄以捕之. 其軍甚衆 遂分爲左右. 又以國人自蒙古逃還者 爲一部 號神義. 是爲三別抄. 權臣執柄 以爲爪牙 厚其俸祿 或施私惠 又籍罪人之財而給之 故權臣頤指氣使 爭先効力. 金俊之誅崔竩 林衍之誅金俊 松禮之誅惟茂 皆藉其力. 及王復都舊京 三別抄反懷疑二 故罷之.

원종元宗 11년(1270) 5월에 삼별초三別抄[290]를 혁파하였다. 처음 최우崔

---

287 **充實都監** 본문의 내용으로 미루어보아 京軍 各領의 부족한 兵員을 충실히 하기 위하여 설치한 임시적인 관부임을 알 수 있다. 이때 고려는 서울을 江都(江華)로 옮기고 蒙古와의 항쟁을 계속하고 있었으므로, 이러한 조처가 필요하였을 것이다.

288 **甲串江** 江華島 甲串 앞의 강을 말한다. 육지에서 江華島로 넘어가는 통로에 해당한다.

289 **習水戰** 高宗 40년(1253)에 蒙將 也窟의 침입이 있었는데, 그는 7월에 質子 永寧公 綧으로 하여금 고려의 항복을 재촉하여 왕이나 혹은 그렇지 못하면 태자나 安慶公이 出迎할 것을 촉구하였다. 그러나 崔沆은 이를 거절하였던 것이다. 그 다음 달인 8월의 水軍 연습은 그러므로 고려의 항전 의욕을 과시하려는 것이었다고 생각된다.

290 **三別抄** 三別抄는 본문에 있는 바와 같이 左別抄·右別抄·神義軍을 말하는 것이다. 『元高麗紀事』 至元 9년 정월 조에도 世子 諶(忠烈王)의 말 속에 三別抄를 左邊·右邊·神義軍이라고 하여 본 기사와 대체로 일치한다. 단 李齊賢이 『櫟翁稗說』 前集 2에서 三別抄를 神義軍·馬別抄·夜別抄라고 하여 前記 兩者와 다르나 이는 무슨 잘못일 것이다. 三別抄의 시초는 崔瑀가 조직한 夜別抄에 있었으므로 그가 집권한 高宗 6년(1219) 이후에 생겼을 것인데, 그 이름이 처음 나타나기는 高宗 19년(1232)의 일이다(『고려사절요』 16 高宗 19년 6월). 그 뒤 夜別抄는 左·右別抄로 나뉘었고, 高宗 40년의 蒙將 也窟, 다음 해인 41년의 車羅大의 침입으로 많은 포로가 생기었고, 逃還者도 많았다고 하므로 神義軍의 조직

瑀[291]는 국중國中에 도적이 많음을 근심하여 용사勇士를 모아서 매일 밤 순행巡幸하며 횡포를 막게 하고, 인하여 야별초夜別抄라고 이름 붙였는데, 도적이 제도諸道에 일어남에 별초別抄를 나누어 보내서 이들을 잡게 하였다. 그 군사가 심히 많아 드디어 나누어 좌우左右(別抄)로 삼았다. 또 국인國人으로 몽고蒙古로부터 도망쳐 돌아온 자로써 일부를 삼아 신의神義(군軍)이라고 이름하였다. 이것이 삼별초三別抄이다. 권신權臣이 집권하자 이로써 조아爪牙(전위前衛)를 삼아, 그 봉록俸祿을 후하게 하고 혹은 사사로운 은혜를 베풀고 또 죄인의 재물을 적몰하여 이에 주었기 때문에, 권신이 마음대로 부렸고 (그들은) 앞을 다투어 힘을 다하였다. 김준金俊[292]이 최의崔竩를 죽이고, 임연林衍[293]이 김준金俊을 죽이고, (송)송례宋松禮[294]가 (임)유무林惟

은 이즈음으로 보이는데 高宗 44년(1257)에 처음 나타나고 있다(『고려사』 24 高宗 44년 윤4월). 三別抄는 崔氏의 私兵이 아니라 국가의 公兵이었으며, 따라서 俸祿을 국가로부터 지급받았다. 崔氏의 사병인 都房·馬別抄 등이 兵志에 나타나지 않으나 三別抄에 대해서는 이를 수록하고 있는 이유가 여기에 있을 것이다. 그러나 실상 이들은 무인정권의 사병과도 같은 구실을 하고 있었던 것이다. 무인정권이 타도되고 몽고에 항복이 결정되자 이들이 반란을 일으킨 것도 그 때문이었던 것이다. 처음 夜別抄를 조직할 때에는 주로 경찰활동을 목적으로 한 것이었으나 뒤에는 왕과 도성의 호위, 나아가서는 蒙古兵과의 항쟁에도 동원되었다.

【참고】 金庠基, 「三別抄와 그의 亂에 대하여」, 『震檀學報』 9·10·13, 1939~1941; 『東方文化交流史論攷』, 을유문화사, 1948.

291 **崔瑀** (?~高宗 36년, ?~1249) 뒤에 怡로 개명. 崔忠獻의 子로서 그의 뒤를 이어 崔氏政權의 2代 집권자가 됨. 政房·書房 등을 설치하여 무인정권의 통치기구를 완성하였다. 대외적으로는 江華에 천도하여 對蒙抗爭을 계속하였다.

【참고】 『고려사』 129 崔忠獻傳 附 怡傳.

292 **金俊** (?~元宗 9년, ?~1268) 초명은 仁俊. 崔忠獻의 奴 金允成의 아들이다. 崔沆을 崔怡의 후계자로 삼는 데 공이 있어 崔沆의 신임을 받았다. 그러나 崔竩와 사이가 나빠 드디어 그를 죽이고 집권하였다. 뒤에 林衍에게 피살되었다.

【참고】 『고려사』 130 金俊傳.

293 **林衍** (?~元宗 11년, ?~1270) 초명 承柱. 가계는 寒微하였으나 힘이 세어 군인으로 출세하였다. 金俊을 죽이고 元宗을 폐하고 安慶公 淐을 즉위시켜 위세를 부렸다. 그러나 元의 압력으로 元宗을 복위시키더니, 울분이 병이 되어 사망하였다.

【참고】 『고려사』 130 林衍傳.

294 **宋松禮** (?~忠烈王 15년, ?~1289) 林惟茂를 죽이고 무신집권에 최후의 막을 내리는데 중요한 역할을 하였다. 뒤에는 주로 樞密院에 봉직하여 軍機에 참여하였다.

茂[295]를 죽임에 모두 그 힘을 빌렸다. 왕이 구경舊京(開京)을 다시 서울로 함에 미쳐, 삼별초三別抄가 반叛하여 이심異心을 품었기 때문에 이를 혁파한 것이다.

【原文】 十二年四月司空田份 · 左僕射尹君正等 閱府衛兵 不滿其額. 乃幷閱文武散職 · 白丁 · 雜色及僧徒 以充之.

(원종) 12년(1271) 4월에 사공司空[296] 전빈田份[297]과 좌복야左僕射 윤군정尹君正[298] 등이 부위병府衛兵을 점고하였는데, 그 군수軍數에 차지 못하는지라, 이에 문무산직文武散職 · 백정白丁 · 잡색雜色[299] 및 승도僧徒를 점고하여 이에 충당하였다.

【原文】 五月 遣將軍邊亮 · 李守深等 領舟師三百 討珍島賊 令四品以上 出家奴一口 充水手.

(원종 12년) 5월에 장군將軍 변량邊亮 · 이수심李守深[300] 등을 보내어 주사舟師(艦隊) 300척을 거느리고 진도적珍島賊[301]을 치게 하였는데, 4품 이상으

---

295 **林惟茂** (?~元宗 11년, ?~1270) 무인정권 최후의 인물. 父 林衍의 뒤를 이어 정권을 쥐었으나 洪文奎 · 宋松禮 등에게 죽임을 당하고 정권은 開京으로 환도한 元宗에게 돌아갔다. 【참고】『고려사』 130 林衍傳 附 惟茂傳.

296 **司空** 大尉 · 司徒와 함께 3公의 하나로 정1품. 단 이에 적합한 자가 있으면 임명하고 없으면 임명하지 않는 것으로 일정한 임무를 가진 관직이기 보다는 일종의 特待職이었다.

297 **田份** 본문 이외 따로 기록이 없다.

298 **尹君正** 武班 출신으로 高宗 44년(1257) 原州의 安悅 등의 난을 진압했다. 官이 守司空에 이르렀다.

299 **雜色** 雜類와 같이 白丁 이하의 하층민을 막연히 부른 칭호가 아닌가 한다.

300 **邊亮 · 李守深** 경력 미상.

301 **珍島賊** 三別抄의 叛亂軍을 말한다. 三別抄는 元宗 11년(1270) 6월 1일(을사) 반란을 일으킨 다음날에 이미 南下를 결정하고, 6월 3일(정미) 출발하여 8월 19일(병술)에 珍島에 도착하고 있다. 三別抄는 珍島에 龍藏城을 쌓고 궁전을 짓는 등 시설에 힘쓰고 南海 일대를 지배하여 해상왕국을 건설한 느낌이었다. 珍島는 西海에서 南海로 통하는 요충으로, 三別抄가 이에 웅거함으로써 開京으로의 조세 조운이 불가능하여지고, 이는 開京의 정부에 큰 타격을 끼쳤다. 그러나 元宗 12년(1271) 5월 15일 고려의 金方慶과 蒙古의 忻都 · 洪茶

로 하여금 가노家奴 1구口를 내어 수수水手(사공沙工)에 충당하게 하였다.

【原文】 十三年二月 置戰艦兵粮都監.

(원종) 13년(1272) 2월에 전함병량도감戰艦兵粮都監[302]을 설치하였다.

【原文】 十五年五月 僉東征軍 各領府爭捕東班散職人及白丁以告. 或誤捕私奴者.

(원종) 15년(1274) 5월에 동정군東征軍(일본 정벌군)을 뽑는데, 각 영부領府에서 동반東班의 산직인散職人 및 백정白丁을 다투어 붙잡아다 신고하였다. (그중에는) 혹은 사노私奴를 잘못 붙잡은 자도 있었다.

【原文】 忠烈王 元年七月 遣使于慶尙·全羅·忠淸·東界諸道 點閱軍器.

충렬왕忠烈王 원년(1275) 7월에 사使를 경상慶尙·전라全羅·충청忠淸·동계東界의 여러 도道로 보내어 군기軍器를 점검하였다.[303]

【原文】 三年二月 分遣各道軍器別監. 先是令各道造箭 旣畢 故閱之 藏于京山府·碩州.

(충렬왕) 3년(1277) 2월에 각도군기별감各道軍器別監[304]을 분견分遣하였

丘 등이 거느린 연합군은 邊亮·李守深 등의 300척의 해군의 증원을 받아 珍島를 공격하여 이를 함락시켰다. 이때에 三別抄에 의하여 왕으로 추대된 承化侯 溫과 三別抄의 지휘관인 裵仲孫은 모두 죽임을 당하고, 金通精에 인솔된 餘衆이 濟州道로 가서 최후의 반항을 꾀하였으나 역시 실패하고 말았다.

302 **戰艦兵粮都監** 元의 일본 정벌에 필요한 전함과 兵糧을 준비하기 위하여 설치한 都監일 것이다.

303 **點閱軍器** 前年에 제1차 일본 정벌에 실패한 뒤의 일이므로, 再次의 東征을 위하여 취해진 행동일 것임이 분명하다. 이와 같은 달에 軍器造成都監이 설치되고 있는데, 軍器의 점검과 밀접한 관계가 있는 것이다.

304 **各道軍器別監** 원년 7월에 軍器造成都監을 설치하고 있는데 各 道의 造箭은 이 軍器造成都監이 관장하였을 것이다. 各道軍器別監은 그 결과를 검열하고 수집하여 저장하기 위해

다. 이보다 앞서 각各 도道로 하여금 화살을 만들게 하였는데, 이미 필하였으므로 이를 점검하고 경산부京山府[305]와 석주碩州[306]에 저장하였다.

【原文】 六年十月 以將征日本 命密直副使朴球等 閱京兵. 遣使于慶尙·全羅·忠淸·東界·交州道 點兵.

(충렬왕) 6년(1280) 10월에 장차 일본日本을 정벌하려고 하여 밀직부사密直副使 박구朴球[307] 등에게 명하여 경병京兵을 사열하게 하고, (또) 사使를 경상慶尙·전라全羅·충청忠淸·동계東界·교주도交州道로 보내어 군사를 점고하게 하였다.

【原文】 始閱東西班時散官能赴征者.

처음으로 동서반東西班의 시時·산관散官으로서 능히 전쟁에 나갈 수 있는 자를 점고하였다.

【原文】 十一月閱三官·五軍.

(충렬왕 6년) 11월에 3관三官[308]과 5군五軍을 사열하였다.

【原文】 七年四月 大閱于合浦.

서 파견된 것이었다.

305 京山府 현 慶北 星州. 후삼국시대 대호족 李忩言이 웅거하던 곳. 忠烈王妃 齊國大長公主의 湯沐邑이 되었다. 東征의 근거지인 合浦(馬山)와는 가까운 거리에 있다.

306 碩州 현 黃海道 延安. 고려 초에 鹽州라고 하였고, 一時 溫州라고도 하였으나 뒤에 延安府가 되었다. 몽고의 屯田軍이 머물던 곳이다.

307 朴球 蔚州 소속 部曲 출신의 인물. 富商의 후손으로 부자였다. 무신으로 출세하여 職이 贊成事에 이르렀다. 金方慶을 따라가 일본 정벌에 공이 있었다.
【참고】『고려사』 104 金方慶傳 附 朴球傳.

308 三官 흔히 內侍·茶房·五軍 등과 함께 쓰이고 있으며(『고려사』 81 兵志 1 병제 忠烈王 16년 5월 및 『고려사』 33 忠宣王世家 원년 3월 정미), 또 때로는 3都監이라고도 불리고 있다(『고려사』 79 食貨志 2 科斂 忠烈王 15년 3월). 이로 미루어서 內侍·茶房과 함께 成衆官으로 되어 있는 司楯·司衣·司彝를 3官 혹은 3都監이라고 부른 것 같다.

(충렬왕) 7년(1281) 4월 합포合浦[309]에서 크게 사열하였다.

【原文】 敎: "士卒雖遭父母喪 過五十日卽從軍."

교敎하기를, "사졸이 비록 부모상을 당하더라도 50일이 지나면 곧 종군하라."[310]고 하였다.

【原文】 八年二月 蠲征東戰亡者欠負官錢.

(충렬왕) 8년(1282) 2월에 정동征東(일본 정벌)에서 전사한 자가 빚진 관전官錢[311]을 면제하였다.

【原文】 九年三月 重房調散職·學生·白丁 充東征軍 往往有徹屋而逃. 重房請: "奪田丁以與從軍者 四隣不告 徵白金一斤 舍匿者二斤."

(충렬왕) 9년(1283) 3월에 중방重房이 산직散職·학생學生·백정白丁을 조발調發하여 동정군東征軍에 충당하니 왕왕 집을 버리고 도망하는 (자가) 있었다. (이에) 중방重房이 청하기를, "(그들의) 전정田丁을 빼앗아 종군하는 자에게 주며, 이웃에서 고발하지 않으면 백금白金(銀) 1근斤을, 숨겨둔 자는 2근斤을 징수합시다."라고 하였다.

【原文】 尹秀揚言: "諸生應擧不中者 皆補東征軍." 諸生畏懼不出. 都評議司榜曰: "敢捕諸生補軍伍者 其領府都將尉 必重罰之."

---

309 **合浦** 현재의 慶南 馬山. 東征 때 艦船의 집결지였다. 이때의 왕의 행차와 사열은 東征軍(제2차)에 대한 것이었다. 이 인연으로 金州(金海)의 屬縣이던 合浦가 縣令으로 승격하였다.

310 **士卒雖遭父母喪 過五十日卽從軍** 본 兵志 병제 仁宗 6년 判에는 諸領府 군인으로 부모의 喪을 당한 자에게는 휴가 100일을 주게 되어 있는데, 여기서는 이를 50일로 줄였다. 東征軍의 兵員 확보를 위한 대책의 하나였을 것이다. (→ 각주 250 참조)

311 **官錢** 관에 바치는 제반 부담을 말하는 것으로 보이는데, 군대에 동원된 농민들이 미처 관전을 지불하지 못하였다는 것은 그들의 생활상의 일면을 나타내주고 있다.

윤수尹秀[312]가 떠들며 말하기를, "제생諸生으로서 과거科擧에 응시하여 합격하지 못한 자는 모두 동정군東征軍으로 충당한다."라고 하니, 제생諸生이 두려워서 나오지 않았다. (이에) 도평의사都評議司[313]에서 방榜을 붙여 이르기를, "감히 제생諸生을 붙잡아 군오軍伍에 충당하는 자는 그 영부領府의 도장위都將尉[314]를 반드시 무겁게 벌하리라."고 하였다.

【原文】 遣使于諸道 備兵粮 造器械 修戰艦.

사使를 제도諸道에 보내어 병량兵粮을 갖추고, 기계器械(武器)를 만들고, 전함을 수리하였다.

【原文】 四月 命判密直金周鼎 閱軍於燃燈都監.

(충렬왕 9년) 4월에 판밀직判密直[315] 김주정金周鼎[316]에 명하여 연등도감燃燈都監[317]에서 군사를 사열하게 하였다.

---

312 **尹秀** (?~忠烈王 9년, ?~1283) 漆原人으로 元宗·忠烈王 時의 무신. 鷹犬으로 인하여 忠烈王의 사랑을 받아 全羅道鷹坊使가 되어 流民을 招集해서 伊里干이라 칭하고 횡포함이 심하였다. 官은 軍簿判書 兼 上將軍에 이르렀다.

【참고】『高麗史』 124 嬖幸 尹秀傳.

313 **都評議司** 都兵馬使의 후신으로 忠烈王 5년(1278)에 都評議使司로 개편된 데 대하여는 『고려사』 77 百官志 2 諸司都監各色 都評議使司 조에 '事元以來 事多倉卒 僉議密直 每爲合坐'라고 있다. 이에 대하여 末松保和는 元의 受命기관으로 된 것이라고 하였고(「朝鮮議政府考」, 『朝鮮學報』 9, 1956; 『青丘史草』 1, 1965), 韓沽劤은 몽골에 의하여 都兵馬使의 군사적인 기능이 정지된 것이라고 보았다(韓沽劤, 「麗末 鮮初의 巡軍」, 『震檀學報』 22, 1961).

314 **都將尉** 단위부대의 지휘권을 가진 都領將校를 말하는 것이 아닌가 한다.

315 **判密直** 『고려사』 104 金周鼎傳을 보면 이때 그는 同知密直司事였던 것으로 되어 있다. 『고려사』 76 百官志 1 密直司 조에 의하면 判司事를 설치한 것은 忠宣王 즉위년의 일로 되어 있으므로, 金周鼎傳의 기사를 신용해야 할 것 같다. 同知密直司事는 종2품직으로서 同中樞院事의 후신이며, 樞臣으로 宰樞會議에 참석할 수 있는 樞要의 직위의 하나이다.

316 **金周鼎** (?~忠烈王 16년, ?~1290) 光州人. 科擧에 魁科로 급제하여 출세하였다. 金俊時 政房에 들어가 승진했다. 忠烈王 때 必闍赤와 申聞色을 두어 합좌로 기구를 처결하게 하여 宰樞의 권한을 감소시켰다. 將略이 있어 東征 계획에 참여하였다.

【참고】『高麗史』 104 金周鼎傳.

317 **燃燈都監** 燃燈會를 관장하는 都監. 그 설치연대는 분명하지 않으나 燃燈會가 국초부터 실시되었던 만큼 퍽 오랜 역사를 가졌을 것이다. 『고려사』 77 百官志 2 諸司都監各色 조

【原文】 五月 命上將軍羅裕 揀忽只三番各十人 補東征軍.

(충렬왕 9년) 5월에 상장군上將軍 나유羅裕[318]에게 명해서 홀지忽只[319] 3번番에서 각기 10명씩을 뽑아 동정군東征軍에 충보充補하게 하였다.

【原文】 十一年五月 王聞乃顔大王叛 請擧兵助討 遂閱兵. 羅裕 · 孔愉等調留京侍衛軍 至發禁學兩館儒生. 及第趙宣烈 · 崔伯倫 皆以狀元及第 屬巡馬.

(충렬왕) 11년(1285) 5월에 왕은 내안대왕乃顔大王[320]이 반叛하였다는 (소식을) 듣고 군사를 내어 토벌을 돕기를 청하고 드디어 군사를 점고하였다. 나유羅裕 · 공유孔愉[321] 등이 서울에 머물러 있는 시위군侍衛軍[322]을 조발調

에는 燃燈都監이 나오고 있는데, 이에는 忠烈王 5년(1279)에 庭殿山臺色을 병합한 것으로 되어 있다. 그 뒤 忠烈王 34년(1308)에 忠宣王은 이를 繕工司에 병합하였다 한다(『고려사』 76 百官志 1 繕工寺 조).

318 **羅裕** (?~忠烈王 18년, ?~1292) 羅州人. 무신으로 출세하여 三別抄亂, 東征, 元의 乃顔亂, 哈丹의 침입 등의 토벌에 공이 있었다.
【참고】『고려사』 104 羅裕傳.

319 **忽只** 忽赤 또는 火兒赤이라고도 적는다. 元制를 들여온 것인데, 元에서는 弓矢와 鷹隼의 일을 주관하는 宿衛兵이었다(『元史』 99 兵志 宿衛 條). 고려에서 이를 처음 설치한 것은 忠烈王 즉위년(1274)의 일이니 '以衣冠子弟嘗從爲禿魯花者 分番宿衛 號曰忽赤'(『고려사』 82 兵志 2 宿衛 元宗 15년 8월)라고 하였다. 이렇게 처음은 禿魯花로 갔던 귀족자제들로 忽赤를 삼아 숙위하게 하였으나 뒤에는 禿魯花가 아니라도 뽑아서 忽赤를 삼았고 심지어는 達達人(蒙古人)으로써 삼기도 하였다. 이들은 처음 4番으로 나누어 교대로 숙위하게 하였는데 忠烈王 원년(1275)에는 3番으로 되었다가 忠宣王 원년(1309)에 다시 4番으로 되었다고 한다. 또 王殿에 숙위하는 大殿忽赤뿐 아니라 世子府를 숙위하는 忽赤도 생겨 그 수가 늘어서 숙위뿐 아니라 倭寇의 방어나 東征과 같은 전투에도 동원되기에 이르렀다.
【참고】 內藤雋輔, 「高麗兵制管見」, 『青丘學報』 15 · 16, 1934; 『朝鮮史研究』, 京都大 東洋史研究會, 1961.

320 **乃顔大王** (?~1287) 成吉思汗의 末弟 帖木哥斡赤斤의 5세손. 조상 대대로 滿洲 일대에 세력을 펴더니 乃顔에 이르러 窩濶台汗 海都와 연결하여 반란을 일으켰다. 世祖의 토벌로 패하여 처형되었다.
【참고】『新元史』 105 帖木哥斡赤斤傳 附 乃顔傳.

321 **孔愉** 무신으로 三別抄 토벌 등에 從事. 職이 判三司事에 이르렀다.

322 **留京侍衛軍** 뒤의 忠烈王 16년 6월 조의 留京軍卒과 같은 것이다. 이때에 巡檢軍 · 別抄 등의 각종 군대가 開京뿐 아니라 지방에도 파견되어 있었다. 여기서는 서울에 머물러 있는 군대만을 동원한 때문에 留京侍衛軍이라고 부른 것이다.

發하였는데, 금학 양관禁學 兩館[323]의 유생儒生을 동원하기에까지 이르렀다. 급제及第 조선열趙宣烈[324]과 최백륜崔伯倫[325]은 모두 장원급제였으므로 순마巡馬(所)[326]에 속하게 하였다.

【原文】 十四年五月 閱兵. 相府議 幷調文官・及第進士・生徒. 命止之.

(충렬왕) 14년(1288) 5월에 군사를 점고하였다. 상부相府[327]에서 의논하여 문관文官과 급제한 진사進士와 생도를 모두 조발調發하려 하였으나 (왕이) 명하여 중지시키었다.

【原文】 十六年正月 聞東賊來 諸君・宰樞會議: "忽只・鷹坊・巡馬 皆合爲一."

(충렬왕) 16년(1290) 정월에 동적東賊[328]이 온다고 듣고 제군諸君(宗親)과 재추宰樞가 모여 의논하기를, "홀지忽只・응방鷹坊[329]・순마巡馬는 모두 합

---

323 **禁學 兩館** 秘書省(典校寺)・史館(春秋館)・翰林院(藝文館)・寶文閣・御書院・同文院을 禁內學官이라고 부르고 있는데(『고려사』 76 百官志 1 通文館 조), 禁學은 禁內學官을 줄인 말로 생각된다. 이 중의 둘을 특히 禁學 兩館이라고 부르는 것으로 생각되는데, 구체적으로 어느 것을 가리킨 것인지는 분명하지가 않다.

324 **趙宣烈** 忠烈王 때 進士科에 장원급제한 사실이 알려져 있다.

325 **崔伯倫** 慶州 崔氏 출신으로 忠烈王 때 進士科에 장원급제하였다. 官은 民部議郞(戶部侍郞)에 이르렀고 元으로부터 高麗王京儒學敎授에 임명되었다. 崔瀣의 父이다.

326 **巡馬[所]** 忠烈王 초년에 지방에 있어서의 치안담당기관으로서 三別抄가 혁파된 뒤에 그를 대신하여 설치된 것이었다. 巡馬所는 원래 防盜 禁亂의 치안 유지가 그 직능이었을 것이지만, 왕권과 밀접한 관계가 있어서 그 수족이 되었고, 또 元帝 및 元公主에 의하여도 驅使되었다. 忠烈王 말년에는 이는 巡軍所로 개편되었다. (→ 각주 340 참조)

【참고】 韓沽劤, 「麗末 鮮初 巡軍 硏究」, 『震檀學報』 23, 1961, 23~30쪽.

327 **相府** 宰府, 즉 中書門下省을 말하는 것이니, 2품 이상의 宰臣들이 모여서 의논하였을 것이다. (→ 각주 502 참조)

328 **東賊** 乃顔의 餘黨인 哈丹의 무리를 말한다. 이들이 滿洲로부터 東界로 침입하여 왔기 때문에 東賊이라고 부른 것이다. 이들은 忠烈王 16년(1290) 12월에 東界로 들어와 和州(永興), 登州(安邊) 등을 攻陷하고 다음해 정월에 鐵嶺을 넘어 原州에까지 왔다. 왕은 한때 江華로 피난하였으나 元의 원병을 얻어 5월에는 이를 물리치기에 성공하였다.

329 **鷹坊** 元의 요구로 매를 進貢하기 위하여 이를 사육하는 곳이 鷹坊이요, 이를 중앙에서 관장하는 관부가 鷹坊都監이었다. 『고려사』 77 百官志 2 諸司都監各色 鷹坊 조에는 鷹坊都監이 설치된 것은 忠烈王 9년(1283)이라고 하였으나 鷹坊에 관한 기록은 이미 忠烈王

치어 하나로 하자."라고 하였다.

【原文】 五月 點兵 自五品以下文官及內侍・茶房・三官・五軍・禁學兩館 皆令從軍.

5월에 군사를 점고하여, 5품 이하의 문관文官으로부터 내시內侍[330]・다방茶房[331]・3관三官・5군五軍・금학 양관禁學 兩館은 모두 종군하게 하였다.

【原文】 六月 僉議贊成事宋玢等 點留京軍卒於崇文館.

(충렬왕 16년) 6월에 첨의찬성사僉議贊成事[332] 송분宋玢[333] 등이 숭문관崇

원년부터 나오고 있으므로(『고려사절요』 19 忠烈王 원년 6월) 적어도 이때에는 설치되어 있었을 것이다. 鷹坊은 매를 사육하여 元에 進貢할 뿐 아니라 고려왕에게도 바쳤으므로, 鷹坊의 諸員은 寵臣的인 지위를 누리게 되고, 따라서 왕 및 元의 권력을 배경으로 횡포가 심하였다. 鷹坊에는 국가에서 賤口 및 土地를 주었는데, 국가의 徵斂에 허덕이는 농민들이 다투어 이에 속하기를 원하여 이들을 모아 伊里干이라는 鷹坊 소속의 특수부락이 생기기에 이르렀고, 이들이 일반 농민에 끼치는 해도 컸다. 이러한 관계로 자주 鷹坊을 폐지하려고 시도하였으나 번번이 復置되어 置廢가 무상하였다.

【참고】 旗田巍, 「高麗の鷹坊」, 『歷史教育』 10-6・7, 1935.
內藤雋輔, 「高麗時代の鷹坊について」, 『朝鮮學報』 8, 1955; 『朝鮮史硏究』, 京都大 東洋史硏究會, 1961.

330 內侍 內侍는 궁내에서 왕에 近侍하는 것이 그 임무였다고 생각되는데, 이는 처음 귀족의 자제들을 뽑아서 임명하였으니, 金富軾의 子 金敦中 같음이 그 예이다. 內侍가 되면 왕의 총애를 받을 수 있는 길이 열려 출세가 빨랐으므로 이는 榮選으로 생각되었다. 따라서 이 內侍가 왕과 가까운 세력을 이루어 무신난 후에 자주 무신 세력 제거를 위한 모의를 하게 되었다. 무신난 직후에 무신들은 內侍에 兼屬될 수 있기를 청한 일이 있었는데, 이것은 內侍의 지위가 榮選인 때문임과 또 왕과 文臣內侍와의 모의를 방지하려는 목적에서였던 것 같다. 內侍는 처음 定數가 없었으나 고려 말년에는 軍役을 피하기 위하여 다투어 되려고 하였으므로 인원도 늘고, 또 가계・용모・재예 등을 갖추지 못한 자도 이에 임명되어 문관으로 출세하거나 鄕里에 돌아가 役을 부담하지 않는 자가 많아져서 사회적인 문제가 되었다.

331 茶房 內侍와 한가지로 궁내에서 왕에게 近侍하는 관부이나 그 구체적인 임무는 분명히 적혀 있지 않다. 아마 그 명칭으로 보아 茶와 관계가 있을 것이다.

332 僉議贊成事 원래 정2품직이던 中書平章事・門下平章事가 忠烈王 원년 3省이 僉議府로 개편될 때에 僉議贊成事로 되었다. 이는 물론 宰樞會議에 참석하는 宰臣이었다. 그러나 宰樞會議의 인원이 과다하여 忠烈王 2년(1298)에 忠宣王이 一時 폐지하였으나 이어 복구되었다. 忠烈王 34년(1308)에 忠宣王이 一時 中護라고 하였으나 뒤에 다시 贊成事라 하였고,

文館[334]에서 서울에 머물러 있는 군졸을 점고하였다.

【原文】 忠宣王 三年四月 復置選軍.

충선왕忠宣王 3년(1311) 4월에 다시 선군選軍을 설치하였다.[335]

【原文】 忠肅王 三年八月 置巡鋪三十三所.

충숙왕忠肅王 3년(1316) 8월에 순포巡鋪[336] 33개 소를 설치하였다.

恭愍王 5년(1356)에 文宗의 관제를 복구할 때 平章事로 되돌아갔으나, 11년(1362)에 다시 僉議贊成事, 18년(1369)에는 門下贊成事가 되었다.

333 **宋玢** (?～忠肅王 5년, ?～1318) 林惟茂를 죽인 宋松禮의 子. 京畿지방에 많은 賜田을 갖고 忠烈王 5년(1279)의 職田制 실시에 반대했다. 哈丹 入寇 時에는 開京을 지켰는데, 본문은 당시의 일이다.

【참고】『고려사』 125 宋玢傳.

334 **崇文館** 문신 중에서 才學이 있는 자를 뽑아 시종하게 하는 諸館殿 중의 하나이다. 『고려사』 76 百官志 1 諸館殿 조에 의하면 그 始置 연대는 알 수 없으나 成宗 14년(995)에 弘文館으로 개칭되었는데, 忠烈王 24년(1298)에 忠宣王이 崇文館도 復置하였다고 기록되어 있다. 이에 의하면 忠烈王 16년(1290)에는 崇文館이 없었던 셈이다. 그러나 仁宗代에도 崇文殿이 보이고 있으므로 이미 그 이전에 復置되었다고 보아야 하겠다. 崇文館은 大明宮 안에 있었으나, 忠穆王 즉위년(1344)에 三峴의 新宮을 헐고 거기에 崇文館을 세웠다. 이것이 나중 恭愍王 때에 成均館이 되었다.

【참고】 高裕燮, 「順天館의 沿革」, 『松都古蹟』, 博文出版社, 1946, 100～101쪽.

335 **選軍** 군인의 簡選을 주관하는 관부로 그 長은 選軍別監이라고 한다. 選軍이 처음 보이는 것은 靖宗 7년(1041) 9월인데(『고려사』 6 靖宗世家 7년 9월 정미 조) 고려의 兵制가 완성된 뒤에 얼마 안가서 설치된 듯하며, 이후 그 말기까지 계속되었다. 그동안 忠烈王 34년(1308)에 忠宣王이 이를 폐지하고 選部에 병합한 일이 있었으나, 본문에 나타나는 바와 같이 忠宣王 3년(1311)에 다시 復設되었다. 選軍의 임무는 중요한 것이 둘 있었는데, 하나는 6衛 소속 府兵의 결원을 보충하기 위하여 군인을 簡選하는 일이었고, 다른 하나는 보충된 군인에게 토지(軍人田)를 급여하는 일이었다. 즉 選軍給田이 그 임무였다. 그러므로 고려 兵制의 대원칙이 軍戶連立에 있고, 이를 보완하는 원칙이 選軍給田이었다고 하면, 選軍은 고려 병제에 있어서 중요한 위치를 차지하고 있음을 알 수 있고, 또 그 존재가 고려 병제의 독특한 성격을 말하여준다고 하겠다.

【참고】 이기백, 「高麗軍人考」, 『震檀學報』 21, 1960; 『高麗兵制史研究』, 一潮閣, 1968, 110～114쪽.

336 **巡鋪** 분명하지 않으나 巡軍이 주재하여 점검하는 곳을 말하는 듯하다. 『고려사』 83 兵志 3 檢點軍 조가 여기서 참조될 것이다.

【原文】忠惠王 後五年五月 罷內乘·鷹坊. 會入仕者七品以下九品以上 分屬忽只四番 隊正·散職 分屬詔羅赤·八加赤·巡軍四番.

충혜왕忠惠王 후 5년(1344) 5월에 내승內乘[337]과 응방鷹坊을 폐지하였다. 때에 입사入仕한 자로서 7품 이하 9품 이상은 홀지忽只 4번番에 분속分屬시키고, 대정隊正과 산직散職은 조라적詔羅赤[338]·팔가적八加赤[339]·순군巡軍[340] 4번番에 분속分屬시켰다.

【原文】忠定王 三年八月 置松嶽山烽燧所.

---

337 內乘 왕궁에서 필요로 하는 馬匹을 관장하는 관부로서 국가에서 필요한 馬匹을 관장하는 大僕寺(司僕寺)와 구별되었다. 大僕寺는 물론 국초부터 있었으나 內乘은 그보다 뒤에야 설치된 듯하다. 이 內乘에는 宦官들이 주로 임명되어 그 임무를 專擅하여 馬料 수취를 위하여 횡포함이 심하고 농장을 설치하여 주민을 노예같이 부리기 때문에 鷹坊과 함께 큰 사회적인 문제가 되었다. 그 때문에 이의 혁파가 논의되었는데, 李齊賢의 上書(『고려사절요』 25 忠惠王 복위 5년 5월)나 趙浚의 上書(昌王 즉위년, 『고려사』 118 趙浚傳) 같은 것은 대표적인 예이다. 또 忠惠王 복위 5년, 忠穆王 時 등 몇 차례 혁파되기도 하였으나 여전히 말기까지 기록에 나오는 것을 보면 곧 後置되곤 하였던 것으로 생각된다.

338 詔羅赤 詔羅赤에 대해서는 이미 燕巖 朴趾源이 그의 『熱河日記』 口外異聞에 '我國內三廳下隸 號詔羅赤 此當因襲高麗之舊 麗世多習畏兀語 詔羅赤必蒙古語'라고 하여 그것이 下隷의 뜻을 가진 蒙古語임을 말하였다. 白鳥庫吉은 이 燕巖의 견해에 그대로 따르고 있으며(「高麗史に見えたる蒙古語の解釋」, 『東洋學報』 18-2, 1929, 80쪽), 內藤雋輔는 이것이 宿衛兵과 관계가 있음 직하다고 말하고 있다(「高麗兵制管見」, 『靑丘學報』 15·16, 1934; 『朝鮮史硏究』, 京都大 東洋史硏究會, 1961, 243쪽). Pelliot는 이 어원을 žoroči로 복원한 白鳥의 견해에 회의적이다("Les mots mongols dans le Koryesa", *Journal Asiatique* 217-2, 1930 ; 閔賢九 譯, 『白山學報』 4, 1968, 241쪽).

339 八加赤 蒙古語로서 管軍的 혹은 管城的의 뜻이 있다고 白鳥는 보고 있으며(위의 글, 23~24쪽), 內藤은 詔羅赤와 함께 이도 宿衛兵과 관계가 있을 것임을 말하고 있다.(위의 글, 243쪽). Pelliot는 白鳥의 어원 복원에 역시 회의적이다.(위의 글, 233쪽)

340 巡軍 巡軍은 巡軍府, 즉 巡軍萬戶府의 군인이란 뜻일 것이지만, 이에 대해서는 韓沽劤의 자세한 연구가 있다(「麗末 鮮初巡軍硏究」, 『震檀學報』 22, 1961). 이에 의하면 원래 巡馬軍을 혹은 巡軍이라고도 불러왔었는데 忠烈王 말년에 가서 巡軍으로 완전히 개편된 것이며, 蒙古式 諸萬戶府 설치의 일환으로 설치된 것이었다. 그 임무는 巡馬軍과 같이 지방의 防盜禁亂이었지만, 실제에 있어서는 흔히 정치적인 세력과 연결되어 있어서, 정권을 장악하려는 자는 먼저 巡軍府부터 점거하였고, 이에 따라서 巡軍府는 집권자에 追從奉仕하는 것이 보통이었다 한다. 그러다 恭愍王 때에 反元政治를 행함에 미쳐 蒙古的인 體制를 벗어나게 되었다 한다.

충정왕忠定王 3년(1351) 8월에 송악산松嶽山[341] 봉확소烽爕所[342]를 설치하였다.

【原文】 恭愍王 元年閏三月 令宰樞以下至各司令史 人備弓一·矢五十·戈一·劍一 點閱之.

공민왕恭愍王 원년(1352) 윤3월에 재추宰樞 이하 각사各司의 영사令史에 이르기까지 사람마다 궁弓 1, 시矢 50, 과戈 1, 검劍 1을 갖추게 하고, 이를 점열하였다.

【原文】 五年六月 下教曰: "一. 推刷行省三所·諸軍萬戶府隸屬丁口 用備戎兵. 一. 征戍之卒 雙丁僉一丁 亦非得已 單丁可愍 勿使從軍. 一. 方今軍興 僧之犯律者 勒令還俗 以充行伍. 一. 國家以田十七結爲一足丁 給軍一丁 古者田賦之遺法也. 凡軍戶素所連立 爲人所奪者 許陳告還給. 又奸詐之徒 雖無兒息 妄稱閑人 連立土田 無有限極 仰選軍別監 根究推刷 以募戍卒 其逆賊之田 計結爲丁 亦給募卒. 一. 各處逆賊之奴 自稱達魯花赤 奪人土田 役使良民 蓄積財産 其令所在官籍沒 以募戍卒.

(공민왕) 5년 6월에 교教를 내려 (다음과 같이) 말하였다.

"1. 행성行省 3소所[343]와 제군만호부諸軍萬戶府[344]에 예속된 정구丁口를 추

---

341 松嶽山 開城의 鎭山으로 혹은 扶蘇山, 혹은 鵠嶺, 또 崧山이라고도 하였다. 王建의 祖인 康忠은 風水師 八元이 소나무를 심고 山南에 移徙하여 居하면 자손 중에서 三韓을 통일할 자가 나오리라는 말을 듣고 그대로 실천하고 인하여 松嶽이라고 이름하였다고 전한다. 여하튼 松嶽은 高麗 王氏의 왕권을 상징하는 산으로서 중요시되었던 것이며, 山嶺에는 神祠가 있었다.

342 烽爕所 烽燧臺를 말한다. 고려시대 봉수대의 시설은 잘 알 수가 없다. 松嶽山에 봉수대가 있었음은 이미 李奎報의 시에도 나타나 있다. 이 봉수대에는 烽燧將校 2명이 배치되어 있었다. 그런데 이때에 재차 설치했다는 것은 폐지된 것을 부활시킨 것이거나 혹은 확대한 것을 말할 것이며, 倭寇의 격화에 말미암은 것일 것이다. 倭寇가 격화되기 시작한 것은 忠定王 2년(1350)의 일로서 바로 前年에 해당한다.

【참고】 許善道, 「烽燧」, 『韓國軍制史』 近世朝鮮前期編, 육군본부, 1968.

343 行省三所 征東行省의 3所로 左右司·都鎭撫司·理問所를 가리킨 것이 아닌가 한다.

쇄推刷하여 군사軍事에 대비하라.

1. 정수征戍하는 병졸은 쌍정雙丁에 1정丁을 뽑는 것[345]도 역시 부득이하거늘, 단정單丁은 가히 연민憐愍할 만하니 종군하게 하지 말라.

1. 방금 전쟁(倭寇)이 일어났으니 승려로서 계율을 어긴 자는 강제로 환속하게 하여 행오行伍에 충당하게 하라.

1. 국가가 전지田地 17결結을 1족정足丁[346]으로 삼아 군인에 1정丁을 줌

원래 征東行省의 기구는 民政을 맡은 左右司, 司法을 맡은 理問所, 軍政을 맡은 都鎭撫司, 학교에 관한 일을 맡은 儒學提擧司로 구성되어 있었다. 儒學提擧司는 그리 중요하지 않았으므로 이를 제외한 세 기관이 元의 對高麗 政策에 있어서 중요한 구실을 하였던 것이다.

344 **諸軍萬戶府** 忠烈王 6년(1280) 왕은 제2차 日本정벌에 있어서 軍官의 사기를 북돋기 위하여 元의 賜牌를 청했던 바, 元은 金方慶을 都元帥에 임명하는 한편 朴球·金周鼎 등을 萬戶에 임명하였다. 이것이 萬戶의 시작이었다. 그러나 萬戶府는 다음 해인 忠烈王 7년(1281)에 일본정벌에 실패한 뒤 金州·合浦·固城·全羅 등에 설치한 것이 그 시초였다. 그 뒤 耽羅·西京·巡軍 등의 諸萬戶府가 加設되었다. 그러나 그동안 廢合이 행해져서 金州·固城 등은 없어지고 나머지 合浦·全羅·耽羅·西京·巡軍의 5萬戶府만이 남아 있었음이 『고려사』 39 恭愍王世家 5년 10월 무오의 元에 대한 上奏文 속에 나타나 있다. 이 5萬戶府는 元의 통제를 받고 있는 것이었기 때문에 恭愍王은 그의 5년(1356) 반원적인 개혁을 단행함에 있어 이들도 폐지시키고 만 것이다. 여기의 諸軍萬戶府는 곧 5萬戶府를 가리키는 것으로 보인다.

【참고】 內藤雋輔, 「高麗兵制管見」, 『靑丘學叢』 15·16, 1934; 『朝鮮史硏究』, 京都大 東洋史硏究會, 1961.

345 **雙丁僉一丁** 원래 3丁에서 1丁을 뽑는 것이 원칙이었기 때문에 雙丁에서 1丁을 뽑는 것도 부득이해서 하는 일이라고 한 것이다. 3丁에서 1丁을 뽑는다는 것은 군인 1인에게 養戶 2인을 배정하여주던 사실까지도 포함해서 이야기하는 것일 것이다.

346 **足丁** 足丁은 여러 가지 뜻을 지니고 있었던 것으로 보인다. 원래 人丁 혹은 일정한 수의 人丁으로 구성된 戶를 뜻했던 것 같다. 그런데 뒤에는 그 人丁이나 戶가 받는 토지도 또한 足丁이라고 하였던 것이다. 여기의 경우는 군인에게 軍役의 대가로 국가에서 주는 17結의 토지를 말하는 것이다. 군인은 軍戶를 이루고 있으며 군호는 세습하는 것이었으므로 足丁도 이에 따라 세습되었다고 보아야 한다. 원래 군인은 田柴科에 규정된 軍人田을 받았던 것이며, 그 結數는 馬軍·步軍 등의 兵種에 따라서 차가 있었다. 그러나 뒤에 점차 兵種에 의한 구분이 희미해지면서 군인에 대한 토지의 지급은 일원화된 듯하다. 하여튼 군인에게 일정한 면적의 토지를 주고 그것을 足丁이라고 한 것은 고려 兵制에 있어서 하나의 줄기가 되는 원칙이었으며, 이것을 보통 選軍給田이라고 표현하여 왔다.

【참고】 旗田巍, 「高麗時代における土地の嫡長子相續と奴婢の子女均分相續」, 『東洋文化』 22, 1957.
韓沽劤, 「麗代 足丁考」, 『歷史學報』 10, 1958.
深谷敏鐵, 「高麗足丁·半丁考」, 『朝鮮學報』 10, 1958.

은 옛 전부田賦의 유법遺法이다. 무릇 군호軍戶는 본래 연립連立하는 바이니,[347] 남에게 빼앗긴 것은 진고陳告하여 돌려줄 것을 허락하라. 또 간사한 무리가 비록 아식兒息이 없더라도 한인閑人을 망칭妄稱하여 토지를 연립連立하여 한극限極이 없으니, 선군별감選軍別監에 의뢰하여 끝까지 조사해서 (이를) 추쇄하여 수졸戍卒을 모집하고, 역적逆賊[348]의 전지田地는 결結을 세어서 정丁을 삼아[349] 또한 모졸募卒에게 주라.

1. 각처에 있는 역적의 노奴들이 스스로 다루가치達魯花赤[350]라 칭하고 남의 토전土田을 빼앗고 양민을 역사役使하여 재산을 축적하였으니, 소재지의 관리로 하여금 적몰籍沒하게 하여 수졸戍卒을 모집하라."

【原文】 九月 宰樞會崇文館 閱西北面防禦兵仗. 放銃筒于南岡 箭及順天寺南

李佑成, 「閑人 白丁의 新解釋」, 『歷史學報』 19, 1962.

姜晉哲, 「高麗 初期의 軍人田」, 『淑明大論文集』 3, 1963.

347 **軍戶連立** 軍戶連立은 고려 兵制의 기간이 되는 원칙이었다고 생각된다. 軍戶連立이란 말은 비록 여기에 처음 나오지만, '軍人年老身病者 許令子孫親族代之'(兵志 병제 文宗 23년 10월 判)라고 한 것은 마찬가지 말이며, 또 軍戶에는 일정한 토지 軍人田(田丁 · 足丁)이 주어졌으므로 '田丁連立'(兵志 병제 靖宗 11년 5월 揭榜)이란 말도 같은 뜻을 가지고 있다. 여기서도 軍戶의 連立이 곧 足丁의 세습과 같은 뜻으로 쓰이고 있음을 알 수 있다. 이 軍戶連立은 고려로 하여금 일정한 수의 군대를 확보하는 길을 마련해준 셈이다. 그러나 그것보다도 중요한 것은 군인이라는 신분층을 낳게 하였다는 사실이며, 이들이 곧 軍班氏族이었다고 생각되는 것이다. (→ 각주 131 참조)

【참고】 이기백, 「高麗軍役考」, 『高麗兵制史硏究』, 一潮閣, 1968, 143~144쪽.

348 **逆賊** 恭愍王이 이때에 숙청한 奇轍 등의 親元輩를 말하는 것이다.

349 **計結爲丁** 토지의 結數를 세어서 17結을 1足丁으로 삼는다는 뜻이다. (→ 각주 346 참조)

350 **達魯花赤** 達魯花赤는 蒙古語로 鎭壓者의 뜻을 가지고 있는데, 元의 지방관아에는 그 장관과 더불어 監臨官으로서 達魯花赤가 설치되는 것이 상례였다. 고려에는 몽고의 제1차 침입시 撒禮塔이 北界 주현에 達魯花赤를 설치하였고, 동시에 開京에도 都旦이 達魯花赤로 온 일이 있었다. 그러나 고려는 서울을 江華로 옮기고 항몽정책을 썼으며, 北界 주현의 達魯花赤들은 이를 살해하였기 때문에 없어지고 말았다. 그 뒤 고려가 몽고와 화의를 맺고 開京에 환도하던 元宗 11년(1270)에 몽고는 脫朶兒를 達魯花赤로 삼아 開京에 머물게 하였다. 이 達魯花赤는 일종의 감시관으로서 무기의 소지를 금지한다든가, 몽고 관인과 고려인 사이에 발생하는 紛議를 재단하는 일을 맡았고, 고려의 내정에 간섭하는 것은 아니었다. 그리고 耽羅摠管府가 설치되었을 때에도 達魯花赤가 제주도에 파견된 일이 있었다.

【참고】 白鳥庫吉, 「高麗に駐在した元の達魯花赤について」, 『東洋學報』 18-2, 1929; 『滿鮮史硏究』 中世 3, 吉川弘文館, 1963.

墜地沒羽.

(공민왕 5년) 9월에 재추宰樞가 숭문관崇文館에 모여 서북면西北面 방어의 무기를 검열하고 총통銃筒[351]을 남강南岡에서 쏘았더니, 전箭이 순천사順天寺[352] 남南에 미치어 땅에 떨어졌는데 우羽[353]가 (땅 속에) 박혔다.

【原文】 十一月 西北面都元帥廉悌臣上箋: "戍邊之法 以時而代. 今軍士盛夏北來 淹至冬月 無衣無褐 何以禦寒. 設使驅而納諸矢石之間 豈竭其力乎. 請以半年爲一期更代. 又軍中雖値親喪 不免行伍 其在人子之情 何可忍也. 自今凡遭喪者 許以人代之 如無[354]代者 計日給暇."

(공민왕 5년) 11월에 서북면도원수西北面都元帥[355] 염제신廉悌臣[356]이 전箋을 올리기를, "수변戍邊의 법은 (정한) 시기에 교대하는 것입니다.[357] 그런

351 銃筒 일종의 有筒式 화약병기로서 발사물이 箭이었음은 본문 중에 나타나 있는 바와 같다. 이미 恭愍王 5년(1356)에 화약병기를 사용하고 있었음을 알 수 있다.
【참고】 許善道, 「麗末 鮮初 火器의 傳來와 發達」 上, 『歷史學報』 24, 1964, 10~11쪽.

352 順天寺 중국 사신의 賓館인 順天館의 北에 있던 절로서 사신이 머물고 있는 동안 그들의 平善을 빌었다 한다.
【참고】 『고려도경』 17 祀宇 王城內外諸寺.

353 羽 화살에 붙인 羽. 화살 맨 뒷 부분에 붙어 있으므로 羽까지 박혔다는 것은 땅 속 깊이 박힌 증거이다.

354 『澗松文庫』本 및 『國故叢刊』本에는 '有'로 되어 있다. 그러나 『고려사』 111 廉悌臣傳 및 『고려사절요』에는 '無'로 되어 있는데, 내용상 無가 옳다.

355 西北面都元帥 恭愍王은 철저한 반원책을 써서 元室의 인척인 奇氏를 숙청한 뒤에 元의 보복이 있을까 두려워하여 廉悌臣을 西北面都元帥로 삼아 節鉞을 주어 西北面에 가서 이에 대비하게 하였다. 그러므로 이 직은 임시적인 것으로서 西北面의 군대를 총지휘하는 군직이었다고 생각된다.

356 廉悌臣 일찍 父를 잃어 姑夫인 元의 平章事 末吉의 집에서 자랐다. 이러한 인연으로 元에서 출세하였으나 뒤에 고려에 돌아와 忠肅王에서 禑王까지 歷仕하였다. 누차 軍職을 얻어 군을 거느렸고, 冢宰로 있기 29년에 이르렀다.
【참고】 『고려사』 111 廉悌臣傳.

357 戍邊之法 以時而代 변방에의 防戍가 교대로 행해졌음은 成宗 원년(982)의 崔承老 上書에 '京軍免更戍之勞'(『고려사』 82 兵志 2 鎭戍)라고 했음에서 분명하다. 교대의 기간은 『宋史』 高麗傳에 '戍西北 半歲而更'하였다고 한 기록에 의해서 반년 교대라는 것이 일반으로 인정되어 왔다. 그러나 恭愍王 6년 정월의 都評議使司 請에는 '今東西北面戍卒二月遞代 軍官則八月遞代'라고 하여 戍卒과 軍官이 각기 춘추에 교대하되 그 기간은 1년이었던 것

데, 지금 군사는 한여름에 북으로 와서 머물기를 겨울에까지 이르니, 의갈衣褐이 없이 어떻게 추위를 막겠습니까. 설사 그들을 시석矢石 사이(전쟁戰爭)로 몰아넣는다 하더라도 어찌 그 힘을 다하겠습니까. 청하건대 반년을 1기期로 삼아 교대하게 합시다. 또 군중軍中에서 비록 친상親喪을 당한다 하더라도 행오行伍를 면하지 못하니 인자人子의 정에 어떻게 참을 수 있겠습니까. 지금으로부터는 무릇 상喪을 당한 자는 다른 사람으로써 대신하는 것을 허락하고, 만일 대신할 자가 없으면 일수日數를 세어서 휴가를 줍시다." 라고 하였다.

【原文】置忠勇四衛. 衛各置將軍一人 中郎將·郎將各二人 別將·散員各五人 尉長二十人 隊長四十人.

충용 4위忠勇 四衛[358]를 설치하였는데, 위衛에는 각기 장군將軍 1인, 중랑

으로 되어 있다. 一品軍이 2番 교대로 격년마다 동원되었던 것도 참고가 될 것이다. 廉悌臣은 이를 반년 교대로 하기를 청하고 있다. (→ 각주 60 참조)

358 **忠勇衛** 이 기사에 의하면 忠勇衛는 恭愍王 5년(1356) 11월에 설치된 것 같으나, 世家에는 5년 7월 을유라고 하여 실은 7월에 설치된 것임을 알 수 있다. 각 衛를 구성하는 장교의 수는 郎將을 제외하고는 6衛 각 領의 그것과 일치하고 있으므로 각 衛의 兵員數도 그것과 동일하여 각기 1,000명씩이었다고 생각해도 좋을 것 같다(별표 참조). 그러면 忠勇 4衛는 도합 4,000명의 兵員을 거느리고 있는 셈이다. 이 忠勇衛는 禁衛의 임무를 맡은 특별부대로서 成衆愛馬 중의 하나였다. 忠勇衛의 설치는 八衛의 기능을 약화시키는 결과를 가져왔으며, 恭讓王 원년(1389) 12월에 憲司에서는 八衛의 成衆愛馬들과 함께 이를 폐지하고 八衛 중의 神虎衛에 편입시키도록 건의한바 있으나 실현되지 못한 듯하며 뒤에도 여전히 존속하였다.

六衛		忠勇衛	
領		衛	
護軍(將軍)	1	將軍	1
中郎將	2	中郎將	2
郎將	5	郎將	2
別將	5	別將	5
散員	5	散員	5
伍尉	20	尉將	20
隊正	40	隊長	40

장中郞將·낭장郎將 각기 2인, 별장別將·산원散員 각기 5인, 위장尉將[359] 20인, 대장隊長[360] 40인을 두었다.

【原文】七年五月 倭焚喬桐 京城戒嚴. 發忽只四番各十五人 忠勇衛左右前三番各十人 赴喬桐. 又發忠勇衛三番各三十人 阿加赤三番各十人 波吾赤三番各十人 忠勇衛三番各十五人 譯語各五人 赴阻江·赤口·朽石等處. 發五部坊里成衆愛馬鰥寡外正軍五百人 赴西江·赤江等處. 又以城門修理五都監·判官等 爲倭賊防禦兵馬判官 各率坊里兵五百人 赴之.

(공민왕) 7년(1358) 5월에 왜倭가 교동喬桐[361]을 불지르니, 경성京城은 경계를 엄히 하고, 홀지忽只 4번番의 각 15명, 충용위忠勇衛 좌·우·전左·右·前 3번의 각 10명을 발發하여 교동喬桐으로 가게 하고, 또 충용위 3번의 각 30명, 아가적阿加赤[362] 3번의 각 10명, 파오적波吾赤[363] 3번의 각 10명, 충용위 3번의 각 15명, 역어譯語[364] 각 5명을 발發하여 저강阻江[365]·적구赤口·후석朽石[366]

【참고】 內藤雋輔, 「高麗兵制管見」, 『靑丘學叢』 15·16, 1934; 『朝鮮史硏究』, 京都大 東洋史硏究會, 1961, 267~268쪽.

359 **尉長** 六衛의 伍尉(校尉)와 마찬가지 지위와 임무를 지닌 장교였을 것이다. (→ 각주 116 참조)

360 **隊長** 六衛의 隊正과 마찬가지였을 것이다. (→ 각주 117 참조)

361 **喬桐** 江華島 서북방의 섬. 고려 시에는 흔히 流配所로 이용되었다. 처음 江華縣의 屬縣이었으나 明宗 때 監務를 설치하였다.

362 **阿加赤** 白鳥庫吉은 이를 仕者 또 仕者를 관장하는 자의 뜻을 가진 蒙古語 aγaqči에서 유래하는 것이라고 하였는데(「高麗史に見えたる蒙古語の解釋」, 『東洋學報』 18-2, 1929, 16쪽) 분명하지 않다. Pelliot는 aqïyači나 aqačï로 복원하였다("Les mots mongols dans le Koryesa", *Journal Asiatique* 217-2, 1930; 閔賢九 譯, 「高麗史에 실려 있는 蒙古語」, 『白山學報』 4, 1968, 232쪽).

363 **波吾赤** 白鳥庫吉은 이를 旅客 또는 旅客을 관장하는 자의 뜻을 가진 蒙古語 baγurči에서 유래한 관직이리라고 하였다(白鳥庫吉, 위의 글, 16쪽). 그러나 Pelliot는 bo'učï나 bo'určï에 비정하였다(Pelliot, 閔賢九 譯, 위의 글, 232쪽)

364 **譯語** 통역관을 말하며 舌人, 舌官 혹은 譯舌이라고도 하였다. 일찍부터 인접 각국과의 접촉을 위하여 譯語가 있었음은 분명한데, 고려에서 기록에 나타나기는 文宗 27년(1073) 5월이 처음이다. 이들이 일정한 시험을 거쳐 채용되었음은 '試取譯語'(『고려사』 21 神宗世家 5년 3월 정사)했다고 했음에서 알 수 있다. 譯語都監의 명칭이 나타나므로(『고려사』 123 康允紹傳) 譯語는 이에 소속되었다고 생각되나, 忠烈王 2년(1276)에 설치된 通文館(뒤의

등처等處에 가게 하고, 5부방리五部坊里에서 성중애마成衆愛馬[367]와 환과鰥寡 이외에 정군正軍 500명을 발發하여 서강西江[368]·적강赤江[369] 등처等處에 가게 하고, 또 성문수리 5도감城門修理 五都監[370]의 판관判官[371] 등으로써 왜적방어병마판관倭賊防禦兵馬判官[372]으로 삼아 각기 방리병坊里兵 500명을 거느리고 가게 하였다.

司譯院)과 漢語都監 등과의 관계는 불분명하다. 譯語에는 아마 漢語·契丹語·蒙古語·女眞語·倭語 등이 있었을 것이다.

365 阻江 祖江과 동일할 것이나. 漢江과 臨津江이 합류하는 곳으로 추정되며 거기에 祖江渡가 있었다.

【참고】『고려사』 56 地理志 1 開城府 德水縣 조 및 申景濬, 「山水考」 4, 漢江及臨津江 조.

366 赤口·朽石 위치 미상. 朽石은 혹은 朽斤渡가 아닌가 의심된다.

【참고】『新增東國輿地勝覽』 13 麻田郡 山水 조.

367 成衆愛馬 혹은 成衆官 혹은 愛馬라고도 했다. 愛馬는 部隊·組合·團體·州郡 등의 뜻을 가지는 蒙古語 aimaq의 表記일 것이지만(白鳥庫吉, 「高麗史に見えたる蒙古語の解釋」, 『東洋學報』 18-2, 1929, 6쪽), 成衆은 한자 그대로의 뜻을 지니고 있으며 아마 愛馬의 의역어일 것이다. 그러므로 '成衆愛馬'란 동일어의 중복된 표기가 되는 셈이다. 成衆愛馬에는 內侍·茶房·司門(迂達赤)·司楯·司衣(速古赤)·司幕·司彝·司饔·忽只·忠勇衛·別保 등이 속하여 있었는데, 이로써 成衆愛馬가 궁성에 숙위하는 여러 近侍官의 총칭임을 알 것이다. 成衆愛馬는 科擧·蔭敍·南班 등과 함께 관직으로 출세하는 하나의 길을 이루고 있어서 처음 귀족의 자제들이 이에 많이 소속해 있었고, 무신난 후에는 무인들이 이에 兼屬되기를 희망하였다. 그러나 점차 많은 인원을 가진 忠勇衛 등 대부대가 생기면서 군사적 성격이 농후하게 되고, 조선에 들어와서는 새로운 군사조직 속에 흡수되고 말았다.

【참고】 內藤雋輔, 「高麗兵制管見」, 『靑丘學叢』 15·16, 1934; 『朝鮮史研究』, 京都大 東洋史研究會, 1961.
白南雲, 『朝鮮封建社會經濟史』 상, 改造社, 1937.
金昌洙, 「成衆愛馬考」, 『東洋史學』 9·10합집호, 1966.

368 西江 開京의 西에 있는 禮成江을 말한다. 그 입구의 碧瀾渡는 開京의 해상 문호로서 유명하였다.

369 赤江 위치 미상.

370 城門修理五都監 본 兵志 병제 恭愍王 9년 5월 조의 城門都監과도 동일한 것이겠는데, 거기에 다섯 都監이었던 것으로 추측되나 자세한 것은 미상.

371 判官 都監의 실무관으로서 종5품직. 判官 위에 겸직으로 추측되는 判事·使·副使 등이 임명되곤 하였다.

372 倭賊防禦兵馬判官 倭寇를 격퇴하기 위하여 임시로 설치된 군지휘관. 500명으로 구성된 임시 편성부대를 거느린 것으로 되어 있다.

【原文】七月 都評議使奏: “前銜三品以下 各以坊里點數 有變則四面都監官員先以一里一人率領赴防.” 從之.

(공민왕 7년) 7월에 도평의사都評議使가 아뢰기를, “전직前職 3품 이하는 각기 방리坊里에서 (그) 수를 점고하되, 변고가 있으면 사면도감四面都監[373]의 관원이 우선 1리里에서 1명을 거느리고 방어에 나가게 합시다.”라고 한대, 이에 좇았다.

【原文】九年五月 倭寇龍城等十餘縣 以柳濯爲京畿都統使 括坊里人爲軍 大戶二人 小戶一人 屯東西江. 又令百官助征 唯各司行首有司及御史臺·城門都監等不與焉.

(공민왕) 9년(1360) 5월에 왜倭가 용성龍城[374] 등 10여 현縣에 침구侵寇하니,[375] 유탁柳濯[376]을 경기도통사京畿都統使[377]로 삼아 방리인坊里人을 긁어모

---

373 **四面都監** 이미 文宗 때에 설치되어 있어서 使 2명(職事 3품 이상), 副使 각 4명, 判官 각 4명(甲科權務)의 관원이 배정되어 있다(『고려사』 77 百官志 2 諸司都監各色 四面都監). 이에 의하면 東西南北의 四面을 관장하는 副使와 判官이 임명되고 그 위에 使가 있어서 이를 총관한 것으로 보인다. 四面都監의 임무가 군사적인 것이었음은 본문의 기사로 미루어보나, 또 西京의 四面이 兵曹 소속인 것으로 미루어보나 틀림이 없을 것이다. 그 구체적인 임무는 기록된 바가 없다.

374 **龍城** 현 水原 南 50里의 地. 처음 唐城郡의 屬縣이었으나 顯宗 때 水州(水原) 속현이 되었다.

375 **倭寇** 倭 해적의 침략행위는 벌써부터 있어서, ‘倭가 침구하였다’는 뜻으로 ‘倭寇’라고 썼고, 본문도 또한 그러하다. 그런데 忠定王 2년(1350) 이후는 倭 해적의 침구가 격화하여 ‘倭寇’라는 말을 명사화하여 쓰게 되었다. 倭寇는 비록 산발적인 침략이긴 하였으나 농민에 대한 약탈·방화·살육을 자행하여 농촌을 피폐하게 하였고, 또 해상의 조운을 저지하여 開京의 경제를 위협하였다. 고려 말기의 군사조직의 개편은 북방의 對元·明 관계의 긴장과 아울러 이 倭寇에 자극되는 바가 컸다.

【참고】 李鉉淙, 『朝鮮前期 對日交涉史研究』, 韓國研究院, 1964.
田中健夫, 『倭寇と勘合貿易』, 至文堂, 1966.

376 **柳濯** (忠宣王 3년~恭愍王 20년, 1311~1371) 무예에 능하여 倭寇·紅巾賊 등의 격퇴에 공을 세웠다. 官은 侍中에까지 이르렀다. 辛旽이 처형될 때 그 역모를 알고도 고발하지 않았다는 죄목으로 처형되었다.

【참고】 『고려사』 111 柳濯傳.

377 **京畿都統使** 『고려사』 世家 및 『고려사절요』에는 京畿兵馬都統使로 되어 있는데, 이것

아 군軍으로 삼았는데, 대호大戶는 2명이요, 소호小戶는 1명으로 하여 동강東江[378]과 서강西江에 주둔하게 하였다. 또 백관으로 하여금 정토征討를 돕게 하되, 오직 각사各司의 행수유사行首有司[379] 및 어사대御史臺·성문도감城門都監[380] 등은 참여하지 않게 하였다.

【原文】 十年十月 募兵. 凡應募者 除私賤外 士人·鄕吏官之 宮司奴隷良之 或賞錢帛 聽其自願.

(공민왕) 10년(1361) 10월에 군사를 모집하였는데,[381] 무릇 응모한 자는 사천私賤을 제외하고 사인士人·향리鄕吏는 이에 관직을 주고, 궁사宮司의 노예奴隷는 이를 방량放良하거나 혹은 전백錢帛을 상을 주거나 그가 스스로 원하는 것을 들어주었다.

【原文】 十一年六月 監察司上言: "國家寇盜連年 兵不團結 每至危急 徵兵於農 非惟擾民 亦無救於倉卒. 自今選揀丁壯 以備緩急. 初置忠勇衛 祿其將士同於八衛者 蓋欲効民於倉卒也. 南幸之際 未有一人扈駕者 誠爲虛設 徒費廩祿. 請罷之 分屬諸衛 收其俸祿 以補國用."

(공민왕) 11년(1362) 6월에 감찰사監察司[382]에서 상언上言하기를, "국가에

이 정식 명칭일 것이다. 이때에 倭寇는 平澤·牙州(牙山)·新平·新城(水原) 등 楊廣道 일대를 휩쓸었는데, 이를 격퇴하는 총사령관직이었을 것이다. 그의 지휘하에 李春富가 東江都兵馬使, 李子春이 西江兵馬使로 임명되어 출정하였다.

378 **東江** 臨津江이니 開京의 東쪽에 있기 때문에 얻은 명칭이다.

379 **行首有司** 各司의 行首가 되는 관리란 뜻일 것이다.

380 **城門都監** 본 兵志 병제 恭愍王 7년 5월 조에 나오는 城門修理五都監과 같은 것일 것이다.

381 **募兵** 10월 정유에 紅巾賊이 鴨綠江을 넘어 침입하여 왔으므로 이에 대비하기 위하여 모병한 것이다. 『고려사절요』에 의하면 凡應募者 이하는 榜文의 내용으로 되어 있다.

382 **監察司** 본래 司憲臺라 하였으나 御史臺, 金吾臺 등을 거쳐 忠烈王 원년(1275)에 監察司라고 하였다. 그 뒤 忠宣王이 이를 司憲府라 하였고, 다시 몇 차례의 變改를 거쳐 고려 말에는 司憲府라고 하였다. 時政을 論執하고 풍속을 교정하고, 규찰 탄핵의 임을 맡은 것으로 규정된 이 관부는 관리들의 비행을 감찰하는 기관이며, 관리의 임명에 있어서는 署經의 권리를 갖고 있었다.

구도寇盜가 해를 이으나 군사가 부대로 조직되지 않아 매양 위급함에 이르면 군사를 농민에서 징발하니, 비단 인민을 소란하게 할 뿐 아니라 또한 갑작스런 사태에 도움이 되지도 못합니다. (그러므로) 이제부터 장정壯丁을 뽑아서 위급함에 대비하게 합시다. 처음 충용위忠勇衛를 두어서 그 장사壯士에게 녹祿 주기를 8위八衛와 같이한 것은, 대개 인민들로 하여금 갑작스런 사태에 힘을 다하게 하려고 함이었습니다. (그런데) 남행南幸[383]했을 때에 한 사람도 호종扈從한 자가 없었으니, 진실로 허설虛設이 되어 다만 늠록廩祿을 소비할 따름입니다. 청하건대 이를 폐지하여 제위諸衛에 분속分屬하게 하고, 그 봉록俸祿은 거두어서 국용國用을 보충하게 합시다."라고 하였다.

【原文】 八月 遣使諸道調兵 慶尙道一萬一千 楊廣·全羅道各一萬 江陵·朔方·交州道共一萬 西海道盡僉丁壯

(공민왕 11년) 8월에 제도諸道에 사使를 보내어 군사를 조발調發하였는데, 경상도慶尙道는 11,000이요, 양광도楊廣道와 전라도全羅道는 각기 10,000이요, 강릉도江陵道·삭방도朔方道·교주도交州道는 합하여 10,000이요, 서해도西海道는 장정壯丁을 모두 뽑았다.

【原文】 十二年五月 下敎: "陣亡軍戶 蠲雜役 優加存恤. 州縣之吏 發兵防戍 免富差貧 以逞其欲 所在官司 痛行禁理. 七十以上 與免戍役 庚寅以來 防戍有功者 存撫·按廉·體察 申聞錄用."

(공민왕) 12년(1363) 5월에 교敎를 내리기를, "진중陣中에서 죽은 (군인軍人의) 군호軍戶는 잡역雜役을 면제하고[384] 후하게 위휼慰恤하여 주라. 주현州縣의 이吏가 군사를 발發하여 방수防戍하게 하는데, 부자는 면제하고 가난한

383 南幸 恭愍王 10년(1361) 紅巾賊의 침입으로 인하여 왕이 남쪽 福州(安東)로 피난한 사실을 말한다.

384 陣亡軍戶 蠲雜役 이로 보면 일반 軍戶는 지방에 있어서의 雜役을 부담하였던 것으로 보인다. 물론 군인은 上京 宿衛하고 있으므로 여기의 軍戶란 지방에 잔류하는 군인의 戶를 말하는 것이다.

이는 차출하여[385] 그 하고자 하는 바를 마음대로 하니, 소재지의 관사官司는 철저히 금치禁治하라. 70세 이상으로써 수역戍役을 면함을 받은 자와 경인년[386] 이래 방수防戍에 공功이 있는 자는 존무사存撫使[387] · 안렴사按廉使[388] · 체찰사體察使[389]가 상신上申하여 아뢰어서 녹용錄用하라."고 하였다.

【原文】 十六年二月 以諸道閑散官 隷五軍 尋罷之.

(공민왕) 16년(1367) 2월에 제도諸道의 한산관閑散官[390]을 5군五軍에 속하게 하였는데, 이어 이를 파하였다.

【原文】 十八年十一月 令西京萬戶府左翼 · 右翼 · 前軍 · 後軍 · 精銳 · 精毅 · 忠毅 · 忠誠 · 新僉 · 新成十軍, 安州萬戶府左勇 · 右勇 · 左猛 · 右猛 · 前勇 · 後勇 · 前猛 · 後猛八軍, 義州萬戶府左精 · 右精 · 忠信 · 義勇四軍,

385 **州縣之吏 發兵防戍 免富差貧** 지방의 州縣軍을 발하여 防戍에 동원할 때의 사실을 말하는 것이며, 州縣軍을 구성한 농민들 사이에 빈부의 차가 나타나고 있었음을 말하여주고 있다.

386 **庚寅年** 忠定王 2년(1350) 경인을 가리킨다. 이 해부터 倭寇가 심하여지고 있으므로, 여기의 防戍는 倭寇를 방어하기 위한 것이다.

387 **存撫使** 忠肅王 때에 平壤道存撫使(『고려사』 77 百官志 2 外職 安撫使 조), 安定道存撫使(同上 西京留守官 조) 등의 예가 보이는데, 전자는 按撫使의 경우와 함께 巡撫使로 고쳐졌고, 후자는 平壤府尹을 겸하게 되어 있다. 그 밖에 자세한 것은 알 수 없다.

388 **按廉使** 忠烈王 2년(1276)에 按察使를 고쳐서 按廉使로 삼았으니, 이는 당시의 일련의 관호 변경과 관계가 있는 것으로 보인다. 그러므로 안렴사는 안찰사의 후신으로 道의 장관이며, 그 임무는 道 관할하의 지방관들의 치적을 살펴서 그 출척을 행하는 것이었다. 그런데 忠烈王 24년(1298)에 忠宣王은 慶尙 · 全羅 · 忠淸 3道의 지역이 넓어서 일이 많으므로 이에 副使를 두었고, 交州道按廉使는 東界安集使의 임무도 겸임하게 하였다. 그러다가 昌王 때에 李成桂가 정권을 쥔 뒤 안렴사의 秩이 낮아 그 임무를 감당하기 어려우므로 道觀察黜陟使로 고치는 동시에 兩府의 大臣으로 임명하게 하였다. 그 뒤 또 觀察使로 개칭되었다가 恭讓王 4년(1392)에 다시 안렴사가 되었다.

【참고】『고려사』 77 百官志 2 外職 按廉使.

389 **體察使** 대개 군사적인 감찰의 임무를 띠고 특별히 道를 단위로 지방에 파견되는 관리였다. 楊廣全羅道體察使(『고려사』 133 辛禑傳 2년 4월) 등의 용례가 있다.

390 **閑散官** 閑散官은 또 閑良官이라고도 불리고 있는데, 때로는 前銜으로도 쓰이고 있는 것으로 보아 前職 散官을 말하는 것임을 알 수 있다. 이들은 국가의 유사 시에는 군대에 동원되었던 것이지만, 馬兵으로 동원되어야 했던 것이 일반 농민과는 달랐다. (→ 각주 397 참조)

【참고】 千寬宇, 「麗末 鮮初의 閑良」, 『李丙燾華甲紀念論叢』, 一潮閣, 1956.

泥城萬戶府鎭平・鎭江・鎭靜・鎭遠四軍, 江界萬戶府鎭邊・鎭成・鎭安・鎭寧四軍, 皆置上・副千戶[391].

(공민왕) 18년(1369) 11월에 서경만호부西京萬戶府[392]의 좌익左翼・우익右翼・전군前軍・후군後軍・정예精銳・정의精毅・충의忠毅・충성忠誠・신첨新僉・신성新成의 10군軍[393]과, 안주만호부安州萬戶府의 좌용左勇・우용右勇・좌맹左猛・우맹右猛・전용前勇・후용後勇・전맹前猛・후맹後猛의 8군軍과, 의주만호부義州萬戶府의 좌정左精・우정右精・충신忠信・의용義勇의 4군軍과, 니성만호부泥城萬戶府의 진평鎭平・진강鎭江・진정鎭靜・진원鎭

391 『澗松文庫』本 및 『國故叢刊』本에는 '萬戶'로 되어 있다. 그러나 『세종실록』 地理志 및 『신증동국여지승람』에는 '千戶'로 되어 있는데 그것이 이치에 맞는다.

392 **西京萬戶府・安州萬戶府・義州萬戶府・泥城萬戶府・江界萬戶府** 萬戶府는 원래 元에서 설치한 원의 군사조직이었으나 恭愍王 5년(1356)에 이들 원의 萬戶府는 모두 혁파되었으므로, 여기의 5萬戶府는 고려가 독자적으로 설치한 것이다.

본문에는 이들 萬戶府가 언제 설치되었는가에는 언급이 없으나 『고려사』 地理志에 의하면 이들 5萬戶府는 모두 恭愍王 18년(1369)에 설치된 것으로 되어 있다. 그런데 『고려사』 41 恭愍王世家 18년 8월 을축 조에는 '置萬戶・千戶于西京・義州・靜州・泥城・江界等處'라고 하여 그해 8월에 萬戶府가 설치된 것임을 말하여 주고 있다(단, 安州 대신에 靜州로 되어 있는데, 靜州는 義州 남쪽 불과 25里에 있고, 조선에서는 이를 폐하고 義州에 귀속시키고 있는 만큼 義州와 靜州에 모두 萬戶府를 둔다는 것은 이해가 되지 않으며 따라 安州의 잘못으로 봄이 타당할 것이다). 단 이 중 일부에는 그 이전에도 萬戶가 파견되어 있으므로 萬戶府가 전체적으로 정비된 것이 恭愍王 18년이라고 해야 할 것이다. 이들 萬戶府의 설치 이유도 설명이 없으나 전년(恭愍王 17년, 1368)에 明에 처음으로 사신을 파견하였고, 18년 12월에는 元의 東寧府 정벌을 감행하고 元과는 절교하고 있으며, 이들 萬戶府가 모두 北界에 설치되어 있는 점 등으로 미루어보아, 元에 대비하기 위한 것으로 생각된다. (→ 각주 435 참조)

萬戶府	軍數	軍名
西京萬戶府	10	左翼・右翼・前軍・後軍・精銳・精毅・忠毅・忠誠・新僉・新成
安州萬戶府	8	左勇・右勇・左猛・右猛・前勇・後勇・前猛・後猛
義州萬戶府	4	左精・右精・忠信・義勇
泥城萬戶府	4	鎭平・鎭江・鎭靜・鎭遠
江界萬戶府	4	鎭邊・鎭成・鎭安・鎭寧

393 **軍** 이들 萬戶府의 예하의 軍을 또 翼軍이라고도 불렀음은 본 兵志 병제 禑王 3년 정월 조에 '新置安州二翼軍 號新勇・新猛 安州本有八翼 今更爲二翼 總十翼 與西京軍同'이라고 한 것으로 알 수 있다. (→ 각주 435 참조)

遠의 4군軍과, 강계만호부江界萬戶府의 진변鎭邊·진성鎭成·진안鎭安·진령鎭寧의 4군軍으로 하여금 모두 상·부천호上·副千戶[394]를 두게 하였다.

【原文】 十二月 各司·各愛馬·五部·閑良品官 皆分屬五軍 旗幟衣服 隨方色有別.

(공민왕 18년) 12월에 각사各司[395]·각애마各愛馬[396]·5부五部·한량품관閑良品官[397]을 모두 5군五軍에 분속分屬하게 하였는데, 기치旗幟와 의복은 방색方色[398]에 따라 차별이 있었다.

【原文】 二十年七月 羅州牧使李進修上疏曰: "盜賊四起 國家軍務 一無統紀 倉卒臨時 何時而可. 宜四怯薛外 別置軍帥府. 仍令左·右·前·後軍 各有將帥·僚佐 以管時散文武品官 受約束於都統使 都統使受約束於怯薛官 怯薛官事無鉅細 聞奏施行. 雖在外方 亦各以其方 東面屬左軍 南面屬前軍 西海屬右軍 北界屬後軍. 然則內外上下 脉絡相通 綱擧目張矣.

---

394 **千戶** 萬戶府의 長이 萬戶인 데 대해서 萬戶府의 예하인 翼軍의 長은 千戶였던 것임을 알 수 있다. 上千戶가 정지휘관이라면, 副千戶는 부지휘관이었을 것이다. 千戶라는 용어도 萬戶와 같이 元制에서 유래하는 것이나, 물론 문자 그대로 千戶의 지휘관인 것은 아니며, 또 이미 이때는 고려에서 설치한 독자적 千戶인 것이다.

395 **各司** 이 各司를 다음의 各愛馬와 연결시켜서 '各司의 各愛馬'로 해석하여 궁성뿐 아니라 각 官司에도 愛馬가 있었던 것으로 보는 견해가 있다(金昌洙, 「成衆愛馬考」, 『東國史學』 9·10 합집호, 1966, 26쪽). 그러나 이 各司는 各愛馬와 함께 열거된 것으로 보는 것이 좋지 않나 한다.

396 **愛馬** 成衆官 혹은 成衆愛馬라고도 한다. 궁성에 시위하는 內侍·茶房·司楯·司衣 등의 여러 近侍官을 총칭하는 말이다. (→ 각주 367 참조)

397 **閑良品官** 이는 또 閑良官 혹은 閑良과 동일하게 쓰이고 있다. 일찍이 白南雲은 閑良을 土豪 출신의 武士라고 규정하였으나(『朝鮮封建社會經濟史』 상, 改造社, 1937, 280쪽), 千寬宇는 이를 무인만이 아니라 문인도 포함하는 前銜 품관 및 그 신분에 속하는 자지만 京城에 거주하는 散職者와는 구별되는 것으로 보았다. 그리고 軍田을 分給받은 자는 馬兵으로서 일정한 기간 上京 숙위의 의무를 지니며, 이리하여 지방의 유력자로서 형식적이나마 국가의 중대사에는 衆議를 대표하는 계층의 하나를 이루고 있었다고 보았다(「麗末 鮮初의 閑良」, 『李丙燾華甲紀念論叢』, 一潮閣, 1956).

398 **方色** 東·西·南·北·中의 방향을 나타내는 색을 말함이니, 東은 靑, 西는 白, 南은 朱, 北은 黑, 中은 黃이다.

(공민왕) 20년(1371) 7월에 나주목[399]사羅州牧使 이진수李進修가 소疏를 올려 이르기를,[400] "도적은 사방에서 일어나는데, 국가의 군무軍務는 전혀 통기統紀(체통과 기강)가 없으니, 갑자기 (위급한) 때를 당하면 언제 (동원)할 수 있겠습니까. 마땅히 4겁설怯薛[401] 이외에 따로 군수부軍帥府[402]를 둘 것입니다. 인하여 좌·우·전·후군左·右·前·後軍으로 하여금 각기 장수將帥와 요좌僚佐를 두어 시·산時·散의 문·무 품관을 관장하며, 도통사都統使[403]에게 명령을 받고, 도통사는 겁설관怯薛官에게서 명령을 받고, 겁설관은 일의 크고 작음이 없이 모두 왕께 아뢰어 시행하도록 합시다. 비록 외방外方일지라도 역시 각기 그 방면方面으로써 통속統屬하게 하되, 동면東面은 좌군左軍에 속하고, 남면南面은 전군前軍에 속하고, 서해西海는 우군右軍에 속하고, 북계北界는 후군後軍에 속하게 합시다. 그러면 내외 상하가 맥락이 서로 통하여 대강大綱이 서고 세목細目도 펴질 것입니다."라고 하였다.

【原文】 十二月 敎曰: "選軍給田 已有成法 近年田制紊亂 府兵不得受田. 殊失募軍之意 其復舊制. 兵興以來 戰亡將士 悉加褒贈 官其子孫 卒伍則存恤其家."

---

399 羅州牧 王建의 해상작전으로 泰封의 차지가 된 곳. 成宗 2년(983)에 12牧의 하나인 羅州牧, 同 14년(995)에는 12軍의 하나인 鎭海軍이 되어 全羅道 방면의 요해지가 되었다.

400 李進修 恭愍王 20년(1371) 7월에 羅州牧使로서 올린 상소문이 본문 이외에 『고려사』 43 恭愍王世家와 『고려사』 82 兵志 2 宿衛, 『고려사』 84 刑法志 1 職制 조 등에 분재되어 있다. 그 내용을 『고려사절요』에는 '罷內宰樞 嚴近侍衛 立軍帥府 斷奔競'이라고 요약하였다.

401 怯薛 蒙古에서 유래한 관직명으로, 『元史』 89 兵志 宿衛 조에 '怯薛者 猶言番直宿衛也'라고 한 바와 같이 宿衛官인 것이다(白鳥庫吉, 「高麗史に見えたる蒙古語の解釋」, 『東洋學報』 18-2, 1929, 42~47쪽. 箭內亙, 「元朝怯薛考」, 『東洋學報』 6-3, 1916). 고려에서는 李進修의 상소문에서 怯薛官과 이에 각기 那演 약간 명을 두어 시위를 강화할 것을 건의하였던 것이나 그 설치 여부는 알 수 없다.

402 軍帥府 군대를 직접 지휘하는 사령부일 것이며, 左·右·前·後의 4軍의 사령부로서 설치할 것을 건의하였던 것으로 생각된다.

403 都統使 怯薛官과 軍帥府 사이에 또 都統帥를 두기로 한 뜻이 무엇이었는지는 잘 이해되지 않는다. 단 恭愍王 18년(1369)에 설치된 都統使(『고려사』 77 百官志 2 外職 조)와는 성격이 다른 것으로 예정되었던 것으로 보인다.

(공민왕 20년) 12월에 교敎하여 이르기를, "군인을 뽑으면 토지를 준다는 것[404]은 이미 성법成法이 있는데, 근년에 전제田制가 문란해서 부병府兵은 전지田地를 받을 수 없게 되었다. 이는 심히 모군募軍[405]하는 뜻을 잃었으니 구제舊制를 복구하라. 전쟁이 일어난 이래로 전사한 장사將士는 모두 포상을 더하고 그 자손에게는 관작을 주며, 졸오卒伍는 그 집을 위휼慰恤하라." 고 하였다.

【原文】 二十一年十月 倭船二十七艘入陽川浦 諸將出戰而敗. 命成衆愛馬及五部坊里人 分隸五軍.

(공민왕) 21년(1372) 10월에 왜선倭船 27척이 양천포陽川浦[406]에 들어오거늘, 제장諸將이 출전出戰하였으나 패하였다. (이에) 성중애마成衆愛馬 및 5부방리인五部坊里人에 명하여 5군五軍에 분속分屬하도록 하였다.

---

404 **選軍給田** 고려 초기 兵制의 원칙은 軍戶連立에 있었다. 이 원칙에 의하여 일정한 수의 군대가 확보되었던 것이다. 그러나 連立할 자손친족이 없거나 혹은 도망하거나 하여 결원이 생겼을 경우에 이는 選軍에 의하여 충원되었던 것이다. 軍戶의 성립이 軍人田의 連立으로 뒷받침되었던 것과 마찬가지로, 選軍하면 곧 軍人田이 지급되었던 것이다. 이것이 選軍給田인 것이며, 軍戶連立이라는 고려 兵制의 기본원칙을 보완하는 부차적인 원칙이었던 것이다. 비록 選軍給田이라는 용어는 이때에 처음 나타나긴 하지만, 이와 같은 내용의 것으로 일찍부터 立戶充役이란 말이 사용되고 있었다(『고려사』 78 食貨志 田制 經理 忠烈王 24년 정월). 立戶는 軍戶를 성립시킨다는 뜻으로 選軍하여 養戶를 주는 것과 동시에 토지를 주었음을 뜻하며, 充役은 軍役에 충당한다는 뜻인 것이다. 『고려사절요』 2 成宗 9년 9월 敎에 '白丁給公田爲丁戶'도 같은 뜻을 가진 것으로 생각된다. 이 選軍給田이 어느 의미에서는 唐 府兵制의 병농일치의 정신을 지니고 있으나, 군인은 항상 군인으로서 上京 侍衛해야 한다는 뜻에서는 그와 다르다는 것을 알 것이다. (→ 각주 335 참조)

【참고】 이기백, 「高麗軍役考」, 『高麗兵制史研究』, 一潮閣, 1968, 154~155쪽.

405 **募軍** 이 募軍이 앞의 選軍과 같은 뜻으로 쓰이고 있음은 고려 兵制를 이해하는 데 있어서 주목되어야 할 것으로 생각한다. 즉 고려에 있어서의 군인 보충 방법의 기본이 되어 있는 選軍은 원칙적으로 募軍과 동일한 것이었음을 여기서도 이해할 수 있다고 생각한다(이기백, 「高麗 初期 兵制에 관한 後代 諸說의 檢討」, 『亞細亞研究』 1-2, 1958; 『高麗兵制史研究』, 一潮閣, 1968, 17~18쪽). 그러나 이 募軍의 募를 徵募의 뜻으로 해석하여 選軍이기보다는 徵募軍兵의 뜻으로 취하는 견해도 있다(姜晋哲, 「高麗 初期의 軍人田」, 『淑明大論文集』 3, 1963, 148~149쪽).

406 **陽川浦** 현 서울특별시 江西區 加陽洞의 陽川. 倭寇는 다음 해인 22년에도 陽川을 寇略하고 나아가 漢陽에까지 이르렀다.

【原文】諫官禹玄寶等上䟽曰: "'不敎民戰 是謂弃之.' 況戰者危事 一勝一負 存亡關焉 不可不愼. 國家素無預備 民不知戰 一旦有變 搶攘顚倒 方始驅聚 以充卒伍 兵刃未交 望風披靡. 以此而戰 烏乎有成. 雖孫吳爲將 亦無能爲矣. 宜預選將帥 蒐卒鍊兵 敎而習之 使人人耳熟金鼓 目慣旌旗 皆以戰爭不爲驚駭可爲之事 則雖遇勍敵 皆能敢鬪 豈有狼狽失次者乎. 用兵之道 專在於將 良將之才 自古爲難. 宜擇子弟有器識者 並令學兵法習武藝 常加敎閱 訓養精銳 待其成才而用之 良將何難得 而用兵其有失律之患哉. 古有兵書取人之科 卽此意也. 食者民天 不可不重. 孔子言兵 先言足食. 食如不足 兵雖衆 將焉用哉. 國家用兵 已多年矣 未有蓄積 以備不虞. 況今雨澤愆期 豐歉難知 宜廣儲偫 以贍軍食.

간관諫官[407] 우현보禹玄寶[408] 등이 소疏를 올려 이르기를, "'가르치지 않은 인민을 전쟁하게 함은 인민을 버리는 것'[409]이라고 합니다. 하물며 전쟁이란 위험한 일이어서 한 번 이기고 한 번 지는 데에 존망이 걸려 있는 것이니 신중하지 않을 수 없습니다. (지금) 우리나라는 아예 예비함이 없어서 인민이 싸우는 것을 알지 못하고, 일단 변이 일어나면 두서없이 서두르며, 그제야 비로소 (인민을) 강제로 모아서 병졸로 충당하니, 전투가 벌어지기 전에 멀리서 바라보기만 하고도 흩어져 헤어집니다. 이 (군사)를 가지고 싸워서 어찌 성공할 수 있겠습니까. 비록 손자孫子[410]나 오자吳子[411]로써 장將을 삼는

---

407 **諫官** 고려에는 諫諍을 담당하는 관부가 따로 독립되어 있지 않고, 中書門下省의 散騎常侍(常侍)·諫議大夫(司議大夫)·補闕(司諫·補諫·獻納)·拾遺(思補·正言) 등의 諫官職이 이를 담당하였다. 이들은 3품 이하로서 그 官秩은 낮으나 그 직무는 중하여서 諫諍뿐 아니라 관리 임명에 있어서 署經의 임무를 지니고 있었다.

【참고】邊太燮,「高麗의 中書門下省에 대하여」,『歷史敎育』10, 1967.

408 **禹玄寶** (忠肅王 2년~朝鮮 定宗 2년, 1333~1400) 丹陽人. 恭愍王 때 科擧로 등제하여 淸要職을 역임하였다. 李成桂의 威化島 회군 이후에 여러 차례 獄事에 관련된 혐의로 파직 유배되었다.

【참고】『고려사』115 禹玄寶傳.

409 **不敎民戰 是謂弃之** 『論語』13 子路篇에 '子曰 以不敎民戰 是謂棄之'라고 한 대목을 인용한 것이다.

410 **孫子** 중국 春秋時代人. 병법서 『孫子』의 저자인 孫武를 말한다. 吳王 闔閭를 섬기어 武威를 떨쳤다.

다 하더라도 또한 능히 할 수 없을 것입니다. 마땅히 미리 장수를 뽑아서 병졸을 모아 군사훈련을 하여 가르치고 익혀서, 사람마다 귀가 금고金鼓에 익고 눈이 정기旌旗에 익어 모두 전쟁을 놀라지 않고 할 만한 일이라 하면, 비록 강한 적을 만나더라도 모두 능히 용감히 싸울 것이니, 어찌 낭패하여 질서를 잃는 자가 있겠습니까. 용병用兵하는 길은 오로지 장수에게 있는데 양장良將의 재才는 예로부터 어렵다고 합니다. 마땅히 자제子弟로서 도량과 견식이 있는 자를 택하여 모두 병법을 배우고 무예를 익히게 하되, 늘상 교열敎閱을 가加하여 정예를 가르쳐 길렀다가 그 재才가 이루어짐을 기다려 이를 쓰면, 양장良將이 어찌 얻기 어려우며 용병함에 기율을 잃을 근심이 있겠습니까. 옛날에 병서兵書로 사람을 채용하는 과科[412]가 있었음은 즉 이런 뜻에서였습니다. 식食은 백성에게 하늘과 같은 것이니 중히 하지 않을 수 없습니다. 공자孔子도 군사軍事를 말함에 먼저 식량을 족하게 하는 것을 말하였습니다.[413] 식량이 만일 부족하면 군사軍士가 비록 많더라도 장차 이를 어떻게 쓰겠습니까. 국가에서 용병用兵함이 이미 여러 해가 되었으나 아직도 (식량을) 축적하여 불우不虞에 대비함이 없습니다. 하물며 지금 비가 때를 어기어 풍흉豐凶을 알기 어려우니, 마땅히 저축을 늘리어 군량을 넉넉히 합시다."라고 하였다.

【原文】二十二年八月 募人 設義勇左右軍 置判事·知事 以領之.

(공민왕) 22년(1373) 8월에 사람을 모집하여 의용 좌·우군義勇 左·右

【참고】『史記』 65 孫子傳.

411 吳子 중국 戰國時代人. 『吳子』라는 병법서를 지은 吳起를 말한다. 魯·魏·楚의 여러 나라를 강국으로 만들었다.

【참고】『史記』 65 吳起傳.

412 兵書取人之科 宋 神宗 元豐 7년(1084)에 武擧에 단지 『孫子』·『吳子』만을 시험하였다고 하였는데 이를 말하는 것이 아닌가 한다.

413 孔子言兵 先言足食 『論語』 12 顔淵篇에 '子貢問政 子曰 足食足兵民信之矣 子貢曰 必不得已而去 於斯三者 何先 曰 去兵 子貢曰 必不得已而去 於斯二者 何先 曰 去食 自古皆有死 民無信不立'이라고 한 대목을 말하는 것이다.

軍[414]을 설치하고 판사判事와 지사知事를 두어 이를 거느리게 하였다.

【原文】 辛禑 元年正月 五部都摠都監 坐興國寺 點各領及坊里軍器.

우왕禑王 원년(1375) 정월에 5부도총도감五部都摠都監[415]이 흥국사興國寺[416]에 자리 잡고 각 영領 및 방리坊里의 군기軍器를 점열點閱하였다.

【原文】 二月 下旨: "選軍募軍 給田賞功 仰都評議使 詳酌立法 以廣軍額 防禦都監 月課支用 量宜加給 以行勸督."

(우왕 원년) 2월에 지旨를 내리기를, "선군選軍에서 군사를 모집하여 전토를 주고 공을 상 주는 것을 도평의사都評議使에 의뢰하여 상세히 참작하여 법을 세워 군액軍額을 늘리고, 방어도감防禦都監[417]은 달마다 지용支用을 셈

---

414 **義勇左·右軍** 倭寇를 막기 위하여 임시로 조직된 군대일 것으로 생각되며 左·右兩軍으로 나누어져 있었음을 알 수 있다. 『고려사』 44 恭愍王世家 22년 8월 조에는 '置義勇左·右軍 以門下評理柳淵·密直使邊安烈分摠之'라고 하였다. 柳淵과 邊安烈이 각기 判事와 知事가 되어 左軍과 右軍을 거느린 것인지, 左軍과 右軍에 각기 判事와 知事가 있고 앞의 兩人이 그 判事가 된 것인지는 분명하지 않다.

415 **五部都摠都監** 보통 都摠都監이라고 하여 『고려사』 77 百官志 2 諸司都監各色 조에도 都摠都監으로 되어 있다. 該條에 '恭愍二十二年置 點坊里軍'이라 한 것으로 그 설치연대와 임무를 짐작할 수 있다. 그 임무는 5部方里에서 군인을 점고하는 이외에 軍器도 點閱하였음을 본 兵志 기사로써 알 수 있다. 昌王 즉위년(1388)에 趙浚이 시무책을 條陳한 가운데서 都摠都監을 파하고 5部를 開城府에 소속하게 하고 1里마다 社長을 두어 자제들을 교육하게 하기를 건의한바 있는데, 이는 5部의 군사체제를 평화 시의 文治 체제로 전환시키려고 한 것으로 생각된다.

416 **興國寺** 太祖 7년(924)에 건립된 國刹의 하나로서 高가 10여 丈이 되는 銅鑄幡竿이 있어 유명하였고, 姜邯贊이 세운 공양탑이 있던 곳이기도 하다. 行香·燃燈·祈雨 등의 행사 이외에 忠烈王 時의 金方慶·韓希愈 등의 국문, 禑王 時의 王母 審定, 昌王의 영립 등 국가의 중대사가 이곳에서 논의되기도 하였다.

【참고】 韓在濂, 『高麗古都徵』 7 寺院 興國寺.
高裕燮, 「興國寺와 그 附近」, 『松都古蹟』, 博文出版社, 1946.

417 **防禦都監** 軍器를 관장하던 관부였음은 본 兵志 병제 禑王 2년 7월 및 7년 7월 조의 기사로써 알 수 있다. 그러므로 본문의 勸督도 軍器 제조에 대한 것임을 짐작할 수 있다. 언제 설치되었는지는 분명하지 않으나 禑王 이전에는 기록에 없으므로 고려 말에 왜구의 격퇴를 위하여 軍器 제조의 필요가 증대하자 이를 설치하게 된 것으로 추측된다. 昌王 즉위년(1388)에 趙浚은 이를 파하여 軍器寺에 합칠 것을 주장하였다.

하여 적절히 헤아려서 가급加給하여 권독勸督하라."고 하였다.

【原文】 八月 改定都城五部戶數. 凡屋間架二十以上爲一戶 出軍一丁 間架小則 或倂五家 或倂三·四家爲一戶.

(우왕 원년) 8월에 도성都城 5부部의 호수戶數를 고쳐 정하였는데,[418] 무릇 가옥의 간가間架가 20 이상이면 1호戶로 삼아 군軍 1정丁을 내고, 간가間架가 적으면 혹은 5가家를 합치기도 하고 혹은 3·4가家를 합치기도 하여 1호戶로 삼았다.

【原文】 二年五月 體覆使郭璇 還自全羅道 奏曰: "元帥 於原定別抄外 又抄煙戶軍 民將失農." 乃罷煙戶軍與別軍歸農.

(우왕) 2년(1376) 5월에 체복사體覆使[419] 곽선郭璇[420]이 전라도全羅道로부터 돌아와서 아뢰기를, "원수元帥[421]가 원래 정한 별초別抄[422] 이외에 또 연호군

418 **改定都城五部戶數** 고려의 戶는 원래 人丁의 多寡를 기준으로 삼아 3丁을 1戶로 삼아 1戶에서 1丁을 國役에 동원하는 것이 원칙이었다. 그러나 고려 말기에 이르러서 토지의 多寡를 기준으로 戶를 재편하게 되었던 것이다. 여기 開京에 있어서의 戶 개정은 가옥의 間數의 多寡, 즉 가옥 규모의 大小를 기준으로 한 것으로 같은 시대적 경향을 나타내고 있다. 아마도 이 결과로 富戶에서는 奴가 많이 동원되었을 것으로 짐작된다.

419 **體覆使** 『고려사』 133 辛禑傳 2년 4월 조에 '以郭璇爲楊廣·全羅道體察使 察將帥守令備禦勤怠'라고 하였다. 이로써 그 정식 명칭이 楊廣·全羅道體察使였고, 그 임무가 將帥·守令의 倭寇 방어 勤怠를 살피는 것이었음을 알 수 있다. 體覆使와 體察使와의 시비를 가릴 수 없으나 覆에 察의 뜻이 있으므로 통용되었음 직하다. (→ 각주 389 참조)

420 **郭璇** 고려 말 조선 초의 인물. 몇 차례 왜구 격퇴에 출동했다. 威化島回軍 이후 反李成桂派로 공격을 받은 바 있으나 조선 초에 성문을 監造하였다.

421 **元帥** 여기서는 전라도 元帥로 파견된 河乙沚를 가리키고 있다. 원래 원수는 常設官이 아니고 군대가 동원될 때에 이를 거느리고 나가는 將帥職이었다. 그런데 고려 말기에 왜구가 창궐함에 미쳐 전국적으로 군대를 상주시킬 필요가 있게 되자 각지에 元帥가 파견되어 거의 상설관 비슷이 되었다. 개경에는 守城元帥(혹은 5部元帥)가 있어 5部坊里軍을 거느리고 도성의 諸門을 지키게 되고, 지방에서는 각도에 원수를 파견하여 別抄軍을 조직해서 방어에 임하게 하였다. 도에 파견된 원수의 수는 정해져 있지 않았으나 뒤에 3명으로 결정되었던 모양이다. 그러나 더욱 증가하여 명령계통이 서지 않아 곤란을 당하였다. 또 宰相들이 원수의 직을 띠고 각기 휘하에 군대를 거느리게 되어 정치적 문제가 되었다. 李成桂가 정권을 쥔 뒤에 이의 개혁을 위하여 恭讓王 원년(1389)에 원수를 節制使라 고치더니,

煙戶軍[423]을 뽑고 또 별군別軍[424]을 뽑으니, 백성이 장차 실농失農을 할 것입니다."라고 하니, 이에 연호군煙戶軍과 별군別軍을 파하여 귀농하게 하였다.

【原文】七月 都評議使奏: "今倭賊興行 但以防禦都監軍器 難於周用. 宜令各司 用司中錢物 刻日造兵器 以備緩急." 禑從之.

(우왕 2년) 7월에 도평의사都評議使가 아뢰기를, "지금 왜적倭賊이 성행하여 단지 방어도감防禦都監의 군기軍器만으로는 두루 쓰기가 어렵습니다. (그러니) 마땅히 각 관사官司로 하여금 관사官司 안의 전물錢物을 사용하여 시일을 정하고 병기를 만들어 급한 일에 대비합시다."라고 하니, 우왕禑王이 이에 좇았다.

【原文】禑曰: "四方盜賊未息 軍政當時所急. 今後每當興師之際 令各道都巡問使兼元帥 軍目道官員兼兵馬使・知兵馬使 與各道元帥・各軍目道兵馬使・知兵馬 同帥各道曾屬品官軍人上京. 大小品官幷及子弟・閑散兩班・百姓・諸宮司・倉庫・私奴漢・才人・禾尺・僧人・鄕吏中 擇便弓馬者 各備兵器及冬衣・戎衣・二朔料麤末乾飯以待如有緩急 元帥・各軍目道兵馬使

다음 해(1390)에는 이것마저 폐지함과 동시에 그 隷下 군인을 돌려보내고 말았다.

422 **原定別抄** 二軍・六衛나 州縣軍의 정규군 이외에 따로 뽑아서 조직한 군대가 別抄이다. 別武班・三別抄 등이 모두 이에 속하는 것이지만, 이 別抄는 점차 정규군으로서의 성격을 지니게 되었다. 이리하여 각지마다 일정한 수의 戶가 별초군으로 지정되어 있었던 것으로, 이를 原定別抄라고 하였다. 그러나 뒤에는 原定別抄 이외에 또 다른 別抄軍이 증가하기에 이르니 이것이 加定別抄란 것이었다.

423 **煙戶軍** 개경의 5部坊里軍과 각도의 原定別抄 이외에 그들과는 다른 대상자를 다른 방법으로 징발하여 조직한 군대였다. 즉 전자가 가옥의 間數라든가 또는 人丁의 多寡 등이 기준이 되었다고 생각되는 데 대해서, 煙戶軍은 세대마다에서 1명의 男丁을 징발한 것이기 때문에 煙戶軍이라고 한 것이다. 이 경우에 대개는 奴가 징발되기 마련이 아니었나 한다. 禑王 4년(1378)에 각 도에 翼軍을 조직하면서 人吏・驛子와 官寺・倉庫・宮司의 奴와 私奴로써 煙戶軍을 구성하게 한 것은 그런 데서 말미암은 것 같다.

【참고】內藤雋輔, 「高麗兵制管見」, 『靑丘學叢』 15・16, 1934; 『朝鮮史硏究』, 京都大 東洋史硏究會, 269~270쪽.
白南雲, 『朝鮮封建社會經濟史』 상, 改造社, 1937, 704~706쪽.

424 **別軍** 달리 설명이 없어 잘 알 수 없다.

及期來會."

우왕禑王이 이르기를, "사방에서 도적이 아직 그치지 않으니, 군정軍政은 이때의 급한 바이다. 금후 군사를 동원할 때마다 각 도道의 도순문사都巡問使[425]로 하여금 원수元帥를 겸하고, 군목도軍目道[426]의 관원으로 하여금 병마사兵馬使·지병마사知兵馬使를 겸하게 하여, 각 도道의 원수元帥와 각 군목도軍目道의 병마사兵馬使[427]·지병마사知兵馬使와 더불어 각 도의 일찍이 품관에 속해 있던 군인을 거느리고 서울에 올라오게 하라. (그리고) 대소품관大小品官과 아울러 (그) 자제와 한산양반閑散兩班[428]·백성百姓[429]과 제궁사

---

425 **都巡問使** 『고려사』 77 百官志 2 外職 節制使 조에 '恭讓王元年 改都巡問使爲都節制使 元帥爲節制使 或帶州府之任 先是巡問·元帥 皆以京官口傳 至是始用除授 以專其任'이라고 있다. 이에 의하면 都巡問使는 원래 京官의 겸직으로서 口傳에 의하여 임명되며 道를 단위로 하였음을 알 수 있다. 都巡問使가 軍事를 담당하고 있었음은 '軍事下都巡問使 民政下按廉使'(『고려사』 84 刑法志 1 職制 禑王 14년 6월)라고 한 데서도 분명하지만, 元帥와 구분되는 것으로 보아 軍令보다 軍政을 주로 맡고 있었던 것 같다.

426 **軍目道** 軍目이란 원래는 軍 명단 정도의 뜻이 아니었나 한다. 『고려사』 30 忠烈王世家 13년 6월 기사 조에 '時有隊正李普·李成兄弟 皆在軍目 以其有母 兄乞留弟侍養 弟亦乞留兄 王感其孝誠 並許留養'이라고 한 것에서 짐작할 수 있다. 이로부터 軍目道라면 군대를 調發하는 單位道의 뜻이 되어, 대체로 京·都護府·牧 등 界首官이 임명되는 지방행정단위와 동일한 것이 되었는데, 뒤에는 차차 확대되어가는 것으로 생각된다. 그리고 이 軍目道의 장관도 兵馬使로 불렸다.

427 **兵馬使** 兩界의 장관도 兵馬使였으나 軍目道의 장관 역시 兵馬使라고 불렀다. 처음 忠烈王 이후 군사동원에 있어서 兵馬使를 임명하여 이를 지휘하게 하는 일이 있었다. 그러다가 恭愍王 11년(1362)에 紅巾賊을 막기 위한 동원에 兩界 이외 南道의 京·都護府·牧에 兵馬使를 임명한 일이 있는데, 이것이 새로운 兵馬使制의 시초였던 듯하다(『고려사』 40 恭愍王世家 11년 8월 경술). 그리고 다음 해인 12년(1363)에도 調兵을 위한 兵馬使의 파견이 있었다(同上 12년 5월 갑오). 그런데 15년(1366)에는 33명의 兵馬使가 있었음이 나타나고 있는데(『고려사』 41 恭愍王世家 15년 5월 을사), 아마 兵馬使 수도 元帥의 그것과 한가지로 증대하였던 것 같다.

428 **閑散兩斑** 閑散官과 마찬가지일 것이며, 閑良 혹은 閑良品官을 가리키는 것이다. (각주 390, 397 참조)

429 **百姓** 百姓이라는 말은 원래 일반 인민을 가리키는 말로 사용되었으며, 고려시대에서도 그러하였다. 그러나 고려시대에는 특수한 사회계층을 가리키는 독특한 의미를 가지고 쓰이기도 하였다. 이 사실을 처음 주목한 것은 李佑成으로서 그는 이를 村長·村正으로 보고, 그들이 부농층에서 선임된 관계로 신분적으로는 向上 비약하여 특수한 '百姓'층을 이루게 되고, 나아가서는 고려 말의 士大夫계층에도 상당한 진출을 하였을 것으로 보았다(李佑成, 「麗代百姓考」, 『歷史學報』 14, 1961). 한편 武田幸男도 이를 특수사회계층으로 보고 이

諸宮司 · 창고倉庫 · 사노한私奴漢과 재인才人[430] · 화척禾尺[431] · 승인僧人(僧徒) · 향리鄕吏[432] 중에서 궁마弓馬에 익숙한 자를 택하여 각기 병기兵器 및 동의冬衣 · 융의戎衣와 2개월분의 거친 가루 건반乾飯을 준비하고 기다리게 하였다가, 만일 급한 사태가 있으면 원수元帥와 각 군목도軍目道의 병마사兵馬使는 기일에 미치도록 와 모이라."고 하였다.

【原文】八月 遣使諸道點兵. 楊廣道騎兵五千 · 步卒二萬, 慶尚道騎兵三千 ·

들이 혈연적 지연적인 同族 즉 姓氏집단이며, 附籍하여 力役을 부담하는 특수신분을 가졌다고 하였으나 그 실체가 村長 · 村正과 어떤 관계에 있는지는 언급이 없다(武田幸男, 「高麗時代の百姓」, 『朝鮮學報』 28, 1963).

430 才人 본래 才人이란 재주부리는 사람이란 뜻이었으며, 따라서 伎女 · 樂人 등과 동류에 속하는 것이었다. 그런데 禾尺(楊水尺) 중에는 이리저리 전전하며 가무와 재주부리는 것을 업으로 하는 무리들이 있어서, 이들도 才人이라고 불리게 되었고, 뒤에는 才人이라고 하면 이들을 가리키는 것이 보통이다. (→ 각주 431 참조)

431 禾尺 혹은 楊水尺 · 水尺이라고도 부르고, 조선시대에는 白丁이라고 부르던 특수부락민이다. 원래 북방 유목민 출신인 이들은 옛 생활습성을 버리지 않고 사방을 유랑하는 생활을 하였다. 이들은 목축 · 수렵 · 도살 · 柳器제조 · 歌舞 등을 주업으로 하는 특수사회계층을 이루고, 戶籍에는 편입되지 않아 일반민과 구별되었다. 말하자면 사회적으로 일종의 예외적 존재였고 천시의 대상이었다. 이들은 때로 약탈행위를 자행하기도 하였고, 이를 은폐하기 위하여 倭寇와 같이 꾸미기도 하였으며, 또 이민족 침략군의 先導가 되기도 하였다. 이러한 폐단을 없애기 위하여는 이들을 농경사회에 동화시킬 필요가 있었으며, 조선 세종 때에 그들에게 농토를 주어 정착시키고 編籍하여 일반 농민과 같이 白丁이라고 부르게 하였다. 그 이후 白丁은 그들에 대한 전용호칭으로 변하였던 것이다.

【참고】 今西龍, 「朝鮮白丁考」, 『藝文』 9-4, 1918.
鮎貝房之進, 「白丁」「水尺」「禾尺」『雜攷』 5, 1932.
姜萬吉, 「鮮初白丁考」, 『史學研究』 18, 1964.

432 鄕吏 원래 長吏가 법제적인 일반명칭이고, 혹은 外吏 · 州吏 등으로도 불리었다. 신라 말기에 지방에서 대두한 호족은 중앙귀족으로 진출하기도 하였지만, 한편으로는 지방에서 향리가 되어 지방행정에 참여해서 그 신분과 役(鄕役)을 세습하기도 하였다. 이들은 일반 인민으로부터 田租 · 土貢 · 力役 등을 징수하는 임무뿐 아니라 開京에 其人을 보내어 지방과의 諸業務를 처리하였다. 이러한 대가로 일정한 職田을 받았던 것이다. 향리는 원래 出自가 중앙의 문신과 같았던 만큼 과거에 급제함으로써 중앙귀족으로 진출할 수 있는 고려 지배계급의 일부를 형성하였다.

【참고】 有井智德, 「高麗の鄕吏に就いて」, 『東洋史學論集』 3, 1954.
金鍾國, 「高麗時代の鄕吏に就いて」, 『朝鮮學報』 25, 1962.
深谷敏鐵, 「高麗初期の鄕吏について」, 『鈴木俊記念東洋史論叢』, 鈴木俊教授還曆記念會, 1964.

步卒二萬二千, 全羅道騎兵二千 · 步卒八千, 交州道騎兵四百 · 步卒四千六百, 江陵道騎兵二百 · 步卒四千七百, 朔方道騎兵二千[433] · 步卒七千, 平壤道騎兵六百 · 步卒九千, 西海道騎兵五百 · 步卒四千五百.

(우왕 2년) 8월에 사使를 제도諸道에 보내 군사를 점열하였는데, 양광도楊廣道는 기병騎兵이 5,000, 보졸步卒이 20,000이요, 경상도慶尙道는 기병이 3,000, 보졸이 22,000이요, 전라도全羅道는 기병이 2,000, 보졸이 8,000이요, 교주도交州道는 기병이 400, 보졸이 4,600이요, 강릉도江陵道는 기병이 200, 보졸이 4,700이요, 삭방도朔方道는 기병이 2,000, 보졸이 7,000이요, 평양도平壤道는 기병이 600, 보졸이 9,000이요, 서해도西海道는 기병이 500, 보졸이 4,500이었다.

道	騎兵	步卒	계
楊廣道	5,000	20,000	〔25,000〕
慶尙道	3,000	22,000	〔25,000〕
全羅道	2,000	8,000	〔10,000〕
交州道	400	4,600	〔5,000〕
江陵道	200	4,700	〔4,900〕
朔方道	2,000	7,000	〔9,000〕
平壤道	600	9,000	〔9,600〕
西海道	500	4,500	〔5,000〕
계	〔13,700〕	〔79,800〕	〔93,500〕

【原文】 三年正月 新置安州二翼軍 號新勇 · 新猛. 安州本有八翼 今更爲二翼 總十翼 與西京軍同.

(우왕) 3년(1377) 정월에 새로이 안주安州[434]에 두 익군翼軍[435]을 설치하고,

433 『國故叢刊』本에는 '三千'으로 되어 있으나 『澗松文庫』本에는 '二千'으로 되어 있다.

434 **安州** 淸川江 입구 南岸에 자리잡은 군사적 요해지로서 고려 당대에 安北道護部가 설치되어 北界의 중심을 이루고 있었다.

435 **翼軍** 원래 翼軍이란 전투에 동원된 군대에서 羽翼의 역할을 담당하는 부대를 일컬어왔다. 그것이 상비부대의 호칭으로 된 것은 恭愍王 18년(1369)의 일이었다. 이때 西北界에

신용新勇·신맹新猛이라 불렀다. 안주安州에는 본래 8익翼이 있었는데[436] 지금 다시 2익을 만드니 모두 10익이 되어 서경군西京軍[437]과 같아졌다.

【原文】二月 召募良家子弟善射御者及郡縣吏有膂力者 防倭. 覈諸司員吏告歸田里久不還者 削職 取其田 給有戰功者.

(우왕 3년) 2월에 양가良家의 자제[438]로서 활쏘기와 말타기를 잘하는 자와 군현리郡縣吏(鄕吏)로서 힘센 자를 모집하여 왜倭를 막게 하고, 여러 관사官司의 원리員吏로서 휴가를 얻어 전리田里에 가서는 오랫동안 돌아오지 않는 자[439]를 조사해서 직職을 깎고 그 전토田土를 뺏어서 전공戰功이 있는 자에게 주었다.

西京·安州·義州·泥城·江界의 5萬戶府를 설치하고, 그 밑에 각기 몇 개의 翼軍을 두어 千戶로 하여금 이를 지휘하도록 하였던 것이다(『고려사』 81 兵志 1 병제 恭愍王 18년 11월 조). 그러나 뒤에 이것이 확대되어 禑王 4년(1378)에 5도 지방에도 翼軍이 설치되기에 이르렀으나 다음 해에 폐지되었다(同上 禑王 4년 12월 및 5년 윤5월 조). 翼軍의 특색은 병농일치의 원칙에 입각하고 있다는 점에 있다. 이것은 일체의 貢賦가 면제되는 兩界에서는 별로 문제가 없었으나, 貢賦差役의 의무를 지는 5도의 居民에게는 새로운 무거운 부담이 되어 농민의 流亡을 초래하기에 이르렀던 것이며, 실시한 지 불과 1년도 못되어 폐지하지 않을 수 없었던 이유도 거기에 있었다. 그러나 이 翼軍制는 병농일치에 입각한 兵制를 전국적으로 실시하도록 시도하였다는 점에서 우리나라 兵制史上 중요한 의의를 지닌다고 생각한다.

436 **安州本有八翼** 본 兵志 1 병제 恭愍王 18년 11월 조 참조.

437 **西京軍** 즉 西京의 翼軍이니, 西京萬戶府하에 10翼軍이 있었음은, 역시 본 兵志 병제 恭愍王 18년 11월 조에 나온다.

438 **良家子弟** 良家는 軍戶 및 賤戶와 구별되는 개념으로 생각되는데, 한편 위로는 귀족이나 향리와도 구별되었음은 본문의 내용으로 미루어 짐작된다. 그러므로 대체로 良人家戶의 뜻으로 생각하여 좋을 것이지만, 그중에서는 부유층을 흔히 가리킨 것이 아닌가 한다.

439 **諸司員吏 告歸田里 久不還者** 고려 후기에 지방에서 農莊을 생활 기반으로 삼고 있는 지주적 관인층이 형성되어감에 따라서, 관리들 중에는 지방으로 내려가는 사례가 증가하여 갔다. 이와 함께 과거에는 귀족관리에 대한 처벌규정이던 歸鄕이 무의미한 것이 되어갔다. 반대로 국가에서 도리어 그들에게 職稅를 부과하여 이를 금지시키고자 하였던 것이다. 여기서도 그러한 경향의 일면을 엿볼 수가 있다.

【참고】李佑成, 「高麗朝의 吏에 대하여」, 『歷史學報』 23, 1964.
文炯萬, 「麗代歸鄕考」, 『歷史學報』 23, 1964.

【原文】三月 徵造戰船僧徒於京山及各道. 楊廣道一千人, 交州・西海・平壤道各五百人, 京山三百人. 令曰: "僧徒如有苟避者 輒以軍法論." 移牒諸道 其船匠一百人 餱廪及其妻孥.

(우왕 3년) 3월에 전선戰船을 만드는 승도僧徒를 경산京山 및 각 도道에서 징발하였는데, 양광도楊廣道는 1,000인이요, 교주交州・서해西海・평양도平壤道는 각각 500인이요, 경산京山은 300인이었다. (이에) 영令하기를, "승도僧徒로서 만일 짐짓 피하는 자가 있으면 곧 군법으로써 논한다." 하고, 모든 도道에 이첩移牒하여 "선장船匠 100인은 식량이 그 처자妻子에게도 미치게 하라."고 하였다.

【原文】都城諸門 皆置元帥 分領五部坊里軍 以備之.

도성都城의 제문諸門에는 모두 원수元帥를 두어 5부방리군五部坊里軍[440]을 나누어 거느리고 미리 대비하도록 하였다.

【原文】判三司事崔瑩至行省 調諸元帥從事各十人及各愛馬・宮司・倉庫人爲江華防戍之軍. 怒其部伍不一 使請於禑曰: "臣願斬部伍之長." 禑曰: "都統使毋乃已殺乎 請輕之 重者杖之 輕者原之."

삼사三司[441]의 판사判事[442]인 최영崔瑩[443]이 행성行省에 이르러 제원수諸元

440 5部坊里軍 개경의 5部 坊里 壯丁들은 選軍의 대상이 되기는 하였으나 그들 자체가 군인이지는 않았다. 그들이 곧 군대로 동원되기는 고려 말에 倭寇의 침해가 開京 가까운 江華島 근방까지 미쳐 온 뒤부터였다. 이것은 南道 지방에서 翼軍을 조직하는 것과 마찬가지라고 할 수 있다. 5部坊里軍의 징발을 장악할 목적으로 설치된 것이 5部都摠都監이었고, 징발 기준은 그때마다 달랐으나 戶의 大小가 제일 중요한 것이었나. 뒤에는 여기 본문에 나타나 있는 바로서 알게 되는 바와 같이, 元帥로 하여금 이를 거느리게 하였는데, 이도 5道翼軍의 경우와 마찬가지였다. (→ 각주 123 참조)

【참고】內藤雋輔, 「高麗兵制管見」, 『靑丘學叢』 15・16, 1934; 『朝鮮史硏究』, 京都大 東洋史硏究會, 1961, 263~267쪽.

白南雲, 『朝鮮封建社會經濟史』 상, 改造社, 1937, 699~700쪽.

441 三司 고려에서 中外 錢穀의 출납과 회계의 임무를 맡은 관부. 그 장관은 使(정3품)이나 그 위에 宰臣이 겸임하게 되어 있는 判事가 있어서 이를 총관하였다. 三司가 內議省・廣評

帥의 종사從事[444] 각 10명 및 각 애마愛馬와 궁사인宮司人·창고인倉庫人을 조발調發하여 강화방수군江華防戍軍을 삼았는데, 그 부오部伍(隊列)가 정연하지 못한 것을 노하여 우왕禑王에게 청하여 이르기를 "신臣은 부오部伍(部隊)의 장長을 참斬하기를 바랍니다."고 하였다. 우왕禑王이 말하기를, "도통사都統使는 죽임이 심하지 않느냐. 청하건대 이(처벌)을 가벼이 해서 (죄가) 중한 자는 장杖에 처하고 가벼운 자는 사赦하여 주라."고 하였다.

【原文】 四月 點五部街里戶數. 以屋三十間出丁三人, 二十間[445]出丁二人, 十間[446]出丁一人, 九間以下令出從軍者軍具.

(우왕 3년) 4월에 5부部 가리街里의 호수戶數를 점고하였는데, 가옥 30칸에서 정丁 3명을 내고, 20칸에서 정 2명을 내고, 10칸에서 정 1명을 내되, 9칸 이하에는 종군자從軍者의 군구軍具를 내게 하였다.

省과 함께 고려 초기의 3省이었다는 설(『彙纂麗史』 15 百官志)은 자세히 알 수 없으나, 중요한 財政기구였던 만큼 뒤에는 그 使가 宰樞회의에 참가할 수 있었다.

【참고】『고려사』 76 百官志 1 三司.

442 **判事** 6部를 위시한 고려의 중요 행정기구에는 전임의 장관 위에 대개는 宰臣이 겸임하게 되는 判事가 있어서 當該 관부의 행정을 관할 지휘하였다. 이 제도는 中書門下省의 중요성을 말하여줄 뿐 아니라, 고려 귀족정치의 일면을 보여주기도 하는 것이다. 조선시대에는 判事가 提調로 변하거니와, 6曹에는 설치되지 않아 6曹의 정치적 비중이 커지는 변화를 초래하게 되는데, 이는 모두 두 사회의 성격적 차이의 한 면을 나타내주는 것이다.

【참고】 邊太燮, 「高麗宰樞考」, 『歷史學報』 35·36합집, 1967.
李光麟, 「提調制度 硏究」, 『東方學志』 8, 1967.

443 **崔瑩** (忠肅王 3년~昌王 즉위년, 1316~1388) 昌原 崔氏. 崔惟淸의 5대손이다. 紅巾賊·倭寇의 격퇴와 興王寺變의 진압에 공을 세워 官이 門下侍中에까지 이르렀다. 遼東 정벌을 주장하여 군대를 동원하였으나 李成桂의 回軍으로 축출되었다가 斬刑되었다.

【참고】『고려사』 113 崔瑩傳.

444 **從事** 원래 동원된 군대의 지휘관인 元帥나 기타 필요한 요원에게는 일정한 수의 衛身從卒이 허락되었다(본 兵志 1 병제 仁宗 23년 조 참조). 여기의 從事란 이 衛身從卒과 마찬가지였을 것이다. (→ 각주 256 참조)

445 『澗松文庫』本 및 『國故叢刊』本에는 모두 '閒'으로 되어 있으나 間으로 되어야 할 것이다.

446 『澗松文庫』本 및 『國故叢刊』本에는 모두 '十三間'으로 되어 있으나, 뒤에 '九間以下'라고 한 것으로 미루어 '十間'이 되어야 할 것이다. 『고려사절요』에는 '十間'으로 되어 있다.

【原文】五月 都評議使懼倭賊犯京 令街里烟戶軍 約束部伍 畫地以守之 失畫地者斬. 乃以崔瑩·曹敏修治兵甲. 楊廣·全羅·慶尙三道 倭賊方熾 京城益戒嚴. 乃出良家子弟·諸元帥從事·各司謁告歸鄕者 徵至京城 不應者 籍沒其家.

(우왕 3년) 5월에 도평의사都評議使는 왜적倭敵이 경성京城을 범犯할까 두려워하여 가리街里의 연호군煙戶軍으로 하여금 부오部伍를 짜서 땅을 구획하여 이를 지키게 하되 구획한 땅을 잃은 자는 목을 참斬하게 하였다. 이에 최영崔瑩과 조민수曹敏修[447]로써 무기와 갑옷을 다스리게 하였다. 양광楊廣·전라全羅·경상慶尙의 3道에 왜적倭敵이 바야흐로 심하여지니, 경성京城은 더욱 경계가 엄하여졌다. 이에 양가良家의 자제와 제원수諸元帥의 종사從事를 출동시키고, 각사各司의 휴가를 얻어 귀향歸鄕한 자를 징발하여 경성京城에 이르게 하고, 응하지 않는 자는 그 집을 적몰籍沒하였다.

【原文】五月 烽火自江華晝擧不絶 京城戒嚴 遣諸元帥 分戍東·西江 召募勇士 官給布人五十匹.[448]

(우왕 3년) 5월에 봉화烽火가 강화江華로부터 낮에 올라 그치지 않으니, 경성京城은 경계가 엄하고 여러 원수元帥를 보내 동강東江과 서강西江을 나누어 지키게 하고, 용사勇士를 소모召募하여 관官에서 한 사람에 포布 50필을 주었다.

【原文】六月 都評議使閱各道所調閑散軍. 先是各都抄軍使等抄閑散子弟 慶尙道六百 全羅道一千三百四十 楊廣道七白. 無馬者畏刑 至有鬻子易馬 盡賣家產 又賣已耘之田 以求馬匹. 雖名閑散 其實農民及戍邊鎭者居半 至是皆令

447 曹敏修 (?~공민왕 2년, ?~1390) 昌寧 사람. 紅巾賊 격퇴에 공이 있어 출세했다. 遼東 정벌 때에 李成桂와 더불어 회군하여 그의 절정기에 이르나, 私田改革에 반대한 관계로 이성계 일파에게 축출되었다.

448 '官給布人五十匹'을 『고려사절요』 30 禑王 3년 5월 조에는 '皆賞以官 先給布人五十匹'이라고 하였다.

放歸.

(우왕 3년) 6월에 도평의사都評議使가 각 도道에서 조발調發한 한산군閑散軍[449]을 점열하였다. 이보다 앞서 각 도道 초군사抄軍使[450] 등이 한산閑散의 자제를 뽑았는데, 경상도慶尙道가 600이요, 전라도全羅道가 1,340이요, 양광도楊廣道가 700이었다. 말馬이 없는 자는 형벌을 두려워하여 아들을 팔아 말과 바꾸고, 가산家産을 모두 팔고도 또 이미 김매기까지 해놓은 전토田土를 팔아 마필馬匹을 구하기에 이르렀다. 비록 한산閑散이라고 이름하지만 실제로는 농민 및 변진邊鎭에 방수防戍하는 자가 반을 차지하였으므로, 이에 이르러 모두 놓아주어 돌아가게 하였다.

【原文】 七月 開城府狀曰: "其一. 倭賊向京城對戰事則曰 我國家夜別抄三番皆步卒 有勇力者也. 近年以來 倭賊深入陸地 弱馬窮民 强稱馬兵 不論射御能否 皆以凋弓殘箭 以具軍額. 如遇長槍利劍摧鋒挫銳之寇 無所措手 多致喪亡 誠可痛也. 願自今射御驍勇者爲馬兵 其民軍則爲步卒 皆槍劍白棒 隨其所用 以禦賊鋒可也. 其二. 各道各官依東西北面例 各翼設立事則曰 輕變先王之制 似乎不可. 然無知之民 不慮社稷安危 規免出征 彼此流移. 軍額日縮職此之由 宜分揀强弱 以成軍籍. 其三. 五部元帥定體事則曰 城內鰥寡孤獨稍多 其無男丁各戶外烟戶男丁 調發出軍. 其四. 定遼軍馬對敵事則曰 嚴其械 謹烽燧 馬兵步卒各持所能軍器 養兵靜守 如有彼敵 兩班·百姓·公私賤隸·僧俗勿論 悉皆調發力戰. 勢如難濟 各入山城 堅壁固守 乘間伺隙 四出功之."

---

449 **閑散軍** 지방에 내려가 있는 前職 散官을 징발하여 조직한 군대이다. 여기 본문에도 나타나 있는 바와 같이 이들은 스스로 馬匹을 준비해야 하는 馬兵이었다. (→ 각주 390, 397 참조)

450 **抄軍使** 道 단위로 지방에 파견되었다고 생각되는 군대 調發의 임무를 띤 임시관. 選軍使가 二軍·六衛의 정규군인을 뽑기 위한 것이라면, 抄軍使는 기타 諸軍을 뽑는 것이라고 생각된다.

(우왕 3년) 7월에 개성부開城府[451]에서 장狀을 올리어 (다음과 같이) 말하였다.

"첫째, 왜적倭敵이 경성京城으로 향하는데 대전對戰하는 일을 말하면, 우리나라의 야별초夜別抄 3번番은 모두 보졸步卒로서 용력勇力이 있는 자였습니다. 근년 이래 왜적이 육지에 깊이 들어오자, 약한 말과 궁한 인민을 억지로 마병馬兵이라 칭하고, 활쏘기와 말타기의 능부能否를 논함이 없이, 모두 망가진 궁전弓箭을 (가진 자)로써 군수軍數를 채웠습니다. (그러니) 만일 긴 창과 날카로운 검으로 예봉을 꺾는 구적寇賊을 만나면 어찌할 바를 모르고 많이 도망함에 이르는 것입니다. 진실로 애통해야 할 일입니다. 원하건대 지금부터는 활쏘기와 말타기에 (능한) 효용驍勇한 자는 마병馬兵을 삼고, 민군民軍은 보졸步卒을 삼아, 모두 창槍·검劒·백봉白棒을 가지고 그 용도에 따라서 적봉賊鋒을 막는 것이 좋겠습니다.

둘째, 각 도道의 각 관官이 동북면東北面과 서북면西北面의 예에 따라 각 익군翼軍을 설립하는 일을 말하면, 선왕의 제도를 가벼이 변경함은 옳지 못한 듯합니다. 그러나 무지한 인민이 국가의 안위를 돌보지 않고 출정을 면하기를 꾀하여 여기저기 흘러다닙니다. 군수軍數가 날로 줄어듦은 주로 이 때문이니, 마땅히 강약을 분간해서 군적軍籍을 만들어야 할 것입니다.

셋째, 5부部 원수元帥가 규례規例를 정하는 일을 말하면, 성내城內는 환과고독鰥寡孤獨(홀아비·과부·고아·자식 없는 노인)이 저으기 많으니, 남정男丁이 없는 각 호戶 이외의 연호烟戶(民戶)의 남정男丁을 조발調發해서 출군出軍하게 할 것입니다.

---

451 **開城府** 開城府는 成宗 14년(995)에 처음 설치된 왕성 外에 있는 지방관부로서, 신라의 開城郡治, 조선의 開城縣址에 위치하였다. 그 장관은 府尹이었으며, 赤縣 6과 畿縣 7을 관할하였다. 顯宗 9년(1018)에 赤縣과 畿縣이 京畿로 개편되면서 개성부는 없어지고 개성현이 長湍縣과 함께 並置되었다. 그러나 文宗 23년(1069)에 개성부가 復置되고(장관은 知事) 京畿는 41縣으로 대폭 확대되었다. 그러다가 忠烈王 34년(1308)에 개성부가 왕성 內로 이전됨과 함께 그 관장하는 바도 都城 內가 되고, 따로 옛 府治에는 開城縣이 설치되었으나 이는 京畿 전체를 관장하기보다는 하나의 縣治로 남았다고 보아야 할 것이다.

【참고】 末松保和, 「高麗開城俯考」, 『稻葉記念滿鮮史論叢』, 稻葉博士還曆記念會, 1938; 『靑丘史草』 1, 1965.

넷째, 정료위定遼衛[452]의 군마軍馬와 대적하는 일을 말하면, 기계器械를 엄히 하고 봉수烽燧를 정성들여 하고 마병馬兵과 보졸步卒이 각기 능한 바 군기軍器를 가지고 군사를 길러 고요히 지키다가, 만일 적이 나타나면 양반·백성·공사천예公私賤隷·승속僧俗을 막론하고 일체 모두 조발調發하여 힘껏 싸우게 하십시오. 만일 형세가 감당하기 어려울 것 같으면, 각기 산성山城에 들어가서 성벽을 든든히 하고 굳게 지키다가 틈을 타고 사이를 엿보아 4면에서 나와 이를 공격하게 합시다."

【原文】 十月 始置火桶都監.

(우왕 3년) 10월에 처음으로 화통도감火桶都監[453]을 설치하였다.

【原文】 徵諸道兵 以備倭 慶尙道奇兵六百 江陵·平壤道各三百 朔方·西海道各二百 交州道騎·步幷五百.

제도諸道의 군사를 징발하여 왜倭에 대비하였는데, 경상도慶尙道는 기병騎兵 600이요, 강릉도江陵道와 평양도平壤道는 각 300이요, 삭방도朔方道와 서해도西海道는 각 200이요, 교주도交州道는 기병騎兵과 보졸步卒이 합하여 500이었다.

---

452 **定遼衛** 明 太祖는 洪武 4년(공민왕 20년, 1371) 遼陽에 定遼衛를 설치하였는데, 여기에는 中·左·右 ·前·後의 5衛가 있었다. 明의 동방 진출의 전초지로서 고려에 새로운 위협이 되었다.

【참고】『遼東志』1 地理志 연혁.

453 **火桶都監** 혹은 火㷁都監이라고도 쓴다. 崔茂宣의 건의에 의하여 설치된 것이다. 崔茂宣은 왜구를 격멸하는 데는 火藥만함이 없다고 생각하여 중국 상인 李元으로부터 화약을 제조하는 법을 배워 국가에 건의해서 火桶都監을 설치하기에 이르렀던 것이다. 火桶都監에서는 大將軍·二將軍·三將軍·六花·石砲 등등의 이름을 가진 20종 가까운 火器를 제조하였고, 이를 전문적으로 다루는 火桶放射軍도 따로 조직하기에 이르렀다. 이때의 火器는 탄환을 사용하여 적을 살상하는 것도 있는 듯하지만, 주로 矢箭을 발사하여 목적물을 焚燒하는 데 효능이 있었던 것 같다. 이로써 왜구의 船艦을 焚燒하여 왜구 격퇴에 큰 공을 세웠다. 그러나 火桶都監은 설치된 지 10여 년 만인 昌王 즉위년(1388)에 趙浚의 건의에 따라 혁파되고 그 업무가 모두 軍器寺로 이관되었다.

【참고】 許善道, 「麗末 鮮初 火器의 傳來와 發達」 상, 『歷史學報』 24, 1964, 13~22쪽.

【原文】四年四月 定火桶放射軍於京外各寺 大寺三名 中寺二 小寺一.

(우왕) 4년(1378) 4월에 경성京城과 지방의 각 사寺에 화통방사군火桶放射軍[454]을 할당하였는데, 대사大寺는 3명이요, 중사中寺는 2명이요, 소사小寺는 1명이었다.

【原文】十二月 都堂議置軍翼 遣各道計點元帥. 下旨: "限倭寇寢息 依西北面例 各道皆置軍翼 擇淸白能射御者 自奉翊至四品千戶 五·六品爲百戶 參外爲統主 千戶統千名 百戶百名 統主十名 錄軍籍. 其餘三品至六品 分屬各翊備軍器衣甲 以兩班·百姓·才人·禾尺爲軍人 人吏·驛子·官寺倉庫宮司奴·私奴爲烟戶軍 定頭目 聽自願 備弓箭槍劍中一物 五人爐臼一·斧二·鎌二. 各其官押領習戰 令元帥府及軍目長官點檢 無事歸農 有變押領赴征. 違者以軍法論 流移魁首及引誘許接人 並皆軍法斷罪."

(우왕 4년) 12월에 도당都堂에서 군익軍翼(익군翼軍)을 설치할 것을 의논하여 각 도道에 계점원수計點元帥[455]를 파견하였다. 지旨를 내리기를, "왜구가 그칠 때까지 서북면西北面의 예에 따라서 각 도道가 모두 군익軍翼을 설치하되, 청백淸白하고 사어射御에 능한 자를 택하여, 봉익奉翊[456]으로부터 4품까지는 천호千戶를 삼고, 5·6품은 백호百戶를 삼고, 참외參外(6품 이하)

---

454 **火桶放射軍** 火器를 발사하는 전문부대였을 것이다. 사원 소속의 승도들로써 구성된 것이 그 특색이라고 하겠다.

【참고】許善道, 「麗末 鮮初 火器의 傳來와 發達」 상, 『歷史學報』 24, 1964, 17쪽.

455 **計點元帥** 戶口를 計點하여 翼軍을 설치하는 임무를 띠고 各 道에 파견된 元帥이다. 『고려사』 133 辛禑傳(4년 12월)에 의하면 이때 파견된 計點元帥는 동북면에 柳曼殊, 전라도에 吳季南, 楊廣道에 安翊, 강릉도에 南佐時, 서해도에 王安德, 交州道에 慶補였고, 경상도에서는 都巡問使 裵克廉이 이 일을 관장하였다. 이를 계기로 병농일치 혹은 國民皆兵에 입각한 翼軍이 전국적으로 확대되었다.

456 **奉翊** 충선왕 2년(1310)에 개정된 文散階의 종2품하로서 정식명칭은 奉翊大夫이다. 공민왕 5년(1356)에 명칭이 고쳐졌으나 11년(1362)에 재차 사용되었고, 18년(1369)에 다시 고쳐졌다가 21년(1372)에 다시 사용되게 된 듯하다. 奉翊의 위는 兩府의 宰樞여서, 말하자면 奉翊은 宰樞 밑의 최고 文散階가 된다. 이러한 관계로 해서 添設職이 많이 주어지기도 하였던 것 같다. (→ 각주 466 참조)

는 통주統主를 삼아, 천호千戶는 1,000명을 통수統帥하고, 백호百戶는 100명을, 통주統主는 10명을 (통수하여) 군적軍籍을 녹錄하게 한다. 그 나머지 3품에서 6품까지는 각 익군翼軍에 분속分屬시켜 군기軍器와 갑옷을 갖추게 하고, 양반兩班[457] · 백성百姓 · 재인才人 · 화척禾尺은 군인을 삼고, 인리人吏(鄕吏) · 역자驛子[458]와 관시官寺 · 창고倉庫 · 궁사宮司의 노奴와 사노私奴로는 연호군烟戶軍을 삼아 두목頭目을 정하되, 각자가 원하는 대로 궁弓 · 전箭 · 창槍 · 검劍 중 한 가지를 갖추게 하고, 5명이 노구爐臼(화로그릇) 1, 부斧(도끼) 3, 겸鎌(낫) 2를 갖추게 한다. 각기 그 관官이 인솔하고 전투를 익히게 하되, 원수부元帥府 및 군목도軍目道의 장관으로 하여금 점검하게 하며, 무사無事하면 돌아가 농사짓게 하고, 변이 있으면 인솔하고 정전征戰에 나가게 한다. 어긴 자는 군법으로 논하는데, 유이자流移者의 괴수와 (이를) 유인하여 받아들이는 사람도 아울러 모두 군법으로 처벌한다."라고 하였다.

【原文】五年正月 諫官上言: "易曰 '長子帥師 弟子輿尸 凶' 今元帥甚衆 令出多門 故體統紊亂 紀綱不立. 請依舊制 置一元帥 餘則罷之 加以他號 並聽元帥節制. 又倭賊日熾 侵掠諸道 而國家待其告急 然後遣將出師. 道里悠遠 將帥垂至 而賊已浮海 不及與戰. 假令與戰 倂日倍馳 軍馬疲困 屢至敗績. 請於諸道 預遣將帥 寇至則擊之."

(우왕) 5년(1379) 정월에 간관諫官이 상언上言하기를, "『역易』에 '장자長子가 군사를 거느리는데 제자弟子(장자長子의 동생 되는 아들)가 무리로 주관하면 흉하다'[459]라고 하였습니다. 지금 원수元帥가 심히 많아 영令이 여러 곳

---

457 兩班 문반과 무반을 합하여 부르는 칭호임은 다 아는 바이지만, 여기서는 7품 이하의 하급관리를 말하고 있다.

458 驛子 驛丁을 말함이니 驛의 大小에 따라서 6科로 나누어 驛丁數를 정하였는데, 1科는 75丁이요, 6科는 7丁이었다. 이들은 그 신분과 직업을 세습하였는데, 그 役의 대가로 일정한 토지가 급여되었다.

459 長子帥師 弟子輿尸 凶 『易』의 師卦에 나온다. 輿尸에 대해서는 이를 '衆主'로 해석하기도 하고, '師徒撓敗 輿尸而歸'로 해석하기도 하여 견해가 일치하지 아니하나, 여기서 上言한 諫官은 '衆主'의 뜻으로 취한 것이라고 보아야 하겠다.

에서 나오는 고로, 체통이 문란하고 기강이 서지 않습니다. 청하건대 구제舊制에 의해서 1명의 원수元帥만 두고 나머지는 이를 파하여 다른 칭호를 가加해서 모두 원수의 지휘를 받게 합시다. 또 왜적이 날로 성하여 제도諸道를 침략하는데, 국가에서는 급함을 고하는 것을 기다린 연후에야 장수를 보내어 군사를 출동합니다. (그러나) 길이 멀어서 장수가 거의 이르게 되면 적은 이미 바다에 뜨니 더불어 싸우기에 이르지 못하는 것입니다. 설사 서로 싸우더라도 보통 때의 배倍를 달리어 군마가 피곤하므로 누차 패함에 이르렀던 것입니다. (그러므로) 청하건대 제도諸道에 미리 장수를 보내어 왜구가 이르면 곧 이를 치게 합시다."라고 하였다.

【原文】閏五月 憲司上疏 論五道新置翼軍之弊曰: "古語曰 '天下雖安 忘戰必危' 又云 '足食足兵' 雖已安之國 忘戰則危 況未安之國 有事之時乎. 古人論兵必先足食者 兵雖衆 食不足 卽時無用之兵也. 故用兵之道 足食爲先 足食之道 勸農爲本. 今者各道分遣元帥 計口徵發 以成軍籍 以西北面例 翼置頭目. 而守令不顧大體 家至戶到 殘忍刻剝 至於單丁寡婦 令出子孫㑌倈居. 剝膚椎髓 無所不至 以至斬屍梟首 人皆恟懼. 不惟見存子孫 至於身死已久者 及從宦遠適者 亦悉付籍 及其點考 督使充額 方値農時 獄囚數萬. 於時盡賣家財以贖其罪 逐失産業 轉于溝壑. 且各翼頭目 必差有職者 故不論所居程途遠近 如得有職人 則定爲頭目 或三·四日 或五·六日 賫粮往還 其弊不可勝言. 又爲頭目者 雖當無事 不放軍歸農 常率田獵而奴使之 如或闕進 日徵布三·四匹 無布則家産·衣服·器皿並徵不還. 故民不忍苦 稍稍逃散 可謂於邑. 若西北面則全委軍務 貢賦一皆蠲免 特置各翼 收其田租 悉充軍餉 以故軍政無缺. 他道則不然 大小貢賦差役 皆由而出 加以翼軍 農民失業 田野蕭然 以致兵食不足 國勢日窘. 願罷各翼 籍見存丁壯爲軍 無事則歸農 有變則徵發以爲常式." 禑下其書都堂擬議 罷之.

(우왕 5년) 윤5월에 헌사憲司에서 소疏를 올리어 5도道에서 새로 설치한 익군翼軍의 폐해를 논하여 (다음과 같이) 말하였다.

"고어古語에 이르기를 '천하가 비록 평안하다 하더라도 전쟁(에 대한 대비)을 잊어버리면 반드시 위태롭다'라고 하였고, 또 이르기를 '식食을 족足하게 하고 병兵을 족足하게 하라'고 하였습니다. 비록 이미 평안한 나라라 하더라도 전쟁(에 대한 대비)을 잊어버리면 위태롭거늘, 하물며 평안하지 못한 나라에 사변事變이 있을 때에 있어서이겠습니까. 고인古人이 병사兵事를 논함에 있어서 반드시 식량을 족하게 함을 먼저 (말)함은 군사가 비록 많더라도 식량이 부족하면 이는 쓸 데가 없는 군사인 (때문)입니다. 그런 까닭에 용병用兵하는 길은 식량을 족하게 함을 첫째로 삼으며, 식량을 족하게 하는 길은 권농勸農을 근본으로 삼습니다. 지금 각 도道에 원수元帥를 분견分遣하여 인구를 세어 징발해서 군적軍籍을 만들고, 서북면西北面의 예에 따라서 익군翼軍에는 두목頭目을 두었습니다. (그런데) 수령이 대체大體를 돌보지 않고 집집마다 다니며 잔인 각박하게 굴어 단정單丁만 데리고 있는 과부에 이르기까지 자손을 나가게 하여 협거俠居하도록 합니다. 살을 벗기고 골수骨髓를 후비듯 하여 이르지 못하는 곳이 없고, 심지어는 시체를 베고 효수梟首하는 데까지 이르니, 사람들이 모두 두려워합니다. (그리고) 단지 살아 있는 자손뿐 아니라 죽은 지 이미 오래인 자와 관직에 종사하여 멀리 간 자에 이르기까지 또한 모두 군적軍籍에 올렸다가, 점고함에 미쳐서는 독촉하여 그 수를 채우게 하니, 바야흐로 농사 때를 당하여 옥에 갇힌 자가 수만 명이라, 누가 농사를 다스릴 수 있겠습니까. 이에 집 재산을 모두 팔아서 그 죄를 속贖하니 드디어는 생업을 잃고 구렁에 굴러 떨어지게 됩니다. 또 각 익군翼軍의 두목頭目은 반드시 관직이 있는 자를 임명하는 고로 거처하는 곳의 거리가 멀고 가까움을 논하지 않고 만일 관직을 가진 자를 얻기만 하면 정하여 두목을 삼으니, 혹은 3 · 4일 혹은 5 · 6일 양식을 가지고 오가게 하여 그 폐가 이루 말할 수 없습니다. 또 두목이 된 자는 비록 무사할 때라도 군사軍士를 놓아서 돌아가 농사짓게 하지 않고, 항상 거느리고 다니며 사냥을 하여 이들(軍士)을 종처럼 부리는데, 만일 어쩌다가 가지를 못하면 하루에 포布 3 · 4필을 거두고 포布가 없으면 가산家産 · 의복 · 기물器物을 모두 거두고는 돌려주지 않습니다. 그러므로 인민은 괴로움을 참지 못하고 점점 도망하여 흩어지니 슬프다고 하겠습니다. 서북면西北面 같으면 온전히 군무軍務를 맡기어[460] 공부貢賦는 일체 면제하고, 특히 각 익군翼軍을 두어 전조田租를 거둬서 모두 군량을 충당하니, 이 때문으로 해서 군정軍政에 부족함이 없습니다. 타도他道인즉 그렇지가 못하여 대소의 공부貢賦와 차역差役이 모두 (농민으로) 말미암아 나오는데, (여기에) 익군翼軍을 더하니 농민이 생업을 잃고 (흩어져) 전야田野가 소연蕭然하게 되어 군량이 부족하기에 이르니 국세가 날로 궁하게 되었습니다. 바라건대 각 익군翼軍을 파하고 현존하는 장정壯丁을 적籍에 올리어 군軍으로 삼아, 무사하면 돌아가 농사짓게 하고 변이 있으면 징발함을 상식常式으로 삼읍시다." 우왕禑王은 이 글을 도당都堂(都評議使司)에 내려서 의논하게 하고, (드디어) 이를 파하였다.

【原文】 六年六月 諫官上疏曰: "興師動衆 不能無弊. 故遣將帥 宜有節制. 國家已於各道置三元帥 一道之任 宜專委三元帥. 近來一有小寇 三元帥外 別遣諸元帥·諸兵馬使 非惟委任不專 卒無成功 往返之間 民受其苦. 乞自今令本道之任 專委三元帥 隨其成敗 以明賞罰. 仍乞各道元帥 依六道都巡察使·軍目統率 本道軍官毋得奪占 以致紛優."

(우왕) 6년(1380) 6월에 간관諫官이 소疏를 올리어 이르기를, "군사를 일으키고 병중兵衆을 동원함에는 폐단이 없을 수 없습니다. 그러므로 장수將帥를 파견함에는 마땅히 기율이 있어야 할 것입니다. 국가에서 이미 각 도道에 3원수를 두었으니 1도의 책임은 의당 오로지 3원수에게 맡겨야 할 것입니다. (그런데) 근래에는 한 번 소구小寇가 있어도 3원수 이외에 따로 여러 원수와 여러 병마사를 파견하니, 다만 임무를 맡김이 전일專一하지 않을 뿐 아니라, 끝내는 공功을 이룸도 없고, 가고 오는 동안에 인민이 그 괴로움을

460 西北面則全委軍務 서북면은 국방을 위한 특수군사지대로 설정하여 그 지방의 주민은 이를 모두 州鎭軍에 편입하였고, 그 지방 田土로부터 收租한 것은 이를 모두 預蓄하여 軍要에 충당하였다. 그러므로 서북면은 屯田軍적 성격을 띤 주진군으로서 형성되어, 오로지 국방을 위한 軍務가 맡겨진 지역이었다. (→ 각주 505 참조)

받게 됩니다. 빌건대 이제부터는 본도本道의 임무는 오로지 3원수에게 맡기고, 그 성패에 따라서 상벌을 밝게 합시다. 인하여 빌건대 각 도道의 원수는 6도 도순찰사六道 都巡察使[461]와 군목軍目[462]에 의해서 통솔하고 본도本道의 군관軍官[463]이 탈점奪占하여 분규를 일으킬 수 없게 합시다."라고 하였다.

【原文】 七年七月 都堂閱火桶都監火藥與防禦都監軍器.

(우왕) 7년(1381) 7월에 도당都堂에서 화통도감火桶都監의 화약火藥과 방어도감防禦都監의 군기軍器를 점열하였다.

【原文】 以倭寇方熾 在外前銜 奉翊 皆令赴征.

[우왕 9년(1383) 7월에][464] 왜구倭寇가 바야흐로 치열하여짐으로 해서 지방에 있는 전함前銜[465] 봉익奉翊과 통헌通憲[466]을 모두 전쟁에 나가게 하였다.

【原文】 九年七月 發坊里人[467] 守四門. 時才人·禾尺等成群摽掠 故有此令.

---

461 **六道都巡察使** 道巡問使와 비슷한 임무를 띠고 道에서 軍政을 담당한 것으로 생각된다. (→ 각주 425 참조)

462 **軍目** 軍目道의 官員이란 뜻일 것이다. 軍目道에는 兵馬使 등이 임명되어 있었다. (→ 각주 426 참조)

463 **本道軍官** 원래 各 道에 배치되어 있던 군관일 것이니, 5道 州縣軍의 지휘계통을 말하는 게 아닌가 싶다.

464 **九年七月** 본문에는 연대가 없으므로 7년 7월의 사실로 생각할 것이나, 『고려사』 135 辛禑傳에는 9년 7월 조에 있으므로 후자를 취하여 첨가하여 둔다.

465 **前銜** 『고려사』 135 辛禑傳(禑王 9년 7월 조)에는 前銜이 閑散으로 되어 있다. 閑散과 前銜이 동일한 의미로 쓰인 예로서 주목된다. (→ 각주 390 참조)

466 **通憲** 忠烈王 34년(1380)에 忠宣王이 개혁한 文散階의 종2품이 通憲大夫였다. 奉翊大夫와 함께 兩府 宰樞의 바로 아래에 해당하고 있어서, 實職이 아닌 添設官이 많이 부여되고, 이로 말미암아 앉아서 녹봉을 누리는 고급관리의 수가 증가하는 결과를 가져왔다. 趙浚이 昌王에게 올린 時務策(『고려사』 118 趙浚傳)에서 '近來 又階通憲·奉翊 不親視事 曠官廢職 坐費天祿 願自今陞通憲·奉翊之階者 如有材幹者 降其階 使親其職 新授者不許階奉翊·通憲'이라고 하여 그들 중에서 재간이 있는 자를 階를 내려서 實職을 주고 새로이 奉翊·通憲을 주지는 말자고 한 것은 그러한 때문이다. (→ 각주 456 참조)

467 『澗松文庫』本 및 『國故叢刊』本에는 '防里人'으로 되어 있으나 응당 '坊里人'이 되어야 할

(우왕) 9년(1383) 7월에 방리인坊里人을 동원하여 4문門을 지켰다. 때에 재인才人·화척禾尺 등이 무리를 이루고 약탈을 하였으므로 이 영令이 있었다.

【原文】 八月 我太祖獻安邊之策曰: "一. 禦寇之方 在於鍊兵齊擧. 今也以不敎之兵 散處遠地 乃寇之至 倉皇招集 比其至也 寇已擄掠而退. 雖及與戰 其如不熟旗鼓 不習擊刺何. 自今練兵訓卒 嚴立約束 申明號令 待變而作 無失事機. 一. 軍民非有統屬 緩急難以相保. 是以先王丙申之敎 以三家爲一戶 統[468]以百戶 統主隷於帥營 無事則三家番上 有事則俱出 事急則悉發家丁 誠爲良法. 近來法廢 無所維繫 每至徵發 散居之民 逃竄山谷 難以招集. 今又旱饑民心益難 彼用錢穀 餌以招納 潛師以來 虜掠而歸. 一界窮民 旣無恒心 又皆雜類 彼此觀望 惟利之從 實爲難保. 乞依丙申之敎 更定軍戶 使有統屬 固結其心."

(우왕 9년) 8월에 우리 태조太祖(李成桂)[469]가 안변책安邊策[470]을 올리어 (다음과 같이) 말하였다.

"1. 왜구倭寇를 막는 방도는 군사를 훈련하여 일제히 동원하는 데 있습니다. (그런데) 지금은 (전투를) 가르치지 않은 병사를 먼 곳에 흩어 놓았다가 구적寇賊이 이름에 미쳐서야 창황히 불러 모으게 되니, 병사가 도착할 즈음에는 구적은 이미 노략하여 물러나고 맙니다. 비록 더불어 싸우게 된다 하더라도 기고旗鼓에 익숙하지 못하고 격자擊刺를 배우지 못함을 어찌하겠습니까. 원하건대 지금부터 병졸을 훈련하여 기율을 엄히 세우고 호령號令을

것이다.

468 『澗松文庫』本 및 『國故叢刊』本에는 모두 '統'자가 빠져 있다. 그러나 『고려사절요』에는 '統'자가 있다.

469 **李成桂** (忠肅王 복위 4년~태종 8년, 1335~1408) 元의 雙城總管府 管下인 永興 출신. 紅巾賊·納哈出·倭寇의 격퇴에 공이 커서 두각을 나타냈다. 威化島 回軍 뒤 崔瑩을 죽이고 禑王과 昌王을 차례로 폐하고, 私田개혁으로 경제적 실권마저 장악한 뒤 신왕조를 열기에 이르렀다.

【참고】 李相佰, 『李朝 建國의 硏究』, 乙酉文化社, 1949.

470 **安邊策** 변방을 평안하게 하는 방책이니, 특히 東北面의 변경지대에 대한 外賊의 침입에 대항하는 방책을 건의한 것이다.

거듭 밝게 하였다가, 변變을 기다리다가 (곧) 행동해서 기회를 잃지 말도록 합시다.

1. 군軍과 민民이 통속統屬됨이 없으면 급한 사태에 서로 보전하기가 어렵습니다. 이로 해서 선왕(공민왕恭愍王)의 병신년 교서[471]는 3가家로써 1호戶를 삼고,[472] 통솔하기를 100호戶로써 하되,[473] 통주統主를 원수영元帥營에 예속시키고, 일이 없으면 3가家가 번상番上하고[474] 일이 있으면 모두 출동하고 일이 급하면 가정家丁을 모두 징발하게 하였는데, 진실로 좋은 법이었습니다. 근래에 (그) 법이 폐하여 매인 바가 없으니, 징발하기에 이를 때마다 산거散居하는 인민들이 산곡山谷에 도망하여 불러 모으기가 어렵습니다. 지금 또 가물고 굶주려서 민심이 더욱 이반하니, 저(구적寇賊)가 전곡錢穀을 미끼로 삼아 불러들이고는 군사를 숨기고 와서 노략하여 돌아갑니다. 온 계界(동북계東北界)의 궁민窮民들은 이미 항심恒心이 없고 또 모두 잡류雜類[475]인지라, 서로 관망하며 오직 이利만을 좇으니 실로 보전하기가 어렵다고 하겠습니다. 빌건대 병신년의 교서에 의해서 다시 군호軍戶를 정하여 통속統屬이 있게 하고 그 마음을 굳게 결속하도록 합시다."

---

471 **先王丙申之教** 공민왕 병신년은 즉 공민왕의 5년(1356)이니, 공민왕이 왕권의 강화를 위하여 官制 · 兵制 등의 내정개혁과 元의 간섭을 배제하기 위하여 친원파의 숙청, 萬戶府의 철폐 등의 반원정책을 대담하게 실시하던 해였다. 이 해의 병제개혁의 일부는 본 兵志 1 병제 공민왕 5년 6월 조의 교서에 나타나 있는데 여기에 인용된 것도 그 교서의 일부였을 것이다.

472 **以三家爲一戶** 3家 1軍戶의 원칙은 군인에게 養戶 2인을 할당하던 제도에 그 먼 유래가 있다고 하겠다. 養戶制가 무너진 뒤에 무질서한 징병을 하더라도 3丁에 1丁을 뽑는 것이 원칙처럼 되어왔었다. 여기의 3家 1戶制도 이러한 전통을 이어온 것이라고 생각한다. (→ 각주 196, 345 참조)

473 **統以百戶** 여기의 統은 동사로 씌어 있으나, 곧이어 統主라는 말이 나오는 것을 보면, 100戶가 1統을 이루도록 되어 있었다고 보아야 할 것이다.

474 **三家番上** 이 3家 番上은 지금까지는 교대로 上京侍衛하는 것으로 생각해왔다. 그러나 統主가 元帥營에 예속되어 있다고 한 점으로 미루어보아, 元帥營에 番上하는 것으로 보아야 옳을 것이다.

475 **雜類** 注膳 · 幕士 · 所由 · 門僕 등 중앙 各司의 吏屬을 雜類라고 부르는 예가 있으나, 여기서는 白丁 이하의 하층민을 막연히 호칭한 것으로 생각된다.

【原文】十年八月 鷹揚軍上護軍李茂上言: "府兵虛弱 請選諸道閑良子弟 號補充軍 以實府兵." 從之.

(우왕) 10년(1384) 8월에 응양군 상호군鷹揚軍 上護軍 이무李茂[476]가 상언上言하여, "부병府兵이 허약하니 청하건대 제도諸道의 한량자제閑良子弟를 뽑아서 보충군補充軍[477]이라 이름 붙여 부병府兵을 충실하게 합시다."라고 하니, 이에 좇았다.

【原文】十一年正月 講武藝於馬巖. 分作兩陣 各以諸色匠人 被甲持盾者爲一隊 執槍旗者爲一隊 繼以弓手軍. 鼓噪相格 傷者頗多.

(우왕) 11년(1385) 정월에 마암馬巖[478]에서 무예를 강습하였다. 나누어서 양진兩陣으로 만들기를 각기 제색 장인諸色 匠人으로써 (하되), 갑옷을 입고 방패를 든 자를 1대隊로 삼고, 창槍과 기旗를 쥔 자를 (다른) 1대隊로 삼아, 궁수군弓手軍(활 쏘는 군대)으로써 따르게 하였다. (양진兩陣이) 북 치고 소리 지르며 서로 치니 부상한 자가 대단히 많았다.

【原文】十三年十一月 以西北有變 加定各道元帥 分遣抄軍 每烟戶出軍一名. 令時散品秩 各出軍粮 且減中外兩班田地 以補軍須.

(우왕) 13년(1387) 11월에 서북西北에 변變이 있음으로 해서[479] 각 도道의

476 李茂 (恭愍王 4년~太宗 9년, 1355~1409) 曹敏修 幕下에서 遼東 정벌에 참가하여 回軍功臣에 列하였으나, 恭讓王 4년(1392) 李仁任 일파로 몰려 유배되었다. 조선 건국 후 芳遠을 도와 공신에 책봉되었는데 閔無咎의 옥사에 연루되어 사형되었다.

477 補充軍 여기의 補充軍은 문자 그대로 중앙군인 府兵을 보강하기 위한 목적으로 지방의 閑良子弟를 뽑아 조직한 것이었다. 그러므로 조선시대의 補充軍이 천인신분을 從良하도록 하기 위해서 이에 從役하게 하던 것과는 달리, 지방에 내려가 있는 前職 품관의 자제들로 조직된 것이었다.

【참고】有井智德, 「李朝補充軍考」, 『朝鮮學報』 21·22 합병호, 1961.

478 馬巖 開城府 동쪽 5里에 있으며, 成均館 남쪽에 해당하니, 지금도 '말바위'라고 전하고 있다. 恭愍王이 妃 魯國公主를 위하여 影殿을 경영하던 곳으로 유명하지만, 宮射·手搏 등 무예를 겨룬 기록이 종종 나온다.

479 西北有變 明의 압력을 말하는 것이다. 明은 아마도 北滿의 納哈出 정벌 때문이었다고

원수元帥를 가정加定하여 분견分遣해서 군인을 뽑되, 매 호戶에서 군인 1명을 내게 하였다. (그리고) 시직時職과 산직散職의 관리로 하여금 각기 군량軍粮을 내게 하고, 또 중외中外의 양반 전지兩班 田地를 감減하여 군수軍須를 보충하도록 하였다.

【原文】 十四年二月 籍諸道兩班·百姓·鄕驛吏爲兵 令無事力農 有事徵發.

(우왕) 14년(1388) 2월에 제도諸道의 양반兩班·백성百姓·향리鄕吏·역리驛吏를 적籍에 올려 병兵으로 삼되, 일이 없으면 농사에 힘쓰게 하고 일이 있으면 징발하도록 하였다.

【原文】 八月 憲司上疏曰: "西北一面 國之藩屛 頃者 奸凶擅國 廣置私人 元帥·萬戶加於舊額. 州郡供億不訾 民不堪命 相與流亡. 願自今擇文武兼備威望宿著者 一道元帥一人 上·副萬戶各一人 餘皆罷之 商賈貪徒 競托權門 以干千戶之任 侵漁掊克 靡所不至. 願自今令其道元帥 擇威惠爲民素所服信者除授 毋數易置."

창왕昌王 즉위년(1388)[480] 8월에 헌사憲司에서 소疏를 올리어 이르기를 "서북西北 1쪽面은 나라의 번병藩屛인데, 앞서 간흉奸凶이 국정國政을 오로지하고 사인私人(사적으로 친분親分이 있는 심복心腹)을 널리 두어 원수元帥와 만호萬戶[481]가 옛 수數보다 증가되었습니다. (이에) 주군州郡의 공억供億(수

생각되지만, 禑王 12년(1386) 7월 고려에 馬 5,000匹의 索買를 요구하고, 다음 해인 13년(1387)에는 고려 사신의 通聘을 금하였다. 그리고 14년(1388)에는 鐵嶺衛 설치를 통고하여왔던 것이다. 이러한 明의 遼東 진출에 고려는 경계를 게을리 하지 않았는데, 여기서도 그 대책의 일단을 엿볼 수 있다. 『고려사』 113 崔瑩傳에 의하면 崔瑩은 이때 이미 明을 칠 생각을 하였다고 한다.

【참고】 末松保和, 「麗末鮮初に於ける對明關係」, 『史學論叢』 2, 1941; 『靑丘史草』 1, 1965, 361~374쪽.

480 **昌王 卽位年** 원문대로 하면 禑王 14년이라 해야 하겠으나, 사실은 이미 그해 6월에 昌王이 즉위하고 있으므로 이 상소는 昌王 때의 일인 것이다. 이에 그 점을 밝혀둔 것이다.

481 **萬戶** 忠烈王 5년(1280) 제2차 일본정벌 때에 왕의 요청으로 元은 金方慶을 都元帥에 임명하는 동시에, 朴球·金周鼎 등을 萬戶에 임명한 것이 고려에서의 萬戶의 시초였다. 그

요에 대한 공급)이 적지 않아 인민이 명령을 감당하지 못하고 서로 더불어 유망流亡합니다. 원하건대 이제부터는 문무를 겸비하고 위망威望이 일찍부터 드러난 자를 택해서, 한 도道에 원수元帥 1명, 상·부만호上·副萬戶 각기 1명으로 하고, 나머지는 모두 이를 파합시다. (또) 상인商人의 탐욕한 무리가 권세가와 다투어 결탁해서 천호千戶의 직임職任을 구하고 침탈취렴侵奪聚斂하여 이르지 못하는 바가 없습니다. 원하건대 이제부터는 그 도道의 원수元帥를, 위엄과 은혜가 인민에게 본래 신복信服받는 자를 택하여 임명하고 자주 체임替任하지 맙시다."라고 하였다.

【原文】恭讓王 元年二月 諫官上疏 論府兵曰: "我太祖設府兵 令軍簿司典馬攝之政 身彩武藝備完者 得與其選. 是以將得其人 卒伍精强. 近年以來 入仕多門 兵政一壞 或拘於都目 或出於請謁 不問老幼才否而授之. 於是襁褓幼子工商奴隷 無尺寸之功 坐耗天祿 一有緩急 將何以用之 甚非先王設兵之意也. 願令精選勇略兼備者 以代尸祿之輩常習武藝 考覈其能否 而黜陟之. 大護軍·上護軍 王之爪牙 兵之師表 毋令老髦與童稚爲之. 諸色工匠 其有勞者賞以錢穀 不許職事 除先王所設官額外 增置員數 一皆削之."

공양왕恭讓王 원년(창왕 원년, 1389)[482] 2월에 간관諫官이 소疏를 올리어 부병府兵을 논하여 이르기를, "우리 태조太祖(왕건王建)가 부병府兵을 설치하고[483] 군부사軍簿司[484]로 하여금 군사 행정을 맡게 하고, 신채身彩와 무예武

뒤 여러 萬戶府가 설치되었고, 倭寇가 창궐하면서는 各 道에 元帥의 지휘하에 萬戶가 설치되었다. 한편 恭愍王 18년(1369)에는 西北界에 西京 등 다섯 萬戶府를 설치하고, 거기에 萬戶가 임명되었다. (→ 각주 344, 392 참조)

482 **恭讓王元年** 恭讓王이 즉위한 것은 이 해 11월의 일이니, 따라서 그 이전은 실은 昌王 원년이 된다.

483 **太祖設府兵** 王建이 唐의 그것과 같은 府兵을 설치하였다고 믿을 사람은 지금은 없을 것이다. 본문에 의하면 身彩와 武藝를 갖춘 사람을 뽑아 府兵을 삼았다고 했는데, 이는 唐의 府兵制와 어긋나는 것이다. 그러므로 여기의 府兵은 그저 中央軍이란 뜻으로 해석하는 것이 옳을 것이다.

484 **軍簿司** 兵部를 말하는데 忠烈王 원년(1275)에 元과의 관계로 兵部가 軍簿司로 개칭되고 그 장관도 尙書를 判書라고 하였다. 그 뒤에 몇 차례 명칭이 兵部 혹은 兵曹로 바뀌어

藝를 완비한 자가 그 선임選任을 받을 수 있게 하였습니다. 이 때문에 장수將帥는 적임자를 얻고 졸오卒伍는 정강精强하였습니다. 근년 이래로 벼슬에 들어가는 일이 많아 무관武官의 인사 행정이 온전히 무너져서 혹은 도목都目[485]에 구애되고 혹은 청탁에서 나와 노유老幼나 재능의 유무를 묻지 않고 이(장수직將帥職)를 주었습니다. 이에 강보襁褓의 어린애와 공장工匠·상인商人·노예奴隷가 조그마한 공功도 없으면서 앉아서 천록天祿(임금이 주는 녹祿. 국록國祿)을 소모하니, 일단 급한 사태가 있으면 장차 어떻게 이를 쓰겠습니까. 심히 선왕先王이 부병府兵을 설치한 뜻과 어긋납니다. 바라건대 용략勇略을 겸비한 자를 정선精選해서 녹祿을 위주로 하는 무리들을 대신하게 하여, 항상 무예를 익히게 하되 그 능부能否를 조사해서 이를 출척黜陟합시다. 대호군大護軍[486]과 상호군上護軍[487]은 왕의 조아爪牙(전위前衛, 새의 발톱과 짐승의 어금니와 같은 존재)요 병사兵士의 사표師表이니 늙은이나 어린애가 되지 못하게 합시다. 또 각종 공장工匠으로서 공로가 있는 자는 전곡錢穀으로 상 주되 직사職事함을 허락하지 말며, 선왕先王이 설치한 관원수를 제除한 외의 증치增置된 관원수는 모두 다 이를 깎읍시다."라고 하였다.

【原文】 十二月 憲司上疏: "一. 府兵領於八衛 八衛統於軍簿. 四十二都府之兵十有二萬 而隊有正 伍有尉 以至上將 以相統屬 所以嚴禁衛 禦外侮也. 自事元以來 昇平日久 文恬武嬉 禁衛無人. 乃於近侍·忠勇 皆設護軍以下等官以代禁衛之任 而祿之. 於是祖宗八衛之制 皆爲虛設 徒費天祿 而其迂達赤·

사용되다가 조선에는 兵曹로 확정되었다. (→ 각주 161 참조)

485 **都目** 혹은 都目政이라고도 한다. 『고려사』 75 選擧志 3 銓注 選法 昌王 卽位年 8월 조에 '舊制 府衛則自隊正以上 諸司則自九品以上 與夫府史·胥徒 皆錄歷月功過 每於歲抄升黜 謂之都目政'이라고 한 바와 같이, 연말에 관리의 재직 연월과 功過에 비추어 黜陟하는 인사이동을 말한다.

486 **大護軍** 보통 大將軍이라고 하는데, 二軍·六衛의 부사령관인 종3품직이다. 上將軍과 더불어 重房의 구성원이다.

487 **上護軍** 보통 上將軍이라고 한다. 二軍·六衛의 최고사령관으로서 정3품직이다. 武臣의 최고직으로서 大將軍과 함께 重房의 구성원이고, 그중 鷹揚軍 상장군은 重房의 의장격으로 班主라고 불렸다.

速古赤·別保等各愛馬 寒暑夙夜 勤勞甚矣 而不得食斗升之祿 而食四十二都府五員·十將·尉·正之祿者 非幼弱子弟 卽工·商·賤隸 或食其祿而曠其職 或勤於王事而不得食 豈祖宗忠信重祿之意哉. 伏願 併近侍於左右衛 司門於監門衛 司楯於備巡衛 忠勇於神虎衛. 其餘各愛馬 以類併於諸衛. 使之番日入直 考其勤怠 各以其衛[488]內護軍以下 至於尉正之職 隨品錄用 使食其祿 而勤其職 則人樂仕而國祿省 禁衛嚴而武備張矣. 一. 近年以來 將兵之任不問其才 但位宰相 則率命遣之 節制失宜 賊勢益張 以致侵掠 郡縣蕭然. 古人謂'君不擇將 以其國與敵 將不知兵 以其主與敵' 擇將制倭 誠今日之急務也 願令都評議使·臺諫 各擧威德夙著者 命爲將帥 以申軍政. 且軍政多門則號令不肅. 今之一道三節制 非古制也. 願自今 東西北面外 每一道只遣一節制 餘皆罷去. 一. 兵者 民之司命 國之大政 所以衛王室 而消禍亂也. 本朝五軍四十二都府 蓋漢之南北軍 唐之府衛兵也. 遼金氏接壤兩界 立晉帝而子之 虎視天下 求好於我 而我太祖絶之 虜遼宋三帝 威振四海 而莫敢旁窺 式至于今者 以祖宗之軍政 得其律令也. 近世兵制大毁 用兵三十餘年 軍政無統以無術之將 戰不敎之民 望風奔潰 千里暴骨 蕞爾倭奴 爲國之病 可不爲痛心哉. 願自今 前銜四品以上屬之三軍 軍置將佐 五品以下屬之府衛 而統于軍簿使上下相維 體統相聯 軍政出于一 衆心統于一. 然後申明軍令 訓鍊士卒 百萬之衆 如身之使臂 臂之使指 何守不固 何攻不取哉. 近世 奸臣亂政 材非將帥者 布列重房 百戰勤勞者 方除添設 賞罰無章 軍士解體 所至無功. 願自今其有摧堅陷敵之功 斬將搴旗之勇 百戰勤勞之効者 大則上·大護軍 次則護軍·中郞將 以至別將·散員 皆受眞差 以奬破賊之功 則人皆親其上 而死其長矣. 近日擧義 拔亂之時 從事于軍者 亦加官賞 以勸後人. 一. 軍士與倭奴戰 而所得馬疋·器仗 與凡民殺賊所得之物 所在軍民官 傳牒境內 鞫如盜賊悉輸之京師 以希重賞 罔上毒民 莫甚於此. 故軍士離心 賊勢益張 甚非計也. 願自今 諸道將帥破賊者 獻馘而已 軍民所得倭物 勿使推鞫 著爲令典 則人樂

488 『淵松文庫』本 및 『國故叢刊』本에는 모두 '尉'로 되어 있으나, 『고려사』 118 趙浚傳에는 '衛'로 되어 있다.

其利 而勇於戰矣. 其犯令者 內而憲司 外而觀察使 以不廉論."

(공양왕 원년) 12월에 헌사憲司[489]에서 (다음과 같은) 소疏를 올렸다.

"1. 부병府兵은 8위衛[490]에 영속領屬되고 8위는 군부사軍簿司에 통속統屬됩니다. 42도부都府[491]의 군사는 12만인데, 대隊[492]에는 정正이 있고, 오伍[493]에는 위尉가 있어서 상장上將(상장군上將軍)에 이르기까지 서로 통속統屬됨은 금위禁衛(궁성의 호위)를 엄히 하고 외침外侵을 막는 바입니다. 원元을 섬기게 된 이후로 태평한 날이 오래되매 문신도 무신도 안일하고 희락喜樂하여 금위禁衛에 사람이 없게 되었습니다. 이에 근시近侍(위衛)[494]와 충용忠勇(위衛)에 모두 호군護軍 이하의 여러 관직을 설치하여 금위禁衛의 임무를 대신하게 하고 녹祿을 주었습니다. 이리하여 조종祖宗의 8위衛 제도는 모두 허설虛設이 되어 헛되이 천록天祿(국가의 녹祿)을 소비할 뿐이며, 우달적迂達

---

489 **憲司** 憲司는 司憲府를 말하는 것이지만, 이때 趙浚이 大司憲으로서 上疏한 것이다. 상소의 전문은 『고려사』 118 趙浚傳에 보인다.

490 **八衛** 京軍의 2軍과 6衛를 병칭한 것이다. 『고려사』 77 百官志 2 兩班 조에는 '至恭讓王時 二軍 · 六衛並稱八衛'라고 하였으나, 이미 그 이전부터 8衛하고 칭하여 왔다.

491 **四十二都府** 都府라는 말을 언제부터 사용하였는지 분명하지 않으나, 현재 남아 있는 이에 관한 사료는 모두 恭愍王 이후의 것이다. 이미 『增補文獻通考』 116 兵考 衛兵 조에서 都府의 수와 六衛의 領의 수가 동일한 것에 근거해서 兩者를 通稱이 아닌가 보고 있다. 末松保和는 領을 員數의 단위, 都府를 構成의 단위라고 보고 있다(「高麗史の四十二都府について」, 『學習院史學』 1, 1965; 『青丘史草』 1, 1965). 42都府의 兵員은 여기에 120,000명이라고 하였으나, 趙仁沃의 上書에는 42,000명이라고 하였다(『고려사』 78 食貨志 1 田制 禑王 14년〈昌王 즉위년〉 7월). 이러한 兵員數의 차이는 3家 1戶의 원칙에 의한 交代番上 때문이라고 생각한다. 단 이 42都府의 交代番上 원칙이 고려 초의 중앙군에도 그대로 적용되었다고 생각되지는 않는다(이기백, 「高麗軍人考」, 『震檀學報』 21, 1960; 『高麗兵制史研究』, 一潮閣, 1968).

492 **隊** 고려 부대 조직의 최하 단위부대로 25명으로 구성되어 있었다. 그 부대장은 隊正이었다. (→ 각주 117 참조)

493 **伍** 50명으로 구성된 단위부대였다. 부대장은 伍尉 또는 校尉라고 하였다. (→ 각주 67, 116 참조)

494 **近侍衛** 近侍는 과거부터 있어 왔으나 近侍衛가 설치된 것은 禑王 4년(1378) 10월의 일이었다. 이때에 忽赤 4番을 近侍 左 · 右 · 前 · 後衛로 하였던 것이다. 忽赤란 忠烈王이 즉위하자 귀족자제들 중에서 왕을 따라 燕京에 禿魯花로 갔던 자들을 分番하여 숙위하도록 한 것이므로, 대체로 그 계통을 짐작할 수 있다.

赤[495]·속고적速古赤[496]·별보別保[497] 등의 각 애마愛馬는 추우나 더우나 이른 아침이나 늦은 밤이나 근로함이 크지만 한 말 한 되의 녹祿도 먹을 수 없고, 42도부都府의 5원員(5산원散員)[498]·10장將(5낭장郎將과 5별장別將)·위尉(교위校尉)·정正(대정隊正)의 녹祿을 먹는 자는 유약한 자제가 아니면 공장工匠·상인商人·천예賤隸이니, 혹은 그 녹祿을 먹으면서도 그 직職은 비우는가 하면, 혹은 왕사王事에 근로하면서도 (녹을) 먹을 수 없으니, 어찌 조종祖宗이 충신忠信하여 녹祿을 중히 하는 뜻이겠습니까. 엎드려 바라건대 근시近侍(위衛)는 좌우위左右衛에 아우르고, 사문司門[499]은 감문위監門衛에, 사순司楯[500]은 비순위備巡衛[501]에, 충용忠勇(위衛)은 신호위神虎衛에 (아우르며), 그 나머지 각 애마愛馬도 유類에 따라서 제위諸衛에 병합합시다. (그리고) 이들로 하여금 날을 번갈아 입직入直하게 해서 그 근태勤怠를 살피고, 각기 그 위尉 내內의 호군護軍 이하로 교위校尉·대정隊正에 이르는 직職을

---

495 迂達赤 白鳥庫吉은 이를 司門人의 뜻을 가진 üdeči로 보고 있다(「高麗史に見えたる蒙古語の解釋」, 『東洋學報』 18-2, 1929, 96쪽). Pelliot는 이에 회의적이나(Pelliot, "Les mots mongols dans le Koryesa", *Journal Asistique* 217-2, 1930. 閔賢九 譯, 「高麗史에 실려 있는 蒙古語」, 『白山學報』 4, 1968), 아마 본문에서 뒤에 나오는 司門과 동일한 것일 것이므로 타당한 견해가 아닌가 한다.

496 速古赤 『元史』 80 輿服志 殿上執事 조에는 '司香二人 掌香以主服御者 國語曰速古兒赤'라고 하였다. 이에 근거해서 白鳥庫吉은 速古赤를 šigurči로 발음하여 '君側에 侍하여 의복 등을 털고 깨끗이 하는 勞役에 복무하는 사람'이라고 하였다(「高麗史に見えたる蒙古語の解釋」, 앞의 책, 1929, 215쪽). 그러나 Pelliot는 이를 sugurči로 복원하여 '陽傘'이란 말에서 유래한 것으로 해석했다("Les mots mongols dans le Koryesa", 앞의 책, 1930. 閔賢九 譯, 「高麗史에 실려 있는 蒙古語」, 239쪽).

497 別保 달리 기록이 없으므로, 그것이 愛馬의 일종이라는 것 이외에는 잘 알 수 없다.

498 5員 5名의 散員이란 뜻이다. 每領 또는 每都府마다 5名의 散員이 배속되어 있으므로 5員이라고 하였을 것이다. (→ 각주 115 참조)

499 司門 迂達赤와 같은 것으로 생각된다. 그 명칭이나 또 監門衛에 병합된 것이라든지가 모두 司門이 宮城 諸門을 지키는 것을 임무로 했음을 나타내고 있다. (→ 각주 495 참조)

500 司楯 備巡衛에 병합되도록 건의되고 있는 점으로 미루어서, 이는 궁성의 경찰 임무를 맡은 것이 아니었나 생각된다.

501 備巡衛 金吾衛의 1명. 『고려사』 77 百官志 2 兩班 金吾衛 조에 의하면 忠宣王 때 金吾衛를 備巡衛라고 고쳐 불렀다. 恭愍王 5년(1356)에 다시 金吾衛라 했으나, 11년(1362)에 또 備巡衛라 했고, 18년(1369)에 金吾衛라 했으며, 21년(1372)에 또다시 備巡衛라고 불렀다. (→ 각주 22 참조)

품品에 따라서 녹용錄用하여 그 녹祿을 먹고 그 직職에 근로하게 하면, 사람들은 즐겁게 섬기면서 국록國祿은 절약되고, 금위禁衛는 엄해지고 무비武備는 떨칠 것입니다.

1. 근년 이래 군사軍士를 거느리는 직임職任은 그 재才를 묻지 않고 단지 재상宰相[502]의 직위에 있으면 일률로 임명해서 파견하니 절제節制(통솔 지휘)가 적절함을 얻지 못하고 적(왜적倭賊)의 세는 더욱 신장伸張해서 침략을 초치招致하며, 군현郡縣은 소연蕭然하게 되었습니다. 고인古人이 이르기를 '임금이 장수將帥를 택하지 못하면 그 나라를 적에게 넘겨주는 것이요, 장수將帥가 군사軍事를 알지 못하면 그 임금을 적에게 넘겨주는 것이다'라고 하였습니다. 장수將帥를 택하여 왜倭를 제압함은 진실로 오늘의 급무이니, 원하건대 도평의사都評議使와 대간臺諫으로 하여금 각기 위엄과 덕망이 일찍부터 드러난 자를 천거하게 해서 명하여 장수將帥를 삼아 군정軍政을 다시 바로잡게 합시다. 또 군정軍政이 여러 갈래이면 호령號令이 엄숙하지 못한 것입니다. 현재의 1도道 3절제사節制使는 고제古制가 아니니, 원하건대 금후 동북면東北面과 서북면西北面 이외에는 1도道마다 오직 1절제사節制使만을 파견하고 나머지는 모두 없애버립시다.

1. 군사軍事는 인민의 생명을 맡음이요, 국가의 대정사大政事로서 왕실을 지키고 화란禍亂을 소멸하는 바입니다. 본조本朝의 5군軍 · 42도부都府는 대개 한漢의 남북군南北軍이요,[503] 당唐의 부위병府衛兵입니다.[504] 요遼와 금

---

502 **宰相** 中書門下省의 2품 이상 官을 보통 宰相이라 하여 3품 이하와 구별하였다. 2품 이상의 관직은 3省(宰府)과 中樞院(樞府)에 한하여 있었으므로 이를 합하여 宰樞라고 불렀다. 이들 宰相은 宰樞會議에 참석하여 국가의 정책을 논의 결정하고, 또 6部 등 중요한 행정관부의 判事를 겸임하여 當該 관부를 통솔하였다. 그러므로 宰相은 고려 정치기구의 首腦를 이루고 있었다고 할 수 있을 것이다.

【참고】 邊太燮, 「高麗宰相考」, 『歷史學報』 35 · 36합집, 1967.

503 **漢之南北軍** 前漢의 중앙군은 南軍과 北軍으로 갈라져 있었는데, 이를 통틀어서 南北軍이라고 하였다. 南軍은 衛尉가 거느리고 있었는데 이에 소속된 衛士 1 · 2만이 궁성의 성문 및 궁성 내의 경비에 當하였고, 北軍은 中尉가 거느리되 궁성문 외에서 長安城 내의 경비에 當하는 것이었다. 南軍은 漢室 직할의 諸郡에서 番上하는 병사로 성립되고, 北軍은 長安 및 그 근방의 병사가 番上하여 형성하는 것이었다. 뒤에 7校尉가 지휘하는 募兵 부대가 중앙군에 첨가되기는 하였으나, 앞의 南北軍은 병농일치의 원칙에서 징병을 기초로 하

金은 양계兩界[505]와 국경을 접하였는데, (요는) 진제晉帝[506]를 세워 아들로 삼고 천하의 형세를 노려보며 우리나라에 우호를 구하였으나 우리 태조太祖(왕건王建)는 이를 거절하였고, (금은) 요遼와 송宋의 3제帝를[507]를 포로로 하고 위威가 사해四海에 떨쳤으나 감히 엿보지 못하고 지금에 이르렀음은, 조종祖宗의 군정軍政이 율령律令을 얻었기 때문이었습니다. 근세에 병제兵制가 크게 무너져서 군사軍士를 동원한 지 30여 년에 군정軍政은 기율이 없고, 전술이 없는 장수將帥로써 (전투를) 가르치지 않은 인민으로 하여금 싸우

는 부대였음이 그 특색이었다.

【참고】 濱口重國, 「前漢の南北軍に就いて」, 『池內博士還曆記念東洋史論叢』, 池內博士還曆記念東洋史論叢刊行會, 1939; 『秦漢隋唐史の硏究』 上, 東京大學出版會, 1966.

504 **唐之府衛兵** 唐에서 府兵이란 지방의 折衝府(軍府)에 소속된 군인을 말하며, 이 府兵이 交代 番上해서 諸衛에 소속되면 衛士라고 불렀다. 府兵이 衛士로 上京侍衛하지 않는 非番在鄕 時에는 농경에 종사하는 농민이었으므로, 唐의 府兵制는 병농일치의 원칙에 서 있었다고 하겠다. 비록 唐의 모든 농민이 府兵이었던 것은 아니나, 府兵은 농민의 자격으로 均田制에 의한 토지를 급여받았다. 다만 府兵은 일반 농민과는 달리 租庸調 대신에 兵役의 임무를 지니었다.

【참고】 濱口重國, 「府兵制度より新兵制へ」 『史學雜誌』 41-11・12, 1930; 『秦漢隋唐史の硏究』 上, 東京大學出版會, 1966.
岑仲勉, 『府兵制度硏究』, 新華書店上海發行所, 1957.
谷霽光, 『府兵制度考釋』, 新華書店上海發行所, 1962.

505 **兩界** 고려의 北方 국경지대는 이를 東西로 양분하여 東界(혹은 東北界)와 北界(혹은 西北界)로 삼았는 바 이를 합쳐서 兩界라고 불렀다. 兩界는 군사적 방위를 주목적으로 하는 특수군사지역이었으므로, 南方의 諸道(소위 五道)와는 성격상 큰 차이가 있었다. 우선 兩界의 장관은 군사적 지휘관인 兵馬使로서 南道의 按察使와는 달랐다. 다음으로 兩界의 중심은 安北과 安邊의 南都護府로서 이 兩都護府 관하의 지역이 곧 北界와 東界였던 것이다. 이것은 南道의 대부분이 牧의 관하였던 것과는 다르다. 셋째로 兩界 都護府 관하의 행정구획은 군사적 성격을 띤 鎭으로서 이를 보통 州鎭 혹은 城이라고 불렀는데, 南道에서는 郡・縣이었으며 이를 보통 州縣이라고 칭하였다. 넷째로 兩界의 일반 居民은 곧 상비군이기도 하여 전투적 국방군인 州鎭軍에 편입되어 있더라도 상비군이라기보다는 예비군이거나 혹은 勞役 부대였다. 다섯째로 兩界의 租收는 군량으로 兩界에 비축되고 開京으로 운반되지 않았으나, 南道에서는 開京에 운반되어 녹봉 등 국용에 충당되었다.

【참고】 이기백, 「高麗 兩界의 州鎭軍」, 『高麗兵制史硏究』, 一潮閣, 1968.

506 **晉帝** 中國 五代의 하나인 後晉의 高祖 石敬塘을 말한다. 그는 契丹의 군대를 끌어들여 後唐을 멸하였는데, 契丹은 그를 황제로 세웠다. 이에 그는 契丹主를 父皇帝라 하고 스스로를 兒皇帝라고 불렀다.

507 **遼宋三帝** 遼의 天祚帝와 宋의 徽宗・欽宗을 말한다. 이들은 모두 金의 침략을 받아 그 포로가 되었다.

게 하니, (적의) 기세를 바라보기만 하고도 무너져 도망하여 천리千里에 시체가 널려 있고, 조그마한 왜倭놈이 국가의 근심이 되니 마음이 아프지 않을 수 있겠습니까. 바라건대 이제부터는 전직前職 4품 이상은 이를 3군三軍에 속하게 하되, 군에는 장좌將佐를 두고, 5품 이하는 이를 부위府衛[508]에 속하게 하여 군부사軍薄司에 통속시키어, 상하上下가 서로 매이고 체통이 서로 연결하면 군정軍政이 하나에서 나오고 중심衆心이 하나에 통합될 것입니다. 그런 뒤에 군령軍令을 펴 밝히고 사졸을 훈련하면, 백만百萬의 무리가 마치 몸이 팔을 쓰고 팔이 손가락을 쓰는 것과 같을 것이니, 어찌 지켜서 견고하지 못하고 어찌 쳐서 취하지 못하겠습니까. 근세에 간신奸臣이 정치를 어지럽히어 재간이 장수將帥가 아닌 자가 중방重房에 나란히 있고, 백전百戰에 근로한 자라야 바야흐로 첨설직添設職[509]에 임명되어 상벌이 밝지 못하니, 군사軍士는 해이하여 이르는 곳마다 공功을 세움이 없습니다. 바라건대 금후로는 강적을 격파하고 공함攻陷한 공로와 적장敵將을 목 베고 적기敵旗를 빼앗은 용기와 백전百戰에 근로한 공효功效가 있는 자는, 크면 상호군上護軍·대호군大護軍에, 다음이면 호군護軍·중랑장中郎將에서 별장別將·산원散員에 이르기까지 모두 실직實職에 임명함을 받게 해서 구적寇賊을 격파한 공로를 권장하면, 사람들은 모두 그 상관上官과 친하여 그 장長을 위하여 죽을 것입니다. 근자에 의義를 일으켜 난을 진압했을 때[510]에 군軍에 종사한 자도 또한 실직實職과 상사賞賜를 더하여서 후인後人을 권장합시다.

1. 군사軍士가 왜倭놈과 싸워 얻은 마필馬匹·기장器仗과, 무릇 인민이 왜적을 죽이고 얻은 물건은, 소재지의 군관軍官과 민관民官이 경내境內에

---

508 **府衛** 6衛 42領 혹은 42都府에 대한 호칭으로 생각된다. 그러므로 唐의 府衛가 지방의 折衝府(軍府)와 중앙의 衛를 合稱한 것과는 차이가 있으며, 용어가 동일하다는 이유로 해서 兩者를 동일시할 수는 없는 것이다.

509 **添設職** 恭愍王 3년(1354)에 軍功에 대한 포상책의 하나로 實職이 아닌 관직을 주었는데, 이를 添沒職이라고 하였다. 뒤에는 軍功이 없는 자도 添設職을 받는 등 그 수가 증대하여 이를 정리하는 등의 일이 있었다.

【참고】『고려사』 75 選擧志 3 銓注 添設職 조.

510 **近日擧義拔撥亂之時** 威化島 回軍에서 비롯하여 禑王·昌王을 廢假立眞의 명목으로 축출 살해한 뒤 恭讓王을 옹립한 일련의 사실들을 말하는 것이라고 생각한다.

통첩通牒해서 조사하기를 도적과 같이 하여, 모두 이를 경성京城으로 보내어 중상重賞을 바라니, 임금을 속이고 인민에게 해독을 끼침이 이보다 심함이 없습니다. 때문에 군사軍士는 인심이 이반하고 적세賊勢는 더욱 신장伸張하니 심히 득책得策이 아닙니다. 바라건대 지금부터는 제도諸道의 장수將帥로서 구적寇賊을 격파한 자는 죽은 적의 귀를 베어 바칠 뿐이고, 군민軍民이 얻은 왜倭의 물건은 조사하지 못하게 하는 것을 드러내어 영전令典으로 삼으면, 사람들은 그 이利를 즐기어 전투에 용감할 것입니다. 이 영令을 어기는 자는 중앙에서는 헌사憲司에서, 지방에서는 관찰사觀察使[511]가 불렴죄不廉罪로 논하게 합시다."

【原文】二年十二月 憲司上狀: "我國百姓 有事則爲軍 無事則爲農 故軍民一致. 近年以來 各道節制使 爭先下牒 使道內郡縣及京畿農民 雖無事時 累朔居京 人馬疲困 民怨爲甚. 非唯貢賦百姓 至於鄕社里長 亦皆隷屬 不利於國不便於民. 今後擇才智兼全者 爲節制使 定其額數 使統中外軍士 其餘節制使一皆革罷 外方及京畿郡縣軍民 亦皆放還 勸農安業 以固邦本." 從之.

(공양왕) 2년(1390) 12월에 헌사憲司에서 장狀을 올리어, "우리나라 백성은 일이 있으면 군인이 되고 일이 없으면 농민이 되는 고로 군민軍民이 일치하는 것입니다. 근년 이래로 각 도道의 절제사節制使[512]는 앞을 다투어 통

---

511 **觀察使** 지방의 道長官으로서 행정의 책임자이며, 군사 지휘관인 節制使(元帥)와 대조되는 지위에 있었다. 처음 觀察使가 임명되기는 成宗 14년(995)에 전국을 10道로 나눌 때가 아니었나 하는데, 이는 穆宗 8년(100)에 폐지되고 말았다. 그 뒤 일단 없어졌던 道制가 부활하면서 그 장관으로 按察使가 파견되고, 그 명칭이 뒤에 按廉使로 바뀌었던 것이다. 그러던 것이 昌王 즉위년(1388)에 按廉使가 秩이 낮다고 하여 명칭을 道觀察黜陟使로 고치고 宰樞의 大臣을 임명하였다. 恭讓王 2년(1390)에 이것이 觀察使로 되었다고 하였으나 이미 그렇게 불러왔던 듯하며, 恭讓王 4년(1392)에 다시 按廉使로 되었으나 조선에서는 觀察使로 통하였다.

【참고】『고려사』 77 百官志 2 外職 按廉使 조; 同 75 選擧志 3 銓注 選用監司 조.

512 **節制使** 恭讓王 원년(1389)에 都巡問使는 都節制使로, 元帥는 節制使로 삼아 혹은 州府의 任도 띠게 하였다 한다. 都巡問使나 元帥는 모두 군사적 성격을 지닌 것으로 전자가 軍政을 맡았다고 하면 후자는 軍令을 관장하였다고 생각되는데, 이를 節制使로 개편하는 동시에 州府의 행정임무도 때로는 맡게 한 것으로 보인다. 이것은 兵權의 集權化 경향과 짝

첩通牒을 내리어 도내道內의 군현郡縣 및 경기京畿의 농민으로 하여금 비록 무사한 때라 하더라도 여러 달 서울에 머무르게 하니 피곤하여 민원民怨이 심하게 되었습니다. 비단 공부貢賦를 내는 백성[513]뿐 아니라 향鄕·사社·이里의 장長[514]에 이르기까지도 또한 모두 예속되어 국가에 이롭지 못하고 인민에게 편하지 못합니다. 금후에는 재才와 지智가 겸전兼全한 자를 택하여 절제사節制使를 삼되 그 원수員數를 정하여 중외中外의 군사를 통솔하게 하고 그 나머지의 절제사는 모두 없애고 지방 및 경기 군현의 군민軍民도 모두 방환放還시켜 농사를 권장하고 생업에 평안하게 하여 국가의 근본을 굳게 합시다."라고 하니, 이에 좇았다.

【原文】 三年正月 三軍都摠制府閱兵.

(공양왕) 3년(1391) 정월에 3군도총제부三軍都摠制府[515]에서 군사를 사열

하는 것으로 생각된다. 節制使는 元帥가 그러했던 것과 같이 各 道에 3명으로 되어 있었으나, 실제로는 정원이 엄격하게 규정되어 있었던 것은 아닌 듯하며, 또 이를 1명으로 줄이자는 의견이 나오기도 하였다. 그러다가 恭讓王 2년(1390) 11월에 아주 폐지하고 말았는데, 이는 그들의 地方兵 통수권을 통한 사병화를 저지하여 李成桂를 중심으로 兵權을 집중해 가려는 것을 말하는 것이다.

513 **貢賦百姓** 百姓은 원래 일반 인민을 말하는 것이지만, 고려에서는 특수한 사회적 계층을 가리키는 경우도 있었다. 여기의 貢賦를 부담하는 백성이란 곧 일반 인민을 말하는 것으로 생각한다. (→ 각주 429 참조)

514 **鄕·社·里長** 村長·村正일 것이라는 李佑成의 견해는 정확한 것이라고 생각한다(李佑成,「麗代百姓考」,『歷史學報』14, 1961, 41쪽). 원래 이들 용어는 中國에서 사용되던 것이지만, 시대에 따라 그 크기가 다르게 규정되어 있는데, 唐代에서는 100戶를 里라 하고 5里를 鄕이라고 하였으며, 周代에서는 25家를 社라고 하였다.

515 **三軍都摠制府** 원래 고려 중앙군은 2軍·6衛가 기본이었으며, 그 上將軍과 大將軍이 合坐하는 重房이 최고기관으로서의 구실을 하였다. 5軍은 전투적 편제로서 그 기구와 이에 따른 기간 요원이 상비되어 있다가, 戰時에 6衛의 군사를 배치시켜 출동하였으나, 전시 이외에는 중요한 의미가 있는 것이 아니었다. 그러다가 고려 말기에 北方 몽고와의 관계가 험악해지고 倭寇가 창궐함에 미쳐 5軍의 중요성이 더하더니, 恭讓王 3년(1391) 정월에 5軍(中·前·後·左·右軍)을 3軍(中·左·右軍)으로 개편하고 이를 총관하는 3軍都摠制府를 설치하기에 이른 것이다. 이 3軍都摠諸府는 군사 최고통수기관으로서 중앙군뿐 아니라 지방군까지도 지휘 명령하였던 것인데, 이는 당시 각지에 임명 파견된 元帥(節制使)들의 독자적인 징병 지휘라는 군사적 분권 상태를 해소시키려는 것이 주된 목적이었던 것이다. 예하 군인은 受田散官(閑良官)·居新舊京圻者·42都府·各 成衆愛馬로 되어 있는데,

하였다.

【原文】 以受田品官 幷屬三軍.

전지田地를 받은 품관品官[516]을 모두 3군軍에 소속시켰다.

【原文】 三月[517] 中郞將房士良上疏曰: "民惟邦本 本固邦寧 古今之至論也. 今西北一路 乃國家之要害 强兵之所在也. 頃者 奸雄用事 萬戶·千戶之屬 不是姻婭附己 則必出於賄賂苞苴[518]之中. 乃以頑暴貪利者 擧而加諸衆人之首 彼焉有爲王敵愾之忠 效死勿去之義乎. 願自今 西北面管軍千戶之屬 許用兩府以下臺省六曹之薦."

(공양왕 3년) 3월에 중랑장中郞將 방사량房士良[519]이 소疏를 올리어 이르기를, "인민은 오직 국가의 근본이니 근본이 굳어야 국가가 평안하다 함은 고금의 지론至論(지당한 이론)입니다. 지금 서북면西北面 일대는 곧 국가의 요해지要害地요 강병强兵의 소재지입니다. 요사이 간웅이 권세를 잡아 만호萬戶와 천호千戶 등속은 인척과 부기자附己者(자기에게 아부하는 자)가 아니면 반드시 회뢰포저賄賂苞苴(뇌물) 속에서 나옵니다. 이에 완폭頑暴하고 이

이것은 당시의 중요한 군사 요원이 모두 포함되어 있었다는 것이 된다. 최고사령관은 都節制使였는데, 처음 李成桂가 임명되었으며, 그 밑에 3軍의 정·부지휘관으로서 摠制使와 副摠制使가 있었다. 처음 摠制使에는 裵克廉·趙浚·鄭道傳이 각기 임명되었다. 그 밑에 判事官 등 여러 보좌관이 있었다.

【참고】『고려사』 77 百官志 2 諸司都監各色 三軍都摠制府.

516 **受田品官** 『고려사』 77 百官志 2 諸司都監各色 三軍都摠制府 조에는 '受田散官'으로 되어 있고, 『고려사』 78 食貨志 1 田制 恭讓王 3년 5월 조에는 '閑良官'으로 되어 있다. 그러므로 이 受田品官은 현직 官이 아니라 前銜 품관임을 알 수 있다. 고려 말기에 이들이 중요한 군사 요원이었음은 이미 千寬宇가 「麗末鮮初의 閑良」(『李丙燾記念論叢』, 一潮閣, 1956)에서 밝힌 바와 같다. (→ 각주 390, 397 참조)

517 『澗松文庫』本 및 『國故叢刊』本에는 모두 '三日'로 되어 있으나 『高麗史節要』에는 '三月'로 되어 있다. '三月'에 따른다.

518 『澗松文庫』本 및 『國故叢刊』本에는 모두 '苞直'으로 되어 있으나 '苞苴'라야 文理가 옳다.

519 **房士良** 고려 말 조선 초의 인물. 中郞將으로서 恭讓王 2년(1391)에 시무책을 올린 것으로 유명한데, 본문은 바로 그중의 1조이다. 조선시대에는 知濟生院事가 되었다.

利를 탐하는 자를 거용擧用하여 그를 중인衆人의 머리 위에 두니, 저가 어찌 왕을 위한 적개敵愾의 충忠과 죽음을 다하고 달아나지 않는 의義가 있겠습니까. 바라건대 이제부터는 서북면西北面의 군대를 관령管領하는 천호千戶 등속等屬은 양부兩府[520] 이하 대성臺省[521] · 6조六曹[522]에서 천거한 자를 등용하게 합시다."라고 하였다.

【原文】 七月 都堂啓請: "籍水陸軍丁 仍帶號牌."

(공양왕 3년) 7월에 도당都堂에서 계啓하여 청하기를, "수륙水陸의 군정軍丁을 적籍에 올리고 인하여 호패號牌[523]를 차게 합시다."라고 하였다.

【原文】 兵曹上書 定忠勇 · 近侍別保三衛額數 汰去老幼及無才者.

병조兵曹에서 글을 올리어 충용忠勇 · 근시近侍 · 별보別保의 3위衛 군수軍數를 정하고 노유자老幼者 및 무재자無才者를 도태해버렸다.

---

520 兩府 中書門下省과 中樞院, 즉 宰樞를 말한다. 中書門下省은 일반 행정과 諫爭 封駁을 담당하는 귀족의 대표적 최고행정기관이며, 中樞院은 왕명의 출납과 宿衛 · 軍機를 장악하는 국왕의 최고비서기관으로서, 이 兩府의 고관이 樞密會議를 구성하는 것이다.

521 臺省 御史臺와 中書門下省의 省郎(3품 이하)을 合稱하는 말이다. 御史臺는 감찰기관이며, 省郎은 諫爭의 기능을 가진다.
【참고】 邊太燮, 「高麗의 中書門下省에 대하여」, 『歷史敎育』 10, 1968.

522 六曹 吏 · 兵 · 戶 · 刑 · 禮 · 工의 여섯 曹를 말하며 尙書省에 속하여 실제 행정을 分掌하였다. 이들은 고려 成宗 때에 6部라 하였으나 몇 차례의 명칭 변경을 거쳐 恭讓王 원년(1389)에 6曹로 되었던 것으로, 조선시대에 그대로 계승되었다.

523 號牌 號牌란 壯丁을 籍에 올렸다는 증거로 주는 牌로서, 이를 항상 차고 다니게 하였다. 號牌法이 널리 시행되기는 조선시대의 일로서 일반 民丁뿐 아니라 양반에게도 주었던 것인데, 일반 民丁인 경우는 徵兵 調役의 대상을 확실하게 파악한다는 목적이 있었지만, 양반에게는 그 신분을 확인해주는 구실을 하였다. 호패를 차게 했다는 기록은 본문이 처음인데, 조선시대와 같이 광범위하게 시행된 것은 아니고, 軍丁에 한하고 있는 것이다. 그러므로 이것은 징병의 대상을 파악하기 위한 것이었다. 고려 말기에는 각 道에 여러 명씩 임명된 元帥들이 징병을 독자적으로 행하여 그 군대를 사병과 같이 부리고 있었으므로, 이성계 일파가 정권을 장악한 뒤에 병권의 집중을 위하여 元帥를 폐지하고 3軍都摠制府를 설치하여 여기서 전국의 군대를 총지휘하도록 하였다. 호패법의 실시도 이러한 兵制 개혁의 일환으로서 중앙에서 전국의 군대를 직접 파악하기 위한 것이라고 생각한다.
【참고】 李光麟, 「號牌考」, 『白樂濬記念國學論叢』, 1955.

『고려사』 권82 병지 2

【原文】 正憲大夫 工曹判書 集賢殿大提學 知經筵春秋館事 兼 成均大司成 臣 鄭麟趾 奉敎 修.

정헌대부 공조판서 집현전대제학 지경연춘추관사 겸 성균관대사성 정인지鄭麟趾가 임금의 명을 받아 편찬한다.

병지兵志 2

숙위宿衛[1]

【原文】成宗元年六月 正匡崔承老 上書曰: "我朝侍衛軍卒 在太祖時 但充侍衛[2]宮城 其數不多. 及光宗信讒 誅責將相 自生疑惑 [增益軍數] 簡選州郡有風彩者 入侍 [皆食內廚][3] 時議以爲繁而無益. 至景宗朝 雖稍減削 洎于今時 其數尚多. 伏望遵太祖之法 但留驍勇者 餘悉罷遣 則人無嗟怨 國有儲積."

성종成宗 원년(982) 6월에 정광正匡[4] 최승로崔承老가 글을 올려 말하였다.[5]

---

1 **宿衛** 宿衛라는 용어는 上京 侍衛라는 뜻이며, 지방으로부터 서울로 올라와 侍衛하는 군대를 말한다. 그러므로 宿衛 조에는 궁성의 군사적 侍衛에 관한 기사들이 실려 있다(李基白, 「高麗史 兵志의 검토」, 『高麗兵制史硏究』, 일조각, 1968, 35쪽).

2 **侍衛** 『고려사』 96 崔承老傳에 실려 있는 최승로 상서문 중에는 '侍衛'가 아니라 '宿衛'라고 되어 있다.

3 **[增益軍數]·[皆食內廚]** 본 兵志 기사에는 빠져 있으나 『고려사』 93 崔承老傳에 실린 상서문에는 이 두 구절이 들어 있다.

4 **正匡** 고려 건국 초기의 官階의 하나. 泰封의 官階를 이은 것으로, 成宗 이후 완성된 9품 16등급의 고려 鄕職 체계 안에서 2품 4등급에 해당한다(『고려사』 75 選擧志 3 銓注 鄕職 조).

"우리 조정을 시위侍衛하는 군졸軍卒은 태조太祖 때에는 단지 궁성을 시위侍衛하는 데 충당될 뿐이어서 그 수가 많지 않았습니다. (그런데) 광종光宗이 참소를 믿고 장수와 재상을 죽이고 벌줌에 미쳐서는[6] 스스로 의혹이 생겨 [군인의 수를 더욱 늘려] 주州와 군郡에서 풍채 있는 자를 뽑아[7] 들어와 시위侍衛하게 하고 [모두 궁궐 안의 식당에서 먹게 하니] 당시의 의논이 번거롭기만 하고 이로울 것은 없었다고 하였습니다. 경종景宗 때에 이르러 비록 조금 줄였으나 지금에 이르러서도 그 수가 아직 많습니다. 엎드려 바라건대 태조太祖의 법을 따라 다만 날래고 용감한 자만을 남겨두고 나머지는 모두 그만두게 하여 돌려보내면, 사람들은 원망이 없어지고 나라에는 서축이 있게 될 것입니다."

【原文】 顯宗 十年 三月 禮司奏請: "禁衛士春月擐鐵甲." 從之.

현종顯宗 10년(1019) 3월에 예사禮司[8]에서 아뢰어 청하기를, "궁궐을 시위하는 군사(衛士)는 봄철(春月, 음력 정월~3월)에는 쇠갑옷(鐵甲)을 입는 것을 금하게 하십시오."라고 하니, 이에 따랐다.

【原文】 文宗 十八年 六月 宮城使奏: "宮闕守衛軍士 當衣紫 帶劍 今有衣皂不持兵仗者 請罷職." 從之.

---

5 이것은 최승로의 상소문 22조목 가운데 세 번째 조목에 해당한다. 최승로의 상소문은 『고려사』 93 崔承老傳 및 『고려사절요』 2 성종 원년 6월 조에 실려 있는데, 이 상서문의 자세한 역주에 대하여는 이기백 · 노용필 · 박정주 · 오영섭, 『崔承老上書文硏究』, 일조각, 1993 참조.

6 奴婢按檢(광종 7년), 科擧制 실시(광종 9년), 百官의 公服 제정(광종 11년) 등 왕권을 강화하기 위한 광종의 이어진 개혁은 호족을 비롯한 기득권층의 거센 반발을 샀고, 이에 대해 광종은 과감하고도 무자비한 숙청으로 맞선 바 있다.

7 **州郡有風彩者** 州와 郡은 구체적 지방행정단위라기보다는 일반적인 명칭이며, 風彩가 있는 자들은 곧 힘세고 용맹스러운 자들을 의미한다.

8 **禮司** 『고려사』에서 禮司는 이 기사 한 곳에만 나오는데, 소속이나 구체적 임무는 분명하지 않다.

문종文宗 18년(1064) 6월에 궁성사宮城使[9]가 아뢰어, "궁궐을 수위하는 군사는 마땅히 자줏빛 옷(紫衣)을 입고 검劍을 차야 하는데,[10] 지금 검은 옷을 입고 무기를 가지지 않은 자가 있으니 (그) 직을 파면하기를 청합니다."라고 하니, 이에 따랐다.

【原文】 毅宗 二十一年 正月 屯府兵于闕庭 以備不測. 自是選取驍勇[11]者 號內巡檢 分爲兩番 常着紫衣 持弓劍 分立仗外 不避雨雪 夜則巡警達曙.

의종毅宗 21년(1167) 정월에 부병府兵을 궁궐 뜰에 주둔하게 하여 예기하지 못한 일에 대비하도록 하였다. 이로부터 날쌔고 용감한 자를 뽑아 내순검內巡檢이라 하고, (이를) 나누어 두 번番으로 만들어 항상 자줏빛 옷(紫衣)을 입고 활과 검을 가지고 의장儀仗 밖에 나누어 서게 하였는데, 비와 눈도 피하지 않고 밤에는 돌며 경계하기를 새벽까지 하였다.[12]

---

9 **宮城使** 『고려사』의 다른 곳에서는 나오지 않는 관직인데, 이름으로 보아 숙위를 포함하여 궁성과 관련된 업무를 관장하는 관직이었을 것이다.

10 光宗 11년(960) 3월에 百官의 公服을 정하여, 元尹 이상은 紫衫, 中壇卿 이상은 丹衫, 都航卿 이상은 緋衫, 小主簿 이상은 綠衫을 입게 하였는데(『고려사』 72 輿服志 1 冠服 公服), 이때 軍服의 색도 정하였는지는 알 수 없다. 그러나 毅宗 때의 규정에 의하면 朝會의 儀仗을 담당하는 軍士와 將校는 대부분 자줏빛 옷을 입는 것으로 되어 있다(『고려사』 72 輿服志 1 儀衛 朝會儀仗). 또한 『고려도경』에는 '官府門衛校尉는 보라빛 무늬의 비단으로 만든 좁은 옷(紫文羅窄衣)을 입고, 전각복두(展脚幞頭)를 썼으며, 오른쪽에 긴 칼(長劍)을 차고 팔짱을 끼고(拱手) 서 있는데 (중략) 王府에 머무르면서 여러 문을 수위한다.'라고 되어 있다(『고려도경』 12 仗衛 2 官府門衛校尉). 이러한 기록들을 종합해보면 궁궐을 수위하는 군사의 복색은 보랏빛이었던 것으로 추정된다. 한편 하급관리인 人吏들이 검은 옷(皁衣)에 幞頭를 쓰고 검은 가죽으로 된 네모난 신(句履)을 신었다는 기록이 있다(『고려도경』 21 皁隷 人吏).

11 **驍勇** 『고려사』 18 世家 의종 21년 정월 을묘 조 및 『고려사절요』 11 毅宗 21년 정월 기사에는 驍勇이 아니라 勇力이라고 되어 있다.

12 이 조치가 내려지기 이틀 전인 계축일에 毅宗이 奉恩寺에 행차하여 燃燈하고 밤에 돌아오다가, 金敦中이 탄 말이 한 騎士의 화살통에 부딪쳐서 화살이 왕이 탄 가마 곁에 떨어지는 일이 생겼다. 왕은 자신에게 쏜 살인 줄 알고 놀라 급히 궁으로 돌아와 궁성을 계엄하는 한편, 이튿날인 갑인일에 '賊을 알려주는 자에게는 관직의 유무를 막론하고 東班은 正郞에, 西班은 將軍에 원하는 대로 임용할 것이고, 公私賤隷도 叅職과 함께 銀 200斤을 지급하며, 여자인 경우에는 銀 300斤을 준다.'라는 榜을 붙였다가, 다시 黃金 15斤과 銀甁 200口를

【原文】明宗五年十一月 時因西征 衛卒乏少 加發四百人 號衛國抄猛班 皆持劍戟 環衛毬庭.

명종明宗 5년(1175) 11월에 당시 서정西征[13]으로 인하여 위졸衛卒이 적었으므로 400명을 더 징발하여 위국초맹반衛國抄猛班[14]이라 하고, 모두 검劍과 극戟을 가지고 구정毬庭[15]을 둘러싸 호위하게 하였다.

【原文】十一年七月夜 自壽昌宮北垣 投石 抵御寢北牖者 三四 宿衛皆驚 巡索禁垣 竟不得. 重房奏請 "每夜 一將軍 領手下軍校 伏兵宮門外 及諸要害 處以備警急." 從之.

(명종) 11년(1181) 7월 밤에 수창궁壽昌宮[16] 북쪽 담에서 돌을 던져 왕의

포상금으로 추가하여 내걸었다. 그리고 그 다음날인 을묘일에 이 조치가 내려졌다(『고려사』 18 世家 의종 21년 정월).

13 西征 명종 4년(1174) 9월에 西京留守 趙位寵이 무인정권에 반발하여 일으킨 난을 말한다. 조위총이 난을 일으키자 岊嶺 이북의 40여 城이 호응하는 등 그 위세가 대단하였는데, 중앙정부는 그해 10월 중서시랑평장사 尹鱗瞻에게 3軍을 이끌고 가서 난을 제압하게 하였으나 岊嶺에서 오히려 반군에게 대패하였다. 이에 11월에 다시 平章事 尹鱗瞻을 元帥로 하고, 樞密院副使 奇卓成을 副元帥로 삼아 5軍을 거느리고 반군을 치게 하였는데, 이 반란은 명종 6년(1176) 6월에 가서야 진압되었다.

【참고】 邊太燮, 「武臣政權期의 反武臣亂의 성격—金甫當의 난과 趙位寵의 난을 중심으로—」, 『한국사연구』 19, 1978, 55~63쪽.

14 衛國抄猛班 이 부대 이름은 이 기록이 유일한데, 아마도 명종 5년 당시 신설되었다가 상황의 종료와 함께 곧 해체된 것이 아닌가 여겨진다. 그런데 『고려도경』에는 '왕성에 머물러 숙위하는 군사는 항상 30,000명이며, 이들이 교대로 番을 나누어 수비한다. (중략) 이를 또 3등으로 나누어 超軍 · 海軍 · 猛軍이라고 한다.'라고 하여 궁성수비대로서 猛軍의 이름이 나오고(『고려도경』 11 仗衛 1 서문), 『고려사』에는 西京에도 猛軍이 있었다는 기록이 있다(『고려사』 81 兵志 1 병제, 문종 원년 7월 制). 명종 5년에 毬庭을 시위하는 특별부대를 만들면서 그 이름을 衛國抄猛班이라고 한 것은 이러한 사실들과 연관이 있는 것이 아닌가 한다.

15 毬庭 擊毬를 하는 넓은 마당이나, 때로는 이곳에서 말을 타고 활을 쏘는 등 군사훈련을 하기도 하였다.

16 壽昌宮 고려시대의 離宮 중 대표적인 것으로, 고려 건국 초기에 건국된 듯하며, 궁성 밖에 있었으나 개경의 중심부에 있었다. 현종 2년(1011) 거란이 침입하여 궁궐을 불태우자 나주에 피난하였던 현종이 환도하여 머물렀고, 현종 9년(1018) 개성부가 설치될 때 그 治所가 수창궁터였던 것으로 추정된다. 江華 천도 이후 수창궁은 폐허상태가 되었다가 우왕

침실 북쪽 창에 닿은 일이 서너 차례나 되었다. 숙위宿衛가 모두 놀래어 궁성 담을 돌며 수색하였으나 끝내 (잡지) 못하였다. 중방重房[17]에서 아뢰어 청하기를, "밤마다 장군 한 명이 수하手下의 군교軍校를 거느리고 궁문 밖과 여러 요해지에 군사를 숨겨두어 경급警急한 일에 대비해야 합니다."라고 하니, 이에 좇았다.

【原文】元宗十年二月 時誅金俊 以勢家子弟 持弓矢 入衛殿內 稱後壁 將軍金保宜·林惟茂·趙允蕃·崔宗紹等 以後壁 賜紅改銜.

원종元宗 10년(1269) 2월, 때에 김준金俊을 죽이자[18] 세가勢家의 자제로써 활과 화살을 가지고 궁전 안에 들어와 호위하게 하고 후벽後壁[19]이라고 하였다. 장군將軍 김보의金保宜[20]·임유무林惟茂[21]·조윤번趙允蕃[22]·최종소崔

7년(1381) 다시 조영되었고, 李成桂와 李芳遠이 이곳에서 조선의 太祖와 太宗으로 각각 즉위하였다. 지금은 그 터에 학생소년궁전이 세워져 있다.

【참고】高裕燮, 「壽昌宮과 旻天寺」, 『松都古蹟』, 1945; 『松都의 古蹟』, 열화당, 1977, 84~87쪽.
朴龍雲, 『고려시대 開京 연구』, 일지사, 1996.
한국역사연구회, 『고려의 황도 개경』, 창작과 비평사, 2002.

17 **重房** 2軍과 6衛의 지휘관인 上將軍과 부지휘관인 大將軍들이 모여 軍事를 논의하던 무인의 최고권력기관. 문인의 최고합좌기관인 宰樞會議에 비하여 그 권력은 매우 적었지만, 무인정권 수립 직후부터 최충헌이 집권하기 이전까지는 정치적 실권을 장악하기도 하였다. 忠宣王 때 폐지하였다가 곧 복구되어 고려 말까지 존속하였다(『고려사』 77 百官志 2 西班).

【참고】內藤雋輔, 「高麗時代の重房及び政房に就いて」, 『稻葉岩吉還曆記念 滿鮮史論叢』, 1937; 『朝鮮史研究』, 京都大 東洋史研究會, 1961.
金庠基, 「高麗武人政治機構攷」, 『東方文化交流史論攷』, 을유문화사, 1948.
金大中, 「고려전기 중방체제의 성립」, 『국사관논총』 61, 1995.

18 金俊이 元宗과 林衍 등에게 살해된 것은 원종 9년(1268) 12월이다.

19 **後壁** 본문 기록에서 보듯이 勢家의 자제로서 궁정에서 국왕의 시위를 담당하는 무관을 말한다.

20 **金保宜** 高宗 때에 科擧에 급제하였던 것으로 보이나, 자세한 이력은 알 수 없다(『고려사』 99 崔惟淸傳 附 崔雍傳 참조).

21 **林惟茂** (?~원종 11년, ?~1270) 아버지 林衍이 원종 11년 3월 병사하자 그 뒤를 이어 敎定別監에 임명되면서 무인정권의 실력자로 등장하였다. 임유무는 임연과 마찬가지로 원종의 출륙명령을 듣지 않고 항몽정책을 고수하다가 그해 5월에 洪文系·宋松禮 등에 의해 제거되고 권력은 원종에게 돌아감으로써 마침내 무인정권은 막을 내리고 말았다.

【참고】『고려사』 130 林衍傳 附 惟茂傳.

宗紹[23] 등을 후벽後壁으로 삼아 홍패紅牌를 주고 관함官銜을 고쳤다.

【原文】 十五年八月 忠烈王卽位 以衣冠子弟 嘗從爲禿魯花者 分番宿衛 號曰忽赤.

(원종) 15년(1274) 8월에 충렬왕忠烈王이 즉위하여[24] 귀족자제(衣冠子弟)로 일찍이 왕을 따라가 독로화禿魯花[25]가 되었던 자를 번番으로 나누어 숙위宿衛하게 하고 홀적忽赤[26]이라고 불렀다.

【原文】 元年正月 以忽赤四番 爲三番.

崔元榮, 「林氏武人政權의 成立과 崩壞」, 『高麗武人政權硏究』, 서강대학교 출판부, 1995.

22 **趙允蕃** (?~원종 10년, ?~1269) 元宗 때 同知樞密을 지낸 趙璈의 아들로, 당시 무인정권의 실력자 林衍이 원종 10년 6월 元宗을 폐하고 王의 동생인 安慶公 淐을 옹립하려 할 때에, 林衍을 제거하려 하였다는 혐의를 받고 趙璈는 黑山道에 유배되고, 趙允蕃은 살해되었다(『고려사』 130 林衍傳).

23 **崔宗紹** (?~원종 11년, ?~1270) 무인정권 최후의 실력자인 林惟茂의 妹夫로, 원종 11년 5월 林惟茂가 제거될 때 함께 사로잡혀 살해당했다(『고려사』 130 林衍傳 附 惟茂傳).

24 元宗이 15년 6월에 사망하자, 당시 元에 가 있던 太子 諶이 8월에 귀국하여 忠烈王으로 즉위하였다.

25 **禿魯花** 원래 人質을 의미하는 몽고말이나, 고려에서는 주로 인질로 보낸 왕자와 귀족의 자제를 일컫는다. 『고려사』에는 '고종 28년(1241) 4월 族子인 永寧公 綧을 왕자라고 하고 衣冠子弟 10명을 거느리고 蒙古로 들어가 禿魯花가 되게 하였다. 樞密院使 崔璘·將軍 金寶鼎·左司諫 金謙을 伴行으로 하였는데, 禿魯花란 중국말로 質子를 말한다.'(『고려사』 23 世家 고종 28년 4월)라고 기록되어 있다. 이후 원종과 충렬왕 때에도 계속 독로화를 보내었으나, 원과의 관계가 친밀해짐에 따라 이 제도는 점차 완화되어 갔다.

26 **忽赤** 忽只 또는 火兒赤이라고도 쓴다. 元의 제도로 弓矢와 鷹隼의 일을 주관하는 숙위병이었으나, 고려에서는 충렬왕 즉위년에 처음 이를 도입하였다. 처음에는 위의 본문 기사와 같이 독로화로 갔던 귀족자제를 忽赤으로 삼아 숙위하게 하였으나 뒤에는 禿魯花가 아니더라도 뽑아서 忽赤으로 삼았고, 충렬왕 때에는 達達人을 忽赤으로 뽑기도 하였다. 이들은 처음에는 4번으로 나누어 교대로 숙위하게 하였으나 충렬왕 1년에는 3번으로 하였다가 충선왕 1년에 다시 4번으로 나누었으며, 王殿을 숙위하는 大殿忽只 이외에 世子府를 숙위하는 世子府忽只도 생겼다. 이들은 점차 그 역할이 중대하여 왕명을 받아 죄인을 체포하거나 시가지를 순찰하기도 하였고, 東征軍에 보충되거나 倭寇를 격퇴하는 등 전투에 동원되기도 하였다(內藤雋輔, 「高麗兵制管見」, 『靑丘學叢』 15·16; 『朝鮮史硏究』, 京都大 東洋史硏究會, 1961). (→ 兵志 1 각주 319 참조)

(충렬왕) 원년(1275) 정월에 홀적忽赤 4번을 3번으로 만들었다.

【原文】八年五月 以達達人 分屬忽赤三番 依中朝體例 令各番 三宿而代. 牽龍等諸宿衛 亦然.

(충렬왕) 8년(1282) 5월에 달달인達達人[27]을 홀적忽赤 3번에 나누어 소속시키고 중국의 체례體例에 따라서 각 번으로 하여금 사흘 밤을 지나고 교대하게 하였다. 견룡牽龍[28] 등 모든 숙위宿衛도 또한 그렇게 하였다.

【原文】九年七月 選衣冠子弟 充世子府宿衛.

충렬왕 9년(1283) 7월에 귀족자제(衣冠子弟)를 뽑아서 세자부世子府[29]의 숙위宿衛에 충당하였다.

【原文】十三年閏二月 令忽赤·鷹坊 三品以下 佩弓箭 輪次入直.

충렬왕 13년(1287) 윤2월에 홀적忽赤·응방鷹坊[30]의 3품 이하에게 활과

27 **達達人** Tatar의 對譯으로 蒙古人을 가리키는 말로 쓰여 왔으며, 고려시대의 기록에는 韃靼, 㺚狚, 達旦, 達奴, 達賊 등 다양하게 표현되고 있다. 그러나 정작 몽고인 자신에 의해서는 사용되지 않았던 일종의 卑稱이라고 할 수 있다(箭內亘, 「韃靼考」, 『滿鮮地理歷史硏究報告』 5, 1918 참조).

28 **牽龍** 宿衛와 儀衛를 맡던 고려 禁軍의 하나. 주로 權貴의 子弟나 勇力이 뛰어난 자들이 임명되었다. 부대의 조직은 최고책임자인 指諭와 行首 예하에 散員·校尉·隊正으로 구성되어 있었는데, 指諭는 郎將(정6품) 이상의 장교가, 行首는 대체로 別將(정7품)이 임명되었다(宋寅州, 「高麗時代의 牽龍軍」, 『大丘史學』 49, 1995).

29 **世子府** 顯宗 13년(1022) 처음 설치된 이래 존속되어오던 太子府가 충렬왕 2년(1276)에 世子詹事府로, 충렬왕 34년(충선왕 즉위년, 1308)에는 世子府로 그 명칭이 바뀌었다(『고려사』 77 百官志 2 東宮官).

30 **鷹坊** 元에 진공하기 위한 매를 사육하는 곳. 『고려사』 77 百官志 2 諸司都監各色 鷹坊 조에는 충렬왕 9년(1283) 鷹坊을 관장하는 官府인 鷹坊都監을 설치하였다고 하였으나, 『고려사절요』의 기록에 의할 때 응방은 적어도 충렬왕 1년에는 이미 설치되어 있던 것으로 보인다(『고려사절요』 19 충렬왕 1년 6월). 충렬왕 34년(충선왕 즉위년, 1308)에는 鷹坊使(종3품) 이하 응방도감의 관리를 두었으나, 충선왕 1년에 폐지하였다가 곧 복구하였으며, 충목왕이 즉위하여 다시 폐지하는 등 폐지와 복구를 거듭하였다. 국가로부터 토지와 노비를 받은 응방은 元뿐 아니라 고려왕실에도 매를 진공하였으므로 응방의 관리들은 고려의 국

화살을 지니고 돌림차례로 들어와 수직하게 하였다.

【原文】 忠宣王元年六月 復分忽赤 爲四番.

충선왕忠宣王 원년(1309) 6월에 다시 홀적忽赤을 나누어 4번으로 만들었다.

【原文】 忠肅王七年十月 無賴之徒 往往成群殺人 故別定巡行 以至燈燭輩 皆爲之.

충숙왕忠肅王 7년(1320) 10월에 무뢰배들이 가끔 떼를 지어 살인을 하므로 따로 순행巡行을 정하였는데, 등불을 드는 무리(燈燭輩)들까지도 모두 참여시켰다.

【原文】 十二年五月 命巡軍忽赤等 別行巡綽 禁街衢閑雜人.

(충숙왕) 12년(1325) 5월에 순군巡軍·홀적忽赤 등에 명해서 특별히 순찰을 다니게 하여 길거리에 잡인雜人들이 쓸데없이 다니는 것을 금하였다.

【原文】 恭愍王元年五月 宰樞 以倭賊近境 慮草賊 請令各司官吏一人·令史一人 備弓矢宿衛 從之.

공민왕恭愍王 원년(1352) 5월에 재추가 왜적倭賊이 국경 가까이 오자 초적草賊을 염려하여 각 관청의 관리官吏 1명과 영사令史[31] 1명에게 활과 화살을 갖추고 숙위하게 하기를 청하므로, 이에 좇았다.

왕과 원의 세력을 배경으로 하여 寵臣的인 지위를 누리게 되는 등 영향력이 커져갔다. 이에 국가의 수탈을 피하기 위해 농민들이 다투어 응방에 소속되기를 원하여 이들의 특수촌락인 伊里干이 설치되는 등 당시 사회에 많은 폐해를 끼쳤다(內藤雋輔, 「高麗時代の鷹坊に就いて」, 『朝鮮學報』 8, 1955; 『朝鮮史研究』, 京都大 東洋史研究會, 1961). (→ 兵志 1 각주 329 참조)

31 **令史** 胥吏職의 하나로, 주로 문서를 관장하는 일을 맡아보았다(金光洙, 「高麗時代의 胥吏職」, 『韓國史研究』 4, 1969, 7쪽).

【原文】三年七月 柳濯·廉悌臣等 大臣·老將四十餘人 率精銳二千 赴征 宿衛空虛. 王 疑懼 募弓手于西海道 以備不虞.

(공민왕) 3년(1354) 7월에 유탁柳濯[32]·염제신廉悌臣[33] 등 대신大臣과 나이 든 장수 40여 명이 정예精銳 2,000명을 거느리고 정토征討에 나가니 숙위宿衛가 텅 비었다. 왕은 두려워하여 궁수弓手를 서해도西海道[34]에서 모집하여 만일의 사태에 대비하였다.

【原文】十三年七月 選諸道良家子弟 補充八衛 輪番宿衛 楊廣道 八千五百人 全羅道 五千五百人 慶尙道 九千人 交州道 三千人 江陵道 一千人 分屬五軍 屯于京城各門 江陵道子弟 屯于本道 以備東北.

(공민왕) 13년(1364) 7월에 여러 도道의 양가良家 자제를 뽑아서 8위衛[35]에 보충하고 교대로 숙위하게 하였다. 양광도楊廣道[36]의 8,500명, 전라도全

---

32 **柳濯** (충선 3~공민 20, 1311~1371) 高興 출신으로, 柳淸臣의 손자이다. 음서로 벼슬하여 元에서 숙위하였고, 공민왕 때에는 全羅道 萬戶로 왜구의 침입을 막았다. 이후 左丞相을 거쳐 高興府院君이 되고, 慶尙道 都巡問使 兼 兵馬使로 紅巾賊을 격퇴하는 데 공을 세워 1등 공신이 되었으며, 都僉議政丞 등을 역임하였다. 辛旽이 실각하자 그의 일당으로 탄핵받아 교수형을 당하였다(『고려사』 111 柳濯傳).

33 **廉悌臣** (충렬 30~우왕 8, 1304~1382) 瑞原 출신. 어려서 고아가 되어 元의 平章事인 고모부 末吉의 집에서 자라났다. 泰定황제가 즉위하자 禁中에서 宿衛하면서 총애를 받았고, 충숙왕 때 征東省郎中으로 귀국하여 청렴한 가운데 田民의 訴訟을 해결하였다. 이후 忠穆王 때 三司右使·贊成事, 공민왕 때 左政丞·右政丞·領都僉議使司, 門下侍中 등을 거치고 曲城府院君·曲城伯에 봉해졌다. 우왕이 즉위하자 원로대신으로 領三司事·領門下府를 거쳐 사망하였는데, 그의 아들로 廉國寶, 廉興邦 등이 있다(『고려사』 111 廉悌臣傳).

34 **西海道** 黃海道의 고려시대 이름. 成宗 14년(995) 10道制를 실시하면서 黃州·海州 등의 州縣을 關內道에 속하게 하였다가 뒤에 海州道로 고쳤다. 뒤에 遂安·谷州·殷栗 등의 縣이 元에 소속되었다가 충렬왕 4년(1278)에 돌려 받았는데, 大都護府 1, 牧 1, 郡 6, 縣 16, 鎭 1을 거느렸다(『고려사』 78 地理志 3 西海道).

35 **8衛** '공양왕 때에 이르러 2軍 6衛를 합하여 8衛라고 불렀다.'(『고려사』 77 百官志 2 西班)라고 하였으나, 본문의 이 기사에서 보듯이 공민왕 때에도 이미 京軍의 2軍·6衛를 합쳐서 8衛라고 하였다.

36 **楊廣道** 성종 14년(995) 10道制를 실시하면서, 楊州·廣州 등의 州縣을 關內道에, 忠州·淸州 등의 州縣을 忠原道에, 公州·雲州 등의 州縣을 河南道에 속하게 하였다가 예종 1년(1106)에 합하여 楊廣忠淸州道라고 하였다. 명종 1년(1171)에 2道로 나누었는데 충숙왕 1

羅道[37]의 5,500명, 경상도慶尙道[38]의 9,000명, 교주도交州道[39]의 3,000명, 강릉도江陵道[40]의 1,000명을 5군五軍에 나누어 소속시켜, 경성京城의 각 문門에 주둔하게 하였는데, 강릉도의 자제만은 본도本道(江陵道)에 주둔하여 동북東北을 방비하게 하였다.

【原文】 十六年八月 令諸道散官 赴京宿衛.

(공민왕) 16년(1367) 8월에 여러 도道의 산관散官을 서울에 와서 숙위하게 하였다.

【原文】 二十年七月 羅州牧使 李進修上疏曰: "侍衛之於宮闕 猶四支之於身体. 仁義識理者 爲最 勇敢者 次之. 宜置四怯薛官 各那演若干人 不拘文武耆德 其有八上將軍 十六大將軍 四十二都府 忽赤·忠勇 各四番 均分屬之 訓鍊士卒 嚴明器械 更日侍衛禀行軍令 又兼管中外帥府 則其於軍國重事 若身之使臂 臂之使指 身安而事擧矣."

(공민왕) 20년(1371) 7월에 나주목[41]사羅州牧使 이진수李進修가 상소하여

년(1314)에 楊廣道라고 정하였으며, 공민왕 5년(1356)에는 忠淸道도 정하였다. 京 1, 牧 3, 府 2, 郡 27, 縣 78을 거느렸다(『고려사』 56 地理志 1 楊廣道).

37 **全羅道** 성종 14년(995) 全州·瀛州·淳州·馬州 등의 州縣을 江南道, 羅州·光州·靜州·昇州·貝州·潭州·朗州 등의 州縣을 海陽島라고 하였다가, 현종 9년(1018)에 합하여 全羅道라고 하였다. 牧 2, 府 2, 郡 18, 縣 82를 거느렸다(『고려사』 57 地理志 2 全羅道).

38 **慶尙道** 성종 14년(995) 10道制를 실시하면서 尙州 소관을 嶺南道, 慶州·金州 소관을 嶺東道, 晉州 소관을 山南道라고 하였다가 예종 1년(1106)에 慶尙晉州道라고 하였는데, 慶尙道라는 명칭은 충숙왕 1년(1314)에 정해졌다. 京 1, 牧 2, 府 3, 郡 30, 縣 92를 거느렸다(『고려사』 57 地理志 2 慶尙道).

39 **交州道** 성종 14년(995) 10道制를 실시하면서 春州 등의 郡縣을 朔方道에 속하게 하였는데, 명종 8년(1178) 春州道라고 부르다가 뒤에 東州道라고 하였는데, 원종 4년(1263) 交州道라고 불렀다. 郡 8(防禦郡 1, 知事郡 2, 屬縣 5)과 縣 20을 거느렸다(『고려사』 58 地理志 3 交州道).

40 **江陵道** 江陵道라는 명칭은 원종 4년(1263)에 처음으로 사용되었는데, 일반적으로 東界 혹은 東北面 지역의 鐵嶺 이북은 朔方道, 이남은 江陵道에 해당된다. 그러나 고려시대에 이 지역은 朔方道, 江陵道, 朔方江陵道, 江陵朔方道, 沿海溟州道 등 다양하게 불리면서 때로는 나눠지기도 하고 합해지기도 하였다(『고려사』 58 地理志 3 東界).

이르기를[42], "궁궐에 있어서의 시위侍衛는 마치 신체에서의 사지와 같아서, 인의仁義롭고 도리道理를 아는 자가 첫째가 되고 용감한 자는 그 다음입니다. 마땅히 네 겁설관怯薛官[43]과 각기 나연那演[44] 약간 명을 두되, 문무를 가리지 말고 나이가 많고 덕이 있어야 합니다. 그곳에 8명의 상장군上將軍과 16명의 대장군大將軍을 두고, 42도부都府[45]와 홀적忽赤·충용忠勇[46]의 각 4번番도 고루 나누어서 이에 속하게 하여, 사졸을 훈련하고 무기를 다루는 것을 엄하게 알게 하십시오. 날을 번갈아 시위侍衛하게 하고 군령軍令을 받들어 행하게 하며, 또 중앙과 지방의 수부帥府를 겸하여 관할하게 하면, 군

---

41 **羅州牧** 원래 發羅郡이었던 것을 신라 경덕왕이 錦山郡으로 고치고, 후삼국시대에 王建이 弓裔의 명을 받아 이 곳을 점령하여 羅州라고 고쳤다. 성종 14년(995) 10道制를 시행하면서 鎭海軍節度使라고 하고 海陽縣에 소속시켰다가 현종 3년 契丹의 침입을 피해 왕이 이 곳으로 피난한 뒤 현종 9년 羅州牧으로 승격시켰다. 別號는 通義·錦城이다(『고려사』 57 地理志 2 羅州牧).

42 **李進修의 상소** 羅州牧使 李進修(출신지 및 생몰연도 불명)가 공민왕 20년 7월에 올린 상서는 본문의 이 宿衛 조 기사 이외에도 『고려사』 43 世家 공민왕 20년 7월 기묘 조, 『고려사』 81 兵志 1 五軍 조, 『고려사』 84 刑法志 1 職制 조에도 실려 있다. 『고려사절요』에는 이 상서에 대하여 '羅州牧使 李進修上疏 請罷內宰樞 嚴近侍衛 立軍帥府 斷奔競 王嘉之 除判典校寺事'(『고려사절요』 29 공민왕 20년 7월 조)라고 기록되어 있다.

43 **怯薛官** 怯薛은 원래 元의 宿衛官으로('怯薛者 猶言悉直宿衛也', 『元史』 89 兵志 宿衛 조), 李進修의 상서문에서 보듯이 고려에서도 왕을 호위하는 宿衛官으로 조직되었다. 그러나 설치시기와 조직은 알 수 없다. (→ 兵志 1 각주 401 참조)

44 **那演** 主將이라는 뜻을 가진 몽고어 noyan의 音譯으로 那衍이라고도 쓴다. 『세조실록』에는 '俗稱主將曰那衍'(『朝鮮世祖實錄』 1 叢書)이라고 하였다.

45 **42都府** 고려의 중앙군인 6衛의 領을 말한다. 6衛는 모두 42領으로 되어 있고, 1領은 1,000명의 부대로 조직되었으므로 42도부의 군인은 모두 42,000명이 된다. 그런데 우왕 14년(1388)에 올린 趙仁沃의 상서문에는 '四十二都府四萬二千之兵'(『고려사』 78 食貨志 1 田制, 우왕 14년 7월 조 趙仁沃 상소)이라고 하였으나, 공양왕 1년(1389)에 올린 憲司의 상소문에는 '四十二都府之兵十有二萬'(『고려사』 81 兵志 1 兵制, 공양왕 1년 12월 憲司 상소)라고 하여 숫자가 차이가 난다. 이것은 고려 후기의 3家 1戶의 원칙에 의한 交代番上 때문이라고 생각된다(李基白, 「高麗軍人考」, 『高麗兵制史研究』, 일조각, 1968, 96~102쪽).

46 **忠勇** 『고려사』 81 兵志 병제 조의 기사에는 공민왕 5년(1356) 11월에 설치한 것으로 되어 있으나, 『고려사』 39 世家에는 공민왕 5년 7월 을유일에 설치하였다고 기록되어 있다. 부대조직은 4衛로 되어 있고, 각 衛에는 將軍 1, 中郎將·郎將 2, 別將·散員 5, 尉長 20, 隊長 40명이 있으며, 도합 4,000명의 兵員을 둔 것으로 추정된다. 忠勇衛는 禁衛의 임무를 맡는 특별부대로 成衆愛馬의 하나였는데, 충용위가 설치됨으로써 종래의 8衛의 기능은 약화되었다.

국軍國의 중요한 일이 마치 몸이 팔을 쓰고 팔이 손가락을 쓰는 것과 같아서 몸이 편안하고 일이 잘 될 것입니다."라고 하였다.

【原文】 辛禑元年十一月 令宰臣·樞密 皆持兵宿衛. 先是 宰臣·樞密 各一人輪次入直 至是 勿論番次 皆令宿衛.

우왕禑王 원년(1375) 11월에 재신宰臣과 추밀樞密로 하여금 모두 무기를 갖고 숙위宿衛하게 하였다. 이보다 앞서 재신과 추밀 각 1명이 차례로 입직入直하였는데, 이에 이르러 번차番次를 막론하고 모두 숙위하게 하였다.

【原文】 三年十二月 命成衆愛馬 勿論番次 皆入直 又以所乘馬 置紫門 以備不虞. 命翼衛軍 宿衛於闕外四隅 宰樞 各以伴倘 宿于私第.

(우왕) 3년(1377) 12월에 성중애마成衆愛馬[47]에 명하여 번차番次를 막론하고 모두 입직入直하게 하였다. 또 (그들이) 타는 말을 자문紫門[48]에 두어 불의의 변에 대비하였다. 익위군翼衛軍[49]에 명하여 궁궐 밖 네 귀퉁이에서 숙

47 **成衆愛馬** 궁궐의 宿衛와 近侍의 일을 맡아보던 기관. 成衆官 혹은 愛馬라고도 하는데, 愛馬는 部隊·組合·團體·州郡을 의미하는 몽고어인 aimaq의 音譯이라고 생각되며, 成衆은 애마의 意譯이라고 생각된다. 內侍·茶房·司門(迂達赤)·司楯·司衣(速古赤)·司幕·司彝·司饔·忽只·忠勇衛·別保 등이 성중애마에 속하여 있는데, 고려시대에는 科擧·蔭敍·南班과 함께 관리가 되는 주요한 방법 중의 하나였다. 성중애마는 궁내직이었기 때문에 처음에는 귀족의 자제들이 많이 소속되어 있었으나, 후기로 갈수록 忠勇衛 등이 설치되면서 군사적 성격이 농후해졌고, 조선시대에는 주로 숙위를 임무로 하는 관리나 특수군인층을 가리키는 의미로 바뀌었다(金昌洙, 「成衆愛馬考」, 『동국사학』 9·10, 1966). (→ 兵志 1 각주 367 참조)

48 **紫門** 『고려도경』에는 正殿인 會慶殿의 西北 방향에 乾德殿이 있고(『고려도경』 5 궁전 1 乾德殿), 건덕전 동쪽에 紫門이 있었고 하였으나(『고려도경』 궁전 2 長齡殿), 『고려사』 88 兵志 2 위숙군 조에는 宣仁殿에 東·西紫門이 있었다고 되어 있다. 紫門은 고려 궁정의 城門의 하나로, 紫門指諭라는 관직이 있는 것으로 보아(『고려사』 22 世家 고종 14년 11월조) 紫門을 지키는 부대가 따로 있었음을 알 수 있다. (→ 兵志 3 각주 123 참조)

49 **翼衛軍** 翼衛軍에 대한 기록은 이 기사 하나뿐이므로 자세한 것은 알 수 없다. 단 우왕 1년(1375) 초에 倭寇를 막기 위하여 慶尙·忠清·全羅 各 道에서 군사를 모집하여 翊衛軍이라 하고 西江에 주둔하게 한 적이 있는데(『고려사』 82 兵志 2 진수), 혹시 이 翊衛軍의 잘못이 아닌가 한다. (→ 각주 153 참조)

위하게 하고, 재추는 각기 반당伴倘[50]을 데리고 사제私第에서 자게 하였다.

【原文】 四年十月 改忽赤四番 爲近侍·左右前後衛 置四品以下祿官.

(우왕) 4년(1378) 10월에 홀적忽赤 4번을 고쳐서 근시近侍와 좌·우·전·후위左·右·前·後衛로 하고 4품 이하의 녹관祿官[51]을 두었다.

【原文】 恭讓王二年二月 三軍摠制府 閱所統兵 分番宿衛. 都堂啓: "入直大小員吏 及愛馬別差者 無考課之法 禁衛虛踈 自今 宜令密直 重房入直者 點檢." 從之.

공양왕恭讓王 2년(1390) 2월에 삼군총제부三軍摠制府[52]에서 통솔하는 병사를 사열하고 번番을 나누어 숙위하게 하였다. 도당都堂[53]이 계啓하여, "입직入直하는 대소의 원리員吏와 애마愛馬로서 따로이 임명하는 자는 고과考課의 법이 없으므로 금위禁衛가 허술합니다. 지금부터는 마땅히 밀직密直[54]과

---

50 伴倘 고려 말 權臣에게 예속된 私兵. 공민왕 때부터 등장하기 시작하는 것으로 보이며, 주로 良人 중에서 선발되어 호위 및 使行의 수행인 역할을 담당하였다. 조선시대에는 使喚軍으로서, 병조에서 각 官衙와 王子, 功臣, 堂上官 등에게 일정한 수를 지급하였다(韓嬉淑, 「朝鮮初期의 伴倘」, 『歷史學報』 112, 1986, 10~16쪽).

51 祿官 祿俸을 받는 관리.

52 三軍摠制府 三軍都摠制府의 준말. 고려 말기에 元과의 관계가 험악해지고 倭寇의 침략이 심해지자 공양왕 3년(1391) 1월에 5군(中·前·後·左·右軍)을 3군(中·左·右軍)으로 개편하면서 이를 통괄하는 三軍都摠制府를 설치하였다. 사령관은 侍中 이상으로 임명하는 都摠制使이고, 이하 3軍摠制使, 副摠制使, 斷事官, 經歷, 都事, 6房錄事, 軍錄事, 6房典吏 등의 관리가 있었다. 군사의 최고통수기관으로서 중앙군뿐 아니라 지방군도 지휘하였으며, 예하군인으로 受田散官(閑良官)·新舊의 京畿지역에 거주하는 자(居新舊京圻者), 42都府, 成衆愛馬가 모두 소속하게 되었다(『고려사』 77 百官志 2 諸司都監各色, 三軍都摠制府).

53 都堂 고려 후기의 최고정무기관으로 국정 전반을 통할한 都評議使司의 별칭. 충렬왕 3년(1277) 都兵馬使를 都評議使司로 개편하면서 구성과 기능도 대폭 확대 강화되었는데, 僉議(전기의 宰臣), 密直(전기의 樞密) 이외에 三司의 正員, 商議까지 都堂에 合坐하였고, 임시기관에서 상설기관이 되면서 의정기관인 동시에 국가서무를 직접 관장하는 행정기관으로 바뀌어갔다. 이와 같이 고려 후기의 정치체제가 都堂 중심 체제가 되면서 종래의 中書門下省과 尙書 6部는 무력해졌다(邊太燮, 「高麗都堂考」, 『高麗政治制度史硏究』, 일조각, 1971, 85~86쪽).

중방重房[55]의 입직자入直者로 하여금 (이들을) 점검하도록 하십시오."라고 하니, 이에 좇았다.

진수鎭戍[56]

【原文】各州鎭 於農隙 每月六衙日 習弓弩 令界官行首員 與色員親監. 弓四十步 弩五十步 置的 十射五中者 及連中者 兩京職事員將 則進祿年加轉 散職東南班 則內外職敍用 人吏 則從自願 任其職事 散職將相將校 則進其年限加轉 無職員 則隨宜用之.

각 주州와 진鎭에서 농한기에는 매달 육아일六衙日[57]에 궁弓과 노弩[58]를 연습하는데, 계관界官[59] · 행수원行首員[60] 및 색원色員[61]들이 친히 감독하게

54 **密直** 王命의 出納, 宿衛, 軍機 등을 맡아보던 中樞院을 충렬왕 1년(1275)에 密直司로 고치고, 장관인 樞密院使도 密直司使로 고쳤다.
【참고】『고려사』 76 百官志 1 密直司.
朴龍雲, 『高麗時代 中樞院 硏究』, 고려대학교 민족문화연구원, 2001.

55 **重房** (→ 각주 17 참조)

56 **鎭戍** 州鎭에 대한 防戍를 의미하는 것으로, 앞의 宿衛 조와는 대조적인 위치에 있다. 고려시대의 처음에는 북방 변경의 鎭에서의 鎭戍를 의미하였으나, 말기에는 倭寇의 창궐에 따라 南道의 해안지대나 심지어는 開京 가까운 東江과 西江에까지 확대되었다(李基白, 『高麗兵制史硏究』, 일조각, 1968, 36쪽).

57 **六衙日** 여섯 번의 衙日로, 매월 초1일 · 초5일, 11일 · 15일 · 21일 · 25일을 말한다. 이날 百官이 모여 조회하며 임금에게 정무를 보고하였으며, 국자감에서는 4季月(3월 · 6월 · 9월 · 12월)의 6衙日에 衣冠子弟를 모아 『論語』와 『孝經』을 시험쳐서 합격한 자를 吏部에 보고하면, 이부는 世系를 상고하여 그들에게 初職을 주었다.
【참고】『고려사』 99 崔惟淸傳 附 崔宗峻傳.

58 **弩** 쇠뇌는 쇠로 만든 발사장치가 설치되어 있어 화살이나 돌을 훨씬 멀리까지 힘차게 보낼 수 있는 무기이다(김기웅, 『무기와 화약』 교양국사총서 32, 세종대왕기념사업회, 1977, 176～178쪽).

59 **界官** 界首官의 준말로, 京 · 都護府 · 牧의 수령을 말한다.

하였다. 궁弓은 40보步에, 노弩는 50보에 표적을 놓는데 열 번 쏘아 다섯 번을 적중한 자 및 연거푸 적중한 자가 양경兩京의 현직現職에 종사하는 문관과 무관(員將)이면 녹祿과 연한을 더하여 승진시키고, 산직散職의 동반東班이나 남반南班[62]이면 내·외직內·外職에 서용敍用하고, 하급관리(人吏)이면 자원하는 데 따라서 현직에 임명하고, 산직散職의 장상將相·장교將校이면 그 연한을 올려서 승진시키고, 무직원無職員이면 적당한 곳에 임용하였다.

【原文】太祖三年三月 以北界鶻巖城 數爲北狄所侵 命庾黔弼 率開定軍三千至鶻巖 於東山 築一大城以居 由是 北方晏然.

태조太祖 3년(920) 3월에 북계北界[63]의 골암성鶻岩城[64]이 자주 북적北狄에게 침략당하였기 때문에 유금필庾黔弼[65]에 명하여 개정군開定軍[66] 3천 명을

60 **行首員** 각 관청에서 동급의 품계를 가진 관리 중 우두머리, 혹은 수석관리를 말한다.

61 **色員** 色은 사무의 한 갈래를 의미하는 말로, 色員은 일정한 일을 맡았거나 책임을 진 담당 실무자를 말한다.

62 **南班** 궁중의 內僚職으로, 殿中의 堂直이나 국왕의 호종 및 왕명 전달 등을 맡아보았다. 이들은 東班·西班과 같이 南班이라는 하나의 班列을 이루면서 대부분 品官으로 되어 있었으나, 직능상으로나 신분상으로 兩班에 비견되지는 못하고 중간계층에 소속되어 있었다

【참고】曹佐鎬, 「麗代 南班考」, 『東國史學』 5, 1957.

李丙燾, 「高麗 南班考」, 『서울대 논문집』 12, 1966.

63 **北界** 成宗 14년(995) 10道制를 실시하면서 西京 소관을 浿西道라고 하였다가 뒤에 北界라고 고쳤는데, 東界와 함께 兩界를 이루었다. 숙종 7년(1102) 西北面이라고 하였으며, 京 1, 大都護府 1, 防禦郡 25, 鎭 12, 縣 10을 거느렸다(『고려사』 58 地理志 3 北界). 그러나 이 본문기사에 나오는 北界라는 명칭이 『고려사』 地理志에서 말하는 정식 행정구역으로서의 北界와 같은 것인지, 아니면 '북쪽의 국경지대'라는 일반적인 용어로 쓰였는지는 명확하지 않다.

64 **鶻岩城** 『고려사』 92 庾黔弼傳에는 '北界 鶻巖鎭'이라는 표현이 나오고, 태조 1년 8월에 朔方의 鶻巖城帥 尹瑄이 귀부하였다는 기록을 볼 때(『고려사』 1 世家 태조 1년 8월 조), 아마도 골암진은 지금의 함경도 安邊 부근에 위치하지 않았나 생각되는데, 좀더 구체적으로 安邊 新堡里로 추정하는 견해도 있다(李基白, 「高麗 太祖 時의 鎭」, 『高麗兵制史研究』, 일조각, 1968, 235쪽). 한편 골암성 築城과 鎭戍에 대하여는 『고려사』 92 庾黔弼傳에 더 자세한 기록이 나오는데, 이때 귀부해온 北狄 諸部의 酋長이 1,500명이고, 포로로 잡혔다가 되돌려보낸 자도 3,000여 명이나 되었다고 한다.

65 **庾黔弼** (?~태조 24, ?~941) 平州 출신. 고려 太祖 때에 馬軍將軍, 大匡, 征西大將軍들을 거치면서 鶻巖鎭에 침입한 北狄을 격퇴하고, 燕山鎭·任存城·曹物郡·青州·禮安鎭 등

거느리고 골암鶻岩에 가서 동산東山에 큰 성을 쌓고 머무르게 하니, 이로 인하여 북방北方이 평안해졌다.

【原文】 十年八月 修拜山城 命正朝悌宣 領兵二隊 戍之.

(태조) 10년(927) 8월에 배산성拜山城[67]을 수리하고, 정조正朝[68] 제선悌宣[69]에게 명하여 군사 2대隊[70]를 거느리고 지키게 하였다.

【原文】 十一年二月 遣大相廉卿·能康等 城安北府 以元尹朴權 爲鎭頭 領開定軍七百人 戍之.

(태조) 11년(928) 2월 대상大相[71] 염경廉卿[72]·능강能康[73] 등을 보내어 안북부安北府[74]에 성을 쌓고, 원윤元尹[75] 박권朴權[76]을 진두鎭頭로 삼아 개정군開

여러 지역에서 후백제 군사와 싸워 승리하였다. 태조 14년(931)에는 참소를 입어 鵠島로 귀양갔으나 이듬해 풀려났고, 이후 征南大將軍, 右將軍, 都統大將軍 등을 역임하면서 후백제를 멸망시키는 데 큰 공을 세웠다. 태조 24년(941)에 사망하자 忠節이라는 시호가 내려졌고, 성종 13년(994)에 太師로 추증되고 太祖廟廷에 배향되었다(『고려사』 92 庾黔弼傳).

66 **開定軍** 開定軍에 대하여는 이 기록 이외에, 다음에 나오는 태조 11년(928) 2월의 기록밖에는 없다. 그러므로 그 실체를 명확하게 알 수는 없는데, 兩界를 鎭戍하는 임무를 위해 특별히 파견된 군대가 아니었나 추정된다(李基白, 「高麗京軍考」, 앞의 책, 52쪽).

67 **拜山城** 虎溪縣의 별칭으로 지금 경상북도 聞慶市 虎溪面이 있다. 처음 虎側縣이라고 불렸으나, 신라 경덕왕 때 虎溪縣이라고 고치고 古寧郡의 領縣이 되었다가, 고려 현종 9년(1018) 이후 尙州牧의 屬縣이 되었다(『고려사』 57 地理志 2 慶尙道 尙州牧 虎溪縣).

68 **正朝** 고려 건국 초기의 官階의 하나. 泰封의 官階를 이은 것으로, 成宗 이후 완성된 9품 16등급의 고려 鄕職체계 안에서 7품 12등급에 해당한다(『고려사』 75 選擧志 3 銓注 鄕職).

69 **悌宣** 이 밖에 다른 기록이 없으므로, 그에 대한 자세한 사항은 알 수 없다.

70 **隊** 후일 고려 중앙군의 부대조직에서 최하단위부대로 25명으로 구성되어 있었으나, 건국 초기에도 그러하였는지는 확실하지 않다.

71 **大相** 고려 건국 초기의 官階의 하나. 泰封의 官階를 이은 것으로, 成宗 이후 완성된 9품 16등급의 고려 鄕職체계 안에서 4품 7등급에 해당한다(『고려사』 75 選擧志 3 銓注 鄕職).

72 **廉卿** 이 밖에 다른 기록이 없으므로, 그에 대한 자세한 사항은 알 수 없다.

73 **能康** 이 밖에 다른 기록이 없으므로, 그에 대한 자세한 사항은 알 수 없다.

74 **安北府** 『고려사』 地理志에는 본래 彭原郡이었으나 태조 14년(931) 安北府를 설치하였다고 하여(『고려사』 58 地理志 3 安北大都護府 조), 兵志의 이 기록과는 연대에 차이가 난다. 성종 2년(983) 寧州安北大都護府를 두었다가 현종 9년(1018) 安北大都護府가 되었다. 지

定軍 700명을 거느리고 지키게 하였다.

【原文】 四月 城運州玉山 置戍軍.

(태조 11년) 4월에 운주運州[77]의 옥산玉山[78]에 성을 쌓고 수군戍軍을 두었다.[79]

【原文】 是歲 王巡北界 移築鎭國城 改名通德鎭 以元尹忠仁 爲鎭頭.

(태조 11년) 이 해에 왕이 북계北界를 순시하고 진국성鎭國城을 옮겨 쌓아 이름을 통덕진通德鎭[80]이라 고치고, 원윤元尹 충인忠仁[81]을 진두鎭頭로 삼았다.

【原文】 十二年三月 遣大相廉相 城安定鎭 以元尹彦守考 鎭之.

(태조) 12년(929) 3월에 대상大相 염상廉相[82]을 보내어 안정진安定鎭[83]에 성을 쌓고, 원윤元尹 언수고彦守考[84]에게 지키게 하였다.

금의 평안북도 安州郡에 해당한다.

75 **元尹** 고려 건국 초기의 官階의 하나. 泰封의 官階를 이은 것으로, 成宗 이후 완성된 9품 16등급의 고려 향직체계 안에서 6품 10등급에 해당한다(『고려사』 75 選擧志 3 銓注 鄕職).

76 **朴權** 이 밖에 다른 기록이 없으므로, 그에 대한 자세한 사항은 알 수 없다.

77 **雲州** 지금의 평안북도 雲山郡으로, 원래 雲中郡이었다가 光宗 때 威化郡으로 바뀌었으며, 顯宗 9년(1018) 이후 安北大都護府에 속한 防禦郡의 하나가 되었다(『고려사』 58 地理志 3 安北大都護府 雲州).

78 **玉山** 고려시대의 雲州(지금의 평안북도 雲山郡)에 있던 산이거나 지명을 말하는데, 구체적인 위치는 알 수 없다.

79 『고려사』 82 兵志 2 城堡 조에는 태조 8년의 일로 되어 있다.

80 **鎭國城과 通德鎭** 지금의 평안남도 平原郡 肅川面에 있던 고려시대의 지명. 원래 고구려의 平原郡이었다가 태조 11년 鎭國城을 옮겨 쌓으면서 이름을 通德鎭이라고 하였으며, 成宗 2년(983) 肅州라고 고치고 防禦使를 두었다가 뒤에 知郡事를 두었다(『고려사』 58 地理志 3 安北大都護府 肅州).

81 **忠仁** 이 밖에 다른 기록이 없으므로, 그에 대한 자세한 사항은 알 수 없다.

82 **廉相** 출생지 및 생몰년 미상. 『고려사』에는 본문의 이 기사 이외에 태조가 사망하기 하루 전 宰臣 廉相이 王規 朴守文 등과 함께 태조의 병석을 지키며 나눈 대화가 실려 있다(『고려사』 2 世家 태조 26년 5월 정유).

83 **安定鎭** 평안남도 平原郡 順安面 지역에 있던 고려시대의 鎭.

【原文】九月 遣大相式廉 城安水鎭 以元尹昕平 爲鎭頭. 又城興德鎭 以元尹阿次城 爲鎭頭.

(태조 12년) 9월에 대상大相 식렴式廉[85]을 보내어 안수진安水鎭[86]에 성을 쌓고, 원윤元尹 흔평昕平[87]을 진두鎭頭로 삼았다. 또 흥덕진興德鎭[88]에 성을 쌓고 원윤元尹 아차성阿次城[89]을 진두鎭頭로 삼았다.

【原文】十三年 二月 城昵於鎭 改名神光鎭 徙民實之.

(태조) 13년(930) 2월에 일어진昵於鎭에 성을 쌓고 이름을 신광진神光鎭[90]이라 고쳤으며, 인민을 옮겨서 이곳을 채웠다.

【原文】八月 遣大相廉相 城馬山 以正朝昕幸 爲鎭頭.

---

84 彥守考 이 밖에 다른 기록이 없으므로, 그에 대한 자세한 사항은 알 수 없다.

85 式廉 (?~정종 4년, ?~949) 太祖의 從弟인 王式廉을 말한다. 태조의 명을 받아 황폐해진 平壤을 재건하였고, 安水鎭과 興德鎭 등의 성을 쌓았다. 惠宗 말년 王規를 제거함으로써 定宗이 즉위하는 데 최고의 공을 세웠으며, 정종 4년(949) 사망하였다(『고려사』 92 王式廉傳).

86 安水鎭 지금의 평안남도 价川郡에 있던 고려시대의 朝陽鎭의 다른 이름. 현종 9년(1018)에 連州防禁使로 고쳤다가 뒤에 朝陽鎭이라고 하였으며, 고종 2년(1215)에 連州 防禦使, 고종 4년(1217)에 翼州防禦使라고 하다가 뒤에 价州로 고쳤다(『고려사』 58 地理志 3 安北大都護府 朝陽鎭). 『고려사』 地理志에는 고려 태조 13년(930)에 馬山에 성을 쌓고 安水鎭이라고 하였다고 하여 兵志 기사와 연대가 차이가 난다.

87 昕平 이 밖에 다른 기록이 없으므로, 그에 대한 자세한 사항은 알 수 없다. 단 이어지는 태조 13년 8월의 기사에는 그의 官階가 元尹에서 2단계 낮아진 正朝라고 되어 있다. (→각주 92 참조)

88 興德鎭 고려시대 殷州에 있던 것으로 추정되는 鎭. 『고려사』 地理志에는 殷州가 원래 興德郡(일명 同昌郡)으로 성종 2년(983)에 殷州防禦使를 두었다고 하였다(『고려사』 58 地理志 3 安北大都護府 殷州 조). 지금의 평안남도 順天郡 殷山面에 해당한다.

89 阿次城 이 밖에 다른 기록이 없으므로, 그에 대한 자세한 사항은 알 수 없다. 단지 顯宗 9년(1018)의 기록에는 '東北女眞 阿次烏乙弗 등 14명이 (고려에) 와서 말과 병기를 바쳤다.'(『고려사』 4 世家 현종 9년 12월)라는 기록이 있으므로, 阿次城이 女眞 출신 인물일 가능성도 있다.

90 昵於鎭과 神光鎭 지금의 경상북도 포항시 北區 神光面에 있던 고려시대의 鎭. 원래 신라의 東仍音縣을 景德王 때 神光縣으로 고치고 義昌郡의 領縣으로 삼았다가, 고려 현종 9년(1018) 慶尙道 慶州의 屬縣이 되었다(『고려사』 57 地理志 2 東京留守官 神光縣).

(태조 13년) 8월에 대상大相 염상廉相을 보내어 마산馬山[91]에 성을 쌓고, 정조正朝 흔평昕平[92]을 진두鎭頭로 삼았다.

【原文】 十四年 以元尹平奐 爲剛德鎭鎭頭.

(태조) 14년(931)에 원윤元尹 평환平奐[93]을 강덕진剛德鎭[94] 진두鎭頭로 삼았다.

【原文】 十七年 遣大相廉相 城通海鎭 以元甫才萱 爲鎭頭.

(태조) 17년(934)에 대상大相 염상廉相을 보내어 통해진通海鎭[95]에 성을 쌓고, 원보元甫[96] 재훤才萱[97]을 진두鎭頭로 삼았다.

【原文】 成宗元年六月 正匡崔承老 上書曰: "我國家 統三以來[四十七年][98] 士卒未得安枕 糧餉未免糜費者 以西北隣於戎狄 而防戍之所 多也. [願聖上以此爲念] [夫]以馬歇灘爲界 太祖之志也 鴨江邊石城爲界 大朝之所定也. 乞

---

91 馬山 지금의 평안남도 价川郡에 있던 고려시대의 지명. 태조 13년(930)에 馬山에 성을 쌓고 安水鎭이라고 하고, 현종 9년(1018)에 連州防禁使로 고쳤다가 뒤에 朝陽鎭이라고 하였으며, 고종 2년(1215)에 連州 防禦使, 고종 4년(1217)에 翼州防禦使라고 하다가 뒤에 价州로 고쳤다(『고려사』 58 地理志 3 安北大都護府 朝陽鎭).

92 正朝 昕平 앞의 태조 12년 9월의 기사에는 그의 官階가 正朝보다 2단계 높은 元尹이라고 되어 있다는 점은 이미 설명한 바 있다. (→ 각주 87 참조)

93 平奐 이 밖에 다른 기록이 없으므로, 그에 대한 자세한 사항은 알 수 없다.

94 剛德鎭 지금의 평안남도 成川郡에 있던 고려시대의 鎭. 원래 沸流王 松讓의 古都로, 고려 태조 14년에 剛德鎭을 두었고, 현종 9년(1018)에 成州라고 고치고 防禦使로 하였다가 뒤에 知郡事를 두었다(『고려사』 58 地理志 3 安北大都護府 成州).

95 通海鎭 지금의 평안남도 平原郡 永柔面에 있던 고려시대의 鎭. 태조 17년에 通海縣에 城을 쌓았으며, 고종 43년(1256) 縣令을 파하고 安仁鎭 將이 겸하게 하였다(『고려사』 58 地理志 3 安北大都護府 通海縣).

96 元甫 고려 건국 초기의 官階의 하나. 泰封의 官階를 이은 것으로, 成宗 이후 완성된 9품 16등급의 고려 鄕職 체계 안에서 4품 8등급에 해당한다(『고려사』 75 選擧志 3 銓注 鄕職).

97 才萱 이 밖에 다른 기록이 없으므로, 그에 대한 자세한 사항은 알 수 없다.

98 이하 [ ] 속의 문장은 兵志에는 빠져 있지만 『고려사』 崔承老傳의 상서문이나 『고려사절요』에 있는 구절을 보충한 것이다(李基白 외, 『崔承老上書文硏究』, 일조각, 1993, 77쪽 참조).

[將此兩處 斷於宸衷] 擇要害 以定疆域 選土人能射御者 充其防戍 又選[其中二三]偏將 以統領之 則京軍免更戍之勞 蒭粟省飛輓之費[矣]."

성종成宗 원년(982) 6월에 정광正匡[99] 최승로崔承老가 글을 올려 말하였다.[100] "우리나라가 삼국三國을 통일한 [47년][101] 이래 사졸士卒들이 아직 베개를 편안히 하지 못하고 군량軍糧을 아직도 많이 소비하지 않을 수 없는 것은 서북西北이 오랑캐(戎狄)[102]와 이웃하여 방수防戍할 곳이 많기 때문입니다. [원하건대 성상께서는 이 점을 염두에 두십시오. 대체로] 마헐탄馬歇灘[103]을 경계로 한 것은 태조太祖의 뜻이고, 압록강변鴨綠江邊의 석성石城[104]을 경계로 삼은 것은 대조大朝[105]가 정한 바입니다. 빌건대 [장차 이 두 곳에서 성상의 마음으로 판단하여] 요충지를 가려서 강역疆域을 정하고 토착인(土人)으로 활쏘기와 말타기에 능한 자를 뽑아서 방수防戍에 충당하고 또 [그 가운데에서 두세 명의] 편장偏將을 뽑아서 이들을 통솔하고 거느리게 하면, 경군京軍은 교대로 방수防戍하는 괴로움을 면하고 마초馬草와 양곡糧穀은 운반하는 비용을 덜게 될 것입니다."

【原文】 顯宗卽位 造戈船七十五艘 泊鎭溟口 以禦東北海賊.

---

99 正匡 고려 건국 초기의 官階의 하나. 泰封의 官階를 이은 것으로, 成宗 이후 완성된 9품 16등급의 고려 鄕職 체계 안에서 2품 4등급에 해당한다(『고려사』 75 選擧志 3 銓注 鄕職).

100 이것은 최승로의 시무책 22조 중 첫 번째 항목이다.

101 47년 태조가 후삼국을 통일한 태조 19년(936)부터 최승로가 이 상서문을 제출한 성종 1년(982)까지의 기간을 말한다.

102 西北戎狄 고려의 서북지방을 괴롭히던 契丹과 女眞을 말한다.

103 馬歇灘 그 위치에 대하여는 淸川江이라는 설(尹武炳, 「高麗北界地理考」, 『歷史學報』 4·5, 1953)과, 압록강 중류의 楚山·江界 방면일 것이라는 설(池內宏, 「高麗成宗朝に於ける女眞及び契丹との關係」, 『滿鮮地理歷史硏究報告』 5, 1918; 『滿鮮史硏究』 中世篇 2, 吉川弘文館, 1937)이 있는데, 아마도 청천강이 타당할 것으로 보인다(李基白 외, 『崔承老上書文硏究』, 일조각, 1993, 79쪽).

104 石城 義州 근방일 것으로 추정된다(池內宏, 앞의 글 참조).

105 大朝 大朝의 실체에 대하여 고려 景宗을 가리킨다는 설, 중국을 가리킨다는 설 등이 있으나, 아마도 최승로가 상서문을 올릴 당시의 국왕인 成宗을 지칭하는 것으로 보인다.

현종顯宗이 즉위하자(1009) 과선戈船[106] 75척을 만들어 진명鎭溟[107] 입구에 머물게 해서 동북東北의 해적을 막았다.

【原文】文宗元年正月 制: "霜陰·鶴浦兩縣沿海處 設置軍戍 以扼蕃賊之衝."

문종文宗 원년(1047) 정월에 제制하여, "상음霜陰[108]과 학포鶴浦[109] 두 현縣의 연해처沿海處에 군수軍戍를 설치하여 번적蕃賊(女眞賊)의 뚫고 들어오는 길을 막으라."고 하였다.

【原文】高宗四年正月 遣大將軍吳壽祺 以步卒數千 防守東界 兼領其界諸軍.

고종高宗 4년(1217) 정월에 대장군大將軍[110] 오수기吳壽祺[111]를 보내어 보졸步卒 수천 명으로 동계東界[112]를 방수防守하고 겸하여, 동계東界의 모든 군

---

106 **戈船** 接戰 시 적이 배에 기어오르지 못하도록 뱃전에 短槍 또는 단검을 꽂아 만든 軍船(金在瑾, 「戈船」, 『한국민족문화대백과사전』 2, 한국정신문화연구원, 1991).

107 **鎭溟縣** 지금의 함경남도 元山市 남동쪽 해안지역에 있었는데, 고려시대에는 東界에 속한 鎭의 하나였다(『고려사』 58 地理志 3 東界 鎭溟縣 및 『신증동국여지승람』 49 德源都護府 古跡 鎭溟廢縣).

108 **霜陰縣** 지금의 함경남도 安邊郡에 있던 고려시대의 縣. 본래 고구려의 薩寒縣이었는데 신라 경덕왕 때 霜陰縣으로 바뀌고, 朔庭郡의 領縣으로 삼았다가 현종 9년(1018) 東界에 소속되었다(『고려사』 58 地理志 3 東界 霜陰縣).

109 **鶴浦縣** 지금의 강원도 通川郡 歙谷面에 있던 고려시대의 縣. 본래 고구려의 鵠浦縣이었는데 신라 경덕왕 때 鶴浦縣으로 바뀌고, 金壤郡의 領縣이 되었다가 현종 9년(1018) 東界에 來屬되었다(『고려사』 58 地理志 3 東界 鶴浦縣).

110 **大將軍** 고려 2군 6위의 부사령관인 종3품 무반관직. 지휘관인 上將軍(정3품)과 함께 고려 최고의 무인권력기관인 重房에 참여하여 軍事를 의논하였다.

111 **吳壽祺** 고려 고종 때의 將軍. 兵馬使로 있으면서 趙冲 金就礪 등과 함께 契丹軍과 전쟁을 벌였으며, 고종 6년(1219) 韓恂·多知의 반란을 진압하였다. 고종 9년(1222) 樞密院副使와 工部尙書가 되었고, 고종 10년(1223)에는 重房의 여러 장수들과 함께 文臣들을 제거하는 모의를 하다가 발각되어 白翎鎭將으로 좌천되었다가 곧 살해되었다(『고려사』 22 고종 세가 및 『고려사』 103 金就礪傳 참고).

112 **東界** 성종 14년(995) 10道制를 실시하면서 和州·溟州 등의 郡縣을 朔方道라고 하였다가 靖宗(1036) 2년 東界라고 고쳤는데, 北界와 함께 兩界를 이루었다. 문종 1년(1047) 東北面이라고 하였는데 혹은 東面·東路·東北路·東北界라고 부르기도 하였다. 명칭의 변화와 함께 관할구역도 시기에 따라 달라졌지만, 고려시대에는 대체로 公嶮 이남 三陟 이북

사를 거느리게 하였다.

【原文】元宗十一年十一月 萬戶高乙麻 領兵二百 戍南方 以備三別抄.

원종元宗 11년(1270) 11월에 만호萬戶[113] 고을마高乙麻[114]가 군사 200명을 거느리고 남방에 진수鎭守하여 삼별초三別抄[115]에 대비하였다.

【原文】忠烈王元年三月 以耽羅戍卒缺少 募人授職以遣.

충렬왕忠烈王 원년(1275) 3월에 탐라耽羅[116] 수졸戍卒이 (정원보다) 적어졌으므로 사람을 모집하여 직職을 주어 파견하였다.

지역을 東界라고 불렀다(『고려사』 58 地理志 3 東界).

113 萬戶 지방의 군정을 맡아 다스리던 萬戶府의 관리. 원의 제도의 영향을 받아 고려에서는 충렬왕 7년(1281)에 金州 · 合浦 · 固城 등 남해안 요충지에 萬戶府가 설치되었고, 이후 공민왕 때에는 전국적으로 설치되었다. 萬戶에는 都萬戶 · 上萬戶 · 萬戶 · 副萬戶가 있다(崔壹聖, 「高麗의 萬戶」, 『淸大史林』 4 · 5, 1985).

114 高乙麻 三別抄와 대항하여 싸운 濟州 출신의 萬戶. 『고려사』 104 金方慶傳에는 高乙麽라고 적혀 있다.

115 三別抄 고종 때 崔瑀가 설치한 夜別抄가 左 · 右別抄로 나뉘었고, 뒤에 몽고에 포로가 되었다가 도망쳐 돌아온 자들을 모아 神義軍을 만들면서 삼별초가 구성되었다. 처음 야별초는 도둑을 막는 경찰업무를 목적으로 하였으나, 삼별초는 국왕과 도성의 호위, 나아가 몽고병과의 전투에도 동원되었다. 즉 삼별초는 私兵이 아니라 公兵으로, 국가로부터 녹봉도 지급받던 조직이었으나 실제로는 무인정권의 사병과 같은 구실을 하였다. 원종 11년(1270) 5월 무인정권의 몰락과 함께 몽고와 강화를 하면서 개경환도를 결정하자 삼별초는 이에 반발하여 반란을 일으켰는데, 이들은 곧 근거지를 남해의 珍島로 옮기고, 南海 · 巨濟 · 濟州 등 여러 섬을 지배하게 되었다. 그러나 고려와 몽고의 연합군이 총공세를 펴자 원종 12년(1271) 5월 이들은 제주로 거점을 옮겨 저항하였으나 마침내 원종 14년(1273) 난은 평정되고 말았다. 진도로 근거지를 옮긴 삼별초는 남해안에서 세력을 확장해나가면서 마침내 원종 11년 11월에는 탐라를 확보하게 되는데, 본문의 기사는 바로 그 직전에 내려진 조치라고 이해된다. (→ 兵志 1 각주 290 참조)

【참고】 김상기, 「삼별초와 그 난에 대하여(1)」, 『진단학보』 9, 1938; 『동방문화교류사논고』, 을유문화사, 1948.
김당택, 「최씨정권과 그 군사적 기반 – 도방 · 야별초 · 신의군 조직의 배경」, 『고려무인정권연구』, 새문사, 1987.

116 耽羅 태조 21년(938) 耽羅國 太子 末老가 내조해오자 태조는 星主와 王子에게 爵을 주었는데, 숙종 10년(1105) 乇羅를 耽羅郡으로 고쳤고, 의종 때에는 縣令官으로 삼았으며, 충렬왕 21년(1295) 濟州라고 이름을 고쳤다(『고려사』 57 地理志 2 全羅道 羅州牧 耽羅縣).

【原文】 七月 遣府兵四領 戍濟州.

(충렬왕 원년) 7월에 부병府兵 4영領[117]을 보내 제주濟州[118]를 지키게 하였다.

【原文】 八年 三月 遣上將軍印侯 戍合浦.

(충렬왕) 8년(1282) 3월에 상장군上將軍[119] 인후印侯[120]를 보내어 합포合浦[121]를 지키게 하였다.

【原文】 十年正月 以宰樞可兼萬戶者 令鎭東邊.

(충렬왕) 10년(1284) 정월에 재추宰樞로서 만호萬戶를 겸할 수 있는 자를 동쪽 변경에 진수鎭守하게 하였다.

【原文】 十三年七月 遣朴之亮 以兵一千 戍東界 備女眞.

(충렬왕) 13년(1287) 7월에 박지량朴之亮[122]을 보내어 군사 1천으로 동계

117 **府兵 4領** 1領은 1,000명의 군사로 이루어졌는데, 領 단위로 군사를 파견한 것으로 보아 府兵은 42都府의 소속군인을 의미하는 것이 아닌가 한다. (→ 兵志 1 각주 491 참조)

118 **濟州** 耽羅縣을 濟州라고 고치고 牧使를 파견한 것은 충렬왕 21년(1295)의 일로 되어 있으나(『고려사』 57 地理志 2 全羅道 羅州牧 耽羅縣), 이 본문기사에서 보듯이 濟州라는 이름은 그전부터 쓰였다. 金日宇, 『고려시대 탐라연구』, 신서원, 2000, 239~240쪽.

119 **上將軍** 고려 2군 6위의 사령관인 정3품 무반관직. 부지휘관인 大將軍(종3품)과 함께 고려 최고의 무인권력기관인 重房에 참여하여 軍事를 의논하였다.

120 **印侯** (고종 37~충선 3, 1250~1311) 蒙古 사람으로 齊國公主의 怯怜口(私屬人)로 충렬왕 1년(1275)에 고려에 들어와 이름을 忽刺歹에서 印侯로 바꾸었다. 처음 中郎將을 제수받은 이래 大將軍 등 여러 관직을 거쳐 僉議政丞에까지 올랐으나, 元의 세력을 등에 업고 방종한 가운데 축재를 많이 하였으므로 비난을 받았다. 시호는 莊惠이고 아들 印承光과 庶子 印承旦이 있다(『고려사』 123 嬖幸傳 1 印侯傳).

121 **合浦** 지금의 경상남도 馬山市 일대. 원래 骨浦縣이었는데 신라 경덕왕이 合浦縣으로 고치면서 義安郡의 領縣으로 하였고, 고려 현종 9년(1018) 來屬하였으며 뒤에 監務를 두었다. 충렬왕 8년(1282)에 이름을 會原이라고 고치고 縣令을 파견하였는데, 충렬왕 즉위년(1274)과 충렬왕 7년(1281)에 일본을 정벌할 때 이곳이 出征地와 병참기지로서 많은 물자를 조달하였기 때문이다(『고려사』 57 地理志 2 金州 合浦縣).

122 **朴之亮** (?~충렬왕 18, ?~1292) 충렬왕 즉위년(1274) 麗蒙연합군의 제1차 일본정벌 때

東界에 주둔하여 여진女眞[123]에 대비하였다.

【原文】 十五年十二月 遣知密直司事金忻・同知密直司事羅裕 調東界防戍軍.

(충렬왕) 15년(1289) 12월에 지밀직사사知密直司事[124] 김흔金忻[125]과 동지밀직사사同知密直司事[126] 나유羅裕[127]를 보내어 동계東界 방수군防戍軍을 징발하였다.

【原文】 十六年二月 遣中軍萬戶鄭守琪 屯禁忌山洞 左軍萬戶朴之亮 屯伊川

中軍 知兵馬事로 참전한 공로로 上將軍이 되고, 원으로부터 武德將軍 管軍千戶의 벼슬을 받았으며, 충렬왕 7년(1281) 제2차 일본정벌에서도 300여 級의 목을 베는 등 공을 세웠다. 副知密直司事・左翼萬戶・判三司事를 거쳐 東北面兵馬使와 慶尙全羅道都巡問使가 된 뒤 聖節使로 원에 다녀오기도 하였다. 충렬왕 16년(1290) 哈丹賊이 철령을 넘어와 原州・忠州・燕岐 등을 유린할 때 左軍萬戶가 되어 利川 등의 지역에서 적을 무찔러 공을 세웠다.

123 **女眞** 고종 21(1234)년 女眞이 세운 金이 元에게 망한 뒤 이들은 만주지방에서 부족단위로 할거하면서 고려에 귀부하거나 때로는 변방을 침입하여 약탈하기도 하였는데, 고려는 회유와 무력이라는 전통적인 양면정책을 통하여 이들에게 대처하였다

【참고】 朴玉杰, 『高麗時代의 歸化人 硏究』, 국학자료원, 1996.

124 **知密直司事** 密直司의 종2품 관리로 정원은 2명이고, 使 다음의 서열 2위의 관직이다. 성종 10년 만들어진 中樞院이 헌종 1년 樞密院으로 바뀌었다가 충렬왕 1년 密直司로 바뀌었다(『고려사』 76 百官志 1 密直司).

125 **金忻** (고종 38~충선 1, 1251~1309) 본관은 安東이고, 음서로 벼슬하였다. 원종 13년(1272) 아버지 金方慶을 따라 耽羅에서 三別抄를 토벌한 공로로 大將軍이 되고, 충렬왕 즉위년(1274)에는 일본 원정에 참가한 뒤 晉州牧이 되었다. 충렬왕 4년(1278) 김방경이 무고를 입어 大靑島로 유배될 때, 김흔은 白翎島로 유배되었다가 곧 풀려났다. 충렬왕 5년(1279) 衣冠子弟 25명과 함께 禿魯花가 되어 원에 다녀온 뒤에 管高麗軍萬戶를 거쳐 僉議叅理에 올랐다. 충렬왕 16년(1290)에는 哈丹賊을 소탕한 공로로 判密直司事를 거쳐 贊成事 咨議都僉議使司에 올랐으며, 이후 원에서 오랫동안 거주하다가 돌아온 뒤 충선왕 1년 사망하였다(『고려사』 104 金方慶傳 附 金忻傳)

126 **同知密直司事** 密直司의 종2품 관리로 편제상 3명의 인원이 있었다. 使(1명), 知司事(2명)에 이은 서열 제3위의 관직이다.

127 **羅裕** (?~충렬 18, ?~1292) 본관은 羅州이고, 음서로 벼슬하였다. 원종 10년(1269) 세자 諶(후일의 忠烈王)을 따라 원에 다녀왔고, 원종 12~15년(1271~1274) 사이에 金方慶과 함께 진도와 탐라 등지에서 삼별초의 난을 진압하는 데 공을 세웠으며, 충렬왕 즉위년(1274)에는 일본정벌에도 참여하였다. 충렬왕 16년(1290)에는 哈丹賊을 소탕하는 데에도 공을 세웠고, 이후 知密直司事가 되어 원에 賀正使로 갔을 때 懷遠大將軍을 제수받았다. 아들은 羅益禧이다(『고려사』 104 羅裕傳).

縣界 韓希愈 屯雙城 右軍萬戶金忻 屯豢猳縣界 羅裕 屯通川界 以備丹賊.

(충렬왕) 16년(1290) 2월에 중군만호中軍萬戶[128] 정수기鄭守琪[129]를 보내 금기산동禁忌山洞[130]에 주둔시키고, 좌군만호左軍萬戶[131] 박지량朴之亮은 이천현계伊川縣界[132]에 주둔시키고, 한희유韓希愈[133]는 쌍성雙城[134]에 주둔시키고 우군만호右軍萬戶[135] 김흔金忻은 환가현계豢猳縣界[136]에 주둔시키고, 나

128 **中軍萬戶** 고려 후기 원의 영향을 받아 설치된 군사조직인 萬戶府의 조직은 처음 원의 翼軍체제를 따라서 중군 · 좌군 · 우군 등으로 나누어져 있었으므로, 中軍萬戶는 萬戶府의 中軍에 속해 있었다(李基白, 「高麗末期의 翼軍」, 『고려병제사연구』, 일조각, 1968. 최성일, 「고려의 萬戶」, 『淸大史林』 4 · 5, 1985).

129 **鄭守琪** 생몰년 미상. 본관은 草溪. 親從將軍 · 萬戶 등의 무관직을 역임하였다. 충렬왕 6년(1280) 삼별초의 진압과 일본 원정에서 세운 공으로 朴之亮 등과 함께 원으로부터 武德將軍 · 管軍千戶가 되고 金牌와 印을 하사받았다. 충렬왕 16년(1290) 2월 中軍萬戶가 되어 禁忌山洞에 주둔하면서 哈丹賊의 침입에 대비하였으며, 충렬왕 17년(1291) 만호 박지량과 함께 군사를 거느리고 가면서 거둔 쌀을 京畿八縣과 東界의 군인들에게 나누어주기도 하였다.

130 **禁忌山洞** 위치 미상.

131 **左軍萬戶** 고려 후기 원의 영향을 받아 설치된 군사조직인 萬戶府의 조직은 처음 원의 翼軍체제를 따라서 중군 · 좌군 · 우군 등으로 나누어져 있었으므로, 左軍萬戶는 萬戶府의 左軍에 속해 있었다(李基白, 「高麗末期의 翼軍」, 『고려병제사연구』, 일조각, 1968. 최성일, 「고려의 萬戶」, 『淸大史林』 4 · 5, 1985).

132 **伊川縣** 강원도 伊川郡의 고려시대 이름. 원래 이름은 伊珍買縣인데 신라 경덕왕 때 伊川縣으로 고치고 兎山郡의 領縣으로 삼았으며, 고려 현종 9년(1018) 내속하여 東州의 屬縣이 되었다. 별호는 花山이다(『고려사』 58 地理志 3 東州 伊川縣).

133 **韓希愈** (?~충렬왕 32, ?~1306) 嘉州의 향리 출신으로 활쏘기와 말타기를 잘하고 담력이 있었다. 처음 隊正이 되었다가 大將軍이 되어 원종 때 金方慶과 함께 삼별초를 토벌하는 데 공을 세우고, 충렬왕 즉위년(1274)의 일본원정에서도 선봉장이 되었다. 충렬왕 16년(1290) 哈丹賊을 격퇴하는 데 공을 세워 원으로부터 懷遠大將軍직을 받고, 知都僉議府事와 鎭邊萬戶가 되었다. 충선왕이 세자로 원에 있을 때 참소를 받아 祖月島에 유배되기도 하였으나, 뒤에 贊成事 등을 거쳐 左中贊에 올랐으며, 충렬왕을 따라 원에 갔다가 충렬왕 32년(1306) 원에서 사망하였다(『고려사』 104 韓希愈傳).

134 **雙城** 함경남도 永興郡의 고려시대 이름. 고종 45년(1258)에 元이 和州(永興) 이북 지방을 통치하기 위하여 이곳에 雙城摠管府를 두었는데, 공민왕 5년(1356)에 수복하였다(『고려사』 58 地理志 3 東界 和州).

135 **右軍萬戶** 고려 후기 원의 영향을 받아 설치된 군사조직인 萬戶府의 조직은 처음 원의 翼軍체제를 따라서 중군 · 좌군 · 우군 등으로 나누어져 있었으므로, 右軍萬戶는 萬戶府의 右軍에 속해 있었다(李基白, 「高麗末期의 翼軍」, 『고려병제사연구』, 일조각, 1968. 최성일, 「고려의 萬戶」, 『淸大史林』 4 · 5, 1985).

유羅裕는 통천계通川界[137]에 주둔시켜 합단적哈丹賊[138]에 대비하게 하였다.

【原文】 忠肅王五年四月 判: "鎭邊別抄 本以前銜散職 及在京兩班 輪番赴防 近年以來 主掌官吏 看循面情 以人吏百姓代之. 因此貢賦日減 且無識之人 相繼逃散 當所居州縣 徵闕多重 民弊不少 自今 復以前銜散職 · 在京兩班 窮推輪番赴防."

충숙왕忠肅王 5년(1318) 4월에 판判하여, "진변별초鎭邊別抄[139]는 본래 이선의 직함(前銜)을 가진 산직散職과 서울에 있는 양반兩班으로써 번갈아 방수防戍에 갔는데, 근년 이래로 주장主掌하는 관리들이 친면親面을 보고 사정私情에 끌려서 인리人吏와 백성으로 대신하였다. 이로 인해서 공부貢賦가 날로 적어지고, 또 무식한 사람들이 서로 이어 도망쳐 흩어져서 (그들이) 살던 주현州縣에서는 부족한 수를 징발하는 일이 많이 거듭되어 민폐가 적지 않다. 이제부터는 다시 전함前銜 산직과 재경在京 양반을 철저히 조사하여 번갈아 방수防戍에 나가게 하라."고 하였다.

【原文】 十二年十月 下旨: "合浦等處 鎭戍軍人 大小郡縣 數目不均 今後 巡撫鎭邊使 斟酌殘盛 改定數目 凡侵擾營鎭 以濟私欲者 嚴加禁恤."

(충숙왕) 12년(1325) 10월에 지旨를 내려, "합포合浦[140] 등 지방의 진수군

---

136 參猳縣 강원도 高城郡에 있던 고려시대의 지명. 원래 猪迲穴縣(一名 烏斯押)이었으나 신라 경덕왕 때 參猳縣으로 고치고 高城郡의 領縣으로 삼았으며, 고려 문종 때 縣治를 陽村으로 옮기고 海賊의 要衝에 대비하게 하였다(『고려사』 58 地理志 3 東界 高城縣 參猳縣).

137 通川 고려시대의 金壤縣(지금의 강원도 通川郡)을 충렬왕 11년에 通州防禦使로 승격시키고, 조선 태종 13년에 通川郡이라고 하였다(『고려사』 58 地理志 3 金壤縣 및 『신증동국여지승람』 45 通川郡).

138 哈丹賊 충렬왕 13년(1287)에 元 世祖에 대항하여 반란을 일으킨 乃顔의 잔당인 哈丹이 그 무리를 이끌고 충렬왕 16년(1290) 東北面으로 침입하자 고려는 雙城에 군대를 파견하여 대처하였다(方東仁, 「雙城摠管府考」, 『關東史學』 1, 1982, 25~29쪽).

139 鎭邊別抄 別抄는 2軍 6衛와 州縣軍의 정규군 이외에 따로 설치된 특수부대로, 중앙군과 지방군 모두에 설치되어 있었는데 鎭邊別抄는 국경 요해처의 방비를 담당하는 別抄일 것이다.

인鎭戍軍人은 대소군현大小郡縣에 정원수定員數가 고르지 못하니 금후로는 순무진변사巡撫鎭邊使[141]가 (군현의) 쇠잔함과 번성함을 참작하여 정원수를 고쳐 정하라. 무릇 영진營鎭을 침요侵擾하여 자신의 욕심을 채우는 자는 엄히 금지하고 (피해자는) 구휼救恤하라."고 하였다.

【原文】 恭愍王五年六月 教: "各處加定別抄 不論老弱單丁 勒令遠戍 往來疲頓 轉相避逃. 其令沿海軍民 悉充防戍 仍蠲徭役 遠地之民 代供其役 勿令赴防 兩得其便. 且人之懷土 習俗固然 宜令東界交州之軍 以戍雙城 北界西海以戍鴨江·楊廣·全羅·慶尙 委以禦倭 其材勇者 選用無方."

공민왕 5년(1356) 6월에 교教하여, "각처에서 별초別抄[142]를 더 모집하는데 노약자나 단정單丁[143]을 막론하고 강제로 멀리 가서 수자리 서게 하니, 오가는 데 지쳐서 서로 도망한다. (그러므로) 연해沿海의 군민軍民은 모두 방수防戍에 충당하고, 인하여 요역徭役을 면제하며, 먼 지방의 인민이 그 역役을 대신 제공하고 방수防戍에는 가지 말게 하면 둘이 (다) 그 편함을 얻을 것이다. 또 사람이 고향을 그리워함은 습속이 원래 그러한 것이니 마땅히 동계東界와 교주도(交州)의 군인軍人은 쌍성雙城[144]에 진수鎭守하게 하고, 북계北界와 서해도(西海)는 압록강鴨綠江에 진수鎭守하게 하며, 양광도(楊廣)·전

---

140 合浦 지금의 경상남도 馬山市로, 고려시대에는 金州의 屬縣이었다(『고려사』 57 地理志 2 慶尙道 合浦縣).

141 巡撫鎭邊使 충렬왕 2년(1276)에 按撫使를 고쳐 巡撫使라고 하였는데(『고려사』 77 百官志 2 外職 按撫使), 鎭邊巡撫使는 그 명칭으로 보아 변경지역 백성들의 疾苦와 군사업무를 살피기 위해 파견한 관리라고 생각된다.

142 別抄 2軍 6衛와 州縣軍의 정규군 이외에 따로 설치된 특수부대로, 중앙군과 지방군 모두에 설치되어 있었다. 別抄의 기원은 肅宗 때의 別武班이라고 할 수 있는데, 무신난 이후 夜別抄·左別抄·右別抄·慶州別抄·神義軍·神騎軍·原定別抄·加定別抄 등 그 이름이나 종류가 점차 늘어가는 것과 함께 정규군의 성격을 지니게 되었다.

143 單丁 役을 부담하는 戶에 役에 나갈 수 있는 丁이 1명만이 있는 경우를 말한다.

144 雙城 함경남도 永興郡의 고려시대 이름. 고종 45년(1258)에 元이 和州(永興) 이북 지방을 통치하기 위하여 이곳에 雙城摠管府를 두었는데, 공민왕 5년(1356)에 수복하였다(『고려사』 58 地理志 3 東界 和州).

서 왜를 막게 하였다.

【原文】 辛禑元年九月 初慶尙·楊廣·全羅各道募軍 號翊衛軍 屯東西江 至是 西北面赴征 刷五部坊里各戶人 及城外諸陵屬雜人 兩江赴防.

우왕禑王 원년(1375) 9월, 처음 경상慶尙·양광楊廣·전라全羅 각 도에서 군사를 모집하여 익위군翊衛軍[153]이라 일컫고 동·서강東·西江에 주둔하게 하였는데, 이에 이르러 서북면西北面의 정토征討에 나가자, 5부방리五部坊里의 각 호戶의 인민 및 성 밖의 제릉諸陵에 속해 있는 잡인雜人[154]을 모아서 양강兩江[155]의 방어에 나가게 하였다.

【原文】 二年七月 都評議使 出榜: "使守城元帥 領坊里軍 守四門 又令百官 率下屬 鎭沿海 不與防禦者 唯門下省·司憲府·內侍·茶房·知製敎·藝文·春秋兩館 及各司城上而已." 訛言 倭將寇都城 夜半發坊里軍 守城. 又聞賊將先登松岳山 發僧爲軍 分守要害.

(우왕) 2년(1376) 7월에 도평의사都評議使가 방榜을 내어, "성城을 지키는 원수元帥는 방리군坊里軍[156]을 거느리고 사문四門[157]을 지키게 하고, 또 백관

되었는데, 東·南·西·北·中部의 5部와 35坊, 344里로 편성되어 있었다(朴龍雲, 「開京의 部坊里制」, 『고려시대 開京 연구』, 일지사, 1996, 93~105쪽).

153 **翊衛軍** 翊衛軍에 대한 기록은 이 기사 하나뿐이므로 자세한 것은 알 수 없다. 단 우왕 3년(1377) 12월에 왜구의 침입에 대비하여 翼衛軍에 명하여 궁궐 밖 네 귀퉁이에서 숙위하게 한 적이 있는데(『고려사』 82 兵志 2 宿衛), 혹시 이 翼衛軍과 翊衛軍은 같은 것이 아닌가 한다. (→ 각주 49 참조)

154 **諸陵에 속한 雜人** 고려 왕실의 諸陵의 守護를 관장하는 諸陵署에 속하여 雜役을 담당하던 신분계층이나, 이들이 일반 良人인지 특수신분층인지는 명확하지 않다.

155 **兩江** 東江과 西江을 말한다.

156 **坊里軍** 坊里는 수도 개경의 말단 행정구역인데, 坊里軍은 이곳의 거주민으로 편성된 군사조직을 말한다. 즉 고려 후기 왜구의 침입이 거세지자 공민왕 22년(1313) 都摠都監을 설치하고 坊里軍을 점검하도록 하였다.

157 **四門** 開京 성곽의 4正門으로 東門인 崇仁門, 西門인 宣義門, 南門인 會賓門, 北門인 北昌門을 말한다(朴龍雲, 「開京 定都와 시설」, 『고려시대 開京 연구』, 일지사, 1996, 23쪽).

百官은 부하(下屬, 吏屬)를 이끌고 연해沿海를 진수鎭守하게 하였는데, 방어防禦에 참여하지 않은 것은 오직 문하성門下省[158] · 사헌부司憲府[159] · 내시內侍[160] · 다방茶房[161] · 지제교知製敎[162] · 예문 · 춘추藝文 · 春秋의 양관兩館[163] 및 각사各司의 성상城上[164]뿐으로 한다."라고 하였다. 그릇된 소문이 나기를, "왜가 장차 도성을 침입하려 한다."고 하자 밤중에 방리군을 발동하여 성을 지키게 하고, 또 "적이 장차 먼저 송악산松岳山[165]에 오르려 한다."라고

---

158 **門下省** 중국의 三省체제에서 門下省은 詔勅을 심의하는 기관으로, 詔勅을 작성하는 中書省과는 별개로 존재하였다. 고려에서도 이들은 각기 독립된 청사를 가지고 있는 등 외형상으로는 분리되어 있었으나, 실제로는 中書門下省으로 합쳐져 단일기구나 마찬가지로 존재하며 정무를 수행한 것으로 보인다(朴龍雲, 「高麗時代 中書門下省에 대한 諸說 검토」, 『高麗社會의 여러 歷史像』, 신서원, 2002, 85쪽 참조).

159 **司憲府** 時政을 論執하고 風俗을 矯正하며 糾察과 彈劾의 임무를 맡은 司憲府는 고려 건국 초기에는 司憲臺라고 하였는데, 성종 14년(995) 御史臺라고 고친 이후, 金吾臺(현종 5년, 1014), 監察司(충렬 1, 1275), 司憲府(충렬왕 24, 1298) 등 여러 차례 이름이 바뀌었다(『고려사』 76 百官志 2 司憲府).

160 **內侍** 近侍 및 宿衛의 일을 보는 기관으로, 국왕과 잦은 접촉으로 고위직에 올라갈 기회가 많았으므로 주로 귀족의 자제들이 소속되었으나, 공민왕 5(1356) 宦官의 공식기구인 內侍府가 성립된 이후에는 成衆官의 하나가 되었다.

【참고】 金昌洙, 「麗代 內侍의 身分」, 『東國史學』 11, 1969.
周藤吉之, 「高麗初期の內侍・茶房と明宗朝 以後の武臣政權との關係－宋の內侍・茶房との關聯において－」, 『高麗朝官僚制硏究』, 法政大學出版局, 1980.

161 **茶房** 茶禮 등의 茶事와 술, 채소, 약재 등에 관한 일을 주관하던 기관. 近侍職의 하나였으나 뒤에는 成衆官을 구성하는 관부가 되었다(周藤吉之, 앞의 글).

162 **知製敎** 知制誥와 같으며, 詔書 · 敎書 등의 작성을 맡았다. 지제고는 정4품의 學士職에 있는 관리가 겸하였는데, 翰林院과 寶文閣의 관리가 이를 겸대하면 內知制誥라고 하고, 다른 부서의 관리가 겸직하면 外知制誥라고 불렀다(『고려사』 21 百官志 1 藝文館). 내지제고는 省郎으로 겸임한 자이고, 외지제고는 기타 관직을 말한다는 기록도 있다(崔滋, 『補閑集』 下 14, 書命之作). 주로 학식에 뛰어난 이가 임명되었으며, 臺諫과 함께 侍臣의 반열에 참여하였는데, 예종 11년(1116)에는 모든 지제고가 本品의 行頭로 세워졌다(崔濟淑, 「高麗翰林院考」, 『韓國史論叢』 4, 1981).

163 **藝文春秋館** 고려의 대표적인 文翰機構로, 藝文館은 詞命을 짓는 일이 주임무이고, 春秋館은 時政의 기록과 역사의 편찬을 주로 맡았으나, 충렬왕 34년(1308) 충선왕이 즉위하자 하나로 합쳐 藝文春秋館이라 불렀다(『고려사』 76 百官志 1 藝文館 · 春秋館).

164 **城上** 각 관청의 器物을 맡아 간수하던 下隷. 『세종실록』에는 '各司奴隸典守器物者 謂之城上'(『세종실록』 15 세종 4년 3월 기묘)라고 되어 있다. 단국대학교 동양학연구소 편, 『한국한자어사전』 1, 단국대학교 동양학연구소, 1992, 966쪽 참조.

165 **松岳山** 開城의 진산.

듣고 중을 동원하여 군대를 삼아 요해지를 나누어 지키게 했다.

【原文】 三年三月 崔瑩 令諸元帥 各出從事十人 又發各愛馬・宮司・倉庫人 爲兵 遣戍江華.

(우왕) 3년(1377) 3월에 최영崔瑩[166]이 여러 원수元帥에게 명령하여 각기 종사從事[167] 10명을 내게 하고, 또 각 애마愛馬[168]・궁사宮司[169]・창고倉庫[170]의 사람들을 징발하여 군사로 삼아 강화江華[171]에 보내 진수鎭守하게 하였다.

【原文】 恭讓王三年正月 置安州・鴨綠・龍泉・大同諸要害處 把截官及站夫.

공양왕恭讓王 3년(1391) 정월에 안주安州[172], 압록鴨綠[173], 용천龍泉[174], 대동

---

166 崔瑩 (충숙 3~우왕 14, 1316~1388) 본관은 昌原. 공민왕 1년(1352) 趙日新의 난을 진압하여 護軍이 되고, 이후 紅巾賊과 倭寇를 격퇴시켰으며, 공민왕 12년(1363) 興王寺의 변을 평정시켜 1등 공신이 되었다. 辛旽의 참소로 한때 귀양을 갔으나 공민왕 20년(1371) 辛旽이 처형되자 소환되어 贊成事가 되고, 우왕 10년(1384) 門下侍中에 올랐다. 우왕 14년(1388) 遼東정벌을 주장하여 군대를 동원하였으나 李成桂의 回軍으로 지방으로 내쫓겼다가 마침내 斬首刑에 처해졌다(『고려사』 113 崔瑩傳).

167 從事 동원된 군대의 지휘관인 元帥나 기타 필요한 要員에게 신변 호위나 雜役을 위해 배치된 군졸. 조선시대에는 破陣軍 소속의 종8품 雜職이었다(『경국대전』 4 兵典 雜職 破陣軍).

168 愛馬 (→ 각주 47 참조)

169 宮司 왕족과 왕의 비빈들이 거주하는 宮院의 사무를 맡던 관청. 宮院에는 宮司田(宮院田, 宮受田)이 지급되었는데, 宮司에는 奴婢와 아울러 궁원전을 경작하는 등 요역을 바치던 佃戶들이 소속되어 있었다(旗田巍, 「高麗の公田」, 『朝鮮中世社會史の硏究』, 法政大學出版局, 1972, 211쪽).

170 倉庫 고려 말에 왕실재정을 담당하던 內庫가 왕실의 私藏庫로 성격이 변모하면서 많은 私田을 소유하게 되었는데, 이른바 倉庫宮司가 설치되어 국왕과 왕실 소유의 倉庫宮司田도 급증하였다. 본문에 나오는 倉庫人은 이 倉庫宮司에 소속되어 각종 요역을 바치던 일반양인들을 가리키는 것이 아닌가 한다(周藤吉之, 「高麗朝より朝鮮初期に至る王室財政−特に私藏庫の硏究−」, 『東方學報』 10−1, 1939, 95~102쪽).

171 江華 江華島로, 당시 倭寇의 침입에 대처하기 위해 이와 같은 조치가 내려진 것이다.

172 安州 신라 景德王 때 重盤郡이라고 하였으나 고려 초에 安州라고 고치고 성종 14년(995) 防禦使를 두었다가 현종 초에 폐지하고 安西大都護府에 소속시켰으며, 고종 4년(1217) 契丹군사를 막는 데 공을 세웠으므로 載寧縣으로 승격시켰다. 현재의 평안남도 安州郡을 말한다(『고려사』 58 地理志 3 安西大都護府 安州).

大同[175]의 여러 요해지에 파절관把截官[176]과 참부站夫[177]를 두었다.

참역站驛[178]

【原文】 猨猊道 掌十: 猨猊(開城), 金谷(白州), 深洞(塩州), 淸端 · 嘉栗 · 望

---

173 鴨綠 고려시대 興化道에 설치되어 있던 驛의 하나로 靜州에 있었는데(『고려사』 82 兵志 2 站驛 興化道), 지금의 평안북도 義州의 남쪽에 해당한다.

174 龍泉 고려시대 金郊道에 설치되어 있던 역의 하나로 洞州에 있었는데(『고려사』 82 兵志 2 站驛 金郊道), 지금의 황해도 瑞興郡 지역에 해당한다.

175 大同 조선시대 平壤府에 설치되어 있던 大同驛과 같은 곳이 아닌가 한다(『신증동국여지승람』 51 平壤府 驛院 大同驛).

176 把截官 전국의 요해처에 파견되어 경비하던 관리. 본문기사에서 보듯이 고려에서는 공양왕 3년(1391) 처음으로 파견하였는데, 당시 과도한 조세나 役의 부담을 피하기 위해 거주지를 떠나 유망하던 백성들을 적발하는 데 주목적이 있었던 것으로 보인다.

177 站夫 水站이나 驛站에 딸려 일하던 水夫나 驛夫를 말한다. 이들은 津이나 驛에 예속되어 국가로부터 강제로 役을 부여받았다.

178 站驛 중앙과 지방을 연결하는 군사적인 통신 및 교통망에 관한 내용이 적혀 있는 站驛조에는 고려에서 운영하던 525개 驛을 22개의 驛道로 구분하여 기재하였다. 또한 수도인 개성과 양계 방면을 잇는 驛路 상에 위치한 149개 驛을 丁의 많고 적음에 따라 6등급으로 나눈 6科 體制로 분류하기도 하였다. 22驛道制는 고려 건국 초기의 역로망이 점차 전국적으로 확대 · 발전해가면서 문종 15년(1061) 경에는 완성된 것으로 보이며, 6科 體制도 문종 21년을 전후한 시기에 완성된 것으로 보인다.

【참고】 고려시대의 驛制, 혹은 站驛에 대하여는 다음과 같은 대표적인 연구가 있다.

內藤儁輔, 「高麗驛傳考」, 『歷史と地理』 34-5 · 6, 1934; 『朝鮮史硏究』, 京都大 東洋史硏究會, 1961.

呂恩暎, 「麗初 驛制形成에 관한 小考」, 『경북사학』 5, 1982.

姜英哲, 「高麗 驛制의 成立과 變遷」, 『사학연구』 38, 1984.

김은택, 「고려시기 역참의 분포」, 『력사과학』 1986-3, 1986.

정요근, 「高麗前期 驛制의 整備와 22驛道」, 『한국사론』 45, 2001.

趙炳魯, 『韓國驛制史』, 한국마사회 마사박물관, 2002.

한편, 각 驛의 현재의 行政區域 명칭과 위치 비정은 원칙적으로 『지방행정구역요람』(행정자치부, 2003)에 의거하였다.

汀·金剛·楊溪(安西), 維安(青松), 佐丘(永康).

산예도狻猊道는 10역驛을 관장하는데,[179] 산예狻猊[180](개성開城), 금곡金谷[181](백주白州[182]), 심동深洞[183](염주鹽州[184]), 청단淸端[185]·가율嘉栗[186]·망정望汀[187]·금강金剛[188]·양계楊溪[189](안서安西[190]), 유안維安[191](청송靑松[192]), 좌구佐丘[193](영강永康[194])이다.

---

179 狻猊道 開京과 海州를 중심으로 西海道 연안 일대의 驛路 간에 편성되었고, 開京～海州～豊州를 잇는 驛路이다.

180 狻猊 고려시대의 開城府에 있던 驛으로, 조선시대에는 開城府의 서쪽 20리에 있었다(『신증동국여지승람』 4 開城府 上 驛院 狻猊驛).

181 金谷 고려시대의 白州(지금의 황해도 白川郡)에 있던 驛으로, 金谷浦에 있었다(『신증동국여지승람』 43 白川郡 驛院 金谷驛).

182 白州 지금의 황해도 白川郡으로, 고려시대에는 安西大都護府에 속해 있었다(『고려사』 58 地理志 2 安西大都護府 白州).

183 深洞 고려시대의 鹽州(지금의 황해도 延安郡)에 있던 驛으로, 조선시대에는 延安郡의 북쪽 10리에 있었다(『신증동국여지승람』 43 延安都護府 驛院 深洞驛).

184 鹽州 지금의 황해도 延安郡으로, 고려시대에는 安西大都護府에 속해 있었다(『고려사』 58 地理志 2 鹽州).

185 淸端 고려시대에는 安西大都護府(지금의 황해도 海州市)에 있던 驛으로, 조선시대에 海州 동쪽 40리에 있던 靑丹驛과 같은 곳이 아닌가 한다(『신증동국여지승람』 43 海州牧 驛院 靑丹驛).

186 嘉栗 고려시대에 安西大都護府(지금의 황해도 海州市)에 있던 驛.

187 望汀 고려시대에는 安西大都護府에 있던 驛으로, 조선시대에는 海州 남쪽 2리에 있었다(『신증동국여지승람』 43 海州牧 驛院 望汀驛).

188 金剛 고려시대에는 安西大都護府에 있던 驛으로, 조선시대에는 海州 서쪽 25리에 있었다(『신증동국여지승람』 43 海州牧 驛院 金剛驛).

189 楊溪 고려시대에는 安西大都護府(지금의 황해도 海州市)에 있던 驛으로, 조선시대에 海州 서쪽 70리에 있던 楊距院과 같은 곳이 아닌가 한다(『신증동국여지승람』 43 海州牧 驛院 楊距院).

190 安西 지금의 황해도 海州市로, 고려시대에는 大都護府가 설치되어 있었다(『고려사』 58 地理志 2 安西大都護府).

191 維安 고려시대의 靑松縣(지금의 황해도 松禾郡 豊海面)에 있던 역으로, 조선시대에는 松禾縣 동쪽 10리에 있었다(『신증동국여지승람』 43 松禾縣 驛院 維安驛).

192 靑松 지금의 황해도 松禾郡 豊海面으로, 고려시대에는 豊州의 屬縣이었다(『고려사』 58 地理志 2 安西大都護府 靑松縣).

193 佐丘 고려시대의 永康縣(지금의 황해도 長淵郡 金洞驛)에 있던 驛.

194 永康 지금의 황해도 長淵郡 金洞驛 지역에 있던 지명으로, 고려시대에는 瓮津縣의 屬縣

【原文】 金郊道 掌十六: 金郊(江陰), 興義(牛峯), 玉池(江陰), 安信·白原(牛峯), 金岩·寶山·安城(平州), 龍泉(洞州), 班石·騏麟·溫泉(平州), 管山(俠溪), 今勿(谷州), 栍谷(俠溪), 泉頭(谷州).

금교도金郊道는 16역驛을 관장하는데,[195] 금교金郊[196](강음江陰[197]), 흥의興義[198](우봉牛峯[199]), 옥지玉池[200](강음江陰), 안신安信[201]·백원白原[202](우봉牛峯), 금암金岩[203]·보산寶山[204]·안성安城[205](평주平州[206]), 용천龍泉[207](동주洞州[208]), 반석班石[209]·기린麒麟[210]·온천溫泉[211](평주平州), 관산管山[212](협계俠溪[213]),

---

이었다(『고려사』 58 地理志 2 安西大都護府 瓮津縣 永康縣).

195 **金郊道** 開京~西京 간 역로 중에서 開京~平州~岊嶺 간 驛路를 중심으로 편성되었는데, 이 역로에 속한 역들은 6과 체제에서 모두 1과로 편성된 것을 볼 때 가중 중시된 역로라고 생각된다.

196 **金郊** 고려시대의 江陰縣(지금의 황해도 金川郡)에 있던 驛으로, 조선시대에는 江陰縣 서남쪽 30리에 있었다(『신증동국여지승람』 41 江陰縣 驛院 金郊驛).

197 **江陰** 지금의 황해도 金川郡으로, 고려시대에는 京畿에 소속되었다(『고려사』 56 地理志 1 王京開城府 江陰縣).

198 **興義** 고려시대의 牛峯縣(지금의 황해도 金川郡 牛峯面)에 있던 驛으로, 조선시대에는 牛峯縣 서남쪽 30리에 있었다(『신증동국여지승람』 42 牛峯縣 驛院 興義驛).

199 **牛峯** 지금의 황해도 金川郡 牛峯面으로, 고려시대 西海道 平州의 屬縣이었다가 문종 16년(1062) 開城府의 屬縣으로 편입되었다(『고려사』 56 地理志 1 王京開城府 牛峯郡).

200 **玉池(玉地)** 고려시대의 江陰縣(지금의 황해도 金川郡)에 있던 驛(『대동지지』 17 金川 驛站 玉池驛).

201 **安信** 고려시대의 江陰縣에 있던 驛(『대동지지』 17 金川 驛站 安信驛).

202 **白原** 고려시대의 江陰縣에 있던 驛(『대동지지』 17 金川 驛站 白原驛).

203 **金岩** 고려시대의 平州(지금의 황해도 平山郡)에 있던 驛으로, 조선시대에는 平山府 남쪽 7리에 있었다(『신증동국여지승람』 41 平山都護府 驛院 金岩驛).

204 **寶山** 고려시대의 平州에 있던 驛으로, 조선시대에는 平山府 북쪽 20리에 있었다(『신증동국여지승람』 41 平山都護府 驛院 寶山驛).

205 **安城** 고려시대의 平州에 있던 驛으로, 조선시대에는 平山府 북쪽 50리에 있었다(『신증동국여지승람』 41 平山都護府 驛院 安城驛).

206 **平州** 지금의 황해도 平山郡으로, 고려시대에는 黃州牧의 屬郡이었다(『고려사』 58 地理志 3 黃州牧 平州).

207 **龍泉** 고려시대의 洞州(지금의 황해도 瑞興郡)에 있던 驛으로, 조선시대에는 瑞興 남쪽 22리에 있던 龍泉의 서쪽 10리에 있었다(『신증동국여지승람』 41 瑞興都護府 驛院 龍泉驛).

208 **洞州** 지금의 황해도 瑞興郡으로, 고려시대 平州의 屬縣이었다(『고려사』 58 地理志 3 黃州牧 平州 洞州).

금물今勿[214](곡주谷州[215]), 생곡牲谷[216](협계俠溪), 천두泉頭[217](곡주谷州)이다.

【原文】 岊嶺道 掌十一: 岊嶺(鳳州)·洞仙·丹林(黃州)·陶工(鳳州)·金洞(安州)·射嵒(遂安)·迴郊·生陽·高原·神地·雲峯(西京).

절령도岊嶺道는 11역驛을 관장하는데,[218] 절령岊嶺[219](봉주鳳州[220]), 동선洞仙[221]·단림丹林[222](황주黃州[223]), 도공陶工[224](봉주鳳州), 금동金洞[225](안주安州

---

209 班石 고려시대의 平州(지금의 황해도 平山郡)에 있던 驛(『대동지지』 18 平山 驛站).

210 騏麟 고려시대의 平州에 있던 驛으로, 조선시대에는 平山府 서쪽 60리에 있었다(『신증동국여지승람』 41 平山都護府 驛院 麒麟驛).

211 溫泉 고려시대의 平州에 있던 驛(『대동지지』 18 平山 驛站 溫泉驛).

212 管山 고려시대의 俠溪縣(지금의 황해도 新溪郡) 동쪽에 있던 驛(『대동지지』 18 新溪 驛站 管山驛).

213 俠溪 지금의 황해도 新溪郡으로, 고려시대에는 谷州의 屬縣이었다(『고려사』 58 地理志 3 俠溪縣).

214 今勿 고려시대의 谷州(지금의 황해도 谷山郡)로, 조선시대에 谷山郡 남쪽 50리에 있던 今音勿院과 같은 곳이라 생각된다(『신증동국여지승람』 42 谷山郡 驛院 今音勿院).

215 谷州 지금의 황해도 谷山郡으로, 고려시대에는 黃州牧의 屬縣이었다(『고려사』 58 地理志 3 谷州).

216 牲谷 고려시대의 俠溪縣(지금의 황해도 新溪郡)에 있던 驛(『대동지지』 18 新溪 驛站 牲谷驛).

217 泉頭 고려시대의 谷州(지금의 황해도 谷山郡)에 있던 驛(『대동지지』 18 谷山 驛站 泉頭驛).

218 岊嶺道 岊嶺~西京 간 역로를 중심으로 편성되었는데, 金郊道와 연결되어 있다.

219 岊嶺 고려시대의 鳳州(지금의 황해도 鳳山郡)에 있던 驛으로, 조선시대에는 岊嶺驛을 폐지하고 劍水驛으로 옮겼는데 봉산군 동쪽 40리에 있었다(『신증동국여지승람』 41 鳳山郡 驛院 劍水驛).

220 鳳州 지금의 황해도 鳳山郡으로, 고려시대에는 黃州牧의 屬縣이었다(『고려사』 58 地理志 3 黃州牧 鳳州).

221 洞仙 고려시대의 黃州牧(지금의 황해도 黃州郡)에 있던 驛으로, 조선시대에는 岊嶺道가 폐지된 다음 鳳山郡 북쪽 15리 되는 곳으로 驛을 옮겼다(『신증동국여지승람』 41 鳳山郡 驛院 洞仙驛).

222 丹林 고려시대의 黃州牧(지금의 황해도 黃州郡)에 있던 驛으로, 조선시대에는 黃州牧 남쪽 10리에 있었다(『대동지지』 18 黃州 驛站 丹林驛).

223 黃州 지금의 황해도 黃州郡으로, 고려시대에는 牧이 설치되어 있었다(『고려사』 58 地理志 3 黃州牧).

[226]), 사암射嵒[227](수안遂安[228]), 회교廻郊[229] · 생양生陽[230] · 고원高原[231] · 신지神地[232] · 운봉雲峯[233](서경西京[234])이다.

【原文】 興郊道 掌十二: 興郊(博州), 興材 · 雲嵒(寧州), 通德(肅州), 迎德 · 深原(永淸), 安定 · 林原 · 玄嵒(西京), 迎和(咸從), 連城(龍岡), 安壽(安戎).

홍교도興郊道는 12驛을 관장하는데[235] 홍교興郊[236](박주博州[237]), 홍재興材[238] · 운암雲嵒[239](영주寧州[240]), 통덕通德[241](숙주肅州[242]), 영덕迎德[243] · 심원深原

---

224 陶工 고려시대의 鳳州(지금의 황해도 鳳山郡)에 있던 驛(『대동지지』 18 鳳州 驛站 陶工驛).

225 金洞 고려시대의 安州(지금의 황해도 載寧郡)에 있던 驛(『대동지지』 18 載寧 驛站 金洞驛).

226 安州 지금의 황해도 載寧郡으로, 고려시대에는 安西大都護府의 屬縣이었다(『고려사』 58 地理志 3 安西大都護府 安州).

227 射嵒 고려시대의 遂安縣(지금의 황해도 遂安郡)에 있던 驛으로, 조선시대에는 遂安郡 북쪽 15리에 있었다(『대동지지』 18 遂安 驛站 射岩驛).

228 遂安 지금의 황해도 遂安郡으로, 고려시대에는 谷州의 屬縣이었다(『고려사』 58 地理志 3 遂安縣).

229 迴郊 고려시대의 西京(지금의 평안남도 平壤市)에 있던 驛.

230 生陽 고려시대의 西京에 있던 驛으로, 조선시대에는 中和郡 서쪽 2리에 있었다(『신증동국여지승람』 52 中和郡 驛院 生陽驛).

231 高原 고려시대의 西京에 있던 驛.

232 神地 고려시대의 西京에 있던 驛.

233 雲峯 고려시대의 西京에 있던 驛으로, 조선시대에는 中和郡 서쪽 3리에 雲峯山과 雲峯山 烽燧가 있었다(『신증동국여지승람』 52 中和郡 山川 雲峯山 및 烽燧).

234 西京 지금의 평안남도 平壤市로, 고려시대에 開京, 東京과 함께 3京을 이루었다.

235 興郊道 西京～肅州～寧州(安北府) 간 역로를 중심으로 편성되었다.

236 興郊 고려시대의 博州에 있던 驛으로, 조선시대에는 延山(지금의 평안북도 寧邊郡 延山面)의 서쪽 20리에 옛터가 있었다(『신증동국여지승람』 54 寧邊都護府 古跡 興郊驛).

237 博州 지금의 평안북도 博川郡으로, 고려시대에는 安北大都護府의 防禦郡이었다(『고려사』 58 地理志 3 安北大都護府 博州).

238 興材 고려시대의 寧州(지금의 평안남도 安州郡)에 있었는데, 조선시대에는 安興驛으로 이름이 바뀌었다(『대동지지』 21 安州 驛站 安興驛). 『대동지지』에는 興村驛으로 되어 있는데, 뒤에 나오는 6과 체제의 기록 중 2과에 소속 역 이름에는 興林驛이라고 되어 있다. (→ 각주 1066 참조)

239 雲嵒 고려시대의 寧州(지금의 평안남도 安州郡)에 있던 驛(『대동지지』 21 安州 驛站 雲

(深源)[244](영청永清[245]), 안정安定[246] · 임원林原[247] · 현암玄嵒[248](서경西京), 영화迎和[249](함종咸從[250]), 연성連城[251](용강龍岡[252]), 안수安壽[253](안융安戎[254])이다.

【原文】興化道 掌二十九: 長寧(黃州), 安信(嘉州), 新安 · 雲興(郭州), 林畔 · 通陽(宣州), 豐陽(鐵州), 光池(寧州), 昌泰(寧德), 鴨綠(靜州), 會元(義州), 名

岩驛).

240 寧州 지금의 평안남도 安州郡으로, 고려시대에는 安北大都護府가 설치되어 있었다(『고려사』 58 地理志 3 安北大都護府 寧州).

241 通德 고려시대의 肅州(지금의 평안남도 肅川郡)에 있던 驛(『대동지지』 21 肅川 驛站 通德驛).

242 肅州 지금의 평안남도 肅川郡으로, 고려시대에는 安北大都護府의 防禦郡이었다(『고려사』 58 地理志 3 安西大都護府 肅州).

243 迎德 고려시대의 永清縣(지금의 평안남도 平原郡 永柔面)에 있던 驛(『대동지지』 21 永柔 驛站 迎德驛).

244 深原 고려시대의 永清縣(지금의 평안남도 平原郡 永柔面)에 있던 驛(『대동지지』 21 永柔 驛站 深源驛). 뒤에 나오는 6과 체제의 기록에는 5과 소속의 深源이라고 되어 있는데, 『대동지지』의 기록을 참고할 때 深源이 옳지 않을까 한다. (→ 각주 1091 참조)

245 永清 지금의 평안남도 平原郡 永柔面으로, 고려시대에는 安北大都護府의 屬縣이었다(『고려사』 58 地理志 3 安北大都護府 永清縣).

246 安定 고려시대의 西京에 있던 驛으로, 조선시대에는 順安縣(지금의 평안남도 平原郡 順安面)에 있었다(『신증동국여지승람』 52 順安縣 驛院 安定驛).

247 林原 고려시대의 西京에 있던 驛으로, 조선시대에는 平壤府의 북쪽 20리에 있었는데, 仁宗 때 妙清의 주장으로 세운 大花宮이 이곳에 있었다(『신증동국여지승람』 51 平壤府 古跡 林原驛).

248 玄嵒 고려시대의 西京에 있던 驛(『대동지지』 21 平壤 驛站 玄嵒驛).

249 迎和 고려시대의 咸從縣(지금의 평안남도 江西郡 咸從面)에 있던 역으로, 조선시대에는 현 북쪽 20리에 있었다(『대동지지』 21 咸從 驛道 迎和驛).

250 咸從 지금의 평안남도 江西郡 咸從面으로, 고려시대에는 安北大都護府의 屬縣이었다(『고려사』 58 地理志 3 安北大都護府 咸從縣).

251 連城 고려시대의 龍岡縣(지금의 평안남도 龍岡郡)에 있던 驛으로, 조선시대에는 옛터가 현 동쪽 5리에 있었다(『신증동국여지승람』 52 龍岡縣 古跡 連城驛).

252 龍岡 지금의 평안남도 龍岡郡으로, 고려시대에는 安北大都護府의 屬縣이었다(『고려사』 58 地理志 3 安北大都護府 龍岡縣).

253 安壽 고려시대의 安戎鎭(지금의 평안남도 安州郡)에 있던 驛(『대동지지』 21 安州 驛站 安壽驛).

254 安戎 지금의 평안남도 安州郡으로, 광종 25년 성을 쌓고 安戎鎭이라고 불렀으며 安北大都護府의 屬縣이 되었다(『고려사』 58 地理志 3 安北大都護府 安戎鎭).

駒(龍州), 靈騏(麟州), 從化(威遠), 長興(泰州), 城陽 · 三妓 · 通義 · 大平(龜州), 寶峯 · 懷仁(安義), 花田 · 臨川(定戎), 銀嵒 · 榛田(寧朔), 嵒舍(龜州), 芳田 · 昌平(朔州), 安富 · 新驛(安戎).

홍화도興化道는 29역驛을 관장하는데,[255] 장령長寧[256](황주黃州[257])[258], 안신安信[259](가주嘉州[260]), 신안新安[261] · 운흥雲興[262](곽주郭州[263]), 임반林畔[264] · 통양通陽[265](선주宣州[266]), 풍양豊陽[267](철주鐵州[268]), 광지光池[269](영주寧州[270]), 창

---

255 **興化道** 北界의 大寧江 以西, 鴨綠江 以東, 千里長城 以南에 위치한 역로에 편성되었고, 寧州～博州～宣州～靈州(興化鎭)～義州를 잇는 역로이다.

256 **長寧** 고려시대의 黃州牧(지금의 황해도 黃州郡)에 있던 驛(『대동지지』 18 黃州 驛站 長寧驛).

257 **黃州** 지금의 황해도 黃州郡으로, 고려시대에는 牧이 설치되어 있었다(『고려사』 58 地理志 3 黃州牧).

258 **長寧驛과 黃州** 西海道의 黃州가 위치상으로 볼 때 興化道의 驛路가 되기는 어려우므로, 黃州는 博州나 嘉州의 잘못으로 보인다. 이에 따라 長寧驛의 소속 郡縣도 바뀌어야 할 것이다(정요근, 「高麗前期 驛制의 整備와 22驛道」, 『韓國史論』 45, 2001, 66쪽의 각주 13). 장령역은 뒤이어 나오는 6과 체제 기록에는 2과에 長若驛이라고 되어 있다. (→ 각주 1067 참조)

259 **安信** 고려시대의 嘉州(지금의 평안북도 博川郡 嘉山面)로, 조선시대에는 옛터가 군 북쪽 20리에 있었다(『신증동국여지승람』 52 嘉山郡 古跡 安信驛).

260 **嘉州** 지금의 평안북도 博川郡 嘉山面으로, 고려시대에는 安北大都護府의 防禦郡이었다(『고려사』 58 地理志 3 安北大都護府 嘉州).

261 **新安** 고려시대의 郭州(지금의 평안북도 定州郡 郭山面)에 있던 驛으로, 조선시대에는 定州郡 내에 있었다(『신증동국여지승람』 52 定州牧 驛院 新安驛).

262 **雲興** 고려시대의 郭州(지금의 평안북도 定州郡 郭山面)에 있던 驛으로, 조선시대에는 郡 북쪽 17리에 있었다(『신증동국여지승람』 53 郭山郡 驛院 雲興驛).

263 **郭州** 지금의 평안북도 定州郡 郭山面으로, 고려시대에는 安北大都護府의 防禦郡이었다(『고려사』 58 地理志 3 安北大都護府 郭州).

264 **林畔** 고려시대의 宣州(지금의 평안북도 宣川郡)에 있던 驛으로, 조선시대에는 군 북쪽 25리에 있었다(『신증동국여지승람』 53 宣川郡 驛院 林畔驛).

265 **通陽** 고려시대의 宣州(지금의 평안북도 宣川郡)에 있던 驛.

266 **宣州** 지금의 평안북도 宣川郡으로, 고려시대에는 安北大都護府의 防禦郡이었다(『고려사』 58 地理志 3 安北大都護府 宣州).

267 **豊陽** 고려시대의 鐵州(지금의 평안북도 鐵山郡)에 있던 驛.

268 **鐵州** 지금의 평안북도 鐵山郡으로, 고려시대에는 安北大都護府의 防禦郡이었다(『고려사』 58 地理志 3 安北大都護府 鐵州).

태昌泰[271](영덕寧德[272]), 압록鴨綠[273](정주靜州[274]), 회원會元[275](의주義州[276]), 명구名駒[277](용주龍州[278]), 영기靈騏[279](인주麟州[280]), 종화從化[281](위원威遠[282]), 장흥長興[283](태주泰州[284]), 성양城陽[285] · 삼기三岐[286] · 통의通義[287] · 대평大平

---

269 光池 이 기록에는 光池驛이 寧州(지금의 평안남도 安州郡)에 있다고 하였으나, 위치상으로 볼 때 靈州(조선시대의 義州牧: 『신증동국여지승람』 53 義州牧 古跡 古靈州)로 바뀌어야 할 것이다(정요근, 「高麗前期 驛制의 整備와 22驛道」, 『韓國史論』 45, 2001, 66쪽의 각주 14).

270 寧州 지금의 평안남도 安州郡으로, 고려시대에는 安北大都護府가 설치되어 있었다(『고려사』 58 地理志 3 安北大都護府).

271 昌泰 고려시대의 寧德鎭(지금의 평안북도 義州郡)에 있던 驛.

272 寧德 지금의 평안북도 義州郡 동남쪽에 있던 고려시대의 鎭으로, 고려 현종 21년에 둘레 4,012척의 토성을 쌓았으며, 문종 10년 契丹 興宗의 諱를 피하여 寧德鎭에서 寧德城으로 이름을 바꾸었다(『고려사』 58 地理志 3 寧德鎭 및 『신증동국여지승람』 53 義州牧 古跡 古寧德鎭).

273 鴨綠 고려시대의 靜州(지금의 평안북도 義州郡)에 있던 驛.

274 靜州 지금의 평안북도 義州郡 동남쪽에 있었는데, 고려시대에는 安北大都護府의 防禦郡이었다(『고려사』 58 地理志 3 靜州).

275 會元 고려시대의 義州(지금의 평안북도 義州郡)에 있던 驛.

276 義州 지금의 평안북도 義州郡으로, 고려시대에는 安北大都護府의 防禦郡의 하나였다(『고려사』 58 地理志 3 安北大都護府 義州).

277 名駒 고려시대의 龍州(지금의 평안북도 龍川郡)에 있던 驛.

278 龍州 지금의 평안북도 龍川郡으로, 고려시대에는 安北大都護府의 防禦郡의 하나였다(『고려사』 58 地理志 3 安北大都護府 龍州).

279 靈騏 고려시대의 麟州(지금의 평안북도 義州郡)에 있던 驛.

280 麟州 지금의 평안북도 義州郡 남쪽에 있었는데, 고려시대에는 安北大都護府의 防禦郡이었다(『고려사』 58 地理志 3 安北大都護府 麟州).

281 從化 고려시대의 威遠鎭(지금의 평안북도 義州郡)에 있던 驛.

282 威遠 지금의 평안북도 義州郡 남쪽에 있었는데, 고려시대에는 安北大都護府의 鎭의 하나였다(『고려사』 58 地理志 3 安北大都護府 威遠鎭).

283 長興 고려시대의 泰州(지금의 평안북도 泰川郡)에 있던 驛.

284 泰州 지금의 평안북도 泰川郡으로, 고려시대에는 安北大都護府의 防禦郡이었다(『고려사』 58 地理志 3 安北大都護府 泰州).

285 城陽 고려시대의 龜州(지금의 평안북도 龜城郡)에 있던 驛(『신증동국여지승람』 53 龜城都護府 古跡조의 西陽驛과 같은 곳이 아닌가 한다).

286 三岐 고려시대의 龜州에 있던 驛.

287 通義 고려시대의 龜州에 있던 驛으로, 조선시대에는 옛터가 龜州의 서쪽 35리에 있었다(『신증동국여지승람』 53 龜城都護府 古跡 通義驛).

[288](구주龜州[289]), 보봉寶峯[290] · 회인懷仁[291](안의安義[292]), 화전花田[293] · 임천臨川[294](정융定戎[295]), 은암銀嵒[296] · 진전榛田[297](영삭寧朔[298]), 암사嵒舍[299](구주龜州), 방전芳田[300] · 창평昌平[301](삭주朔州[302]), 안부安富[303] · 신역新驛[304](안융安戎)이다.

【原文】 雲中道 掌四十三: 長壽(西京), 通德 · 善田 · 金川(慈州), 長梨 · 長歡 · 豐歲(連州), 蘇民 · 新定 · 通路(鐵州), 圓林(延州), 永安(青塞[305]), 石城 · 櫻谷 · 平寧(平蘆[306]), 寬洞(成州), 密田 · 咸德(順州), 安德 · 安洞 · 德

---

288 大平 고려시대의 龜州에 있던 驛으로, 조선시대에는 옛터가 龜州의 서쪽 60리에 있었다(『신증동국여지승람』 53 龜城都護府 古跡 大平驛).

289 龜州 지금의 평안북도 龜城郡으로, 고려시대에는 安北大都護府의 防禦郡이었다(『고려사』 58 地理志 3 安北大都護府 龜州).

290 寶峯 고려시대의 安義鎭(지금의 평안북도 龜城郡)에 있던 驛.

291 懷仁 고려시대의 安義鎭에 있던 驛.

292 安義 지금의 평안북도 龜城郡에 있던 고려시대의 鎭으로, 고려시대에는 安北大都護府의 鎭의 하나였다(『고려사』 58 地理志 3 安北大都護府 安義).

293 花田 고려시대 定戎鎭(지금의 평안북도 義州郡)에 있던 驛.

294 臨川 고려시대 定戎鎭에 있던 驛.

295 定戎 지금의 평안북도 義州郡에 있던 고려시대의 鎭(『고려사』 58 地理志 3 安北大都護府 定戎鎭).

296 銀嵒 고려시대 寧朔鎭(지금의 평안북도 義州郡)에 있던 驛.

297 榛田 고려시대 寧朔鎭에 있던 驛.

298 寧朔 지금의 평안북도 義州郡에 있던 고려시대의 鎭(『고려사』 58 地理志 3 安北大都護府 寧朔鎭).

299 嵒舍 고려시대의 朔州(지금의 평안북도 朔州郡)에 있던 驛으로, 조선시대에는 옛터가 岐伊驛 서쪽 10리에 있었다(『신증동국여지승람』 53 朔州都護府 古跡 岩舍驛).

300 芳田 고려시대의 朔州(지금의 평안북도 朔州郡)에 있던 驛.

301 昌平 고려시대의 朔州(지금의 평안북도 朔州郡)에 있던 驛으로, 조선시대에는 옛터가 岐伊驛 동쪽 10리에 있었다(『신증동국여지승람』 53 朔州都護府 古跡 昌平驛).

302 朔州 지금의 평안북도 朔州郡으로, 고려시대에는 安北大都護府에 속한 防禦郡이었다(『고려사』 58 地理志 3 安北大都護府 朔州).

303 安富 고려시대의 安戎鎭(지금의 평안남도 安州郡)에 있던 驛.

304 新驛 고려시대의 安戎鎭에 있던 驛.

305 青塞 淸塞의 잘못일 것이라고 생각된다. (→ 각주 322 참조)

306 平蘆 平虜의 잘못일 것이라고 생각된다. (→ 각주 326 참조)

林(博州), 牽牛 · 淄潭 · 寬川(寧遠), 臨洞(樹德), 淸澗(陽嵒), 新豐(撫州), 雲谷 · 東山 · 泰來(孟州), 寬化 · 石牛(渭州), 葦溪 · 安泰(泰州), 間平 · 沙川 · 豐川(延州), 玉兒 · 雲畔(雲州), 玉關 · 梓田(昌州), 長林(成州), 興德(殷州).

운중도雲中道는 43역驛을 관장하는데,[307] 장수長壽[308](서경西京), 통덕通德[309] · 선전善田[310] · 금천金川[311](자주慈州[312]), 장리長梨[313] · 장환長歡[314] · 풍세豊歲[315](연주連州[316]), 소민蘇民 · 신정新定 · 통로通路[317](철주鐵州[318]), 원림圓

---

307 雲中道 西京~連州를 잇는 역로인데, 남쪽은 西京, 동쪽은 東界, 북쪽은 千里長城, 서쪽은 大寧江을 경계로 한다.

308 長壽 고려시대의 西京(지금의 평안남도 平壤市)에 있던 驛.

309 通德 고려시대의 慈州(지금의 평안남도 順天郡 慈山面)에 있던 驛으로, 조선시대에는 옛터가 군 남쪽 40리에 있었다(『신증동국여지승람』 54 慈山郡 古跡 通德驛).

310 善田 고려시대의 慈州(지금의 평안남도 順天郡 慈山面)에 있던 驛으로, 조선시대에는 옛터가 군 서쪽 15리에 있었다(『신증동국여지승람』 54 慈山郡 古跡 善田驛).

311 金川 고려시대의 慈州(지금의 평안남도 順天郡 慈山面)에 있던 驛으로, 조선시대에는 옛터가 군 북쪽 30리에 있었다(『신증동국여지승람』 54 慈山郡 古跡 金川驛).

312 慈州 지금의 평안남도 順天郡 慈山面으로, 고려시대에는 安北大都護府에 속한 防禦郡이었다(『고려사』 58 地理志 3 安北大都護府 慈州).

313 長梨 고려시대의 連州(지금의 평안남도 价川郡)에 있던 驛으로, 조선시대에 옛터가 군 남쪽에 있던 長里驛과 같은 곳이라 여겨진다(『신증동국여지승람』 54 价川郡 古跡 長里驛). 뒤이어서 나오는 6과 체제의 기록에는 4과 소속의 長利라고 되어 있다. (→ 각주 1078 참조)

314 長歡 고려시대의 連州(지금의 평안남도 价川郡)에 있던 驛으로, 조선시대에 옛터가 군 서쪽 30리에 있던 長桓城과 같은 곳이라 여겨진다(『신증동국여지승람』 54 价川郡 古跡 長桓城).

315 豊歲 고려시대의 連州에 있던 驛(『대동지지』 22 价川 驛道 조에는 豊端驛이라고 되어 있다).

316 連州 지금의 평안남도 价川郡으로, 고려시대에는 安北大都護府에 속한 鎭이었다(『고려사』 58 地理志 3 安北大都護府 朝陽鎭)

317 蘇民 · 新定 · 通路 이 세 역이 모두 고려시대의 鐵州(지금의 평안북도 鐵山郡)에 있다고 하였으나, 通路驛은 조선시대에는 寧邊大都護府에 속해 있었다(『신증동국여지승람』 54 寧邊大都護府 古跡 通路驛). 그러므로 驛路로 볼 때 이 세 역은 雲中道가 아니라 興化道에 소속되어야 할 것이다(정요근, 「高麗前期 驛制의 整備와 22驛道」, 『韓國史論』 45, 2001, 66~67쪽의 각주 17).

318 鐵州 지금의 평안북도 鐵山郡으로, 고려시대에는 安北大都護府에 속한 防禦郡이었다(『고려사』 58 地理志 3 安北大都護府 鐵州).

林[319](연주延州[320]), 영안永安[321]〔청새青塞(淸塞)[322]〕, 석성石城[323] · 앵곡櫻谷[324] · 평령平寧[325]〔평로平蘆(平虜)[326]〕, 관동寬洞[327](성주成州[328]), 밀전密田[329] · 함덕咸德[330](순주順州[331]), 안덕安德[332] · 안동安洞[333] · 덕림德林[334](박주博州[335]), 견우牽牛[336] · 치담淄潭[337] · 관천寬川[338](영원寧遠[339]), 임동臨洞[340](수덕樹德[341]), 청

---

319 圓林 고려시대의 延州(지금의 평안북도 雲山郡)에 있던 驛.

320 延州 지금의 평안북도 雲山郡으로, 고려시대에는 安北大都護府에 속한 防禦郡이었다(『고려사』 58 地理志 3 安北大都護府 延州).

321 永安 고려시대의 淸塞鎭(지금의 평안북도 熙川郡)에 있던 驛.

322 青塞(淸塞) 지금의 평안북도 熙川郡으로, 고려시대에는 安北大都護府에 속한 鎭이었다(『고려사』 58 地理志 3 安北大都護府 淸塞鎭). (→ 각주 1307 참조)

323 石城 고려시대 平虜鎭(지금의 평안북도 熙川郡 新豊面)에 있던 驛.

324 櫻谷 고려시대 平虜鎭에 있던 驛.

325 平寧 고려시대 平虜鎭에 있던 驛.

326 平蘆(平虜) 지금의 평안북도 熙川郡 新豊面에 비정되며, 고려시대에는 安北大都護府에 속한 鎭이었다(『고려사』 58 地理志 3 安北大都護府 平虜鎭). (→ 각주 1323 참조)

327 寬洞 고려시대 成州(지금의 평안남도 成川郡)에 있던 驛.

328 成州 지금의 평안남도 成川郡으로, 고려시대에는 安北大都護府에 속한 防禦郡이었으며, 沸流王 松讓의 古都로 알려져 있다(『고려사』 58 地理志 3 安北大都護府 成州).

329 密田 고려시대의 順州(지금의 평안남도 順川郡)에 있던 驛으로, 조선시대에는 옛터가 군 동쪽 60리에 있었다(『신증동국여지승람』 55 順川郡 古跡 密田驛).

330 咸德 고려시대의 順州(지금의 평안남도 順川郡)에 있던 驛으로, 조선시대에는 옛터가 군 동쪽 90리에 있었다(『신증동국여지승람』 55 順川郡 古跡 咸德驛).

331 順州 지금의 평안남도 順川郡으로, 고려시대에는 安北大都護府에 속한 防禦郡이었다(『고려사』 58 地理志 3 安北大都護府 順州).

332 安德 고려시대의 博州(지금의 평안북도 博川郡)에 있던 驛.

333 安洞 고려시대의 博州에 있던 驛.

334 德林 고려시대의 博州에 있던 驛.

335 博州 지금의 평안북도 博川郡으로, 고려시대에는 安北大都護府에 속한 防禦郡이었다(『고려사』 58 地理志 3 安北大都護府 博州).

336 牽牛 고려시대의 寧遠鎭(지금의 평안남도 寧遠郡)에 있던 驛(『대동지지』 22 寧遠 驛站 牽牛驛).

337 淄潭 고려시대의 寧遠鎭에 있던 驛(『대동지지』 22 寧遠 驛站 緇潭驛).

338 寬川 고려시대의 寧遠鎭에 있던 驛(『대동지지』 22 寧遠 驛站 寬川驛).

339 寧遠 지금의 평안남도 寧遠郡으로, 고려시대에는 安北大都護府에 속한 鎭이었다(『고려사』 58 地理志 3 安北大都護府 寧遠鎭).

340 臨洞 고려시대의 樹德鎭(지금의 평안남도 陽德郡)에 있던 驛.

간淸澗[342](양암陽嵒[343]), 신풍新豊[344](무주撫州[345]), 운곡雲谷[346] · 동산東山[347] · 태래泰來[348](맹주孟州[349]), 관화寬化[350] · 석우石牛[351](위주渭州[352]), 위계葦溪[353] · 안태安泰[354](태주泰州[355]), 문평問平[356] · 사천沙川[357] · 풍천豊川[358](연주延州[359]), 옥아玉兒[360] · 운반雲畔[361](운주雲州[362]), 옥관玉關[363] · 재전梓田[364](창주

---

341 樹德 성종 2년에 城을 쌓았으며, 조선 태조 5년 陽岩鎭과 樹德鎭을 합하여 陽德縣(지금의 평안남도 陽德郡)이라고 하였다(『신증동국여지승람』 55 陽德縣).

342 淸澗 고려시대의 陽嵒鎭(지금의 평안남도 陽德郡)에 있던 驛.

343 陽嵒 태조 21년 성을 쌓았으며, 조선 태조 5년 陽岩鎭과 樹德鎭을 합하여 陽德縣(지금의 평안남도 陽德郡)이라고 하였다(『신증동국여지승람』 55 陽德縣).

344 新豊 고려시대의 撫州(지금의 평안북도 寧邊郡 撫山)에 있던 驛.

345 撫州 지금의 평안북도 寧邊郡 撫山으로, 고려시대에는 安北大都護府에 속해 있었다(『고려사』 58 地理志 3 安北大都護府 撫州).

346 雲谷 고려시대의 孟州(지금의 평안남도 孟山郡)에 있던 驛.

347 東山 고려시대의 孟州에 있던 驛.

348 泰來 고려시대의 孟州에 있던 驛.

349 孟州 지금의 평안남도 孟山郡으로, 고려시대에는 安北大都護府에 속해 있었다(『고려사』 58 地理志 3 安北大都護府 孟州).

350 寬化 고려시대 渭州(지금의 평안북도 寧邊郡)에 있던 驛.

351 石牛 고려시대 渭州에 있던 驛.

352 渭州 지금의 평안북도 寧邊郡으로, 고려시대에는 安北大都護府에 속해 있었다(『고려사』 58 地理志 3 安北大都護府 渭州).

353 葦溪 고려시대 泰州(지금의 평안북도 泰川郡)에 있던 驛.

354 安泰 고려시대 泰州에 있던 驛.

355 泰州 지금의 평안북도 泰川郡으로, 고려시대에는 安北大都護府에 속해 있었다(『고려사』 58 地理志 3 安北大都護府 泰州).

356 問平 고려시대 延州(지금의 평안북도 寧邊郡 일대)에 있던 驛.

357 沙川 고려시대 延州에 있던 驛.

358 豊川 고려시대 延州에 있던 驛.

359 延州 지금의 평안북도 寧邊郡으로, 고려시대에는 安北大都護府에 속해 있었다(『고려사』 58 地理志 3 安北大都護府 延州).

360 玉兒 고려시대 雲州(지금의 평안북도 雲山郡 일대)에 있던 驛으로, 조선시대에는 옛터가 군 동쪽 20리에 있었다(『신증동국여지승람』 54 雲山郡 古跡 玉兒里驛).

361 雲畔 고려시대 延州(지금의 평안북도 雲山郡 일대)에 있던 驛으로, 조선시대에는 옛터가 군 북쪽 40리에 있었다(『신증동국여지승람』 54 雲山郡 古跡 雲畔驛).

362 雲州 지금의 평안북도 雲山郡으로, 고려시대에는 安北大都護府에 속해 있었다(『고려사』 58 地理志 3 雲州).

昌州[365]), 장림長林[366](성주成州), 홍덕興德[367](은주殷州[368])이다.

【原文】 桃源道 掌二十一: 桃源(松林)·白嶺(湍州)·玉溪(章州[369])·龍潭·楓川(東州)·臨湍(平康)·松間·丹林(嵐谷)·銀溪(交州)·臨江驛·田原(東州)·桃昌·南驛·丹嵒(金化)·洞陰驛·朔寧驛·烽谷(僧嶺)·通堰(交州)·梨嶺·直木(金城)·熊壤(歧城).

도원도桃源道는 21역驛을 관장하는데,[370] 도원桃源[371](송림松林[372]), 백령白嶺[373](단주湍州[374]), 옥계玉溪[375]〔장주章州(漳州)[376]〕, 용담龍潭[377]·풍천楓川

---

363 玉關 고려시대 昌州(지금의 평안북도 昌城郡)에 있던 驛으로, 조선시대에 옛터가 군 동쪽 205리에 있던 玉開驛과 같은 곳이 아닌가 한다(『신증동국여지승람』 53 昌城都護府 古跡 玉開驛).

364 梓田 고려시대 昌州에 있던 驛.

365 昌州 지금의 평안북도 昌城郡으로, 고려시대에는 安北大都護府에 속해 있었다(『고려사』 58 地理志 3 安北大都護府 昌州).

366 長林 고려시대 成州(지금의 평안남도 成川郡)에 있던 驛.

367 興德 고려시대 殷州(지금의 평안남도 順天郡)에 있던 驛으로, 조선시대에는 옛터가 殷川縣 남쪽 15리에 있었다(『신증동국여지승람』 55 殷山縣 古跡 興德驛).

368 殷州 지금의 평안남도 順川郡 殷州로, 고려시대에는 安北大都護府에 속해 있었다(『고려사』 58 地理志 3 安北大都護府 殷州).

369 章州 漳州의 잘못이 아닌가 한다. (→ 각주 376 참조)

370 桃源道 開京~長湍~東州~交州~鐵嶺을 잇는 역로로 편성되었다.

371 桃源 고려시대 松林縣(지금의 경기도 長湍郡)에 있던 驛으로, 조선시대에는 長湍府의 남쪽 3리에 있었다(『신증동국여지승람』 12 長湍都護府 驛院 桃源驛).

372 松林 지금의 경기도 長湍郡에 있었으며, 고려시대에는 開城府에 속해 있었다(『고려사』 56 地理志 1 王京開城府 松林縣).

373 白嶺 고려시대 長湍縣(지금의 경기도 長湍郡)에 있던 驛으로, 조선시대에는 長湍府의 동쪽 30리에 있었다(『신증동국여지승람』 12 長湍都護府 驛院 白嶺驛).

374 湍州 목종 4년 長湍縣을 侍中 韓彦恭의 內鄕이라고 하여 湍州라고 이름을 바꾸었다(『고려사』 56 地理志 1 王京開城府 長湍縣).

375 玉溪 고려시대의 漳州縣에 있던 驛. 지금 경기도 漣川郡 郡南面 玉溪里가 있다.

376 章州(漳州) 경기도 漣川郡의 고려시대 이름으로, 충선왕 때 왕의 이름(璋)을 피하여 漳州를 漣川으로 고쳤다(『신증동국여지승람』 13 漣川縣).

377 龍潭 고려시대 東州(지금의 강원도 鐵原郡)에 있던 驛으로, 조선시대에는 鐵原府의 서쪽 10리에 있었다(『신증동국여지승람』 47 鐵原都護府 驛院 龍潭驛).

[378](동주東州[379]), 임단臨湍[380](평강平康[381]), 송간松間[382] · 단림丹林[383](남곡嵐谷[384]), 은계銀溪[385](교주交州[386]), 임강역臨江驛[387] · 전원田原[388](동주東州), 도창桃昌[389] · 남역南驛[390] · 단암丹嵒[391](김화金化[392]), 동음역洞陰驛[393] · 삭령역朔寧驛[394] · 봉곡烽谷[395](승령僧嶺[396]), 통언通堰[397](교주交州), 이령梨嶺[398] · 직목

---

378 楓川 고려시대 東州에 있던 驛으로, 弓裔의 都城이 있던 楓川原과 가까운 곳에 있었을 것이다(『신증동국여지승람』 47 鐵原都護府 古跡 楓川原).

379 東州 지금의 강원도 鐵原郡으로, 고려시대에는 交州道에 속해 있었다(『고려사』 58 地理志 3 交州道 東州).

380 臨湍 고려시대 平康縣(지금의 강원도 平康郡)에 있던 驛.

381 平康 지금의 강원도 平康郡으로, 고려시대에는 東州의 屬縣이었다(『고려사』 58 地理志 3 東州 平康縣).

382 松間 고려시대 嵐谷縣(지금의 강원도 淮陽郡 嵐谷面)에 있던 驛.

383 丹林 고려시대 平康縣(지금의 강원도 平康郡)에 있던 驛으로, 조선시대에는 현 북쪽 15리에 있었다(『신증동국여지승람』 47 平康縣 驛院 丹林驛).

384 嵐谷 지금의 강원도 淮陽郡 嵐谷面으로, 고려시대에는 交州의 屬縣이었다(『고려사』 58 地理志 3 交州 嵐谷縣).

385 銀溪 고려시대 交州(지금의 강원도 淮陽郡)에 있던 驛으로, 조선시대에는 淮陽府의 서쪽 5리에 있었다(『신증동국여지승람』 47 淮陽都護府 驛院 銀溪驛).

386 交州 지금의 강원도 淮陽郡으로, 고려시대에는 交州道에 속해 있었다(『고려사』 58 地理志 3 交州道 交州).

387 臨江驛 『고려사』의 이 兵志 기록에는 東州(지금의 강원도 鐵原郡) 소속의 역으로 되어 있으나, 臨江縣은 고려시대 開城府에 속한 縣이었다(『고려사』 56 地理志 1 王京開城府 臨江縣 및 『신증동국여지승람』 12 長湍都護府 古跡 臨江廢縣).

388 田原 고려시대 東州(지금의 강원도 鐵原郡)에 있던 驛.

389 桃昌 고려시대 金化郡에 있던 驛. 지금 강원도 鐵原郡 金化邑 道昌里가 있다.

390 南驛 고려시대 金化郡(지금의 강원도 金化郡)에 있던 驛.

391 丹嵒 고려시대 金化郡에 있던 驛으로, 조선시대 金化縣에서 13리 떨어진 金城縣과 狼川郡(華川郡) 경계에 丹巖이 있었다(『신증동국여지승람』 47 金化縣 山川 丹巖).

392 金化 지금의 강원도 金化郡으로, 고려시대에는 東州의 屬郡이었다(『고려사』 58 地理志 3 交州道 東州).

393 洞陰驛 고려시대 僧嶺縣(지금의 경기도 漣川郡 북부)에 있던 驛.

394 朔寧驛 고려시대 僧嶺縣에 있던 驛으로, 조선시대 朔寧郡 남쪽 5리에 朔寧渡가 있었다(『신증동국여지승람』 13 朔寧縣 山川 朔寧渡).

395 烽谷 고려시대 僧嶺縣에 있던 驛.

396 僧嶺 지금의 경기도 漣川郡 북부 일대로, 고려시대에는 東州의 屬縣이었다(『고려사』 58 地理志 3 東州 僧嶺縣).

直木[399](금성金城[400]), 웅양熊壤[401](기성岐城[402])이다.

【原文】朔方道 掌四十二: 孤山(衛山), 嵐山(文州), 寶龍(瑞谷), 朔安(登州), 原深(派川), 瑤池(鶴浦), 追風(霜陰), 鐵關・通達(高州), 知遠(和州), 德嶺(文州), 長春・通歧(長州), 長昌(定州), 茂林(長州), 歸厚(耀德), 安身(青邊[403]), 靜山(寧仁), 懷寧・宣德・巨川(元興), 朝東(鎭溟), 平元(永興), 通化(長平), 長豐(金壤), 同德(歙谷), 藤路(臨道), 超塵(雲嵒), 高岑(高城), 養麟(豢猳), 泰康(安昌), 竹苞・淸澗(杆城), 灌木・雲根(列山[404]), 長富(龍津), 碧木・林雲・巨坊・溢守[405]・長歧・富寧(雲嵒).

삭방도朔方道는 42역驛을 관장하는데,[406] 고산孤山[407](위산衛山[408]), 남산嵐山[409](문주文州[410]), 보룡寶龍[411](서곡瑞谷[412]), 삭안朔安[413](등주登州[414]), 원심原

---

397 通堰 고려시대 交州(지금의 강원도 淮陽郡)에 있던 驛.

398 梨嶺(利嶺) 고려시대 金城郡(지금의 강원도 金化郡 金城面)에 있던 驛.

399 直木 고려시대 金城郡에 있던 驛으로, 조선시대에는 金城縣 북쪽 8리에 있었다(『신증동국여지승람』 47 金城縣 驛院 直木驛).

400 金城 지금의 강원도 金化郡 金城面으로, 고려시대에는 交州의 屬郡이었다(『고려사』 58 地理志 3 交州 金城郡).

401 熊壤 고려시대 岐城縣(지금의 강원도 金化郡 지역)에 있던 驛.

402 岐城 지금의 강원도 金化郡 지역에 있던 고려시대의 縣으로, 고려시대에는 交州의 屬縣이었다(『고려사』 58 地理志 3 交州 岐城縣).

403 青邊 靜邊의 잘못이 아닌가 한다. (→ 각주 436 참조)

404 列山 烈山의 잘못이 아닌가 한다. (→ 각주 468 참조)

405 溢水 隘守의 잘못이 아닌가 한다. (→ 각주 474 참조)

406 朔方道 鐵嶺~登州~和州~定州를 잇는 역로이며, 북으로는 和州~定州, 남쪽으로는 高城縣, 杆城縣 등 東界의 동해안을 따라 위치한 역들로 편성되었다.

407 孤山 고려시대 衛山縣(지금의 함경남도 安邊郡 衛益面)에 있던 驛으로, 조선시대에 安邊府 남쪽 75리에 있던 高山驛과 같은 곳이 아닌가 한다(『신증동국여지승람』 49 安邊都護府 驛院 高山驛).

408 衛山 지금의 함경남도 安邊郡 衛益面 지역으로, 고려시대에는 安邊都護府의 屬縣이었다(『고려사』 58 地理志 3 安邊都護府 衛山縣).

409 嵐山 고려시대 文州(지금의 함경남도 文川郡)에 있던 驛.

410 文州 지금의 함경남도 文川郡으로, 고려시대에는 安邊都護府에 속한 防禦郡이었다(『고려사』 58 地理志 3 安邊都護府 文州).

深[415](파천派川[416]), 요지瑤池[417](학포鶴浦[418]), 추풍追風[419](상음霜陰[420]), 철관鐵關[421]·통달通達[422](고주高州[423]), 지원知遠[424](화주和州[425]), 덕령德嶺[426](문주文州), 장춘長春[427]·통기通岐[428](장주長州[429]), 장창長昌[430](정주定州[431]), 무림茂

---

411 **寶龍** 고려시대 瑞谷縣(지금의 함경남도 安邊郡 瑞谷面)에 있던 驛.

412 **瑞谷** 지금의 함경남도 安邊郡 瑞谷面으로, 고려시대에는 安邊都護府의 屬縣이었다(『고려사』 58 地理志 3 安邊都護府 瑞谷縣).

413 **朔安** 고려시대의 登州(지금의 함경남도 安邊郡)에 있던 驛으로, 조선시대에는 安邊府의 북쪽 3리에 있었다(『신증동국여지승람』 49 驛院 朔安驛).

414 **登州** 지금의 함경남도 安邊郡으로, 고려시대에 安邊都護府가 설치되어 있었다(『고려사』 58 地理志 3 安邊都護府).

415 **原深** 고려시대 波川縣(지금의 함경남도 安邊郡)에 있던 驛.

416 **派川** 지금의 함경남도 安邊郡 지역에 있었는데, 고려시대에는 安邊都護府의 屬縣이었다(『고려사』 58 地理志 3 安邊都護府 波川縣).

417 **瑤池** 고려시대 學浦縣(강원도 通川郡 歙谷面)에 있던 고려시대의 驛.

418 **鶴浦** 강원도 通川郡 歙谷面에 있었는데, 고려시대에는 安邊都護府의 屬縣이었다(『고려사』 58 地理志 3 安邊都護府 鶴浦縣).

419 **追風** 고려시대 霜陰縣(지금의 함경남도 安邊郡)에 있던 고려시대의 驛.

420 **霜陰** 지금의 함경남도 安邊郡 지역에 있었는데, 고려시대에는 安邊都護府의 屬縣이었다(『고려사』 58 地理志 3 安邊都護府 霜陰縣).

421 **鐵關** 고려시대 高州(지금의 함경남도 高原郡)에 있던 驛.

422 **通達** 고려시대 高州에 있던 驛으로 조선시대에는 군 서쪽 5리에 있었다(『신증동국여지승람』 48 高原郡 驛院 通達驛).

423 **高州** 지금의 함경남도 高原郡으로, 고려시대에는 安邊都護府에 속한 防禦郡이었다(『고려사』 58 地理志 3 安邊都護府 高州).

424 **知遠** 고려시대 和州(지금의 함경남도 永興郡)에 있던 驛으로, 조선시대 永興大都護府의 동쪽 4리에 있던 和原驛과 같은 곳이라 여겨진다(『신증동국여지승람』 48 永興大都護府 驛院 和原驛). 뒤이어 나오는 6과 체제에는 3과 소속의 和遠이라고 되어 있다. (→ 각주 1075 참조)

425 **和州** 지금의 함경남도 永興郡으로, 고려시대에는 安邊都護府에 속한 防禦郡이었다(『고려사』 58 地理志 3 東界 和州).

426 **德嶺** 고려시대 文州(지금의 함경남도 文川郡)에 있던 驛으로, 조선시대에는 옛터가 군 북쪽 15리에 있던 德寧驛과 같은 곳이라 여겨진다(『신증동국여지승람』 49 文川郡 古跡 德寧驛).

427 **長春** 고려시대 長州(지금의 함경남도 定平郡)에 있던 驛.

428 **通岐** 고려시대 長州에 있던 驛.

429 **長州** 지금의 함경남도 定平郡으로, 고려시대에는 安邊都護府에 속한 防禦郡이었으나 뒤에 定州에 속하였다(『고려사』 58 地理志 3 安邊都護府 長州).

林[432](장주長州), 귀후歸厚[433](요덕耀德[434]), 안신安身[435]〔청변靑邊(靜邊)[436]〕, 정산靜山[437](영인寧仁[438]), 회령懷寧[439] · 선덕宣德[440] · 거천巨川[441](원흥元興[442]), 조동朝東[443](명진鎭溟[444]), 평원平元[445](영흥永興[446]), 통화通化[447](장평長平[448]), 장풍長豊[449](금양金壤[450]), 동덕同德[451](흡곡歙谷[452]), 등로藤路[453](임도臨道[454]), 초

430 長昌 고려시대 定州(지금의 함경남도 定平郡)에 있던 고려시대의 驛.

431 定州 지금의 함경남도 定平郡으로, 고려시대에는 安邊都護府에 속한 防禦郡이었다(『고려사』 58 地理志 3 安邊都護府 定州).

432 茂林 고려시대 長州(지금의 함경남도 定平郡)에 있던 驛.

433 歸厚 耀德鎭(지금의 함경남도 耀德郡)에 있던 고려시대의 驛.

434 耀德 함경남도 耀德郡(광복 후 신설됨)에 있던 고려시대의 鎭으로, 일명 顯德鎭이라고도 한다(『고려사』 58 地理志 3 耀德鎭 및 『신증동국여지승람』 48 永興大都護府 古跡).

435 安身 고려시대의 靜邊鎭(지금의 함경남도 永興郡)에 있던 驛.

436 靑邊(靜邊) 靜邊의 잘못이 아닌가 한다. 靜邊은 지금의 함경남도 永興郡에 있던 고려시대의 鎭으로 현종 22년에 성을 쌓았다(『고려사』 58 地理志 3 東界 靜邊鎭 및 『신증동국여지승람』 48 永興大都護府 古跡 靜邊鎭).

437 靜山 고려시대의 寧仁鎭(지금의 함경남도 永興郡)에 있던 驛.

438 寧仁 지금의 함경남도 永興郡에 있던 고려시대의 鎭으로, 현종 22년에 설치하였는데 일명 淸源鎭이라고도 한다(『고려사』 58 地理志 3 東界 寧仁鎭 및 『신증동국여지승람』 48 永興大都護府 古跡).

439 懷寧 고려시대의 元興鎭(지금의 함경남도 定平郡)에 있던 驛.

440 宣德 고려시대의 元興鎭에 있던 驛.

441 巨川 고려시대의 元興鎭에 있던 驛.

442 元興 지금의 함경남도 定平郡에 있던 고려시대의 鎭으로, 靖宗 10년에 椎川에 성을 쌓고 元興鎭이라고 하였다(『고려사』 58 地理志 3 東界 元興鎭 및 『신증동국여지승람』 48 定平都護府 古跡).

443 朝東 고려시대의 鎭溟縣(지금의 함경남도 元山市 남쪽)에 있던 驛.

444 鎭溟 지금의 함경남도 元山市 남쪽에 있던 고려시대의 縣으로, 圓山縣 또는 水江縣이라고도 한다(『고려사』 58 地理志 3 東界 鎭溟縣 및 『신증동국여지승람』 49 德源都護府 古跡 鎭溟廢縣).

445 平元 고려시대의 永興鎭(지금의 함경남도 永興郡)에 있던 驛.

446 永興 지금의 함경남도 永興郡에 있던 고려시대의 鎭으로, 문종 15년에 처음 城堡를 쌓았다(『고려사』 58 地理志 3 永興鎭 및 『신증동국여지승람』 48 永興大都護府 古跡 平州鎭).

447 通化 고려시대의 長平鎭(지금의 함경남도 永興郡)에 있던 驛.

448 長平 지금의 함경남도 永興郡에 있던 고려시대의 鎭으로, 광종 20년에 처음 城堡를 쌓았다(『고려사』 58 地理志 3 東界 長平鎭 및 『신증동국여지승람』 48 永興大都護府 古跡 長平鎭).

449 長豐 고려시대의 金壤縣(지금의 강원도 通川郡)에 있던 驛.

진超塵[455](운암雲嵒[456]), 고잠高岑[457](고성高城[458]), 양린養麟[459](환가豢猳[460]), 태강泰康[461](안창安昌[462]), 죽포竹苞[463] · 청간淸澗[464](간성杆城[465]), 관목灌木[466] · 운근雲根[467]〔열산列山(烈山)[468]〕, 장부長富[469](용진龍津[470]), 벽목碧木[471] · 임운林

---

450 金壤 지금의 강원도 通川郡에 있던 고려시대의 縣으로, 고려시대에는 東界의 屬縣이었다(『고려사』 58 地理志 3 東界 金壤縣).

451 同德 고려시대의 歙谷縣(지금의 강원도 通川郡 歙谷面)에 있던 驛.

452 歙谷 지금의 강원도 通川郡 歙谷面으로, 고려시대에는 東界의 屬縣이었다((『고려사』 58 地理志 3 東界 歙谷縣).

453 藤路 고려시대의 臨道縣(강원도 通川郡 臨南面)에 있던 驛.

454 臨道 지금의 강원도 通川郡 臨南面으로, 고려시대에는 金壤縣의 屬縣이었다(『고려사』 地理志 3 東界 金壤縣 臨道縣).

455 超塵 고려시대의 雲岩縣(강원도 通川郡 臨南面)에 있던 驛.

456 雲嵒 지금의 강원도 通川郡 臨南面에 있던 지명으로, 고려시대에는 金壤縣의 屬縣이었다(『고려사』 地理志 3 東界 金壤縣 雲岩縣).

457 高岑 고려시대의 高城縣(지금의 강원도 高城郡)에 있던 驛으로, 조선시대에는 군 남쪽 2리에 있었다(『신증동국여지승람』 45 高城郡 驛院 高岑驛).

458 高城 지금의 강원도 高城郡으로, 고려시대에는 東界의 屬縣이었다(『고려사』 58 地理志 3 東界 高城縣).

459 養麟 고려시대의 豢猳縣(지금의 강원도 高城郡 外金剛面)에 있던 驛으로, 조선시대 옛 豢猳縣에 있던 黃珍驛과 같은 곳이 아닌가 한다(『신증동국여지승람』 45 高城郡 驛院 黃珍驛).

460 豢猳 지금의 강원도 高城郡 外金剛面에 있던 지명으로, 고려시대에는 高城縣의 屬縣이었다(『고려사』 58 地理志 3 東界 高城縣 豢猳縣).

461 泰康 고려시대의 安昌縣(지금의 강원도 高城郡)에 있던 驛으로, 조선시대 옛 安昌縣에 있던 大康驛과 같은 곳이 아닌가 한다(『신증동국여지승람』 45 高城郡 驛院 大康驛).

462 安昌 지금의 강원도 高城郡에 있던 지명으로, 고려시대에는 高城縣의 屬縣이었다(『고려사』 58 地理志 3 東界 高城縣 安昌縣).

463 竹苞 고려시대의 杆城縣(지금의 강원도 高城郡 杆城邑)에 있던 驛으로, 조선시대에는 杆城郡 북쪽 10리에 있었다(『신증동국여지승람』 45 杆城郡 驛院 竹苞驛).

464 淸澗 고려시대의 杆城縣에 있던 驛. 지금 강원도 高城郡 土城面 淸澗里가 있다.

465 杆城 지금의 강원도 高城郡 杆城邑으로, 고려시대에는 東界의 屬縣이었다(『고려사』 58 地理志 3 東界 杆城縣).

466 灌木 고려시대의 烈山縣(지금의 강원도 高城郡 縣內面)에 있던 驛.

467 雲根 고려시대의 烈山縣(지금의 강원도 高城郡 縣內面)에 있던 驛으로, 조선시대에는 杆城郡 북쪽 37리에 있었다(『신증동국여지승람』 45 杆城郡 驛院 雲根驛).

468 列山(烈山) 지금의 강원도 高城郡 縣內面으로, 고려시대에는 杆城縣의 屬縣이었다(『고려사』 58 地理志 3 東界 杆城縣 烈山縣). (→ 각주 404 참조)

469 長富 고려시대의 龍津縣(지금의 함경남도 文川郡)에 있던 驛.

雲[472] · 거방巨坊[473] · 일수溢守(隘守)[474] · 장기長岐[475] · 부령富寧[476](운암雲嵓)이다.

【原文】 靑郊道 掌十五: 靑郊(開城), 通波(臨津), 馬山(峯城), 碧池(高峯), 迎曙(南京), 平理(德水), 橡林 · 丹棗(積城), 淸波(南京), 蘆原(南京), 幸州驛 · 從繩(守安), 金輪(樹州), 重林(仁州), 綠楊(見州).

청교도靑郊道는 15역驛을 관장하는데,[477] 청교靑郊[478](개성開城[479]), 통파通波[480](임진臨津[481]), 마산馬山[482](봉성峯城[483]), 벽지碧池[484](고봉高峯[485]), 영서迎

---

470 **龍津** 지금의 함경남도 文川郡에 있던 縣으로, 고려시대에는 安興都護府에 속해 있었다(『고려사』 58 地理志 3 安興都護府 龍津縣).

471 **碧木** 고려시대의 雲岩縣(강원도 通川郡 臨南面)에 있던 驛.

472 **林雲** 고려시대의 雲岩縣에 있던 驛.

473 **巨坊** 고려시대의 雲岩縣에 있던 驛.

474 **溢守(隘守)** 고려시대의 雲岩縣(강원도 通川郡 臨南面)에 있던 驛. 隘守鎭은 함경남도 高原郡의 서쪽 70리에 있었는데, 溢守(隘守)驛도 이곳과 관련하여 설치된 것으로 보인다(『신증동국여지승람』 48 高原郡 古跡 隘守鎭 및 『대동지지』 19 高原 驛站). (→ 각주 405 참조)

475 **長歧** 고려시대의 雲岩縣에 있던 驛.

476 **富寧** 고려시대의 雲岩에 있던 驛.

477 **靑郊道** 開京과 南京 사이의 역로를 중심으로 편성되었는데, 開京～臨津～南京 간 역로와, 開京～長湍～積城～見州～南京 간 역로가 있다. 특히 개경에서 지방의 州縣으로 보내는 공문서는 이 역로의 주요역인 청교역을 모두 거쳤다는 점에서 이 역로와 청교역의 역할은 중요했다. 뒤에 나오는 현종 23년의 기사 참조(『고려사』 82 兵志 2 站驛, 현종 23년 判). (→ 각주 1109 참조)

478 **靑郊** 경기도 開城市 德岩洞 保定門 앞 5리쯤에 있던 靑郊道의 中心驛(『신증동국여지승람』 4 開城府 驛院).

479 **開城** 수도 開城을 말한다.

480 **通波** 고려시대 臨津縣(지금의 경기도 長湍郡 지역)에 있던 驛으로, 조선시대 長湍府 남쪽 30리에 있던 東坡驛과 같은 곳이 아닌가 한다(『신증동국여지승람』 12 長湍都護府 驛院 東坡驛).

481 **臨津** 지금의 경기도 長湍郡 지역에 있던 지명으로, 고려시대에는 開城府의 屬縣이었다(『고려사』 56 地理志 1 王京開城府 臨津縣).

482 **馬山** 고려시대의 峯城縣에 있던 驛. 지금 경기도 坡州市 坡平面 馬山里가 있다.

483 **峯城** 지금의 경기도 坡州郡에 있던 지명으로, 고려시대에는 楊州의 屬縣이었다(『고려사』 56 地理志 1 南京留守官 楊州 峯城縣).

署[486](남경南京[487]), 평리平理[488](덕수德水[489]), 상림橡林[490]·단조丹棗[491](적성積城[492]), 청파淸波[493](남경南京), 노원蘆原[494](남경南京), 행주역幸州驛[495]·종승從繩[496](수안守安[497]), 금륜金輪[498](수주樹州[499]), 중림重林[500](인주仁州[501]), 녹양綠楊[502](견주見州[503])이다.

---

484 **碧池** 고려시대의 高峯郡(지금의 경기도 高陽市)에 있던 驛으로, 조선시대에 군 동쪽 15리에 있던 碧蹄驛과 같은 곳이 아닌가 한다(『신등동국여지승람』 11 高陽郡 驛院 碧蹄驛).

485 **高峯** 지금의 경기도 高陽市 지역으로, 고려시대에는 楊州의 屬縣이었다(『고려사』 56 地理志 1 南京留守官 楊州 高峯縣).

486 **迎曙** 고려시대의 南京(지금의 서울특별시)에 있던 驛으로, 조선시대에는 楊州牧의 서쪽 60리 되는 곳에 있었다(『신증동국여지승람』 11 楊州牧).

487 **南京** 지금의 서울특별시로, 문종 21년에 楊州를 南京留守官으로 승격시켰다(『고려사』 56 地理志 1 南京留守官).

488 **平理** 고려시대의 德水縣(지금의 경기도 開豊郡 中面 지역)에 있던 驛.

489 **德水** 지금의 경기도 開豊郡 中面 지역으로, 고려시대에는 開城府의 屬縣이었다(『고려사』 56 地理志 1 王京開城府 德水縣).

490 **橡林** 고려시대의 積城縣(지금의 경기도 坡州郡 積城面)에 있던 驛.

491 **丹棗** 고려시대의 積城縣(지금의 경기도 坡州郡 積城面)에 있던 驛으로, 조선시대에는 현 서쪽 4리에 있었다(『신증동국여지승람』 11 積城縣 驛院 丹棗驛).

492 **積城** 지금의 경기도 坡州郡 積城面으로, 고려시대에는 開城府의 屬縣이었다(『고려사』 56 地理志 1 王京開城府 積城縣).

493 **淸波** 고려시대의 南京(지금의 서울특별시)에 있던 驛으로, 조선시대 崇禮門 밖 3리에 있던 靑坡驛과 같은 곳이라 추정된다(『신증동국여지승람』 3 漢城府 驛院 靑坡驛). 지금 서울특별시 龍山區 靑坡洞이 있다.

494 **蘆原** 고려시대의 南京에 있던 驛으로(지금의 서울특별시 蘆原區가 있다), 조선시대에는 興仁門 밖 4리 지점에 있었다(『신증동국여지승람』 3 漢城府 驛院 蘆原驛).

495 **幸州驛** 고려시대의 守安縣(지금의 경기도 高陽市 일대)에 있던 驛.

496 **從繩** 고려시대의 守安縣(지금의 경기도 金浦市 通津面)에 있던 驛으로, 終生驛이라고도 하였다(『대동지지』 4 通津郡 驛站).

497 **守安** 지금의 경기도 金浦市 通津面 일대에 있던 지명으로, 고려시대에는 樹州의 屬縣이었다(『고려사』 56 地理志 1 安南都護府 樹州 守安縣).

498 **金輪** 고려시대 樹州(지금의 경기도 富川市)에 있던 驛.

499 **樹州** 지금의 경기도 富川市로, 고려 의종 4년에는 安南都護府, 고종 2년에는 桂陽都護府, 충선왕 2년에는 富平縣으로 이름이 바뀌었다(『고려사』 56 地理志 1 安南都護府).

500 **重林** 고려시대 仁州(지금의 인천광역시)에 있던 驛.

501 **仁州** 지금의 인천광역시로, 처음 樹州의 속현이었는데 숙종 때 皇妣 仁睿太后 李氏의 內鄕이므로 慶源郡으로 승격시켰다(『고려사』 56 地理志 1 仁州).

502 **綠楊** 고려시대 見州(경기도 楊州郡)에 있던 驛으로, 조선시대에는 楊州牧 남쪽 30리에

【原文】春州道 掌二十四: 保安・員壤・富昌・仁嵐(春州), 甘井(嘉平), 川原・芳春・山梁・原貞(狼川), 遂仁(楊口), 連同(朝宗), 甘泉・連峯(橫川[504]), 橫川驛・瑪瑙(麟蹄), 嵐橋(瑞禾), 桑樹(豐壤), 雙谷・安遂(抱州), 南京驛・仇谷(南京), 臨川(沙川), 蒼峯・含春(橫川).

춘주도春州道는 24역驛을 관장하는데,[505] 보안保安[506]・원양員壤[507]・부창富昌[508]・인람仁嵐[509](춘주春州[510]), 감정甘井[511](가평嘉平[512]), 천원川原[513]・방춘芳春[514]・산량山梁[515]・원정原貞[516](낭천狼川[517]), 수인遂仁[518](양구楊口[519]), 연동

있었다(『신증동국여지승람』 11 楊州牧 驛院 綠楊驛).

503 **見州** 지금의 경기도 楊州郡에 있던 지명으로, 고려시대 見州는 楊州의 屬郡이었다(『고려사』 56 地理志 1 楊州 見州).

504 **橫川** 洪川의 잘못이 아닌가 한다. 甘泉과 連峯은 조선시대나 지금이나 모두 洪川에 속하기 때문이다.

505 **春州道** 南京~嘉平~春州를 잇는 역로이며, 春州 및 그 界에 속한 역 및 南京과 그 속현의 역 중 開京에서 春州로 가는 역들로 구성되어 있다.

506 **保安** 고려시대 春州(지금의 강원도 春川市)에 있던 驛으로, 조선시대에는 春川府 동쪽 5리에 있었다(『신증동국여지승람』 46 春川都護府 驛院 保安驛).

507 **員壤(圓壤)** 고려시대 春州(지금의 강원도 春川市)에 있던 驛.

508 **富昌** 고려시대 春州에 있던 驛으로, 조선시대에는 春川府 동쪽 50리에 있었다(『신증동국여지승람』 46 春川都護府 驛院 富昌驛).

509 **仁嵐** 고려시대 春州에 있던 驛. 지금 강원도 春川市 史北面 仁嵐里가 있다.

510 **春州** 지금의 강원도 春川市로, 고려시대에는 交州道에 속해 있었다(『고려사』 58 地理志 3 交州道 春州).

511 **甘井** 고려시대 嘉平郡(지금의 경기도 加平郡)에 있던 驛으로, 조선시대 加平縣 남쪽 15리에 있던 甘泉驛과 같은 곳이 아닌가 한다(『신증동국여지승람』 11 加平縣 驛院 甘泉驛).

512 **嘉平** 지금의 경기도 加平郡으로, 고려시대에는 春州의 속군이었다(『고려사』 58 地理志 3 春州 嘉平郡).

513 **川原** 고려시대의 狼川郡에 있던 驛으로, 조선시대 狼川縣 남쪽 15리에 있던 原川驛과 같은 곳이 아닌가 한다(『신증동국여지승람』 47 狼川縣 驛院 原川驛). 지금 강원도 華川郡 下南面 原川里가 있다.

514 **芳春** 고려시대의 狼川郡에 있던 驛으로, 조선시대 狼川縣 동쪽 42리에 있던 方川驛과 같은 곳이 아닌가 한다(『신증동국여지승람』 47 狼川縣 驛院 方川驛). 지금 강원도 華川郡 看東面 芳川里가 있다.

515 **山梁** 고려시대의 狼川郡에 있던 驛으로, 조선시대 狼川縣 북쪽 45리에 있던 山陽驛과 같은 곳이 아닌가 한다(『신증동국여지승람』 47 狼川縣 驛院 山陽驛). 지금 강원도 華川郡 上西面 山陽里가 있다.

連同[520](조종朝宗[521]), 감천甘泉[522] · 연봉連峯[523]〔횡천橫川(洪川)[524]〕, 횡천역橫川驛[525] · 마노瑪瑙[526](인제麟蹄[527]), 남교嵐橋[528](서화瑞禾[529]), 상수桑樹[530](풍양豊壤[531]), 쌍곡雙谷[532] · 안수安遂[533](포주抱州[534]), 남경역南京驛[535] · 구곡仇谷[536](남경

---

516 **原貞** 고려시대의 狼川郡(지금의 강원도 華川郡)에 있던 驛.

517 **狼川** 지금의 강원도 華川郡으로, 고려시대에는 春州의 屬郡이었다(『고려사』 58 地理志 3 春州 狼川郡).

518 **遂仁** 고려시대의 楊溝縣(지금의 강원도 楊口郡)에 있던 驛으로, 조선시대 楊口縣 남쪽 35리에 있던 水仁驛과 같은 곳이 아닌가 한다(『신증동국여지승람』 47 楊口縣 驛院 水仁驛). 지금 강원도 楊口郡 楊口邑 水仁里가 있다.

519 **楊口** 지금의 강원도 楊口郡으로, 고구려의 楊口郡을 고려시대에 楊溝로 고치고 春州의 屬縣으로 삼았다(『고려사』 58 地理志 3 春州 楊溝縣).

520 **連同** 고려시대 朝宗縣(지금의 경기도 加平郡 下面 일대)에 있던 驛으로, 조선시대 가평현 서쪽 45리에 있던 連洞驛과 같은 곳이라 여겨진다(『신증동국여지승람』 11 加平縣 驛院 連洞驛).

521 **朝宗** 지금의 경기도 加平郡 下面 일대에 있던 지명으로, 고려시대에는 春州의 屬縣이었다(『고려사』 地理志 3 春州 朝宗縣).

522 **甘泉** 橫川縣(지금의 강원도 橫城郡) 소속의 역으로 되어 있으나, 조선시대에는 洪川郡 소속으로 泉甘驛이라고 불렸다(『신증동국여지승람』 46 洪川縣 驛院 甘泉驛).

523 **連峯** 橫川縣(지금의 강원도 橫城郡) 소속의 驛으로 되어 있으나, 조선시대에는 洪川郡 소속이었다(『신증동국여지승람』 46 洪川縣 驛院). 지금 강원도 洪川郡 洪川邑 連峯里가 있다.

524 **橫川** 지금의 강원도 橫城郡으로, 고려시대에는 春州의 屬縣이었다(『고려사』 58 地理志 3 春州 橫川縣).

525 **橫川驛** 고려시대의 橫川縣에 있던 驛.

526 **瑪瑙** 고려시대의 麟蹄縣(지금의 강원도 麟蹄郡)에 있던 驛으로, 조선시대 현 서쪽 30리에 있던 馬奴驛과 같은 곳이라 여겨진다(『신증동국여지승람』 46 麟蹄縣 驛院 馬奴驛).

527 **麟蹄** 지금의 강원도 麟蹄郡으로, 고려시대에는 春州의 屬縣이었다(『고려사』 58 地理志 3 春州 麟蹄縣).

528 **嵐橋** 고려시대 瑞禾縣(지금의 강원도 麟蹄郡 瑞禾面)에 있던 驛으로, 조선시대에는 麟蹄縣 북쪽 50리에 있었다(『신증동국여지승람』 46 麟蹄縣 驛院 嵐校驛).

529 **瑞禾** 지금의 강원도 麟蹄郡 瑞禾面으로, 고려시대에는 春州의 屬縣이었다(『고려사』 58 地理志 3 春州 瑞禾縣).

530 **桑樹** 고려시대의 豊壤縣(지금의 경기도 南陽州市 別內面 일대)에 있던 驛으로, 조선시대에 豊陽縣 남쪽 2리에 있던 雙樹驛과 같은 곳이라 여겨진다(『신증동국여지승람』 11 楊州牧 驛院 雙樹驛).

531 **豊壤** 지금의 경기도 南陽州市 別內面 일대로, 고려시대에는 楊州의 屬縣이었다(『고려사』 56 地理志 1 楊州 豊壤縣).

南京), 임천臨川[537](사천沙川[538]), 창봉蒼峯[539] · 함춘含春[540](횡천橫川)이다.

【原文】平丘道 掌三十: 平丘(南京), 奉安(廣州), 娛賓(楊根), 田谷 · 伯冬(砥平), 幽原(原州), 楊化(川寧), 嘉興(忠州), 連原(忠州), 黃剛 · 壽山 · 安陰(淸風), 丹丘 · 安壤 · 神林(原州), 泉南(提州[541]), 延平 · 溫山 · 正陽(寧越), 靈泉 · 長林(丹山), 義豐(永春), 樂壽(平昌), 新興 · 新津(黃利), 昌樂(興州), 平恩 · 昌保(剛州), 幽洞(甘泉), 道深(奉化).

평구도平丘道는 30역驛을 관장하는데,[542] 평구平丘[543](남경南京), 봉안奉安[544](광주廣州[545]), 오빈娛賓[546](양근楊根[547]), 전곡田谷[548] · 백동伯冬[549](지평砥

532 雙谷 고려시대의 抱州(지금의 경기도 抱川郡)에 있던 驛으로, 조선시대에는 옛터가 抱川縣 남쪽 30리에 있었다(『신증동국여지승람』 11 抱川縣 古跡 雙谷驛).

533 安遂 고려시대의 抱州에 있던 驛.

534 抱州 지금의 경기도 抱川郡으로, 고려시대에는 楊州의 屬郡이었다(『고려사』 56 地理志 1 楊州 抱州).

535 南京驛 고려시대의 南京(지금의 서울특별시)에 있던 驛.

536 仇谷 고려시대의 南京에 있던 驛.

537 臨川 고려시대 沙川縣(지금의 경기도 楊州郡 지역)에 있던 驛.

538 沙川 고려시대 楊州의 屬縣으로, 조선시대 楊州牧의 북쪽 30리 지점에 있었다(『고려사』 56 地理志 1 楊州 沙川縣 및 『신증동국여지승람』 11 楊州牧 古跡 沙川廢縣).

539 蒼峯 고려시대의 橫川縣에 있던 驛. 지금 강원도 橫城郡 公根面 蒼峰里가 있다.

540 含春 고려시대의 橫川縣(지금의 강원도 橫城郡)에 있던 驛.

541 提州 堤州의 잘못이 아닌가 한다. (→ 각주 566 참조)

542 平丘道 南京~忠州~竹嶺~興州~剛州에 이르는 역로를 중심으로 편성되었고, 동쪽으로는 原州를 거쳐 提州, 丹山, 淸風, 寧越, 平昌 등과도 이어진다. 즉 이 역로는 남한강과 인접한 고을들을 잇는 도로를 따라 형성되었다는 점에서 陸運과 水運을 동시에 고려하여 편성되었음을 알 수 있다.

543 平丘 고려시대의 南京(지금의 서울특별시)에 있던 역으로, 조선시대에는 楊州牧 동쪽 70리(지금의 경기도 南陽州市 三牌洞)에 있었다(『신증동국여지승람』 11 楊州牧 驛院 平丘驛).

544 奉安 고려시대의 廣州(지금의 경기도 廣州郡)에 있던 驛으로, 조선시대에는 광주 동쪽 30리에 있었다(『신증동국여지승람』 16 廣州牧 驛院 奉安驛).

545 廣州 지금의 경기도 廣州郡으로, 고려시대에는 牧이 설치되어 있었다(『고려사』 56 地理志 1 廣州牧).

546 娛賓 고려시대의 楊根縣에 있던 驛. 지금 경기도 楊平郡 楊平邑 悟濱里가 있다.

547 楊根 지금의 경기도 楊平郡으로, 고려시대에는 廣州牧의 屬縣이었다(『고려사』 56 地理

平[550]), 유원幽原[551](원주原州[552]), 양화楊化[553](천령川寧[554]), 가흥嘉興[555](충주忠州[556]), 연원連原[557](충주忠州), 황강黃剛[558] · 수산壽山[559] · 안음安陰[560](청풍淸風[561]), 단구丹丘[562] · 안양安壤[563] · 신림神林[564](원주原州), 천남泉南[565]〔제주提州(堤州)[566]〕, 연평延平[567] · 온산溫山[568] · 정양正陽[569](영월寧越[570]), 영천靈泉

志 1 廣州牧 楊根縣).

548 田谷 고려시대의 砥平縣(지금의 경기도 楊平郡)에 있던 驛으로, 조선시대에는 현 서쪽 5리에 있었다(『신증동국여지승람』 8 砥平縣 驛院 田谷驛).

549 伯冬 고려시대의 砥平縣에 있던 驛으로, 조선시대에는 현 북쪽 30리에 있었다(『신증동국여지승람』 8 砥平縣 驛院 白冬驛).

550 砥平 지금의 경기도 楊平郡으로, 고려시대에는 廣州牧의 屬縣이었다(『고려사』 56 地理志 1 砥平縣).

551 幽原 고려시대의 原州牧(지금의 강원도 原州市)에 있던 驛으로, 조선시대 原州 북쪽 7리에 있던 由原驛과 같은 곳이라 여겨진다(『신증동국여지승람』 46 原州牧 驛院 由原驛).

552 原州 지금의 강원도 原州市로, 고려시대에는 楊廣道에 속해 있었다(『고려사』 56 地理志 1 原州牧).

553 楊化 고려시대의 川寧郡(지금의 경기도 驪州郡 지역)에 있던 驛으로, 조선시대에 驪州 서쪽 15리에 있던 楊花驛과 같은 곳이라 여겨진다(『신증동국여지승람』 7 驪州牧 驛院 楊花驛).

554 川寧 지금의 경기도 驪州郡 지역에 있던 지명으로, 고려시대에는 廣州牧의 屬郡이었다(『고려사』 56 地理志 1 廣州牧 川寧縣).

555 嘉興 고려시대 忠州牧에 있던 驛. 지금 충청북도 忠州市 可金面 可興里가 있다.

556 忠州 지금의 충청북도 忠州市로, 고려시대에는 楊廣道의 忠州牧이었다(『고려사』 56 地理志 1 忠州牧).

557 連原 고려시대 忠州牧(지금의 충청북도 忠州市)에 있던 驛으로, 조선시대에는 忠州 북쪽 5리에 있었다(『신증동국여지승람』 14 忠州牧 驛院 連原驛).

558 黃剛 고려시대 淸風縣(지금의 충청북도 堤川市 淸風面)에 있던 驛으로, 조선시대에 淸風郡 서쪽 35리에 있던 黃江驛과 같은 곳이라 여겨진다(『신증동국여지승람』 14 淸風郡 驛院 黃江驛).

559 壽山 고려시대 淸風縣에 있던 驛. 지금 충청북도 堤川市 水山面이 있다.

560 安陰 고려시대 淸風縣(지금의 충청북도 堤川市 淸風面)에 있던 驛으로, 조선시대에는 淸風郡 북쪽 5리에 있었다(『신증동국여지승람』 14 淸風郡 驛院 安陰驛).

561 淸風 지금의 충청북도 堤川市 淸風面으로, 고려시대에는 忠州牧의 屬郡이었다(『고려사』 56 地理志 1 忠州牧 淸風縣).

562 丹丘 고려시대 原州에 있던 驛. 지금 강원도 原州市 丹邱洞이 있다.

563 安壤 고려시대 原州(지금의 강원도 原州市)에 있던 驛.

564 神林 고려시대 原州에 있던 驛. 지금 강원도 原州市 神林面이 있다.

565 泉南 고려시대의 堤州에 있던 驛. 지금 충청북도 堤川市 泉南洞이 있다.

571 · 장림長林[572](단산丹山[573]), 의풍義風[574](영춘永春[575]), 낙수樂壽[576](평창平昌[577]), 신흥新興[578] · 신진新津[579](황리黃利[580]), 창락昌樂[581](흥주興州[582]), 평은平恩[583] · 창보昌保[584](강주剛州[585]), 유동幽洞[586](감천甘泉[587]), 도심道深[588](봉화奉化

566 **提州(堤州)** 지금의 충청북도 堤川市로, 고려시대에는 原州의 屬郡이었다(『고려사』 56 地理志 1 原州 堤州).

567 **延平** 고려시대 寧越郡(지금의 강원도 寧越郡)에 있던 驛으로, 조선시대에는 군 북쪽 35리에 있었다(『신증동국여지승람』 46 寧越郡 驛院 延平驛).

568 **溫山** 고려시대 寧越郡에 있던 驛.

569 **正陽** 고려시대 寧越郡에 있던 驛. 지금 강원도 寧越郡 寧越邑 正陽里가 있다.

570 **寧越** 지금의 강원도 寧越郡으로, 고려시대에는 原州의 屬郡이었다(『고려사』 56 地理志 1 原州 寧越郡).

571 **靈泉** 고려시대 丹山縣에 있던 驛. 지금 충청북도 丹陽郡 梅浦邑 令泉里가 있다.

572 **長林** 고려시대 丹山縣에 있던 驛. 지금 충청북도 丹陽郡 大崗面 長林里가 있다.

573 **丹山** 지금의 충청북도 丹陽郡으로, 고려시대에는 原州의 屬縣이었다(『고려사』 56 地理志 1 原州 丹山郡).

574 **義豐** 고려시대 永春縣에 있던 驛. 지금 충청북도 丹陽郡 永春面 儀豊里가 있다.

575 **永春** 지금의 충청북도 丹陽郡 永春面으로, 고려시대에는 原州의 屬縣이었다(『고려사』 56 地理志 1 原州 永春縣).

576 **樂壽** 고려시대의 平昌縣(지금의 강원도 平昌郡)에 있던 驛.

577 **平昌** 지금의 강원도 平昌郡으로, 고려시대에는 原州의 屬縣이었다(『고려사』 56 地理志 1 平昌縣).

578 **新興** 고려시대의 黃驪縣(지금의 경기도 驪州郡)에 있던 驛.

579 **新津** 고려시대의 黃驪縣에 있던 驛. 지금 경기도 驪州郡 驪州邑 新津里가 있다.

580 **黃利** 지금의 경기도 驪州市로, 고려시대 原州의 屬縣이던 黃驪縣의 다른 이름(『고려사』 56 地理志 1 原州 黃驪縣).

581 **昌樂** 고려시대 興州에 있던 驛. 지금 경상북도 榮州市 豊基邑 昌樂里가 있다.

582 **興州** 지금의 경상북도 榮州市 順興面으로, 고려시대에는 安東府의 屬縣이었다(『고려사』 57 地理志 2 安東府 興州).

583 **平恩** 고려시대 剛州에 있던 驛. 지금 경상북도 榮州市 平恩面 平恩里가 있다.

584 **昌保** 고려시대 剛州(지금의 경상북도 榮州市)에 있던 驛으로, 조선시대에는 榮川郡 서쪽 9리에 있었다(『신증동국여지승람』 25 榮川郡 驛院 昌保驛).

585 **剛州** 지금의 경상북도 榮州市로, 고려시대 安東府의 屬縣이던 順安縣을 성종 14년에 剛州團練使라고 하였다(『고려사』 57 地理志 2 安東府 順安縣).

586 **幽洞** 고려시대의 甘泉縣(지금의 경상북도 醴泉郡 甘泉面)에 있던 驛. 지금 경상북도 醴泉郡 甘泉面 酉里가 있는데, 혹시 幽洞과 관련이 있지 않을까 한다.

587 **甘泉** 지금의 경상북도 醴泉郡 甘泉面으로, 고려시대에는 安東府의 屬縣이었다(『고려사』 57 地理志 2 安東府 甘泉縣).

[589])이다.

【原文】 溟州道 掌二十八: 大昌・橫溪・珍富・大化・芳林・雲橋(溟州), 安昌・烏原(橫川), 木界・安仁・丘山・高坦(溟州), 樂豐(羽溪), 同德(連谷), 餘粮(旌善), 平陵・史直・橋柯・龍化・沃原(三陟), 壽山・德新・興府・祖召(蔚珍), 祥雲・翼令・降仙(襄州), 驎駒(洞山).

명주도溟州道는 28역驛을 관장하는데,[590] 대창大昌[591]・횡계橫溪[592]・진부珍富[593]・대화大化[594]・방림芳林[595]・운교雲橋[596](명주溟州[597]), 안창安昌[598]・오원烏原[599](횡천橫川), 목계木界[600]・안인安仁[601]・구산丘山[602]・고탄高坦[603](명주溟州), 낙풍樂豐[604](우계羽溪[605]), 동덕同德[606](연곡連谷[607]), 여량餘粮

588 道深 고려시대 奉化縣에 있던 驛. 지금 경상북도 奉化郡 春陽面 道心里가 있다.

589 奉化 지금의 경상북도 奉化郡으로, 고려시대에는 安東府의 屬縣이었다(『고려사』 57 地理志 2 奉化縣).

590 溟州道 原州~大關嶺~溟州를 잇는 역로로 편성되어 있는데, 溟州를 중심으로 동해안을 따라 북쪽으로는 朔方道와 연결되고, 남쪽으로는 慶州道와 연결되며, 서쪽으로는 大關嶺을 넘어 原州와 연결된다.

591 大昌 고려시대 溟州(지금의 강원도 江陵市)에 있던 驛으로, 조선시대에는 江陵府 동쪽 5리에 있었다(『신증동국여지승람』 44 江陵都護府 驛院).

592 橫溪 고려시대 溟州에 있던 驛. 지금 강원도 平昌郡 橫溪邑이 있다.

593 珍富 고려시대 溟州에 있던 驛. 지금 강원도 平昌郡 珍富面이 있다.

594 大化 고려시대 溟州에 있던 驛. 지금 강원도 平昌郡 大和邑이 있다.

595 芳林 고려시대 溟州에 있던 驛. 지금 강원도 平昌郡 芳林面이 있다.

596 雲橋 고려시대 溟州에 있던 驛. 지금 강원도 平昌郡 芳林面 雲橋里가 있다.

597 溟州 지금의 강원도 江陵市로, 고려시대에는 東界에 속해 있었다(『고려사』 58 地理志 3 東界 溟州).

598 安昌 고려시대 橫川縣(지금의 강원도 橫城郡)에 있던 驛으로, 조선시대에는 原州 서쪽 45리에 있었다(『신증동국여지승람』 46 原州牧 驛院).

599 烏原 고려시대 橫川縣(지금의 강원도 橫城郡)에 있던 驛. 지금 강원도 橫城郡 隅川面 烏原里가 있다.

600 木界 고려시대 溟州郡에 있던 驛. 지금 강원도 江陵市 旺山面 木界里가 있다.

601 安仁 고려시대 溟州郡에 있던 驛. 지금 강원도 江陵市 江東面 安仁里가 있다.

602 丘山 고려시대 溟州郡에 있던 驛. 지금 강원도 江陵市 城山面 邱山里가 있다.

603 高坦 고려시대 溟州郡에 있던 驛. 지금 강원도 江陵市 旺山面 高丹里가 있다.

[608](정선旌善[609]), 평릉平陵[610] · 사직史直[611] · 교가橋柯[612] · 용화龍化[613] · 옥원沃原[614](삼척三陟[615]), 수산壽山[616] · 덕신德新[617] · 흥부興府[618] · 조소祖召[619](울진蔚珍[620]), 상운祥雲[621] · 익령翼令[622] · 강선降仙[623](양주襄州[624]), 인구驎駒[625](동산洞山[626])이다.

---

604 **樂豐** 고려시대 羽溪縣에 있던 驛. 지금 강원도 江陵市 玉溪面 樂豊里가 있다.

605 **羽溪** 지금의 강원도 江陵市 玉溪面으로, 고려시대에는 溟州의 屬縣이었다(『고려사』 58 地理志 3 東界 羽溪縣).

606 **同德** 고려시대의 連谷縣에 있던 驛. 지금 강원도 江陵市 連谷面 同德里가 있다.

607 **連谷** 지금의 강원도 江陵市 連谷面으로, 고려시대에는 溟州의 屬縣이었다(『고려사』 58 地理志 3 溟州 連谷縣).

608 **餘粮** 고려시대의 旌善縣에 있던 驛. 지금 강원도 旌善郡 餘粮面 餘粮里가 있다.

609 **旌善** 지금의 강원도 旌善郡으로, 고려시대에는 溟州의 屬縣이었다(『고려사』 58 地理志 3 溟州 旌善縣).

610 **平陵** 고려시대의 三陟縣에 있던 驛. 지금 강원도 東海市 平陵洞이 있다.

611 **史直** 고려시대의 三陟縣에 있던 驛. 지금 강원도 三陟市 史直洞이 있다.

612 **橋柯(喬柯)** 고려시대의 三陟縣에 있던 驛. 지금 강원도 三陟市 近德面 交柯里가 있다.

613 **龍化** 고려시대의 三陟縣에 있던 驛. 지금 강원도 三陟市 近德面 龍化里가 있다.

614 **沃原** 고려시대의 三陟縣에 있던 驛. 지금 강원도 三陟市 遠德邑 沃原里가 있다.

615 **三陟** 지금의 강원도 三陟市로, 고려시대에는 東界에 속해 있었다(『고려사』 58 地理志 3 東界 三陟縣).

616 **壽山** 고려시대의 蔚珍縣에 있던 驛. 지금 경상북도 蔚珍郡 近南面 守山里가 있다.

617 **德新** 고려시대의 蔚珍縣에 있던 驛. 지금 경상북도 蔚珍郡 遠南面 德新里가 있다.

618 **興府** 고려시대의 蔚珍縣에 있던 驛으로, 조선시대에 縣 북쪽 32리에 있던 興富驛과 같은 곳이 아닌가 한다(『신증동국여지승람』 45 驛院 興富驛).

619 **祖召** 고려시대의 蔚珍縣에 있던 驛으로, 조선시대에 縣 서쪽 65리에 있던 召造院과 같은 곳이 아닌가 한다(『신증동국여지승람』 45 驛院 召造院).

620 **蔚珍** 지금의 경상북도 蔚珍郡으로, 고려시대에는 東界에 속해 있었다(『고려사』 58 地理志 3 東界 蔚珍縣).

621 **祥雲** 고려시대의 翼嶺縣에 있던 驛. 지금 강원도 襄陽郡 巽陽面 祥雲里가 있다.

622 **翼令** 고려시대의 翼嶺縣(지금의 강원도 襄陽郡)에 있던 驛.

623 **降仙** 고려시대의 翼嶺縣에 있던 驛으로, 조선시대에는 襄陽府 북쪽 30리에 있었다(『신증동국여지승람』 44 襄陽都護府 驛院 降仙驛).

624 **襄州** 지금의 강원도 襄陽郡으로, 고려시대 東界의 屬縣이던 翼嶺縣의 다른 이름이다(『고려사』 58 地理志 3 翼嶺縣).

625 **驎駒** 고려시대의 洞山縣에 있던 驛. 지금 강원도 襄陽郡 縣南面 仁邱里가 있다.

626 **洞山** 지금의 강원도 襄陽郡 縣南面에 있던 지명으로, 고려시대 翼嶺縣의 屬縣이었다(『고

【原文】 廣州道[627] 掌十五: 德豐 · 慶安 · 長嘉 · 安業 · 南山(廣州), 良梓(果州), 金領(龍駒), 佐贊 · 分行(竹州), 五行 · 安利(利川), 無極(陰竹), 遙安(陰城), 丹月 · 安富(槐州).

광주도廣州道는 15역驛을 관장하는데,[628] 덕풍德風[629] · 경안慶安[630] · 장가長嘉[631] · 안업安業[632] · 남산南山[633](광주廣州[634]), 양재良梓[635](과주果州[636]), 금령金領[637](용구龍駒[638]), 좌찬佐贊[639] · 분행分行[640](죽주竹州[641]), 오행五行[642] · 안리安利[643](이천利川[644]), 무극無極[645](음죽陰竹[646]), 요안遙安[647](음성陰城[648]),

---

려사』 58 地理志 3 翼嶺縣 洞山縣).

627 『고려사』 원문에는 慶州道라고 되어 있으나, 廣州道로 고치는 것이 옳다.

628 **廣州道** 廣州~利川~忠州~槐州 ~鷄立嶺을 잇는 역로이며, 廣州 및 그 속현인 果州, 利川, 龍駒, 竹州 등과 忠州의 속현인 陰竹, 陰城, 槐州 등의 역으로 편성되어 있다.

629 **德豐** 고려시대 廣州牧에 있던 驛. 지금 경기도 河南市 德豊洞이 있다.

630 **慶安** 고려시대 廣州牧에 있던 驛. 지금 경기도 廣州郡 廣州邑 京安里가 있다.

631 **長嘉** 고려시대 廣州牧(지금의 경기도 廣州郡)에 있던 驛.

632 **安業** 고려시대 廣州牧(지금의 경기도 廣州郡)에 있던 驛.

633 **南山** 고려시대 廣州牧(지금의 경기도 廣州郡)에 있던 驛.

634 **廣州** 지금의 경기도 廣州郡으로, 고려시대에는 牧이 설치되어 있었다(『고려사』 56 地理志 1 廣州牧).

635 **良梓** 고려시대 果州에 있던 驛. 지금 서울특별시 瑞草區 良才洞이 있다.

636 **果州** 지금의 경기도 果川市로, 고려시대에는 廣州牧의 屬郡이었다(『고려사』 56 地理志 1 廣州牧 果州).

637 **金領** 고려시대 龍駒縣에 있던 驛으로, 조선시대에는 龍仁縣의 동쪽 30리 지점에 있었다(『신증동국여지승람』 10 龍仁縣 驛院).

638 **龍駒** 지금의 경기도 龍仁市로, 고려시대에는 廣州牧의 屬縣이었다(『고려사』 56 地理志 1 廣州牧 龍駒縣).

639 **佐贊** 고려시대 竹州에 있던 驛으로, 조선시대에는 竹山縣 북쪽 50리 지점에 있었다(『신증동국여지승람』 8 竹山縣 驛院).

640 **分行** 고려시대 竹州에 있던 驛으로, 조선시대에는 竹山縣 북쪽 10리 지점에 있었다(『신증동국여지승람』 8 竹山縣 驛院).

641 **竹州** 지금의 경기도 安城市 竹山面 일대로, 고려시대에는 廣州牧의 屬郡이었다(『고려사』 56 地理志 1 廣州牧 竹州).

642 **五行** 고려시대 利川郡(지금의 경기도 利川市)에 있던 驛.

643 **安利** 고려시대 利川郡에 있던 驛.

644 **利川** 지금의 경기도 利川市로, 고려시대에는 廣州牧의 屬郡이었다(『고려사』 56 地理志 1 廣州牧 利川郡).

단월丹月[649] · 안부安富[650](괴주槐州[651])이다.

【原文】 忠清州道掌三十四: 同和 · 長足 · 菁好(水州), 嘉川(陽城), 栗峯 · 雙樹 · 猪山 · 長池(清州), 長楊 · 堆粮(鎭州), 燕山驛 · 金沙(燕歧), 蒲谷(全義), 成歡(稷山), 新恩(天安), 金蹄(豐歲), 長世(牙州), 昌德(新昌), 理興(溫水), 日興(禮山), 廣庭 · 日新(公州), 坦平(公州), 銀山(扶餘), 維鳩(新豐), 楡楊(定山), 汲泉(伊山), 洪州驛 · 光世(大興), 金井(青陽), 得熊(余美), 夢熊(貞海), 靈楡(嘉林), 非熊(鴻山).

충청주도忠清州道는 34역驛을 관장하는데,[652] 동화同和[653] · 장족長足[654] · 청호菁好[655](수주水州[656]), 가천嘉川[657](양성陽城[658]), 율봉栗峯[659] · 쌍수雙樹

645 無極 고려시대 陰竹縣에 있던 驛. 지금 충청북도 陰城郡 金旺邑 無極里가 있다.

646 陰竹 지금의 경기도 利川市 지역에 있던 지명이나, 고려시대에는 忠州牧의 屬縣이었다(『고려사』 56 地理志 1 忠州牧 陰竹縣).

647 遙安 고려시대의 陰城縣(지금의 충청북도 陰城郡)에 있던 驛.

648 陰城 지금의 충청북도 陰城郡으로, 고려시대에는 忠州牧의 屬縣이었다(『고려사』 56 地理志 1 忠州牧 陰城縣).

649 丹月 고려시대의 槐州에 있던 驛. 지금 충청북도 忠州市 丹月洞이 있다.

650 安富 고려시대의 槐州(지금의 충청북도 槐山郡)에 있던 驛.

651 槐州 지금의 충청북도 槐山郡으로, 고려시대에는 忠州牧의 屬郡이었다(『고려사』 56 地理志 1 忠州牧 槐州).

652 忠清州道 水州～稷山～天安～公州 간 역로이며, 水州에서 天安府를 지나 남쪽으로 公州 방면, 동남쪽으로는 清州 방면, 서남쪽으로는 洪州 방면으로 갈라졌다.

653 同和 고려시대 水州에 있던 驛. 지금 경기도 華城市 峰潭邑 同化里가 있다.

654 長足 고려시대 水州에 있던 驛으로, 조선시대에는 水原府의 동쪽 30리 되는 곳에 있었다(『신증동국여지승람』 9 水原都護府 驛院).

655 菁好 고려시대 水州에 있던 驛. 지금 경기도 烏山市 清湖洞이 있다.

656 水州 지금의 경기도 水原市로, 고려시대에는 楊廣道에 속해 있었다(『고려사』 56 地理志 1 水州).

657 嘉川 고려시대 陽城縣(지금의 경기도 安城市 陽城面)에 있던 驛.

658 陽城 지금의 경기도 安城市 陽城面으로, 고려시대에는 水州의 屬縣이었다(『고려사』 56 地理志 1 水州 陽城縣).

659 栗峯 고려시대 清州에 있던 驛으로, 조선시대에는 清州牧의 북쪽 7리 지점에 있었다(『신증동국여지승람』 15 清州牧 驛院).

[660]·저산猪山[661]·장지長池[662](청주淸州[663]), 장양長楊[664]·퇴량堆粮[665](진주鎭州[666]), 연산역燕山驛[667]·금사金沙[668](연기燕岐[669]), 포곡蒲谷[670](전의全義[671]), 성환成歡[672](직산稷山[673]), 신은新恩[674](천안天安[675]), 금제金蹄[676](풍세豊歲[677]), 장세長世[678](아주牙州[679]), 창덕昌德[680](신창新昌[681]), 이흥理興[682](온수溫水

---

660 **雙樹** 고려시대 淸州에 있던 驛으로, 조선시대에는 淸州牧의 남쪽 16리 지점에 있었다(『신증동국여지승람』 15 淸州牧 驛院).

661 **猪山** 고려시대 淸州에 있던 驛. 지금 충청북도 淸原郡 江內面 猪山里가 있다.

662 **長池** 고려시대 淸州에 있던 驛으로, 조선시대에는 淸州牧 서쪽 56리 지점의 長池驛을 폐지한 자리에 長命驛을 설치하였다(『신증동국여지승람』 15 淸州牧 驛院).

663 **淸州** 지금의 충청북도 淸州市로, 고려시대에는 牧이 설치되어 있었다(『고려사』 56 地理志 1 淸州牧).

664 **長楊** 고려시대의 鎭州에 있던 驛. 지금 충청북도 鎭川郡 梨月面 長楊里가 있다.

665 **堆粮** 고려시대의 鎭州에 있던 驛으로, 조선시대에는 鎭川縣 남쪽의 台郎驛으로 바뀌었다(『신증동국여지승람』 16 鎭川縣 驛院).

666 **鎭州** 지금의 충청북도 鎭川郡으로, 고려시대에는 淸州牧의 屬郡이었다(『고려사』 56 地理志 1 鎭州).

667 **燕山驛** 고려시대 燕岐縣(지금의 충청남도 燕岐郡)에 있던 驛.

668 **金沙** 고려시대 燕岐縣에 있던 驛. 지금 충청남도 燕岐郡 全義面 金沙里가 있다.

669 **燕岐** 지금 충청남도 燕岐郡으로, 고려시대에는 淸州牧의 屬縣이었다(『고려사』 56 地理志 1 淸州牧 燕岐縣).

670 **蒲谷** 고려시대 全義縣에 있던 驛으로, 조선시대에는 폐지되었으나 원래의 위치가 縣 동쪽 16리 지점에 있었다(『신증동국여지승람』 18 全義縣 古跡).

671 **全義** 지금의 충청남도 燕岐郡 全義面으로, 고려시대에는 淸州牧의 屬縣이었다(『고려사』 56 地理志 1 淸州牧 燕岐縣).

672 **成歡** 고려시대의 稷山縣에 있던 驛. 지금 충청남도 天安市 成歡邑이 있다.

673 **稷山** 지금의 충청남도 天安市 成歡邑으로, 고려시대에는 天安府의 屬縣이었다(『고려사』 56 地理志 1 淸州牧 天安府 稷山縣).

674 **新恩** 고려시대의 天安郡에 있던 驛으로, 조선시대에는 군 북쪽 10리 지점에 있었다(『신증동국여지승람』 15 天安郡 驛院).

675 **天安** 지금의 충청남도 天安市로, 고려시대에는 府가 설치되어 있었다(『고려사』 56 地理志 1 淸州牧 天安府).

676 **金蹄** 고려시대의 天安郡에 있던 驛으로, 조선시대에는 군 남쪽 23리 지점에 있었다(『신증동국여지승람』 15 天安郡 驛院).

677 **豊歲** 지금의 충청남도 天安市 豊歲面으로, 고려시대에는 天安府의 屬縣이었다(『고려사』 56 地理志 1 淸州牧 天安府 豊歲縣).

678 **長世** 고려시대의 牙州에 있던 驛으로, 조선시대의 縣 북쪽 2리 지점에 있던 長時驛과

[683]), 일흥日興[684](예산禮山[685]), 광정廣庭[686] · 일신日新[687](공주公州[688]), 탄평坦平[689](공주公州), 은산銀山[690](부여扶餘[691]), 유구維鳩[692](신풍新豊[693]), 유양楡楊[694](정산定山[695]), 급천汲泉[696](이산伊山[697]), 홍주역洪州驛[698] · 광세光世[699](대홍

같은 곳이 아닌가 한다(『신증동국여지승람』 20 牙山縣 驛院).

679 **牙州** 지금의 충청남도 牙山市로, 고려시대에는 天安府의 屬縣이었다(『고려사』 56 地理志 1 淸州牧 天安府 牙州).

680 **昌德** 고려시대 新昌縣에 있던 驛으로, 조선시대에는 현 동쪽 3리 지점에 있었다(『신증동국여지승람』 20 新昌縣 驛院).

681 **新昌** 지금의 충청남도 牙山市 新昌面으로, 고려시대에는 天安府의 屬縣이었다(『고려사』 56 地理志 1 淸州牧 天安府 新昌縣).

682 **理興** 고려시대의 溫水縣에 있던 驛으로, 조선시대에는 時興驛으로 바뀌었는데, 溫陽邑 남쪽 8리 지점에 있었다(『신증동국여지승람』 19 溫陽郡 驛院).

683 **溫水** 지금의 충청남도 牙山市 溫泉洞 일대로, 고려시대에는 天安府의 屬郡이었다(『고려사』 56 地理志 1 淸州牧 天安府 溫水郡).

684 **日興** 고려시대의 禮山縣에 있던 驛으로, 조선시대에는 현 서쪽 13리 지점에 있었다(『신증동국여지승람』 20 禮山縣 驛院).

685 **禮山** 지금의 충청남도 禮山郡으로, 고려시대에는 天安府의 屬縣이었다(『고려사』 56 地理志 1 淸州牧 天安府 禮山縣).

686 **廣庭** 고려시대 公州牧에 있던 驛. 『신증동국여지승람』 17 公州牧 驛院 조에는 廣程이라고 되어 있는데, 지금 충청남도 公州市 正安面 廣亭里가 있다.

687 **日新** 고려시대 公州牧에 있던 驛으로, 조선시대에는 公州牧 북쪽 10리에 있었다(『신증동국여지승람』 17 公州牧 驛院).

688 **公州** 지금의 충청남도 公州市로, 태조 23년 熊州를 公州라고 고쳤다(『고려사』 56 地理志 1 淸州牧 公州).

689 **坦平** 고려시대의 公州에 있던 驛으로, 조선시대 公州 서쪽 17리 지점에 있던 丹平驛과 같은 곳이 아닌가 한다(『신증동국여지승람』 17 公州牧 驛院).

690 **銀山** 고려시대 扶餘郡에 있던 驛. 『신증동국여지승람』 18 扶餘縣 驛院 조에 나오는 恩山驛과 같은 곳이라 여겨지며, 지금 충청남도 扶餘郡 恩山面이 있다.

691 **扶餘** 지금의 충청남도 扶餘郡으로, 고려시대에는 公州의 屬郡이었다(『고려사』 56 地理志 1 公州 扶餘郡).

692 **維鳩** 고려시대 新豊縣에 있던 驛. 지금 충청남도 公州市 維鳩邑이 있다.

693 **新豊** 지금의 충청남도 公州市 新豊面으로, 고려시대에는 公州의 屬縣이었다(『고려사』 56 地理志 1 淸州牧 公州 新豊縣).

694 **楡楊** 고려시대 定山縣(지금의 충청남도 靑陽郡 定山面)에 있던 驛으로, 조선시대에는 현 동쪽 5리 지점에 있었다(『신증동국여지승람』 18 定山縣).

695 **定山** 지금의 충청남도 靑陽郡 定山面으로, 고려시대에는 公州의 屬縣이었다(『고려사』 56 地理志 1 公州 定山縣).

大興[700]), 금정金井[701](청양青陽[702]), 득웅得熊[703](여미余美[704]), 몽웅夢熊[705](정해貞海[706]), 영유靈楡[707](가림嘉林[708]), 비웅非熊[709](홍산鴻山[710])이다.

【原文】 全公州道 掌二十一: 參禮(全州), 良材(厲陽), 鶯谷(伊城), 玉庖(雲梯), 材谷(咸悅), 彩平(金馬), 榛林·內材(金堤), 菸原(古阜), 新保·居山(泰山), 川原(井邑), 蘇安(臨坡[711]), 進賢(進禮), 珍化(珍同), 濟元(進禮), 敬天(公

---

696 汲泉 고려시대 伊山縣(지금의 충청남도 禮山郡 德山面)에 있던 驛으로, 조선시대에는 현 동쪽 8리 지점에 있었다(『신증동국여지승람』 19 德山縣).

697 伊山 지금의 충청남도 禮山郡 德山面으로, 고려시대에는 洪州의 屬縣이었다(『고려사』 56 地理志 1 洪州 伊山縣).

698 洪州驛 고려시대 大興郡(지금의 충청남도 禮山郡 大興面)에 있던 驛.

699 光世 고려시대 大興郡에 있던 驛으로, 조선시대 현 동쪽 2리 지점에 있던 光時驛과 같은 곳이 아닌가 한다(『신증동국여지승람』 19 大興縣).

700 大興 지금의 충청남도 禮山郡 大興面으로, 고려시대에는 洪州의 屬郡이었다(『고려사』 56 地理志 1 洪州 大興郡).

701 金井 고려시대 青陽縣(지금의 충청남도 青陽郡)에 있던 驛으로, 조선시대에는 현 남쪽 10리 지점에 있었다(『신증동국여지승람』 19 青陽縣).

702 青陽 지금의 충청남도 青陽郡으로, 고려시대에는 洪州의 屬縣이었다(『고려사』 56 地理志 1 洪州 青陽縣).

703 得熊 고려시대 餘美縣(지금의 충청남도 瑞山市 雲山面 餘美里)에 있던 驛으로, 조선 정종 2년 瑞山으로 옮기고 豊田이라고 하였다(『대동지지』 5 海美 驛站).

704 余美 지금의 충청남도 瑞山市 雲山面 餘美里로, 고려시대에는 洪州의 屬縣이었다(『고려사』 56 地理志 1 洪州 餘美縣).

705 夢熊 고려시대의 貞海縣(지금의 충청남도 瑞山市 海美面)에 있던 驛으로, 조선시대에는 현 북쪽 5리 지점에 있었다(『신증동국여지승람』 20 海美縣).

706 貞海 지금의 충청남도 瑞山市 海美面에 있던 지명으로, 고려시대에는 洪州의 屬縣이었다(『고려사』 56 地理志 1 洪州 貞海縣).

707 靈楡 고려시대의 嘉林縣(지금의 충청남도 扶餘郡 林川面)에 있던 驛으로, 조선시대에는 林川郡 북쪽 15리에 있었다(『신증동국여지승람』 17 林川郡).

708 嘉林 지금의 충청남도 扶餘郡 林川面으로, 고려시대에는 嘉林縣이었다(『고려사』 56 地理志 1 清州牧 嘉林縣).

709 非熊 고려시대의 鴻山縣(지금의 충청남도 扶餘郡 鴻山面)에 있던 驛으로, 조선 태종 1년 宿鴻驛으로 고쳤다(『신증동국여지승람』 19 鴻山縣).

710 鴻山 지금의 충청남도 扶餘郡 鴻山面으로, 고려시대에는 嘉林縣의 屬縣이었다(『고려사』 56 地理志 1 清州牧 嘉林縣 鴻山縣).

711 臨坡 臨陂가 옳을 것이다. (→ 각주 736 참조)

州), 平川(連山), 得延 · 利道(公州), 貞民(懷德).

전공주도全公州道는 21역驛을 관장하는데,[712] 삼례參禮[713](전주全州[714]), 양재良材[715](여양厲陽[716]), 앵곡鶯谷[717](이성伊城[718]), 옥포玉庖[719](운제雲梯[720]), 재곡材谷[721](함열咸悅[722]), 채평彩平[723](금마金馬[724]), 진림榛林[725] · 내재內材[726](김제金堤[727]), 고원菰原[728](고부古阜[729]), 신보新保[730] · 거산居山[731](태산泰山[732]),

---

712 全公州道 公州~全州~蘆嶺 간 역로이며, 북쪽으로 錦江, 남쪽으로는 蘆嶺에 이르는 지역에 편성되었다.

713 參禮 고려시대 全州牧에 있던 驛. 지금 전라북도 完州郡 參禮邑이 있다.

714 全州 지금의 전라북도 全州市로, 고려시대에는 牧이 설치되었다(『고려사』 57 地理志 2 全州牧).

715 良材 고려시대의 礪良縣(지금의 전라북도 益山市 礪山面)에 있던 역으로, 조선시대에는 군 북쪽 6리 지점에 있었다(『신증동국여지승람』 34 礪山郡).

716 厲陽 礪良 또는 礪陽이라고도 쓴다. 지금의 전라북도 益山市 礪山面으로, 고려시대에는 全州牧의 屬縣이었다(『고려사』 57 地理志 2 全州牧 礪良縣).

717 鶯谷 고려시대의 伊城縣(지금의 전라북도 完州郡 伊西面 伊城里)에 있던 驛으로, 조선시대에는 全州府의 서쪽 30리에 있었다(『신증동국여지승람』 33 全州府 驛院).

718 伊城 지금의 전라북도 完州郡 伊西面 伊城里로, 고려시대에는 全州牧의 屬縣이었다(『고려사』 57 地理志 2 全州牧 伊城縣).

719 玉庖 고려시대의 雲梯縣(지금의 전라북도 完州郡 華山面 雲梯里)에 있던 역으로, 조선시대에는 高山縣 동쪽 18리에 있었다(『신증동국여지승람』 34 高山縣 驛院 玉包驛).

720 雲梯 지금의 전라북도 完州郡 華山面 雲梯里로, 고려시대에는 全州牧의 屬縣이었다(『고려사』 57 地理志 2 全州牧 雲梯縣).

721 材谷 고려시대의 咸悅縣(지금의 전라북도 益山市 咸悅邑)에 있던 驛으로, 조선시대에는 현 남쪽 1리에 있었다(『신증동국여지승람』 34 咸悅縣 驛院 才谷驛).

722 咸悅 지금의 전라북도 益山市 咸悅邑으로, 고려시대에는 全州牧의 屬縣이었다(『고려사』 57 地理志 2 全州牧 咸悅縣).

723 彩平 고려시대의 金馬郡(지금의 전라북도 益山市 金馬面)에 있던 驛.

724 金馬 지금의 전라북도 益山市 金馬面으로, 고려시대에는 全州牧의 屬郡이었다(『고려사』 57 地理志 2 全州牧 金馬郡).

725 榛林 고려시대 金堤縣(지금의 전라북도 金堤市)에 있던 驛.

726 內材 고려시대 金堤縣에 있던 驛으로, 조선시대에는 군 서남쪽 15리에 있었다(『신증동국여지승람』 33 金堤郡 驛院).

727 金堤 지금의 전라북도 金堤市로, 고려시대에는 전라도의 領縣이었다(『고려사』 57 地理志 1 全羅道 金堤縣).

728 菰原 고려시대의 古阜郡(지금의 전라북도 井邑市 古阜面)에 있던 驛.

729 古阜 지금의 전라북도 井邑市 古阜面으로, 고려시대에는 전라도의 領郡이었다(『고려사』

천원川原[733](정읍井邑[734]), 소안蘇安[735]〔임피臨坡(臨陂)[736]〕, 진현進賢[737](진례進禮[738]), 진화珍化[739](진동珍同[740]), 제원濟元[741](진례進禮), 경천敬天[742](공주公州), 평천平川[743](연산連山[744]), 득연得延[745] · 이도利道[746](공주公州), 정민貞民[747](회덕懷德[748])이다.

---

57 地理志 2 全羅道 古阜郡).

730 新保 고려시대의 大山郡(지금의 전라북도 井邑市 泰仁面)에 있던 驛.

731 居山 고려시대의 大山郡에 있던 驛. 지금 전라북도 井邑市 泰仁面 居山里가 있다.

732 泰山 大山郡 또는 太山郡이라고 하며, 고려시대에는 古阜郡의 屬郡이었다(『고려사』 57 地理志 2 全羅道 高阜郡 大山郡). 지금의 전라북도 井邑市 泰仁面에 해당한다.

733 川原 고려시대의 井邑縣에 있던 驛. 지금 전라북도 井邑市 笠岩面 川原里가 있다.

734 井邑 지금의 전라북도 井邑市로, 고려시대에는 古阜郡의 屬縣이었다(『고려사』 57 地理志 2 全羅道 高阜郡 井邑縣).

735 蘇安 고려시대의 臨陂縣(지금의 전라북도 群山市 臨陂面)에 있던 驛으로, 조선시대에는 현 서쪽 8리에 있었다(『신증동국여지승람』 34 臨陂縣 驛院).

736 臨坡(臨陂) 지금의 전라북도 群山市 臨陂面으로, 고려시대에는 전라도의 領縣이었다(『고려사』 57 地理志 2 全羅道 臨陂縣).

737 進賢 고려시대의 進禮縣(지금의 충청남도 錦山郡)에 있던 驛.

738 進禮 지금의 충청남도 錦山郡으로, 고려시대에는 전라도의 領縣이었다(『고려사』 57 地理志 2 全羅道 進禮縣).

739 珍化 고려시대의 珍同縣(지금의 충청남도 錦山郡 珍山面)에 있던 驛.

740 珍同 지금의 충청남도 錦山郡 珍山面으로, 고려시대에는 進禮縣의 屬縣이었다(『고려사』 57 地理志 2 全羅道 進禮縣 珍同縣).

741 濟元 고려시대의 進禮縣(지금의 충청남도 錦山郡)에 있던 驛으로, 조선시대에는 錦山郡 동쪽 5리에 있었다(『신증동국여지승람』 33 錦山郡 驛院).

742 敬天 고려시대 公州에 있던 驛. 지금 충청남도 公州市 鷄龍面 敬天里가 있다.

743 平川 고려시대의 連山郡(지금의 충청남도 論山市 連山面)에 있던 역으로, 조선시대에는 連山縣 서쪽 10리에 있었다(『신증동국여지승람』 18 連山縣 驛院).

744 連山 지금의 충청남도 論山市 連山面으로, 고려시대에는 公州의 屬郡이었다(『고려사』 56 地理志 1 公州 連山郡).

745 得延 고려시대 公州(지금의 충청남도 公州市)에 있던 驛.

746 利道 고려시대 公州에 있던 驛.

747 貞民 고려시대의 懷德縣(지금의 대전광역시 大德區)에 있던 역으로, 조선시대에는 현 서쪽 10리에 있었다(『신증동국여지승람』 18 懷德縣 驛院).

748 懷德 지금의 대전광역시 大德區로, 고려시대에는 公州의 屬郡이었다(『고려사』 56 地理志 1 公州 懷德郡).

【原文】 昇羅州道 掌三十: 靑巖(羅州), 仙巖·敬陽(光州), 德奇(潭陽), 慶新·淸淵·龍溪(務安), 廣里(南平), 仁物(綾城), 永新(珍原), 烏林(鐵冶), 嘉林(和順), 綠沙(靈光), 丹巖(長成[749]), 靑松(茂松), 街豐(咸豐), 德樹(牟平), 永保(靈嵒), 通谷(道康), 淥山(海南), 碧山(遂寧), 別珍(竹山), 南里(黃原), 軍知(福成), 嘉新(寶城), 波淸(兆陽), 樂新(樂安), 益新·蟾居(光陽), 栗陽(昇州).

승나주도昇羅州道는 30역驛을 관장하는데,[750] 청암靑巖[751](나주羅州[752]), 선암仙巖[753]·경양敬陽[754](광주光州[755]), 덕기德奇[756](담양潭陽[757]), 경신慶新[758]·청연淸淵[759]·용계龍溪[760](무안務安[761]), 광리廣里[762](남평南平[763]), 인물仁物

749 長成 長城이 옳을 것이다. (→ 각주 775 참조)

750 昇羅州道 蘆嶺~海陽~羅州 간 역로이며, 북쪽으로는 海陽, 長城 등을 지나 蘆嶺과 연결되고, 서쪽과 남쪽은 바다이며, 동쪽으로는 昇平을 지나 南原道 및 山南道와 연결된다.

751 靑巖 고려시대의 羅州牧(지금의 전라남도 羅州市)에 있던 驛으로, 조선시대에는 羅州 북쪽 5리에 있었다(『신증동국여지승람』 35 羅州牧 驛院).

752 羅州 지금의 전라남도 羅州市로, 고려시대에는 牧이 설치되어 있었다(『고려사』 57 地理志 2 全羅道 羅州牧).

753 仙巖 고려시대의 光州牧(지금의 광주광역시)에 있던 驛으로, 조선시대에는 光山縣 북쪽 40리에 있었다(『신증동국여지승람』 35 光山縣 驛院).

754 敬陽 고려시대의 光州牧(지금의 광주광역시)에 있던 驛으로, 조선시대에는 光山縣 동쪽 8리에 있었다(『신증동국여지승람』 35 光山縣 驛院).

755 光州 지금의 광주광역시로, 태조 23년 武州를 光州라고 고쳤으며 海陽縣, 光州牧 등으로 불리기도 하였다(『고려사』 57 地理志 2 羅州牧 海陽縣).

756 德奇 고려시대의 潭陽縣(지금의 전라남도 潭陽郡)에 있던 驛으로, 조선시대에는 潭陽府 동쪽 10리에 있었다(『신증동국여지승람』 39 潭陽都護府 驛院).

757 潭陽 지금의 전라남도 潭陽郡으로, 고려시대에는 羅州牧의 屬郡이었다(『고려사』 57 地理志 2 羅州牧 潭陽郡).

758 慶新 고려시대의 務安郡(지금의 전라남도 務安郡)에 있던 驛으로, 조선시대에는 景申驛이라 불렸는데 務安縣 서쪽 3리에 있었다(『신증동국여지승람』 36 務安縣 驛院).

759 淸淵 고려시대의 務安郡에 있던 驛.

760 龍溪 고려시대의 務安郡에 있던 驛.

761 務安 지금의 전라남도 務安郡으로, 고려시대에는 羅州牧의 屬郡이었다(『고려사』 57 地理志 2 羅州牧 務安郡).

762 廣里 고려시대의 南平郡(지금의 전라남도 羅州市 南平邑)에 있던 驛으로, 조선시대에는 南平縣 북쪽 5리에 있었다(『신증동국여지승람』 36 南平縣 驛院).

763 南平 지금의 전라남도 羅州市 南平邑으로, 고려시대에는 羅州牧의 屬郡이었다(『고려

[764](능성綾城[765]), 영신永新[766](진원珍原[767]), 오림烏林[768](철야鐵冶[769]), 가림嘉林[770](화순和順[771]), 녹사綠沙[772](영광靈光[773]), 단암丹巖[774]〔장성長成(長城)[775]〕, 청송青松[776](무송茂松[777]), 가풍街豊[778](함풍咸豊[779]), 덕수德樹[780](모평牟平[781]), 영보永保[782](영암靈嵒[783]), 통곡通谷[784](도강道康[785]), 녹산淥山[786](해남海南[787]), 벽

사』 57 地理志 2 羅州牧 南平郡).

764 仁物 고려시대 陵城縣(지금의 전라남도 和順郡 綾州面)에 있던 驛으로, 조선시대에는 陵城縣 남쪽 25리에 있었다(『신증동국여지승람』 36 陵城縣 驛院).

765 綾城 지금의 전라남도 和順郡 綾州面으로, 고려시대에는 羅州牧의 領縣이었으며, 陵城이라고도 쓴다(『고려사』 57 地理志 2 羅州牧 陵城縣).

766 永新 고려시대 珍原縣(지금의 전라남도 長成郡 珍原面)에 있던 驛으로, 조선시대에는 현 서쪽 10리에 있었다(『신증동국여지승람』 36 珍原縣 驛院).

767 珍原 지금의 전라남도 長成郡 珍原面으로, 고려시대에는 羅州牧의 屬縣이었다(『고려사』 57 地理志 2 羅州牧 珍原縣).

768 烏林 고려시대의 鐵冶縣에 있던 驛. 지금 전라남도 羅州市 鳳凰面 烏林里가 있다.

769 鐵冶 지금의 전라남도 羅州市 南平邑 지역에 있던 지명으로, 고려시대에는 羅州牧의 屬縣이었다(『고려사』 57 地理志 2 鐵冶縣 및 『신증동국여지승람』 36 南平縣 古跡 鐵冶廢縣).

770 嘉林 고려시대의 和順縣(지금의 전라남도 和順郡)에 있던 驛으로, 조선시대에는 加林驛이라고 하였는데 현 남쪽 12리에 있었다(『신증동국여지승람』 40 和順縣 驛院).

771 和順 지금의 전라남도 和順郡으로, 고려시대에는 羅州牧의 屬縣이었다(『고려사』 57 地理志 2 羅州牧 和順縣).

772 綠沙 고려시대의 靈光郡에 있던 驛. 지금 전라남도 靈光郡 靈光邑 綠沙里가 있다.

773 靈光 지금의 전라남도 靈光郡으로, 고려시대에는 羅州牧의 領郡이었다(『고려사』 57 地理志 2 羅州牧 靈光郡).

774 丹嚴 고려시대의 長城郡(지금의 전라남도 長城郡)에 있던 驛으로, 조선시대에는 長城縣 남쪽 13리에 있었다(『신증동국여지승람』 36 長城縣 驛院).

775 長成(長城) 지금의 전라남도 長城郡으로, 고려시대에는 靈光郡의 屬郡이었다(『고려사』 57 地理志 2 羅州牧 靈光郡 長城郡).

776 青松 고려시대의 茂松縣(지금의 전라북도 高敞郡 茂長面)에 있던 驛으로, 조선시대에는 현 동쪽 25리에 있었다(『신증동국여지승람』 36 茂長縣 驛院).

777 茂松 지금의 전라북도 高敞郡 茂長面으로, 고려시대에는 靈光郡의 屬縣이었다(『고려사』 57 地理志 2 羅州牧 靈光郡 茂松縣).

778 街豊 고려시대의 咸豊縣(지금의 전라남도 咸平郡)에 있던 驛.

779 咸豊 지금의 전라남도 咸平郡으로, 고려시대에는 靈光郡의 屬縣이었다(『고려사』 57 地理志 2 羅州牧 靈光郡 咸豊縣).

780 德樹 고려시대의 牟平縣(지금의 전라남도 咸平郡 지역)에 있던 驛.

781 牟平 지금의 전라남도 咸平郡에 있던 지명으로, 고려시대에는 靈光郡의 屬縣이었다(『고려사』 57 地理志 2 羅州牧 靈光郡 牟平縣).

산碧山[788](수령遂寧[789]), 별진別珍[790](죽산竹山[791]), 남리南里[792](황원黃原[793]), 군지軍知[794](복성福成[795]), 가신嘉新[796](보성寶城[797]), 파청波淸[798](조양兆陽[799]), 낙신樂新[800](낙안樂安[801]), 익신益新[802]·섬거蟾居[803](광양光陽[804]), 율양栗陽[805](승

---

782 永保 고려시대의 靈巖郡에 있던 驛. 지금 전라남도 靈巖郡 德津面 永保里가 있다.

783 靈嵒 지금의 전라남도 靈巖郡으로, 고려시대에는 羅州牧의 領郡이었다(『고려사』 57 地理志 2 羅州牧 靈岩郡).

784 通谷 고려시대의 道康郡(지금의 전라남도 康津郡)에 있던 驛으로, 조선시대에는 鎭原驛이라고 하였다(『신증동국여지승람』 37 康津縣 驛院 鎭原驛).

785 道康 지금의 전라남도 康津郡으로, 고려시대에는 靈岩郡의 屬郡이었다(『고려사』 57 地理志 2 羅州牧 靈岩郡 道康郡).

786 涤山 고려시대의 海南縣(지금의 전라남도 海南郡)에 있던 驛으로, 조선시대에는 현 남쪽 5리에 있었다(『신증동국여지승람』 37 海南縣 驛院).

787 海南 지금의 전라남도 海南郡으로, 고려시대에는 靈巖郡의 屬縣이었다(『고려사』 57 地理志 2 羅州牧 靈岩郡 海南縣).

788 碧山 고려시대의 遂寧縣(지금의 전라남도 長興郡)에 있던 驛.

789 遂寧 지금의 전라남도 長興郡으로, 고려시대에는 長興府의 屬縣이었다(『고려사』 57 地理志 2 羅州牧 長興府 遂寧縣 및 『신증동국여지승람』 37 長興都護府 古跡 遂寧廢縣).

790 別珍 고려시대의 竹山縣(지금의 전라남도 海南郡 馬山面)에 있던 驛으로, 조선시대에는 海南縣 북쪽 30리에 있었다(『신증동국여지승람』 37 海南縣 驛院).

791 竹山 지금의 전라남도 海南郡 馬山面지역으로, 고려시대에는 靈岩郡의 屬縣이었다(『고려사』 57 地理志 2 羅州牧 靈岩郡 竹山縣 및 『신증동국여지승람』 37 海南縣 古跡 竹山廢縣).

792 南里 고려시대 黃原郡에 있던 驛. 지금 전라남도 海南郡 黃山面 南利里가 있다.

793 黃原 지금의 전라남도 海南郡 黃山面으로, 고려시대에는 靈岩郡의 屬郡이었다(『고려사』 57 地理志 2 羅州牧 靈岩郡 黃原郡 및 『신증동국여지승람』 37 海南縣 古跡 黃原廢縣).

794 軍知 고려시대의 福成縣(지금의 전라남도 寶城郡 福內面)에 있던 驛.

795 福成 지금의 전라남도 寶城郡 福內面으로, 고려시대에는 寶城郡의 屬縣이었다(『고려사』 57 地理志 2 羅州牧 寶城郡 福成縣 및 『신증동국여지승람』 40 寶城郡 古跡 福成廢縣).

796 嘉新 고려시대의 寶城郡(지금의 전라남도 寶城郡)에 있던 역으로, 조선시대에는 可申驛이라고 하였으며 군 서쪽 12리에 있었다(『신증동국여지승람』 40 寶城郡 驛院).

797 寶城 지금의 전라남도 寶城郡으로, 고려시대에는 羅州牧의 領郡이었다(『고려사』 57 地理志 2 羅州牧 寶城郡).

798 波淸 고려시대의 兆陽縣(지금 전라남도 長興郡 長東面 朝陽里가 있다)에 있던 驛으로, 조선시대에는 寶城郡 동쪽 20리에 있었다(『신증동국여지승람』 40 寶城郡 驛院 波青驛).

799 兆陽 지금의 전라남도 長興郡 長東面 朝陽里로, 고려시대에는 寶城郡의 屬縣이었다(『고려사』 57 地理志 2 羅州牧 寶城郡 兆陽縣).

800 樂新 고려시대 樂安郡(지금의 전라남도 順天市 樂安面)이 있던 驛.

801 樂安 지금의 전라남도 順天市 樂安面으로, 고려시대에는 羅州牧의 屬郡이었다(『고려

주昇州[806])이다.

【原文】 山南道掌 二十八: 盤石(全州), 築山(高山), 丹嶺(鎭安), 平居·正樹·竈村·小男(晉州), 灌栗(泗州), 新安(江城), 栗原·橫浦(河東), 平沙(岳陽), 常寧(鎭海), 浣沙(昆明), 富多(班城), 知男(宜寧), 速陽·勸賓(陜州), 星奇(居昌), 茂村(居昌), 有隣(嘉樹), 沙斤(利安), 春原·排頓·望隣(固城), 德新(南海), 烏壤(巨濟), 獺溪(淸巨).

산남도山南道는 28역驛을 관장하는데,[807] 반석盤石[808](전주全州[809]), 축산築山[810](고산高山[811]), 단령丹嶺[812](진안鎭安[813]), 평거平居[814]·정수正樹[815]·조촌

사』 57 地理志 2 羅州牧 樂安郡).

802 益新 고려시대의 光陽縣에 있던 驛. 지금 전라남도 光陽市 光陽邑 益新里가 있다.

803 蟾居 고려시대의 光陽縣에 있던 驛. 지금 전라남도 光陽市 津上面 蟾居里가 있다.

804 光陽 지금의 전라남도 光陽市로, 고려시대에는 昇平郡의 屬縣이었다(『고려사』 57 地理志 2 羅州牧 昇平郡 光陽縣).

805 栗陽 고려시대의 昇平郡(지금의 전라남도 順天市 昇州邑)에 있던 驛으로, 조선시대 順天府 남쪽 4리에 있던 良栗驛과 같은 곳이 아닌가 한다(『신증동국여지승람』 40 順天都護府 驛院 良栗驛).

806 昇州 지금의 전라남도 順天市 昇州邑으로, 고려시대에는 昇平郡이라고도 하였는데 羅州牧의 領郡이었다(『고려사』 57 地理志 2 羅州牧 昇平郡).

807 山南道 全州~鎭安~六十嶺~利安~晉州 간 역로인데, 晉州界의 24역과 全州界의 4역으로 구성되어 있다.

808 盤石 고려시대 全州牧(지금의 전라북도 全州市)에 있던 驛으로, 조선시대에는 半石驛이라고 하였는데, 全州府 남쪽 3리에 있었다(『신증동국여지승람』 33 全州府 驛院 半石驛).

809 全州 지금의 전라북도 全州市로, 고려시대에는 牧이 설치되어 있었다(『고려사』 57 地理志 2 全州牧).

810 築山 고려시대의 高山縣(지금의 전라북도 完州郡 高山面)에 있던 驛.

811 高山 지금의 전라북도 完州郡 高山面으로, 고려시대에는 全州牧의 屬縣이었다(『고려사』 57 地理志 2 全州牧 高山縣).

812 丹嶺 고려시대의 鎭安縣(지금의 전라북도 鎭安郡)에 있던 驛으로, 조선시대에는 현 남쪽 5리에 있었다(『신증동국여지승람』 39 鎭安縣 驛院).

813 鎭安 지금의 전라북도 鎭安郡으로, 고려시대에는 全州牧의 屬縣이었다(『고려사』 57 地理志 2 全州牧 鎭安縣).

814 平居 고려시대 晉州牧에 있던 驛. 지금 경상남도 晉州市 平居洞이 있다.

815 正樹 고려시대 晉州牧에 있던 驛으로, 조선시대에는 正守驛이라고 하였다(『신증동국여

竈村[816] · 소남小男[817](진주晉州[818]), 관율灌栗[819](사주泗州[820]), 신안新安[821](강성江城[822]), 율원栗原[823] · 횡포橫浦[824](하동河東[825]), 평사平沙[826](악양岳陽[827]), 상령常寧[828](진해鎭海[829]), 완사浣沙[830](곤명昆明[831]), 부다富多[832](반성班城[833]), 지

지승람』 30 晉州牧 驛院 正守驛). 지금 경상남도 晉州市 集賢面 亭水里가 있다.

816 竈村 고려시대 晉州牧에 있던 驛.

817 小男 고려시대 晉州牧에 있던 驛으로, 조선시대에는 召南驛이라고 하였다(『신증동국여지승람』 30 晉州牧 驛院 召南驛). 지금 경상남도 山淸郡 丹城面 召南里가 있다.

818 晉州 지금의 경상남도 晉州市로, 고려시대에는 牧이 설치되어 있었다(『고려사』 57 地理志 2 晉州牧).

819 灌栗 고려시대 泗州(지금의 경상남도 泗川市 泗川邑)에 있던 驛으로, 조선시대에는 官栗驛이라고 하였는데 현 북쪽 17리에 있었다(『신증동국여지승람』 31 泗川縣 驛院 官栗驛).

820 泗州 지금의 경상남도 泗川市 泗川邑으로, 고려시대에는 晉州牧의 屬縣이었다(『고려사』 57 地理志 2 晉州牧 泗州).

821 新安 고려시대의 江城郡(지금의 경상남도 山淸郡 丹城面)에 있던 역으로, 조선시대에는 丹城縣 북쪽 16리에 있었다(『신증동국여지승람』 31 丹城縣 驛院).

822 江城 지금의 경상남도 山淸郡 丹城面으로, 고려시대에는 晉州牧의 屬郡이었다(『고려사』 57 地理志 2 晉州牧 江城郡).

823 栗原 고려시대의 河東郡(지금의 경상남도 河東郡)에 있던 驛으로, 조선시대에는 河東縣 동쪽 23리에 있었다(『신증동국여지승람』 31 河東縣 驛院).

824 橫浦 고려시대의 河東郡(지금의 경상남도 河東郡)에 있던 驛으로, 조선시대에는 河東縣 서쪽 29리에 있었다(『신증동국여지승람』 31 河東縣 驛院).

825 河東 지금의 경상남도 河東郡으로, 고려시대에는 晉州牧의 屬郡이었다(『고려사』 57 地理志 2 晉州牧 河東郡).

826 平沙 고려시대의 岳陽縣에 있던 驛. 지금 경상남도 河東郡 岳陽面 平沙里가 있다.

827 岳陽 지금의 경상남도 河東郡 岳陽面으로, 고려시대에는 晉州牧의 屬縣이었다(『고려사』 57 地理志 2 晉州牧 岳陽縣).

828 常寧 고려시대의 鎭海縣(지금의 경상남도 昌原市 鎭海區)로, 조선시대에는 常令驛이라고 하였는데 서쪽 5리에 있었다(『신증동국여지승람』 32 鎭海縣 驛院 常令驛).

829 鎭海 지금의 경상남도 昌原市 鎭海區로, 고려시대에는 晉州牧의 屬縣이었다(『고려사』 57 地理志 2 晉州牧 鎭海縣).

830 浣沙 고려시대의 昆明縣(지금의 경상남도 泗川市 昆明面)에 있던 驛으로, 조선시대에는 浣紗驛이라고 하였는데 곤양군의 북쪽 18리에 있었다(『신증동국여지승람』 31 昆陽郡 驛院 浣紗驛).

831 昆明 지금의 경상남도 泗川市 昆明面으로, 고려시대에는 晉州牧의 屬縣이었다(『고려사』 57 地理志 2 晉州牧 昆明縣).

832 富多 고려시대의 班城縣(지금의 경상남도 晉州市 一班城面 · 二班城面)에 있던 驛으로, 조선시대에는 晉州牧의 동쪽 59리에 있었다(『신증동국여지승람』 30 晉州牧 驛院 富多驛).

남知男[834](의령宜寧[835]), 속양速陽[836] · 권빈勸賓[837](합주陜州[838]), 성기星奇[839](거창居昌[840]), 무촌茂村[841](거창居昌), 유린有隣[842](가수嘉樹[843]), 사근沙斤[844](이안利安[845]), 춘원春原[846] · 배둔排頓[847] · 망린望隣[848](고성固城[849]), 덕신德新[850](남해南海[851]), 오양烏壤[852](거제巨濟[853]), 달계獺溪[854]〔청거淸巨(淸渠)[855]〕이다.

---

833 班城 지금의 경상남도 晉州市 一班城面 · 二班城面으로, 고려시대에는 晉州牧의 屬縣이었다(『고려사』 57 地理志 2 晉州牧 班城縣).

834 知男 고려시대의 宜寧縣(지금의 경상남도 宜寧郡)에 있던 역으로, 조선시대에는 智南驛이라고 하였는데 현 서쪽 9리에 있었다(『신증동국여지승람』 31 宜寧縣 驛院 智南驛).

835 宜寧 지금의 경상남도 宜寧郡으로, 고려시대에는 晉州牧의 屬縣이었다(『고려사』 57 地理志 2 晉州牧 宜寧縣).

836 速陽 고려시대의 陜州(지금의 경상남도 陜川郡)에 있던 驛.

837 勸賓 고려시대의 陜州에 있던 驛. 지금 경상남도 陜川郡 鳳山面 勸賓里가 있다.

838 陜州 지금의 경상남도 陜川郡으로, 고려시대 晉州牧의 知事郡이었다(『고려사』 57 地理志 2 晉州牧 陜州).

839 星奇 고려시대 居昌縣에 있던 驛. 지금 경상남도 居昌郡 主尙面 聖基里가 있다.

840 居昌 지금의 경상남도 居昌郡으로, 고려시대에는 陜州의 屬縣이었다(『고려사』 57 地理志 2 晉州牧 陜州 居昌縣).

841 茂村 고려시대 居昌縣에 있던 驛. 지금 경상남도 居昌郡 南上面 茂村里가 있다.

842 有隣 고려시대의 嘉樹縣(지금의 경상남도 陜川郡 三嘉面)으로, 조선시대에는 有麟驛이라고 하였는데 현 동쪽 3리에 있었다(『신증동국여지승람』 31 三嘉縣 驛院 有麟驛).

843 嘉樹 지금의 경상남도 陜川郡 三嘉面으로, 고려시대에는 陜州의 屬縣이었다(『고려사』 57 地理志 2 晉州牧 陜州 嘉樹縣).

844 沙斤 고려시대의 利安縣(지금의 경상남도 咸陽郡 安義面)에 있던 驛.

845 利安 지금의 경상남도 咸陽郡 安義面으로, 고려시대에는 陜州의 屬縣이었다(『고려사』 57 地理志 2 晉州牧 陜州 利安縣).

846 春原 고려시대의 固城縣(지금의 경상남도 固城郡)에 있던 驛으로, 조선시대 春元浦가 현 동쪽 20리에 있었다(『신증동국여지승람』 32 固城縣 山川 春元浦).

847 排頓 고려시대의 固城縣에 있던 驛으로, 조선시대에는 背屯驛이라고 하였는데 현 북쪽 27리에 있었다(『신증동국여지승람』 32 固城縣 驛院 背屯驛). 지금 경상남도 固城郡 會華面 背屯里가 있다.

848 望隣 고려시대의 固城縣이 있던 驛.

849 固城 지금의 경상남도 固城郡으로, 고려시대에는 晉州牧의 領縣이었다(『고려사』 57 地理志 2 晉州牧 固城縣).

850 德新 고려시대 南海縣에 있던 驛. 지금 경상남도 南海郡 雪川面 德申里가 있다.

851 南海 지금의 경상남도 南海郡으로, 고려시대에는 晉州牧의 領縣이었다(『고려사』 57 地理志 2 晉州牧 南海縣).

852 烏壤 고려시대의 巨濟縣(지금의 경상남도 巨濟市)에 있던 驛으로, 조선시대에는 현 서

【原文】南原道 掌十二: 銀嶺 · 昌活 · 通道(南原), 烏原(任實), 鑽燧(求禮), 獒樹(居寧), 印月(雲峯), 葛覃(九皐), 大富(玉果), 知新(谷城), 高陽 · 樂水(富有).

남원도南原道는 20역驛을 관장하는데,[856] 은령銀嶺[857] · 창활昌活[858] · 통도通道[859](남원南原[860]), 오원烏原[861](임실任實[862]), 찬수鑽燧[863](구례求禮[864]), 오수獒樹[865](거령居寧[866]), 인월印月[867](운봉雲峯[868]), 갈담葛覃[869](구고九皐[870]), 대부

쪽 34리 지점에 있었다(『신증동국여지승람』 32 巨濟縣 驛院).

853 巨濟 지금의 경상남도 巨濟市로, 고려시대에는 晉州牧의 領縣이었다(『고려사』 57 地理志 2 晉州牧 巨濟縣).

854 獺溪 고려시대의 淸渠縣에 있던 驛으로, 조선시대의 達溪驛과 같은 곳이 아닌가 한다(『신증동국여지승람』 39 龍潭縣 驛院 達溪驛). 지금 전라북도 鎭安郡 龍潭面 月溪里가 있다.

855 淸巨(淸渠) 지금의 전라북도 鎭安郡 龍潭面으로, 고려시대에는 進禮縣의 屬縣이었다(『고려사』 57 地理志 2 全羅道 進禮縣 淸渠縣).

856 南原道 全州~南原~昇平을 잇는 역로인데, 驛의 數나 영역면에서 다른 역도보다 소규모이며, 주로 南原府를 중심으로 편성되어 있다.

857 銀嶺 고려시대 南原府(지금의 전라북도 南原市)에 있던 驛으로, 조선시대 南原府 동쪽 20리에 있던 應嶺驛과 같은 곳이 아닌가 한다(『신증동국여지승람』 39 南原都護府 驛院 應嶺驛).

858 昌活 고려시대 南原府에 있던 驛으로, 조선시대에는 南原府 남쪽 30리의 昌活藪 남쪽에 있었다(『신증동국여지승람』 39 南原都護府 驛院 昌活驛).

859 通道 고려시대 南原府에 있던 驛으로, 조선시대 南原府 동쪽 7리에 있던 東道驛과 같은 곳이 아닌가 한다(『신증동국여지승람』 39 南原都護府 驛院 東道驛).

860 南原 지금의 전라북도 南原市로, 고려시대에는 全州牧 소속의 府였다(『고려사』 57 地理志 2 全州牧 南原府).

861 烏原 고려시대의 任實郡(지금의 전라북도 任實郡)에 있던 驛으로, 조선시대에는 현 북쪽 20리에 있었다(『신증동국여지승람』 39 任實郡 驛院).

862 任實 지금의 전라북도 任實郡으로, 고려시대에는 南原府의 屬郡이었다(『고려사』 57 地理志 2 南原府 任實郡).

863 鑽燧 고려시대 求禮縣(지금의 전라남도 求禮郡)으로, 조선시대에는 현 남쪽 9리의 潺水津 언덕에 있던 潺水驛으로 바뀌었다(『대동지지』 14 求禮 驛站 潺水驛).

864 求禮 지금의 전라남도 求禮郡으로, 고려시대에는 南原府의 屬縣이었다(『고려사』 57 地理志 2 南原府 求禮縣).

865 獒樹 고려시대의 巨寧縣에 있던 驛. 지금 전라북도 任實郡 獒樹面이 있다.

866 居寧 지금의 전라북도 任實郡 獒樹面 · 靑雄面 일대로, 고려시대에는 南原府의 屬縣이었다(『고려사』 57 地理志 2 南原府 巨寧縣 및 『신증동국여지승람』 39 南原都護府 古跡 巨寧廢縣).

867 印月 고려시대의 雲峯縣에 있던 驛. 지금 전라북도 南原市 印月面이 있다.

大富[871](옥과玉果[872]), 지신知新[873](곡성谷城[874]), 고양高陽[875] · 낙수樂水[876](부유富有[877])이다.

【原文】 慶州道 掌二十三: 活里 · 牟良 · 阿弗 · 知里 · 奴谷 · 仍巳 · 仇於旦(慶州), 長守(新寧), 淸通 · 新驛 · 加火(永州), 凡於(壽城), 押梁(章山), 六吡(神光), 安康驛 · 松蘿(淸河), 仁比(杞溪), 柄谷 · 赤冗(禮州), 阿吡達(平海), 酒峴 · 南驛(盈德), 琴田(英陽).

경주도慶州道는 23역驛을 관장하는데,[878] 활리活里[879] · 모량牟良[880] · 아불阿弗[881] · 지리知里[882] · 노곡奴谷[883] · 잉이仍巳[884] · 구어차仇於旦[885](경주慶

---

868 **雲峯** 지금의 전라북도 南原市 雲峯邑으로, 고려시대에는 南原府의 屬縣이었다(『고려사』 57 地理志 2 南原府 雲峯縣).

869 **葛覃** 고려시대의 九皐縣에 있던 驛. 지금 전라북도 任實郡 江津面 葛潭里가 있다.

870 **九皐** 지금 전라북도 任實郡 靑雄面 九皐里가 있는데, 고려시대에는 南原府의 屬縣이었다(『고려사』 57 地理志 2 南原府 九皐縣).

871 **大富** 고려시대의 玉果縣(지금의 전라남도 谷城郡 玉果面)에 있던 驛으로, 조선시대에는 현 동쪽 6리에 있었다(『신증동국여지승람』 39 玉果縣 驛院).

872 **玉果** 지금의 전라남도 谷城郡 玉果面으로, 고려시대에는 寶城郡의 屬縣이었다(『고려사』 57 地理志 2 寶城郡 玉果縣).

873 **知新** 고려시대의 谷城郡(지금의 전라남도 谷城郡)에 있던 驛으로, 조선시대에는 知申驛이라고 하였는데 현 남쪽 6리에 있었다(『신증동국여지승람』 39 谷城縣 驛院).

874 **谷城** 지금의 전라남도 谷城郡으로, 고려시대에는 羅州牧의 屬郡이었다(『고려사』 57 地理志 1 羅州牧 谷城郡).

875 **高陽** 고려시대의 富有縣에 있던 驛으로, 조선시대에는 高陽院이 順天府의 서쪽 50리에 있었다(『신증동국여지승람』 40 順天都護府 驛院 高陽院).

876 **樂水** 고려시대의 富有縣에 있던 驛으로, 조선시대에 順天府 서쪽 73리에 있던 洛水驛과 같은 곳이 아닌가 한다(『신증동국여지승람』 40 順天都護府 驛院 洛水驛).

877 **富有** 고려시대 昇平郡의 屬縣으로, 順川府의 북쪽 60리에 있었으나 조선시대에는 이미 폐지되었다(『고려사』 57 地理志 2 昇平郡 富有縣 및 『신증동국여지승람』 40 順天都護府 古跡 富有廢縣).

878 **慶州道** 慶州를 중심으로 禮州와 그 속현의 역들로 편성되어 있다. 新寧～永州～慶州 간 역로이며, 북쪽으로 義城, 安東 방면으로 연결된다.

879 **活里** 고려시대의 慶州(지금의 경상북도 慶州市)에 있던 驛.

880 **牟良** 고려시대의 慶州에 있던 驛. 지금 경상북도 慶州市 乾川邑 毛良里가 있다.

881 **阿弗** 고려시대의 慶州에 있던 驛으로, 조선시대의 경주부 서쪽 45리에 있던 阿火驛과

州)[886], 장수長守[887](신령新寧[888]), 청통清通[889] · 신역新驛[890] · 가화加火[891](영주永州[892]), 범어凡於[893](수성壽城[894]), 압량押梁[895](장산章山[896]), 육질六叱[897](신광神光[898]), 안강역安康驛[899] · 송라松蘿[900](청하淸河[901]), 인비仁比[902](기계杞溪[903]),

---

같은 곳이 아닌가 한다(『신증동국여지승람』 21 慶州府 驛院 阿火驛). 지금 경상북도 慶州市 西面 阿火里가 있다.

882 知里 고려시대의 慶州에 있던 驛.

883 奴谷 고려시대의 慶州에 있던 驛. 지금 경상북도 慶州市 內南面 蘆谷里가 있다.

884 仍巳 고려시대의 慶州에 있던 驛.

885 仇於且 고려시대의 慶州에 있던 驛으로, 조선시대 慶州府의 동쪽 48리에 있던 仇於驛과 같은 곳이 아닌가 한다(『신증동국여지승람』 21 慶州府 驛院 仇於驛).

886 慶州 지금의 경상북도 慶州市로, 고려시대에는 東京留守官이 설치되어 있었다(『고려사』 57 地理志 2 慶州).

887 長守 고려시대의 新寧縣(지금의 경상북도 永川市 新寧面)에 있던 驛으로, 조선시대 永川郡에서 서쪽 42리에 있었다(『신증동국여지승람』 22 永川郡 驛院).

888 新寧 지금의 경상북도 永川市 新寧面으로, 고려시대에는 慶州의 屬縣이었다(『고려사』 57 地理志 2 慶州 新寧縣).

889 淸通 고려시대의 永州에 있던 驛. 지금 경상북도 永川市 淸通面이 있다.

890 新驛 고려시대의 永州(지금의 경상북도 永川市)에 있던 驛으로, 조선시대 永川郡 동쪽 28리에 있던 新院과 같은 곳에 있지 않았나 한다(『신증동국여지승람』 22 永川郡 驛院 新院).

891 加火 고려시대의 永州에 있던 驛.

892 永州 지금의 경상북도 永川市로, 고려시대에는 慶州의 屬郡이었다(『고려사』 57 地理志 2 慶州 永州).

893 凡於 고려시대의 壽城郡에 있던 驛. 지금 대구광역시 壽城區 凡於洞이 있다.

894 壽城 지금의 대구광역시 壽城區로, 고려시대에는 慶州의 屬郡이었다(『고려사』 57 地理志 2 慶州 壽城郡).

895 押梁 고려시대 章山郡에 있던 驛. 지금 경상북도 慶山市 押梁面이 있다.

896 章山 지금의 경상북도 慶山市로, 고려시대에는 慶州의 屬郡이었다(『고려사』 57 地理志 2 慶州 章山郡).

897 六叱 고려시대의 新光縣(지금의 경상북도 浦項市 北區 神光面)에 있던 驛으로 조선시대 慶州府 75리에 있던 六驛과 같은 곳이라고 추정된다(『신증동국여지승람』 21 慶州府 驛院 六驛).

898 神光 지금의 경상북도 浦項市 北區 神光面으로, 고려시대에는 慶州의 屬縣이었다(『고려사』 57 地理志 2 神光縣).

899 安康驛 고려시대의 淸河縣에 있던 驛. 지금 경상북도 慶州市 安康邑이 있다.

900 松蘿 고려시대의 淸河縣에 있던 驛. 지금 경상북도 浦項市 北區 松蘿面이 있다.

901 淸河 지금 경상북도 浦項市 北區 淸河面으로, 고려시대에는 慶州의 屬縣이었다(『고려사』 57 地理志 2 淸河縣).

병곡柄谷[904] · 적용赤冗[905](예주禮州[906]), 아질달阿叱達[907](평해平海[908]), 주현酒峴[909] · 남역南驛[910](영덕盈德[911]), 금전琴田[912](영양英陽[913])이다.

【原文】金州道 掌三十一: 德山 · 省仍 · 赤頂 · 金谷 · 大驛(金州), 靈浦 · 昌仁(七元), 自如(義安), 繁谷(咸安), 近珠(合浦), 無乙伊 · 永安[914] · 用家(密城), 內也(昌寧), 省乙峴 · 楡川 · 西之 · 買田(淸道), 竝山(玄風), 一門(桂城), 溫井(靈山), 梁州驛 · 黃山 · 源浦 · 渭川(梁州), 蘇山(東萊), 阿等良 · 機長驛 · 屈火 · 肝谷(蔚州), 德川(彦陽).

금주도金州道는 31역驛을 관장하는데,[915] 덕산德山[916] · 성잉省仍[917] · 적예

---

902 仁比 고려시대 杞溪縣에 있던 驛. 지금 경상북도 浦項市 北區 杞溪面 仁庇里가 있다.

903 杞溪 지금의 경상북도 浦項市 北區 杞溪面으로, 고려시대에는 慶州의 屬縣이었다(『고려사』 57 地理志 2 慶州 杞溪縣).

904 柄谷 고려시대의 禮州에 있던 驛. 지금 경상북도 盈德郡 柄谷面이 있다.

905 赤冗 고려시대의 禮州(지금의 경상북도 盈德郡 寧海面)에 있던 驛으로, 조선시대 寧海府의 서쪽 37에 있던 赤穴院과 같은 곳이라 여겨진다(『신증동국여지승람』 24 寧海都護府 驛院 赤穴院).

906 禮州 지금의 경상북도 盈德郡 寧海面에 있었으며, 고려시대 慶尙道의 領郡이었다(『고려사』 57 地理志 2 慶州 禮州).

907 阿叱達 고려시대의 平海郡(지금의 경상북도 蔚珍郡 平海邑)에 있던 驛으로, 조선시대 平海郡 동쪽 5리에 있던 達孝驛과 같은 곳이 아닌가 한다(『신증동국여지승람』 45 平海郡 驛院 達孝驛).

908 平海 지금의 경상북도 蔚珍郡 平海邑으로, 고려시대에는 禮州의 屬郡이었다(『고려사』 57 地理志 2 平海郡).

909 酒峴 고려시대의 盈德郡(지금의 경상북도 盈德郡)에 있던 驛으로, 조선시대 盈德縣 동쪽 9리에 있던 酒登驛과 같은 곳이 아닌가 한다(『신증동국여지승람』 25 盈德郡 驛院 酒登驛).

910 南驛 고려시대의 盈德郡(지금의 경상북도 盈德郡)에 있던 驛으로, 조선시대에 南驛은 盈德縣 남쪽 21리에 있었다(『신증동국여지승람』 25 盈德郡 驛院 南驛).

911 盈德 지금의 경상북도 盈德郡으로, 고려시대에는 禮州의 屬郡이었다(『고려사』 57 地理志 2 禮州 盈德郡).

912 琴田 고려시대의 英陽郡(지금의 경상북도 英陽郡)에 있던 驛.

913 英陽 지금의 경상북도 英陽郡으로, 고려시대에는 禮州의 屬郡이었다(『고려사』 57 地理志 2 禮州 英陽郡).

914 永安 水安의 잘못이 아닌가 한다. (→ 각주 932 참조)

915 金州道 玄風~昌寧~義安~金州 및 淸道~密城~金州를 잇는 역로이다. 金州, 密城, 梁

赤頂[918]·금곡金谷[919]·대역大驛[920](금주金州[921]), 영포靈浦[922]·창인昌仁[923](칠원七元[924]), 자여自如[925](의안義安[926]), 번곡繁谷[927](함안咸安[928]), 근주近珠[929](합포合浦[930]), 무을이無乙伊[931]·영안永安(水安?)[932]·용가用家[933](밀성密城[934]),

---

州, 蔚州 및 그 속현의 역으로 구성되었으며, 對倭 외교창구로서의 기능이 강조되던 金州가 중심이 되었다.

916 德山 고려시대의 金州에 있던 驛. 지금 경상남도 金海市 大東面 德山里가 있다.

917 省仍 고려시대의 金州(지금의 경상남도 金海市)에 있던 驛.

918 赤頂 고려시대의 金州에 있던 驛으로, 조선시대 金海府 남쪽 31리에 있던 赤項驛과 같은 곳이라 여겨진다(『신증동국여지승람』 32 金海都護府 驛院 赤項驛).

919 金谷 고려시대의 金州에 있던 驛. 지금 경상남도 金海市 翰林面 金谷里가 있다.

920 大驛 고려시대의 金州에 있던 驛.

921 金州 지금의 경상남도 金海市로, 고려시대에는 慶尙道의 領郡이었다(『고려사』 地理志 2 金州).

922 靈浦 고려시대의 漆園縣(지금의 경상남도 咸安郡 漆原面)에 있던 驛으로, 조선시대에는 현 북쪽 21리에 있었다(『신증동국여지승람』 32 漆原縣 驛院).

923 昌仁 고려시대의 漆園縣(지금의 경상남도 咸安郡 漆原面)에 있던 驛으로, 조선시대에는 현 서쪽 7리에 있었다(『신증동국여지승람』 32 漆原縣 驛院).

924 七元 지금의 경상남도 咸安郡 漆原面으로, 고려시대에는 金州의 屬縣으로 漆園·漆原이라고도 썼다(『고려사』 57 地理志 2 金州 漆園縣).

925 自如 고려시대의 義安郡(지금의 경상남도 昌原市)에 있던 驛으로, 조선시대에는 昌原都護府 동쪽 19리에 있었다(『신증동국여지승람』 32 창원도호부 驛院).

926 義安 지금의 경상남도 昌原市에 있었으며, 고려시대에는 金州의 屬郡이었다(『고려사』 57 地理志 2 金州 義安郡).

927 繁谷 고려시대의 咸安郡(지금의 경상남도 咸安郡)에 있던 驛.

928 咸安 지금의 경상남도 咸安郡으로, 고려시대에는 金州의 屬郡이었다(『고려사』 57 地理志 2 金州 咸安郡).

929 近珠 고려시대의 合浦縣(지금의 경상남도 馬山市)에 있던 驛으로, 조선시대에는 昌原都護府 서쪽 16리에 있었다(『신증동국여지승람』 32 창원도호부 驛院).

930 合浦 지금의 경상남도 馬山市로, 고려시대에는 金州의 屬縣이었다(『고려사』 57 地理志 2 金州 合浦縣).

931 無乙伊 고려시대의 密城郡(지금의 경상남도 密陽市)에 있던 驛으로, 조선시대 密陽都護府 동쪽 30리에 있던 無訖驛과 같은 곳이라 여겨진다(『신증동국여지승람』 26 밀양도호부 驛院 無訖驛).

932 永安(水安) 고려시대의 密城郡(지금의 경상남도 密陽市)에 있던 驛으로, 조선시대 密陽都護府 서쪽 30리에 있던 水安驛과 같은 곳이라 여겨진다(『신증동국여지승람』 26 밀양도호부 驛院 水安驛).

933 用家 고려시대의 密城郡(지금의 경상남도 密陽市)에 있던 驛으로, 조선시대 密陽都護

내야內也[935](창령昌寧[936]), 성을현省乙峴[937] · 유천楡川[938] · 서지西之[939] · 매전買田[940](청도淸道[941]), 병산竝山[942](현풍玄風[943]), 일문一門[944](계성桂城[945]), 온정溫井[946](영산靈山[947]), 양주역梁州驛[948] · 황산黃山[949] · 원포源浦[950] · 위천渭

府 북쪽 6리에 있던 龍駕驛과 같은 곳이라 여겨진다(『신증동국여지승람』 26 밀양도호부 驛院 龍駕驛).

934 密城 지금의 경상남도 密陽市로, 고려시대에는 慶尙道의 領郡이었다(『고려사』 57 地理志 2 密城郡).

935 內也 고려시대의 昌寧郡(지금의 경상남도 昌寧郡)에 있던 驛으로, 조선시대에 현 북쪽 7리에 있었다(『신증동국여지승람』 27 昌寧縣 驛院 內野驛).

936 昌寧 지금의 경상남도 昌寧郡으로, 고려시대에는 密城郡의 屬郡이었다(『고려사』 57 地理志 2 密城郡 昌寧郡).

937 省乙峴 고려시대의 淸道郡(지금의 경상북도 淸道郡)에 있던 驛으로, 조선시대에는 淸道郡 북쪽 23리에 있던 省峴驛과 같은 곳이라 여겨진다(『신증동국여지승람』 26 淸道郡 驛院 省峴驛).

938 楡川 고려시대의 淸道郡(지금의 경상북도 淸道郡)에 있던 驛으로, 조선시대에는 淸道郡 남쪽 40리에 있었다(『신증동국여지승람』 26 淸道郡 驛院).

939 西之 고려시대의 淸道郡(지금의 경상북도 淸道郡)에 있던 驛으로, 조선시대에는 淸道郡 동쪽 81리에 있었다(『신증동국여지승람』 26 淸道郡 驛院 西芝驛).

940 買田 고려시대의 淸道郡에 있던 驛. 지금 경상북도 淸道郡 買田面이 있다.

941 淸道 지금의 경상북도 淸道郡으로, 고려시대에는 密城郡의 屬郡이었다(『고려사』 57 地理志 2 密城郡 淸道郡).

942 竝山 고려시대의 玄豊縣(지금의 대구광역시 達城郡 玄風面)에 있던 驛으로, 조선시대 현 북쪽 5리에 있던 雙山驛과 같은 곳이 아닌가 한다(『신증동국여지승람』 27 玄風縣 驛院 雙山驛).

943 玄風 지금의 대구광역시 達城郡 玄風面으로, 고려시대에는 密城郡의 屬縣으로 玄豊이라고도 하였다(『고려사』 57 地理志 2 玄豊縣).

944 一門 고려시대의 桂城縣(지금의 경상남도 昌寧郡 桂城面)에 있던 역으로, 조선시대에는 靈山縣 서쪽 5리에 있었다(『신증동국여지승람』 27 靈山縣 驛院).

945 桂城 지금의 경상남도 昌寧郡 桂城面으로, 고려시대에는 密城郡의 屬縣이었다(『고려사』 57 地理志 2 密城郡 桂城縣).

946 溫井 고려시대의 靈山縣에 있던 驛. 지금 경상남도 昌寧郡 釜谷面 溫井里가 있다.

947 靈山 지금 경상남도 昌寧郡 靈山面으로, 고려시대에는 密城郡의 屬縣이었다(『고려사』 57 地理志 2 密城郡 靈山縣).

948 梁州驛 고려시대의 梁州(지금의 경상남도 梁山市)에 있던 驛.

949 黃山 고려시대의 梁州(지금의 경상남도 梁山市)의 黃山江(洛東江) 기슭에 있던 驛(『신증동국여지승람』 22 梁山郡 驛院 黃山驛).

950 源浦 고려시대의 梁州(지금의 경상남도 梁山市)에 있던 驛.

川[951](양주梁州[952]), 소산蘇山[953](동래東萊[954]), 아등량阿等良[955]·기장역機長驛[956]·굴화屈火[957]·간곡肝谷[958](울주蔚州[959]), 덕천德川[960](언양彦陽)[961]이다.

【原文】 尙州道 掌二十五: 幽谷(虎溪), 洛原·洛東(尙州)· 靑路·鐵波(義城), 智保(龍宮), 通明(甫州), 德通(咸昌), 甕泉·安基(安東), 安郊(豐山), 聊城(聞慶), 守山(多仁), 雙溪(比屋), 安溪(安定), 琴曹·通山·松蹄(臨河), 連鄕·仇於(善州), 牛谷(義興), 上林(海平), 曹溪(孝令[962])·文居·和目(安德).

상주도尙州道는 25역驛을 관장하는데,[963] 유곡幽谷[964](호계虎溪[965]), 낙원洛

951 渭川 고려시대의 梁州(지금의 경상남도 梁山市)에 있던 驛으로, 조선시대에는 양산 북쪽 20리에 있었다(『신증동국여지승람』 22 梁山郡 驛院 渭川驛).

952 梁州 지금의 경상남도 梁山市로, 고려시대에는 慶尙道의 領郡이었다(『고려사』 57 地理志 2 慶州 梁州).

953 蘇山 고려시대의 東萊縣(부산광역시 東萊區)에 있던 驛으로, 조선시대에는 현 북쪽 15리에 있었다(『신증동국여지승람』 23 東萊縣 驛院).

954 東萊 지금의 부산광역시 東萊區로, 고려시대에는 蔚州의 屬縣이었다(『고려사』 57 地理志 2 蔚州 東萊縣).

955 阿等良 고려시대의 蔚州(지금의 울산광역시)에 있던 驛.

956 機長(機張)驛 고려시대의 蔚州에 있던 驛. 지금 부산광역시 機張郡 機張邑이 있다.

957 屈火 고려시대의 蔚州에 있던 驛. 지금 울산광역시 蔚州郡 凡西邑 屈火里가 있다.

958 肝谷 고려시대의 蔚州(지금의 울산광역시)에 있던 驛으로, 조선시대에는 울산 서쪽 39리에 있었다(『신증동국여지승람』 22 蔚山郡 驛院).

959 蔚州 지금의 울산광역시로, 고려시대에는 경상도의 領郡이었다(『고려사』 57 地理志 2 蔚州).

960 德川 고려시대의 巘陽縣(울산광역시 蔚州郡 彦陽邑)에 있던 驛으로, 조선시대에는 彦陽縣 남쪽 5리에 있었다(『신증동국여지승람』 23 彦陽縣 驛院).

961 彦陽 지금의 울산광역시 蔚州郡 彦陽邑으로, 고려시대에는 蔚州의 屬縣으로 巘陽縣이라고도 하였다(『고려사』 57 地理志 2 蔚州 巘陽縣).

962 孝令 孝靈의 잘못이 아닌가 한다. (→ 각주 1003 참조)

963 尙州道 洛東江에 인접한 尙州를 중심으로 동쪽에 편성되었는데, 鷄立嶺~聞慶~尙州~一善과 安東~義城~慶州 방면을 잇는 역로이다.

964 幽谷 고려시대의 虎溪縣(지금의 경상북도 聞慶市 虎溪面)에 있던 驛으로, 조선시대에는 聞慶縣 남쪽 40리에 있었다(『신증동국여지승람』 29 聞慶縣 驛院).

965 虎溪 지금의 경상북도 聞慶市 虎溪面으로, 고려시대에는 尙州牧의 屬縣이었다(『고려사』 57 地理志 2 尙州牧 虎溪縣).

原[966] · 낙동洛東[967](상주尙州[968]), 청로靑路[969] · 철파鐵波[970](의성義城[971]), 지보智保[972](용궁龍宮[973]), 통명通明[974](보주甫州[975]), 덕통德通[976](함창咸昌[977]), 옹천甕泉[978] · 안기安基[979](안동安東[980]), 안교安郊[981](풍산豊山[982]), 요성聊城[983](문경聞慶[984]), 수산守山[985](다인多仁[986]), 쌍계雙溪[987](비옥比屋[988]), 안계安溪[989](안정安定

---

966 洛原 고려시대의 尙州牧(지금의 경상북도 尙州市)에 있던 驛으로, 조선시대에는 尙州 북쪽 16리에 있었다(『신증동국여지승람』 28 尙州牧 驛院 洛源驛).

967 洛東 고려시대의 尙州牧에 있던 驛. 지금 경상북도 尙州市 洛東面이 있다.

968 尙州 지금의 경상북도 尙州市로, 고려시대에는 牧이 설치되어 있었다(『고려사』 57 地理志 2 尙州牧).

969 靑路 고려시대의 義城縣에 있던 驛. 지금 경상북도 義城郡 金城面 靑路里가 있다.

970 鐵波 고려시대의 義城縣에 있던 驛. 지금 경상북도 義城郡 義城邑 鐵坡里가 있다.

971 義城 지금의 경상북도 義城郡으로, 고려시대에는 安東府의 屬縣이었다(『고려사』 57 地理志 2 安東府 義城縣).

972 智保 고려시대의 龍宮郡에 있던 驛. 지금 경상북도 醴泉郡 知保面이 있다.

973 龍宮 지금의 경상북도 醴泉郡 龍宮面으로, 고려시대에는 尙州牧의 屬郡이었다(『고려사』 57 地理志 2 尙州牧 龍宮郡).

974 通明 고려시대의 甫州에 있던 驛. 지금 경상북도 醴泉郡 醴泉邑 通明里가 있다.

975 甫州 지금의 경상북도 醴泉郡으로, 醴泉郡을 고려 초에 甫州라고 고쳤다가 명종 2년 基陽縣으로 고치고 신종 7년 다시 甫州라고 하였다(『고려사』 57 地理志 2 安東府 基陽縣).

976 德通 고려시대의 咸昌郡에 있던 驛. 지금 경상북도 尙州市 咸昌邑 德通里가 있다.

977 咸昌 지금의 경상북도 尙州市 咸昌邑으로, 고려시대에는 尙州牧의 屬郡이었다(『고려사』 57 地理志 2 尙州牧 咸昌郡).

978 甕泉 고려시대 安東府에 있던 驛. 지금 경상북도 安東市 北後面 瓮泉里가 있다.

979 安基 고려시대 安東府에 있던 驛. 지금 경상북도 安東市 安奇洞이 있다.

980 安東 지금의 경상북도 安東市로, 고려시대에는 府가 설치되어 있었다(『고려사』 57 地理志 2 安東府).

981 安郊 고려시대의 豊山縣에 있던 驛. 지금 경상북도 安東市 豊山邑 安郊里가 있다.

982 豊山 지금의 경상북도 安東市 豊山邑으로, 고려시대에는 安東府의 屬縣이었다(『고려사』 57 地理志 2 安東府 豊山縣).

983 聊城 고려시대의 聞慶郡에 있던 驛. 지금 경상북도 聞慶市 聞慶邑 堯城里가 있다.

984 聞慶 지금 경상북도 聞慶市 聞慶邑으로, 고려시대에는 尙州牧의 屬郡이었다(『고려사』 57 地理志 2 尙州牧 聞慶郡).

985 守山 고려시대 多仁縣(지금 경상북도 義城郡 多仁面)에 있던 驛.

986 多仁 지금의 경상북도 義城郡 多仁面으로, 고려시대 尙州牧의 屬縣이었다(『고려사』 57 地理志 2 尙州牧 多仁縣).

987 雙溪 고려시대의 比屋縣에 있던 驛. 지금 경상북도 義城郡 比安面 雙溪里가 있다.

[990]), 금조琴曹[991] · 통산通山[992] · 송제松蹄[993](임하臨河[994]), 연향連鄕[995] · 구어仇於[996](선주善州[997]), 우곡牛谷[998](의흥義興[999]), 상림上林[1000](해평海平[1001]), 조계曹溪[1002]〔효령孝令(孝靈)[1003]〕, 문거文居[1004] · 화목和目[1005](안덕安德[1006])이다.

---

988 比屋 지금의 경상북도 義城郡 比安面으로, 고려시대에는 尙州牧의 屬縣이었다(『고려사』 57 地理志 2 比屋縣).

989 安溪 고려시대의 安定縣에 있던 驛. 지금 경상북도 義城郡 安溪面이 있다.

990 安定 지금의 경상북도 義城郡 安溪面에 있었으며, 고려시대에는 尙州牧의 屬縣이었다(『고려사』 57 地理志 2 尙州牧 定安縣). 지금 경상북도 義城郡 安溪面 安定里가 있다.

991 琴曹 고려시대의 臨河郡(지금의 경상북도 安東市 臨河面)에 있던 驛으로, 조선시대에는 臨河縣 서쪽 5리에 있는 琴召川 북쪽에 있던 琴召驛과 같은 곳이라 여겨진다(『신증동국여지승람』 24 安東大都護府 驛院 琴召驛).

992 通山 고려시대의 臨河郡이 있던 驛.

993 松蹄 고려시대의 臨河郡이 있던 驛으로, 조선시대에는 安東府에서 76리 떨어져 있었다(『신증동국여지승람』 24 安東大都護府 驛院 松蹄驛).

994 臨河 지금의 경상북도 安東市 臨河面으로, 고려시대에는 安東府의 屬郡이었다(『고려사』 57 地理志 2 安東府 臨河郡).

995 連鄕 고려시대의 善州(지금의 경상북도 龜尾市 善山邑)에 있던 驛으로, 조선시대 善山府의 동쪽 21라에 있던 迎香驛과 같은 곳이 아닌가 여겨진다(『신증동국여지승람』 29 善山都護府 驛院 迎香驛).

996 仇於 고려시대의 善州에 있던 驛으로, 조선시대 善山府의 동쪽 1리에 있던 仇旀驛과 같은 곳이 아닌가 여겨진다(『신증동국여지승람』 29 善山都護府 驛院 仇旀驛).

997 善州 지금의 경상북도 龜尾市 善山邑으로, 인종 21년 善州를 一善縣이라고 고쳤으며, 尙州牧의 屬縣이었다(『고려사』 57 地理志 2 尙州牧 一善縣).

998 牛谷 고려시대의 義興郡(지금의 경상북도 軍威郡 義興面)에 있던 驛으로, 조선시대에는 義興縣 남쪽 2리에 있었다(『신증동국여지승람』 27 義興縣 驛院).

999 義興 지금의 경상북도 軍威郡 義興面으로, 고려시대에는 安東府의 屬郡이었다(『고려사』 57 地理志 2 安東府 義興郡).

1000 上林 고려시대의 海平郡에 있던 驛. 지금 경상북도 龜尾市 長川面 上林里가 있다.

1001 海平 지금의 경상북도 龜尾市 海平面으로, 고려시대 尙州牧의 屬郡이었다(『고려사』 57 地理志 2 尙州牧 海平郡).

1002 曹溪 고려시대의 軍威縣(지금의 경상북도 軍威郡)에 있던 驛으로, 조선시대 軍威縣 남쪽 41리에 있던 孝靈縣의 召溪驛과 같은 곳이 아닌가 여겨진다(『신증동국여지승람』 25 軍威縣 驛院 召溪驛).

1003 孝令(孝靈) 지금의 경상북도 軍威郡 孝令面으로, 고려시대에는 尙州牧의 屬縣이었다(『고려사』 57 地理志 2 孝靈縣).

1004 文居 고려시대의 安德縣에 있던 驛. 지금 경상북도 靑松郡 安德面 文居里가 있다.

1005 和目 고려시대의 安德縣에 있던 驛. 지금 경상북도 靑松郡 縣西面 和睦里가 있다.

【原文】京山府道 掌二十五: 安堰・踏溪(京山), 安林(高令[1007]), 水鄕・緣情(八莒), 舌火(花園), 茂淇(加利), 金泉(金山), 屬溪(黃閒[1008]), 長谷(知禮), 順陽(陽山), 土峴(利山), 利仁(安邑), 增若(管城), 作乃(知禮), 洛陽・洛山(尙州), 會同(永同), 猿岩・舍林(報令), 秋風(御侮[1009]), 常平(中牟), 安谷(善州)・長寧(化令[1010]), 扶桑(開令[1011]).

경산부도京山府道는 25역驛을 관장하는데,[1012] 안언安堰[1013]・답계踏溪[1014](경산京山[1015]), 안림安林[1016]〔고령高令(高靈)[1017]〕, 수향水鄕[1018]・연정緣情[1019](팔거八莒[1020]), 설화舌火[1021](화원花園[1022]), 무기茂淇[1023](가리加利[1024]), 김천

1006 安德 지금의 경상북도 靑松郡 安德面으로, 고려시대에는 安東府의 屬縣이었다(『고려사』 57 地理志 2 安德縣).

1007 高令 高靈의 잘못이 아닌가 한다. (→ 각주 1017 참조)

1008 黃閒 黃澗의 잘못이 아닌가 한다. (→ 각주 1028 참조)

1009 御侮 禦侮의 잘못이 아닌가 한다. (→ 각주 1048 참조)

1010 化令 化寧의 잘못이 아닌가 한다. (→ 각주 1053 참조)

1011 開令 開寧의 잘못이 아닌가 한다. (→ 각주 1055 참조)

1012 京山府道 洛東江을 따라 尙州에서 京山府를 거쳐 金州 방면으로 향하는 역로이며, 尙州界의 군현과 京山府에 속한 군현의 역들로 편성되어 있다.

1013 安堰 고려시대의 京山府(지금의 경상북도 星州郡)에 있던 驛으로, 조선시대에는 星州 남쪽 28리에 있었다(『신증동국여지승람』 28 星州牧 驛院).

1014 踏溪 고려시대의 京山府(지금의 경상북도 星州郡)에 있던 驛으로, 조선시대에는 星州 북쪽 10리에 있었다(『신증동국여지승람』 28 星州牧 驛院).

1015 京山 지금 경상북도 星州郡 星州邑 京山里라는 지명이 있으며, 고려시대에는 府가 설치되어 있었다(『고려사』 57 地理志 2 京山府).

1016 安林 고려시대의 高靈郡에 있던 驛. 지금 경상북도 高靈郡 雙林面 安林里가 있다.

1017 高令(高靈) 지금의 경상북도 高靈郡으로, 고려시대에는 京山府의 屬郡이었다(『고려사』 57 地理志 2 京山府 高靈郡).

1018 水鄕 고려시대 八莒縣(지금의 경상북도 漆谷郡)에 있던 驛.

1019 緣情 고려시대 八莒縣에 있던 驛.

1020 八莒 지금의 경상북도 漆谷郡으로, 고려시대에는 京山府의 屬縣이었다(『고려사』 57 地理志 2 京山府 八莒縣).

1021 舌火 고려시대의 花園縣에 있던 驛. 지금 대구광역시 達城郡 花園邑 舌化里가 있다.

1022 花園 지금의 대구광역시 達城郡 花園邑으로, 고려시대에는 京山府의 屬縣이었다(『고려사』 57 地理志 2 京山府 花園縣).

1023 茂淇 고려시대의 加利縣(지금의 경상북도 星州郡 碧珍面)에 있던 驛.

金泉[1025](금산金山[1026]), 속계屬溪[1027]〔황간黃間(黃澗)[1028]〕, 장곡長谷[1029](지례知禮[1030]), 순양順陽[1031](양산陽山[1032]), 토현土峴[1033](이산利山[1034]), 이인利仁[1035](안읍安邑[1036]), 증약增若[1037](관성管城[1038]), 작내作乃[1039](지례知禮), 낙양洛陽[1040] · 낙산洛山[1041](상주尙州), 회동會同[1042](영동永同[1043]), 원암猿岩[1044] · 사림舍林

1024 加利 지금의 경상북도 星州郡 碧珍面으로, 고려시대에는 京山府의 屬縣이었다(『고려사』 57 地理志 2 京山府 加利縣).

1025 金泉 고려시대의 金山縣(지금의 경상북도 金泉市)에 있던 驛.

1026 金山 지금의 경상북도 金泉市로, 고려시대에는 京山府의 屬縣이었다(『고려사』 57 地理志 2 京山府 金山縣).

1027 屬溪 고려시대의 黃澗縣(지금의 충청북도 永同郡 黃澗面)에 있던 驛.

1028 黃間(黃澗) 지금의 충청북도 永同郡 黃澗面으로, 고려시대에는 京山府의 屬縣이었다(『고려사』 57 地理志 2 京山府 黃澗縣).

1029 長谷 고려시대 知禮縣(지금의 경상북도 金泉市 知禮面)에 있던 驛.

1030 知禮 지금의 경상북도 金泉市 知禮面으로, 고려시대에는 京山府의 屬縣이었다(『고려사』 57 地理志 2 京山府 知禮縣).

1031 順陽 고려시대의 陽山縣(지금의 충청북도 永同郡 陽山面)에 있던 驛으로, 조선시대에는 陽山縣 서쪽 4리에 있었다(『신증동국여지승람』 15 沃川郡 驛院 順陽驛).

1032 陽山 지금의 충청북도 永同郡 陽山面으로, 고려시대에는 京山府의 屬縣이었다(『고려사』 57 地理志 2 京山府 陽山縣).

1033 土峴 고려시대의 利山縣(지금의 충청북도 沃川郡 伊院面)에 있던 驛으로, 조선시대에는 土坡驛이라고 하여 利山縣 서쪽 2리에 있었다(『신증동국여지승람』 15 沃川郡 驛院 土坡驛).

1034 利山 지금의 충청북도 沃川郡 伊院面으로, 고려시대에는 京山府의 屬縣이었다(『고려사』 57 地理志 2 京山府 利山縣).

1035 利仁 고려시대의 安邑縣(지금의 충청북도 沃川郡 安南面 · 安內面 일대)에 있던 驛.

1036 安邑 지금의 충청북도 沃川郡 安南面 · 安內面 일대로, 고려시대에는 京山府의 屬縣이었다(『고려사』 57 地理志 2 京山府 安邑縣).

1037 增若 고려시대의 管城縣에 있던 驛. 지금 충청북도 沃川郡 郡北面 增若里가 있다.

1038 管城 지금의 충청북도 沃川郡으로, 고려시대에는 京山府의 屬縣이었으나 충선왕 5년 沃州로 바꾸고, 京山府 소속의 利山縣 · 安邑縣 · 陽山縣을 소속시켰다(『고려사』 57 地理志 2 京山府 管城縣).

1039 作乃 고려시대 知禮縣에 있던 驛. 지금 경상북도 金泉市 龜城面 作乃里가 있다.

1040 洛陽 고려시대 尙州牧(지금의 경상북도 尙州市)에 있던 驛으로, 조선시대에는 尙州 서쪽 3리에 있었다(『신증동국여지승람』 28 尙州牧 驛院).

1041 洛山 고려시대 尙州牧(지금의 경상북도 尙州市)에 있던 驛.

1042 會同 고려시대의 永同郡에 있던 驛. 지금 충청북도 永同郡 永同邑 會同里가 있다.

[1045](보령報令[1046]), 추풍秋風[1047]〔어모御侮(禦侮)[1048]〕, 상평常平[1049](중모中牟[1050]), 안곡安谷[1051](선주善州), 장령長寧[1052]〔화령化令(化寧)[1053]〕, 부상扶桑[1054]〔개령開令(開寧)[1055]〕이다.[1056]

【原文】分各驛丁戶爲六科: 以金郊·臨波[1057]·金嵓·寶山·安城·龍泉·岊嶺·洞仙·高原·生陽·懷蛟·林原爲一科; 以安定·迎德·通寧·雲嵒·興林·興郊·長若·安信·新安·雲興·林畔·通陽·豐陽·興化鎭驛爲二科; 以白嶺·玉雞·龍潭·嵐泉·林湍·松閒·丹林·銀漢·孤山·

1043 永同 지금의 충청북도 永同郡으로, 고려시대에는 尙州牧의 屬郡이었다(『고려사』 57 地理志 2 尙州牧 永同郡).

1044 猿岩 고려시대의 報令郡(지금의 충청북도 報恩郡)에 있던 驛으로, 조선시대에는 元岩驛이라고 하였으며 報恩縣 남쪽 20리에 있었다(『신증동국여지승람』 16 報恩縣 驛院 元岩驛).

1045 舍林 고려시대의 報令郡(지금의 충청북도 報恩郡)에 있던 驛으로, 조선시대에는 含林驛이라고 하였으며 報恩縣 북쪽 10리의 含林山 밑에 있었다(『신증동국여지승람』 16 報恩縣 驛院 含林驛).

1046 報令 지금의 충청북도 報恩郡으로, 신라의 三年山郡을 고려 초에 保齡郡이라고 하였는데 뒤에 報齡으로 바뀌었으며, 尙州牧의 屬郡이었다(『고려사』 57 地理志 2 尙州牧 報令郡).

1047 秋風 고려시대 禦侮縣에 있던 驛. 지금 충청북도 永同郡 秋風嶺面 秋風嶺里가 있다.

1048 御侮(禦侮) 지금의 경상북도 金泉市 禦侮面으로, 고려시대에는 尙州牧의 屬縣이었다(『고려사』 57 地理志 2 尙州牧 禦侮縣).

1049 常平 고려시대의 中牟縣(지금의 경상북도 尙州市 牟東面·牟西面 일대)에 있던 驛.

1050 中牟 지금의 경상북도 尙州市 牟東面·牟西面 일대로, 고려시대에는 尙州牧의 屬縣이었다(『고려사』 57 地理志 2 尙州牧 中牟縣).

1051 安谷 고려시대의 善州에 있던 驛. 지금 경상북도 龜尾市 舞乙面 安谷里가 있다.

1052 長寧 고려시대의 化寧縣(지금의 경상북도 尙州市 化南面·化東面·化西面·化北面 일대)에 있던 驛으로, 조선시대 尙州에서 51리 떨어져 있던 化寧縣 張林驛과 관련이 있지 않은가 한다(『신증동국여지승람』 28 尙州牧 驛院 張林驛).

1053 化令(化寧) 지금의 경상북도 尙州市 化南面·化東面·化西面·化北面 일대로, 고려시대에는 尙州牧의 屬郡이었다(『고려사』 57 地理志 2 尙州牧 化寧郡).

1054 扶桑 고려시대의 開寧郡에 있던 驛. 지금 경상북도 金泉市 南面 扶桑里가 있다.

1055 開令(開寧) 지금의 경상북도 金泉市 開寧面으로, 고려시대에는 尙州牧의 屬郡이었다(『고려사』 57 地理志 2 尙州牧 開寧縣).

1056 이상 22개 驛道 및 525개의 역의 분포를 지도로 그려 보이면 270쪽과 같다.

1057 臨波 臨陂가 옳다. (→ 각주 736 참조)

〈22 역도의 분포〉

* '↔'는 각 驛道 사이의 경계.
* 고려 525역 중 적어도 한 곳 이상의 역이 위치한 고을만을 지도상에 기재하였으며, '◼'는 3京, '◈'는 界首官, '◎'는 主縣, 'O'은 屬縣.
* 각 고을을 잇는 '—'은 『大東輿地圖』, 『新增東國輿地勝覽』에서 확인된 역의 위치를 근거로 필자가 구성한 驛路를 표시한 것일 뿐, 당시에 존재했던 모든 육상 교통로를 의미하는 것이 아님.
* ( ) 안의 숫자는 해당 고을에 위치한 驛의 숫자이며, 숫자가 없는 고을은 위치한 역이 1곳.
* 정요근, 「고려전기 역제의 정비와 22역도」, 『한국사론』 45, 2001, 71쪽, 지도를 수정한 것임.

藍山·寶龍·鐵關·德嶺·通達·和遠·城陽·康樂·大平·長興·玉兒·葦溪·朔安爲三科; 以通德·善田·金川·長利·長歡·風湍·通堰·熊壤·通蕃·長壽爲四科; 以金谷·深洞·淸湍·望丁·金剛·丹林·沙溝·石牛·興泉·密田·桃摘·田原·臨江縣驛·利嶺·直木·保安·安撫·甘泉·山梁·高岑·竹苞·灌木·射嵒·淸澗·安奇·桑樹·雙谷·大昌·橫深·珍富·大和·芳林·雲橋·安仁·壽山·新池·雲峯·驥驎[1058]·班石·陶工·金洞·管山·深源·德新·洞陰縣驛爲五科; 以楊溪·嘉原·靑澗·長材·雲半[1059]·金化縣驛·僧嶺縣驛·朔寧縣驛·元貞·芳春·遂人·富昌·甘泉·連峯·仁嵐·蒼峯·嵐嶠·圓壤·瑪瑙·希嶠縣驛·臨川·同德·驎駒·樂豐·平陵·喬柯·史直·龍化·沃源·興富·召召[1060]·木界·烏原·慈山·降仙·玉地·白原·免山縣驛·溫泉·往谷[1061]·泉頭·今勿·雲嵒·長林爲六科. 一科 丁七十五, 二科 丁六十, 三科 丁四十五, 四科 丁三十, 五科 丁十二, 六科 丁七. 狻猊雖在兩京閒 比他驛 役事不緊 故仍定 五十丁 林原 雖非兩京閒 役事最緊 故在一科 朔安 雖爲三科 非沿路故 定爲二十五丁 桃源 雖爲三科 在東西要衝 故定爲五十丁. 若有田而丁口不足 以本驛白丁子枝自願者 充立. 懸鈴傳送[懸鈴 謂皮帒盛文貼 傳送]. 三急 三懸鈴 二急 二懸鈴 一急 一懸鈴 隨事緩急 行之.

각 역은 정호丁戶를 나누어 6과科로 하였는데,[1062] 금교金郊, 임파臨波(臨

1058 驥驎 麒麟이 옳다. (→ 각주 210 참조)

1059 雲半 雲畔이 옳다. (→ 각주 361 참조)

1060 召召 祖召가 옳다. (→ 각주 619 참조)

1061 往谷 栍谷의 잘못이 아닐까 한다. (→ 각주 216 참조)

1062 각 科에 소속된 역들을 〈표〉로 정리해보면 다음과 같다.

科	所屬驛		丁數
	驛數	驛 이름	
1과	12	金郊·臨波·金嵓·寶山·安城·龍泉·岊嶺·洞仙·高原·生陽·懷蛟·林原	各 75丁
2과	15	安定·迎德·通寧·雲嵒·興林·興郊·長若·安信·新安·雲興·林畔·通陽·豐陽·興化鎭驛·狻猊	各 60丁 狻猊는 50丁

陂), 금암金嵒, 보산寶山, 안성安城, 용천龍泉, 절령岊嶺, 동선洞仙, 고원高原, 생양生陽, 회교懷蛟[1063], 임원林原을 1과科로 하고,[1064] 안정安定, 영덕迎德, 통령通寧[1065], 운암雲嵒, 홍림興林[1066], 홍교興郊, 장약長若[1067], 안신安信[1068], 신안新安, 운홍雲興, 임반林畔, 통양通陽, 풍양豐陽, 홍화진역興化鎭驛을 2과科로 하고,[1069] 백령白嶺, 옥계玉雞[1070], 용담龍潭, 남천嵐泉[1071], 임단林湍[1072], 송

3과	23	白嶺・玉雞・龍潭・嵐泉・林湍・松閒・丹林・銀漢・孤山・藍山・寶龍・鐵關・德嶺・通達・和遠・城陽・康樂・大平・長興・玉兒・葦溪・朔安・桃原	各 45丁 朔安은 25丁 桃原은 50丁
4과	10	通德・善田・金川・長利・長歡・風湍・通堰・熊壤・通蕃・長壽	各 30丁
5과	45	金谷・深洞・淸湍・望丁・金剛・丹林・沙溝・石牛・興泉・密田・桃摘・田原・臨江縣驛・利嶺・直木・保安・安撫・甘泉・山梁・高岑・竹苞・灌木・射嵒・淸澗・安奇・桑樹・雙谷・大昌・橫深・珍富・大和・芳林・雲橋・安仁・壽山・新池・雲峯・驥驎・班石・陶工・金洞・管山・深源・德新・洞陰縣驛	各 12丁
6과	44	楊溪・嘉原・靑澗・長材・雲畔・金化縣驛・僧嶺縣驛・朔寧縣驛・元貞・芳春・逢人・富昌・甘泉・連峯・仁嵐・蒼峯・嵐嶠・圓壤・瑪瑙・希嶠縣驛・臨川・同德・驎駒・樂豐・平陵・喬柯・史直・龍化・沃源・興富・召召・木界・烏原・慈山・降仙・玉地・白原・免山縣驛・溫泉・往谷・泉頭・今勿・雲嵒・長林	各 7丁

한편, 이를 지도로 그려 보이면 273쪽과 같다.

1063 **懷蛟** 앞의 岊嶺道 소속의 驛에는 迴郊로 기재되어 있다. (→ 각주 229 참조)

1064 1과에 소속된 12개 역은 開京과 西京을 연결하는 간선로에 위치하고 있는데, 고려에서 가장 중요한 노선이었던 만큼 이들 역의 비중도 다른 역로에 비할 수 정도로 매우 컸다(정요근, 「高麗前期 驛制의 整備와 22驛道」, 『한국사론』 45, 2001, 22쪽).

1065 **通寧** 앞의 興郊道의 역명에는 通德으로 나오는데, 通德이 옳을 듯하다. (→ 각주 309 참조)

1066 **興林** 앞의 興郊道의 驛에는 興材로 되어 있다. (→ 각주 238 참조)

1067 **長若** 앞의 興化道의 역에는 長寧으로 나오는데, 『대동지지』에도 長寧이라고 되어 있다. (→ 각주 258 참조)

1068 2과의 역은 西京~興化鎭 간 역로에 설정되어 있으므로, 2과에 속한 이 安信驛과 앞의 金郊道의 安信驛과는 별개의 역으로 보려는 견해가 있다(정요근, 앞의 글, 66쪽).

1069 2科 소속의 15개 역은 狻猊驛을 제외하면, 모두 西京에서 寧州(安北大都護府)를 거쳐

〈6과 체제의 편성〉

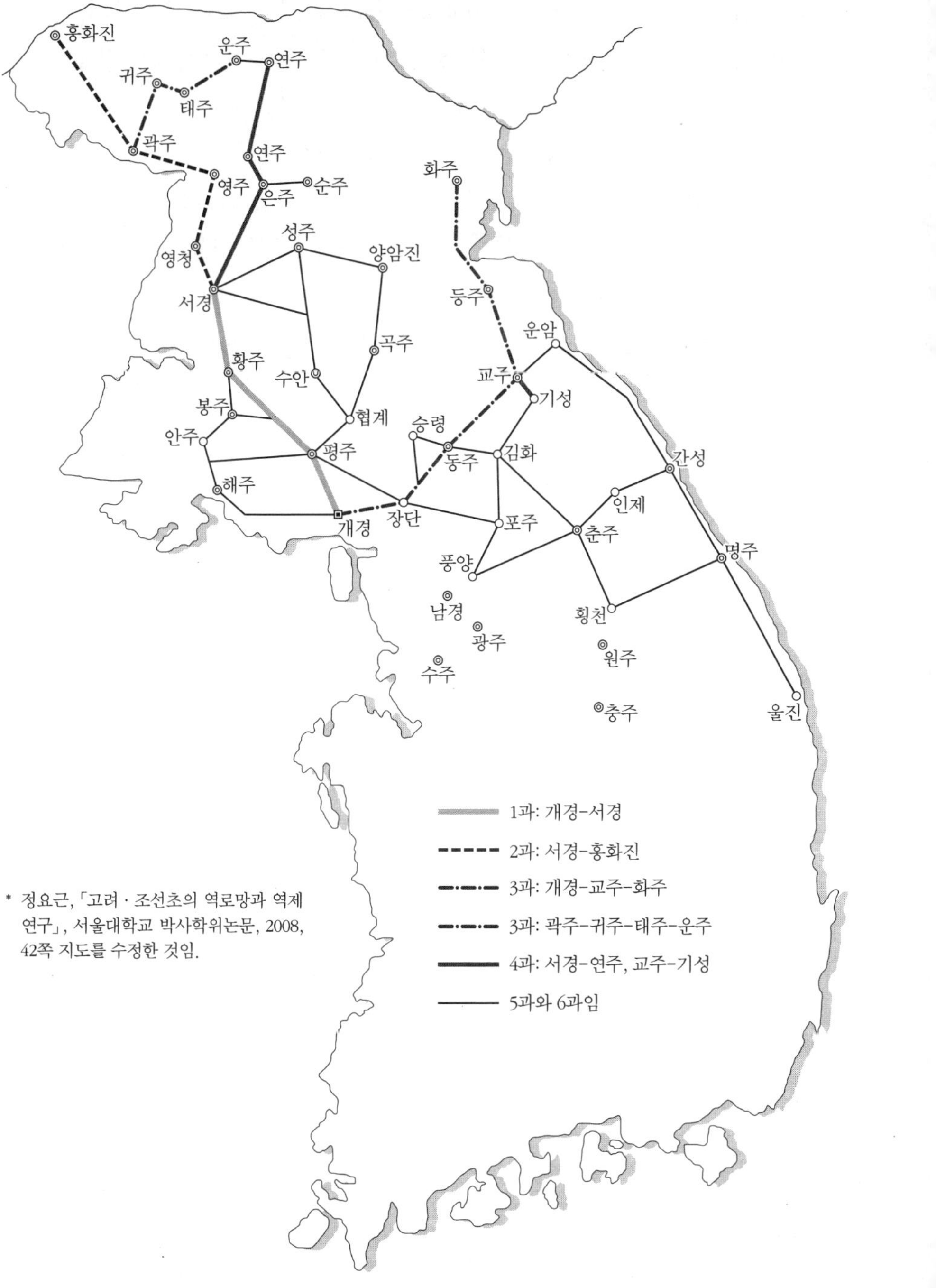
홍화진
운주
연주
귀주
태주
곽주
연주
영주
은주
순주
화주
성주
양암진
영청
서경
등주
운암
곡주
황주
수안
교주
기성
봉주
협계
승령
안주
평주
동주
김화
간성
해주
인제
개경
장단
포주
춘주
명주
풍양
남경
횡천
광주
원주
수주
충주
울진
1과: 개경-서경
2과: 서경-홍화진
3과: 개경-교주-화주
3과: 곽주-귀주-태주-운주
4과: 서경-연주, 교주-기성
5과와 6과임

* 정요근, 「고려 · 조선초의 역로망과 역제 연구」, 서울대학교 박사학위논문, 2008, 42쪽 지도를 수정한 것임.

간松間, 단림丹林, 은한銀漢[1073], 고산孤山, 남산藍山[1074], 보룡寶龍, 철관鐵關, 덕령德嶺, 통달通達, 화원和遠[1075], 성양城陽, 강락康樂[1076], 대평大平, 장흥長興, 옥아玉兒, 위계葦溪, 삭안朔安을 3과科로 하고,[1077] 통덕通德, 선전善田, 김천金川, 장리長利[1078], 장환長歡, 풍단風湍, 통언通堰, 웅양熊壤, 통번通蕃[1079], 장수長壽를 4과科로 하고,[1080] 금곡金谷, 심동深洞, 청단淸湍[1081], 망정望丁[1082], 금강金剛, 단림丹林, 사구沙溝[1083], 석우石牛, 흥천興泉[1084], 밀전密田, 도적桃摘, 전원田原, 임강현역臨江縣驛[1085], 이령利嶺, 직목直木, 보안保安, 안무安撫[1086], 감천甘泉, 산량山梁, 고잠高岑, 죽포竹苞, 관목灌木, 사암射嵒, 청간淸澗[1087], 안기安奇, 상수桑樹, 쌍곡雙谷, 대창大昌, 횡심橫深[1088], 진부珍富, 대화大

契丹과 접경하고 있는 興化鎭에 이르는 역로에 위치하고 있다. 그러므로 이 역들의 군사적 외교적 중요성 역시 매우 컸으므로, 1科 다음으로 丁을 가장 많이 배치하였다(정요근, 앞의 글, 22쪽)

1070 玉雞 앞의 桃源道 역에는 玉溪라고 되어 있다. (→ 각주 375 참조).

1071 嵐泉 앞의 桃源道 역에는 楓川으로 되어 있다. (→ 각주 378 참조)

1072 林湍 앞의 桃源道 역에는 臨湍으로 되어 있다. (→ 각주 380 참조)

1073 銀漢 앞의 桃源道 역에는 銀溪로 되어 있다. (→ 각주 385 참조)

1074 藍山 앞의 朔方道 역에는 嵐山으로 되어 있다. (→ 각주 409 참조)

1075 和遠 앞의 朔方道의 역이름에는 知遠으로 되어 있다. (→ 각주 424 참조)

1076 康樂 22驛道에는 나오지 않으나, 北界의 龜州에 소재한 곳으로 보는 견해가 있다(정요근, 앞의 글, 58쪽).

1077 1・2科와 달리 3科 소속의 23개 역은 東界・北界・交州道 등 여러 지역에 분산되어 있으나, 전체적으로 볼 때 東界에 집중되고 있다. 이는 對女眞政策과 관련되어 있는 듯하다(呂恩暎, 「麗初 驛制形成에 대한 小考」, 『慶北史學』 5, 1982, 11쪽).

1078 長利 앞의 雲中道 역에는 長梨라고 되어 있다. (→ 각주 313 참조)

1079 通蕃 22驛道에 나오지 않는 역으로, 위치 미상.

1080 4科 소속의 10역 중 7개 역이 西京~連州 간 역로에 위치하고 있으므로, 北界에 있어서 2科의 보완적 성격이 강하다(呂恩暎, 앞의 글, 141쪽).

1081 淸湍 앞의 狻猊道 역이름에는 淸端이라고 되어 있다. (→ 각주 185 참조)

1082 望丁 앞의 狻猊道 역에는 望汀이라고 되어 있는데, 望汀이 옳을 것이다. (→ 각주 187 참조)

1083 沙溝 22驛道에 나오지 않는 역으로, 위치 미상.

1084 興泉 22驛道에 나오지 않는 역으로, 위치 미상.

1085 臨江縣驛 앞의 桃源道 역에는 臨江驛으로 되어 있다. (→ 각주 387 참조)

1086 安撫 22驛道에 나오지 않는 역으로, 위치 미상.

和[1089], 방림芳林, 운교雲橋, 안인安仁, 수산壽山, 신지新池[1090], 운봉雲峯, 기린驥驎(麒麟), 반석班石, 도공陶工, 금동金洞, 관산管山, 심원深源[1091], 덕신德新, 동음현역洞陰縣驛[1092]을 5과科로 하고,[1093] 양계楊溪, 가원嘉原[1094], 청간靑澗[1095], 장재長材[1096], 운반雲半[1097], 김화현역金化縣驛, 승령현역僧嶺縣驛, 삭령현역朔寧縣驛[1098], 원정元貞[1099], 방춘芳春, 수인遂人[1100], 부창富昌, 감천甘泉, 연봉連峯, 인람仁嵐, 창봉蒼峯, 남적嵐嶠, 원양圓壤, 마노瑪瑙, 희적현역希嶠縣驛[1101], 임천臨川, 동덕同德, 인구驎駈, 낙풍樂豊, 평릉平陵, 교가喬柯, 사직史直, 용화龍化, 옥원沃源, 흥부興府, 조소召召[1102], 목계木界, 오원烏原, 자산慈山[1103], 강선降仙, 옥지玉地, 백원白原, 토산현역兔山縣驛, 온천溫泉, 생곡往谷(柱

1087 淸澗 5과의 배열로 볼 때 이 역은 溟州道의 淸澗驛일 가능성이 높다(정요근, 「고려·조선초의 역로망과 역제 연구」, 서울대학교 박사학위논문, 2008, 58쪽).

1088 橫深 앞의 溟州道 역에는 橫溪라고 되어 있다. (→ 각주 592 참조)

1089 大和 앞의 溟州道 역에는 大化라고 되어 있다. (→ 각주 594 참조)

1090 新池 앞의 岊嶺道 역에는 神地라고 되어 있다. (→ 각주 232 참조)

1091 深源 앞의 興郊道 역에는 深原이라고 나오나, 沈源이 옳을 것이라는 점은 이미 언급하였다. (→ 각주 244 참조)

1092 洞陰縣驛 앞의 桃源道 역에는 洞陰驛이라고 되어 있다. (→ 각주 393 참조)

1093 5科 소속의 45개 역은 대체적으로 民政체제의 郡縣制가 시행되는 南道지역을 대상으로 하고 있다(呂恩暎, 「여초 역제형성에 대한 소고」, 『慶北史學』 5, 1982, 14쪽).

1094 嘉原 狻猊道 소속의 嘉栗驛과 같은 곳이라고 보는 견해가 있다(정요근, 「고려·조선초의 역로망과 역제 연구」, 서울대학교 박사학위논문, 2008, 66쪽의 역주 2). (→ 각주 186 참조)

1095 靑澗 6과의 배열로 볼 때, 이 역은 雲中道의 淸澗驛일 가능성이 높다(정요근, 앞의 글, 58쪽). (→ 각주 342 참조)

1096 長材 22驛道에는 나오지 않는 역으로, 위치 미상.

1097 雲半 앞의 雲中道 역에는 雲畔이라고 되어 있다. (→ 각주 361 참조)

1098 朔寧縣驛 앞의 桃源道 역에는 朔寧驛으로 되어 있다. (→ 각주 394 참조)

1099 元貞 앞의 春州道 역에는 原貞이라고 되어 있다. (→ 각주 516 참조)

1100 遂人 앞의 春州道 역에는 遂仁이라고 되어 있다. (→ 각주 518 참조)

1101 希嶠縣驛 希嶠縣을 猪踣縣(『삼국사기』 35 地理志 2 梁麓郡 領縣)과 같은 곳으로 보려는 견해가 있다(여은영, 앞의 글, 6쪽의 각주 11). 한편 猪踣縣은 麟踣縣으로 비정된다(李丙燾 역주, 『국역 삼국사기』, 을유문화사, 1977, 541쪽).

1102 召召 앞의 溟州道 역에는 祖召라고 되어 있다. (→ 각주 619 참조)

1103 慈山 22驛道에 나오지 않는 역으로, 위치 미상.

谷), 천두泉頭, 금물今勿, 운암雲嵒, 장림長林을 6과科로 하였다.[1104]

1과科에는 정丁 75, 2과에는 정 60, 3과에는 정 45, 4과에는 정 30, 5과에는 정 12, 6과에는 정 7명이었다. 산예狻猊는 비록 양경兩京의 사이에 있으나 다른 역驛에 비하여 역사役事가 긴요하지 않으므로 50정으로 정하고, 임원林原은 비록 양경 사이는 아니나 역사役事가 가장 긴요하므로 1과에 두고, 삭안朔安은 비록 3과로 하였으나 연해沿海가 아니므로 25정丁으로 정定하고, 도원桃原은 비록 3과科가 되었으나 동서의 요충에 있었으므로 50정으로 정하였다. 만약 토지(田)가 있으나 정구丁口가 부족하면 그 역驛 백정白丁의 자제로써 자원하는 자로 충당하여 세웠다.[1105]

방울을 달아 (공문서를) 보내는데(懸鈴傳送)[현령懸鈴은 가죽 주머니(皮帒)에 봉인한 문서(文貼)을 넣어 보내는 것을 말한다]. 3급急은 3개의 방울을 달고, 2급急은 2개의 방울을 달고, 1급急은 하나의 방울을 다는데, 일의 완급緩急에 따라 이를 행하였다.[1106]

【原文】 津驛皮角傳送 自二月至七月 三急六驛 二急五驛 一急四驛 八月至正月 三急五驛 二急四驛 一急三驛.

진津과 역驛은 가죽으로 싼 (공문서를) 보내는데(皮角 傳送), 2월부터 7월까지는 3급急은 6역驛, 2급은 5역, 1급은 4역驛을 가고, 8월에서 정월까지는

1104 6科 소속의 44개 역은 그 위치가 다양하지만, 東界와 交州道를 주요한 대상지로 하였다(呂恩暎, 「여초 역제형성에 대한 소고」, 『慶北史學』 5, 1982, 14쪽).

1105 6科 체제의 편성은 江東 6주의 축성이 완료되는 성종 15년(996)부터, 和州가 고려 동북방 경계로 확정되는 현종 3년(1012) 사이에 이루어진 것을 보인다. 강동 6주 소속의 9개 역이 2科와 3科에 있고, 3科의 和遠鎭이 和州 관내에 있기 때문이다(정요근, 「고려 · 조선초의 역로망과 역제 연구」, 서울대학교 박사학위논문, 2008, 24~25쪽).

1106 문서를 가죽주머니에 넣은 것은 종이봉투에 넣을 경우 더렵혀지거나 훼손될 위험이 있기 때문이고, 방울을 다는 것은 문서의 내용을 보지 않고도 그 긴급정도를 판단할 수 있게 하기 위한 것이었다. 元 世祖 때 실시한 急遞鋪제도가 고려에 도입되어 고려에서도 문서전송에 방울을 달았다는 견해가 있으나(內藤儁輔, 「高麗驛傳考」, 『歷史と地理』 34-4, 5, 1934: 『朝鮮史研究』, 京都大 東洋史研究會, 1961), 고려 자체의 문서전달 방법과 운영은 이미 그 이전부터 마련되어 있었다고 하여야 할 것이다(강은경, 「고려시대 공문서의 전달체계와 지방행정운영」, 『한국사연구』 122, 2003, 49~50쪽).

3급은 5역, 2급은 4역, 1급은 3역을 간다.[1107]

【原文】 成宗 二年 判: "諸驛長 大路 四十丁以上 長三 中路 十丁以上 長二 小路 亦依中路例 差定."

성종成宗 2년(983)에 판判하여, "모든 역驛의 장長은 대로大路로 40정丁 이상이면 장長을 3인으로 하고, 중로中路로 10정丁 이상이면 장長을 2인으로 하며, 소로小路도 또한 중로中路의 예에 따라 차등 있게 정한다."라고 하였다.[1108]

【原文】 顯宗 二十三年 判: "京所司 於外方州府 公貼行移時 須報尙書省 商確可否而後 付靑郊驛館 使轉送. 若諸所司 及宮衙典 有不遵行者 館驛使 將文貼及事由 申省 隨卽科罪."

현종顯宗 23년(1032)에 판判하여, "서울의 각 관청에서 지방의 주·부州·府에 공첩公貼을 보낼 때에는 반드시 상서성尙書省에 보고하여 가부를 확인한 뒤에 청교역관靑郊驛館에 부쳐서 전송하게 하고, 만약 여러 관청 및 궁궐의

1107 2월~7월, 즉 봄부터 여름까지 가야할 역이 8월~1월, 즉 겨울보다 많은 것은 봄과 여름에 가야 할 거리가 더 길었음을 의미한다(강은경, 앞의 글, 50쪽).

1108 『고려사』 78 食貨志 1 公廨田柴 조에는 성종 12년 6월 州·府·郡·縣과 館·驛에 지급하는 公廨田(公須田·紙田·長田)의 액수가 밝혀져 있다. 이 중에서 驛과 館에 대한 것만 뽑아내어 〈표〉로 제시하면 다음과 같다.

구분	기준	公須田	紙田	長田
驛	大路	60결	5결	2결
	中路	40결	2결	2결
	小路	20결	2결	
館	大路	5결		
	中路	4결		
	小路	3결		

또한 '여러 道에 있는 館驛의 公須田租는 大路는 100石, 中路는 50石, 小路는 30石을 비축하여 廩給에 충당하고, 나머지 租는 각기 州의 창고에 운반하도록 한다.(『고려사』 78 食貨志 1 租稅, 문종 2년 11월 判)'이라는 기록에서 보듯이 大·中·小路驛의 차이에 따라 公須田租의 액수가 정해졌다. 이와 같이 국가적 이용도에 따라 전국의 역들을 大中小로 구분하는 한편, 동시에 丁을 기준으로 역의 규모를 좀더 자세하게 나누기도 하였던 것이다.

아전(宮衙典)으로 준행하지 아니하는 자가 있으면 관館의 역리驛吏가 문첩文貼 및 사유를 성省(尙書省)에 신고하여 곧 죄를 주도록 한다."라고 하였다.[1109]

【原文】 肅宗 八年 判: "諸驛吏 立馬不實者 降爲常戶."

숙종肅宗 8년(1103)에 판判하여, "모든 역리驛吏로 말(馬)의 준비를 부실하게 한 자는 강등시켜 상호常戶로 삼는다."고 하였다.[1110]

【原文】 高宗 十三年 有旨: "兩江內 靑郊 · 通波 · 馬山 · 碧池 · 迎曙 · 淸波 · 蘆原 · 綠楊 · 丹棗等驛 困於迎送 凋弊莫甚 其令臨津課橋別監 巡視撫恤."

고종高宗 13년(1226)에 지旨를 내려, "양강兩江[1111] 내의 청교靑郊, 통파通波, 마산馬山, 벽지碧池, 영서迎曙, 청파淸波, 노원蘆原, 녹양綠楊, 단조丹棗 등 역은 영접과 환송으로 시달려 그 폐해가 매우 크니, 임진과교별감臨津課橋別監[1112]으로 하여금 순시巡視하여 위문하고 구휼하게 할 것이다."라고 하였다.

【原文】 元宗 十三年 正月 分遣程驛蘇復別監于各道.

1109 중앙에서 지방관청에 문서를 보낼 때뿐 아니라, 지방관과 別銜이 중앙에 문서를 보낼 때에도 수신대상은 상서성이었다. 이와 같이 상서성은 문서발송에 대하여 가부를 결정하는 권한을 가지고 있었으므로, 상서성은 지방행정체계에서 전체를 통제 · 운영하는 역할을 하였다(강은영, 「고려시대 공문서의 전달체계와 지방행정운영」, 『한국사연구』 122, 2003 참조).

1110 **降爲常戶** 고려시대 充常戶刑은 官吏 · 軍人 · 鄕吏 · 閑人 등 이른바 중간계층 이상에게 적용되어 그들의 모든 기존권을 박탈하여 신분적으로 완전히 庶人으로 만드는 것으로서, 歸鄕刑보다 한 단계 무거운 형벌이었다(蔡雄錫, 「고려시대의 歸鄕刑과 充常戶刑」, 『韓國史論』 9, 1983).

1111 **兩江** 靑郊 이하의 모든 역들이 開京과 南京 사이에 있고, 靑郊와 通波驛을 제외한 다른 역들은 모두 臨津江 이남에 위치하고 있으므로, 兩江은 臨津江과 漢江을 말한다고 보여진다(정요근, 「高麗前期 驛制의 整備와 22驛道」, 『한국사론』 45, 4쪽의 각주 6 참고).

1112 **臨津課橋別監** '(靖宗 11년 2월) 臨津降의 課橋院에 號를 내려 慈濟寺라고 하였다. 이에 앞서 나루터에 배다리[船橋]가 없어서 여행객들이 다투어 건너다가 물에 빠지는 일이 많았는데, 담당관청에 명하여 뜬다리[浮梁]를 만들게 한 뒤부터는 사람들이나 말이 평지를 밟는 것처럼 되었다.'(『고려사』 6 世家 靖宗 11년 2월 戊子朔)라는 기록에서 보듯이, 臨津課橋別監은 臨津江이나 그 부근 하천의 배다리[課橋]를 관리하는 관청이나 직책이라고 생각된다.

원종元宗 13년(1272) 정월에 정역소복별감程驛蘇復別監[1113]을 각 도道에 나누어 파견하였다.

【原文】 十五年 判: "各道出使 大小員鋪馬 宰樞十匹 三品員及按廉使七匹 叅上別監五匹 叅外別監 及外官叅以上三匹 叅外二匹 叅上都領·指諭等差使員三匹 將校一匹."

(원종) 15년(1274)에 판判하여, "각 도道에 사행使行으로 나가는 대소 관리의 포마鋪馬는 재추宰樞[1114]는 10필匹, 3품 관리 및 안렴사按廉使[1115]는 7필, 참상별감參上別監[1116]은 5필, 참외별감參外別監 및 외관外官의 참상參上[1117] 이상은 3필, 참외參外는 2필, 참상參上인 도령都領[1118], 지유指諭[1119] 등 차사원差使員[1120]은 3필, 장교將校[1121]는 1필로 한다."라고 하였다.

1113 **程驛蘇復別監** '病 뒤에 元氣를 회복시켜 준다.'는 蘇復이라는 뜻과 같이, 고려시대에는 백성들의 어려운 생활을 회복시켜주기 위해 여러 차례 蘇復別監을 파견하였는데, 당시 程驛蘇復別監 파견은 蒙古와의 오랜 전쟁으로 피폐해진 程驛, 즉 驛站과 驛院을 蘇復하기 위한 것이라고 여겨진다.

1114 **宰樞** 宰臣(中書門下省의 2품 이상 관리)과 樞臣(中樞院의 정3품 이상 관리)을 말한다.

1115 **按廉使** 고려시대 지방행정의 감찰임무를 담당하는 道의 장관으로, 임기는 6개월이고, 주로 5·6품 관리들이 임명되었는데, 按察使라고도 한다(邊太燮, 「高麗按察使考」, 『고려정치제도사연구』, 일조각, 1971).

1116 **參上別監·參外別監** 別監은 중앙과 지방의 각 관청과 여러 都監에 소속된 관직을 말하는데, 이들은 朝會에 참여할 수 있는 參上職 別監과 그렇지 않은 別監으로 나뉘었다. 고려시대에 4품은 모두 參上職이었지만, 5·6품은 물론이고 7품 중에도 參上에 포함되는 직책과 그렇지 않은 직책이 구분되어 있었다(金塘澤, 「高麗時代의 叅職」, 『성곡논총』 20, 1989).

1117 **參上·參外** 參上職은 조회에 참석할 수 있는 관직이고 參外職은 그렇지 못한 관직이다. 조선시대에는 일률적으로 6품 이상 관리를 參上이라고 하였으나, 고려시대에는 4품 이상 관리는 전부 參上인 데 비하여 5·6품에는 參上에 포함되는 직책도 있었고 그렇지 않은 직책도 있었으며, 일부 7품직에도 參上이 있었다(金塘澤, 앞의 글 참조).

1118 **都領** 五軍, 別抄軍, 州鎭軍 등 고려시대 단위 전투부대의 실질적인 지휘관에 대한 호칭.

1119 **指諭** 太子府, 諸妃主府, 五軍 등에 딸린 武官職의 하나.

1120 **差使員** 중요한 임무를 맡겨 파견하는 임시 관리.

1121 **將校** 고려의 장교는 上將軍(정3품)·大將軍(종3품)·將軍(정4품)·中郎將(정5품)·郎將(정6품)·別將(정7품)·散員(정8품)·校尉(정9품)·隊正(品外)인데, 여기서의 將校

【原文】忠烈王二年三月 令諸道 按察使 禁忽赤擅乘驛馬.

충렬왕忠烈王 2년(1276) 3월에 제도諸道의 안찰사按察使에게 명하여 홀적忽赤[1122]이 마음대로 역마驛馬를 타고 다니는 것을 금하였다.

【原文】五年六月 都評議使言: "今年正月 帝令於朝聘路次 置伊里干 以供役使 尋遣塔伯海等 就瀋州遼陽之間 撥與土田 摽定四至 其鴨綠江內 令本國自置兩所. 今請於所賜之地 名營城伊里干者 刷各道富民二百戶 徙居之 擇副戶長·別將等 爲頭目 各管五十人 五年而遞 所徙民 父母兄弟之留鄕者 復之頭目之有功者 賞之 其所徙二百戶 戶給銀一斤·七綜布五十匹 爲屋舍之費白苧布三匹·七綜布十五匹 爲農器之直 白苧布二匹·七綜布十五匹 爲口粮. 又給紬四匹·緜四斤·六七綜布十五匹·毛衣冠·皮鞋各二 爐臼一·食器二·農牛二頭·牸牛三頭·馱駝鞍一·油單草席各五. 又給兩界亡丁·投化丁 田各四結 令更者遞受 擇能蒙漢語者 各二人 押去管領. 其管領人 人賜銀一斤·白苧布一匹·廣苧廣布各十五匹·紬五匹·緜三斤·米十五石·馬三匹 歲資其家 紬苧布各三匹·米十石. 鴨綠江內 伊里干二所 各一百戶 戶給苧二匹·六七綜布五匹 爲農器 苧二匹·六七綜布七匹 爲口粮 又給紬二匹·緜二斤·六七綜布五匹·毛衣冠·皮鞋各二·爐臼一·馬一匹·牛三頭·馱駝鞍一·油單草席各三. 押領官二人 人賜苧布五匹·紬三匹·緜二斤·廣苧廣布各五匹·米七石. 傔者各一人 人苧一匹·米二石." 從之.

(충렬왕) 5년(1279) 6월에 도평의사都評議使[1123]가 말하기를, "금년 정월

는 구체적으로 어느 직책을 말하는지 확실하지 않다. 아마도 校尉~中郞將에 해당하는 것으로 생각된다(兵志 3 간수군 조 참고).

1122 忽赤 (→ 각주 26 참조)

1123 **都評議使** 충렬왕 5년(1279) 都兵馬使를 都評議使司라고 고쳤는데, 都評議使는 都評議使司의 준말이기도 하고, 또는 都評議使司의 가장 우두머리를 말하기도 하는데 3품 이상의 관리로 구성되어 국가의 중요한 일을 의논하여 정하였다(『고려사』 77 百官志 2 諸司都監各色 都評議使司 및 邊太燮, 「高麗都堂考」, 『高麗政治制度史研究』, 일조각, 1977, 93~112쪽).

에 (원의) 황제(世祖)가 (사신들이) 조빙朝聘하는 길목에 이리간伊里干[1124]을 두어 역사役使를 제공하도록 명하고, 이어 탑백해塔伯海[1125] 등을 심주瀋州[1126] · 요양遼陽[1127] 사이에 보내 토전土田을 떼어주어 사방의 경계를 표정標定하였으며, 압록강鴨綠江 이내에는 우리나라가 자체적으로 두 곳에 (이리간伊里干을) 두라고 하였습니다. 지금 청하건대 (원이) 하사下賜한 땅으로 영성營城[1128] 이리간伊里干이라 부르는 곳에 각 도道에서 부민富民 200호戶를 골라 이곳에 옮겨 살게 하고 부호장副戶長 · 별장別將 등을 택하여 두목頭目으로 삼아 각기 50명씩을 관할하게 하되 5년마다 교대하게 하며, 이주한 백성들의 부모 · 형제로 고향에 남아 있는 자는 부역賦役을 면제해주고 두목으로 공이 있는 자는 상을 주도록 하십시오. 이주한 200호는 호마다 은銀 1근, 칠종포七綜布[1129] 50필을 지급하여 집(屋舍)을 마련하는 비용으로 하게 하고, 백저포白苧布[1130] 3필, 칠종포七綜布 15필을 농기農器의 값으로 주며, 백저포白苧布 2필, 칠종포七綜布 15필은 양식糧食을 사게 하십시오. 또 명주(紬) 4필, 면綿 4근, 육 · 칠종포六 · 七綜布 15필, 털옷과 털모자(毛衣冠) · 가죽신(皮鞋) · 화로와 절구(爐臼) 1, 식기食器 2, 농사짓는 소(農牛) 2마리, 암소(牸牛) 3마리, 짐 싣는 말이나 낙타의 안장(馱駝鞍) 1개, 기름

1124 **伊里干** 聚落을 뜻하는 몽고어 irgen에서 나온 말. 이 기사에서 보듯이 고려는 충렬왕 5년 營城에 백성들을 옮겨 살게 하면서 伊里干을 처음 만들었는데, 뒤에는 이에 應坊 소속의 특수 촌락인 伊里干이 설치되기도 하였다. 세종대왕기념사업회 편찬위원회, 『한국고전용어사전』 4, 세종대왕기념사업회, 2002, 356쪽 참조.

1125 **塔伯海** 元의 관리이나, 그에 관한 다른 기록은 남아 있지 않다.

1126 **瀋州** 지금의 中國 遼寧省의 省都인 瀋陽市로, 東北지방의 경제 · 교통 · 문화의 중심지이다. 元代에는 이곳을 중심으로 遼陽路를 두었다.

1127 **遼陽** 지금의 中國 遼寧省에 있는 市. 遼와 金代에는 東京遼陽府라 불렸고, 元代에는 遼陽等處行中書省을 두어 東北지방에 대한 基地로 삼았다.

1128 **營城** 지금의 中國 遼寧省 南部인 旅順의 북동쪽 약 30㎞에 있는 營城子로, 부근에 高麗시대의 城이 있다.

1129 **六 · 七綜布** 베의 한 종류인 여섯 새 · 일곱 새 베로, 고려시대에는 베의 질에 따라 5綜布 · 6綜布 · 7綜布 등으로 나누었는데, 5綜布는 銀甁 · 銅錢 등과 함께 화폐로 통용되기도 하였다(『고려사』 79 食貨志 2 貨幣, 공양왕 3년 7월 都評議使司 奏 참고).

1130 **白苧布** 苧布를 표백한 흰 모시.

먹인 장판지(油單)와 돗자리(草席) 각 5장을 지급하도록 하십시오. 또 양계兩界의 망정亡丁[1131]과 투화정投化丁[1132]에게는 전田 각 4결結을 지급하여 교대하는 자가 이어 받도록 하고, 몽고어蒙古語와 한어漢語에 능한 자 각 2명을 뽑아서 거느리고 가서 관리하도록 하되, 관령인管領人[1133]에게는 한 사람에게 은銀 1근, 백저포白苧布 1필, 광저廣苧[1135] · 광포廣布[1136] 각 15필, 명주紬 5필, 면綿 3근, 쌀 15석石, 말馬 3필을 주고, 해마다 그 집의 자량資糧으로 명주(紬) · 저포苧布[1134] 각 3필, 쌀 15석을 주십시오. 압록강 이내의 이리간伊里干 2곳도 각 100호씩으로 하여 호마다 저苧 2필, 육 · 칠종포六 · 七綜布 5필을 지급하여 농기農器의 값으로 하고, 저苧 2필, 육 · 칠종포六 · 七綜布 7필을 식량食粮으로 하며, 또 명주(紬) 2필, 면綿 2근, 육 · 칠종포六 · 七綜布 5필, 털옷과 털모자(毛衣冠) · 가죽신발(皮鞋) 각 2, 화로와 절구(爐臼) 1, 말(馬) 1필, 소(牛) 3마리, 짐 싣는 말이나 낙타의 안장(馱駝鞍) 1, 기름먹인 장판지(油單)와 돗자리(草席) 각 3장을 지급하고, 압령관押領官[1137] 2명에게는 매 사람마다 저포苧布 5필, 명주明紬 3필, 면綿 2근, 광저廣苧 · 광포廣布 각 5필, 쌀 7석을 주고, 시종하는 이(傔者)[1138] 각 1명에게는 1인당 저苧 1필, 쌀 2석을 주십시오."라고 하자, 이를 좇았다.

1131 亡丁 외국에 포로로 잡혔다가 도망쳐온 丁.

1132 投化丁 외국에서 고려로 投化해온 丁.

1133 管領人 조선시대에 漢城府의 행정구역인 坊과 도성 주변 10리 안의 里의 행정사무를 책임지던 이를 管領이라고 하였는데(『經國大典』 2 戶典 戶籍), 고려의 管領人도 이와 비슷하게 伊里干 등 각종 취락의 일을 관리하고 통솔하던 임무를 맡은 것이라고 여겨진다.

1134 苧布 『鷄林類事』에 '苧布曰毛施背'라고 하였는데, 모시베를 말한다(閔吉子, 「모시」, 『한국민족문화대백과사전』 7, 한국정신문화연구원, 1992, 917쪽).

1135 廣苧 폭이 넓은 모시를 말하는데, 조선시대의 모시 폭은 36㎝ 정도와 50㎝ 정도의 두 종류가 있었다(閔吉子, 「모시」, 앞의 책, 917쪽).

1136 廣布 폭이 넓은 베를 말하는데. 현재 安東 삼베는 소폭이 33~35㎝, 대폭이 45㎝로 생산된다.

1137 押領官 押領은 사람이나 가축, 물건 등을 통솔하여 호송하는 일을 말하는데, 이 기록에서 보듯이 押領官은 伊里干 등 취락의 徙民에 관련된 업무를 담당하는 관리였다고 생각된다.

1138 傔者 『고려사』 109 崔瀣傳에는 崔瀣의 여행길을 수행하던 傔從이라는 용어가 나오는데, 이를 솔거노비로 해석하는 견해가 있다(洪承基, 『고려귀족사회와 노비』, 일조각, 1983, 188쪽).

【原文】六年八月 王 如元 自金郊 至生陽站驛 馬羸疲 每站 各置內廐馬二匹 以備入朝之行.

(충렬왕) 6년(1280) 8월에 왕이 원元에 가는데[1139] 금교金郊에서부터 생양生陽까지의 참역站驛[1140]에는 말이 병들고 지쳤으므로, 매 참站에 각기 내구마內廐馬[1141] 2필을 두어 입조入朝하는 행차에 대비하게 하였다.

【原文】三十四年 八月 忠宣王卽位 十一月 下敎曰: "西海道岊嶺 至七站 及會源·耽羅 指沿路站戶 頃在東征時 以各道人戶 幷流移人物 限年入居 至今因循未遞 或有物故 令本邑 充其數 馬匹亦如之 怨咨尤甚 令有司 擇選當差者 以充站役 其各邑人戶 並許還本."

(충렬왕) 34년(1308) 8월에 충선왕忠宣王이 즉위하였는데 11월에 교敎를 내려, "서해도西海道 절령岊嶺으로부터 7참站에 이르기까지와 회원會源[1142]·탐라耽羅의 연안沿岸을 길잡이 하는 참호站戶들은 지난 번 일본 정벌(征東)[1143] 때에 각 도道의 인호人戶와 아울러 떠돌아다니는 사람들을 연한을 정해 들어가 거주하게 하였는데, 지금까지 머뭇거리며 교체하지 않고, 혹 죽는 사람도 있으면 본읍本邑에서 그 수를 충당하게 하고 마필馬匹도 또한 이와 같이 하니 원망이 대단히 심하다. 담당 관리는 마땅히 보낼 자를 뽑아서 참역站役에 충당하고, 각 읍邑의 인호人戶는 모두 고향에 돌아가는 것을 허락하게 하라."라고 하였다.

1139 충렬왕은 이 해 8월 辛未에 원으로 가기 위해 開京을 출발하였다가, 55일 만인 9월 丙寅에 돌아왔다(『고려사』 29 世家 충렬왕 6년 8월 신미 및 9월 병인 조 기사 참조).

1140 金郊道에서 岊嶺道로 이어지는 驛路에 있는 金郊道의 16개 驛과 岊嶺道의 11개 역이 이에 해당한다.

1141 **內廐馬** 궁궐 안에 있던 마굿간의 말로, 尙乘局(충렬왕 2년에 奉車署로 개칭)에서 관장하였다.

1142 **會源** 충렬왕 8년 원이 일본을 정벌할 때 물자를 공급하는 등 공로가 있다고 하여 合浦縣(지금의 경상남도 마산시)을 會原縣으로 고쳤는데(『고려사』 57 地理志 2 合浦縣), 會源은 會原의 잘못이 아닌가 한다.

1143 충렬왕 즉위년(1274) 10월과 충렬왕 6년(1280)에 각각 2차례의 대규모 일본원정이 있었다.

【原文】 忠宣王三年三月 傳旨: "近來館舍不修 使者無所寓 可於閑曠處 營建十館."

충선왕忠宣王 3년(1311) 3월에 지旨를 전하여, "근래에 관사館舍를 수리하지 않아서 사자使者가 머물며 거할 곳이 없으니, 가히 조용하고 넓은 곳에 관館 10채를 세우라."라고 하였다.

【原文】 忠肅王十二年十月 教: "驛路凋弊 盖因內外官司 濫騎驛馬 或持私馬 須索供給 所在官司 不能禁止 以致驛戶逃移 今後影占驛戶者 推還本驛 嚴行徵罰."

충숙왕忠肅王 12년(1325) 1월에 교教하여, "역로驛路가 못쓰게 되는 것은 대개 중앙과 지방의 관리들이 역마驛馬를 함부로 타거나 혹은 개인의 말을 가지고도 마땅히 공급받고자 하는데 그곳 관리들이 능히 금지하지 못하여 역호驛戶가 도망하기에 이르기 때문이다. 앞으로는 역호驛戶의 이름만 걸어놓고 있는 자는 찾아서 본래의 역驛에 돌아가게 하고 엄하게 징벌하라."고 하였다.

【原文】 後五年五月 教曰: "西海・平壤・安定各站 以三運盤纏 民部盤纏 令打軍每名下官馬外 私馬亦皆喂養 侵擾各站 今後禁之."

(충숙왕) 복위5년(1336) 5월에 교教하여 말하기를, "서해西海・평양平壤・안정安定의 각 참站은 삼운三運[1144]의 경비와 민부民部[1145]의 경비로 군軍에 건네주게 하였는데, 각자의 이름하에 관마官馬 이외에 사마私馬도 또한 모두 먹이게 하여 각 참站에 손실을 주니 앞으로는 이를 금지하라."고 하였다.

【原文】 六年十二月 忠淸道馬山・碧池・靑坡等驛吏 逃匿北界靜州等處 令其

1144 三運 미상.

1145 民部 尙書省 소속의 戶部를 충렬왕 1년에 版圖司로, 충렬왕 24년에 民曹로, 충선왕 즉위년에 民部로 이름을 바꾸었다(『고려사』 76 百官志 1 戶曹).

道存問使李玳 推刷還本.

(충숙왕) 6년(1337) 12월에 충청도忠淸道의 마산馬山,[1146] 벽지碧池,[1147] 청파靑坡[1148] 등의 역리驛吏들이 북계北界의 정주靜州[1149] 등에 도망가 숨으니, 그 도道의 존문사存問使[1150] 이대李玳[1151]에게 찾아내게 하여 본래의 장소로 돌려보내도록 하였다.

【原文】 忠穆王元年[三年][1152] 整理都監狀行省: "巡軍·忽赤等 以不緊公事 乘馹橫行者 收鋪馬文字 職名傳報 品官及僧俗雜類等 多騎私馬 以私事 受公券 村驛橫行者 叅上 囚從人 叅外 囚當身 收所持私馬 各驛定屬."

충목왕忠穆王 3년(1347)에 정리도감整理都監[1153]에서 행성行省[1154]에 장계狀啓하여, "순군巡軍·홀적忽赤 등이 긴급하지 않은 공사公事에 역마驛馬를 타고 횡행하는 자는 포마鋪馬·문서文書와 직명職名을 거두어 통보하고, 품

1146 馬山 고려시대의 槥城郡(지금 충청남도 唐津郡 沔川郡)의 별호가 馬山이다(『고려사』 56 地理志 1 槥城郡).

1147 碧池 고려시대 靑郊道에 속한 碧池驛(당시의 高峯郡, 지금의 경기도 高陽市)은 있으나, 충청도의 碧池는 위치 미상이다.

1148 靑坡 고려시대 靑郊道에 속한 靑坡驛(당시의 南京, 지금의 서울특별시)은 있으나, 충청도의 靑坡는 위치 미상이다.

1149 靜州 고려시대의 安北大都護府에 속한 防禦郡으로, 지금의 평안북도 義州에 있었다(『고려사』 58 地理志 2 靜州).

1150 存問使 백성들의 어려움을 묻고 慰撫하기 위해 파견되는 관리로, 按察使의 후신인 存撫使와는 달리 임시직이었다고 생각된다.

1151 李玳 (?~충혜 복위 4년, ?~1343) 충숙왕 6년(1337)에 忠淸道存問使, 충혜왕 복위 3년(1342)에 3道 巡撫使를 거쳐, 충혜왕 복위 4년(1343)에 密直商議로 사망하였다는 것 이외에 다른 기록은 남아 있지 않다.

1152 忠穆王 元年 整理都監(整治都監)이 설치된 것은 충목왕 3년이므로, 원년은 3년의 잘못일 것이다(閔賢九, 「整治都監의 性格」, 『東方學志』 23·24 합집, 1980, 93쪽의 각주 82 참조).

1153 整理都監 충목왕 3년에 만든 기구로 整治都監이라고도 한다. 정치도감은 元의 적극적 후원 아래 農莊·收租·奴婢·避役 등 사회경제적인 문제와 피폐해진 정치기강을 바로 잡기 위해 활발한 활동을 벌였다. 그러나 개혁 대상자가 附元 내지는 親元세력이었다는 자체 모순 때문에 정치도감의 개혁운동은 실패로 돌아가고 말았다. 이 기구의 활동은 공민왕의 반원개혁운동으로 연결되는 중요한 의의를 가지고 있었다(閔賢九, 앞의 글).

1154 行省 征東行省을 말한다.

관品官 및 중과 속인俗人과 잡류雜類[1155] 등이 흔히 개인의 말을 타고 사사로운 일로 공권公券을 받아 촌역村驛에 횡행하는 자는 참상參上은 종인從人[1156]을 가두고 참외參外는 당사자를 가두며 가지고 있는 개인의 말은 각 역驛에 정속定屬시키십시오."라고 하였다.

【原文】 恭愍王五年六月 下旨: "置郵傳命 軍興所急 其令刷賊臣 及行省所占人物 從來不明者 悉充驛戶 不急鋪車鋪馬 一皆禁止."

공민왕恭愍王 5년(1356) 6월에 지旨를 내려, "우역郵驛을 설치하여 명령을 전달하는 일은 전쟁이 일어났을 때는 긴급한 것이다. 적신賊臣 및 행성行省이 차지한 인물을 조사하여 그 내력이 분명하지 아니한 자는 모두 역호驛戶에 충당하게 하고, 급하지 않은 포거鋪車와 포마鋪馬는 모두 금지하라."고 하였다.[1157]

【原文】 十二年五月 下教: "各道館驛 比因多故 日益凋殘 其元屬土田 爲人所奪者 官爲究治 以安生業 龍駒以北諸驛 三道之衝 供費尤多 其柴炭貢與 免三年."

(공민왕) 12년(1363) 5월에 교教를 내려,[1158] "각 도道의 관館·역驛이 근

1155 雜類 각 관청의 말단 吏屬으로 각종 雜役에 종사하던 계층(洪承基, 「高麗時代의 雜類」, 『역사학보』 57, 1973).

1156 從人 『고려사』 72 輿服志 1의 百官儀從과 外官衙從 조에는 중앙의 관리와 지방관리들이 행차할 때 隨從하는 인원수가 정해져 있는데, 이들을 가리켜 從人이라고 한 것이 아닌가 한다.

1157 공민왕 5년 5월, 공민왕은 奇轍·盧頙·權謙 등의 附元輩를 처형하고, 征東行省理問所를 혁파하였으며, 印璫과 柳仁雨 등을 西北面과 東北面으로 파견하여 失地 회복에 힘쓰게 하는 등, 본격적인 반원개혁정책을 시행하였다(閔賢九, 「高麗 恭愍王의 反元的 改革政治에 대한 一考察」, 『震檀學報』 68, 1989 및 「高麗 恭愍王代 反元的 改革政治의 展開과정」, 『허선도정년기념 한국사학논총』, 일조각, 1992 참조). 이 조치는 이러한 개혁의 일환으로 내려진 것으로, 본문 중 賊臣은 奇轍 등을 일컫는다.

1158 공민왕 12년 5월, 공민왕은 주로 민생안정과 관련된 18개 항목의 개혁교서를 내렸는데, 이것은 그중의 하나이다(黃乙順, 「高麗 恭愍王代의 改革과 그 性格에 관한 硏究」, 東亞

래에 변고가 많아 날로 더욱 쇠락해지니, 원래 소속되어 있던 토전土田으로 남에게 빼앗긴 것은 관官에서 찾아주어 그들의 생업을 편안하게 할 것이며, 용구龍駒[1159] 이북의 여러 역驛은 3도三道의 요충으로 공비供費가 특히 많이 드니 그 땔감을 공납하는 부담(柴炭貢)을 3년간 면제해주라."고 하였다.

【原文】 十三年九月 令各司出馬 官買之 補給西北面各站.

(공민왕) 13년(1364) 9월에 각사各司에서 말을 내게 하고 관官에서 그것을 사서 서북면西北面의 각 참站에 보급하게 하였다.[1160]

【原文】 二十年十二月 敎曰: "置郵 本爲傳命 近年諸司 凡有轉輸 皆委驛戶 致令人馬困斃 自今 都評議使司·諸道按廉 嚴加禁治."

(공민왕) 20년(1371) 12월에 교敎하여 이르기를, "우역郵驛을 설치한 것은 본래 명령을 전달하기 위한 것인데 근년에는 각 사司에서 무릇 전수轉輸해야 할 것이 있으면 모두 역호驛戶에게 맡겨서 사람과 말이 피곤하여 죽게 된다. 지금부터는 도평의사사都評議使司와 제도諸道의 안렴按廉은 엄중히 금지하도록 하라."고 하였다.

【原文】 辛禑十四年六月 敎曰: "館驛之設 所以傳命. 近因豪强兼幷 失其土田. 廚傳如舊 以致凋弊 誠可憫焉. 仰都巡問·按廉使 復其土田 禁理枉道濫騎 及過行隣驛者 務加存恤 毋致失所."

大 博士學位論文, 1989, 36~43쪽).

1159 **龍駒** 지금의 경기도 龍仁市로, 고려시대에는 廣州牧의 屬縣이었다(『고려사』 56 地理志 1 廣州牧 龍駒縣).

1160 공민왕 12년 6월에 元은 공민왕을 폐하고 德興君을 즉위시키기 위해 崔濡로 하여금 元兵 10,000명을 거느리고 압록강을 침입하게 하였는데, 이 침입군은 공민왕 13년 2월에 崔瑩 등의 武將세력의 분전으로 격퇴되었다. 그 뒤 元은 崔濡를 체포하여 고려로 송치하고, 공민왕의 복위를 약속하였다. 공민왕 13년 9월에 西北面의 각 站에 말을 보급하게 조치한 것은 이러한 사건과 관련이 있지 않은가 한다.

우왕禑王 14년(1388) 6월에 교敎하여 이르기를, "관·역館·驛을 설치한 것은 명령을 전달하고자 함이다. 근래에 호강豪强이 겸병함으로 말미암아 그 토지를 잃었는데, (접대할) 음식을 마련하고 역驛에서 전하는 일은 전과 같아서 쇠락해지게 되니 참으로 민망한 일이다. 바라건대 도순문사都巡問使[1161]와 안렴사安廉使는 그 토전土田을 회복하여 주도록 하고, 딴 길로 함부로 (역마를) 타는 것과 이웃 역驛을 지나가는 것을 금하도록 하고, 존휼存恤을 더하여 자기가 있을 곳을 잃지 않도록 하라."고 하였다.

【原文】 七月 大司憲趙浚等 上書曰: "使命之任 先王 於巡問按廉之外 不許發遣 其愼重之意 可見. 兵興以來 使命煩多 冠盖相望 乘驛者 一匹之命 矯至八九匹 一使之供 多至數十人. 察訪多 而豺狼之迹未屛 宣慰繁 而破賊之書蔑聞. 加之以巡問·按廉之差使 諸元帥之發遣 亦皆乘驛 横行州郡 馳騖館驛. 此門一開 成衆愛馬之往來 京外閑散之私行 紛如麻粟 更出迭入 公然受廩 恬不知愧. 殘鄕破驛之吏 垂頭拱手 無所控訴. 以有限之供億 應無窮之使客 州郡凋弊 驛路流亡. 願自今州郡庶務 一委巡問·按廉 以責其成 雜冗使命 不許發遣 朝廷文字 皆以懸鈴行移 非軍情緊急重事 不給驛馬 非乘驛馬者 不得入諸郡·各驛 以受廩給 違者 主客皆罷職不敘 使各道巡問·按廉 一法朝廷此[1162]制 不敢違越 違者痛理之."

(우왕 14년)[1163] 7월에 대사헌大司憲 조준趙浚 등이 글을 올려 말하였다.[1164] "사명使命의 임무는 선왕이 순문巡問과 안렴按廉 이외에는 지방에 나가도록 하는 것을 허락하지 않았으니 그 신중한 뜻을 가히 볼 것입니다. 전쟁이 일

1161 都巡問使 지방의 한 道의 軍事 업무를 총괄하는 직책으로, 공양왕 1년(1389)에 都節制使로 고쳤다(『고려사』 77 百官志 2 外職 節制使).

1162 此 원문에는 比라고 되어 있으나, 此의 잘못일 것이다.

1163 禑王은 6월에 폐위되고, 그의 아들인 昌王이 새 왕으로 즉위하였다.

1164 이 상소는 趙浚의 이른바 제1차 상소로, 이때 같이 올린 상서문이 『고려사』 75 選擧志 2 銓注 選用監司 및 『고려사』 78 食貨志 1 田制에도 실려 있다(權寧國 외, 『譯註 高麗史 食貨志』, 한국정신문화연구원, 1996, 140쪽 참고).

어난 이래로 사명使命이 번다하여 사자使者가 서로 잇따르고, 역마를 타는 자가 1필이라는 명령을 받고서도 고쳐서 8·9필에 이르고, 한 사신使臣을 맞아 접대하는데 많게는 수십 명에 이르기까지도 합니다. 찰방察訪[1165]은 많아도 시랑豺狼(과 같은 무리)의 자취는 그치지 않고, 선위사宣慰使가[1166] 번다하여도 적賊을 격파했다는 서장書狀은 듣지 못하였습니다. 더구나 순문巡問·안렴安廉의 차사差使와 여러 원수元帥가 파견하는 사람이 또한 모두 역마驛馬를 타고 주군州郡을 누비고 다니면서 관역館驛을 놀라고 분주하게 만듭니다. 이러한 문이 한번 열리니 성중애마成衆愛馬의 왕래와 서울과 지방의 한산(閑散官)의 사사로운 행차가 마속麻粟과 같이 분잡하게 교대로 출입하면서 공공연히 창고의 곡식을 받는데, 바르지 못한 짓을 하고도 오히려 부끄러움을 모르니, 쇠잔한 고을과 파락破落한 역驛의 관리들은 머리를 숙이고 두 손을 모아 호소할 곳이 없습니다. 한정이 있는 공억供億으로 끝이 없는 사신(使客)들을 응대하므로 주군州郡이 피폐해지고 역로驛路의 백성들이 떠돌아다니게 되니, 원하건대 지금부터 주군州郡의 서무庶務는 일체 순문巡問과 안렴安廉에 맡겨서 그 이루는 것을 책임지우고 번잡하고 쓸데없는 사명使命을 파견함을 허락하지 마십시오. 조정의 문서는 모두 방울을 다는 방법(懸鈴)으로써 전달하고, 군정軍情의 긴급한 중대사가 아니면 역마驛馬를 주지 말 것이며, 역마를 탄 자가 아니면 여러 군諸郡과 각 역驛에 들어가 식사대접(廩給)을 받지 못하게 하되, 어기는 자는 주객主客을 모두 파직罷職하고 등용하지 말 것입니다. 각 도道의 순문巡問·안렴安廉으로 하여금 한결같이 조정의 이 제도를 본받아 감히 어기지 못하게 하고, 어기는 자는 이를 엄격히 다스리십시오."라고 하였다.

【原文】 八月 趙浚等 又上䟽曰: "有旨: '館驛受害 特加存恤.' 臣等以爲 雖有仁

1165 **察訪** 察訪使의 준말. 按察使가 파견되는 사이에 임시로 파견되어 백성들 생활의 어려움과 지방관리의 잘잘못을 살폈는데, 인종 때 혁파되었다가 명종 때 복구되었다(『고려사』 77 百官志 2 外職 察訪使).

1166 **宣慰使** 왕의 명령을 받고 위문을 하는 관리로, 임시직이었다.

心仁聞 不行先王之政 則民不被其澤矣. 供驛署 全掌八道之驛 上國之賓 朝聘之使 巡問·按廉諸奉使者 以至出將入相之鋪馬起發. 以他官 兼其使 不坐公廳開印 私家行移文牒 人輕職要. 凡權勢豪强之托 親戚朋友之請 推審田民還徵稱貸 看病問安之往來 大而正馬 細而知路 交錯於前 絡繹於後. 驛馬 僵仆而日減 驛卒困苦而日散 館驛凋殘 職此之由. 願自今 以供驛署 屬之軍簿司 指路·知路 亦據都堂公緘 常坐本司 開印發遣."

(우왕 14년) 8월에 조준趙浚 등이 또 상소하여 이르기를,[1167] "'관館·역驛이 해를 받고 있으니 특히 존휼存恤을 더해주라.'는 지旨가 있었는데, 신臣 등이 생각건대 비록 어진 마음과 어질다는 소문이 있어도 선왕의 정치를 시행하지 않으면 곧 백성은 덕택을 입지 못합니다. 공역서供驛署[1168]는 8도道의 역驛을 모두 관장하며, 상국上國의 빈객賓客과 조빙朝聘하는 사신과 순문巡問·안렴安廉 등 모든 사명使命을 받든 자와 출장입상出將入相의 포마鋪馬를 내는 것까지를 모두 관장합니다. 그런데 다른 (직책의) 관리로 그 사명使命을 겸하게 하니 공청公廳에 앉아 있지 않고 사가私家에서 개인開印을 하고 공문을 보내니 사람들이 그 직을 가벼이 여깁니다. 무릇 권세 있고 호강豪强한 자의 부탁과 친척·친우의 간청으로 전민田民을 추심推審하거나 빌려준 것을 거두어들이거나 간병看病과 문안問安하는 왕래에 크게는 정마正馬, 작게는 지로知路[1169]가 앞에서 뒤섞이고 뒤에서 이어져 있으므로 역마驛馬는 쓰러져 날로 감해지고 역졸驛卒은 피곤하고 고달파 날로 흩어지니 관역館驛이 피폐해지는 것은 바로 이 때문입니다. 바라건대 지금부터 공역서供驛署를 군부사軍簿司[1170]에 소속시키고 지로指路[1171]와 지로知路도 또한 도당

1167 이 상소는 趙浚의 이른바 제2차 상소로, 이때 같이 올린 상서문이 『고려사』 75 選擧志 2 銓注 選用守令, 『고려사』 78 食貨志 1 田制, 食貨志 2 戶口에도 실려 있다(權寧國 외, 『譯註 高麗史 食貨志』, 한국정신문화연구원, 1996, 140쪽 참고).

1168 **供驛署** 각 도의 程驛을 관장하는 기구로, 종7품인 2명의 令과 종8품인 2명의 丞 이하 吏屬이 있었다(『고려사』 77 百官志 2 供驛署).

1169 **知路** 길을 잘 알고 인도하는 사람이라고 생각되나, 뒤에 나오는 指路와 어떠한 차이가 있는지 확실하지 않다.

1170 **軍簿司** 尙書省의 兵部가 충렬왕 1년에 軍簿司로 이름이 바뀌었다(『고려사』 76 百官志

都堂[1172]의 공함公緘에 의거하도록 하고 항상 본사本司에 앉아 개인開印하여 파견하도록 하십시오."라고 하였다.

【原文】恭讓王元年十二月 趙浚等 又上疏曰: "近來 驛戶凋弊 凡鋪馬傳遞 知路·指路之役 州郡代受其苦 以至流亡. 欲使州郡復業 當先恤驛戶. 國家雖置程驛別監 安集諸驛 而一人 不能獨理 每驛置私屬 以爲耳目. 然非都堂差遣人 人得以侵侮 不能安集. 願自今 每驛置五六品丞一人 其保擧 如守令例給半印而遣之 其有能致驛戶富盛·鋪馬充立者 觀察使 報都堂 以補守令之闕 且授京官 以示褒賞. 邊遠驛丞 令觀察使 擧補."

공양왕恭讓王 원년(1389) 12월에 조준趙浚 등이 또 소疏를 올려 이르기를,[1173] "근래에 역호驛戶가 피폐해져서 모든 포마鋪馬를 교체하거나 지로知路·지로指路의 역役을 주군州郡이 대신하여 그 고통을 받아 (백성들이) 유망流亡하기에 이르렀으니 주군州郡으로 하여금 백성들의 생업을 회복하게 하려면 마땅히 먼저 역호驛戶를 존휼存恤해야 합니다. 국가가 비록 정역별감程驛別監[1174]을 두어 모든 역驛을 안집安集하게 하였으나 한 사람이 능히 혼자 다스릴 수 없어 역驛마다 사사로이 사람을 두어 이목耳目으로 삼았습

兵曹).

1171 **指路** 길을 인도하는 일을 맡는 사람.

1172 **都堂** 고려 후기의 최고정무기관으로 국정전반을 통할한 都評議使司의 별칭. 충렬왕 3년(1277) 都兵馬使를 都評議使司로 개편하면서 구성과 기능도 대폭 확대 강화되었는데, 僉議(전기의 宰臣), 密直(전기의 樞密) 이외에 三司의 正員, 商議까지 都堂에 合坐하였고, 임시기관에서 상설기관이 되면서 의정기관인 동시에 국가서무를 직접 관장하는 행정기관으로 바뀌어갔다. 이와 같이 고려 후기의 정치체제가 都堂중심체제가 되면서 종래의 中書門下省과 尙書 6部는 무력해졌다(邊太燮, 「高麗都堂考」, 『高麗政治制度史硏究』, 일조각, 1971, 85~86쪽).

1173 이 상소는 趙浚의 이른바 제3차 상소로, 이때 같이 올린 상서문이 『고려사』 73 選擧志 1 科目, 選擧志 2 學校, 選擧志 3 銓注 考課之典·宦寺之職·封贈之制·添設職·鄕職, 『고려사』 76 百官志 1 繕工寺·軍器寺, 『고려사』 79 食貨志 2 賃借, 食貨志 3 常平義倉 등에 나뉘어 실려 있다(權寧國 외, 『譯註 高麗史 食貨志』, 한국정신문화연구원, 1996, 140~141쪽 참고).

1174 **程驛別監** 지방의 도로와 驛站의 일을 관리하기 위해 파견된 관리.

니다. 그러나 도당에서 파견한 사람이 아니어서 사람들이 업신여겨 안집安集하지 못하게 합니다. 바라건대 지금부터 매 역驛에 5·6품의 승丞[1175] 1명을 두되 그를 임명하는 데는 수령守令의 예와 같이 반인半印을 주어 보내고, 능히 역호驛戶를 부유하게 하고 포마鋪馬를 보충하여 채우는 자는 관찰사觀察使[1176]가 도당都堂에 보고하여 수령守令이 결원된 곳에 보임하고 또한 경관京官에 임명하여 포상함을 보이십시오. (그리고) 변방의 먼 곳의 역승驛丞은 관찰사觀察使로 하여금 천거하여 보충하게 하십시오."

마정馬政[1177]

【原文】 諸牧場: 龍驤(黃州) 隴西(洞州) 銀川(白州) 羊欄(開城) 左牧(貞州) 懷仁(淸州) 常慈院(見州) 葉戶峴(廣州) 江陰 東州.

여러 목장牧場은 용양龍驤[1178](황주黃州[1179]), 농서隴西[1180](동주洞州[1181]), 은

1175 **驛丞** 驛路에 관계되는 일을 맡아보던 관리. 고려 초에는 諸道巡官이라고 하다가 현종 9년 諸道舘驛使로 바꾸고 공양왕 1년에 驛丞을 두었는데, 모두 參官(6품 이상)으로 하였다(『고려사』 77 百官志 2 外職 舘驛使).

1176 **觀察使** 道의 장관인 按察使(按廉使)를 창왕 즉위년에 都觀察黜陟使로 바꾸었다가, 공양왕 2년에 各道觀察使經歷司라고 하였으나 공양왕 4년에 諸道觀察使를 폐지하고 다시 按廉使라고 하였다(『고려사』 77 百官志 2 외직 按廉使).

1177 **馬政** 馬政은 국가에서 필요로 하는 말을 번식시키고 조달하는 정책 전반을 말하는데, 軍馬와 驛馬의 사육, 국영목장의 운영 등의 내용을 담고 있다. 말은 군사와 교통, 무역에서 중요한 역할을 하였고, 중앙과 지방을 연결하는 군사적인 통신과 교통은 역마에 의해 행해졌으므로, 馬政도 兵志에 수록하게 된 것이라고 생각된다(이기백, 「고려사 병지의 검토」, 『고려병제사연구』, 일조각, 1968). 馬政에 대한 주요한 연구로는 南都泳, 「高麗時代의 馬政」, 『趙明基華甲記念 佛敎史學論叢』, 불교문화연구원, 1965가 있다.

1178 **龍驤** 황해도 黃州에 있던 지명(『대동지지』 18 黃州 牧場).

1179 **黃州** 황해도 黃州郡으로, 고려시대에는 西海道 소속의 牧이었다(『고려사』 58 地理志 3 黃州牧).

천銀川[1182](백주白州[1183]), 양란羊欄[1184](개성開城[1185]), 좌목左牧[1186](정주貞州[1187]), 회인懷仁[1188](청주淸州[1189]), 상자원常慈院[1190](견주見州[1191]), 엽호현葉戶峴[1192](광주廣州[1193]), 강음江陰[1194], 동주東州[1195]에 있다.[1196]

1180 隴西 고려시대의 洞州(지금의 황해도 瑞興郡)의 다른 이름(『고려사』 58 地理志 3 洞州).

1181 洞州 황해도 瑞興郡의 고려시대 이름(『신증동국여지승람』 41 瑞興都護府).

1182 銀川 고려시대 白州(지금의 황해도 白川郡)의 다른 이름(『고려사』 58 地理志 3 白州).

1183 白州 황해도 白川郡의 고려시대 이름(『신증동국여지승람』 41 白川郡).

1184 羊欄 고려시대 開城에 있던 목장으로, 羊欄牧監을 두어 將校 2명과 軍人 17명을 배치하였다(『고려사』 83 兵志 3 看守軍 羊欄牧監).

1185 開城 고려시대의 수도인 開京.

1186 左牧 고려시대 貞州(지금의 경기도 開豊郡)에 있던 목장으로, 左牧監을 두어 장교 2명을 배치하였다(『고려사』 83 兵志 3 看守軍 左牧監).

1187 貞州 고려시대 開城府의 屬縣의 하나로, 조선시대 이후 豊德郡을 거쳐 開豊郡으로 편입되었다(『신증동국여지승람』 13 豊德郡).

1188 懷仁 고려시대 淸州牧의 屬縣으로, 지금의 충청북도 報恩郡 懷北面 일대에 속한다(『고려사』 56 地理志 1 懷仁縣).

1189 淸州 지금의 충청북도 淸州市로, 고려시대에는 牧이 설치되어 있었다(『고려사』 56 地理志 1 淸州牧).

1190 常慈院 고려시대 見州(지금의 경기도 楊州郡)에 있던 목장.

1191 見州 고려시대 楊廣道 楊州(지금의 경기도 楊州郡)의 屬縣(『고려사』 56 地理志 1 見州).

1192 葉戶峴 고려시대 廣州(지금의 경기도 廣州郡)에 있던 목장.

1193 廣州 지금의 경기도 廣州郡으로, 고려시대에는 牧이 설치되어 있었다(『고려사』 56 地理志 1 廣州牧).

1194 江陰 고려시대 開城府의 屬縣의 하나로 지금의 황해도 金川郡 일대에 속하는데, 江陰의 목장에는 江陰牧監을 두어 將校 2명을 배치하였다(『고려사』 83 兵志 3 看守軍 江陰牧監).

1195 東州 지금의 강원도 鐵原郡으로, 고려시대에는 交州道에 속하였다(『고려사』 58 地理志 3 東州).

1196 이 목장들은 모두 개성을 중심으로 한 내륙지방에만 있고, 섬의 목장의 존재에 대해서는 적고 있지 않다. 그러나 兵志 馬政 조에 곧이어 나오는 문종 25년의 判文에는 섬(島陸)의 목장에 대한 언급이 있는 바, 실제로 '絶影島驄馬'(『고려사』 1 世家 태조 7년 8월), '猪山島牧馬'(『고려사』 2 世家 태조 15년 9월)라는 기록에서 보듯이 고려 초기부터 섬에 목장이 있었고, 충렬왕 때에는 耽羅에 대규모의 목장이 건설되기도 하였다. 그러므로 고려시대의 목장은 실제로는 훨씬 더 많았을 것인데, 신라시대에 174개소의 목장이 있었고, 조선시대에도 폐목장까지 합하여 약 160개소의 목장이 있는 것을 감안할 때, 고려시대에도 약 160개 정도의 목장이 있지 않았을까 추정된다(南都泳, 「高麗時代의 馬政」, 『趙明基華甲記念佛敎史學論叢』, 불교문화연구원, 1965, 393~395쪽).

【原文】顯宗 十六年 判: 牧監養馬 青草節 大馬四匹 養奴一名 黃草節 一日一匹 法末三升 實豆三升 青草節 豆末三升(青草節 五·六·七·八·九月 黃草節 正·二·三·四·十·十一·十二月).

현종顯宗 16년(1025)에 판判하여, '목감牧監에서 말을 기르는데, 청초절靑草節[1197]에는 대마大馬 4마리에 양노養奴[1198] 1명이고, 황초절黃草節[1199]에는 하루에 한 마리 당 법말法末[1200] 3되, 실두實豆[1201] 3되이며, 청초절에는 두말豆末[1202] 3되로 하였다(청초절은 5·6·7·8·9월이고, 황초절은 1·2·3·4·10·11·12월이다).

【原文】文宗二十五年 判: 島陸馬畜 不能監養致死者 勾當島吏 科罪 又州鎭官馬齒老 及亡失者 以公須屯田所收 買立.

문종文宗 25년(1071)에 판判하여, '섬의 목장에서 말을 기르는데 잘 돌보지 않아서 (말을) 죽게 한 자는 담당하는 섬의 관리를 벌한다. 또 주州와 진鎭의 관마官馬가 나이가 들어 늙었거나 잃어버리게 되면 공수둔전公須屯田[1203]의 수입으로 (말을) 사서 보충한다.'라고 하였다.

1197 **青草節** 풀이 한창 푸른 절기로, 본문에서와 같이 5월에서 9월까지의 5개월간이다.

1198 **養奴** 본문기사에 국한하여 볼 때 養奴는 국가의 목장에서 말을 기르는 남자노예라고 할 수 있는데, 『고려사』에 다른 용례가 나오지 않으므로 다른 부서에도 養奴와 같은 존재가 있었는지 여부는 확실하지 않다.

1199 **黃草節** 풀이 누런 절기로, 본문에서와 같이 1월에서 4월과 10월에서 12월까지 7개월간이다.

1200 **法末** '들깻묵가루'(단국대학교 동양학연구소 편, 『한국한자어사전』 3, 단국대학교 동양학연구소, 1992, 121쪽), '부스러기 콩'(사회과학원 편, 『북한 국역고려사』 7, 신서원, 1991, 503쪽)이라는 설명이 있다.

1201 **實豆** '껍데기를 벗겨버린 알맹이의 콩'(단국대학교 동양학연구소 편, 『한국한자어사전』 2, 단국대학교 동양학연구소, 1992, 84쪽), '옹근 콩'(사회과학원 편, 『북한 국역고려사』 7, 신서원, 1991, 503쪽)이라는 설명이 있다.

1202 **豆末** '콩가루'(단국대학교 동양학연구소 편, 『한국한자어사전』 4, 단국대학교 동양학연구소, 1992, 187쪽), '부스러기 콩'(사회과학원 편, 『북한 국역고려사』 7, 신서원, 1991, 503쪽)이라는 설명이 있다. 末豆라는 용어도 있는데, 豆末의 착오인지 알 수 없다. (→ 각주 1210 참조)

【原文】仁宗二十三年 判: 西北面諸城州鎭官馬 齒老及物故者 以官馬寶 及他諸寶 公須屯田科 空亡雜位所收 賣買充立 勿使徵歛貧乏百姓.

인종仁宗 23년(1145)에 판判하여, '서북면西北面[1204]의 여러 성城·주州·진鎭의 관마官馬가 나이가 들어 늙었거나 죽은 것은 관마보官馬寶[1205] 및 다른 여러 보寶나 공수둔전과公須屯田科나 공망잡위空亡雜位[1206]의 수입으로 사서 보충하고, 가난한 백성에게서는 거두지 말라.'고 하였다.

【原文】毅宗十三年 典牧司 奏定諸牧監場畜馬料式. 戰馬一匹 黃草節 一日 稗一斗·豆二升·末豆四升 靑草節 稗一斗·末豆三升. 雜馬一匹 黃草節 一日 稗四升·豆二升·末豆三升 靑草節 稗三升·末豆二升. 駱駝一首 黃草節 一日 稗五斗·豆二斗·塩五合 靑草節 稗二斗·豆九升·塩三合. 驢騾各一匹 黃草節 一日 稗六升·豆二升·末豆三升 靑草節 稗六升·末豆三升. 役牛一頭 黃草節 一日 稗六升·豆二升 靑草節 稗四升·末豆二升. 犢牛一頭 黃草節 一日 稗四升·豆二升 靑草節 稗三升·末豆二升.

1203 公須屯田 屯田이 보통 변경지대나 군사상의 요해지에 軍需의 확보를 위해 설정되는 것인 데 비하여, 公須屯田은 일반 州縣에 설치되어 관청의 운영비와 外官 祿俸의 재원을 보충하기 위해 지급된 官屯田의 하나이다(安秉佑, 「高麗의 屯田에 대한 一考察」, 『韓國史論』 10, 1984, 38~47쪽).

1204 西北面 고려 兩界의 하나로, 北界·西界·西北界라고 부르기도 한다(『고려사』 58 地理志 3 北界).

1205 官馬寶 '寶는 方言으로 돈과 곡식을 기부하여 그 본전은 보존하고 利息을 취하여 영구히 이용하는 것이므로 寶라고 한다.'(『고려사절요』 1 태조 13년 12월)라는 기사와 같이, 일정한 밑천에서 얻어지는 이자로 공공사업이나 다른 일을 벌이는 재단이 寶이다. 고려시대에는 學寶, 濟危寶, 八關寶 등 많은 寶가 있었는데, 官馬寶는 官馬를 구입하고 양육하기 위한 寶인 것이다(金三守, 「'寶'의 前期的 資本機能에 관한 종교사회학적 연구」, 『亞細亞學報』 1, 1965).

1206 空亡雜位 位田은 일정한 職을 지닌 자에게 주는 대가나 관청의 특수한 목적을 위해 지급한 토지인데, 紙位田·書籍位田·油香田 등 여러 가지 명목 아래 다양한 명칭을 가지고 있으며(安秉佑, 『高麗前期의 財政構造』, 서울대학교 출판부, 2002), 조선에서는 이들을 통틀어 雜位田이라고 부르기도 하였다. 이러한 용례에서 보듯이 雜位라는 것도 일정한 목적을 위해 만든 토지나 기금을 말하는데, 空亡雜位는 그 목적은 이미 상실하였지만 명목상으로는 설정되어 있어 경제적 기능을 할 수 있는 각종 位를 말하는 것이 아닌가 한다.

尙乘局 御馬一匹 黃草節 田米・實豆及末豆各五升 靑草節 只除實豆. 件馬一匹 黃草節 田米・實豆・末豆各三升 靑草節 亦除實豆. 役騾一匹 稗一斗・實豆二升・末豆三升 靑草節 亦除豆. 牝馬一匹 稗一斗・豆二升・末豆三升 靑草節 稗一斗・末豆三升. 二歲駒 稗四升・豆二升 靑草節 稗三升・豆二升. 把父馬一匹 一日 加稗三升・豆二升. 典廐役騾一匹 一日 稗一斗五升・實豆・末豆各三升 靑草節 除實豆. 大牛一頭 一日 稗八升・實豆三升・黃草七束. 大僕寺 別立馬 稗一斗三升・實豆三升・末豆四升 靑草節 除實豆. 常立馬 稗一斗・實豆三升・末豆四升 靑草節 除實豆. 役騾 稗一斗・實豆二升・末豆三升 靑草節 除實豆.

의종毅宗 13년(1159)에 전목사典牧司[1207]가 아뢰어 각 목감장牧監場[1208]의 축마요식畜馬料式을 정하였다.[1209]

1207 **典牧司** 牧場을 관장하고 戰馬・役馬・役牛 등 조달하던 관청. 文宗 때 정비된 기구를 보면 判事는 省宰로 하고, 使 2명은 樞密이나 6尙書로, 副使 2명은 정4품 이상으로, 判官 2명은 參上으로, 錄事 4명은 乙科 權務로 하며, 吏屬으로는 記官・記事・書者를 모두 2명으로 정하였다(『고려사』 77 百官志 2 諸司都監各色 典牧司). 충렬왕 34년(충선왕 즉위년)에 尙乘局, 諸牧監과 함께 司僕寺에 병합되었다(『고려사』 76 百官志 1 司僕寺). 南都泳, 「高麗時代의 馬政」, 『趙明基華甲記念 佛敎史學論叢』, 불교문화연구원, 1965, 382~395쪽 참고.

1208 **牧監場** 牧監에는 丙科 權務인 牧監直을 두고(『고려사』 77 百官志 2 諸司都監各色 諸牧監直), 大馬 4마리당 養奴 1명을 배치하였으며(『고려사』 82 兵志 2 馬政 顯宗 16년 判), 左牧監・羊欄牧監・江陰牧場 등 주요 목감장에는 장교와 군인을 看守軍으로 파견하기도 하였다(『고려사』 83 兵志 3 看守軍).

1209 **畜馬料式** 諸牧監의 소・말・낙타 등 사육동물의 종류와 계절에 따른 지급 사료의 종류와 양을 정한 규칙. 본문에 나오는 의종 13년의 畜馬料式을 〈표〉로 만들면 다음과 같다.

종류	계절에 따른 1마리당 1일 소요 사료량										
	黃草節						靑草節				
	稗	田米	豆	末豆	鹽	黃草	稗	田米	豆	末豆	鹽
戰馬	1말		2되	4되			1말			3되	
雜馬	4되		2되	3되			3되			2되	
駱駝	5말		2말		5홉		2말		9되		3홉
나귀와 노새 [驢騾]	6되		2되	3되			6되			3되	

전마戰馬: 1필에 황초절黃草節에는 하루에 피(稗) 1말(斗), 콩 2되(升), 말두末豆[1210] 4되이고, 청초절靑草節에는 피 1말, 말두 3되이다.

잡마雜馬: 1필에 황초절에는 하루에 피 4되, 콩 2되, 말두末豆 3되이고, 청초절靑草節에는 피 3되, 말두末豆 2되이다.

낙타駱駝[1211]: 1마리당 황초절에는 하루에 피 5말, 콩 2말, 소금(鹽) 5홉(合)

役牛	6되		2되				4되			2되	
犢牛	4되		2되				3되			2되	
尙乘局 御馬		5승	5되 (實豆)	5되				5되		5되	
(尙乘局) 件馬		3승	3되 (實豆)	3되				3되		3되	
(尙乘局) 役騾	1말		2되 (實豆)	3되			1말			3되	
암말 [牝馬]	1말		2되	3되			1말			3되	
망아지 [2歲駒]	4되		2되				3되		2되		
把父馬	3되		2되								
典廐署 役騾	1말 5되		3되 (實豆)	3되			1말 5되			3되	
大牛	8되		3되 (實豆)			7단 [束]					
大僕寺 別立馬	1말 3되		3되 (實豆)	4되			1말 3되			4되	
(大僕寺) 常立馬	1말		3되 (實豆)	4되			1말			4되	
(大僕寺) 役騾	1말		2되 (實豆)	3되			1말			3되	

1210 **末豆** '사료로 쓰기 위해 매에 타서 쪼갠 콩'(단국대학교 동양학연구소 편, 『한국한자어사전』 2, 단국대학교 동양학연구소, 1997, 842쪽)이라는 해석과, '부스러기 콩'(사회과학원 편, 『북한 국역고려사』 7, 신서원, 1991, 503쪽)이라는 해석이 있다. (→ 각주 1202 참조)

1211 **駱駝** 아마도 외교사절들로부터 선물로 받은 낙타를 목장에서 사육한 듯하다(『고려사』 1 世家 태조 5년 2월 조 참조).

이고, 청초절青草節에는 피 2말, 콩 9되, 소금 3홉이다.

나귀와 노새(驢騾): 각 1필에 황초절에는 하루에 피 6되, 콩 2되, 말두 3되이고, 청초절에는 피 6되, 말두 3되이다.

역우役牛: 1마리에 황초절에는 하루에 피 6되, 콩 2되이고, 청초절에는 피 4되, 말두 2되이다.

독우犢牛[1212]: 1마리에 황초절에는 하루에 피 4되, 콩 2되이고, 청초절에는 피 3되, 말두 2되이다.

상승국尙乘局[1213]의 어마御馬[1214]: 한 마리에 황초절에는 전미田米·실두實豆 및 말두末豆 각 5되이고, 청초절에는 단지 실두實豆만을 제외한다.

(상승국) 건마件馬[1215]: 한 마리에 황초절에는 전미田米[1216]·실두實豆·말두末豆 각 3되이고, 청초절에는 또한 실두實豆를 제외한다.

(상승국) 역라役騾: 1필에는 피 1말, 실두實豆 2되, 말두 3되이고, 청초절에는 또한 콩을 제외한다.

암말(牝馬): 1필에는 피 1말, 콩 2되, 말두 3되이고 청초절에는 피 1말, 말두 3되이다.

망아지(二歲駒)[1217]: 피 4되, 콩 2되이고, 청초절에는 피 3되, 콩 2되이다.

파부마把父馬[1218]: 1필에는 하루에 피 3되, 콩 2되를 더 준다.

전구서典廐署[1219]에서 부리는 노새(役騾): 1필에는 하루에 피 1말 5되, 실

1212 犢牛 圜丘, 籍田 등 국가의 주요 제사에 희생물로 바쳐지던 소를 말하는데, 희생물은 掌牲署에서 관장하였다(『고려사』 77 百官志 2 掌牲署).

1213 尙乘局 왕실의 마구간[內廐]를 맡아보던 관청으로 충선왕 2년 奉車署로 고쳤다. 공민왕 때 尙乘局과 奉車署라는 명칭을 반복하여 개칭하다가, 공양왕 3년에 重房에 병합되었다(『고려사』 77 百官志 2 奉車署).

1214 御馬 왕이 타는 말.

1215 件馬 '품질이 보통인 말'(단국대학교 동양학연구소 편, 『한국한자어사전』 1, 단국대학교 동양학연구소, 1992, 260쪽)이라는 해석이 있다.

1216 田米 벼껍질을 벗기지 않은 쌀.

1217 二歲駒 망아지. 두 살 난 말 또는 5척 이상 6척 이하의 작은 말.

1218 把父馬 품질이 좋은 종자말.

1219 典廐署 닭, 돼지 등 雜畜의 사육을 맡아보던 관청으로, 충렬왕 34년에 충선왕이 즉위하여 典儀寺 관할로 하였다(『고려사』 77 百官志 2 典廐署).

두實豆 · 말두末豆 각 3되이고, 청초절에는 실두實豆를 제외한다.

대우大牛: 한 마리에는 하루에 피 8되, 실두實豆 3되, 황초黃草 7단(束)이다.

대복시大僕寺[1220] 별립마別立馬[1221]: 피 1말 3되, 실두實豆 3되, 말두末豆 4되이고, 청초절에는 실두實豆를 제외한다.

(대복시) 상립마常立馬[1222]: 피 1말, 실두實豆 3되, 말두末豆 4되이고, 청초절에는 실두實豆를 제외한다.

(대복시에서) 부리는 노새(役騾): 피 1말, 실두實豆 2되, 말두末豆 3되이고, 청초절에는 실두實豆를 제외한다.

【原文】 元宗十四年二月 令諸王 · 宰樞 · 四品以上 各出馬一匹 五六品二員幷出一匹 或奪民馬 以換軍士瘦馬.

원종元宗 14년(1273) 2월에 제왕諸王[1223] · 재추宰樞와 4품 이상은 각각 말 1필을 내게 하고, 5 · 6품은 2명의 관리가 아울러 1필을 내게 하였는데, 혹 민마民馬를 빼앗아 군사들의 파리한 말과 바꾸기도 하였다.

1220 大僕寺 임금이 타는 말과 수레 등을 관리하던 관청으로, 충렬왕 34년에 충선왕이 즉위하여 司僕寺로 고치면서 尙乘局, 典牧司, 諸牧監을 병합시켰다(『고려사』 76 百官志 1 司僕寺).

1221 別立馬 大僕寺에서 따로 기르는 말. 조선시대에는 제주도에서 해마다 바치는 임금이 타던 말을 別馬라고 하였는데(『증보문헌비고』 125 兵考 馬政, 廐牧諸例), 고려의 別立馬도 혹시 이와 관련이 있지 않을까 한다.

1222 常立馬 일정한 수를 늘 갖추어두고 기르는 말(단국대학교 동양학연구소 편, 『한국한자어사전』 2, 단국대학교 동양학연구소, 1992, 268쪽).

1223 諸王 宗室의 封爵者에 대한 총칭으로, 『고려사』에는 '宗室 중 촌수가 가깝고 존속인 이(親且尊者)를 봉하여 公이라 하고, 그 다음은 侯라고 하며, 촌수가 먼 이(疏者)는 伯이라고 하였으며, 어린 사람(幼子)은 司徒 · 司空이라고 하였는데, 이들을 통틀어 諸王이라고 한다. 이들에게는 모두 일을 맡기지 않았으니, 친족을 친속으로 보선하는 이유에서이다.'(『고려사』 90 宗室傳 1 序文)라고 기록되어 있다. 즉 고려의 諸王은 왕족 출신으로 公 · 侯 · 伯에 封爵된 이들과 그들의 아들에게 주어진 司徒 · 司空으로 구성된다. 그러나 충렬왕 24년 封爵制가 封君制로 바뀌면서 諸王이라는 명칭은 더 이상 사용되지 않고 諸君 · 宗室 등의 명칭이 사용되었다.

【참고】 黃雲龍, 「高麗諸王考」, 『丁仲煥還曆記念論文集』, 1974; 『高麗閥族硏究』, 동아대출판부, 1990.

金基德, 『高麗時代 封爵制 硏究』, 청년사, 1998, 63~75쪽.

【原文】忠烈王元年七月 遣使慶尙·全羅道 點閱諸島牛馬.

충렬왕忠烈王 원년(1275) 7월에 경상도慶尙道와 전라도全羅道에 사신을 파견하여 여러 섬의 소와 말을 점열點閱하였다.

【原文】十三年五月 令百官出戰馬及器皿: 宰樞 狄鄕馬各一匹; 致仕宰樞·顯官判事三品 狄馬一匹; 致仕三品·顯官四品 鄕馬一匹; 五六品二員 幷鄕馬一匹; 七八品二員 幷鍮鐵器一事; 權務 九品三員 幷一事.

(충렬왕) 13년(1276) 5월에 백관百官에게 전마戰馬와 기명器皿을 내게 하였는데, 재추宰樞는 적마狄馬[1224]와 향마鄕馬[1225] 각 1필로 하고, 치사致仕한 재추宰樞·현관 판사顯官 判事·3품은 적마狄馬 1필, 치사致仕한 3품과 현관顯官 4품은 향마鄕馬 1필, 5·6품은 2명의 관리가 아울러 향마鄕馬 1필, 7·8품은 2명의 관리가 아울러 놋쇠그릇(鍮鐵器) 1벌(事)로 하고, 권무權務[1226]와 9품은 3명 관리가 아울러 놋그릇 1벌로 하였다.

【原文】十四年二月 置馬畜滋長別監. 先是 放馬於諸島 使之蕃息 簡出壯者以充尙乘 其餘 班賜諸王·宰輔·文武臣僚 而耽羅之出 居多. 自逆賊之亂元令島民陸居 而耽羅 別屬於元 馬畜不繁 歲貢甚少. 國有親朝助征之事 令外官獻馬 又品斂百官 而至奪外郡良馬 內外苦之. 朝議以謂 若置官選牝馬牸牛 使之蕃息 則可備將來 於是有是命.

(충렬왕) 14년(1277) 2월에 마축자장별감馬畜滋長別監[1227]을 두었다. 이에

1224 狄馬 북방으로 온 외래종 말로 胡馬라고도 한다(『고려사』 134 辛禑傳 우왕 5년 10월 門下評理 李茂方 等 上陳情表).

1225 鄕馬 외래종 말에 대칭하여 재래종 말을 이르는데, 國馬라고도 한다(『고려사』 134 辛禑傳 우왕 5년 10월 門下評理 李茂方 等 上陳情表).

1226 權務 임시적인 직무를 맡은 관직으로 品官과 吏屬 사이에 있는 하나의 직제였는데, 甲科와 乙科 權務는 9품보다 상위에, 丙科와 雜權務는 그 하위에 있으면서 그에 상응하는 녹봉을 받았다(金光洙, 「高麗時代의 權務職」, 『한국사연구』 30, 1980).

1227 馬畜滋長別監 국영목장을 진흥하기 위해 설립한 특수행정기관으로, '畜馬別監'(『고려

앞서 말을 여러 섬에 방목放牧하여 이들을 번식시켜서 건장한 것을 가려내어 상승(尙乘局)에 충당하고 나머지는 제왕諸王 · 재추宰輔와 문무 신료文武臣僚에게 나누어 주었는데, 탐라耽羅에서 나온 것이 많았다. (그런데) 역적의 난(三別抄亂)으로부터 원元이 섬 주민들을 육지로 나와 살게 하고 탐라耽羅는 따로 원元에 속하게 하니 마축馬畜이 번성하지 못하여 세공歲貢도 매우 적어졌다. 나라에 (원에) 친조親朝하거나 정벌을 도울 일이 있으면 지방관에게 말을 바치게 하고, 또 백관百官에게는 관품에 따라 거두되 지방의 양마良馬까지 빼앗게 되니 온 나라가 이를 괴롭게 여겼다. 조정에서 의논하여 말하기를, "만약 관리를 두어 암말과 암소를 가려서 번식하게 하면 가히 장래에 대비할 수 있을 것입니다."라고 하니 이에 이 명命이 있었다.

【原文】 恭愍王三年六月 令百官出馬 官以鈔買之 給征高郵軍士. 三品以上 諸君 · 宰樞以下 出馬三匹 六品以上 · 四品以下 出馬一匹 僧徒 亦隨所住寺高下 出馬.

공민왕恭愍王 3년(1354) 6월에 백관百官에게 말을 내게 하고 관부官府에서 초鈔[1228]로 이를 사들여 고우高郵[1229]를 정벌하는 군사들에게 지급하였는데,

---

사』 136 辛禑傳 우왕 12년 12월 조)과 같은 성격의 것이 아닌가 한다. 馬畜使라는 관직도 이와 관련이 있을 것이다(『고려사』 133 辛禑傳 우왕 1년 11월 조). 南都泳, 「高麗時代의 馬政」, 『趙明基華甲記念 佛敎史學論叢』, 불교문화연구원, 1965, 395~396쪽 참고.

1228 **鈔** 元의 지폐인 寶鈔(至元寶鈔, 中統寶鈔, 至大銀鈔 등)를 말한다. 寶鈔는 처음 전함 건조비 등의 명목으로 軍票와 같은 성격을 지니고 고려에 유입되었는데, 점차 元 경제권에 통용되는 공통화폐의 성격이 농후해지면서, 行宮이나 元 왕래의 비용 지급, 연회 비용, 서적 구입, 군사비 조달, 왕과 관료들 사이의 贈答 등 상류층이나 무역상인들 사이에 광범위하게 유통되었다. 보초의 통용은 고려의 물자 유출을 가져오고 물가를 폭등시키는 원인이 되기도 하였으나, 원이 쇠약해지면서 보초의 가치도 폭락하여 보초 소지자들은 경제적으로 큰 타격을 입었다(김동철, 「상업과 화폐」, 『한국사 19—고려 후기의 경제와 사회』, 국사편찬위원회, 1996, 412~413쪽).

1229 **高郵** 중국 江蘇省 西部 揚州專區에 속하는 縣. 前秦시대부터 郵亭이 설치되어 있었고, 大運河에 연해 있어서 隋 이후 부근 일대와 南方의 미곡을 서울로 수송하는 중계지로서 알려져 있다. 『元史』에는 順帝 14년(1354) 2월부터 11월 사이에 高郵의 叛軍과 싸우는 기록이 여러 번 나오는데, 아마 당시에 高郵를 거점으로 대규모 반란이 일어난 것으로 보인다(『元史』 43 本紀 順帝 14년 조 기사 참조).

3품 이상과 제군諸君·재추宰樞 이하는 말 3필을 내고, 6품 이상 4품 이하는 말 1필을 내었으며, 승도僧徒들도 또한 거주하는 절의 등급에 따라 말을 내게 하였다.

【原文】 八年十二月 令承宣以上 出馬一匹 又括禪教各寺僧徒馬 以充軍用.

(공민왕) 8년(1359) 12월에 승선承宣[1230] 이상에게 말 1필씩을 내게 하고, 또 선종禪宗과 교종敎宗 각 사찰의 승도僧徒로부터 말을 거두어 군용軍用에 충당하였다.

【原文】 十年十月 令各道 括僧寺出戰馬 有差.

(공민왕) 10년(1361) 10월에 각 도道로 하여금 승려와 사찰을 통괄하여 전마戰馬를 차등 있게 내도록 하였다.

【原文】 十一月 令公侯以下 出戰馬 有差.

(공민왕 10년) 11월에 공公·후侯[1231] 이하에게 전마戰馬를 내게 하였는데 차등 있게 하였다.

【原文】 十一年十月 令文臣 出戰馬.

(공민왕) 11년(1362) 10월에 문신文臣에게 전마戰馬를 내도록 하였다.

1230 **承宣** 王命의 出納, 宿衛, 軍機之政을 담당하던 中樞院(樞密院)의 정3품 관리로, 左·右承宣 각 1명씩이 있었으며 예종 11년 承宣은 本品의 行頭가 되었다. 충렬왕 1년 樞密院이 密直司로 바뀌면서 承宣도 承旨로 명칭이 바뀌었으나, 공민왕 5년 추밀원으로 복구되면서 관직도 복구되었고, 공민왕 11년 다시 밀직사로 개칭되면서 승선은 代言이 되었다(『고려사』 76 百官志 1 密直司).

1231 **公·侯** 公·侯·伯·子·男으로 구성된 고려의 5等封爵制 중에서 가장 높은 公·侯를 말한다. 충선왕 즉위년부터 봉군제가 시행되면서 칭호는 諸君(종1품), 元尹(종2품) 正尹(정3품)으로 바뀌었다(『고려사』 77 百官志 2 爵 및 宗室諸君 附 異姓諸君). 김기덕, 『高麗時代 封爵制 研究』, 청년사, 1998 참조.

【原文】 辛禑元年九月 徵諸寺住持僧戰馬 各一匹.

우왕禑王 원년(1375) 9월에 여러 절의 주지승住持僧에게서 전마戰馬 각 1필씩을 징발하였다.

성보城堡[1232]

【原文】 太祖二年 城龍岡縣一千八百七間 門六 水口一. [冬十月][1233] 城平壤.

태조太祖 2년(919)에 용강현龍岡縣[1234]에 성을 쌓았는데, 1,807칸(間), 문門 6, 수구水口[1235] 1이다. [겨울 10월에] 평양平壤에 성을 쌓았다.

【原文】 三年 [九月][1236] 城咸從縣二百三十六間 門四 水口三. 城頭四, 遮城二.

(태조) 3년(920)에 함종현咸從縣[1237]에 성을 쌓았는데, 236칸, 문 4, 수구水口 3, 성두城頭[1238] 4, 차성遮城[1239] 2이다.

1232 '성보' 조는 국방을 위해 築城을 한 기록이다. 고려의 영토 확장이나 국방 문제를 살펴보는 데에 큰 도움을 주지만, '진수' 조 등 다른 기록과 비교해볼 때 빠진 것이 많으므로 그 자체로 완벽한 것은 아니고 다른 기록으로 보충되어야 할 필요가 있다(이기백, 「고려사 병지의 검토」, 『고려병제사연구』, 일조각, 1996).

1233 [冬十月] 『고려사』 2 世家 태조 2년 10월 및 『고려사절요』 1 태조 2년 10월 기사에 따라 보충한다.

1234 龍岡縣 지금의 평안남도 龍岡郡으로, 고려시대에는 安北大都護府의 屬縣이었다(『고려사』 58 地理志 3 龍岡縣).

1235 水口 성곽의 배수를 위한 시설이다. 규모가 크고 문의 형식을 갖춘 경우 水門이라 하고, 규모가 작은 것은 水口라고 한다. 暗門처럼 작고 눈에 띄지 않도록 설치하였다.

1236 [九月] 『고려사절요』 1 태조 3년 9월 기사에 따라 보충한다.

1237 咸從縣 평안남도 江西郡 咸從面의 고려시대 지명으로, 고려시대에는 安北大都護府의 屬縣이었다(『고려사』 58 地理志 3 咸從縣).

1238 城頭 雉와 같은 의미로, 雉는 성벽에서 바깥으로 튀어나오게 쌓은 성벽으로, 그 위에

【原文】 四年 城雲南縣.

(태조) 4년(921)에 운남현雲南縣[1240]에 성을 쌓았다.

【原文】 五年 始築西京在城 在者 方言畎也 凡六年而畢.

(태조) 5년(922)에 비로소 서경西京에 재성在城[1241]—재在는 우리말(方言)로 밭고랑[畎]을 말한다—을 쌓았는데 무릇 6년 만에 끝났다.[1242]

【原文】 八年 城成州六百九十一間 門七 水口五 城頭七 遮城一 堞垣八十七 間. 城運州玉山. 命庾黔弼 城湯井郡. 王 巡北界 移築鎭國城.

(태조) 8년(925)에 성주成州[1243]에 성을 쌓았는데, 691칸, 문門 7, 수구水口 5, 성두城頭 7, 차성遮城 1, 첩원堞垣[1244] 87칸이다. 운주運州[1245]의 옥산玉山[1246]에 성을 쌓았다.[1247] 유금필庾黔弼[1248]에게 명하여 탕정군湯井郡[1249]에 성

銃口와 垜口가 있는 여담(女墻)이 있다(孫永植, 「城郭用語」, 『韓國城郭의 研究』, 文化財管理局, 1987, 389 및 399쪽).

1239 遮城 국경 요새지 등에 길게 성벽을 쌓아 방비하기 위한 성으로 遮斷城과 같다(孫永植, 「城郭用語」, 앞의 책, 389 및 399쪽).

1240 雲南縣 평안북도 寧邊郡 撫山의 고려시대 이름. 원래 고구려의 雲南郡이 고려 성종 14년 撫州防禦使로 바뀌었고, 조선 태종 13년에 撫山縣으로 고쳤으며, 세종 11년에 延山과 撫山을 합하여 寧邊으로 고치고 大都護府를 두었다(『신증동국여지승람』 54 寧邊大都護府).

1241 在城 임금이 평시에 있는 성으로 王城과 같다(孫永植, 「城郭用語」, 『韓國城郭의 研究』, 文化財管理局, 1987, 395쪽).

1242 이 해에 태조는 大丞 質榮 · 行波 등의 父兄子弟 및 여러 郡縣의 良家子弟들을 西京에 옮겨 살게 하고, 직접 서경에 행차하여 새로 官府와 관료를 두는 등 본격적으로 서경을 경영하기 시작하였다(『고려사』 1 世家 태조 5년 조 및 河炫綱, 「高麗時代의 西京」, 『韓國中世史研究』, 일조각, 1988, 315~324쪽).

1243 成州 평안남도 成川郡의 고려시대 이름. 본래 沸流國 松讓王의 古都로 알려져 있으며, 고려시대에는 安北大都護府에 속하였다(『고려사』 58 地理志 3 成州).

1244 堞垣 城 위에 설치된 성가퀴, 즉 女墻(성 위의 낮은 담으로 銃口와 垜口가 있는 구조물)을 말한다(孫永植, 「城郭用語」, 앞의 책, 398 및 392쪽).

1245 雲州 지금의 평안북도 雲山郡으로, 고려시대에는 安北大都護府에 속해 있었다(『고려사』 58 地理志 3 雲州).

1246 玉山 고려시대의 雲州에 있는 산 혹은 지명이나, 정확한 위치는 알 수 없다.

을 쌓게 하였다.[1250] 왕이 북계北界[1251]를 순행하여 진국성鎭國城[1252]을 옮겨 쌓게 하였다.

【原文】 十二年 城安定鎭 又城永淸·安水·興德等鎭.

(태조) 12년(929)에 안정진安定鎭[1253]에 성을 쌓고 또 영청永淸,[1254] 안수安水,[1255] 홍덕興德[1256] 등 진鎭에 성을 쌓았다.[1257]

1247 『고려사』 82 兵志 2 鎭戍 조에는 태조 11년 4월의 일로 되어 있다.

1248 **庾黔弼** (?~태조 24, ?~941) 平州 출신. 고려 太祖 때에 馬軍將軍, 大匡, 征西大將軍 등을 거치면서 鶻巖鎭에 침입한 北狄을 격퇴하고, 燕山鎭·任存城·曹物郡·靑州·禮安鎭 등 여러 지역에서 후백제 군사와 싸워 승리하였다. 태조 14년(931)에는 참소를 입어 鵠島로 귀양 갔으나 이듬해 풀려났고, 이후 征南大將軍, 右將軍, 都統大將軍 등을 역임하면서 후백제를 멸망시키는 데 큰 공을 세웠다. 태조 24년(941)에 사망하자 忠節이라는 시호가 내려졌고, 성종 13년(994)에 太師로 추증되고 太祖廟廷에 배향되었다(『고려사』 92 庾黔弼傳).

1249 **湯井郡** 백제 이래의 湯井郡을 고려 초에 溫水郡으로 고치고 天安府의 屬郡으로 삼았는데(『고려사』 56 地理志 1 溫水郡), 지금의 충청남도 牙山市 溫泉洞 일대에 해당한다.

1250 태조 8년 10월에 庾黔弼이 후백제의 燕山鎭(지금의 충청북도 청원군 문의면)과 任存郡(충청남도 예산군 대흥면)을 공격하였는데(『고려사절요』 1 태조 8년 10월), 湯井郡에 성을 쌓은 것은 이와 관련이 있다고 생각된다.

1251 **北界** 成宗 14년(995) 10道制를 실시하면서 西京 소관을 浿西道라고 하였다가 뒤에 北界라고 고쳤는데, 東界와 함께 兩界를 이루었다. 숙종 7년(1102) 西北面이라고 하였으며, 京 1, 大都護府 1, 防禦郡 25, 鎭 12, 縣 10을 거느렸다(『고려사』 58 地理志 3 北界). 그러나 이 본문기사에 나오는 '北界'라는 명칭이 『고려사』 地理志에서 말하는 정식행정구역으로서의 北界와 같은 것인지, 아니면 '북쪽의 국경지대'라는 일반적인 용어로 쓰였는지 명확하지는 않다.

1252 **鎭國城** 고려시대의 肅州(지금의 평안남도 肅川郡)에 있던 鎭인데, 『고려사』 58 地理志 3 安北大都護府 肅州 조에는 '태조 11년에 鎭國城을 옮겨 쌓고 通德鎭이라고 하였다.'라고 기록되어 있다.

1253 **安定鎭** 지금의 평안남도 平原郡 順安面 지역에 있던 고려시대의 鎭.

1254 **永淸鎭** 지금의 평안남도 平原郡 永柔面에 있던 고려시대의 鎭.

1255 **安水鎭** 지금의 평안남도 价川郡에 있던 고려시대 朝陽鎭의 다른 이름. 『고려사』 地理志에는 '고려 태조 13년(930)에 馬山에 성을 쌓고 安水鎭이라고 하였다.'고 하여 兵志 기사와 연대가 차이가 나는데(『고려사』 58 地理志 3 安北大都護府 朝陽鎭 조), 현종 9년(1018)에 連州防禁使로 고쳤다가 뒤에 朝陽鎭이라고 하였으며, 고종 2년(1215)에 連州 防禦使, 고종 4년(1217)에 翼州防禦使라고 하다가 뒤에 价州로 고쳤다.

1256 **興德鎭** 고려시대의 殷州에 있던 것으로 추정되는 鎭. 『고려사』 地理志에는 殷州가 원래 興德郡(일명 同昌郡)으로 성종 2년(983)에 殷州防禦使를 두었다고 하였다(『고려사』 58

【原文】十三年 城安北府九百一十間 門十二 城頭二十 水口七 遮城五. 城朝陽鎭八百二十一間 門四 水口一 城頭·遮城各二. 城馬山 號安水鎭. 築青州羅城·連州城.

(태조) 13년(930)에 안북부安北府[1258]에 성을 쌓았는데, 910칸, 문門 12, 성두城頭 20, 수구水口 7, 차성遮城 5이다. 조양진朝陽鎭[1259]에 성을 쌓았는데, 821칸, 문門 4, 수구水口 1, 성두城頭와 차성遮城이 각 2이다. 마산馬山[1260]에 성을 쌓고 안수진安水鎭이라고 이름하였다. 청주青州[1261] 나성羅城[1262]과 연주성連州城[1263]을 쌓았다.

【原文】十七年 城通海縣五百十三間 門五 水口一 城頭四.

(태조) 17년(934)에 통해현通海縣[1264]에 성을 쌓았는데, 513칸, 문門 5, 수

地理志 3 安北大都護府 殷州 조). 지금의 평안남도 順天郡 殷山面에 해당한다.

1257 『고려사절요』에는 태조 12년 3월에 安定鎭과 永清縣에 성을 쌓고, 또 9월에 安水鎭과 興德鎭에 성을 쌓았다고 기록되어 있다(『고려사절요』 1 태조 12년 3월과 9월 조 기사 및 『고려사』 82 兵志 2 진수 태조 12년 3월과 9월 조 기사 참조).

1258 **安北府** 『고려사』 地理志에는 '본래 彭原郡이었으나 태조 14년(931) 安北府를 설치하였다.'고 하여(『고려사』 58 地理志 3 安北大都護府 조), 兵志의 이 기록과는 연대에 차이가 난다. 성종 2년(983) 寧州安北大都護府를 두었다가 현종 9년(1018) 安北大都護府가 되었다. 지금의 평안북도 安州郡에 해당한다.

1259 **朝陽鎭** 지금의 평안남도 价川郡에 있던 고려시대의 鎭. 태조 13년(930)에 馬山에 성을 쌓고 安水鎭이라고 하였고(『고려사』 58 地理志 3 安北大都護府 朝陽鎭), 현종 9년(1018)에 連州防禁使로 고쳤다가 뒤에 朝陽鎭이라고 하다가 뒤에 价州로 고쳤다.

1260 **馬山·安水鎭** 고려 태조 13년(930)에 馬山에 성을 쌓고 安水鎭이라고 하였고, 현종 9년(1018)에 連州防禁使로 고쳤다가 뒤에 朝陽鎭이라고 하였다(『고려사』 58 地理志 3 安北大都護府 朝陽鎭 조).

1261 **青州** 青州가 朝陽鎭·安水鎭·連州城 등과 가까운 지역이 아니라면, 淸州(지금의 충청북도 淸州市, 『고려사』 56 地理志 1 淸州牧) 혹은 菁州(지금의 경상남도 晉州市, 『고려사』 57 地理志 2 晉州牧)의 잘못이 아닌가 한다.

1262 **羅城** 성이 二重으로 둘려진 경우 바깥쪽에 있는 성으로 外城과 같다(孫永植, 「城郭用語」, 『韓國城郭의 研究』, 문화재관리국, 1987, 380쪽).

1263 **連州城** 지금의 평안남도 价川郡에 있던 城으로, 고려시대에는 安北大都護府에 속한 鎭이었다(『고려사』 58 地理志 3 安北大都護府 朝陽鎭).

1264 **通海縣** 지금의 평안남도 平原郡 永柔面에 있었으며, 고려시대에는 安北大都護府의 領

구水口 1, 성두城頭 4이다.

【原文】 十八年 城伊勿及肅州.

(태조) 18년(935)에 이물伊勿[1265] 및 숙주肅州[1266]에 성을 쌓았다.

【原文】 二十年 城順州六百十閒 門五 水口九 城頭十五 遮城六.

(태조) 20년(937)에 순주順州[1267]에 성을 쌓았는데, 610칸, 문門 5, 수구水口 9, 성두城頭 15, 차성遮城 6이다.

【原文】 二十一年 城永淸縣.

(태조) 21년(938)에 영청현永淸縣[1268]에 성을 쌓았다.

【原文】 城陽嵒鎭二百五十二閒 門三 水口·城頭·遮城 各二.

(태조 21년) 양암진陽嵒鎭[1269]에 성을 쌓았는데, 252칸, 문門 3, 수구水口·성두城頭·차성遮城이 각 2이다.

縣이었다(『고려사』 58 地理志 3 安北大都護府 通海縣).

1265 伊勿 고구려의 各連城郡을 신라 경덕왕 때 連城郡으로 바꾸고 고려 초에 伊勿城이라고 하였는데, 성종 14년에 交州(지금의 강원도 淮陽郡)라고 하였다(『고려사』 58 地理志 2 交州).

1266 肅州 지금의 평안남도 平原郡 肅川面으로 『고려사』 地理志에는 '원래 고구려의 平原郡이었나가 태조 11년 鎭國城을 옮겨 쌓으면서 이름을 通德鎭이라고 하였으며, 成宗 2년(983) 肅州라고 고치고 防禦使를 두었다가 뒤에 知郡事를 두었다.'(『고려사』 58 地理志 3 肅州)고 하여, 肅州라는 이름은 성종 때부터 사용한 것이라고 하였다.

1267 順州 지금의 평안남도 順川郡으로, 고려시대에는 安北大都護府에 속한 防禦郡이었다(『고려사』 58 地理志 3 順州).

1268 永淸縣 지금의 평안남도 平原郡 永柔面으로, 고려시대에는 安北大都護府의 屬縣이었다(『고려사』 58 地理志 3 永淸縣).

1269 陽嵒鎭 조선 태조 5년(1396) 陽岩鎭과 樹德鎭을 합하여 陽德縣(지금의 평안남도 陽德郡)이라고 하였다(『신증동국여지승람』 55 陽德縣).

【原文】[七月][1270] 築西京羅城.

(태조 21년) [7월에] 서경西京의 나성羅城을 쌓았다.

【原文】城龍岡平原.

(태조 21년에) 용강龍岡[1271]과 평원平原[1272]에 성을 쌓았다.

【原文】二十二年 城肅州一千二百二十五間 門十 水口一 城頭七十.

(태조) 22년(939)에 숙주肅州에 성을 쌓았는데, 1,225칸, 문門 10, 수구水口 1, 성두城頭 70이다.

【原文】城大安州.

(태조 22년에) 대안주大安州[1273]에 성을 쌓았다.

【原文】二十三年 築殷州城七百三十九間 門八 水口四 城頭二 遮城四.

(태조) 23년(940)에 은주殷州[1274]에 성을 쌓았는데, 793칸, 문門 8, 수구水口 4, 성두城頭 2, 차성遮城 4이다.

【原文】定宗二年 [春][1275] 城德昌鎭 又築西京王城 及鐵甕·三陟·通德等城.

1270 [七月] 『고려사』 1 世家 태조 21년 7월 기사에 따라 보충한다.

1271 龍岡 지금의 평안남도 龍岡郡으로, 고려시대에는 安北大都護府의 屬縣이었다(『고려사』 58 地理志 3 龍岡縣).

1272 平原 위치 미상이나 肅州의 원래 이름이 고구려 平原郡이었으므로 혹시 이와 관련이 있지 않을까 한다(『고려사』 58 地理志 2 肅州).

1273 大安州 고구려의 文城郡을 태조 22년에 大安州라고 고쳤다가, 성종 2년에 慈州(지금의 평안남도 順川郡 慈山面)이라고 하였다(『고려사』 58 地理志 3 慈州).

1274 殷州 지금의 평안남도 順天郡 殷山面으로, 원래 고구려의 興德郡(일명 同昌郡)을 성종 2년(983)에 殷州防禦使라고 하였다(『고려사』 58 地理志 3 安北大都護府 殷州).

1275 [春] 『고려사절요』 2 定宗 2년 조 기사에 따라 보충한다.

城德成鎭. 城博州一千一間 水口一 門九 城頭十六 遮城九.

정종定宗 2년(947) [봄에] 덕창진德昌鎭[1276]에 성을 쌓고, 또 서경西京의 왕성王城 및 철옹鐵甕[1277] · 삼척三陟[1278] · 통덕通德[1279] 등에 성을 쌓았다. 덕성진德成鎭[1280]에 성을 쌓았다. 박주博州[1281]에 성을 쌓았는데, 1,001칸, 수구水口 1, 문門 9, 성두城頭 16, 차성遮城 9이다.

【原文】 光宗元年 城長青鎭 · 威化鎭.

광종光宗 원년(950)에 장청진長青鎭[1282] · 위화진威化鎭[1283]에 성을 쌓았다.

【原文】 二年 城撫州六百三間 門五 水口二 城頭八 遮城三.

(광종) 2년(951)에 무주撫州[1284]에 성을 쌓았는데, 603칸, 문門 5, 수구水口 2, 성두城頭 8, 차성遮城 3이다.

1276 德昌鎭 고려시대의 博州(지금의 평안남도 博川郡)의 고구려 때 이름이 博陵 또는 古德昌이라고 하였는데, 德昌鎭은 이와 관련이 있지 않은가 한다(『고려사』 58 地理志 3 博州).

1277 鐵甕 고려시대의 孟州(지금의 평안남도 孟山郡)를 고구려 때 철옹현이라고 불렀다(『고려사』 58 地理志 3 孟州).

1278 三陟 고려시대의 三陟縣(지금의 강원도 三陟市)을 말하는 듯하나, 평안도 지역에 있던 고려 초기의 다른 지명일 가능성도 있다.

1279 通德 고구려의 平原郡이었다가 태조 11년 鎭國城을 옮겨 쌓으면서 이름을 通德鎭이라고 하였으며, 成宗 2년(983) 肅州(지금의 평안남도 平原郡 肅川面)라고 고쳤다(『고려사』 58 地理志 3 安北大都護府 肅州).

1280 德城鎭 고려시대의 渭州(지금의 평안북도 寧邊郡)의 옛 이름이 樂陵郡 또는 古德城이었다(『고려사』 58 地理志 3 渭州).

1281 博州 지금의 평안북도 博川郡으로, 고려시대에는 安北大都護府의 防禦郡이었다(『고려사』 58 博州). 『고려사절요』에는 博陵이라고 되어 있다(『고려사절요』 2 定宗 2년 조 기사 참조).

1282 長青鎭 위치 미상.

1283 威化鎭 지금의 평안북도 雲山郡으로, 원래 雲中郡이었다가 光宗 때 威化郡으로 바뀌었다(『고려사』 58 地理志 3 安北大都護府 雲州).

1284 撫州 지금의 평안북도 寧邊郡 撫山으로, 고려시대에는 安北大都護府에 속해 있었다(『고려사』 58 地理志 3 撫州).

【原文】 三年 [春][1285] 城安朔鎭.

(광종) 3년(952) [봄에] 안삭진安朔鎭[1286]에 성을 쌓았다.

【原文】 十一年 城濕忽及松城.[1287]

(광종) 11년(960)에 습홀濕忽[1288] 및 송성松城[1289]에 성을 쌓았다.[1290]

【原文】 十八年 城樂陵郡.

(광종) 18년(967)에 낙릉군樂陵郡[1291]에 성을 쌓았다.

【原文】 十九年 [五月][1292] 城威化鎭.

(광종) 19년(968)에 [5월에] 위화진威化鎭[1293]에 성을 쌓았다.

【原文】 二十年 城長平鎭五百三十五間 門四.

(광종) 20년(969)에 장평진長平鎭[1294]에 성을 쌓았는데, 535칸, 문門 4이다.

1285 [春] 『고려사절요』 2 광종 3년 조 기사에 따라 보충한다.

1286 **安朔鎭** 고려시대의 延州(지금의 평안북도 雲山郡)의 고구려 때 이름이 密雲郡 또는 安朔郡이었으므로, 安朔鎭도 이와 관련이 있을 것으로 여겨진다(『고려사』 58 地理志 3 延州).

1287 『고려사절요』에는 '城濕忽陞爲嘉州 城松城陞爲拓州'(『고려사절요』 2 광종 11년)라고 되어 있다.

1288 **濕忽** 고려시대의 嘉州(지금의 평안북도 博川郡 嘉山面)에 있던 城(『고려사』 58 地理志 3 嘉州).

1289 **松城** 고려시대의 拓州에 있던 성이나, 拓州가 어디인지는 알 수 없다.

1290 『고려사절요』에는 '濕忽에 성을 쌓고 승격시켜 嘉州라고 하였으며, 松城에 성을 쌓고 승격시켜 拓州라고 하였다.'라고 되어 있다(『고려사절요』 2 광종 11년).

1291 **樂陵郡** 고려시대의 渭州(지금의 평안북도 寧邊郡)의 옛 이름이 樂陵郡 또는 古德城이었다(『고려사』 58 地理志 3 渭州).

1292 [五月] 『고려사절요』 2 광종 19년 5월 조 기사에 따라 보충한다.

1293 **威化鎭** 지금의 평안북도 雲山郡으로, 원래 雲中郡이었다가 光宗 때 威化郡으로 바뀌었다(『고려사』 58 地理志 3 安北大都護府 雲州).

1294 **長平鎭** 고려시대의 長平縣(지금의 함경남도 永興郡)에 있던 鎭(『고려사』 58 地理志 3

【原文】 城寧朔鎭.

(광종 20년에) 영삭진寧朔鎭[1295]에 성을 쌓았다.

【原文】 城泰州八百八十五間 門六 水口一 城頭三十七 遮城四.

(광종 20년에) 태주泰州[1296]에 성을 쌓았는데, 885칸, 문門 6, 수구水口 1, 성두城頭 37, 차성遮城 4이다.

【原文】 二十一年 城安朔鎭.

(광종) 21년(970)에 안삭진安朔鎭[1297]에 성을 쌓았다.

【原文】 二十三年 城雲州.

(광종) 23년(972)에 운주雲州[1298]에 성을 쌓았다.

【原文】 二十四年 城和州一千十四間 門六 水口三 重城一百八十間. 城高州一千十六間 門六. 城長平·博平二鎭 及高州 又修信都. 城嘉州一千五百十九間. 城安戎鎭.

(광종) 24년(973)에 화주和州[1299]에 성을 쌓았는데, 1,014칸, 문門 6, 수구

長平鎭 및 『대동지지』 19 永興 古邑 長平).

1295 **寧朔鎭** 지금의 평안북도 義州郡에 있던 고려시대의 鎭(『고려사』 58 地理志 3 寧朔鎭).

1296 **泰州** 지금의 평안북도 泰川郡으로, 고려시대에는 安北大都護府의 防禦郡이었다(『고려사』 58 地理志 3 泰州).

1297 **安朔鎭** 고려시대의 延州(지금의 평안북도 雲山郡)의 고구려 때 이름이 密雲郡 또는 安朔郡이었으므로, 安朔鎭도 이와 관련이 있을 것으로 여겨진다(『고려사』 58 地理志 3 延州).

1298 **雲州** 지금의 평안북도 雲山郡으로, 원래 雲中郡이었다가 光宗 때 威化郡으로 바뀌었으며, 顯宗 9년(1018) 이후 安北大都護府에 속한 防禦郡의 하나가 되었다(『고려사』 58 地理志 3 安北大都護府 雲州).

1299 **和州** 지금의 함경남도 永興郡으로, 고려시대에는 安邊都護府에 속한 防禦郡이었다(『고려사』 58 地理志 3 東界 和州).

水口 3이고, 중성重城[1300]은 180칸이다. 고주高州[1301]에 성을 쌓았는데, 1,016칸, 문門 6이다. 장평長平,[1302] 박평博平[1303] 2 진鎭 및 고주高州에 성을 쌓고, 또 신도信都[1304]를 수축修築하였다. 가주嘉州[1305]에 성을 쌓았는데 1,519칸이다. 안융진安戎鎭[1306]에 성을 쌓았다.

【原文】 景宗四年 城淸塞鎭.

경종景宗 4년(979)에 청새진淸塞鎭[1307]에 성을 쌓았다.

【原文】 成宗二年 城樹德鎭二百三十五間 門四 水口一 城頭·遮城各九.

성종成宗 2년(983)에 수덕진樹德鎭[1308]에 성을 쌓았는데, 235칸, 문門 4, 수구水口 1, 성두城頭와 차성遮城 각 9이다.

【原文】 三年 城文州五百七十八間 門六.

1300 **重城** 성 밖이나 성 안에 따로 쌓은 작은 성(孫永植, 「城郭用語」, 『韓國城郭의 硏究』, 문화재관리국, 1987, 396쪽).

1301 **高州** 지금의 함경남도 高原郡으로, 고려시대에는 安邊都護府에 속한 防禦郡이었다(『고려사』 58 地理志 3 高州).

1302 **長平鎭** 고려시대의 長平縣(지금의 함경남도 永興郡)에 있던 鎭(『고려사』 58 地理志 3 長平鎭 및 『대동지지』 19 永興 古邑 長平).

1303 **博平鎭** 고려시대의 和州(지금의 함경남도 永興郡)이 별칭이 博平郡이었으므로(『고려사』 58 地理志 3 東界 和州), 博平鎭도 이와 관련이 있을 것으로 여겨진다.

1304 **信都** 고려시대의 嘉州(지금의 평안북도 博川郡 嘉山面)의 고구려 때 이름이 信都郡이었다(『고려사』 58 地理志 3 嘉州).

1305 **嘉州** 지금의 평안북도 博川郡 嘉山面으로, 고려시대에는 安北大都護府의 防禦郡의 하나였다(『고려사』 58 地理志 3 嘉州).

1306 **安戎鎭** 지금의 평안남도 安州郡 立石面 일대로, 『고려사』 地理志에는 광종 25년(974)에 성을 쌓고 安戎鎭이라고 불렀으며 安北大都護府의 屬縣이 되었다고 하였다(『고려사』 58 地理志 3 安戎鎭).

1307 **淸塞鎭** 지금의 평안북도 熙川郡으로, 고려시대에는 安北大都護府에 속한 鎭이었다(『고려사』 58 地理志 3 淸塞鎭).

1308 **樹德鎭** 조선 태조 5년 陽岩鎭과 樹德鎭을 합하여 陽德縣(지금의 평안남도 陽德郡)이라고 하였다(『고려사』 58 地理志 3 樹德鎭 및 『신증동국여지승람』 55 陽德縣).

(성종) 3년(984)에 문주文州[1309]에 성을 쌓았는데, 578칸, 문門 6이다.

【原文】 十三年 命平章事徐熙 率兵攻逐女眞 城長興·歸化二鎭 及郭·龜二州.

(성종) 13년(994)에 평장사平章事[1310] 서희徐熙[1311]에게 명하여 군사를 거느리고 여진女眞[1312]을 쳐서 쫓게 하고 장흥長興[1313]·귀화歸化[1314] 2 진鎭 및 곽주郭州[1315]·귀주龜州[1316]의 2주州에 성을 쌓게 하였다.

【原文】 十四年 命徐熙帥兵 深入女眞 城安義·興化二鎭. 城靈州六百九十九間 門七 水口二 城頭十二 遮城二. 城猛州六百五十五間 門五 水口四 城頭十九 遮城二.

1309 文州 지금의 함경남도 文川郡으로, 고려시대에는 安邊都護府에 속한 防禦郡이었다(『고려사』 58 地理志 3 文州).

1310 **平章事** 中書省·門下省의 정2품 관직으로, 門下侍郎平章事·中書侍郎平章事·同中書門下平章事가 있는데, 평장사직을 가짐으로써 자동적으로 재상이 되었다(변태섭, 「중앙의 통치기구」, 『한국사 13-고려전기의 정치구조』, 국사편찬위원회, 1993, 33~34쪽).

1311 徐熙 (태조 22년~목종 1년, 942~998) 利川 출신으로 內議令 弼의 아들이다. 광종 11년에 18세의 나이로 甲科에 급제하였고, 內議侍郞으로 승진한 뒤 광종 23년 宋에 외교사절로 다녀왔다. 성종 12년 거란군이 침입하자, 항복을 청하자는 투항론, 西京 이북의 영토를 요에 떼어주자는 할지론에 맞서 中軍使였던 서희는 적장인 蕭遜寧과의 외교담판을 통해 거란군을 물리치는 한편 압록강 동쪽의 영유권을 획득하는 성과를 얻어냈다(『고려사』 94 徐熙傳).

1312 **女眞** 발해가 거란에게 망한 뒤 靺鞨族들은 女眞이라는 이름으로 불리게 되었다. 이들은 원래 중국의 吉林省을 중심으로 하여 沿海州 방면에 흩어져 살다가 발해 이후 점점 남쪽으로 퍼져갔고, 나말여초에는 함경도 일대와 압록강 남쪽의 평안북도 일대에 흩어져 살았다. 고려에서는 이들을 東女眞(東蕃)과 西女眞(西蕃)이라고 구분하여 불렀는데, 태조의 북방 개척정책에 따라 이들과 본격적으로 접촉하게 되면서 때로는 군사적으로 충돌하기도 하였고, 때로는 회유책을 쓴 결과 고려에 귀부하는 여진인들도 생겨나기 시작하였다(김상기, 「여진관계의 시말과 윤관의 북정」, 『국사상의 제문제』 4, 국사편찬위원회, 1959).

1313 **長興鎭** 고려시대의 泰州(지금의 평안북도 泰川郡)에 있던 鎭.

1314 **歸化鎭** 위치 미상.

1315 **郭州** 지금의 평안북도 定州郡 郭山面으로, 고려시대에는 安北大都護府의 防禦郡이었다(『고려사』 58 地理志 3 郭州).

1316 **龜州** 지금의 平安北道 龜城君으로, 고려시대에는 安北大都護府의 防禦郡이었다(『고려사』 58 地理志 3 龜州).

(성종) 14년(995)에 서희徐熙에게 명하여 군사를 거느리고 여진女眞에게 깊이 들어가게 하고 안의安義[1317] · 홍화興化[1318] 2진鎭에 성을 쌓았다. 영주靈州에 성을 쌓았는데, 699칸, 문門 7, 수구水口 2, 성두城頭 12, 차성遮城 2이다. 맹주猛州[1319]에 성을 쌓았는데, 655칸, 문 5, 수구 4, 성두 19, 차성 2이다.

【原文】 十五年 城宣州一千一百五十八閒 門六 城頭三十六 水口一 遮城三.

(성종) 15년(997)에 선주宣州[1320]에 성을 쌓았는데, 1,158칸, 문門 6, 성두城頭 36, 수구水口 1, 차성遮城이 3이다.

【原文】 穆宗 三年 城德州七百八十四閒 門五 水口九 城頭二十四 遮城三.

목종穆宗 3년(1000)에 덕주德州[1321]에 성을 쌓았는데, 784칸, 문門 5, 수구水口 9, 성두城頭 24, 차성遮城이 3이다.

【原文】 四年 城永豐 · 平虜二鎭.

(목종) 4년(1001)에 영풍永豊[1322] · 평로平虜[1323]의 2진鎭에 성을 쌓았다.

1317 **安義鎭** 지금의 평안북도 龜城郡에 있던 고려시대의 鎭으로, 고려시대에는 安北大都護府의 鎭의 하나였다(『고려사』 58 地理志 3 安義).

1318 **興化鎭 · 靈州** 지금의 평안북도 義州郡으로, 『고려사』 地理志에는 '현종 21년 興化鎭을 승격시켜 靈州로 하고 防禦使를 두었다.'고 하였다(『고려사』 58 地理志 3 靈州).

1319 **猛州** 孟州(지금의 평안남도 孟山郡)의 다른 이름으로, 고려시대에는 安北大都護府에 속해 있었다(『고려사』 58 地理志 3 孟州).

1320 **宣州** 지금의 평안북도 宣川郡으로, 고려시대에는 安北大都護府의 防禦郡이었다(『고려사』 58 地理志 3 宣州).

1321 **德州** 지금의 평안남도 德川郡으로, 고려시대에는 安北大都護府의 防禦郡이었다(『고려사』 58 地理志 3 德州).

1322 **永豊鎭** 지금의 함경남도 安邊郡에 있던 鎭으로, 목종 4년 永豊鎭을 두었다가 뒤에 永豊縣으로 고쳤다(『고려사』 58 地理志 3 永豊鎭 및 『대동지지』 19 安邊 城池 永豊縣城).

1323 **平虜鎭** 지금의 평안북도 熙川郡 新豊面에 있던 鎭으로, 뒤에 柔遠鎭이라고 이름을 고쳤다(『고려사』 58 地理志 3 平虜鎭).

【原文】 六年 修德州・嘉州・威化・光化四城.

(목종) 6년(1003)에 덕주德州・가주嘉州・위화威化・광화光化[1324]의 4성을 수축修築하였다.

【原文】 八年 城鎭溟縣五百一十間 門五. 城金壤縣七百六十八間 門六. 城郭州七百八十七間 門八 水口一 城頭五 遮城二.

(목종) 8년(1005)에 진명현鎭溟縣[1325]에 성을 쌓았는데,[1326] 510칸, 문門 5이다. 금양현金壤縣[1327]에 성을 쌓았는데, 768칸, 문門 6이다. 곽주郭州에 성을 쌓았는데,[1328] 787칸, 문門 8, 수구水口 1, 성두城頭 5, 차성遮城이 2이다.

【原文】 九年 城龍津鎭五百一間 門六. 城龜州一千五百七間 門九 水口一 城頭四十一 遮城五 重城一百六十八間.

(목종) 9년(1006)에 용진진龍津鎭[1329]에 성을 쌓았는데, 501칸, 문門 6이다. 구주龜州에 성을 쌓았는데,[1330] 1,507칸, 문門 9, 수구水口 1, 성두城頭 41, 차성遮城 5이고, 중성重城은 163칸이다.

【原文】 十年 城興化鎭・蔚珍 又城翼嶺縣三百四十八間 門四.

1324 **光化** 고려시대의 泰州(지금의 평안북도 泰川郡)의 고구려 때 이름이 光化縣이었는데, 光化城도 이와 관련이 있지 않을까 한다(『고려사』 58 地理志 3 泰州).

1325 **鎭溟縣** 지금의 함경남도 元山市로 남동쪽 해안지역에 있던 縣으로, 고려시대에는 東界의 屬縣이었다(『고려사』 58 地理志 3 鎭溟縣 및 『신증동국여지승람』 49 德源都護府 古跡 鎭溟廢縣).

1326 목종 8년 1월에 東女眞이 登州를 침략해온 일이 있었다(『고려사』 1 世家 목종 8년 1월 조).

1327 **金壤縣** 지금의 강원도 通川郡에 있던 고려시대의 縣으로, 고려시대에는 東界의 屬縣이었다(『고려사』 58 地理志 3 東界 金壤縣).

1328 앞의 기사에서 보았듯이, 성종 13년(994)에 郭州에 성을 쌓은 적이 있었다.

1329 **龍津鎭** 지금의 함경남도 文川郡에 있던 鎭으로, 고려시대에는 安興都護府에 속해 있었다(『고려사』 58 地理志 3 龍津鎭).

1330 앞의 기사에서 보았듯이, 성종 13년(994)에 龜州에 성을 쌓은 적이 있었다.

(목종) 10년(1007)에 흥화진興化鎭[1331] · 울진蔚珍[1332]에 성을 쌓고 또 익령현翼嶺縣[1333]에 성을 쌓았는데 348칸, 문門 4이다.

【原文】 十一年 城通州. 城登州六百二間 門十四 水口二.

(목종) 11년(1008)에 통주通州[1334]에 성을 쌓았다. 등주登州[1335]에 성을 쌓았는데, 602칸, 문門 14, 수구水口 2이다.

【原文】 顯宗元年 [七月][1336] 城德州.

현종顯宗 원년(1010) [7월에] 덕주德州[1337]에 성을 쌓았다.[1338]

【原文】 二年 [八月][1339] 增修松岳 城築西京皇城. 城淸河 · 興海 · 迎日 · 蔚州 · 長鬐.

(현종) 2년(1011) [8월에] 송악성松岳城[1340]을 증수增修하고, 서경西京에 황

1331 **興化鎭** 지금의 평안북도 義州郡으로, 『고려사』 地理志에는 현종 21년 興化鎭을 승격시켜 靈州로 하고 防禦使를 두었다고 하였다고 하였다(『고려사』 58 地理志 3 靈州).

1332 **蔚珍** 지금의 경상북도 蔚珍郡으로, 고려시대에는 東界에 속해 있었다(『고려사』 58 地理志 3 蔚珍縣).

1333 **翼嶺縣** 지금의 강원도 襄陽郡으로, 고려시대에는 東界에 속해 있었다(『고려사』 58 地理志 3 翼嶺縣).

1334 **通州** 지금의 평안북도 宣川郡으로, 安化郡을 고려 초에 通州라고 하였다가 현종 21년에 宣州라고 하였다(『고려사』 58 地理志 3 宣州).

1335 **登州** 지금의 함경남도 安邊郡으로, 고려시대에 安邊都護府가 설치되어 있었다(『고려사』 58 地理志 3 安邊都護府).

1336 [七月] 『고려사절요』 2 현종 1년 7월 기사에 따라 보충한다.

1337 **德州** 지금의 평안남도 德川郡으로, 고려시대에는 安北大都護府의 防禦郡이었다(『고려사』 58 地理志 3 德州).

1338 이보다 앞서 현종 원년 5월에 거란은 목종을 폐위시키고 현종을 옹립한 康兆의 정변을 구실로 고려에 대한 군사행동을 예고하기 시작하였다(『고려사절요』 3 현종 원년 5월 조 기사 참조).

1339 [八月] 『고려사절요』 2 현종 2년 8월 기사에 따라 보충한다.

1340 **松岳城** 松岳山 마루를 중심으로 신라 효소왕 3년(694)에 松岳城이 축조된 바 있는데(『삼국사기』 35 地理志 2), 효공왕 1년(898)에 수리하였으며, 고려 현종 1년(1010) 겨울에 거란

성皇城[1341]을 쌓았다. 청하淸河[1342] · 홍해興海[1343] · 영일迎日[1344] · 울주蔚州[1345] · 장기長鬐[1346]에 성을 쌓았다.[1347]

【原文】 三年 [八月] 城慶州 · [十二月][1348] 長州 · 金壤 又[一月][1349] 城弓兀山.

(현종) 3년(1012) [8월에] 경주慶州[1350] · [12월에] 장주長州[1351] · 금양金壤[1352]에 성을 쌓고, 또 [1월에] 궁올산弓兀山[1353]에 성을 쌓았다.

의 침입으로 수도가 유린된 뒤 현종 2년(1011)에 다시 송악성을 증수하게 된 것이다(박용운, 『고려시대 開京 연구』, 일지사, 1996, 9~18쪽).

1341 **皇城** 皇帝가 살고 있는 성을 말하는데(孫永植, 「城郭用語」, 『韓國城郭의 硏究』, 文化財管理局, 1987, 402쪽), 皇帝國體制를 운영하던 고려도 皇城이라는 용어를 사용하였다(金基德, 「高麗의 諸王制와 皇帝國體制」, 『國史館論叢』 78, 1997). 고려의 皇城은 태조 2년(919) 처음 지어졌는데, 궁궐을 둘러싼 王城이라는 견해와(한국역사연구회, 『고려의 황도 개경』, 창작과 비평사, 2002, 29~32쪽), 실제로는 王城이 아니라 수도 開京의 內城 역할을 하였다는 견해가 있다(『고려도경』 5 宮殿 1 王府 및 朴龍雲, 『고려시대 開京연구』, 일지사, 1996, 13~24쪽).

1342 **淸河** 지금의 경상북도 浦項市 北區 淸河面으로, 고려시대에는 慶州의 屬縣이었다(『고려사』 57 地理志 2 淸河縣).

1343 **興海** 지금의 경상북도 浦項市 北區 興海邑으로, 고려시대에는 慶州의 屬郡이었다(『고려사』 57 地理志 2 興海郡).

1344 **迎日** 지금의 경상북도 浦項市 南區 延日邑으로, 고려시대에는 慶州의 屬縣이었다(『고려사』 57 地理志 2 延日縣).

1345 **蔚州** 지금의 울산광역시로, 고려시대에는 慶尙道의 領郡이었다(『고려사』 57 地理志 2 蔚州郡).

1346 **長鬐** 지금의 경상북도 浦項市 南區 장기면으로, 고려시대에는 慶州의 屬縣이었다(『고려사』 57 地理志 2 長鬐縣).

1347 '동여진의 100여 척의 배가 경주를 침략해왔다.'(『고려사』 4 世家 현종 2년 8월 조)라는 기사와 관련이 있는 듯하다.

1348 [八月] · [十二月] 『고려사절요』 3 현종 3년 8월 · 12월 기사에 따라 보충한다.

1349 [一月] 『고려사절요』 3 현종 3년 1월 기사에 따라 보충한다.

1350 **慶州** 지금의 경상북도 慶州市로, 고려시대에는 東京으로 留守官이 설치되어 있었다(『고려사』 57 地理志 2 東京留守官 경주).

1351 **長州** 지금의 함경남도 定平郡으로, 고려시대에는 安邊都護府에 속한 防禦郡이었으나 뒤에 定州에 속하였다(『고려사』 58 地理志 3 長州).

1352 **金壤** 지금의 강원도 通川郡에 있던 고려시대의 縣으로, 고려시대에는 東界의 屬縣이었다(『고려사』 58 地理志 3 金壤縣).

1353 弓兀山 위치 미상.

【原文】五年 城龍州一千五百七十三間 門十 水口一 城頭十二 遮城四.

(현종) 5년(1014)에 용주龍州[1354]에 성을 쌓았는데, 1,573칸, 문門 10, 수구水口 1, 성두城頭 12, 차성遮城 4이다.

【原文】六年 城雲林鎭.

(현종) 6년(1015)에 운림진雲林鎭[1355]에 성을 쌓았다.

【原文】七年 城宜州六百五十二間 門五. 鐵州城七百八十九間 門七 水口一 城頭十八 遮城四.

(현종) 7년(1016)에 의주宜州[1356]에 성을 쌓았는데, 652칸, 문門 5이다. 철주성鐵州城[1357]은 789칸, 문門 7, 수구水口 1, 성두城頭 18, 차성遮城 4이다.

【原文】八年 城安義鎭八百三十四間 門五 水口一 城頭二 遮城三.

(현종) 8년(1017)에 안의진安義鎭[1358]에 성을 쌓았는데, 834칸, 문門 5, 수구水口 1, 성두城頭 2, 차성遮城 3이다.

【原文】十年 [六月][1359] 城永平鎭.

1354 **龍州** 지금의 평안북도 龍川郡으로, 고려시대에는 安北大都護府의 防禦郡의 하나였다(『고려사』 58 地理志 3 龍州).

1355 **雲林鎭** 지금의 함경남도 文川郡에 있던 鎭으로, 『고려사』 地理志에는 '현종 6년 城堡를 쌓았다.'(『고려사』 58 地理志 3 雲林鎭)라고 하였으나, 『대동지지』에는 '(文川郡 서쪽) 30리에 있으며, 고려 현종 6년 雲林鎭을 설치하고 성을 쌓았는데, 둘레가 1,213척이다. 뒤에 防禦所로 삼았다.'(『대동지지』 19 文川 古邑 雲林)라고 기록되어 있다.

1356 **宜州** 지금의 함경남도 德源郡으로, 고려시대에는 東界에 속한 防禦郡이었다(『고려사』 58 地理志 3 宜州 및 『신증동국여지승람』 49 德源都護府 建置沿革).

1357 **鐵州城** 지금의 평안북도 鐵山郡에 있던 城으로, 고려시대의 鐵州는 安北大都護府의 防禦郡이었다(『고려사』 58 地理志 3 鐵州).

1358 **安義鎭** 지금의 평안북도 龜城郡에 있던 고려시대의 鎭으로, 고려시대에는 安北大都護府의 鎭의 하나였다(『고려사』 58 地理志 3 安義).

1359 [六月] 『고려사절요』 3 현종 10년 6월 기사에 따라 보충한다.

(현종) 10년(1019) [6월에] 영평진永平鎭[1360]에 성을 쌓았다.

【原文】 十二年 修東萊郡城.

(현종) 12년(1021)에 동래군東萊郡[1361]의 성을 수축修築하였다.

【原文】 十四年 城耀德鎭六百三十四間 門六.

(현종) 14년(1023)에 요덕진耀德鎭[1362]에 성을 쌓았는데, 634칸, 문門 6이다.

【原文】 十六年 城霜陰縣.

(현종) 16년(1025)에 상음현霜陰縣[1363]에 성을 쌓았다.

【原文】 十七年 [一月][1364] 城順德.

(현종) 17년(1026) [1월에] 순덕順德[1365]에 성을 쌓았다.

【原文】 十八年 [二月][1366] 城東北界顯德鎭. 城淸塞鎭八百二十一間 門七 水口四 城頭十五 遮城四.

(현종) 18년(1027) [2월에] 동북계東北界의 현덕진顯德鎭[1367]에 성을 쌓았

1360 永平鎭 위치 미상.

1361 東萊郡 지금의 부산광역시 東萊區로, 고려시대에는 蔚州의 屬縣이었다(『고려사』 57 地理志 2 東萊縣).

1362 耀德鎭 함경남도 耀德郡(광복 후 신설됨)에 있던 고려시대의 鎭으로, 일명 顯德鎭이라고도 한다(『고려사』 58 地理志 3 耀德鎭 및 『신증동국여지승람』 48 永興大都護府 古跡).

1363 霜陰縣 지금의 함경남도 安邊郡에 있던 고려시대의 縣. 본래 고구려의 薩寒縣이었는데 신라 경덕왕 때 霜陰縣으로 바뀌고, 朔庭郡의 領縣으로 삼았다가 현종 9년(1018) 東界에 소속되었다(『고려사』 58 地理志 3 霜陰縣).

1364 [一月] 『고려사절요』 3 현종 17년 1월 기사에 따라 보충한다.

1365 順德 위치 미상.

1366 [二月] 『고려사절요』 3 현종 18년 2월 기사에 따라 보충한다.

1367 顯德鎭 함경남도 耀德郡(광복 후 신설됨)에 있던 鎭으로, 일명 耀德鎭이라고도 한다(『고

다. 청새진淸塞鎭[1368]에 성을 쌓았는데, 821칸, 문門 7, 수구水口 4, 성두城頭 15, 차성遮城 4이다.

【原文】 十九年 修龍津鎭城. [九月][1369] 城鳳化山南 以徙高州.

(현종) 19년(1028)에 용진진성龍津鎭城[1370]을 수축修築하였다.[1371] [9월에] 봉화산鳳化山[1372] 남쪽에 성을 쌓고 고주高州[1373]로 옮겼다.

【原文】 二十年 遣平章事柳韶等 修古石城 置威遠鎭 築城八百二十五間 門七 水口一 城頭十二 遮城十二 城定戎鎭八百三十五間 門七 水口三 城頭十二 遮城五.

(현종) 20년(1029)에 평장사平章事 유소柳韶[1374] 등을 보내 고석성古石城을 수축修築하고, 위원진威遠鎭[1375]을 설치하여 성을 쌓았는데, 825칸, 문門 7, 수구水口 1, 성두城頭 12, 차성遮城 12이다. 정융진定戎鎭[1376]에 성을 쌓았는

려사』 58 地理志 3 耀德鎭 및 『신증동국여지승람』 48 永興大都護府 古跡).

1368 **淸塞鎭** 지금의 평안북도 熙川郡에 있던 鎭으로, 고려시대에는 安北大都護府에 속한 鎭이었다(『고려사』 58 地理志 3 淸塞鎭).

1369 [九月] 『고려사절요』 3 현종 19년 9월 기사에 따라 보충한다.

1370 **龍津鎭** 고려시대의 龍津縣(지금의 함경남도 文川郡)에 있던 鎭으로, 龍鎭縣은 고려시대에 安興都護府에 속해 있었다(『고려사』 58 地理志 3 龍津縣).

1371 현종 19년 10월 정해에 東女眞의 賊船 15척이 高城을 노략질하고, 또 기축에 龍津鎭을 침략하여 中郎將 朴興彦 등 70여 명을 포로로 잡아간 일이 있었다(『고려사』 5 世家 현종 19년 10월 정해 및 기축 조).

1372 **鳳化山** 고려시대의 高州(지금의 함경남도 高原郡)에 있던 산으로, 鳳化山城이 있었다(『대동지지』 19 高原 城池 鳳化山古城).

1373 **高州** 지금의 함경남도 高原郡으로, 고려시대에는 安邊都護府에 속한 防禦郡이었다(『고려사』 58 地理志 3 高州).

1374 **柳韶** (?~靖宗 4, ?~1038) 현종 20년(1029) 平章事로 있을 때 威遠鎭과 定戎鎭을 쌓았고, 덕종 2년(1033) 北境의 關防, 즉 서해안의 압록강 하구로부터 동쪽으로는 和州에 이르는 千里長城을 쌓은 공으로 推忠拓境功臣의 칭호를 받았다. 관직이 大尉門下侍郎에 이르러 사망하였는데, 시호는 襄懿이고, 덕종 廟廷에 배향되었다(『고려사』 94 柳韶傳).

1375 **威遠鎭** 지금의 평안북도 義州郡 남쪽에 있던 鎭으로, 『고려사』 地理志에는 옛 石城을 수축하고 興化鎭 서북쪽에 威遠鎭을 쌓았다고 하였다(『고려사』 58 地理志 3 威遠鎭).

데, 835칸, 문門 7, 수구水口 3, 성두城頭 12, 차성遮城 5이다.

【原文】 二十一年 [二月] 城麟州一千三百四十九間 門九 水口二 城頭二十三 遮城六 重城五十五間 [九月][1377] 城寧德八百五十二間 門七 水口一 城頭十四 遮城七.

(현종) 21년(1030) [2월에] 인주麟州[1378]에 성을 쌓았는데, 1,349칸, 문門 9, 수구水口 2, 성두城頭 23, 차성遮城 6이고, 중성重城은 55칸이다. [9월에] 영덕寧德[1379]에 성을 쌓았는데, 852칸, 문門 7, 수구水口 1, 성두城頭 14, 차성遮城 7이다.

【原文】 德宗元年 [正月] 城朔州八百六十五間 門八 水口二 城頭十七 遮城五.

덕종德宗 원년(1032)에 [정월에] 삭주朔州[1380]에 성을 쌓았는데, 865칸, 문門 8, 수구水口 2, 성두城頭 17, 차성遮城 5이다.[1381]

【原文】 二年 [八月] 命平章事柳韶 創置北境關防 起自西海濱・古國內城界鴨綠江入海處 東跨威遠・興化・靜州・寧海・寧德・寧朔・雲州・安水・清塞・平虜・寧遠・定戎・孟州・朔州等十三城 抵耀德・靜邊・和州等三

1376 定戎鎭 지금의 평안북도 義州郡에 있던 鎭으로, 『고려사』 地理志에는 옛 石壁을 수축하고 興化鎭 서쪽에 定戎鎭을 쌓았다고 하였다(『고려사』 58 地理志 3 定戎鎭).

1377 [二月]・[九月] 『고려사절요』 3 현종 21년 2월 및 9월 기사에 따라 보충한다.

1378 麟州 지금의 평안북도 義州郡 남쪽에 있었는데, 고려시대에는 安北大都護府의 防禦郡이었다(『고려사』 58 地理志 3 麟州).

1379 寧德 지금의 평안북도 義州郡 동남쪽에 있던 鎭으로, 고려 현종 21년에 둘레 4,012척의 토성을 쌓았으며, 문종 10년 契丹 興宗의 諱를 피하여 寧德鎭에서 寧德城으로 이름을 바꾸었다(『고려사』 58 地理志 3 寧德鎭 및 『신증동국여지승람』 53 義州牧 古跡 古寧德鎭).

1380 朔州 지금의 평안북도 朔州郡으로, 고려시대에는 安北大都護府에 속한 防禦郡이었다(『고려사』 58 地理志 3 朔州).

1381 『고려사』 世家에는 '契丹의 遺留使가 와서 來遠城에 이르렀는데 받아들이지 않고, 드디어 朔州・寧仁鎭・波川 등의 縣에 성을 쌓아 방비하였다.'라고 되어 있다(『고려사』 世家 5 덕종 1년 정월 을유 조).

城 東傳于海 延袤千餘里. 以石爲城 高厚各二十五尺. [十月][1382] 城安戎鎭・杆城縣 又城靜州鎭一千五百五十三間 門十 水口一 城頭四十五 遮城九 重城二百六十間.

(덕종) 2년(1033) [8월에] 평장사平章事 유소柳韶에게 명하여 북경北境에 처음으로 관방關防을 설치하였다. 서해안西海邊의 옛 국내성계國內城界[1383]의 압록강鴨綠江이 바다로 들어가는 곳으로부터 일으켜 동東으로 위원威遠・홍화興化・정주靜州・영해寧海・영덕寧德・영삭寧朔・운주雲州・안수安水・청새淸塞・평로平虜・영원寧遠・정융定戎・맹주孟州・삭주朔州 등 13성을 거쳐 요덕耀德・정변靜邊・화주和州 등 3주州에 이르고 동쪽으로 바다에까지 이르니, 1,000리里에 연延하여 뻗쳤으며, 돌로 성을 쌓으니 높이와 두께가 각각 25자(尺)였다.[1384] [10월에] 안융진安戎鎭과 간성현杆城縣[1385]에 성을 쌓고, 또 정주진靜州鎭[1386]에 성을 쌓았는데, 1,553칸, 문門 10, 수구水口 1, 성두城頭 45, 차성遮城 9이고, 중성重城은 263칸이다.

【原文】 三年 修溟州城.

(덕종) 3년(1034)에 명주성溟州城[1387]을 수축修築하였다.

1382 [八月]・[十月] 『고려사절요』 4 덕종 2년 9월 및 10월 기사에 따라 보충한다.

1383 國內城 『삼국사기』에 의하면 고구려 유리왕 22년(서기 3년) 卒本에서 國內城으로 수도를 옮겼다고 하였는데, 지금의 중국 吉林省 輯安縣에 있는 通溝城이다. 장수왕 15년(427) 수도를 平壤으로 옮길 때까지 약 400년간 고구려의 도성이었으며, 지금도 廣開土王陵碑와 將軍塚, 벽화고분 등 많은 유물과 유적이 남아 있다.

1384 이 성은 이른바 千里長城으로 알려져 있는데, 축조목적은 東北방면의 女眞과 西北방면의 契丹을 방비하는 데 있는 것이다. 아울러 고려는 건국 초기부터 꾸준히 국경의 요새지에 성책을 쌓아왔으므로, 덕종 2년(1033)의 천리장성 축조는 이미 쌓은 城과 鎭에 대하여 關防을 설치하는 연결 작업이라고 할 수 있으며, 실제 장성의 완공은 靖宗 10년(1044)에 가서야 이루어졌다(朴賢緖, 「北方民族과의 抗爭」, 『한국사 4－고려귀족사회의 성립』, 국사편찬위원회, 1974, 284～285쪽).

1385 杆城縣 지금의 강원도 高城郡 杆城邑으로, 고려시대에는 東界의 屬縣이었다(『고려사』 58 地理志 3 杆城縣).

1386 靜州鎭 지금의 평안북도 義州郡 동남쪽에 있던 鎭으로, 靜州는 고려시대 安北大都護府의 防禦郡이었다(『고려사』 58 地理志 3 靜州).

【原文】 靖宗元年 [九月] 築長城於西北路松嶺迤東 以扼邊寇之衝 又城梓田 徙民實之[號昌州].[1388]

정종靖宗 원년(1035)에 [9월에] 장성長城을 서북로西北路[1389]의 송령松嶺[1390] 동쪽에 쌓아 변방의 외구外寇의 요충지를 제압할 수 있게 하였으며, 또 재전梓田[1391]에 성을 쌓고 백성을 옮겨 채우고 [창주昌州[1392]라고 하였다].

【原文】 五年 [九月] 都兵馬副使朴成傑奏: "東路靜邊鎭 蕃賊窺覘之地 請城之." 從之. [冬十一月][1393] 城肅州.

(정종) 5년(1039) [9월에] 도병마부사都兵馬副使[1394] 박성걸朴成傑[1395]이 아뢰어, "동로東路[1396]의 정변진靜邊鎭[1397]은 번적蕃賊이 틈을 엿보는 땅이니, (이곳에) 성을 쌓기를 청합니다."라고 하니 이에 따랐다. [11월에] 숙주肅州[1398]에 성을 쌓았다.

1387 **溟州城** 지금의 강원도 江陵市로, 溟州는 고려시대 東界의 防禦郡의 하나였다(『고려사』 58 地理志 3 溟州).

1388 [九月] · [號昌州] 『고려사절요』 4 靖宗 원년 9월 기사에 따라 보충한다.

1389 **西北路** 西北面 혹은 北界와 같은 말이다.

1390 **松嶺** 위치 미상이나, 이어 나오는 梓田과 그리 멀지 않은 곳에 있었으리라 여겨진다.

1391 **梓田** 고려시대 22驛道의 하나였던 雲中道 소속의 梓田驛과 동일한 지명이라 생각되며(『고려사』 82 兵志 2 역참 雲中道), 고려시대 昌州(지금의 평안북도 昌城郡)에 있었다.

1392 **昌州** 지금의 평안북도 昌城郡으로, 고려시대에는 安北大都護府에 속해 있었다(『고려사』 58 地理志 3 昌州).

1393 [九月] · [冬十一月] 『고려사절요』 4 靖宗 5년 9월과 11월 기사에 따라 보충한다.

1394 **都兵馬副使** 국경의 군사문제를 논의하던 都兵馬使 기구의 관리. 知兵馬使가 1명으로 3품 이상 관리로 임명되던 데 비하여, 兵馬副使는 6명으로 4품 이상 관리가 임명되었다(『고려사』 77 百官志 2 外職 兵馬使).

1395 **朴成傑** 생몰년 미상. 현종 2년(1011) 거란의 침입으로 왕이 羅州로 피난할 때 호종하였고, 靖宗 5년 靜邊鎭에 성을 쌓을 것을 건의하였다. 戶部尙書, 西北面行營兵馬使를 거쳐 문종 1년(1047) 東北面兵馬使가 되고, 이후 參知政事, 尙書右僕射, 門下侍郎平章事를 거쳐 문종 17년(1063) 檢校太尉門下侍中으로 치사하였다.

1396 **東路** 東北面 혹은 東界와 같은 말이다.

1397 **靜邊鎭** 지금의 함경남도 永興郡에 있던 고려시대의 鎭(『고려사』 58 地理志 3 靜邊鎭 및 『신증동국여지승람』 48 永興大都護府 古跡 靜邊鎭).

1398 **肅州** 지금의 평안남도 平原郡 肅川面으로, 고려시대에는 安北大都護府에 속해 있었다

【原文】 六年 [二月][1399] 城金海府.

(정종) 6년(1040) [2월에] 김해부金海府[1400]에 성을 쌓았다.

【原文】 七年 [九月] 崔冲 城寧遠·平虜二鎭 寧遠城七百五十九間 堡子八 區內 金剛戍四十二間 宣威戍 六十一間 宣德戍五十間 長平戍五十三間 鼎岑戍三十八間 鎭河戍四十二間 鐵墉戍六十一間 定安戍三十二間 關城一萬一千七百間. 平虜城五百八十二間 堡子六 區內 擣戎戍三十六間 鎭兇戍三十間 直岑戍四十一間 降魔戍五十間 折衝戍三十間 靜戎戍三十間 關城一萬四千四百九十五間. [十二月][1401] 城東路豢猳縣一百六十八間.

(정종) 7년(1041)에 [9월에] 최충崔沖[1402]이 영원寧遠,[1403] 평로平虜[1404]의 2진鎭에 성을 쌓았다. 영원성寧遠城은 759칸, 보자堡子[1405] 8이고, 구내區內의 금강수金剛戍[1406]는 42칸, 선위수宣威戍는 61칸, 선덕수宣德戍는 50칸, 장평

(『고려사』 58 地理志 3 肅州).

1399 [二月] 『고려사절요』 4 靖宗 6년 2월 기사에 따라 보충한다.

1400 金海府 지금의 경상남도 金海市로, 신라의 金海小京을 태조 23년 金海府라고 고치고, 성종 14년 金州安東都護府라고 하였다가 현종 3년에 金州라고 하였다(『고려사』 57 地理志 2 金州).

1401 [九月]·[十二月] 『고려사절요』 4 靖宗 7년 9월과 12월 기사에 따라 보충한다.

1402 崔沖 (성종 3~문종 22, 984~1068) 해주 출신. 목종 8년 과거에 1등으로 급제하여 우습유, 한림학사, 예부시랑을 거쳐 문하시중이 되었으며, 문종 7년에 70세가 되어 은퇴하기를 청하자 공신칭호를 더하고 내사령으로 치사하게 하였다. 시호는 文憲公이다. 『7代實錄』을 편찬하는 등 많은 업적을 남겼지만 九齋學堂을 설립하여 私學을 발전시킨 일은 특히 유명하며 海東孔子라고 불리기도 하였다. 본문의 기사는 그가 靖宗 7년 상서좌복야 참지정사 판서북로병마사가 되어 변방에 나갔을 때의 업적을 말하여주고 있다(『고려사』 95 崔沖傳).

1403 寧遠鎭 지금의 평안남도 寧遠郡으로, 고려시대에는 安北大都護府에 속한 鎭이었다(『고려사』 58 地理志 3 寧遠鎭).

1404 平虜鎭 지금의 평안북도 熙川郡 新豊面에 비정되며, 고려시대에는 安北大都護府에 속한 鎭이었다(『고려사』 58 地理志 3 平虜鎭).

1405 堡子 적을 방어하기 위해 돌, 흙 등의 재료로 견고하게 만든 구축물인 堡壘 또는 堡砦와 같은 것이 아닌가 한다(孫永植, 「城郭用語」, 『韓國城郭의 硏究』, 문화재관리국, 1987, 386~387쪽 참조).

1406 戍 적군의 동정을 살피려고 성 위에 만든 누각인 戍樓와 같은 것이 아닌가 한다(孫永

수長平戍는 53칸, 정잠수鼎岑戍는 38칸, 진하수鎭河戍는 42칸, 철용수鐵墉戍는 61칸, 정안수定安戍는 32칸, 관성關城[1407]은 11,700칸이다. 평로성平虜城은 582칸, 보자堡子 6이고, 구내區內의 도융수擣戎戍는 36칸, 진융수鎭戎戍는 30칸, 직잠수直岑戍는 41칸, 항마수降魔戍는 50칸, 절충수折衝戍는 30칸, 정융수靜戎戍는 30칸, 관성關城은 14,495칸이다. [12월에] 동로東路의 환가현豢猳縣[1408]에 성을 쌓았는데, 168칸이다.

【原文】 九年 [九月][1409] 城寧朔·樹德二鎭.

(정종) 9년(1043) [9월에] 영삭寧朔[1410]·수덕樹德[1411]의 2진鎭에 성을 쌓았다.

【原文】 十年 [冬十月] 命金令器·王寵之 城長州·定州 及元興鎭 長州城五百七十五間 戍六所 曰靜北·高嶺·掃兇·掃蕃·壓川·定遠. 定州城八百九間 戍五所曰防戍·押胡·弘化·大化·安陸. 元興鎭城六百八十三間戍四所曰來降·壓虜·海門·道安. [十一月][1412] 城宣德鎭.

(정종) 10년(1044) [10월에] 김영기金令器[1413]와 왕총지王寵之[1414]에게 명하

植, 「城郭用語」, 앞의 책, 391쪽 참조).

1407 關城 나라의 국경이나 요충지에 關門이 있는 성(孫永植, 「城郭用語」, 앞의 책, 379쪽).

1408 豢猳縣 지금의 강원도 高城郡에 있던 고려시대의 縣으로, 원래 猪迚穴縣(一名 烏斯押)이었으나 신라 경덕왕 때 豢猳縣으로 고치고 高城군의 領縣으로 삼았으며, 고려 문종 때 縣治를 陽村으로 옮기고 海賊의 要衝에 대비하게 하였다(『고려사』 58 地理志 3 豢猳縣).

1409 [九月] 『고려사절요』 4 靖宗 9년 9월 기사에 따라 보충한다.

1410 寧朔鎭 지금의 평안북도 義州郡에 있던 고려시대의 鎭(『고려사』 58 地理志 3 寧朔鎭).

1411 樹德鎭 성종 2년에도 城을 쌓았으며, 조선 태조 5년 陽岩鎭과 樹德鎭을 합하여 陽德縣(지금의 평안남도 陽德郡)이라고 하였다(『신증동국여지승람』 55 陽德縣).

1412 [冬十月]·[十一月] 『고려사절요』 4 靖宗 10년 10월과 11월 기사에 따라 보충한다.

1413 金永器 (?~문종 6, ?~1052) 출생지 및 본관 미상. 현종 16년에 감찰어사가 되고, 어사중승·내사사인·좌간의·병부상서를 거쳐 靖宗 10년에는 동북로병마사 참지정사가 되어 본문 기사에서 보듯이 王寵之 등과 함께 長州·定州·元興鎭에 성을 쌓았다. 문종 1년 문하시랑평장사가 되었고 문종 6년 사망하였다.

1414 王寵之 (?~문종 21, ? ~1067) 江陵 사람. 현종 때 과거에 급제하고 기거사인을 거쳐

여 장주長州,[1415] 정주定州[1416] 및 원흥진元興鎭[1417]에 성을 쌓게 하였다. 장주성長州城은 575칸에 수戍 6개소인데 정북靜北, 고령高嶺, 소흉掃兇, 소번掃蕃, 염천壓川, 정원定遠이고, 정주성定州城은 809칸에 수戍 5개소인데 방수防戍, 압호押胡, 홍화弘化, 대화大化, 안목安陸이며, 원흥진성元興鎭城은 683칸에 수戍가 4개소인데 내항來降, 압로壓虜, 해문海門, 도안道安이다.[1418] [11월에] 선덕진宣德鎭[1419]에 성을 쌓았다.[1420]

靖宗 때에 우승선 급사중이 되었을 때 도병마부사 朴成傑 등과 함께 글을 올려 東路 靜邊鎭에 성을 쌓게 하였고, 靖宗 10년에는 본문 기사에서 보듯이 김영기와 함께 장주 등에 성을 쌓았다. 이후 문하시중 판상서이부사를 지낸 뒤 중서령으로 치사한 뒤 문종 21년 사망하였다. 사후 문종묘에 배향되었고, 시호는 景肅이다(『고려사』 95 王寵之傳).

1415 **長州** 지금의 함경남도 定平郡으로, 고려시대에는 安邊都護府에 속한 防禦郡이었으나 뒤에 定州에 속하였다(『고려사』 58 地理志 3 長州).

1416 **定州** 지금의 함경남도 定平郡으로, 고려시대에는 安邊都護府에 속한 防禦郡이었다(『고려사』 58 地理志 3 定州).

1417 **元興鎭** 지금의 함경남도 定平郡에 있던 고려시대의 鎭으로, 靖宗 10년에 梐川에 성을 쌓고 元興鎭이라고 하였다(『고려사』 58 地理志 3 元興鎭 및 『신증동국여지승람』 48 定平都護府 古跡).

1418 『고려사』 6 世家 靖宗 10년 11월 을해 조에는 축성이 끝난 뒤 공로자에게 포상을 건의하는 兵馬使 金令器의 상주문이 다음과 같이 실려 있다.

'이제 長州와 定州, 두 州 및 元興鎭에 城을 쌓아 빠른 시일 안에 役을 마치게 되었으니 勞苦가 매우 많았습니다. 그 役을 감독한 州鎭의 관리 가운데에 1科 7품 이상에게는 正職 1級씩 올리고 그 부모에게도 封爵하며, 8품 이하에게는 正職 1級씩 올려 차례대로 階職을 더하고, 2科에게는 正職 1級과 아울러 階職을 더하십시오. 또한 이 3城의 地帶는 본래 적의 소굴이라서 침략당할까 염려되어 兵馬使의 군사를 要害處에 나누어 주둔시켜 水陸으로 막아 적이 접근할 수 없도록 하였습니다. 그 軍士로서 1科의 別將 이상에게는 正職 1級씩 올리고 부모에게도 封爵하며, 隊正 이상에게는 正職 1級과 아울러 鄕職을 올리고, 군인에게는 鄕職 1級씩 올리며, 2科의 隊正 이상 및 船頭에게는 正職과 鄕職 1級을 더하고, 군인 및 梢工(沙工)·水手(水夫)에게는 鄕職을 더하고 또 물품을 차등 있게 하사하십시오. 성을 쌓을 때에 出戰하여 공이 있는 1科의 攝兵部尙書 高烈 등 10명과 1科의 小府監 柳喬 등 5명, 2科의 大樂丞 鄭覇 등 5명에게 또한 포상을 더하여 장래를 권장하십시오.'라고 하니, 制하여 '그렇게 하라.'고 하였다(『고려사』 6 世家 靖宗 10년 11월 을해, 兵馬使 金令器 奏).

1419 **宣德鎭** 고려시대의 22驛道 중 朔方道 소속의 宣德驛(지금의 함경남도 定平郡)이 있는데, 宣德鎭도 이와 관련이 있지 않은가 한다.

1420 한편, 김영기는 장주 등지에 성을 쌓은 뒤 돌아와, 축성과 방어에 공이 많은 우사낭중 金元鼎을 포상할 것을 건의하였다(『고려사』 95 金元鼎傳).

【原文】 十二年 [春二月][1421] 城永興鎭四百二十四間 門四.

(정종) 12년(1046) [2월에] 영흥진永興鎭[1422]에 성을 쌓았는데, 424칸, 문門 4이다.

【原文】 文宗卽位 [六月][1423] 遣兵部郎中金瓊 自東海 至南海 築沿邊城堡農場 以扼海賊之衝.

문종文宗이 즉위(1047)하자 [6월에] 병부낭중兵部郎中[1424] 김경金瓊[1425]을 보내 동해東海로부터 남해南海에 이르기까지 연해沿海에 성보城堡와 농장農場을 만들어 해적海賊의 요충要衝을 제압하게 하였다.

【原文】 四年 修渭州城六百七十五間. [三月][1426] 城安義鎭榛子農場 爲寧朔鎭 以扼蕃賊要衝 六百六十八間 門六 水口三 城頭十三 遮城五.

(문종) 4년(1050) 위주성渭州城[1427]을 증축하였는데, 675칸이다. [3월에] 안의진安義鎭[1428]의 진자농장榛子農場에 성을 쌓아 영삭진寧朔鎭[1429]이라 하고, 번적蕃賊의 요충要衝을 제압하게 하였는데, 668칸, 문門 6, 수구水口 3, 성두城頭 13, 차성遮城 5이다.

【原文】 二十一年 城德州六百四十二間 門四.

1421 [春二月] 『고려사절요』 4 靖宗 12년 2월 기사에 따라 보충한다.

1422 **永興鎭** 지금의 함경남도 永興郡에 있던 고려시대의 鎭(『고려사』 58 地理志 3 永興鎭).

1423 [六月] 『고려사절요』 4 靖宗 12년 6월(문종 즉위년 6월) 기사에 따라 보충한다.

1424 **兵部郎中** 兵部 소속의 정5품 관리로 2명이 있었다(『고려사』 76 百官志 1 兵曹).

1425 **金瓊** 생몰년 미상. 위의 본문 기사 이외에 靖宗 7년에 監察御史를 지냈다는 기록이 있다.

1426 [三月] 『고려사절요』 4 문종 4년 3월 기사에 따라 보충한다.

1427 **渭州城** 지금의 평안북도 寧邊郡으로, 고려시대에는 安北大都護府에 속해 있었다(『고려사』 58 地理志 3 渭州).

1428 **安義鎭** 지금의 평안북도 龜城郡에 있던 고려시대의 鎭으로, 고려시대에는 安北大都護府의 鎭의 하나였다(『고려사』 58 地理志 3 安義).

1429 **寧朔鎭** 지금의 평안북도 義州郡에 있던 고려시대의 鎭(『고려사』 58 地理志 3 寧朔鎭).

(문종) 21년(1067)에 덕주德州[1430]에 성을 쌓았는데, 642칸, 문門 4이다.

【原文】 二十八年 修元興鎭 · 龍州 · 渭州城 共一千九百三十餘閒.

(문종) 28년(1074)에 원흥진元興鎭, 용주龍州,[1431] 위주성渭州城을 수축修築하였는데, 모두 1,930여 칸이다.

【原文】 宣宗八年 [九月][1432] 兵馬使奏: "安邊都護府境內霜陰縣 最爲邊地要害 乞築城壘 以防外寇." 制可.

선종宣宗 8년(1091) [9월에] 병마사兵馬使[1433]가 아뢰어, "안변도호부安邊都護府[1434] 경내의 상음현霜陰縣[1435]이 가장 중요한 국경의 요해要害가 되니, 성루城壘를 쌓아 외구를 방비하기를 바랍니다."라고 하니, 제制하여 좋다고 하였다.

【原文】 睿宗二年 [十二月] 尹瓘 [遣日官崔資顥 相地]於蒙羅骨嶺下 築城廊九百五十間 號英州 火串山下 築九百九十二間 號雄州 吳林金村 築七百七十四間 號福州 弓漢伊村 築六百七十間 號吉州 [又創護國仁王 · 鎭東

1430 德州 지금의 평안남도 德川郡으로, 고려시대에는 安北大都護府의 防禦郡이었다(『고려사』 58 地理志 3 德州).

1431 龍州 지금의 평안북도 龍川郡으로, 고려시대에는 安北大都護府의 防禦郡의 하나였다(『고려사』 58 地理志 3 龍州).

1432 [九月] 『고려사절요』 6 선종 8년 9월 기사에 따라 보충한다.

1433 兵馬使 국경의 군사문제를 논의하던 都兵馬使 기구의 관리. 兵馬使는 1명으로 3품 이상 관리로 임명되었다(『고려사』 77 百官志 2 外職 兵馬使).

1434 安邊都護府 성종 14년에 지방제도를 개편하면서 국방을 위한 군사적 기지로서의 성격을 가진 도호부를 5군데 설치하였는데, 안변도호부는 동북면의 국경지방인 和州(지금의 함경남도 永興郡)에 두었다가 현종 9년 登州(함경남도 安邊郡)로 옮겨왔다(『고려사』 58 地理志 3 東界 安邊都護府 및 李基白, 「고려 지방제도의 정비와 주현군의 성립」, 『고려병제사연구』, 일조각, 1968).

1435 霜陰縣 지금의 함경남도 安邊郡에 있던 고려시대의 縣. 본래 고구려의 薩寒縣이었는데 신라 경덕왕 때 霜陰縣으로 바뀌고, 朔庭郡의 領縣으로 삼았다가 현종 9년(1018) 東界에 소속되었다(『고려사』 58 地理志 3 霜陰縣).

普濟二寺 於英州城中].[1436]

예종睿宗 2년(1107) [12월에] 윤관尹瓘[1437]이 [일관日官[1438] 최자호崔資顥[1439]를 보내 땅을 점치게 하여] 몽라골령夢羅骨嶺[1440] 밑에 성곽城廓 950칸을 쌓아 영주英州[1441]라 하고, 화관산火串山[1442] 밑에 992칸의 성을 쌓아 웅주雄州[1443]라 하였으며, 오림금촌吳林金村[1444]에 774칸의 성을 쌓아 복주福州[1445]라

1436 [十二月]·[遣日官崔資顥 相地]·[又創護國仁王·鎭東普濟二寺 於英州城中] 『고려사절요』 7 예종 2년 12월 기사에 따라 보충한다.

1437 **尹瓘** (?~예종 6, ?~1111) 坡平 사람. 문종 때에 과거에 합격한 뒤 벼슬이 수태보 문하시중 판병수사 상주국 감수국사에 올랐으며, 예종 묘정에 배향되었다. 시호는 文敬이다. 윤관은 특히 숙종 9년(1104)부터 예종 6년(1111) 사망할 때까지 여진정벌을 주도하였는데, 본문기사는 예종 2년(1107) 17만 군대를 이끌고 벌인 대규모 군사작전의 성과이다.
【참고】『고려사』 96 尹瓘傳.
김상기, 「여진관계의 시말과 윤관의 북정」, 『국사상의 제문제』 4, 국사편찬위원회, 1959.

1438 **日官** 天文, 曆數, 測候, 刻漏 등의 일을 맡아보던 書雲觀의 관리를 말한다. 고려 초기에 太卜監과 太史局이 있었는데, 太卜監은 현종 14년 司天臺라 고쳤다가 예종 11년에는 司天監으로 하는 등 몇 차례 이름이 바뀌다가 공민왕 11년에 태복감과 태사국을 합쳐서 書雲觀이라고 하였다(『고려사』 76 百官志 1 書雲觀).

1439 **崔資顥** 생몰연대 및 출신지 미상. 숙종 6년 南京開創都監이 만들어졌을 때 秋官正이 되어 南京의 지리를 살폈고, 예종 즉위년에는 司天少監으로 東界의 산천을 순시하였으며, 이듬해 12월에는 軍候가 되었다는 『고려사』의 기록이 남아 있다.

1440 **夢羅骨嶺** 고려시대의 英州(지금의 함경북도 吉州郡 지역)에 있었으나 정확한 위치는 알 수 없다.

1441 **英州** 지금의 함경북도 吉州郡 지역으로 고려시대에는 東界에 속하였다. 예종 3년에 英州를 설치하여 防禦使로 삼고 安嶺軍이라 하였으나, 예종 4년 성을 철거하고 그 땅을 여진에게 돌려주었고, 뒤에 吉州에 병합하였다(『고려사』 58 地理志 3 東界 英州).

1442 **火串山** 『고려사』에 나오는 火串嶺과 같은 곳이 아닌가 한다. 고려시대의 雄州(지금의 함경북도 吉州郡 지역)에 있었으나 현재 위치는 알 수 없다.

1443 **雄州** 지금의 함경북도 吉州郡 지역으로 고려시대에는 東界에 속하였다. 예종 3년에 雄州를 설치하여 防禦使로 삼고 寧海軍이라 하였으나, 예종 4년 성을 철거하고 그 땅을 여진에게 돌려주었고, 뒤에 吉州에 병합하였다(『고려사』 58 地理志 3 東界 雄州).

1444 **吳林金村** 오랫동안 女眞이 살던 곳이나 고려는 예종 2년 이곳을 정벌하고 이듬해에는 이곳에 福州를 설치하였다(『고려사』 58 地理志 3 東界 福州).

1445 **福州** 지금의 함경북도 吉州郡 지역으로 고려시대에는 東界에 속하였다. 예종 3년에 福州를 설치하여 防禦使로 삼았으나, 예종 4년 성을 철거하고 그 땅을 여진에게 돌려주었다(『고려사』 58 地理志 3 東界 福州).

하였으며, 궁한이촌弓漢伊村[1446]에 670칸의 성을 쌓아 길주吉州[1447]라 하였다. [또 호국인왕사護國仁王寺와 진동보제사鎭東普濟寺 두 절을 영주성英州城 안에 창건하였다.][1448]

【原文】 三年 [二月] 城咸州 及公險鎭. [三月][1449] 尹瓘等 令諸軍 撤內城材瓦以築九城 徙南界民 實之.[號咸州曰鎭東軍 置戶一萬三千 號英州曰安嶺軍 雄州曰寧海軍 各置戶一萬 福·吉·宜三州 各置戶七千 公險·通泰·平戎三鎭 各置戶五千.][1450]

(예종) 3년(1108) [2월에] 함주咸州[1451]와 공험진公險鎭[1452]에 성을 쌓았다. [3월에] 윤관尹瓘 등이 제군諸軍으로 하여금 내성內城의 재목과 기와를 거

1446 弓漢伊村 오랫동안 여진이 살던 弓漢村을 예종 3년에 吉州(지금의 함경북도 吉州郡)라고 하고 防禦使를 두었는데, 弓漢村과 弓漢伊村은 같은 곳이 아닌가 한다(『고려사』 58 地理志 3 東界 吉州).

1447 吉州 고려는 예종 2년에 오랜 동안 여진이 살던 弓漢村을 정벌한 뒤 이듬해 3년에 吉州(지금의 함경북도 吉州郡)를 설치하여 防禦使로 삼고, 예종 6년에는 성을 쌓았으나 곧 그 땅을 여진에게 돌려주었다(『고려사』 58 地理志 3 東界 吉州).

1448 예종 2년의 여진정벌에 관해서는 『고려사』 96 尹瓘傳에 자세하게 기록되어 있는데, 그 내용 중에는 兵志의 이 본문 기사도 포함되어 있다.

1449 [二月]·[三月] 『고려사』 58 地理志 3 東界 '按舊史九城之地'조에 의거하여 보충한다. 한편 이들 지역에 대한 자세한 축성기사는 『고려사절요』 7 예종 3년 2월과 3월 조 기사에도 나온다.

1450 『고려사』 58 地理志 3 東界 '按舊史九城之地' 조에 인용되어 있는 閔漬의 『編年綱目』 기사에 의거하여 보충한 것이다.

1451 咸州 오랫동안 여진이 살던 곳이나 고려는 예종 2년 이곳을 정벌한 뒤 이듬해 州를 설치하여 咸州라고 하였으며 大都督府로 삼고 鎭東軍이라고 하였다. 성을 크게 쌓고 南界의 1,948丁戶를 이주시켰으나, 예종 4년 성을 부수고 그 땅을 여진에게 돌려주었다(『고려사』 58 地理志 3 東界 咸州大都督府).

1452 公險鎭 윤관이 여진을 내쫓고 쌓은 東北 9城의 하나. 『고려사』 地理志에는 예종 3년에 윤관이 이 지역에 방어사를 설치하고 兵民 532丁戶를 옮겨와 살게 하고 예종 6년에도 산성을 쌓았다고 하였다. 또 『고려사』 地理志에는 공험진이 '또는 孔州라고 하고, 또는 匡州라고도 하는데, 先春嶺 동남쪽·白頭山 동북쪽에 있었다고도 하고, 또는 蘇下江邊에 있었다고도 한다.'라고 되어 있는데, 그 위치에 대하여는 두만강 북쪽 700리라는 설, 吉州 이남설, 咸興 평야설이 있다. 어떻든 고려시대에는 북쪽의 공험진에서부터 남쪽의 三陟까지를 東界에 소속시켰다(『고려사』 58 地理志 3 東界 公險鎭 및 方東仁, 「尹瓘九城再考」, 『백산학보』 21, 1976).

두어 9성城을 쌓고 남계南界의 백성을 옮겨 이를 채웠다. [함주咸州를 진동군鎭東軍이라 하고 호戶 13,000을 두고,[1453] 영주英州를 안령군安嶺軍이라 하고, 웅주雄州를 영해군寧海軍이라 하여 각기 호戶 10,000을 두고, 복주福州, 길주吉州, 의주宜州의 3주州는 각기 호戶 7,000을 두고, 공험公險, 통태通泰,[1454] 평융平戎[1455]의 3진鎭에 각기 호戶 5,000을 두었다.][1456]

【原文】 四年 [七月 壬戌] 撤東界崇寧·通泰二鎭城. [甲子][1457] 撤英·福·咸·雄四州 及眞陽·宣化二鎭城.

(예종) 4년(1109) [7월 임술일에] 동계東界의 숭령崇寧,[1458] 통태通泰 2 진성鎭城을 철수하였다. [갑자일에] 영주英州·복주福州·함주咸州·웅주雄州 4 주州와 진양眞陽[1459]·선화宣化[1460]의 2 진성鎭城을 철수하였다.[1461]

1453 『고려사』 地理志에는 南界의 丁戶 1,948명을 이주시켰다고 되어 있다(『고려사』 58 地理志 3 東界 咸州大都督府).

1454 **通泰鎭** 여진을 정벌한 뒤 예종 3년에 성을 쌓고 진을 두었으나 이듬해 성을 허물고 그 땅을 여진에게 되돌려주었다. 그 위치는 함경남도 함흥시 운전면 일대로 비정되어 왔으나 그에 대한 비판적 견해도 있다(『고려사』 58 地理志 3 東界 通泰鎭 및 方東仁, 「尹瓘九城再考」, 『백산학보』 21, 1976).

1455 **平戎鎭** 여진을 정벌한 뒤 예종 3년에 尹瓘이 쌓은 東北 9城 중의 하나. 지금 어디인지 정확한 위치는 알 수 없다(『고려사』 58 地理志 3 東界 通泰鎭 및 方東仁, 「尹瓘九城再考」, 앞의 책).

1456 『고려사』 地理志에 인용된 예종 3년 2월에 都鈴轄 林彦이 지은 「英州記」에 의하면, '이제 새로 6성을 쌓았는데, 첫째는 鎭東軍 咸州大都督府로 兵民 1,948丁戶를 두었고, 둘째는 安嶺軍 英州防禦使로 兵民 1,238丁戶를 두었고, 셋째는 寧海軍 雄州防禦使로 兵民 1,436丁戶를 두었고, 넷째는 吉州防禦使로 兵民 680丁戶를 두었고, 다섯째는 福州防禦使로 兵民 632丁戶를 두었고, 여섯째는 公險鎭防禦使로 兵民 532丁戶를 두었다.'라고 되어 있다(『고려사』 58 地理志 3 東界, '按舊史九城之地').

1457 [七月 壬戌]·[甲子] 『고려사』 13 世家 예종 4년 7월 壬戌·甲子의 기사에 따라 보충한다.

1458 **崇寧** 위치 미상.

1459 **眞陽** 위치 미상.

1460 **宣化** 그러나 宣化鎭은 뒤에 수복하여 吉州에 병합시켰다(『고려사』 58 地理志 3 東界 宣化鎭).

1461 9성을 쌓은 尹瓘과 吳延寵 등은 예종 3년 4월 개경으로 돌아갔다. 그러나 농경지를 빼앗긴 토착여진은 完顏部 세력을 끌어들여 끈질기게 저항한 결과 예종 4년 5월에는 길주와

【原文】 十年 復城永淸縣六百七十一閒 門四 水口一 城頭四 遮城二. 城東界預州.

(예종) 10년(1115)에 다시 영청현永淸縣에 성을 쌓았는데, 671칸, 문門 4, 수구水口 1, 성두城頭 4, 차성遮城 2이다. 동계東界의 예주預州[1462]에 성을 쌓았다.

【原文】 十二年 城義州八百六十五閒 門五 城頭十七 遮城七.

(예종) 12년(1117)에 의주義州에 성을 쌓았는데, 865칸, 문門 5, 성두城頭 17, 차성遮城 7이다.

【原文】 十四年 [十一月][1463] 增築長城三尺 金 邊吏 發兵止之 不從 且報曰修補舊城. [葛懶甸 孛菫 胡剌古習顯 以聞 金主詔曰 毋得侵軼生事 但愼固營壘 廣布耳目而已].[1464]

(예종) 14년(1119) [11월에] 장성長城을 3자(尺)나 증축하였는데,[1465] 금金

공험진이 거의 함락 직전에 이르렀고, 이를 구원하러 간 오연총의 군대도 중도에서 여진의 습격을 받아 대패하였다. 완안부의 추장인 烏雅束은 무력항쟁을 펴면서도 한편으로는 외교적인 전략을 구사하여 9성을 돌려줄 것을 애걸하였다. 전세가 불리해지고 국내의 여론도 불리하게 돌아가자 고려 조정은 여러 차례 논의한 결과 마침내 예종 4년 7월 9성을 돌려줄 것을 결정하고 주둔했던 군사와 백성을 철수시켰다. 여진 땅에 구축한 9성의 환부와 여진의 고려경역에의 불침이라는 조건으로 강화를 한 것이다. 그 결과 고려는 건국 이래 고구려 고토회복이라는 명분 아래 적극 추진해온 북진정책이 좌절되고, 완안부의 여진은 고려의 위협으로부터 벗어나는 동시에 전여진족을 단합시키면서 마침내 遼에 대한 정벌도 단행하게 되었다(최규성, 「북방민족과의 관계」, 『한국사 15－고려전기의 사회와 대외관계』, 국사편찬위원회, 1995).

1462 預州 지금의 함경남도 定平郡으로, 조선 태조 7년 預州와 元興을 합하여 預原郡이라고 하였다가, 세조 4년 郡을 없애고 定平都護府에 합쳤다. 조선시대 定平都護府 남쪽 45리에 預原廢縣이 있었다(『신증동국여지승람』 48 定平都護府 古跡 預原廢縣).

1463 [十一月] 『고려사절요』 8 예종 14년 11월 기사에 따라 보충한다.

1464 『고려사』 14 世家 예종 14년 11월 기사에 따라 보충한다.

1465 덕종 2년에 돌로 쌓은 이른바 千里 長城은 높이와 두께가 각각 25자[尺]였다(앞의 덕종 2년 기사 참조).

나라 변방의 관리들이 군사를 내어 이를 저지하였으나 따르지 않고, "옛 성을 보수한다."라고 통보하였다. [갈라전葛懶甸[1466]의 발근孛菫[1467]인 호랄고습현胡剌古習顯이 이를 아뢰니 금나라 임금(金主)[1468]이 변방의 관리들에게 분부하여 이르기를, "침노하는 일이 생기지 않도록 하고 단지 영루營壘를 굳건하게 하며, 척후와 정탐꾼(耳目)을 널리 펴두라."고 하였다.]

【原文】 仁宗十五年 復城安戎鎭三百四十九間 門四 水口一 城頭·遮城各一.

인종仁宗 15년(1137)에 다시 안융진安戎鎭에 성을 쌓았는데, 349칸, 문門 4, 수구水口 1, 성두城頭·차성遮城이 각기 1이었다.

【原文】 毅宗三年 復城嘉州 門五 水口一 城頭二十六.

의종毅宗 3년(1149)에 다시 가주嘉州에 성을 쌓았는데, 문門 5, 수구水口 1, 성두城頭 26이다.

【原文】 四年 城延州 門十 水口五 城頭十九 遮城八.

(의종) 4년(1150) 연주延州[1469] 성을 쌓았는데, 문門 10, 수구水口 5, 성두城頭 19, 차성遮城 8이다.

1466 **葛懶甸** 여진의 부족들이 흩어져 살던 땅으로, '가란전'이라고 읽기도 한다. 이곳의 여진들은 오래 전부터 고려에 귀부하였으나, 문종 26년(1069) 무렵부터 여진의 完顔部 세력 아래 들어가게 되었다. 그러나 완안부의 세력이 점차 커지면서 이 지역을 중심으로 고려와 여진이 자주 충돌하게 되자, 고려는 마침내 이곳을 정벌하여 9성을 쌓게 된 것이다. 갈라전의 위치에 대하여는 여러 설이 있으나, 김상기는 정약용의 설에 따라 함경도 함흥 일대로부터 길주 사이에 있었을 것이라고 추정하였다(김상기, 「여진 관계의 시말과 윤관의 북정」, 『국사상의 제문제』 4, 국사편찬위원회, 1959, 158~205쪽).

1467 **孛菫** 여진의 族長을 말한다.

1468 **金主** 금의 太祖를 말한다. 그는 예종 8년(1113) 형인 烏雅束이 죽자 그 뒤를 이어 完顔部長으로서 太師인 都勃極烈이 되었고, 예종 10년에 금을 세워 황제가 되었다.

1469 **延州** 고구려의 密雲郡을 광종 21년에 延州라고 바꾸고 知州로 하였다가, 성종 14년에 防禦使로 하였다. 지금 평안북도 雲山郡 지역에 있었다(『고려사』 58 地理志 3 延州).

【原文】 高宗九年 [正月][1470] 城宜州・和州・鐵關 凡四旬而畢.

고종高宗 9년(1222) [정월에] 의주宜州, 화주和州, 철관鐵關[1471]에 성을 쌓았는데, 무릇 40일 만에 마쳤다.

【原文】 二十年 築江華外城.

(고종) 20년(1233)에 강화江華에 외성外城[1472]을 쌓았다.

【原文】 三十七年 [八月 庚申][1473] 始築江都中城 周回二千九百六十餘間 大小門凡十七.

(고종) 37년(1250) [8월 경신일에] 비로소 강도江都에 중성中城[1474]을 쌓았는데, 둘레가 2,960칸이고 대소문大小門이 무릇 17이다.[1475]

【原文】 三十八年 城全州 以備倭寇.

(고종) 38년(1251)에 전주全州[1476]에 성을 쌓아 왜구倭寇에 대비하였다.

【原文】 三十九年 [五月][1477] 始營昇天府城廊.

1470 [正月] 『고려사절요』 15 고종 9년 1월 기사에 따라 보충한다.

1471 **鐵關** 고려시대의 宜州(지금의 함경남도 德源郡)에 있던 城으로, 둘레가 1,403척이었다(『고려사』 58 地理志 3 宜州 및 『신증동국여지승람』 49 德源都護府 古跡 鐵關).

1472 **江華 外城** 이 기사와는 달리 강화 외성은 고종 20년(1233)에 쌓기 시작하여 고종 24년(1237)에 완성된 것으로 보이는데, 둘레는 37,076척이다(尹龍爀, 『高麗對蒙抗爭史研究』, 一志社, 1991, 179~180쪽).

1473 [八月 **庚申**] 『고려사』 23 世家 고종 37년 8월 경신 기사에 따라 보충한다.

1474 **中城** (예컨대 경상북도 문경의 鳥嶺關門과 같은) 內城・外城・中城 중의 가운데 城을 말한다(孫英植, 「城郭用語」, 『韓國城郭의 研究』, 문화재관리국, 1987, 396쪽).

1475 **江都 中城** 고종 27년 8월에 착공하여 3개월 정도 걸려 완공하였다(尹龍爀, 『高麗對蒙抗爭史研究』, 一志社, 1991, 180~181쪽).

1476 **全州** 지금의 전라북도 全州市로, 고려시대에는 牧이 설치되어 있었다(『고려사』 57 地理志 2 全州牧).

1477 [五月] 『고려사절요』 17 고종 39년 5월 기사에 따라 보충한다.

(고종) 39년(1252) [5월에] 처음으로 승천부昇天府[1478]의 성곽과 낭무廊廡를 조영造營하였다.

【原文】 恭愍王十八年 [十月][1479] 城嘉州.

공민왕恭愍王 18년(1369) [10월에] 가주嘉州에 성을 쌓았다.

【原文】 辛禑三年 開城府狀曰: "其一 外城修葺事 則曰定國立都者 必先高城深池 此古今之通制也. 我國家 太祖創業宏遠 而城郭不修 至於顯廟 始築外城 置城上羅閣 以固守. 世遠城頹 且古基周回廣遠 一二年間 雖竭民力 似未能重修也. 宜鍊兵息民 以待其變. 其二 內城新築事 則曰惟事事乃必有備 有備則無患矣. 今也 倭寇 橫行肆毒 京內之民 如有急難 無所依據 誠可畏也. 願令堅築內城. 其三 外方山城修補事 則曰唐鑑 以高麗因山爲城 爲上策也 山城相近之地 隨宜修葺 使之烽燧相望 攻戰相救 可也. 其四 牧府郡縣築城事 則曰休兵息民 有國之先務也. 比來 倭患相仍 民不聊生 且曾築四方周回長城 與癸丑年所築東西江等城 徒勞民費財而已. 其外方平地築城 宜令停罷."

우왕禑王 3년(1377)에 개성부開城府[1480]에서 장狀을 올려 말하였다.

"첫째로, 외성外城을 보수하는 일인즉, 나라를 정하고 도읍都邑을 세우는 자가 반드시 먼저 성을 높이 쌓고 못을 깊게 하는 것은 고금古今의 통례입니다. 우리나라는 태조太祖께서 나라를 세우신 일이 매우 컸으나 성곽城郭을 수축하지 못하였습니다. 현종顯宗조에 이르러 비로소 외성을 쌓고 성

1478 昇天府 지금의 경기도 開豊郡으로, 貞州를 예종 3년 昇天府라고 고쳤나가 충선왕 2년 海豊郡이라고 하였다(『고려사』 56 地理志 1 貞州).

1479 [十月] 『고려사절요』 28 공민왕 18년 10월 기사에 따라 보충한다.

1480 開城府 성종 14년(995) 開州를 開城府로 고치면서 開京과 京畿 지역을 관할하는 중앙관서가 되고 府尹(종3품~정4품)을 비롯한 행정관리가 파견되었다. 현종 9년(1018)에 開城府가 폐지되었다가, 문종 16년(1062)에 京畿 12縣만을 관할하는 개성부가 복치되었고, 충렬왕 34년(1308) 충선왕이 즉위하면서 다시 開城도 관할하게 되었다(朴龍雲, 『고려시대 開京 연구』, 一志社, 1996, 58~92쪽).

위에 나각羅閣을 지어 굳게 지켰으나 세월이 오래되니 성이 무너지고, 또 한 옛 성 자리의 주위가 넓고 멀어서 1·2년 동안 비록 백성들의 힘을 다하여도 능히 중수重修하지 못할 것 같습니다. 그러니 마땅히 군사를 조련하고 백성을 쉬게 하여 변을 기다리게 하는 것이 마땅할 것입니다.

둘째로 내성內城을 새로 쌓는 일인즉, 오직 여러 가지 일을 함에는 이에 반드시 준비가 있어야 하고 준비가 있으면 근심이 없는 것입니다. 지금 왜구倭寇가 횡행하여 해독을 함부로 하는데, 서울 안의 백성들도 만약 위급한 어려움을 당하는 경우 의거할 곳이 없으니 진실로 두렵습니다. 원하건대 내성을 견고하게 쌓도록 하십시오.

셋째로, 외방外方의 산성을 수축하는 일인즉, 『당감唐鑑』[1481]에는 고려가 산을 이용하여 성을 만드니 상책上策이라고 하였습니다. 산성山城은 서로 가까운 곳은 편의에 따라 수리하고, 봉수烽燧로 서로 바라보게 하여 전쟁과 공격을 하며 서로 구원할 수 있게 하는 것이 좋겠습니다.

넷째로 목·부·군·현牧·府·郡·縣에 성을 쌓는 일인즉, 군사와 백성을 휴식하게 하는 것은 나라에서 먼저 해야 할 일입니다. 근래에 왜구倭寇의 환난患難이 잇달아서 백성들이 편안한 생활을 할 수 없습니다. 또 이전에 쌓은 사방에 둘러진 장성長城, 계축년(恭愍王 22년, 1373)에 쌓은 동·서강東·西江 등의 성은 백성들을 헛되이 부리고 재물만 허비하였을 뿐입니다. (그러므로) 외방外方의 평지平地에 성을 쌓는 것은 마땅히 정지하게 하십시오."[1482]

1481 『唐鑑』 1086년에 宋의 范祖禹(1041~1098)가 唐 高祖로부터 昭宗에 이르기까지의 역사를 편년체로 엮고, 평론을 붙인 史書. 君臣의 언동과 事蹟에 대하여 논평을 가해 정치에 도움을 줄 목적으로 편찬되었는데, 北宋 사대부의 전형적인 역사관 도덕관 가치관이 반영되어 있다. 원래 12권이었는데, 呂祖謙(1137~1181)이 주석을 붙여 24권이 되었다.

1482 이와 관련하여 우왕 3년에 있었던 다음과 같은 기사를 참고할 수 있을 것이다.

· 우왕이 글을 都堂에 내려 말하기를, "지금 兵革에 시달리고 기근이 가상하니 가히 土木의 役으로 거듭 우리 백성을 괴롭게 할 수 없다. 이제부터 中外의 營繕은 일체 다 停罷하라."고 하였다(『고려사』 133 辛禑傳 우왕 3년 6월).

· 사신을 諸道에 보내어 山城을 수축하였다(『고려사』 133 辛禑傳우왕 3년 7월).

· 京城을 수축하였다(『고려사』 133 辛禑傳우왕 3년 10월).

【原文】 四年 十二月甲子 憲司上䟽曰: "諸道州郡山城 國家 往往遣使修築 多發軍丁 不日畢功 旋致崩毁 其弊甚巨. 請自今勿復遣使 令守令 徵發傍郡軍丁 農隙修葺 若未畢 則停待明年 以爲年例."

(우왕) 4년(1378) 12월 갑자일에 헌사憲司[1483]에서 상소하여,[1484] "여러 도·주·군道·州·郡의 산성은 국가가 가끔 사신을 보내어 수축하였는데, 군정軍丁[1485]을 많이 징발하여 며칠 만에 일을 마치므로 곧 허물어지게 되니 그 폐단이 심히 큽니다. 청하건대 지금부터는 다시 사신을 파견하지 마시고 수령守令으로 하여금 이웃 고을(郡)의 군정軍丁을 징발하여 농한기에 수축하도록 하고, 만약 일을 마치지 못하면 중지하고 이듬해를 기다리게 하는 것을 연례年例의 일로 삼으십시오."라고 하였다.

【原文】 恭讓王三年三月 城機張郡 及海州·甕津.

공양왕恭讓王 3년(1391) 3월에 기장군機張郡[1486]과 해주海州,[1487] 옹진甕津[1488]에 성을 쌓았다.

1483 憲司 司憲府의 별칭. 司憲府는 時政을 論執하고 風俗을 矯正하며 糾察과 彈劾의 임무를 맡았는데, 고려시대에는 司憲臺, 御史臺, 金吾臺, 監察司, 司憲府 등 여러 차례 명칭을 바꾸었다(『고려사』 76 百官志 1 司憲府 및 朴龍雲, 『高麗時代 臺諫制度 硏究』, 一志社, 1981).

1484 이때 憲司는 이 밖에도 安集使(按廉使)의 선발과 임기, 공신칭호의 수여, 封君祿의 지급 등에 대하여서도 䟽를 올렸는데, 그 자세한 내용은 『고려사절요』 30 우왕 4년 12월 기사에 자세하게 나와 있다.

1485 軍丁 軍人과 같은 말이다. 軍人은 곧 丁이어야 한다는 의미에서 軍人을 軍丁이라고도 불렀다(이기백, 「고려군인고」, 『고려병제사연구』, 일조각, 1968).

1486 機張郡 지금의 부산광역시 기장군 기장읍으로, 고려시대에는 梁州의 屬縣이었다(『고려사』 57 地理志 2 機張縣).

1487 海州 지금의 황해도 海州市로, 고려시대에는 安西大都護府가 설치되어 있었다(『고려사』 58 地理志 2 安西大都護府 海州).

1488 甕津 지금의 인천광역시 옹진군으로, 고려시대에는 西海道의 領縣이었다(『고려사』 58 地理志 3 瓮津縣).

둔전屯田(병량兵糧을 포함함)[1489]

【原文】 顯宗 十五年 正月 都兵馬使奏: "發西京畿內・河陰部曲民百餘戶 徙嘉州 南屯田 [所以充佃作].[1490]"

현종顯宗 15년(1024) 정월에 도병마사都兵馬使[1491]가 아뢰어, "서경기西京畿[1492] 안의 하음河陰 (지방의) 부곡민部曲民[1493] 100여 호戶를 징발하여 가주嘉州[1494] 남쪽의 둔전소屯田所에 옮겨서 [농사(佃作)에 충당하도록 하십시오.]"라고 하였다.[1495]

【原文】 靖宗十年二月 以禮成江兵船一百八十艘 漕轉軍資 以實西北界州鎭倉廩.

정종靖宗 10년(1044) 2월에 예성강禮成江[1496]의 병선兵船 180척으로 군수

1489 '屯田' 조 변경의 鎭과 城에 주둔하는 군대가 군량을 자급자족하기 위하여 경작하는 토지에 관한 기록이다. 이에 따라 兵糧에 관한 것도 부록으로 붙였을 것이다(이기백, 「고려사 병지의 검토」, 『고려병제사연구』, 일조각, 1968). 고려의 둔전에 관한 대표적인 연구로는 안병우, 「고려의 둔전에 대한 일고찰」, 『한국사론』 10, 서울대학교 인문대학 국사학과, 1984; 『고려전기의 재정구조』, 서울대학교 출판부, 2002가 있다.

1490 [所以充佃作] 『고려사절요』 3 현종 15년 정월 조 기사에 따라 보충한다.

1491 **都兵馬使** 東・西 兩界의 兵馬使를 중앙에서 統帥하는 기관으로 고려 전기에는 임시적인 회의기구의 성격을 지니고 있었다(변태섭, 「高麗都堂考」, 『한국정치제도사연구』, 일조각, 1971).

1492 **西京畿** 공식적인 행정명칭이 아니라 수도 開京을 중심으로 하여 서쪽에 해당되는 경기 지역을 말한다고 생각된다.

1493 **河陰部曲** 고려시대 河陰縣(지금의 인천광역시 江華郡 下岾面 일대)에 있던 部曲(『고려사』 56 地理志 1 河陰縣).

1494 **嘉州** 광종 11년에 濕忽에 성을 쌓아 嘉州라고 승격시켰으며, 성종 14년에는 防禦使를 두었다. 지금의 평안북도 嘉山郡에 해당한다(『고려사』 58 地理志 3 安北大都護府 嘉州).

1495 이러한 사실은 둔전과 같은 특정지목의 토지를 경작하는 役을 당시 국가의 강제력에 의해 집단적으로 徙民된 部曲人들이 부담하였다는 사실을 말해준다(朴宗基, 『高麗時代 部曲制研究』, 서울대학교 출판부, 1990). 아마 이들은 州鎭屯田軍이라고 불린 것 같다(이기백, 「고려 양계의 주진군」, 『고려병제사연구』, 일조각, 1968).

물자(軍資)를 조운漕運하여 서북계西北界[1497] 주진州鎭의 창고倉庫를 채웠다.

【原文】 文宗十八年二月 命有司 以禮成江船一百七艘 一年六次 漕轉龍門倉米于麟·龍·鐵·宣·郭等州 及威遠鎭 以充軍粮.

문종文宗 18년(1064) 2월에 담당 관청에 명하여 예성강禮成江의 배 107척으로 1년에 6번씩 용문창龍門倉[1498]의 쌀을 인주麟州[1499]·용주龍州[1500]·선주宣州[1501]·곽주郭州[1502] 및 위원진威遠鎭[1503]에 운반하여 군량에 충당하게 하였다.

【原文】 二十一年六月 制: 漕運安瀾倉米二萬七千六百九十石[1504]于朔北 以充軍資.

(문종) 21년(1067) 6월에 제制하여, "안란창安瀾倉[1505]의 쌀 27,690섬(石)을

1496 **禮成江** 황해도 谷山郡 大角山에서 발원하여 延白평야를 거쳐 西海로 빠지는 강. 하구의 碧瀾渡는 고려시대 開京의 관문 구실을 하였을 만큼 중요한 강이었으므로, 이 강을 지키는 水軍의 규모도 상당하였을 것으로 짐작된다.

1497 **西北界** 고려시대의 공식 행정명칭은 北界라고 하였으나 北界를 가끔 西北界라고 쓰기도 하였다. 자비령 이북의 관서지방으로 지금의 황해도 북부와 평안남북도 지역에 해당한다.

1498 **龍門倉** 개경의 宣義門 밖에 있었으며 주로 兵糧에 관한 업무를 관장하였던 군수 재원의 倉으로 보인다(『고려도경』 16 倉廩 조 및 안병우, 『고려전기의 재정구조』, 서울대학교 출판부, 2002, 162쪽).

1499 **麟州** 지금의 평안북도 義州郡 남쪽에 있었는데, 고려시대에는 安北大都護府의 防禦郡이었다(『고려사』 58 地理志 3 麟州).

1500 **龍州** 지금의 평안북도 龍川郡으로, 고려시대에는 安北大都護府의 防禦郡의 하나였다(『고려사』 58 地理志 3 龍州).

1501 **宣州** 지금의 평안북도 宣川郡으로, 고려시대에는 安北大都護府의 防禦郡이었다(『고려사』 58 地理志 3 宣州).

1502 **郭州** 지금의 평안북도 定州郡 郭山面으로, 고려시대에는 安北大都護府의 防禦郡이었다(『고려사』 58 地理志 3 郭州).

1503 **威遠鎭** 지금의 평안북도 義州郡 남쪽에 있던 鎭으로, 『고려사』 地理志에는 옛 石城을 수축하고 興化鎭 서북쪽에 威遠鎭을 쌓았다고 하였다(『고려사』 58 地理志 3 威遠鎭).

1504 **石** 『고려사절요』 5 문종 21년 6월 조의 기사에는 '碩'이라고 되어 있다.

1505 **安瀾倉** 西海道 長淵縣(지금의 황해도 長淵郡)에 있던 漕倉(『고려사』 79 食貨志 3 漕運

북방(朔北)에 조운漕運하여 군자軍資에 충당하라."라고 하였다.[1506]

【原文】 二十七年四月 西北路兵馬使奏: "長城外墾田一萬一千四百九十四頃 請待秋收穫 以資軍儲." 制可.

(문종) 27년(1073) 4월에 서북로병마사西北路兵馬使[1507]가 아뢰기를, "장성長城[1508] 밖의 간전墾田[1509] 11,494경頃[1510](의 곡식)을 가을의 수확을 기다려 군軍의 비축미(軍儲)로 쓰기를 청합니다."라고 하니, 제制하여 가可하다고 하였다.

【原文】 肅宗八年 判: 州鎭屯田軍一隊 給田一結 田一結 收一石九斗五升 水田一結 三石 十結 出二十石以上 色員褒賞 徵斂軍卒百姓 以充數者 科罪.

숙종肅宗 8년(1103년)에 판判하여, "주진州鎭의 둔전군屯田軍[1511] 1대隊[1512]

및 崔完基, 「高麗朝의 稅穀運送」, 『한국사연구』 34, 1981).

1506 이에 앞서 문종 21년 3월에는 雜穀 49,400石을 朔北의 여러 州郡으로 漕運하여 변방의 백성들에게 지급하라는 조치가 내려진 일도 있다(『고려사』 8 世家 문종 21년 3월 을사).

1507 **西北路兵馬使** 西北面兵馬使와 같다. 병마사의 임기는 6개월로 봄 · 가을로 교대하였다.

1508 **長城** 덕종 2년(1033)에 완공한 이른바 천리장성을 말한다(『고려사』 兵志 城堡 조의 덕종 2년 8월 기사 참조).

1509 **墾田** 이 토지는 屯田 개간 사례로 보아야 할 것이다.

1510 **傾** 농토의 면적 단위로 結과 같다. 『고려사』 食貨志에는 '문종 23년에 量田步數를 정하였는데 田 1結은 사방 33步인데, 6寸이 1分이 되고 10分이 1尺이 되며 6尺이 1步가 된다.' 라고 하였다(『고려사』 78 食貨志 1 田制 經理 문종 23년). 고려 전기의 1결의 면적에 대하여는 17,000여 평, 14,400여 평, 6,800여 평, 4,674.3평, 약 2000평, 1,530~1,600평, 1,400~1,500평 등 다양한 견해가 있다(이우태, 「전결제」, 『한국사 14-고려전기의 경제구조』, 국사편찬위원회, 1993).

1511 **屯田軍** 이들은 아마도 屯田의 경작을 목적으로 다른 곳에서 집단적으로 徙民된 사람들로써, 상비군인 軍卒이나 百姓이 아닌 白丁隊 같은 성격을 지녔을 것으로 생각된다(이기백, 「고려 양계의 주진군」, 『고려병제사연구』, 일조각, 1968). 그러나 군사편제상의 한 부대가 아니라 自作小農이라는 경영형태를 가졌던 둔전경작자 정도로 보는 견해도 있다(안병우, 『고려전기의 재정구조』, 서울대학교 출판부, 2002, 176~184쪽).

1512 **1隊** 고려시대에 中央軍과 마찬가지로 州鎭軍도 1隊는 25명으로 구성되어 있었다(末松保和, 「高麗式目形止案について」, 『朝鮮學報』 25, 1962; 『青丘史草』 1, 笠井出版社, 1965).

에 전지田地 1결結을 지급하여[1513] 전田 1결에 1섬(石) 9말(斗) 5되(升)를 거두고, 수전水田 1결에는 3섬으로 하며,[1514] 10결에 20섬 이상을 낸 색원色員[1515]은 포상하고, 군졸軍卒[1516]과 백성百姓[1517]에게 거두어 액수를 충당하는 자는 죄를 준다."라고 하였다.

【原文】 元宗十一年 閏十一月 令百官出米有差 以助軍餉.

원종元宗 원년 11년(1270) 윤11월에 백관百官에게 차등 있게 쌀을 내도록 하여 군대의 식량을 보조하게 하였다.

【原文】 十三年 五月 [庚午][1518] 世子諶 遣使諸道各三人 巡視兵粮所出田疇.

(원종) 13년(1272) 5월 [경오에] 세자世子 심諶[1519]이 사신을 제도諸道에 각 3명씩 보내어 병량兵粮을 생산하는 토지(田疇)를 순시하게 하였다.

【原文】 忠烈王三年二月 令諸王百官 以至庶民 出米有差 以充洪茶丘軍粮.[1520]

충렬왕忠烈王 3년(1277) 2월에 제왕諸王[1521] · 백관百官으로부터 서민庶民

1513 屯田軍 1隊에 1結을 주었다는 기록은 아마도 착오인 듯하다. 둔전군 1人에게 1結을 주었다는 것이 옳지 않을까 한다(이기백, 「고려 兩界의 州鎭軍」, 앞의 책, 1968).

1514 **屯田租額** 본문의 전 1결당 1석 9두 5승, 수전 1결당 3석은 屯田의 租額으로 책정되었을 것이다. 이 액수는 고려시대의 公田租稅率로 알려진 1/4 수준에 해당한다. 이 세액을 제외한 나머지 생산물은 경작자의 소유가 되었을 것이다(안병우, 앞의 책, 182~184쪽).

1515 **色員** 色은 사무의 한 갈래를 의미하는 말로, 色員은 일정한 일을 맡았거나 책임을 진 담당 실무자를 말한다. 본문에서 色員의 업무가 屯田에서 租를 걷는 것이었으므로 그는 둔전관리 기구에 속한 관리였다고 생각된다(안병우, 앞의 책, 178쪽).

1516 **軍卒** 이들은 州鎭軍 소속의 正軍이었을 것이다.

1517 **百姓** 일반 농민들을 가리킨다.

1518 **庚午** 『고려사』 27 世家 원종 13년 5월 조 기사에 따라 보충한다.

1519 **諶** 元宗의 맏아들로 어머니는 順敬太后 金氏이다. 고종 23년(1236)에 태어나고 원종 1년(1260)에 태자로 책봉되었으며, 원종이 재위 15년 만에 사망하자(1274) 충렬왕으로 즉위하였다.

1520 『고려사절요』 19 충렬왕 3년 2월 조 기사에는 '令諸王百官 以至庶民 出米豆有差 以充洪茶丘軍馬養料'라고 되어 있다.

에 이르기까지 차등 있게 쌀을 내게 하여 홍다구洪茶丘[1522]의 군량軍粮에 충당하게 하였다.[1523]

【原文】 四年正月 以西海道丁丑年轉米 給元帥茶丘軍.

(충렬왕) 4년(1278) 정월에 서해도西海道[1524]의 정축년(충렬왕 3년, 1277) 전미轉米[1525]를 원수元帥 다구茶丘의 군軍에 지급하였다.

【原文】 五年四月 遣使諸道 審檢兵粮.

(충렬왕) 5년(1279) 4월에 각 도道에 사신을 보내 병량兵粮을 검사하였다.

【原文】 七年三月 分給官絹二萬匹于兩班及京外民戶 糴兵粮.

(충렬왕) 7년(1281) 3월에 국가가 보유한 비단(官絹) 20,000필匹을 양반兩班 및 서울 밖의 민호民戶에 나눠주어 병량兵粮을 사들였다.

1521 **諸王** 고려의 宗室 중 작위를 봉한 公·侯·伯·司徒·司空을 통틀어 諸王이라고 한다(『고려사』 90 宗室傳).

1522 **洪茶丘** (고종 31~충렬왕 17, 1244~1291) 고종 때 몽고에 투항하여 몽고의 고려 침략길을 안내한 洪福源의 아들로, 몽고에서 출생하고 성장하였다. 원 世祖의 총애를 받았으며, 원종 11년(1270)에 고려에 들어와 鳳州의 屯田總管府에 주둔하면서 고려 附元세력의 중심이 되었다. 이후 삼별초 진압과 일본정벌에 공을 세웠으며, 이른바 金方慶의 무고사건 때 김방경을 고문하는 등 고려정치에 간섭하다가, 이후 원에 들어가 사망하였다(『고려사』 130 叛逆傳 洪福源傳 참고).

1523 충렬왕 즉위년(1275) 10월에 원은 이른바 제1차 일본원정에 나섰으나 실패한 바 있다. 충렬왕 3년에 원은 洪茶丘를 鎭國上將軍 都元帥로 임명하여 다시 일본정벌을 준비하려 하였다가, 원의 上都에서 반란이 일어나자 일본정벌을 연기한 일이 있다.

1524 **西海道** 지금의 황해도 지방. 성종 14년에 10道制를 실시하면서 黃州·海州 등의 州縣을 關內道에 소속시켰다가 뒤에 고쳐 西海道라고 하였다(『고려사』 58 地理志 3 西海道).

1525 **轉米** 지방의 조세 중에서 개경으로 운반하여 관리의 녹봉으로 지급할 재원을 祿轉 또는 祿轉米라고도 불렀는데, 지방에서 거둔 조세 중 중앙으로 옮긴 곡식이라는 뜻으로 祿轉 또는 轉米라는 용어 등이 사용된 것으로 보인다(박종진, 『고려시기 재정운영과 조세제도』, 서울대학교 출판부, 2000, 50쪽).

【原文】 十月 [己未][1526] 發龍門倉兵粮 給領府.

(충렬왕 7년) 10월 [기미에] 용문창龍門倉의 병량兵粮을 꺼내 영부領府[1527]에 지급하였다.

【原文】 八年四月 東征所支兵粮 十二萬三千五百六十餘石.

(충렬왕) 8년(1282) 4월에 동정東征[1528]에 지급한 병량兵粮이 123,560여 섬이었다.

【原文】 九年二月 命各道祿轉未輸京者 悉充軍糧.

(충렬왕) 9년(1283) 2월에 각 도道에 명하여 녹전미祿轉米[1529]로 아직 서울에 수송되지 않은 것은 모두 군량에 충당하게 하였다.

【原文】 三月 令諸王·百官 及工·商·奴隷·僧徒 出軍糧有差 諸王·宰樞·僕射·承旨 米二十石 致仕宰樞·顯官三品 十五石 致仕三品·顯官文武四·五品 十石 文武六品·侍衛護軍 八石 文武七·八品·叅上解官 六石 東班九品·叅外副使·校尉·南班九品 四石 正雜權務·隊正 三石 東西散職·業中僧 一石 白丁·抄奴·所由·丁吏·諸司下典·獨女·官寺奴婢 十斗 賈人 大戶 七石 中戶 五石 小戶 三石 唯年七十以上男女 勿斂.

(충렬왕 9년) 3월에 제왕諸王·백관百官 및 공상工商·노예奴隷·승도僧徒로 하여금 군량軍糧을 차등 있게 내게 하였다. 제왕諸王·재추宰樞·복야僕射·승지承旨[1530]는 쌀 20섬이고, 치사致仕한 재추宰樞와 현직 관리(顯官)

1526 己未 『고려사』 29 世家 충렬왕 7년 10월 조 기사에 따라 보충한다.

1527 領府 2軍·6衛가 소속된 45領을 말하는 것으로 생각된다(이기백, 「고려군인고」, 『고려병제사연구』, 일조각, 1968).

1528 東征 충렬왕 7년의 일본정벌을 말한다.

1529 祿轉米 (→ 각주 1525 참조)

1530 承旨 中樞院 소속 관리로 왕명을 출납하는 일을 맡아보던 承宣과 같은데, 충렬왕 1년

3품은 15섬, 치사한 3품과 현직관리인 문무 4 · 5품은 10섬, 문무 6품과 시위호군侍衛護軍[1531]은 8섬, 문무 7 · 8품과 참상관參上官[1532]으로 해직된 사람은 6섬, 동반東班 9품과 참외부사參外副使[1533] · 교위校尉[1534] · 남반南班[1535] 9품은 4섬, 정 · 잡권무正 · 雜權務[1536]와 대정隊正[1537]은 3섬, 동 · 서산직東 · 西散職[1538]과 업중승業中僧[1539]은 1섬, 백정白丁[1540] · 초노抄奴[1541] · 소유所由[1542] · 정리丁吏[1543] · 각 관청의 하전下典[1544] · 독신녀(獨女)[1545] · 관시노비官

중추원을 密直司라고 이름을 바꾼 뒤 충렬왕 2년에는 承宣을 承旨라고 바꾸었다(『고려사』 76 百官志 1 密直司 및 박용운, 『고려시대 중추원 연구』, 고려대학교 민족문화연구원, 2001).

1531 **侍衛護軍** 護軍은 將軍과 같은 것으로, 정4품에 해당하는 武官職이다. 侍衛護軍은 侍衛를 맡은 護軍으로서 圍宿軍에 배치되어 있었다(『고려사』 83 兵志 3 圍宿軍).

1532 **參上官** 3품 이하 6품 이상의 관리를 말한다.

1533 **參外副使** 參外는 7품 이하 9품까지의 관리를 말하는데, 內庫에 參外의 副使가 배속되어 있다.

1534 **校尉** 정9품의 武官職으로, 50명으로 조직된 단위부대인 伍의 지휘관인 伍尉와 같다.

1535 **南班** 殿中의 堂直이나 국왕의 호종 및 왕명 전달을 맡아보던 궁중의 內僚職. 東班 · 西班과 함께 南班이라는 하나의 班列을 이루었지만, 신분상으로는 중간계층에 속하였다.
【참고】 조좌호, 「麗代 南班考」, 『동국사학』 5, 1957.
이병도, 「高麗 南班考」, 『서울대 논문집』 12, 1966.

1536 **正 · 雜權務** 正職의 임무 이외에 수시로 발생하는 임시적인 사무를 처리하기 위해 설치한 관직이 權務인데, 권무에는 品官權務, 甲科 · 乙科 · 丙科權務와 雜權務가 있다. 권무의 성격에 대하여는 品官과 吏屬 사이에 존재하는 준품관적인 직제라는 해석과(金光洙, 「고려시대의 權務職」, 『한국사연구』 30, 1980), 정식품관의 實職이 아닌 특정한 임시관서의 실무직에 종사하며 일정한 散階를 지닌 품관직이라는 해석이 있다(崔貞煥, 「權務官祿을 통해본 고려시대의 權務職」, 『고려정치제도와 녹봉제 연구』, 신서원, 2002). 특히 후자의 견해에 따를 때 雜權務는 雜類들이 품관으로 진출하기 위해 임시관서의 直 · 典 등의 실무직에 종사하는 권무를 말한다.

1537 **隊正** 25명으로 조직된 隊라는 단위부대의 長으로, 品外의 武官職이다.

1538 **東 · 西散職** 文武의 散職을 말하는데, 散職은 職事가 없는 관직인 檢校職, 同正職, 添設職 등을 일컫는다.

1539 **業中僧** 僧科에 급제한 승려.

1540 **白丁** 일정한 職役을 부담하지 않으므로 국가로부터 토지를 지급받지 못하는 농민층(旗田巍, 「高麗時代の白丁」, 『朝鮮中世社會史の硏究』, 法政大學 出版局, 1972).

1541 **抄奴** 抄라고도 불렸는데, 抄는 궁궐 안에서 使令에 대비하는 官奴로 항상 紫衣와 烏巾을 썼다(『고려사』 72 輿服志 1 冠服 우왕 13년 3월 조 기사 참조).

1542 **所由** 御史臺의 吏屬으로, 刑官의 補助役으로 죄인을 체포, 연행, 治罪하는 과정에서의

寺奴婢[1546]는 10말, 고인賈人으로 대호大戶는 7섬, 중호中戶는 5섬, 소호小戶는 3섬인데,[1547] 다만 나이 70 이상의 남녀는 거두지 않았다.

【原文】 十五年三月 [己亥][1548] 發御庫米四千石 以補兵糧.

(충렬왕) 15년(1289) 3월 [기해에] 어고미御庫米[1549] 4,000섬을 꺼내어 병량兵糧을 보충하였다.

【原文】 十六年二月 哈丹犯邊 令諸王 · 宰樞 · 承旨 · 班主 各出米七石[1550] 坊里庶人 出米有差 以充東界防戍軍糧.

16년(1290) 2월에 합단哈丹[1551]이 변경을 침범하였으므로, 제왕諸王 · 재추

雜役을 담당하였다(홍승기, 「고려시대의 雜類」, 『고려사회사연구』, 일조각, 2001).

1543 丁吏 고려시대 雜類의 하나로, 吏令이나 扈從의 役을 하였다(홍승기, 앞의 글).

1544 下典 각 관청의 관리 밑에서 일을 보던 구실아치. 『고려사』에는 '記事下典', '人吏下典'(『고려사』 84 刑法志 1 刑法 公牒相通式 外官) 및 '將校下典'(『고려사』 84 刑法志 1 刑法 職制) 등의 용례가 나온다.

1545 獨女 결혼하지 않고 혼자 사는 여자, 또는 남편을 잃고 혼자 사는 홀어미.

1546 官寺奴婢 官寺에 소속된 公奴婢의 하나. 앞의 抄奴와 함께 일정한 양의 군량미를 납부하였는데, 고려시대에 노비 중 私奴婢를 제외한 公奴婢들에게 군량미를 징수하였다(홍승기, 「노비의 사회경제적 역할과 지위의 변화」, 『고려귀족사회와 노비』, 일조각, 1983).

1547 大戶 · 中戶 · 小戶 고려 전기에는 人丁數의 많고 적음에 따라 9等戶制가 실시되었는데, 13세기 후반인 충렬왕을 전후한 시기에 民戶를 3等으로 편제하였다. 본문에 나오는 大戶 · 中戶 · 小戶는 民戶의 재산을 기준으로 나눈 것으로 보인다(박종진, 『고려시대 재정운용과 조세제도』, 서울대학교 출판부, 2000, 228~229쪽).

1548 己亥 『고려사』 30 世家 충렬왕 15년 3월 조 기사에 따라 보충한다.

1549 御庫米 『고려사』 세가에는 '發內庫米四千石 以補兵糧'(『고려사』 30 世家 충렬왕 15년 3월 기해)라고 되어 있다. 그러므로 御庫는 內庫와 같은 것인데, 內庫는 고려 초기부터 왕실 재정을 담당하던 기구였다. 한편 충렬왕 15년 3월에는 內房庫를 따로 설치하기도 하였다.

1550 石 『고려사절요』 21 충렬왕 16년 2월 조 기사에는 '碩'이라고 되어 있다.

1551 哈丹 哈丹은 乃顔의 殘黨으로 元의 諸王이었는데, 乃顔은 원 태조의 막내동생인 鐵木斡赤斤의 玄孫으로 충렬왕 13년 원 세조에게 반란을 일으켰다가 사로잡혔다. 이듬해에 합단은 다시 반란을 일으켰으나 패주하다가, 충렬왕 16년에는 두만강을 건너 고려의 동북변으로 침입하게 되었다(金庠基, 「對元關係와 國內의 動態(下)」, 『고려시대사』, 서울대학교 출판부, 1985).

宰樞 · 승지承旨 · 반주班主[1552]에게 각각 쌀 7섬을 내게 하고, 방리坊里의 서인庶人은 쌀을 차등 있게 내게 하여 동계東界 방수防守의 군량에 충당하게 하였다.

【原文】 九月 傳旨: "東界州郡轉米一千石 及雙城近處盈德 · 興海 · 德原 · 淸河等 沿海各州 今年轉米 並輸于雙城 以充軍糧. 雙城鎭守別抄馬二百五十匹料 自今年十月 至明年二月 計凡一千二百五十石 以雙城旁近盈德 · 長鬐 · 德原 · 興海 · 淸河 · 延日 · 安康 · 杞溪 · 神光等州 今年雜貢皮穀 計折輸送."

(충렬왕 16년) 9월에 지旨를 전하여, "동계 주군東界 州郡의 전미轉米 1,000섬과 쌍성雙城[1553] 근처의 영덕盈德,[1554] 흥해興海,[1555] 덕원德原,[1556] 청하淸河[1557] 등 바다에 연沿한 각 주州의 금년 전미轉米를 모두 쌍성雙城에 수송하여 군량에 충당하게 한다. 쌍성 진수군雙城 鎭守軍의 별초마別抄馬[1558] 250

1552 班主 武班의 長이라는 뜻으로, 고려 武班의 최고지위관인 鷹揚軍의 上將軍을 班主라고 불렀다. 충렬왕 24년에는 충선왕이 軍簿司(원래의 兵部)를 兵曹로 고치면서 判書를 尙書라고 하고 2명으로 늘렸는데, 그중의 한 명이 班主를 겸하게 하였다(『고려사』 76 百官志 1 兵曹, 『고려사』 77 百官志 2 西班 鷹揚軍 및 이기백, 「高麗 京軍考」, 『고려병제사연구』, 일조각, 1968).

1553 雙城 고려 고종 때에 和州(지금의 함경남도 永興郡) 지역을 점령한 원은 화주 이북의 지역을 직접 통치하기 위하여 화주에 雙城總管府를 설치하고, 登州(安邊) · 定州(定平) · 長州(長谷) 등 和州 이북의 15주를 관할하였다. 고려는 여러 차례 이곳을 돌려받으려고 노력하다가 마침내 공민왕 5(1356)년에 이곳을 수복하고 쌍성총관부를 폐지하였다(金九鎭, 「여 · 원관계의 전개」, 『고려사 20－고려 후기의 사회와 대외관계』, 국사편찬위원회, 1994).

1554 盈德 지금의 경상북도 盈德郡으로, 고려시대에는 禮州의 屬郡이었다(『고려사』 57 地理志 2 盈德郡).

1555 興海 지금의 경상북도 포항시 북구 興海邑으로, 고려시대에는 慶州(東京)의 屬郡이었다(『고려사』 57 地理志 2 興海郡).

1556 德原 지금의 경상북도 盈德郡 寧海面으로, 고종 46년에 溟州道에 소속되었다가 충렬왕 16년에 東界 소속으로 바뀌었다(『고려사』 57 地理志 2 慶尙道).

1557 淸河 지금 경상북도 浦項市 北區 淸河面으로, 고려시대에는 慶州의 屬縣이었다(『고려사』 57 地理志 2 淸河縣).

1558 別抄馬 別抄에 속한 말. 別抄는 임시로 만든 특별부대이다.

필의 마료馬料는 금년 10월부터 명년 2월까지의 합계가 무릇 1,250섬인데, 쌍성雙城 부근의 영덕盈德, 장기長鬐,[1559] 덕원德原, 흥해興海, 청하淸河, 연일延日[1560], 안강安康,[1561] 기계杞溪,[1562] 신광神光[1563] 등의 주州에서 금년에 잡공雜貢[1564]으로 바치는 피곡皮穀[1565] 중에서 떼어내어 수송하라."고 하였다.[1566]

【原文】 恭愍王元年二月 [丙子][1567] 下旨: "前者 以軍糧不足 權借米麪 以百石准四十石 其數過重. 今改定 十石 准三石 百石 准三十石 今月二十二日 鑰匙下送 其不從國令人員 仰軍粮色處分 開閉以時 在數並沒入."

공민왕恭愍王 원년(1252) 2월 [병자에] 지旨를 내려,[1568] "전번에 군량이 부

1559 長鬐 지금의 경상북도 포항시 북구 長鬐面으로, 고려시대에는 慶州의 屬縣이었다(『고려사』 57 地理志 2 長鬐縣).

1560 延日 지금의 경상북도 포항시 남구 延日邑으로, 고려시대에는 慶州의 屬縣이었다(『고려사』 57 地理志 2 延日縣).

1561 安康驛 고려시대의 淸河縣에 있던 驛. 지금 경상북도 慶州市 安康邑이 있다.

1562 杞溪 지금의 경상북도 浦項市 北區 杞溪面으로, 고려시대에는 慶州의 屬縣이었다(『고려사』 57 地理志 2 杞溪縣).

1563 神光 지금의 경상북도 浦項市 北區 神光面으로, 고려시대에는 慶州의 屬縣이었다(『고려사』 57 地理志 2 神光縣).

1564 雜貢 고종 이후 고려 후기에 국가의 재정적 필요에 따라 調의 명목으로 布 이외에 부가된 稅目의 하나. 처음에는 임시세의 성격이 짙어서 자주 감면되기도 하였으나 충숙왕 원년(1314)에 정식 세목으로 자리 잡았다(박종진, 『고려시기 재정운영과 조세제도』, 서울대학교 출판부, 2000, 214~224쪽).

1565 皮穀 겉곡식, 즉 겉껍질을 벗겨 내지 않은 곡식. 세종대왕기념사업회 편, 『한국고전용어사전』 5, 세종대왕기념사업회, 2001, 571쪽, 「皮穀」 조 참고

1566 충렬왕 16년 합단적이 고려를 침입하자, 고려에서는 대장군 柳庇를 원에 보내 군사원조를 청하는 한편 강화로 피난할 준비를 하였다. 원에서는 평장사 도리첩목아를 보내는 등 도움을 주었으나, 합단적은 12월에는 雙城과 登州를 함락시켰다. 본문의 이 조치는 합단의 南下를 막기 위해 노력하던 긴박한 시기에 내려진 것이다.

1567 [丙子] 『고려사』 38 世家 공민왕 원년 2월 조 기사에 따라 보충한다.

1568 공민왕 원년 2월에 공민왕은 즉위교서를 발표하여 대대적인 개혁정치를 공포하였다. 정치 · 군사, 경제, 사회 · 종교 등 여러 분야에 걸친 敎書는 『고려사』 世家 및 選擧志, 食貨志, 刑法志 등에 나뉘어 실려 있는데, 兵志에 수록된 본문 기사도 이 중의 하나이다. 공민왕의 개혁교서에 대하여는, 민현구, 「高麗 恭愍王의 反元的 改革政治에 대한 一考察-背景과 發端-」, 『진단학보』, 68, 1989 참조.

족하여 임시로 싸래기를 빌어 대신하였는데, (싸래기) 100섬을 (쌀) 40섬에 준하도록 하니 그 수가 너무 크다. 이제 고쳐 정하여 10섬을 3섬에 준하도록 하고, 100섬을 30섬에 준하도록 한다. 이달 22일에 자물쇠와 열쇠를 내려 보낼 것이니, 국가의 명령에 따르지 않는 인원은 군량색軍糧色[1569]으로 하여금 처분하도록 하고, (창고를) 여닫는 것은 때를 정하여 하되, 현재 있는 수량은 모두 몰입하라."고 하였다.

【原文】 五年六月 [乙亥][1570] 敎曰: "一 全羅道臨坡屯田 近來權勢之家 稱爲賜給 奪占殆盡 仰都評議使 別置屯田官 諸家占奪 一皆復舊 沿海之地 築堤捍水 可作良田者 往往而有 宜令有司相地 用防倭之卒 爲之農夫. 諸家賜給田 平衍膏腴 可屯田者 以贓家 及行省所占人物 分隊給地 以責其事 各道 凡古屯田處 皆用臨坡屯田之例. 一 外方州縣所有亡寺院, 官吏收其田租 爲公用 所在皆是. 今當軍興時 其亡寺院田租 皆給防護軍糧."

(공민왕) 5년(1356) 6월 [을해에] 교敎하였다.[1571]

"하나, 전라도全羅道 임피臨陂[1572]의 둔전屯田[1573]은 근래 권세가權勢家가 사급전賜給田[1574]이라 하여 칭하고 거의 모두 탈점하였으니, 도평의사都評議

1569 **軍糧色** 色은 사무의 한 갈래를 의미하는 말이므로, 軍糧色은 군량에 관한 업무를 맡은 관리를 지칭한다.

1570 [乙亥] 『고려사』 39 世家 공민왕 5년 6월 조 기사에 따라 보충한다.

1571 공민왕은 재위 5년 5월에 奇轍 權謙 盧頙 등 부원세력을 숙청하는 한편으로 6월에는 반원개혁교서를 발표하여 재차 본격적인 개혁정치를 시도하였다. 洪榮義, 「恭愍王 初期 改革政治와 政治勢力의 推移(上)」, 『史學硏究』 42, 1990 및 민현구, 「고려 공민왕대의 반원적 개혁정치의 전개과정」, 『擇窩許善道先生停年紀念 韓國史學論叢』, 일조각, 1992.

1572 **臨陂** 지금의 전라북도 群山市 臨陂面으로, 고려시대에는 全州의 屬縣이었다(『고려사』 57 地理志 2 臨陂縣).

1573 **臨陂屯田** 軍需는 양계 지방 이외에서도 필요하였으므로, 국가는 지방의 주현에도 창고를 두어 곡식을 비축하였다. 이 곡식들은 유사시에는 군량으로 사용되지만, 흉년에는 賑恤에 사용되기도 하였다. 전라도에 위치한 臨陂지방의 둔전도 이러한 목적으로 운영되었을 것이다(안병우, 『고려전기의 재정구조』, 서울대학교 출판부, 2002, 167쪽).

1574 **賜給田** 賜牌를 내려서 給付하는 토지로 원래 유공자들에게 내려준 특별한 우대책의 하나였으나, 후기에는 賜牌가 남발되면서 권력자들이 대토지를 私的으로 확대하는 편법으

使로 하여금 따로 둔전관屯田官[1575]을 두어서 제가諸家가 탈점한 것을 한결같이 모두 복구할 것이다.[1576] 연해沿海의 땅은 제방을 쌓아 물을 막으면 양전良田이 될 수 있는 것이 더러 있으니 마땅히 해당 관리로 하여금 땅을 돌아보게 하고, 왜倭를 지키는 군졸로 농부를 삼을 것이다. 제가諸家의 사급전賜給田으로 평평하고 넓으며 기름져 둔전屯田할 수 있는 것은 역적의 가족 및 행성行省에서 차지한 인물로 대隊를 나누어 전지田地를 주어 그 일을 책임지게 하고, 각 도道의 옛날 둔전屯田하던 곳은 모두 임피臨陂의 둔전屯田하는 예를 따르도록 하라.

하나, 외방外方의 주현州縣에 있는 없어진 사원寺院은 관리가 그 전조田租를 거두어 공용으로 쓰는데, 모두 이와 같이 하고 있다. 이제 전쟁이 일어난 때를 당하였으므로 없어진 사원의 전조田租는 모두 방호군防護軍[1577]의 군량으로 지급하라."고 하였다.

【原文】 十一月 廉悌臣上疏曰: "食爲民天 兵藏於農 宜令軍士 有事操兵 無事屯田 則轉餉省 而軍食足矣. 軍師之盛 在於儲峙 今師興有日 而輓輸之路阻脩 如選其精强 分屯要害 移其餘卒 就食安州等處 觀變而動 則輓粟之勞減而養兵之勢强矣."[1578]

(공민왕 5년) 11월에 염제신廉悌臣[1579]이 상소하여 (군무軍務를 논하여)

로 이용되었다(姜晉哲, 『韓國中世土地所有硏究』, 일조각, 1989).

1575 屯田官 屯田을 관리하는 책임을 맡은 관리로, 屯田司 소속의 관리 이외에도 州鎭軍의 지휘자인 州鎭官 같은 지방관도 그 역할을 담당하였다(안병우, 앞의 책, 171쪽).

1576 본문의 이 기사는 兩界의 屯田을 관장한 책임자가 都兵馬使(뒤의 都評議使司)였음을 말해준다(안병우, 앞의 책, 168~171쪽).

1577 防護軍 『고려사』에는 방호군이라는 용어가 이 기사 이외에 충렬왕 世家 3년 2월 조에 나오는 '耽羅防護軍'이라는 기사가 유일하다(『고려사』 28 世家 충렬왕 3년 2월 정묘 조 기사 참조). 아마도 防護軍은 정식 편제상의 군대는 아니라고 생각된다.

1578 『고려사』 111 廉悌臣傳에는 '(廉悌臣)上疏論軍務曰'이라는 기사가, 『고려사절요』 26 공민왕 5년 11월 조에는 '廉悌臣上箋論軍務曰'로 시작되는 기사가 있는데, 본문의 兵志 기사와 거의 내용이 비슷하다.

1579 廉悌臣 (충렬왕 30~우왕 8, 1304~1382) 瑞原 출신. 어려서 아버지를 잃고 원에 들어

말하기를, "'먹는 것은 백성에게 하늘과 같고, 병兵은 농農에 감춘다고 하였으니, 마땅히 군사들로 하여금 일이 있으면 무기를 잡고 일이 없을 때에는 둔전屯田하게 하면 군량을 운반하는 일이 덜어지고 군식軍食이 넉넉하여질 것입니다. 군사軍師가 강성하게 되는 것은 군량을 저축하는 데 있는데, 지금 전쟁을 시작한 지가 여러 날이 되었으나 수송하는 도로는 막히고 멉니다. 만약 강정精强한 자를 뽑아 요해처要害處에 나누어 주둔시키고 그 나머지 군졸은 옮겨서 안주安州[1580] 등지에 살게 하다가 사변을 보아 동원하면 곧 군량미를 수송하는 노고를 덜고 양병養兵하는 힘은 강해질 것입니다."라고 하였다.

【原文】二十年十二月 [己亥][1581] 敎曰: "屯田之法 有益軍需. 仰都評議使 行移各道防禦大小員官 相其地利 役以軍入耕種 以省漕輓之費."

(공민왕) 20년(1371) 12월 [기해에] 교敎하여,[1582] "둔전屯田하는 법은 군수軍需에 유익한 것이니, 도평의사都評議使로 하여금 각 도道를 방어防禦하는 대소 관리들에게 공문을 보내어 유리한 땅을 고르게 하고 군인軍人들을 사역하여 농사짓게 함으로써 군량을 수송하는 비용을 덜게 하라."고 하였다.

가 고모부인 평장사 朱吉의 집에서 자라면서 원에서 벼슬하였다. 뒤에 어머니를 봉양하기 위해 귀국하여 충숙왕의 신임을 받았으나, 이후 원과 고려를 몇 차례 왕래하면서 양국에서 벼슬하였다. 공민왕 5년에 친원파인 奇轍 일당을 숙청한 뒤 9월에 西北面都元帥가 되어 원의 공격에 대비하였고, 11월에는 守門下侍中이 되었는데, 본문의 기사는 이때 올린 것이다(『고려사』 111 廉悌臣傳).

1580 安州 고려시대에는 安西大都護府에 安州(지금의 황해도 載寧郡)가 있었고 安北大都護府에는 공민왕 18년에 安州萬戶府(지금의 평안남도 安州郡)가 설치되었는데, 본문의 安州가 어느 곳을 말하는지 확실하지 않다(『고려사』 58 地理志 3 安西大都護府 安州 및 安北大都護府 寧州).

1581 [己亥] 『고려사』 43 世家 공민왕 20년 12월 조 기사에 따라 보충한다.

1582 공민왕은 20년 7월 辛旽이 처형된 뒤, 공민왕은 그해 12월 기해에 교서를 반포하여 권력 개편과 함께 새로운 개혁정치를 시도하였다. 이 교서는 『고려사』 選擧志, 食貨志, 兵志, 刑法志 등에 나뉘어 실려 있는데, 본문의 기사도 이 중의 하나이다. 공민왕 20년 교서의 전반적인 검토에 대하여는, 白仁鎬, 「공민왕 20년의 개혁과 그 성격」, 『고려후기 부원세력 연구』, 세종출판사, 2003 참조.

【原文】辛禑元年二月 下旨: "屯田之法 役以戍兵 · 閑民 擇其曠地 量宜屯種 以省漕輓之費. 今戶給種子 不論豐歉 收入無法 民甚苦之. 仰都評議使 行移 各道 家戶屯田 一皆禁止 其餘屯田 亦從優典 量力屯種 以補糧餉."

우왕禑王 원년(1375) 2월에 지를 내려, "둔전屯田의 법은 수병戍兵과 한민閑民[1583]을 시켜 빈 땅을 택하여 잘 헤아려 농사짓게 하여 군량을 수송하는 비용을 덜게 하는 것이다. (그런데) 지금 호戶마다 종자種子를 지급하면서 풍흉豊凶을 논하지 아니하고 무법無法으로 거둬들이니 백성들이 이를 심히 고통스러워한다. 도평의사都評議使로 하여금 각 도道에 공문을 보내어 가호家戶의 둔전屯田을 모두 금지시키고, 그 나머지 둔전은 또한 우대하는 법에 따라 힘을 헤아려 농사를 짓게 하여 군량軍糧에 보충하라."고 하였다.

【原文】九月 取諸寺田租 以充軍費.

(우왕 원년) 9월에 여러 사원의 전조田租를 취하여 군비에 충당하였다.

【原文】十月 備北元 諸軍 久屯北界 北界 舊無私田 官收租以充軍粮. 後勢家爭占 爲私田 以故轉餉不繼 取粮於民 民甚苦之 安州以北 尤受其害.

(우왕 원년) 10월에 북원北元을 방비하는 여러 군사가 오래 동안 북계北界에 둔전하고 있었는데, 북계에는 본래 사전私田이 없고 관官에서 조組를 거두어 군량軍糧에 충당하였다. 그런데 뒤에 세가勢家가 다투어 점유하여 사전私田으로 삼았으므로 그 때문에 군량의 공급이 계속되지 못하였다. (이에) 백성에게 양식을 취하니 백성들이 이를 심히 괴로워하였는데, 안주安州 이북이 더욱 그 해를 받았다.

1583 閑民 閑民이라는 용어는 『고려사』를 통틀어 이 본문 기사에만 단 한 차례 나오고 있다. 따라서 그 정체를 명확하게 알 수가 없는데, 혹시 閑人의 잘못일 수도 있다. 그렇다면 예비적인 군사요원으로 전투능력을 가진 채, 평소에는 편제상으로만 존재하는 州縣軍의 隊正 이하의 하급간부를 말하는 것으로 볼 수 있을 것이다(천관우, 「閑人考」, 『사회과학』 2, 1958; 『근세조선사연구』, 일조각, 1979).

【原文】二年九月 都評議使 以各道軍資 無數日之費 令各道在外品官 又烟戶各里 差等抽斂 以補軍須. 宰樞 議曰: "近因軍征 軍糧乏少 宜令京外品官大小各戶 出軍糧有差. 兩府以下 通憲以上 造米四石 三四品 三石 五六品 二石 七八品 一石 權務 十斗 散職 · 鄕吏[1584] 十斗 百姓 · 公私奴 則量其戶之大小徵之."

(우왕) 2년(1376) 9월에 도평의사都評議使는 각 도道의 군자軍資가 며칠 동안 쓸 것도 없었으므로 각 도道의 재외품관在外品官과 또 연호 각리烟戶 各里에서 차등 있게 거두어 군수에 보충하였다.

재추宰樞가 논의하여 말하기를, "근래에 군정軍征으로 인하여 군량이 적어졌으니 마땅히 서울과 지방의 품관과 크고 작은 각호各戶로 하여금 군량을 차등 있게 내도록 하되, 양부兩府[1585] 이하 통헌通憲[1586] 이상은 조미造米[1587]4섬, 3 · 4품은 3섬, 5 · 6품은 2섬, 7 · 8품은 1섬, 권무權務는 10말, 산직散職과 향리鄕吏도 10말, 백성百姓과 공 · 사노公 · 私奴는 그 호戶의 크고 작음을 헤아려 이를 징수하라."고 하였다.

【原文】閏九月 憲府 以兵革旱荒 連歲相仍 軍食罄竭 請於功臣田租 三分取一 寺社田 收其半 兩殿所屬官司田 科斂外 羨餘 並充軍需 從之.[1588]

(우왕 2년) 윤9월에 헌부憲府[1589]가 전쟁과 가뭄이 해마다 서로 겹쳐 군량

1584 **鄕吏** 원문에는 鄕史라고 되어 있으나, 鄕吏가 옳을 것이다.

1585 **兩府** 僉議府와 密直司.

1586 **通憲** 通憲大夫의 준말. 충렬왕 34년(충선왕 복위년)에 文散階를 개정하면서 통헌대부(종2품)가 처음 등장하는데, 충선왕 2년에 匡靖大夫(종2품 上)와 奉翊大夫(종2품 下)로 바뀌었다가 공민왕 21년에 종2품 하의 文散階로 다시 등장한다(『고려사』 77 百官志 2 文散階 및 박용운, 「高麗時代의 文散階」, 『高麗時代 官階 · 官職硏究』, 고려대학교 출판부, 1997).

1587 **造米** 벼를 매통에 갈아서 왕겨만 벗긴 쌀. 매조미쌀, 玄米라고도 한다. 세종대왕기념사업회 편, 『한국고전용어사전』 4, 세종대왕기념사업회, 2002, 864~865쪽, 「조미(造米 · 糙米)」조 참고.

1588 『고려사절요』 30 禑王 2년 윤9월 조 및 『고려사』 78 食貨志 1 田制 租稅의 禑王 원년 9월 조에도 똑 같은 기사가 실려 있다. 그런데 食貨志 기사에는 閏9月이 아니라 9月이고, 憲府가 아니라 憲司라고 되어 있다.

이 결핍되었으므로, 공신전功臣田[1590]의 조租에서는 3분의 1을 거두고, 사사전寺社田[1591]에서는 그 반을 거두며, 양전兩殿[1592]에 소속된 궁사전宮司田[1593]에서는 과렴科斂[1594] 이외의 나머지 것을 모두 군량에 충당하게 하기를 청하니, 이에 따랐다.

【原文】 三年三月 崔瑩 言於禑曰: "喬桐 · 江華 乃倭賊防戍之地也 兩處土田之出 皆入兼幷之門 私費何益. 唯摩尼山塹城祭田 及府官祿俸外 餘田 皆以軍簿收之 且置窖兩處 以備粮餉." 禑 從之.[1595]

(우왕) 3년(1377) 3월에 최영崔瑩[1596]이 우왕禑王에게 이르기를, "교동喬桐[1597] · 강화江華[1598]는 곧 왜적倭賊을 방수防戍하는 곳인데, 두 곳의 토지에서

1589 憲府 司憲府의 준말. 고려시대에 時政을 論執하고 風俗을 矯正하며 규찰과 탄핵의 임무를 맡던 사헌부는 司憲臺 · 御史臺 · 監察司 등 다양한 이름으로 불렸다(『고려사』 76 百官志 1 司憲府 및 박용운, 『고려시대 대간제도 연구』, 일지사, 1980).

1590 功臣田 국가나 왕실에 특별한 공훈을 세워 功臣으로 책봉된 이에게 지급한 토지.

1591 寺社田 寺는 일반적으로 불교사원을 의미하고, 社는 '結社' 등과 같이 불교모임이나 그 모임이 있는 불교사원을 의미한다. 그러므로 寺社田도 이러한 사원이나 모임에 속한 토지로 寺院田과 성격이 거의 같았을 것으로 보인다.

1592 兩殿 大殿과 大妃殿.

1593 宮司田 왕실 재정의 주관 기관인 宮司에 소속된 토지로, 宮院田이라고도 한다(안병우, 『고려전기의 재정구조』, 서울대학교 출판부, 2002, 258~259쪽).

1594 科斂 과렴은 국가에 큰 일이 있을 때 급박한 재정수요를 충당하기 위해 일시적으로 부과하는 일종의 임시부가세였지만, 『고려사』 79 食貨志 2 科斂 조에 나오듯이 정식 조세종목의 하나였다. 그러나 이 기사에 나오는 科斂이란 이와 같은 정식 稅目으로서의 의미와는 다른 뜻을 가진 것으로 보인다.

1595 『고려사절요』 30 우왕 3년 3월 조에는 다음과 같은 기사가 실려 있는데, 『고려사』 兵志의 본문 기사와 내용이 상통하는 것이라 여겨진다.

崔瑩啓曰, '喬桐 · 江華 禦寇要害之地 豪强爭占土田 軍資不繼 請罷二邑私田 以充軍食' 從之(『고려사절요』 30 우왕 3년 3월).

1596 崔瑩 (충숙왕 3~창왕 즉위년, 1316~1388) 본관은 昌原(강원도 철원). 왜구와 홍건적을 격퇴하고, 공민왕 12년 공민왕을 살해하려던 흥왕사의 난을 진압한 공로로 1등공신이 되었으며, 우왕이 즉위한 뒤 판삼사를 거쳐 문하시중과 판문하부사에 올랐다. 우왕 14년(1388) 요동정벌에 나섰으나 이성계의 회군으로 축출되었으며 그해 12월에 참수형에 처해졌다. 우왕 3년 3월에 왜구가 강화를 침입하였을 때 최영은 判三司事로 6道都統使의 직함을 가지고 있었다(『고려사』 113 崔瑩傳 및 『고려사』133 辛禑傳 우왕 3년 3월 조 참조).

나는 것은 모두 겸병兼倂한 무리의 집으로 들어가서 사사로이 소비되니 어찌 도움이 되겠습니까. 오직 마니산 참성摩尼山 塹城[1599]의 제전祭田[1600]및 부관府官 녹봉祿俸 이외의 나머지 토지는 모두 군부사軍簿司[1601]에서 이를 거두고 또한 두 곳에 움을 파두어 군량을 비축하십시오."라고 하니, 이에 따랐다.

【原文】五年正月 門下府郎舍 上疏 論時弊 其詞曰: "國無三年之儲 國非其國 我國一年之畜 尙且不足 一有緩急 事勢可畏. 屯田之法 當今急務 各道各州屯田法制不行 分種各戶 秋收以爲賓客之供. 願自今 痛行禁理 隨州郡殘盛 定屯田之數 每年 按廉別定守令 秋收入庫 報數 都堂 用是以爲守令殿最 東西兩界 用兵最急 宜於閑曠之地 設屯田 遣公廉者 備官牛農器 勸督耕耘 以備軍須. 甲寅年後 公私加耕之田 兵息爲限 並屬軍須倉庫 宮司所屬田土 令各道按廉別定守令 踏檢收納 如有不得已國用 都堂量給其費 其餘 並屬軍須 京畿·各道功臣田土 丙申年以來 被罪人土田 一依憲司所奏 並屬軍須."[1602]

(우왕) 5년(1379) 정월에 문하부 낭사門下府 郎舍[1603]가 소疏를 올려 시폐時

1597 喬桐 지금의 인천광역시 江華郡 喬桐面으로, 고려시대에는 江華縣의 屬縣이었다(『고려사』 56 地理志 1 喬桐縣).

1598 江華 지금의 인천광역시 江華郡으로, 고려시대에는 처음에는 楊州의 屬縣이었으나, 우왕 3년 府로 승격하였다(『고려사』 56 地理志 1 江華縣).

1599 摩尼山 塹城 인천광역시 강화군 화도면에 있는 높이 467m의 산. 일명 摩利山이라고 하며, 마니산 정상에 있는 塹星壇은 檀君의 祭天壇이었다고 전해진다(『고려사』 56 地理志 1 江華縣).

1600 祭田 개인의 承重奉祀 이외에도, 국가는 災異의 제거나 일반적인 祈福 등 다양한 목적을 위해 山川, 하늘, 社稷, 祖上 등 다양한 대상에게 각종 방식의 祭祀를 지냈는데, 祭田은 이 제사비를 충당하기 위한 토지이다(안병우, 『고려전기의 재정구조』, 서울대학교 출판부, 2002, 351~351쪽).

1601 軍簿司 충렬왕 원년 兵部를 軍簿司로 개칭하고 장관도 尙書에서 判書라고 하였는데, 이후에도 兵曹, 兵部, 摠部 등 그 이름이 몇 번 바뀌었다(『고려사』 76 百官志 1 兵曹).

1602 『고려사절요』 31 우왕 5년 정월 조에는 '諫官上言'으로 시작하는 일련의 기사가 있는데, 본 兵志에 수록된 본문 기사는 이 기사의 일부와 관련이 있는 것으로 보인다. 『고려사절요』에서 해당 부분을 인용해보면 다음과 같다.

諫官上言, '國無三年之儲 國非其國 今中外之廩 皆竭不足 以支一年 請令州郡 課屯田 以充軍食'(『고려사절요』 31 우왕 5년 춘정월).

弊를 논하였는데 그 글은 다음과 같다. "'나라에 3년분의 저축儲蓄이 없으면 그 나라는 나라가 아니다'[1604]라고 하였는데, 우리나라는 1년의 저축도 오히려 또한 부족하오니 하나라도 위급한 일이 있으면 사태가 두렵다 할 것입니다. 둔전屯田의 법은 오늘의 급한 일인데, 각 도道·각 주州는 둔전법屯田法의 제도가 시행되지 않은 채 종자를 각 호戶에 나누어 주고 가을에 거두어서는 빈객賓客을 접대하는 비용으로 쓰고 맙니다. 원하건대 지금부터 금지하는 법을 엄하게 행하시고, 주군州郡의 쇠락함과 부유함을 따라 둔전屯田의 수를 정하되 매년 안렴按廉이 특별히 정한 수령守令이 추수하여 창고에 넣고 수를 도당都堂[1605]에 보고하여 이것으로써 수령의 성적의 상하를 삼을 것입니다. 동·서 양계東·西 兩界는 용병用兵이 가장 급한데, 마땅히 넓은 공한지空閑地에 둔전屯田을 설치하고 공정하고 청렴한 자를 보내어 관우官牛와 농기農器를 갖추어 경운耕耘을 권하고 감독하게 하여 군량을 준비하게 하십시오. 갑인년(우왕 즉위년, 1374)[1606] 이후에 국가나 개인이 경작한 전지田地는 병란이 그칠 때까지 모두 군량창고에 속하게 하고, 궁사宮司에 소속된 전토田土는 각 도道의 안렴사按廉使가 따로 정한 수령이 실지를 답사하여 거둬들이게 할 것입니다. 만일 부득이 국가에서 쓰려면 도당都堂이 그 비용을 헤아려 지급하고 그 나머지는 모두 군수軍需에 속하게 하며, 경기京畿와 각 도道의 공신 전토功臣 田土와 병신년(공민왕 5년, 1356)[1607] 이래의 죄

1603 **門下府 郎舍** 門下府(中書門下省)의 郎舍(고려 전기의 文宗官制를 기준으로 할 때 정3품~종5품에 해당)는 諫諍과 封駁을 담당하였다(『고려사』 76 百官志 1 門下府 및 박용운, 『고려시대 대간제도 연구』, 일지사, 1981).

1604 『禮記』 5 王制篇에 '國無九年之蓄 曰不足 無六年之蓄 曰急 無三年之蓄 曰非其國'이라고 하였다.

1605 **都堂** 都兵馬使가 충렬왕 5년에 都評議使司로 개편되면서 고려 후기의 최고 정무기관으로 그 기능이 확대되는데, 都堂은 그 별칭이다(『고려사』 77 百官志 2 諸司都監各色 都評議使司 및 변태섭, 「高麗都堂考」, 『고려정치제도사연구』, 일조각, 1971).

1606 **甲寅年** 공민왕은 재위 23년 9월에 弑害되고, 우왕이 새로 즉위하였다.

1607 **丙申年**(공민왕 5, 1356) 공민왕은 이해 5월에 奇轍, 權謙, 盧頙 등 부원세력을 숙청하고 征東行省理問所를 혁파하는 한편으로 6월에는 반원개혁교서를 발표하여 재차 본격적인 개혁정치를 시도하였다(민현구, 「고려 공민왕대의 반원적 개혁정치의 전개과정」, 『擇窩許善道先生停年紀念 韓國史學論叢』, 일조각, 1992).

를 입은 자의 토지는 한결같이 헌사憲司가 아뢴 바에 의하여 모두 군수軍需에 속하게 하십시오."라고 하였다.

【原文】九年五月 全羅道按廉使呂稱啓: "倉廩虛竭 無以供軍." 乃令道內居人隨職品高下 出米以助之. 奉翊·通憲 三十斗 正順·奉順·中正·中顯 二十斗 奉常·奉善 十五斗 五·六品 十斗 七·八品 七斗.

(우왕) 9년(1383) 5월에 전라도 안렴사全羅道 按廉使 여칭呂稱[1608]이 계啓하여, "창고가 비어 군사들에게 공급할 것이 없습니다."라고 하였다. 이에 도내道內에 거주하는 사람들로 하여금 직품職品의 고하에 따라 미곡米穀을 내어 이를 보조하게 하였는데, 봉익奉翊[1609]·통헌通憲[1610]은 30말, 정순正順[1611]·봉순奉順[1612]·중정中正[1613]·중현中顯[1614]은 20말, 봉선奉善[1615]은 15말, 5·6품은 10말, 7·8품은 7말로 하였다.

【原文】十月 宰輔曹敏修等 與耆老宰輔共議: "諸賜給田·口分田·各寺社田並皆屬公 盡收其租 以備軍國之需."

(우왕 9년) 10월에 재보宰輔 조민수曹敏修[1616] 등이 기로耆老·재보宰輔와

1608 **呂稱** 다른 기록이 거의 없으므로 생몰년, 출신이나 활동에 대해서 알 수 없다.

1609 **奉翊** 고려 文散階의 하나인 奉翊大夫로, 당시 종2품 上의 階였다(박용운, 『고려시대 官階·官職 연구』, 고려대학교 출판부, 1997).

1610 **通憲** 고려 文散階의 하나인 通憲大夫로, 당시 종2품 下의 階였다(박용운, 위의 책).

1611 **正順** 고려 文散階의 하나인 正順大夫로, 당시 정3품 上의 階였다(박용운, 위의 책).

1612 **奉順** 고려 文散階의 하나인 奉順大夫로, 당시 정3품 下의 階였다(박용운, 위의 책).

1613 **中正** 고려 文散階의 하나인 中正大夫로, 당시 종3품 上의 階였다(박용운, 위의 책).

1614 **中顯** 고려 文散階의 하나인 中顯大夫로, 당시 종3품 下의 階였다(박용운, 위의 책).

1615 **奉善** 고려 文散階의 하나인 奉善大夫로, 당시 종4품 階였다(박용운, 위의 책).

1616 **曹敏修** (?~공양왕 2, ?~1390) 본관은 昌寧. 홍건적과 왜구를 격퇴하는 데 공을 세우고, 우왕 9년에는 門下侍中에 올랐다. 우왕 13년의 좌군도통사로 요동정벌에 참여하였으나 이성계와 함께 회군하여 우왕을 폐위시키고 창왕을 옹립하는 데 중요한 역할을 하였다. 그러나 창왕 1년 전제개혁을 반대하다가 창녕에 유배되었다. 이후 유배에서 풀려났으나, 우왕의 혈통논쟁으로 庶人으로 강등되고 다시 창녕에 유배 갔다가 사망하였다(『고려사』 126 姦臣傳 2 曹敏修傳).

더불어 함께 논의하여, "여러 사급전賜給田 · 구분전口分田[1617] · 각 사사전寺社田은 모두 국가에 속하게 하고 그 조租를 모두 받아서 군국軍國의 수요에 대비하도록 하십시오."라고 하였다.

【原文】 十三年十一月 命收私田半租 以備軍餉.

(우왕) 13년(1387) 11월에 명하여 사전私田의 조租 절반을 거두어서 군량에 대비하게 하였다.[1618]

【原文】 十四年 八月 憲司上疏曰: "諸島漁塩之利 畜牧之蕃 海産之饒 國家之不可無者也. 我神聖之未定新羅 · 百濟也 先理水軍 親御樓船 下錦城而有之 諸島之利 皆屬國家 資其財力 遂一三韓. 自鴨綠以南 大抵皆山 肥膏不易之田 在於濱海 沃野數千里之稻田 陷于倭奴 蒹葭際天 倭奴之來 前無橫草 出入山郡 如蹈無人之地 國家 旣失諸島漁塩 · 畜牧之利 又失沃野出穀之府. 願用漢氏募民實塞下 防凶奴故事 許於亡邑荒地開懇[1619]者 限二十年 不稅其田 不使國役 專仰水軍萬戶府 修立城堡 屯其老弱 遠斥候謹烽燧 居無事時 耕耘 · 漁塩 · 鑄冶而食 以時造船 寇至 則淸野入保 水軍 出船擊之. 自合浦 以至義州 皆如此 則不出數年 流亡盡還其鄕邑 而邊境州郡旣實 則諸道[1620]漸次而充 戰艦多而水軍習 海寇遁而邊郡寧 漕轉易而京師富. 水軍萬戶 · 各道元帥 能立屯田 能修戰艦 能結人心 能施號令 能滅賊 能安邊者 賜之島田 世食其入 傳之子孫 其失一城堡 · 一州郡者 軍法從事 毋得輕宥 以示勸懲."

1617 口分田 구분전에는 兩班 · 軍 · 閑人 口分田, 恤養口分田, 雜口分田이 있는데, 이 구분전은 전자에 속하는 것으로 이해된다.

1618 고려시대 田租率 1/2는 私有地의 地代라고 이해되고 있다. 한편 고려시대 屯田의 租率은 公田과 같이 1/4이라는 주장이 있다(안병우, 『고려전기의 재정구조』, 서울대학교 출판부, 2002, 184쪽).

1619 墾 원문에는 '懇'이라고 되어 있으나, '墾'이 옳을 것이다.

1620 諸道 『고려사절요』에 실린 趙浚 상서문에는 '島'라고 되어 있는데, 문맥상 '島'가 옳을 것이다.

(우왕) 14년(1388) 8월[1621]에 헌사憲司가 소疏를 올려,[1622] "여러 섬에서 고기를 잡고 소금을 굽는(魚鹽) 이익과 목축牧畜의 번성과 해산물海産物의 풍요함은 국가에 없어서는 안 되는 것입니다. 우리 신성神聖(太祖)[1623]께서 아직 신라와 백제를 평정하지 못했을 때에 먼저 수군水軍을 조련하여 친히 누선樓船을 타고 금성錦城(羅州)을 떨어뜨려 차지하니[1624] 여러 섬의 이익이 모두 국가에 속하였고 그 재력財力에 힘입어서 마침내 삼한三韓을 통일하였습니다. 압록강鴨綠江으로부터 이남은 대개가 모두 산이고, 비옥하고 기름진 불역전不易田[1625]은 바닷가에 있습니다. 왜노倭奴들은 오면 거리낌 없이 산군山郡에 출입함을 마치 사람 없는 땅 밟듯이 합니다. 국가가 이미 여러 섬의 어염魚鹽과 목축의 이익을 잃고 또 기름진 들의 곡산지穀産地를 잃었습니다. 원하건대 한대漢代에 백성을 모집하여 변방을 충실하게 하여 흉노凶奴를 막던 고사를 본받아 패망한 고을의 황무지를 개간한 자에게는 20년을 기한하여 그 전토田土에 과세하지 말고 국역國役에 사역시키지 말도록 허락하고, 오로지 수군만호부水軍萬戶府로 하여금 성보城堡를 수립修立하여 그 노약자를 머물게 하고, 먼 곳까지 척후斥候하여 봉화 드는 일을 신중히 해야 할 것입니다. 일이 없을 때에는 농사와 고기잡이와 소금구이와 쇠를 녹

1621 禑王은 재위 14년(1388) 6월에 퇴위되고, 그의 아들인 昌王이 즉위하였다.

1622 이 본문 기사는 '憲司上疏'로 시작하지만, 『고려사절요』 33 우왕 14년(昌王 즉위년) 8월조 기사에는 '大司憲趙浚陳時務曰'이라는 기사 안에 본문과 같은 내용이 실려 있다. 즉 이 상소는 이른바 조준의 2차 상소문에 해당하는 것이다. 조준은 이에 앞서 그해 7월에 전제개혁을 위한 상소를 올린 적이 있고(제1차 상소문), 이듬해 11월 창왕이 폐위되고 공양왕이 즉위하자 그해 12월에 다시 전반적인 개혁을 원하는 상소를 올렸다(제3차 상소문). 조준의 제2차 상소문은 본문에서 보듯이 兵志 이외에도 『고려사』 選擧志, 食貨志 등에 나뉘어 실려 있는데, 상기 『고려사절요』의 해당기사에 거의 비슷한 형태로 전재되어 있다. 조준의 상소문에 대하여는 張得振, 「趙浚의 정치활동과 그 사상」, 『史學硏究』 38, 1984 및 韓嬉淑, 「趙浚의 社會政策방안」, 『淑大史論』 13 · 14 · 15합, 1989 참조.

1623 太祖의 시호는 '應運元明光烈大定睿德章孝威穆神聖大王'이다(『고려사』 1 世家 태조 1).

1624 왕건이 錦城 및 인근 10여 주현을 공취하고 錦城을 羅州라고 고친 것은 궁예 3년(903)의 일이다.

1625 不易田 묵히지 않고 해마다 경작하는 토지로, 본문의 不易田은 고려 3等田品制 중 上等에 속하는 平田의 토지를 말한다(『고려사』 79 食貨志 1 經理 문종 8년 3월 判 참고).

여서 먹고 살 수 있도록 하고, 때에 따라 배를 만들어 적이 이르면 들을 비워두고 성에 들어가고 수군水軍으로 하여금 배를 내어 이를 치게 하십시오. 합포合浦에서부터 의주義州에 이르기까지 모두 이와 같이 하면 곧 몇 년을 지나지 아니하여 떠돌아다니는 자들이 모두 그 향鄕으로 돌아와 변방의 주군州郡이 이미 차고 여러 도道(島?)가 점차 충실하여질 것이고, 전함戰艦이 많아지고 수군이 훈련되면 해적이 도망하여 변방의 고을은 편안하게 되며 조운이 용이해져서 서울도 부유해질 것입니다.

수군만호水軍萬戶와 각 도道 원수元帥는 능히 둔전屯田을 세우고 능히 전함을 수리하며, 능히 인심을 결속하고 능히 호령을 시행하며 능히 적을 격멸하고 능히 변방을 편안하게 한 자에게 섬의 땅(島田)을 사급賜給하여 대대로 그 수입을 먹고 자손에게 전하게 하고, 한 개의 성보城堡나 한 개의 주군州郡이라도 잃은 자는 군법으로 일을 처리하여 가볍게 용서하지 아니함으로써 선을 장려하고 악을 징계하는 모습을 보이십시오."라고 하였다.

『고려사』 권83 병지 3

【原文】 正憲大夫 工曹判書 集賢殿大提學 知經筵春秋館事 兼 成均大司成 臣 鄭麟趾 奉敎 修.

정헌대부 공조판서 집현전대제학 지경연춘추관사 겸 성균대사성 정인지鄭麟趾가 임금의 명을 받아 편찬한다.

병지兵志 3

간수군看守軍[1]

【原文】 典廨庫: 將校 二, 雜職將校 二, 軍人 五.

전해고典廨庫[2]: 장교將校[3] 2명, 잡직장교雜職將校 2명, 군인軍人 5명.

---

1 **看守軍** 왕궁의 內帑을 포함해서 여러 주요 관서의 창고에 배치되어 감시임무를 맡던 부대. 看守軍의 군인을 2軍 · 6衛 중 특히 金吾衛 소속이었을 것으로 추정하는 견해(이기백, 『고려병제사연구』, 일조각, 1968, 7쪽), 6위와는 성격이 다른 특수부대로 파악하는 견해(사회과학력사연구소, 『조선전사』 6, 1979, 249쪽), 국왕 측근의 군사력인 禁軍을 구성한 부대로 비정하는 견해(송인주, 「고려시대의 禁軍」, 『한국중세사연구』 3, 1996, 121쪽)가 있다.

2 **典廨庫** 주로 國用에 사용할 베(布)를 관리하던 창고. 『고려사』 77 百官志 2 전해고 조의 기사에는 '典廨庫는 恭愍王 5년에 令을 두어 秩을 종7품으로 하고 丞은 종8품으로 하였다. 11년에 令을 革罷하였다가 18년에 다시 令을 두었다.'라고 하였다. 그러나 『고려사』 17 世家 의종 5년 4월 戊辰 조 기사에 典解庫判官이라는 직책이 나오고 있으므로, 百官志의 기사는 잘못된 것으로 보인다.

3 **將校** 간수군 조의 편성을 보면 우선 크게 將相, 將校, 軍人으로 나눌 수 있다. 군인은 일반 사졸일 것이고, 장교는 隊正 이상 校尉 · 散員 · 別將 · 郎將 · 中郎將을 의미하고, 장상은 將軍 · 大將軍 · 上將軍을 말하는 것이 아닌가 여겨진다. 그런데 장상과 장교에는 각각 雜職과 散職 명칭이 붙는 두 종류가 더 있다. 이 중 散職將相과 散職將校는 고려시대의 散職

【原文】 鹵簿都監: 將校 二, 散職將相 二, 軍人 四.

노부도감鹵簿都監[4]: 장교將校 2명, 산직장상散職將相 2명, 군인軍人 4명.

【原文】 征袍庫: 將校 二, 軍人 五.

정포고征袍庫[5]: 장교將校 2명, 군인軍人 5명.

【原文】 仁恩館: 將校 二.

인은관仁恩館[6]: 장교將校 2명.

【原文】 龍門倉: 將校 二, 散職將相 二, 軍人 十五.

용문창龍門倉[7]: 장교將校 2명, 산직장상散職將相 2명, 군인軍人 15명.

【原文】 雲興倉: 將校 二, 軍人 五.

운흥창雲興倉[8]: 장교將校 2명, 군인軍人 5명.

체계에 해당하는 은퇴자, 散職者라고 생각되나, 雜職은 무엇을 말하는지 알 수 없다. 일반적으로 고려시대의 雜職은 이속직의 하나로 胥吏 이외에 雜役에 종사하는 자를 말하는데(홍승기, 「고려시대의 雜類」, 『역사학보』 57, 1973), 잡직장교나 잡직장상이 이에 해당될 수는 없기 때문이다.

4 **鹵簿都監** 왕실의 儀仗 도구 일체를 책임지는 부서(『고려사』 77 百官志 2 諸司都監各色 鹵簿都監).

5 **征袍庫** 군사들의 의복을 관리하던 창고로, 征袍都監에 속하였을 것이다(『고려사』 77 百官志 2 諸司都監各色 征袍簿都監). (→ 각주 75 참조)

6 **仁恩館** 중국의 사신들이 머물던 개경의 客館 중의 하나. 『고려도경』에는 인은관이 南大街의 興國寺 남쪽에 있었는데, 인은관 옆에는 迎恩館이 있었다고 하였다(『고려도경』 27 館舍 客館).

7 **龍門倉** 주로 兵糧用 곡식을 비축하기 위해 개경에 두었던 창고인데, 때로는 이 창고의 곡식으로 굶주린 백성을 구휼하기도 하였다(金載名, 「高麗時代의 京倉」, 『淸溪史學』 4, 1987).

8 **雲興倉** 개경에 있던 창고로 곡식을 비축하였다. 그 기능은 잘 알 수 없으나, 고려 宣宗의 諱가 運이었으므로 선종 때 이후부터는 避諱하여 운흥창을 新興倉으로 바꾸었다는 주장도 있다(박종진, 『고려시기 재정운용과 조세제도』, 서울대학교 출판부, 2000, 21쪽의 각주 38 참조). 신흥창은 곡식 이외에도 布, 銀 등 다양한 물품을 저장하면서 凶荒을 맞았을 때

【原文】 內莊宅: 將校 二, 軍人 八.

내장택內莊宅[9]: 장교將校 2명, 군인軍人 8명.

【原文】 良醞署: 雜職將校 四.

양온서良醞署[10]: 잡직장교雜職將校 4명.

【原文】 將作布庫: 將校 九, 軍人 三.

장작포고將作布庫[11]: 장교將校 9명, 군인軍人 3명.

【原文】 長興庫: 將相 三, 將校 二, 軍人 五.

장흥고長興庫[12]: 장상將相 3명, 장교將校 2명, 군인軍人 5명.

【原文】 掌冶署: 將校 二.

백성을 구휼해주기 위한 國用 창고였다(金載名, 「고려시대의 京倉」, 『청계사학』 4, 1987).

9 **內莊宅** 內莊과 그 수입으로 보이는 곡식을 관리하던 왕실의 재정 기구로 주로 供上을 담당하였다(『고려사』 77 百官志 2 諸司都監各色 內莊宅 및 安秉佑, 『高麗前期의 財政構造』, 서울대학교 출판부, 2002).

10 **良醞署** 궁중의 술에 관한 일을 담당하던 관청. 문종 때 良醞署를 설치하였는데, 뒤에 掌醴署로 고쳤다가 숙종 때 다시 양온서로 바꾸었다. 충렬왕 때 司醞署라고 하였다가 공민왕 때 다시 양온서라고 고쳤으나 다시 사온서라고 하는 등 여러 차례 이름이 바뀌었다(『고려사』 77 百官志 2 良醞署).

11 **將作布庫** 궁실 및 관사의 營繕과 토목공사를 맡던 將作監의 베(布)를 보관하던 창고(『고려사』 76 百官志 1 繕工寺).

12 **長興庫** 『고려사』 77 百官志 2 長興庫 조에는 '忠烈王 34년에 忠宣王이 大府上庫를 長興庫라 하여 使 1인을 두되 秩을 종5품으로 하고, 副使는 1인으로 하되 종6품으로 하고, 直長은 1인으로 하되 종7품으로 하였다.'라고 되어 있으나, 『고려사』 79 食貨志 2 科斂 조의 원종 13년 12월 기사에 長興庫라는 명칭이 이미 나온다. 아마도 大府寺 소속 上庫의 다른 이름이 장흥고였던 것으로 짐작되는데, 충선왕은 장흥고를 대부시에서 떼어내어 왕실의 私藏庫로 만든 것이 아닌가 한다. 대부시는 油蜜, 紗絹, 銀, 채단, 포백, 금 등 주로 왕과 관련된 물품을 관리하면서 齋醮 비용, 하사품, 부의 물품 등에 드는 경비를 담당하였다(安秉佑, 앞의 책, 33~34쪽). (→ 각주 68 참조).

장야서掌治署[13]: 장교將校 2명.

【原文】 廣化門布庫: 軍人 六.

광화문포고廣化門布庫[14]: 군인軍人 6명.

【原文】 順天館: 將校 六, 散職將相 四, 散職將校 四.

순천관順天館[15]: 장교將校 6명, 산직장상散職將相 4명, 산직장교散職將校 4명.

【原文】 大明宮: 將校 四, 軍人 六.

대명궁大明宮[16]: 장교將校 4명, 군인軍人 6명.

【原文】 諸殿器用造成色: 將校 二.

제전기용조성색諸殿器用造成色[17]: 장교將校 2명.

【原文】 中軍旗造(成)色[18]: 將校·軍人 各二.

중군기조성색中軍旗造成色[19]: 장교將校·군인軍人 각 2명.

---

13 **掌治署** 금속과 철물에 관한 일을 맡아보던 관청. 충선왕이 즉위하여 營造局으로 바꾸었으나, 충선왕 2년에 다시 장야서라고 하였다(『고려사』 77 百官志 2 掌冶署).

14 **廣化門布庫** 廣化門은 개경의 皇城의 동쪽에 있는 문으로, 성 밖의 각 관서와 통하는 중요한 문의 역할을 하였다(박용운, 『고려시대 개경연구』, 일지사, 1996, 16~17쪽). 廣化門布庫는 광화문의 布를 관장하던 창고였을 것이다.

15 **順天館** 宋의 사절이 머무는 관사로, 개성의 동북쪽인 탄현문 안에 있었다(『고려도경』 27 館舍 順天館).

16 **大明宮** 고려 초기의 別宮이었으나, 몇 차례 이름이 바뀌다가 공민왕 16년(1367)에 成均館으로 중영되었다, 지금 개성시 선죽동에 있으며 성균관터는 사적 50호로 지정되었다(한국역사연구회, 『고려의 황도 개경』, 창작과비평사, 2002, 259쪽).

17 **諸殿器用造成色** 色은 일정한 일을 맡거나 책임진다는 의미를 가지고 있는데, 諸殿器用造成色은 여러 궁전에서 쓰는 기물들을 만드는 역할을 하는 관청이었을 것이다.

18 원문에는 中軍旗造色이라고 되어 있으나, 中軍旗造成色의 잘못일 것이다.

19 **中軍旗造成色** 中軍의 旗를 만드는 관청.

【原文】 新興館: 將校 二, 軍人 五.

신흥관新興館[20]: 장교將校 2명, 군인軍人 5명.

【原文】 奉先庫: 將校 · 雜職將校 各二, 軍人 六.

봉선고奉先庫[21]: 장교將校 · 잡직장교雜職將校 각 2명, 군인軍人 6명.

【原文】 松岳烽燧: 將校 二.

송악봉확松岳烽燧[22]: 장교將校 2명.

【原文】 部烽燧: 將校 二, 軍人 三十三.

부봉확部烽燧[23]: 장교將校 2명, 군인軍人 33명.

【原文】 泰定門庫: 將校 二.

---

20 **新興館** 『고려사』에 "북쪽 오랑캐 沙八 등이 來朝해오자 都兵馬使가 아뢰기를, '옛날에 우리가 토벌한 적의 괴수인 高守라는 자는 곧 沙八의 아버지이니, 반드시 묵은 원한을 품었을 것입니다. 청하건대 이를 新興館에 머무르게 하고 軍校 가운데 날쌔고 용감한 자로 하여금 이를 지키게 하십시오'라고 하므로 이를 좇았다."라는 기록이 있다(『고려사』 12 世家 예종 원년 2월 병자 조). 이로 미루어볼 때 신흥관은 북쪽의 유목민 출신 사절들이 머무는 客館이 아니었을까 한다.

21 **奉先庫** 國忌日에 齋를 바칠 때 사용하는 米穀과 祭器, 희생물 등을 소장하는 창고(『고려사』 77 百官志 2 諸司都監各色 奉先庫).

22 **松岳烽燧** 송악은 개성의 鎭山인 송악산을 말하는데, 왕궁의 뒷산인 이곳에 봉확소가 설치된 것은 변방에서 올라오는 봉수 신호들을 수도에서 즉시 접수하여 상서병부에 보고하는 임무를 수행하기 위한 것이었다(리종선, 「고려시기의 봉수에 대하여」, 『력사과학』, 1984-4, 26쪽). 『고려사』 81 兵志 1 五軍 조에는 '충정왕 3년 8월에 송악산에 봉확소를 두었다.'라고 되어 있는데, 이 기록은 아마도 폐지된 봉확소를 부활시킨 것이거나 확대된 것을 말하는 것이라고 생각된다. (→ 兵志 1 각주 341, 342 참조).

23 **部烽燧** 部는 수도 개경의 행정구역인 5部(동부 · 남부 · 서부 · 북부 · 중부)를 말하는데, 왕궁의 뒷산인 송악산 이외에 각 부에도 봉확이 설치되었다. 한편 고려시대에는 각 봉확소마다 烽卒(또는 放丁이라고도 한다) 2명과 白丁 20명이 배치되어 있었는데(『고려사』 81 兵志 1 五軍 의종 3년 8월 조), 이들 봉수군과 봉확소 간수군의 임무는 서로 구분되어야 할 것이다.

태정문고泰定門庫[24]: 장교將校 2명.

【原文】 麗景門庫: 將校 二.

여경문고麗景門庫[25]: 장교將校 2명.

【原文】 大盈署: 將校 二.

대영서大盈署[26]: 장교將校 2명.

【原文】 宣教門庫: 將相 一.

선교문고宣教門庫[27]: 장상將相 1명.

【原文】 大府寺: 將相 一, 將校 三.

대부시大府寺[28]: 장상將相 1명, 장교將校 3명.

【原文】 金銀新庫: 將校 一.

---

24 **泰定門庫** 인종 16년(1138)에 太初門을 泰定門으로 고쳤는데(『고려사』 16 世家 인종 16년 5월 경술), 太初門은 고려 왕궁의 서쪽 문에 해당하며 왕이 거처하는 備坐와 통하였다(『고려도경』 4 門闕 昇平門 및 『고려사』 56 地理志 1 王京開城府 조 참조). 泰定門庫는 태정문과 관련된 창고였을 것이다.

25 **麗景門庫** 인종 16년(1138)에 궁성의 동문인 東華門을 麗景門이라고 이름을 고쳤는데(『고려사』 16 世家 인종 16년 5월 경술), 麗景門庫는 여경문과 관련된 창고였을 것이다.

26 **大盈署** 그 임무는 잘 알 수 없다(『고려사』 77 百官志 2 大盈署). 단지 『고려사』 81 兵志 1 兵制 五軍 조에는 "(선종 10년) 8월에 都兵馬使에서 아뢰기를, '(중략) 청하건대 大盈庫의 좀먹은 베를 征袍都監에 주어 (縫衣) 3,000~4,000벌을 만들어서 東北 兩界에 分送하여 兵營의 창고에 저장하였다가 위급한 일이 생기면 이를 입도록 허락해주십시오'라고 하니, 制하여 '可하다'라고 하였다."라는 기사가 있다. 이로 보아 大盈署에는 大盈庫라는 창고가 있었음을 알 수 있다. (→ 각주 37 참조)

27 **宣教門庫** 宣教門과 관련된 창고라고 생각되는데, 선교문이 어디에 있었는지는 알 수 없다.

28 **大府寺** 궁중에 필요한 財貨의 출납과 이를 관리하는 廪藏 업무를 맡은 관청. 문종 때 大府寺라고 하였으나, 충렬왕 때 外府寺라 고치고, 뒤에 大府寺, 內府司, 內府寺 등으로 고쳤다(『고려사』 76 百官志 1 內府寺).

금은신고金銀新庫[29]: 장교將校 1명.

【原文】 玄武廊上庫: 將校 一.

현무랑상고玄武廊上庫[30]: 장교將校 1명.

【原文】 外右金剛庫: 將校 一.

외우금강고外右金剛庫[31]: 장교將校 1명.

【原文】 長平西廊兵仗庫: 將校 一.

장평서랑병장고長平西廊兵仗庫[32]: 장교將校 1명.

【原文】 油蜜庫: 將校 一.

유밀고油蜜庫[33]: 장교將校 1명.

【原文】 迎送庫: 將校 一.

---

29 **金銀新庫** 金銀과 같은 보물을 저장하기 위해 새로 만든 창고라고 생각되나, 구체적인 위치나 기능은 알 수 없다.

30 **玄武廊上庫** 『고려도경』에는 '京市司로부터 興國寺橋에 이르기까지와, 廣化門을 거쳐 奉先庫까지 긴 行廊 수백 칸을 만들었다.'라고 되어 있다(『고려도경』 3 城邑 國城). 玄武는 북쪽을 가리키므로, 현무랑은 이 행랑 중 북쪽 부분에 해당하는 것이 아닌가 여겨진다.

31 **外右金剛庫** 『고려사』 13 世家 예종 6년 5월 조에는 '화살이 都兵馬使 및 金剛庫의 지붕에 부딪쳤는데 그 살촉이 기와를 뚫었다.'라는 기사가 나온다. 外右金剛庫는 이 금강고와 관련이 있는 듯하나, 자세한 것은 알 수 없다.

32 **長平西廊兵仗庫** 『고려도경』에는 '京市司로부터 興國寺橋에 이르기까지와, 廣化門을 거쳐 奉先庫까지 긴 行廊 수백 칸을 만들었다.'라는 기록이 있다(『고려도경』 3 城邑 國城). 이 기사에서 보듯이 長平西廊은 이 행랑의 서쪽에 해당되며, 이곳에 무기를 둔 창고가 있었던 것이 아닌가 여겨진다.

33 **油蜜庫** 기름과 꿀 종류를 보관하던 창고. 고려시대에는 연회와 혼례나 제사에 유밀로 만든 유밀과가 많이 쓰였다.

영송고迎送庫[34]: 장교將校 1명.

【原文】宣敎樓上庫: 將校 一.

선교루상고宣敎樓上庫[35]: 장교將校 1명.

【原文】新定西化布庫: 將校 三.

신정서화포고新定西化布庫[36]: 장교將校 3명.

【原文】大盈庫: 將校 八.

대영고大盈庫[37]: 장교將校 8명.

【原文】鋪陳都監: 將校 二, 雜職將校 二.

포진도감鋪陳都監[38]: 장교將校 2명, 잡직장교雜職將校 2명.

【原文】開明宅大府: 將校 二.

개명택대부開明宅大府[39]: 장교將校 2명.

---

34 **迎送庫** 迎送都監에 딸린 창고로, 사신접대에 필요한 경비를 조달하였다(『고려사』 77 百官志 2 諸司都監各色 迎送都監).

35 **宣敎樓上庫** 위치나 기능을 알 수 없다.

36 **新定西化布庫** 위치나 기능을 알 수 없다. 혹시 西化가 西華의 잘못이라면, 이는 궁성의 西門인 西華門과 관련이 있을 것이다.

37 **大盈庫** 大盈署에 소속된 창고인데, 大盈署의 기능은 잘 알 수 없다(『고려사』 77 百官志 2 大盈署 참고). 한편 『고려사』 81 兵志 1 병제 五軍 선종10년 8월 기사에는 '大盈庫의 좀먹은 베를 征袍都監에 보내어 3~4,000領을 만들게 하여 東北面 兩界에 나누어주어 병영의 창고에 간직하였다가 急할 때 입게 하십시오.'라는 都兵馬使의 건의가 나온다. 大盈署에도 장교 2명이 간수군으로 배치되었다. (→ 각주 26 참조)

38 **鋪陳都監** 궁중의 연회 등 국가의 공식행사에 사용하는 방석 · 돗자리 등을 관장하는 기구.

39 **開明宅大府** 위치나 기능을 알 수 없다.

【原文】 左牧監: 將校 二.

좌목감左牧監[40]: 장교將校 2명.

【原文】 羊欄牧監: 將校 二, 軍人 十七.

양란목감羊欄牧監[41]: 장교將校 2명, 군인軍人 17명.

【原文】 江陰牧監: 將校 二.

강음목감江陰牧監[42]: 장교將校 2명.

【原文】 國子監: 雜職將校 二, 散職將相 六.

국자감國子監[43]: 잡직장교雜職將校 2명, 산직장상散職將相 6명.

【原文】 都祭庫: 雜職將校 二, 散職將相 二.

도제고都祭庫[44]: 잡직장교雜職將校 2명, 산직장상散職將相 2명.

【原文】 大廟署: 散職將相 二十四, 雜職將校 二.

대묘서大廟署[45]: 산직장상散職將相 24명, 잡직장교雜職將校 2명.

---

40 **左牧監** 고려시대 목장의 하나로, 貞州(지금의 경기도 개풍군)에 있었다(『고려사』 82 兵志 2 馬政 諸牧場).

41 **羊欄牧監** 고려시대 목장의 하나로, 開城에 있었다(『고려사』 82 兵志 2 馬政 諸牧場).

42 **江陰牧監** 고려시대 목장의 하나로, 江陰(지금의 황해도 金川郡)에 있었다(『고려사』 82 兵志 2 馬政 諸牧場).

43 **國子監** 고려시대의 국립고등교육기관이던 국자감은 성종 때 만들어졌는데, 『고려도경』에는 '처음 궁궐의 남쪽 會賓門 안에 있었으나 그 규모가 너무 작아서 뒤에 禮賢坊으로 옮겼다.'고 하였다(『고려도경』 16 官府 國子監 및 『고려사』 76 百官志 1 成均館).

44 **都祭庫** 종묘나 국가의 제사에 쓰이던 물품을 관리 보관하던 창고(『고려사』 77 百官志 2 諸司都監各色 都祭庫).

45 **大廟署** 大廟, 즉 宗廟를 관리하던 부서. 충렬왕 때 寢園署라고 이름을 고쳤으나, 공민왕 때 大廟署라고 하였다가 다시 寢園署라고 부르기도 하였다(『고려사』 77 百官志 2 寢園署).

【原文】 吏部: 雜職將校 四, 散職將相 四.

이부吏部[46]: 잡직장교雜職將校 4명, 산직장상散職將相 4명.

【原文】 軍器監: 雜職將校 二, 監門衛軍 四.

군기감軍器監[47]: 잡직장교雜職將校 2명, 감문위군監門衛軍[48] 4명.

【原文】 三司: 雜職將相 四.

삼사三司[49]: 잡직장상雜職將相 4명.

【原文】 尙食庫: 散職將相 二.

상식고尙食庫[50]: 산직장상散職將相 2명.

【原文】 都省庫: 散職將相 二.

도성고都省庫[51]: 산직장상散職將相 2명.

【原文】 養賢庫: 散職將相 二.

---

46 **吏部** 『고려도경』에는 廣化門 앞의 긴 거리인 官道의 남쪽에 兵·刑·吏部와 三司가 있다고 하였다(『고려도경』 16 官府 臺省 및 『고려사』 76 百官志 1 吏曹).

47 **軍器監** 『고려사』에는 군기감이 兵器를 제조하는 일을 맡았고, 공민왕 때 軍器寺로 이름이 바뀌었다고 하였다(『고려사』 76 百官志 1 軍器寺). 한편 『고려도경』에는 甲仗을 간수하는 곳이라고 하였다(『고려도경』 16 官府 臺省).

48 **監門衛軍** 궁성의 여러 문을 수위하는 임무를 지닌 부대로 1領(1,000명)으로 편성되었으며, 현역에 복무하지 않은 늙은 노병이나 노병, 환자병을 명목상으로 이에 속하게 하였다(이기백, 「고려 경군고」, 『고려병제사연구』, 일조각, 1968, 70쪽).

49 **三司** 『고려도경』에는 廣化門 앞의 긴 거리인 官道의 남쪽에 兵·刑·吏部와 三司가 있다고 하였다(『고려도경』 16 官府 臺省).

50 **尙食庫** 반찬과 음식을 공급하는 일을 맡았던 尙食局에 속한 창고인데, 상식국은 고려 후기에 司膳署로 이름이 바뀌기도 하였다(『고려사』 77 百官志 2 司膳署).

51 **都省庫** 尙書省, 즉 尙書都省에 속한 창고로, 『고려도경』에는 상서성이 承休門 안에 있다고 하였다(『고려도경』 16 官府 臺省 및 『고려사』 76 百官志 1 尙書省).

양현고養賢庫[52]: 산직장상散職將相 2명.

【原文】小府監: 雜職將校 二.

소부감小府監[53]: 잡직장교雜職將校 2명.

【原文】都兵馬: 雜職將校 二.

도병마都兵馬[54]: 잡직장교雜職將校 2명.

【原文】內都校: 雜職將校 二.

내도교內都校[55]: 잡직장교雜職將校 2명.

【原文】外都校: 雜職將校 二.

외도교外都校[56]: 잡직장교雜職將校 2명.

【原文】館都校: 雜職將校 二.

관도교館都校[57]: 잡직장교雜職將校 2명.

---

52 **養賢庫** 예종 14년에 國學의 진흥을 위해 설치한 장학재단(『고려사』 77 百官志 2 諸司都監各色 養賢庫).

53 **小府監** 공예품과 보물 등을 관장하던 기구로, 泰封의 物藏省을 이어 받았으며 고려 후기에는 內府監, 小府寺 등으로 이름이 바뀌었다(『고려사』 76 百官志 1 小府寺).

54 **都兵馬** 고려시대 중서문하성의 재신과 중추원의 추신들이 모여 국가의 중대사를 의논하던 都兵馬使를 말하는데, 고려 후기에는 都評議使司로 이름이 바뀌고 그 기능과 인원도 대폭 확대되었다(『고려사』 77 百官志 2 諸司都監各色 都評議使司).

55 **內都校** 工作에 관한 일을 맡아보던 都校署에 소속된 부서라고 생각되는데, 명칭으로 보아 궁궐 내의 일을 맡아보지 않았나 한다(『고려사』 77 百官志 2 都校署 참고).

56 **外都校** 工作에 관한 일을 맡아보던 都校署에 소속된 부서라고 생각되나, 자세한 내용은 알 수 없다(『고려사』 77 百官志 2 都校署 참고).

57 **館都校** 工作에 관한 일을 맡아보던 都校署에 소속된 부서라고 생각되나, 명칭으로 보아 館과 관련된 일을 맡아보지 않았나 한다(『고려사』 77 百官志 2 都校署 참고).

【原文】 梨房庫: 散職將相 二.

이방고梨房庫[58]: 산직장상散職將相 2명.

【原文】 福源天皇堂: 散職將相 二.

복원福源 · 천황당天皇堂[59]: 산직장상散職將相 2명.

【原文】 司宰寺: 雜職將校 二.

사재시司宰寺[60]: 잡직장교雜職將校 2명.

【原文】 內園署: 雜職將校 二.

내원서內園署[61]: 잡직장교雜職將校 2명.

【原文】 太僕寺: 雜職將校 二.

태복시太僕寺[62]: 잡직장교雜職將校 2명.

【原文】 社稷壇: 散職將相 二.

사직단社稷壇[63]: 산직장상散職將相 2명.

---

58 **梨房庫** 연혁이나 기능에 대해 자세한 내용은 알 수 없다.

59 **福源 · 天皇堂** 도교사원인 福源觀과 天皇堂을 말한다. 福源觀은 福源宮, 昭格殿 등으로 불렸으며, 왕궁의 北門인 太和門 안에 있었다(『고려도경』 17 祠宇 福源觀). 天皇堂도 이와 가까운 곳에 있지 않았을까 여겨진다(『고려사』 22 世家 고종 14년 10월 경술 조 참고).

60 **司宰寺** 어장(魚梁)과 내 · 못(川澤)을 관장하던 부서. 충렬왕 때 司津監으로 고치고, 이후 都津司, 司宰監 등으로 이름을 바꾸었다(『고려사』 76 百官志 1 司宰寺).

61 **內園署** 동산 · 정원(園苑)에 관한 일을 맡은 부서(『고려사』 77 百官志 2 內園署).

62 **太僕寺** 임금이 타는 수레와 말, 궁궐의 마구간(廐牧)을 관장하던 관청. 충렬왕 때 司僕寺로 고쳤다가 공민왕 때 大僕寺, 司僕寺 등으로 고쳤다(『고려사』 76 百官志 1 司僕寺).

63 **社稷壇** 토지의 神인 社와, 곡물의 神인 稷을 제사 지내던 곳. 성종 10년(991)에 처음 세웠는데, 황성 서쪽에 있었다(『고려사』 3 世家 성종 10년 윤2월 계유 및 『고려사』 7 世家 문종 6년 2월 무자 조 기사 참고).

【原文】 兵書藏: 散職將相 二.

병서장兵書藏[64]: 산직장상散職將相 2명.

【原文】 仁恩館: 散職將相 二.

인은관仁恩館[65]: 산직장상散職將相 2명.

【原文】 延恩館: 散職將相 二.

연은관延恩館[66]: 산직장상散職將相 2명.

【原文】 中尙署: 雜職將校 二.

중상서中尙署[67]: 잡직장교雜職將校 2명.

【原文】 長興庫: 雜職將校 二.[68]

장흥고長興庫: 잡직장교雜職將校 2명.

【原文】 刑部: 雜職將校 二.

형부刑部[69]: 잡직장교雜職將校 2명.

---

64 **兵書藏** 명칭으로 보아, 兵書를 보관 · 관리하던 기관이었을 것이다.

65 **仁恩館** 거란과 金의 사신이 머물던 곳으로, '仙賓'을 인은관으로 고쳤다고 하였다(『고려도경』 27 館舍 客館).

66 **延恩館** 迎恩館과 같은 곳이 아닌가 한다. 『고려도경』에는 南大街의 興國寺 남쪽에 인은관과 나란히 있었으며, 거란의 사신을 접대하던 곳이라고 하였다(『고려도경』 27 館舍 客館).

67 **中尙署** 왕이 쓰던 여러 물건과 장식물을 만들어 바치던 기관. 목종 때 처음 설치하였고, 충선왕 때 供造署라고 하였다가 다시 중상서라고 하는 등 여러 차례 이름이 바뀌었다(『고려사』 77 百官志 2 供造署).

68 看守軍 조에는 이미 長興庫에 將相 3명, 將校 2명, 軍人 5명을 둔다는 기사가 나와 있다(→ 각주 12 참조). 그러므로 이 기사는 앞의 다른 관청의 오식이 아니라면, 앞의 長興庫 항목과 합쳐져야 할 것이다.

【原文】 將作監: 雜職將校 二.

장작감將作監[70]: 잡직장교雜職將校 2명.

【原文】 尙舍局: 雜職將校 二.

상사국尙舍局[71]: 잡직장교雜職將校 2명.

【原文】 尙乘局: 雜職將校 二.

상승국尙乘局[72]: 잡직장교雜職將校 2명.

【原文】 內都塩院: 散職將相 二.

내도염원內都鹽院[73]: 산직장상散職將相 2명.

【原文】 司儀署: 散職將相 二.

사의서司儀署[74]: 산직장상散職將相 2명.

【原文】 征袍庫: 散職將相 二.[75]

정포고征袍庫: 산직장상散職將相 2명.

---

69 **刑部** 법률과 詞訟 등을 맡던 기구(『고려사』 76 百官志 1 刑曹 참고).

70 **將作監** 土木과 營繕을 관장하던 관청. 충렬왕 때 繕工監이라고 하였다가, 뒤에 繕工寺, 將作監 등으로 고쳤다(『고려사』 76 百官志 1 繕工寺).

71 **尙舍局** 왕비나 태자비 책봉 등 국가의 儀式에 쓰일 물품 등을 관리하던 관청. 충선왕 때 司設署, 공민왕 때 尙司署라고 고쳤다(『고려사』 77 百官志 2 司設署).

72 **尙乘局** 궁궐 안의 마굿간 일을 보던 관청. 충선왕 때 奉車署로, 공민왕 때 尙乘局이라고 고쳤다(『고려사』 76 百官志 1 奉車署).

73 **內都鹽院** 명칭으로 보아 궁궐에서 쓰는 소금에 관한 일을 맡던 부서였을 것이다(『고려사』 77 百官志 2 諸司都監各色 都鹽院 참고).

74 **司儀署** 왕이 祭禮를 드릴 때, 그 일을 도와주던(贊禮) 부서(『고려사』 77 百官志 2 司儀署).

75 看守軍 조 3번째 항목에는 征袍庫에 將校 2명을 둔다고 하였다(→ 각주 5 참조). 그러므로 이 기사는 다른 관청의 오식이 아니라면, 앞의 征袍庫 항목과 합쳐져야 할 것이다.

【原文】 常平倉: 散職將相 二, 雜職將校 二.

상평창常平倉[76]: 산직장상散職將相 2명, 잡직장교雜職將校 2명.

【原文】 左 · 右倉: 散職將相 各二.

좌左 · 우창右倉[77]: 산직장상散職將相 각기 2명.

【原文】 東西大悲院: 散職將相 各二.

동서대비원東西大悲院[78]: 산직장상散職將相 각기 2명.

【原文】 園丘(圓丘)[79]: 散職將相 二.

원구圓丘[80]: 산직장상散職將相 2명.

【原文】 籍田: 散職將相 二.

적전籍田[81]: 산직장상散職將相 2명.

【原文】 守宮署: 雜職將校 二.

---

76 **常平倉** 물가조절기관인 상평창은 성종 12년(993)에 처음 설치되었는데, 兩京인 開京과 西京 이외에 12牧에도 常平倉이 설치되어 있었다(『고려사』 80 食貨志 3 常平義倉).

77 **左 · 右倉** 左倉과 右倉을 말한다. 좌창은 관리의 祿俸을 담당하였고, 우창은 國用을 담당하였는데 충선왕 때 廣興倉과 豊儲倉으로 각각 이름을 바꾸었다(『고려사』 77 百官志 2 廣興倉 및 豊儲倉).

78 **東西大悲院** 질병의 치료와 賑恤을 맡던 의료기관. 개경의 동 · 서 두 곳 이외에도 서경에도 설치하였다(『고려사』 77 百官志 2 諸司都監各色 東西大悲院).

79 **園丘** 圓丘의 잘못일 것이다. (→ 각주 80 참조)

80 **圓丘** 하늘에 제사지내는 곳인 圓丘는 성종 2년(983)에 처음 만들어졌다. 圓丘壇은 둘레가 6장 3척이고, 높이는 5척으로 12개의 계단이 있었으며, 넓이 25步인 3개의 담과 4개의 문이 있었다(『고려사』 59 禮志 1 吉禮大祀 圓丘壇).

81 **籍田** 농경의 모범을 보이기 위해 국왕이 직접 농사를 짓는 토지. 성종 2년(983)에 처음 적전에서 농사를 지었으며(『고려사』 62 禮志 4 籍田 참고), 개경의 동쪽인 東郊에 있었다(『고려사』 22 世家 고종 4년 5월 임오 조 기사 참조).

수궁서守宮署[82]: 잡직장교雜職將校 2명.

【原文】 大醫監: 雜職將校 二.

대의감大醫監[83]: 잡직장교雜職將校 2명.

【原文】 大官署: 雜職將校 二.

대관서大官署[84]: 잡직장교雜職將校 2명.

【原文】 惠民局: 雜職將校 二.

혜민국惠民局[85]: 잡직장교雜職將校 2명.

【原文】 長源亭: 散職將相 四.

장원정長源亭[86]: 산직장상散職將相 4명.

【原文】 習射都監: 雜職將校 二.

습사도감習射都監[87]: 잡직장교雜職將校 2명.

【原文】 史館: 雜職將校 二.

---

82 **守宮署** 장막을 관리하고 가설하는 일을 맡은 부서(『고려사』 77 百官志 2 守宮署).

83 **大醫監** 의약과 치료를 맡은 기관. 목종 때에는 太醫監이라고 하였는데, 충선왕이 司醫署로 고쳤다가, 뒤에 典醫寺, 太醫監, 大醫監 등이라 고쳤다(『고려사』 76 百官志 1 典醫寺).

84 **大官署** 祭祀와 宴會 때의 음식과 빈찬을 담당하던 부서. 충선왕이 膳官署로 고치고, 공민왕이 다시 大官署로 고쳤다(『고려사』 77 百官志 2 膳官署).

85 **惠民局** 의료기관의 하나. 충선왕이 司醫署 관할로 하였다가, 공양왕 때 惠民典藥局으로 고쳤다(『고려사』 77 百官志 2 諸司都監各色 惠民局).

86 **長源亭** 西江(禮成江) 餅岳 남쪽에 자리한 離宮의 하나로, 문종 10년(1056)에 건립하였다(『고려사』 56 地理志 1 王京 開城府 貞州 참고).

87 **習射都監** 활과 관련된 군사훈련을 담당하던 기관(『고려사』 77 百官志 2 諸司都監各色 習射都監).

사관史館[88]: 잡직장교雜職將校 2명.

【原文】 西京修理色: 散職將相 四.

서경수리색西京修理色[89]: 산직장상散職將相 4명.

【原文】 供驛署: 雜職將校 二.

공역서供驛署[90]: 잡직장교雜職將校 2명.

【原文】 大常府: 雜職將校 二.

대상부大常府[91]: 잡직장교雜職將校 2명.

【原文】 式目都監: 雜職將校 二.

식목도감式目都監[92]: 잡직장교雜職將校 2명.

【原文】 橋路都監: 雜職將校 二.

교로도감橋路都監[93]: 잡직장교雜職將校 2명.

【原文】 九曜堂: 散職將相 二, 監門衛軍 二.

---

88 **史館** 時政의 기록을 담당한 부서. 국초에 史館이라고 하였으나, 충렬왕 때 藝文春秋館으로 하였고, 충숙왕 때 春秋館이라고 하였다(『고려사』 76 百官志 1 春秋館).

89 **西京修理色** 용어로 보아서는 西京의 수리를 담당하는 부서라고 생각되는데, 이 부서가 왜 간수군 조에 포함되어 있는지 잘 알 수 없다.

90 **供驛署** 여러 道의 程驛을 관장하였다(『고려사』 77 百官志 2 供驛署).

91 **大常府** 祭祀와 諡號에 관련된 일을 담당하던 부서. 충렬왕 때 奉常寺로 고쳤다가 다시 典儀寺라고 하고, 공민왕이 大常寺, 典儀寺 등으로 고쳤다(『고려사』 76 百官志 1 典儀寺).

92 **式目都監** 法制와 格式의 제정에 관한 일을 맡아보던 기관으로, 宰臣과 樞密의 합좌회의 기구였다(『고려사』 77 百官志 2 諸司都監各色 式目都監).

93 **橋路都監** 명칭으로 보아 교량과 도로에 관한 일을 맡던 기관으로 보인다.

구요당九曜堂[94]: 산직장상散職將相 2명, 감문위군監門衛軍 2명.

【原文】 弓箭庫: 雜職將校 二.

궁전고弓箭庫[95]: 잡직장교雜職將校 2명.

【原文】 典廐署: 雜職將校 二.

전구서典廐署[96]: 잡직장교雜職將校 2명.

【原文】 會同館: 雜職將校 二.

회동관會同館[97]: 잡직장교雜職將校 2명.

【原文】 諸陵署: 雜職將校 二.

제릉서諸陵署[98]: 잡직장교雜職將校 2명.

【原文】 禮服造成都監: 雜職將校 二.

예복조성도감禮服造成都監[99]: 잡직장교雜職將校 2명.

【原文】 幞頭店: 雜職將校 二.

---

94 **九曜堂** 醮祭를 지내던 곳으로, 태조 7년(924)에 外帝釋院, 神衆院과 함께 창건되었다(『고려사』 1 世家 태조 7년 조 기사 참고).

95 **弓箭庫** 활과 화살을 보관 · 저장하던 창고. 『고려사』 77 百官志 2 諸司都監各色 조에는 弓箭庫 대신 內弓箭庫에 대한 항목이 있는데, 內弓箭庫는 왕실 소용의 활과 화살 제작을 맡은 부서라고 생각된다.

96 **典廐署** 여러 가축을 사육하는 일을 맡던 관청(『고려사』 77 百官志 2 典廐署).

97 **會同館** 외국 사신이 묵는 곳인데, 현종 즉위년(1009)에 英華館을 고쳐서 會同館이라고 하였다(『고려사』 4 世家 현종 즉위년 5월 무진 조 기사).

98 **諸陵署** 山陵을 지키는 일을 맡던 부서(『고려사』 77 百官志 2 諸陵署).

99 **禮服造成都監** 禮服을 만드는 일을 맡던 부서.

복두점幞頭店[100]: 잡직장교雜職將校 2명.

【原文】 西郊亭: 雜職將校 二.

서교정西郊亭[101]: 잡직장교雜職將校 2명.

【原文】 朝宗館: 雜職將校 二.

조종관朝宗館[102]: 잡직장교雜職將校 2명.

【原文】 新塩店: 雜職將校 二.

신염점新鹽店[103]: 잡직장교雜職將校 2명.

【原文】 馬政色: 雜職將校 二.

마정색馬政色[104]: 잡직장교雜職將校 2명.

【原文】 祭器都監: 雜職將校 二.

제기도감祭器都監[105]: 잡직장교雜職將校 2명.

* 이상 간수군 조에 나오는 관청과 군대편성 내용을 표로 정리하여 제시하면 〈표 1〉과 같다.

---

100 幞頭店 머리에 쓰는 冠인 幞頭를 만드는 부서(『고려사』 77 百官志 2 諸司都監各色 幞頭店).

101 西郊亭 개성 宣義門 밖에 있던 관사로, 이곳에서 고려에 도착하거나 떠나는 외국사신들을 환영하거나 위로하고 전송하였다(『고려도경』 26 燕禮 西郊亭).

102 朝宗館 朝宗은 신하가 천자를 알현한다는 뜻을 가지고 있으므로, 중국에서 온 사신이 머물던 곳이라고 짐작된다.

103 新鹽店 명칭으로 보아 햇소금의 구입과 관리를 맡던 부서가 아닐까 한다.

104 馬政色 馬政과 관련된 부서일 것이다.

105 祭器都監 祭祀에 쓰이던 祭器를 담당하던 부서(『고려사』 77 百官志 2 諸司都監各色 祭器都監).

〈표 1〉 간수군看守軍의 편성과 배치

명칭	將相	將校	雜職將相	散職將相	雜職將校	散職將校	軍人	監門衛軍	합계
典廨庫		2			2		5		9
鹵簿都監		2		2			4		8
征袍庫		2					5		7
仁恩館		2							2
龍門倉		2		2			15		19
雲興倉		2					5		7
內莊宅		2					8		10
良醞署					4				4
將作布庫		9					3		12
長興庫	3	2					5		10
掌冶署		2							2
廣化門布庫							6		6
順天館		6		4		4			14
大明宮		4					6		10
諸殿器用造成色		2							2
中軍旗造(成)色		2					2		4
新興館		2					5		7
奉先庫		2			2		6		10
松岳烽燧		2							2
部烽燧		2					33		35
泰定門庫		2							2
麗景門庫		2							2
大盈署		2							2
宣敎門庫	1								1
大府寺	1	3							4
金銀新庫		1							1
玄武廊上庫		1							1
外右金剛庫		1							1
長平西廊兵仗庫		1							1
油蜜庫		1							1
迎送庫		1							1
宣敎樓上庫		1							1

명칭	將相	將校	雜職將相	散職將相	雜職將校	散職將校	軍人	監門衛軍	합계
新定西化布庫		3							3
大盈庫		8							8
鋪陳都監		2			2				4
開明宅大府		2							2
左牧監		2							2
羊欄牧監		2					17		19
江陰牧監		2							2
國子監				6	2				8
都祭庫				2	2				4
大廟署				24	2				26
吏部				4	4				8
軍器監					2			4	6
三司			4						4
尙食庫				2					2
都省庫				2					2
養賢庫				2					2
小府監					2				2
都兵馬					2				2
內都校					2				2
外都校					2				2
館都校					2				2
梨房庫				2					2
福源 · 天皇堂				2					2
司宰寺					2				2
內園署					2				2
太僕寺					2				2
社稷壇				2					2
兵書藏				2					2
仁恩館				2					2
延恩館				2					2
中尙署					2				2
長興庫					2				2
刑部					2				2

將作監					2				2
尙舍局					2				2
尙乘局					2				2
內都塩院				2					2
司儀署				2					2
征袍庫				2					2
常平倉				2	2				4
左倉				2					2
右倉				2					2
東大悲院				2					2
西大悲院				2					2
圜丘				2					2
籍田				2					2
守宮署					2				2
大醫監					2				2
大官署					2				2
惠民局					2				2
長源亭				4					4
習射都監					2				2
史館					2				2
西京修理色				4					4
供驛署					2				2
大常府					2				2
式目都監					2				2
橋路都監					2				2
九曜堂				2				2	4
弓箭庫					2				2
典廐署					2				2
會同館					2				2
諸陵署					2				2
禮服造成都監					2				2
幞頭店					2				2
西郊亭					2				2
朝宗館					2				2
新塩店					2				2

명칭	將相	將校	雜職將相	散職將相	雜職將校	散職將校	軍人	監門衛軍	합계
馬政色					2				2
祭器都監					2				2
합계	5	86	4	92	94	4	125	6	416

이 〈표 1〉에서 보듯이 간수군은 장상 5명, 장교 86명, 잡직장상 4명, 산직장상 92명, 잡직장교 94명, 산직장교 4명, 군인 125명, 감문위군 6명으로 편제되어 있으며, 총인원은 416명이다.

위숙군圍宿軍[106]

【原文】 廣化門: 職事將校 一, 散職將相 六, 監門衛軍 五,

同門 事知: 將校 一 監門衛軍 二,

同門 水口: 將校 一.

광화문廣化門[107, 108]: 직사장교職事將校 1명, 산직장상散職將相 6명, 감문위

106 **圍宿軍** 개경의 각종 門과 宮殿, 眞殿寺院 및 諸陵에 배치되어 수위 임무를 맡던 군대. 將相, 將校, 軍人, 散職將相, 監門衛軍으로 구성된 위숙군은 2군 6위의 하나인 監門衛 소속의 군대로 충당되었다(이기백, 「고려사 병지의 검토」, 『고려병제사연구』, 일조각, 1968, 70쪽). 그러나 이 중 군인은 選軍과정을 통해 감문군이 되었던 군인층인 데 비해, 감문위군은 질병이나 노쇠, 부모侍養 등의 특별한 사정에 의해 감문군에 入屬한 군인층이라는 2원적 구성으로 파악하는 견해가 있고(오영선, 「고려전기 군인층의 구성과 위숙군의 성격」, 『한국사론』 28, 서울대학교 인문대학 국사학과, 1992), 국왕 측근의 禁軍을 구성한 군대로 파악한 견해도 있다(송인주, 「고려시대의 금군」, 『한국중세사연구』 3, 1996). 한편, 위숙군조에 나오는 門, 眞殿, 陵의 명칭을 볼 때 위숙군의 편성 시기는 인종 16년에서 인종 24년에 걸쳐 이루어진 것으로 짐작된다(오영선, 앞의 글, 93쪽).

107 **廣化門** 개경의 皇城의 正門이자 東門인데, 정동이 아니라 약간 남쪽으로 치우쳐져 있었으므로 偏門이라고도 불렀다(『고려도경』 4 門闕 廣化門).

108 위숙군 조에 나오는 문 중 廣化門 이하 靑陽門까지 12개의 문은 모두 皇城의 문이다. 『고려사』 56 地理志 1 왕경개성부 조에는 이들 12개의 문을 포함해 20개의 황성문이 나오는

군監門衛軍 5명,

동문 사지同門 事知[109]: 장교將校 1명, 감문위군監門衛軍 2명,

동문 수구同門 水口[110]: 장교將校 1명.

【原文】 通陽門: 散職將相 二, 監門衛軍 二.

통양문通陽門[111]: 산직장상散職將相 2명, 감문위군監門衛軍 2명.

【原文】 朱雀門: 散職將相 二, 監門衛軍 二.

데, 이렇게 차이가 나는 이유는 『고려사』 편찬자들이 인종 생존 시의 위숙군 파견 내용을 완성된 형체로 파악하고 그대로 위숙군 조에 실었기 때문이라고 생각된다(김창현, 『고려 개경의 구조와 그 이념』, 신서원, 2002, 144쪽). 참고로 兵志 위숙군 조와 地理志 왕경개성부 조에 나오는 각 문을 표기 순서대로 적어보면 다음과 같다.

〈표 2〉 皇城의 성문

	1	2	3	4	5	6	7	8	9	10	11	12	13	14	15	16	17	18	19	20
兵志	廣化門	通陽門	朱雀門	安祥門	延秋門	通德門	玄武門	金曜門	太和門	上東門	朝宗門	青陽門	歸仁門	長平門	宣仁門					
	1	2	3	4	5	6	7	8	9	10	11	12	13	14	15	16	17	18	19	20
地理志	廣化門	通陽門	朱雀門	南薰門	安祥門	歸仁門	迎秋門	宣義門	長平門	通德門	乾化門	金曜門	泰和門	上東門	和平門	朝宗門	宣仁門	青陽門	玄武門	北小門

【참고】 개경의 황성의 위치와 기능에 대한 주요한 연구로는 다음과 같은 것들이 있다.

전룡철, 「고려의 수도 개성성에 대한 연구」(1 · 2), 『력사과학』 2 · 3, 1980.

박용운, 『고려시대 開京 연구』, 일지사, 1996.

신안식, 「고려전기의 축성과 개경의 황성」, 『역사와 현실』 38, 한국역사연구회, 2000.

한국역사연구회, 『고려의 황도 개경』, 창작과비평사, 2002.

김창현, 『고려 개경의 구조와 그 이념』, 신서원, 2002.

109 **事知** 위숙군 조에 事知는 오직 廣化門에만 나온다. 그 기능은 확실하지 않으나, 광화문이 황성의 정문으로 가장 중요하였으므로 事知는 衛宿업무를 총괄하는 위치에 있지 않았는가 여겨진다.

110 **水口** 성안의 물이 성 밖으로 흘러 나가는 곳.

111 **通陽門** 황성의 남동문이다.

주작문朱雀門[112]: 산직장상散職將相 2명, 감문위군監門衛軍 2명.

【原文】 安祥門: 散職將相 二, 監門衛軍 二.

안상문安祥門[113]: 산직장상散職將相 2명, 감문위군監門衛軍 2명.

【原文】 延秋門: 散職將相 二, 監門衛軍 二.

연추문延秋門[114]: 산직장상散職將相 2명, 감문위군監門衛軍 2명.

【原文】 通德門: 散職將相 二, 監門衛軍 二.

통덕문通德門[115]: 산직장상散職將相 2명, 감문위군監門衛軍 2명.

【原文】 玄武門: 散職將相 二, 監門衛軍 二.

현무문玄武門[116]: 산직장상散職將相 2명, 감문위군監門衛軍 2명.

【原文】 金曜門: 散職將相 二, 監門衛軍 二.

금요문金曜門[117]: 산직장상散職將相 2명, 감문위군監門衛軍 2명.

【原文】 太和門: 散職將相 二, 監門衛軍 二.

태화문太和門[118]: 산직장상散職將相 2명, 감문위군監門衛軍 2명.

---

112 朱雀門 황성의 정남문으로, 朱雀은 남쪽을 상징한다.

113 安祥門 황성 西門의 하나로, 주작문의 서쪽에 위치하였다.

114 延秋門 황성의 西門으로, 迎秋門의 오기라고 생각된다.

115 通德門 황성 西門의 하나로 正西에 위치하였다.

116 玄武門 현무는 북쪽을 상징하므로 황성의 정북문에 해당하며, 궁성의 북문도 겸하였던 것으로 보인다(김창현, 『고려 개경의 구조와 그 이념』, 신서원, 2002, 156쪽 참고).

117 金曜門 황성 북문의 하나로, 현무문의 서북쪽에 위치하였다.

118 太和門 황성 북문의 하나로, 현무문의 동북쪽에 위치하였다.

【原文】 上東門: 散職將相 二, 監門衛軍 二.

상동문上東門[119]: 산직장상散職將相 2명, 감문위군監門衛軍 2명.

【原文】 朝宗門: 散職將相 二, 監門衛軍 二.

조종문朝宗門[120]: 산직장상散職將相 2명, 감문위군監門衛軍 2명.

【原文】 青陽門: 散職將相 二, 監門衛軍 二.

청양문青陽門[121]: 산직장상散職將相 2명, 감문위군監門衛軍 2명.

【原文】 宣仁殿

東紫門: 大將軍 一, 將軍 一

同殿: 侍衛中郎將 二,

南紫門: 中郎將 一 加差將相 一,

同門 末門: 將相 一.

선인전宣仁殿[122]

동자문東紫門[123]: 대장군大將軍 1명, 장군將軍 1명,

119 上東門 황성 동문의 하나.

120 朝宗門 황성의 문의 하나.

121 青陽門 황성의 문의 하나.

122 宣仁殿 便殿의 하나로, 제2正殿인 大觀殿에서 태자를 책봉하는 등 각종 의례를 거행할 때 선인전에서 대기하다가 대관전으로 행차해 거행하였다(『고려사』 65 禮志 7 嘉禮 册王妃儀 및 『고려사』 66 禮志 8 嘉禮 册王太子儀 · 王太子加元服儀, 『고려사』 69 禮志 9 嘉禮 雜儀 仲冬八關會儀 참고). 이 위숙군 조에 열거되어 있는 宣仁殿 이하 宣仁門까지는 대체로 궁성문과 그 안의 전각에 해당하는 것들이다.

123 紫門 『고려도경』에는 正殿인 會慶殿의 西北 방향에 乾德殿이 있고(『고려도경』 5 宮殿 1 乾德殿), 건덕전 동쪽에 紫門이 있었다고 하므로(『고려도경』 6 宮殿 2 長齡殿), 紫門은 고려 궁정의 城門의 하나라고 할 수 있다. 한편 『고려사』에는 紫門을 지키는 紫門指諭라는 관직이 있는데(『고려사』 22 世家 고종 14년 11월 조), 이 위숙군 조에 나오는 紫門의 군사와 어떤 관련이 있는지는 알 수 없다.

동전同殿: 시위중랑장侍衛中郞將[124] 2명.

남자문南紫門: 중랑장中郞將 1명, 가차장상加差將相[125] 1명,

동문 말문同門 末門: 장상將相 1명.

【原文】 康安殿

南門: 將相 一, 同殿

東末門 將相 一.

강안전康安殿[126]

남문南門: 장상將相 1명

동전 동말문同殿 東末門: 장상將相 1명.

【原文】 千齡門: 將相 一

同門西廊 後壁 將相 一.

천령문千齡門[127]: 장상將相 1명,

동문 서랑同門 西廊[128]: 후벽後壁[129] 장상將相 1명.

---

124 **侍衛中郞將** 宣仁殿은 각종 儀禮가 거행되는 곳이므로, 시위중랑장은 衛宿뿐 아니라 侍衛업무도 담당하였던 것으로 보인다.

125 **加差將相** 앞서의 간수군 조와는 달리 위숙군 조에는 加差將相이 나온다. 이들은 '추가로 차출해서 배속한 將相'을 말하는데, 왜 그들이 추가로 차출되었는지는 알 수 없다.

126 **康安殿** 便殿의 하나로, 인종 16년(1138)에 重光殿을 康安殿으로 개칭하였다(『고려사』 16 世家 인종 16년 5월 경술).

127 **千齡門** 內殿의 하나인 千齡殿의 문. 『고려사』 56 地理志 1 왕경개성부 조에는 長齡殿을 천령전으로 고쳤다고 하였으나, 『고려사』 16 世家 인종 16년 5월 경술 조에는 장령전을 奉元殿으로 고쳤다고 하여 차이를 보인다. 장령전은 乾德殿 동쪽 紫門 안에 있었으며, 중국에서 고려에 사신을 보내기에 앞서 보내는 소개서를 받거나, 중국 상인이 바치는 선물을 받는 곳이었다(『고려도경』 6 宮殿 2 長齡殿).

128 **西廊** 『고려도경』에는 '京市司로부터 興國寺橋에 이르기까지와, 廣化門을 거쳐 奉先庫까지 긴 行廊 수백 칸을 만들었다.'라고 되어 있다(『고려도경』 3 城邑 國城). 西廊이라는 표현으로 보아 황성 문의 일부는 行廊으로 이어져 있었던 것으로 추측된다.

129 **後壁** 勢家의 子弟로 활과 화살을 가지고 궁전 안에 들어와 호위하는 임무를 맡은 武官(『고려사』 82 兵志 2 宿衛 원종 10년 2월 조 기사 참고). (→ 兵志 2 각주 19 참조)

【原文】 儲祥門: 將相 一.

저상문儲祥門[130]: 장상將相 1명.

【原文】 靜德宮 東門: 將相 一.

정덕궁靜德宮[131] 동문東門: 장상將相 1명.

【原文】 景靈殿: 將校 一,

同殿屛障將相 一.

경령전景靈殿[132]: 장교將校 1명,

동전 병장同殿 屛障[133]: 장상將相 1명.

【原文】 集賢殿 東門: 將相 一.

집현전集賢殿[134] 동문東門: 장상將相 1명.

【原文】 穆淸殿 東門: 將相 一.

목청전穆淸殿[135] 동문東門: 장상將相 1명.

---

130 **儲祥門** 王子殿인 儲祥殿의 문으로, 인종 16년(1138)에 乾明殿을 儲祥殿으로 개칭하였다(『고려사』 16 世家 인종 16년 5월 경술).

131 **靜德宮** 內殿의 하나인 靜德宮의 문. 靜德宮은 靜德殿과 같은 곳이었다고 생각되는데, 인종 16년(1138)에 含元殿을 靜德殿으로 개칭하였다(『고려사』 16 世家 인종 16년 5월 경술).

132 **景靈殿** 태조와 역대 왕들의 眞影이 모셔진 곳으로, 內殿 구역에 있었다.

133 **屛障** 屛障은 보이지 않게 가리는 屛風이나 障紙 같은 것을 말하는 듯하다. 경령전은 태조와 역대왕의 眞影을 모시는 곳이므로 屛障과 같은 특별한 시설이 필요했을 것이다.

134 **集賢殿** 국왕이 학자들과 학문과 정책을 토론하던 곳으로, 인종 16년(1138)에 延英殿을 集賢殿으로 개칭하였다(『고려사』 16 世家 인종 16년 5월 경술 및 『고려사』 76 百官志 1 諸館殿學士 참고).

135 **穆淸殿** 御苑 부근에 있던 건물로, 인종 16년(1138)에 宣明殿을 穆淸殿으로 개칭하였다(『고려사』 16 世家 인종 16년 5월 경술).

【原文】奉元門: 將相 一, 宣慶殿 北門 將校 一.

봉원문奉元門[136]: 장상將相 1명.

【原文】宣慶殿 北門: 將校 一.

선경전宣慶殿[137] 북문北門: 장교將校 1명.

【原文】宴親殿: 將校 一.

연친전宴親殿[138]: 장교將校 1명.

【原文】永壽殿: 將相 一.

영수전永壽殿[139]: 장상將相 1명.

【原文】雲興門: 將相 一.

운흥문雲興門[140]: 장상將相 1명.

【原文】儀鳳門: 將相 一.

의봉문儀鳳門[141]: 장상將相 1명.

---

136 **奉元門** 奉元殿의 문으로, 인종 16년(1138)에 長齡殿을 奉元殿으로 개칭하였다(『고려사』 16 世家 인종 16년 5월 경술 기사 참고). (→ 각주 127 참조)

137 **宣慶殿** 제1正殿으로, 인종 16년(1138)에 會慶殿을 宣慶殿으로 개칭하였다(『고려사』 16 世家 인종 16년 5월 경술 및 『고려도경』 5 宮殿 1 會慶殿 참고).

138 **宴親殿** 왕족들과 연회를 벌이는 곳으로, 인종 16년(1138)에 宴親殿을 穆親殿으로 개칭하였다(『고려사』 16 世家 인종 16년 5월 경술).

139 **永壽殿** 王大妃殿으로, 인종 16년(1138)에 萬壽殿을 永壽殿으로 개칭하였다(『고려사』 16 世家 인종 16년 5월 경술).

140 **雲興門** 運龍門의 개칭이나 이칭이 아닌가 한다. 인종 16년(1138)에 閶闔門을 雲龍門으로 개칭하였는데(『고려사』 16 世家 인종 16년 5월 경술), 창합문은 회경전 앞에 있는 문으로 국왕이 조서를 받는 곳이었다(『고려도경』 4 門闕 昇平門 참고).

141 **儀鳳門** 會慶殿의 정문으로, 인종 16년(1138)에 神鳳門을 儀鳳門으로 개칭하였다(『고려

【原文】 棣通門前: 將軍 一, 將相 一, 加差散職將相 五.

체통문棣通門[142] 앞: 장군將軍 1명, 장상將相 1명, 가차산직장상加差散職將相 5명.

【原文】 泰定門前: 將軍 一, 將相 一, 加差將相 八.

同門 水口將校 一.

태정문泰定門 앞[143]: 장군將軍 1명, 장상將相 1명, 가차장상加差將相 8명

동문 수구同門 水口: 장교將校 1명.

【原文】 麗景門: 將相將校 各一, 加差散職將相 五.

여경문麗景門[144]: 장상將相 · 장교將校 각 1명, 가차산직장상加差散職將相 5명.

【原文】 安興門: 將相將校 各一, 加差將相 五.

안흥문安興門[145]: 장상將相 · 장교將校 각 1명, 가차장상加差將相 5명.

【原文】 向成門: 將相將校 各一, 加差將相 五.

향성문向成門[146]: 장상將相 · 장교將校 각 1명, 가차장상加差將相 5명.

사』 16 世家 인종 16년 5월 경술).

142 **棣通門** 昇平門의 동쪽에 있으며, 태자의 궁인 左春宮으로 통하는 문이다. 인종 16년(1138)에 春德門을 棣通門으로 개칭하였다(『고려사』 16 世家 인종 16년 5월 경술 및 『고려도경』 6 宮殿 2 左春宮).

143 **泰定門** 昇平門의 서쪽에 있으며, 국왕이 거처하는 備坐와 통한다. 인종 16년(1138)에 太初門을 泰定門으로 개칭하였다(『고려사』 16 世家 인종 16년 5월 경술 및 『고려도경』 4 門闕 昇平門).

144 **麗景門** 궁성의 東門으로, 인종 16년(1138)에 東華門을 麗景門으로 개칭하였다(『고려사』 16 世家 인종 16년 5월 경술).

145 **安興門** 개성 南部 소속 5坊의 하나인 安興坊으로 통하는 문이라고 여겨진다.

146 **向成門** 궁성의 西門으로, 인종 16년(1138)에 西華門을 向成門으로 개칭하였다(『고려사』 16 世家 인종 16년 5월 경술).

【原文】 宣敎門: 將相將校 各一, 加差散職將相 五.

선교문宣敎門[147]: 장상將相 · 장교將校 각 1명, 가차산직장상加差散職將相 5명.

【原文】 掖庭局: 將校 二, 雜職將校 四.

액정국掖庭局[148]: 장교將校 2명, 잡직장교雜職將校 4명.

【原文】 望雲樓: 將校 一.

망운루望雲樓[149]: 장교將校 1명.

【原文】 歸仁門: 將校 一, 散職將校 二, 監門衛軍 二.

귀인문歸仁門[150]: 장교將校 1명, 산직장교散職將校 2명, 감문위군監門衛軍 2명.

【原文】 長平門: 職事將校 一, 散職將相 二, 監門衛軍 二.

장평문長平門[151]: 직사장교職事將校 1명, 산직장상散職將相 2명, 감문위군監門衛軍 2명.

【原文】 宣仁門: 職事將校 一, 散職將相 二, 監門衛軍 二,
同門 水口: 監門衛軍 二.

---

147 宣敎門 위치 및 기능 미상.

148 掖庭局 왕명의 전달과 궁궐문의 열쇠를 관리하던 관청, 국초의 掖庭院을 성종 14년(995)에 掖庭局으로 고쳤다(『고려사』 77 百官志 1 掖庭國).

149 望雲樓 日氣 관측소로 여겨지는데, 인종 16년(1138)에 望雲樓를 觀祥樓로 개칭하였다(『고려사』 16 世家 인종 16년 5월 경술).

150 歸仁門 황성 문의 하나로, 『고려사』 56 地理志 1 왕경개성부 조에는 安祥門과 迎秋門 사이의 문으로 서술되어 있다.

151 長平門 황성 문의 하나로, 『고려사』 56 地理志 1 왕경개성부 조에는 宣義門과 通德門 사이의 문으로 서술되어 있다.

선인문宣仁門[152]: 직사장교職事將校 1명, 산직장상散職將相 2명, 감문위군監門衛軍 2명.

동문 수구同門 水口 : 감문위군監門衛軍 2명.

【原文】 福源宮: 雜職將校 二, 散職將相 二.

복원궁福源宮[153]: 잡직장교雜職將校 2명, 산직장상散職將相 2명.

【原文】 承德宮: 散職將相 二.

승덕궁承德宮[154]: 산직장상散職將相 2명.

【原文】 延德宮: 散職將相 二.

연덕궁延德宮[155]: 산직장상散職將相 2명.

【原文】 興慶宮: 散職將相 二.

흥경궁興慶宮[156]: 산직장상散職將相 2명.

---

152 **宣仁門** 황성 문의 하나로, 『고려사』 56 地理志 1 왕경개성부 조에는 祖宗門과 靑陽門 사이의 문으로 서술되어 있다.

153 **福源宮** 醮祭를 올리던 道敎사원의 하나. 福源觀이라고도 불렸으며, 예종 때 太和門 안에 세워졌다(『고려도경』 17 祠宇 福源觀). 福源宮 이하 明福宮까지의 위숙군 기사는 황성 밖에 위치한 궁을 열거하고 있는데(김창현, 『고려 개경의 구조와 그 이념』, 신서원, 2002, 148쪽), 대부분 宮主의 궁이다.

154 **承德宮** 인종의 여동생으로, 漢南伯 杞에게 출가한 承德公主의 宮. 승덕공주의 어머니는 睿宗妃인 延德宮主이자 文敬太后 李氏로, 李資謙의 둘째딸이며, 仁宗과 承德宮主, 興慶宮主를 낳았다(『고려사』 88 列傳 后妃傳 1 睿宗 文敬太后 李氏 및 『고려사』 91 列傳 公主傳 睿宗 承德公主).

155 **延德宮** 인종의 어머니인 延德宮主의 宮. 李子淵의 장녀로 문종비가 된 仁睿順德太后 李氏 역시 연덕궁주라는 호를 받았다(『고려사』 88 列傳 后妃傳 문종 仁睿順德太后 李氏). 그러나 위숙군 조의 기사가 인종대 후반을 기준으로 작성된 것임을 고려하면 이 연덕궁주는 인종과 더 관련이 깊을 것이다.

156 **興慶宮** 인종의 여동생으로, 安平公 璥에게 출가한 興慶公主의 宮(『고려사』 91 列傳 公主傳 睿宗 興慶公主). 興慶公主의 어머니인 文敬太后 李氏에 대하여는 앞의 각주 154 참고.

【原文】 永昌宮: 散職將相 二.

영창궁永昌宮[157]: 산직장상散職將相 2명.

【原文】 玄德宮: 散職將相 二.

현덕궁玄德宮[158]: 산직장상散職將相 2명.

【原文】 福寧宮: 散職將相 二.

복령궁福寧宮[159]: 산직장상散職將相 2명.

【原文】 明福宮: 散職將相 二.

명복궁明福宮[160]: 산직장상散職將相 2명.

【原文】 安和寺眞殿 · 弘圓寺眞殿 · 興王寺眞殿 · 天壽寺眞殿 · 大雲寺眞殿 · 重光寺眞殿 · 弘護寺眞殿 · 玄化寺眞殿 · 國淸寺眞殿 · 崇敎寺眞殿 · 乾元寺眞殿: 散職將相 各二.

안화사진전安和寺眞殿[161] · 홍원사진전弘圓寺眞殿[162] · 흥왕사진전興王寺眞

157 **永昌宮** 궁주 미상. 熙宗의 딸인 永昌公主와는 관련이 없는 듯하다(『고려사』 91 列傳 公主傳 熙宗 永昌公主 참고).

158 **玄德宮** 궁주 미상. 成宗妃 文和王后 金氏(『고려사』 88 列傳 后妃傳 1 성종 文和王后 金氏)와 顯宗妃 玄德王后(『고려사』 88 列傳 后妃傳 1 현종 元貞王后 金氏)는 이 현덕궁과 관련은 없는 듯하다.

159 **福寧宮** 숙종의 넷째 딸이자 晉康伯 演에게 출가한 福寧宮主 王氏의 궁. 복령궁주는 인종 11년(1133)에 사망하였다. 『고려사』 91 列傳 公主傳 肅宗 福寧宮主 및 「王演 妻 福寧宮主 王氏 묘지명」(김용선 편, 『고려묘지명집성』 제4판, 한림대학교 출판부, 2006, 56~57쪽) 참고.

160 **明福宮** 숙종비인 明福宮主 柳氏의 宮. 明福宮主는 柳洪의 딸로 숙종 비가 되어 명복궁주라고 하였다가 뒤에 延德宮主라 고쳤다. 睿宗과 福寧公主 등 많은 자녀를 낳았고, 예종 7년 사망하자 明懿太后라는 시호를 추증받았다(『고려사』 88 列傳 后妃傳 1 숙종 明懿太后 柳氏).

161 **安和寺眞殿** 국왕과 왕비의 像을 모신 사원을 眞殿寺院이라고 한다. 安和寺는 예종 12년

殿[163] · 천수사진전天壽寺眞殿[164] · 대운사진전大雲寺眞殿[165] · 중광사진전重光寺眞殿[166] · 홍호사진전弘護寺眞殿[167] · 현화사진전玄化寺眞殿[168] · 국청사진전國淸寺眞殿[169] · 숭교사진전崇敎寺眞殿[170] · 건원사진전乾元寺眞殿[171]: 산직장상散職將相 각 2명.

【原文】 奉恩寺眞殿: 散職將相 四.

(1117) 12월에 창건되었는데(『고려사』 14 世家 예종 12년 12월 경오), 安和寺眞殿에는 예종과 예종 비 文敬王后 李氏의 초상을 모셨다(『고려사』 15 世家 인종 원년 4월 계사 조 및 9월 을묘 조).

【참고】 고려시대의 진전사원에 대한 연구로는 다음의 논문이 참고가 된다.

허흥식, 「불교와 융합된 고려왕실의 조상숭배」, 『고려불교사연구』, 일조각, 1986.

한기문, 『고려사원의 구조와 기능』, 민족사, 1998.

162 **弘圓寺眞殿** 숙종 7년(1102)에 창건된 사찰인데(『고려사』 10 世家 숙종 7년 3월 무자 조 참고). 누구의 초상을 모셨는지 확실하지 않다.

163 **興王寺眞殿** 문종 16년(1062)에 창건된 사찰로(『고려사』 8 世家 문종 16년 8월 을유), 文宗의 초상을 모셨다(『고려사』 10 世家 선종 2년 7월 임자 조).

164 **天壽寺眞殿** 예종 1년(1106)에 창건된 사찰로, 肅宗과 숙종비 明懿太后 柳氏의 초상을 모셨다(『고려사』 12 世家 예종 1년 9월 을묘 및 『고려사』 14 世家 예종 11년 3월 기해).

165 **大雲寺眞殿** 靖宗 대에 창건된 사찰이나(『고려사』 8 世家 문종 18년 4월 경오 조), 누구의 초상을 모셨는지 확실하지 않다.

166 **重光寺眞殿** 현종 3년(1012)에 창건된 사찰로(『고려사』 4 世家 현종 3년 12월 조), 누구의 초상을 모셨는지 확실하지 않다.

167 **弘護寺眞殿** 선종 10년(1093)에 창건된 사찰이나(『고려사』 4 世家 선종 10년 5월 경자), 누구의 초상을 모셨는지 확실하지 않다.

168 **玄化寺眞殿** 현종 11년(1020)에 창건된 사찰로(『고려사』 4 世家 현종 11년 9월 정사), 宣宗(『고려사』 4 世家 현종 원년 5월 병신), 安宗(追尊, 현종의 父)과 그의 비 孝肅王后 皇甫氏(追尊, 현종의 母), 현종 비 元貞王后 金氏의 초상을 모셨다(「玄化寺碑 陰記」, 『조선금석총람』, 조선총독부, 1919, 248쪽).

160 **國淸寺眞殿** 선종 6년(1089)부터 창건하기 시작한 사찰로(『고려사』 10 世家 선종 6년 10월 신유), 문종비 仁睿太后 李氏의 초상을 모셨다(『고려사』 11 世家 숙종 원년 9월 경인).

170 **崇敎寺眞殿** 목종 3년(1000)에 창건한 사찰이나(『고려사』 3 世家 목종 3년 10월), 누구의 초상을 모셨는지 확실하지 않다.

171 **乾元寺眞殿** 창건연대를 알 수 없으나 고종 4년(1217)에 헐었다가 고종 12년(1225)에 다시 지었다(『고려사』 22 世家 고종 4년 12월 정미 및 12년 9월 을해). 그러나 누구의 초상을 모셨는지 알 수 없다.

봉은사진전奉恩寺眞殿[172]: 산직장상散職將相 4명.

【原文】 深陵·良陵·壽陵·宣陵·濟陵·懷陵·明陵·隱陵·德陵·貞陵·齊陵·質陵·宜陵·永陵·定陵·豐陵·成陵·慈陵·穆陵·戴陵·昌陵·寧陵·恭陵·端陵·莊陵·玄陵·夷陵·幽陵·元陵·仁陵·翼陵·惠陵·堅陵·平陵·乾陵·崇陵·靈陵·容陵·和陵·節陵·悼陵·信陵·靜陵·匡陵·簡陵·肅陵·周陵: 散職將相 各二.

심릉深陵[173]·양릉良陵[174]·수릉壽陵[175]·선릉宣陵[176]·제릉濟陵[177]·회릉懷陵[178]·명릉明陵[179]·은릉隱陵[180]·덕릉德陵[181]·정릉貞陵[182]·제릉齊陵[183]·질릉質陵[184]·의릉宜陵[185]·영릉永陵[186]·정릉定陵[187]·풍릉豐陵[188]·

172 奉恩寺眞殿 광종 2년(951)에 창건되었으며 태조의 초상을 모셨다(『고려사』 2 世家 광종 2년). 이곳에는 다른 진전사원과 달리 산직장상 4명이 위숙군으로 배치되었다.

173 深陵 피장자 미상. 深陵 이하 綏陵까지 위숙군 조에 실린 59개의 능은 왕이나 왕비의 능이 분명하나, 피장자를 알 수 있는 능은 34개에 불과하다. 그러나 그 능의 피장자들은 대부분 인종 이전의 인물들이고, 인종의 능인 장릉도 위숙군 조에는 빠져 있다. 그러므로 위숙군 조에 실린 諸陵 기사는 인종 대를 기준으로 하여 작성되었을 것으로 추측된다(허흥식, 「불교와 융합된 고려왕실의 조상숭배」, 『고려불교사연구』, 일조각, 1986, 55~59쪽 및 오영선, 「고려전기 군인층의 구성과 위숙군의 성격」, 『한국사론』 28, 1992, 90~93쪽 참고).

174 良陵 피장자 미상.

175 壽陵 太祖 비 神靜太后 皇甫氏의 능(『고려사』 88 列傳 后妃傳 1 태조 神靜太后 皇甫氏).

176 宣陵 顯宗의 능(『고려사』 5 世家 덕종 즉위년 6월 병신).

177 濟陵 피장자 미상.

178 懷陵 顯宗 비 元惠太后 金氏의 능(『고려사』 88 列傳 后妃傳 1 현종 元惠太后 金氏).

179 明陵 顯宗 비 元城太后 金氏의 능(『고려사』 88 列傳 后妃傳 1 현종 元城太后 金氏).

180 隱陵 獻宗의 능(『고려사』 10 世家 헌종 원년 윤2월 갑진).

181 德陵 忠宣王의 능(『고려사』 34 世家 충선왕 복위12년 11월). 그러나 이 諸陵 조의 기사가 인종 대를 기준으로 작성되었다는 점을 감안하면, 이 능은 인종 이전의 역대 종실이나 왕비의 능일 가능성이 더 크다고 여겨진다.

182 貞陵 太祖 비 神成太后 金氏의 능(『고려사』 88 列傳 后妃傳 1 태조 神成太后 金氏).

183 齊陵 피장자 미상.

184 質陵 德宗 비 敬成王后 金氏의 능(『고려사』 11 世家 숙종 1년 6월 신유).

185 宜陵 顯宗 비 元平王后 金氏의 능(『고려사』 88 列傳 后妃傳 1 현종 元平太后 金氏).

186 永陵 충혜왕의 능(『고려사』 36 世家 충혜왕 복위 5년 8월 경신). 그러나 이 諸陵 조의 기사가 인종 대를 기준으로 작성되었다는 점을 감안하면, 이 능은 인종 이전의 역대 종실이

성릉成陵[189] · 자릉慈陵[190] · 목릉穆陵[191] · 대릉戴陵[192] · 창릉昌陵[193] · 영릉寧陵[194] · 공릉恭陵[195] · 단릉端陵[196] · 장릉莊陵[197] · 현릉玄陵[198] · 이릉夷陵[199] · 유릉幽陵[200] · 원릉元陵[201] · 인릉仁陵[202] · 익릉翼陵[203] · 혜릉惠陵[204] · 견릉堅陵[205] · 평릉平陵[206] · 건릉乾陵[207] · 숭릉崇陵[208] · 영릉靈陵[209] · 용릉容陵[210] · 화릉和陵[211] · 절릉節陵[212] · 도릉悼陵[213] · 신릉信陵[214] · 정릉靜陵[215] · 광릉匡

나 왕비의 능일 가능성이 더 크다고 여겨진다.

187 定陵 피장자 미상.

188 豊陵 피장자 미상.

189 成陵 順宗의 능(『고려사』 9 世家 순종 즉위년 10월 을미).

190 慈陵 睿宗 비 敬和王后 李氏의 능(『고려사』 88 列傳 后妃傳 1 예종 敬和王后 李氏).

191 穆陵 피장자 미상.

192 戴陵 文宗 비 仁睿太后 李氏의 능(『고려사』 88 列傳 后妃傳 1 문종 仁睿王后 李氏).

193 昌陵 世祖(追尊, 태조의 父 王隆)의 능. 그의 비인 威淑王后 韓氏(태조의 母)가 합장되어 있다(『고려사』, 高麗世系).

194 寧陵 피장자 미상.

195 恭陵 피장자 미상. (→ 각주 222 참조)

196 端陵 피장자 미상.

197 莊陵 피장자 미상.

198 玄陵 恭愍王의 능(『고려사』 44 世家 공민왕 23년 10월). 그러나 이 諸陵 조의 기사가 인종 대를 기준으로 작성되었다는 점을 감안하면, 이 능은 인종 이전의 역대 종실이나 왕비의 능일 가능성이 더 크다고 여겨진다.

199 夷陵 피장자 미상.

200 幽陵 景宗 비 獻哀太后 皇甫氏의 능(『고려사』 88 列傳 后妃傳 1 경종 獻哀太后 皇甫氏).

201 元陵 景宗 비 獻貞王后 皇甫氏의 능(『고려사』 88 列傳 后妃傳 1 경종 獻貞王后 皇甫氏).

202 仁陵 宣宗의 능(『고려사』 10 世家 선종 11년 5월).

203 翼陵 피장자 미상.

204 惠陵 피장자 미상.

205 堅陵 피장자 미상.

206 平陵 피장자 미상.

207 乾陵 태조의 아들이자, 어머니는 神成太后 金氏인 安宗의 능(『고려사』 90 列傳 宗室傳 1 安宗 郁).

208 崇陵 肅宗 비 明懿太后 柳氏의 능(『고려사』 88 列傳 后妃傳 1 숙종 明懿太后 柳氏).

209 靈陵 피장자 미상.

210 容陵 피장자 미상.

211 和陵 피장자 미상.

陵[216] · 간릉簡陵[217] · 숙릉肅陵[218] · 주릉周陵[219]: 산직장상散職將相 각 2명.

【原文】 憲陵 · 順陵 · 義陵 · 景陵 · 顯陵 · 英陵 · 康陵 · 安陵 · 榮陵 · 泰陵: 散職將相 各四.

헌릉憲陵[220] · 순릉順陵[221] · 의릉義陵[222] · 경릉景陵[223] · 현릉顯陵[224] · 영릉英陵[225] · 강릉康陵[226] · 안릉安陵[227] · 영릉榮陵[228] · 태릉泰陵[229]: 산직장상散職將相 각 4명.

【原文】 裕陵 · 綏陵: 散職將相 各六.

유릉裕陵[230] · 수릉綏陵[231]: 산직장상散職將相 각 6명[232].

---

212 **節陵** 피장자 미상.

213 **悼陵** 피장자 미상.

214 **信陵** 피장자 미상.

215 **靜陵** 피장자 미상.

216 **匡陵** 피장자 미상.

217 **簡陵** 피장자 미상.

218 **肅陵** 德宗의 능(『고려사』 5 世家 덕종 3년 9월).

219 **周陵** 靖宗의 능(『고려사』 6 世家 정종 12년 5월).

220 **憲陵** 光宗의 능(『고려사』 2 世家 광종 26년 5월).

221 **順陵** 惠宗의 능(『고려사』 2 世家 혜종 2년 9월 무신).

222 **義陵** 穆宗의 능. 목종 12년(1009)에 康兆는 목종을 積城縣에서 살해한 다음 그 시신을 縣의 남쪽에서 화장하고 능의 이름을 恭陵이라고 하였으나, 현종 3년(1012)에 城東에 이장하고 능의 이름을 義陵이라고 고쳤다(『고려사』 3 世家 목종 12년 2월 조 참고).

223 **景陵** 文宗의 능(『고려사』 9 世家 문종 37년 7월 신유).

224 **顯陵** 太祖의 능(『고려사』 2 世家 태조 26년 5월 병오).

225 **英陵** 肅宗의 능(『고려사』 12 世家 숙종 10년 10월 병인).

226 **康陵** 成宗의 능(『고려사』 3 世家 성종 16년 10월 무오).

227 **安陵** 定宗의 능(『고려사』 2 世家 정종 4년 3월 병진).

228 **榮陵** 景宗의 능(『고려사』 2 世家 경종 6년 7월 병오).

229 **泰陵** 태조의 아들이자, 어머니는 神靜太后 皇甫氏인 戴宗의 능(『고려사』 90 列傳 宗室傳 1 戴宗 旭).

230 **裕陵** 睿宗의 능(『고려사』 14 世家 예종 17년 4월 병신).

231 **綏陵** 睿宗 비 文敬太后 李氏의 능(『고려사』 88 列傳 后妃傳 1 예종 文敬太后 李氏).

【原文】 延陽門: 散職將相 二, 監門衛軍 二.

연양문延陽門[233, 234]: 산직장상散職將相 2명, 감문위군監門衛軍 2명.

---

232 다른 능과 달리 裕陵과 綏陵에는 6명의 散職將相이 배치되었는데, 이것은 이 능의 피장자가 인종의 부왕과 모후이기 때문이다.

233 **延陽門** 나성의 북서문으로, 『고려사』 地理志 왕경개성부 조에 나오는 通德門의 개칭인 것으로 보인다(김창현, 『고려 개경의 구조와 그 이념』, 신서원, 2002, 76쪽).

234 延陽門 이하 昌信門까지 위숙군 조에 실린 25개의 문은 모두 개경의 外城인 羅城門이다. 『고려사』 56 地理志 1 왕경개성부 조에도 25개의 나성문 이름이 열거되어 있는데, 그 이름이나 기록순서는 兵志의 것과는 다소 차이가 있다. 또 『고려도경』에는 왕성의 外門 즉 나성문이 12개라 하였다(『고려도경』 4 門闕 外門). 이러한 차이는 개경의 나성이 현종 20년(1029)에 완성된 이후, 兵志 위숙군 조의 기사가 인종 후반기를 기준으로 작성된 것에 비해, 地理志의 기사와 『고려도경』의 기사는 서로 기준 시점이 다르기 때문에 생겨난 것이라고 이해할 수 있다. 참고로 『고려사』 兵志 위숙군 조와 地理志 왕경개성부의 기사 및 『고려도경』에 실린 나성문을 비교해보면 〈표 3〉과 같다.

〈표 3〉 羅城의 성문

兵志	1	2	3	4	5	6	7	8	9	10	11	12	13	14	15	16	17	18	19	20	21	22	23	24	25
	延陽門	紫安門	安和門	德山門	鶩溪門	安定門	弘仁門	成道門	崇仁門	靈昌門	宣旗門	長覇門	會賓門	泰安文	永同門	豊德門	仙溪門	宣義門	乾陽門	保泰門	永平門	狻猊門	仙巖門	光德門	昌信門

地理志	1	2	3	4	5	6	7	8	9	10	11	12	13	14	15	16	17	18	19	20	21	22	23	24	25
	紫安門	安和門	成道門	靈昌門	安定門	崇仁門	弘仁門	宣旗門	德山門	長覇門	德豊門	永同門	會賓門	仙溪門	泰安文	鶩溪門	仙巖門	光德門	乾福門	昌信門	保泰門	宣義門	狻猊門	永平門	通德門

高麗圖經	1	2	3	4	5	6	7	8	9	10	11	12													
	宣仁門	崇仁門	安定門	長覇門	宣華門	會賓門	泰安文	光德門	宣義門	狻猊門	北昌門	宣旗門													

【참고】 고려 개경의 나성에 관한 주요연구는 다음과 같다.

고유섭, 『송도의 고적』, 열화당, 1977(1946 처음 간행된 것을 재간행한 것임).

전룡철, 「고려의 수도 개성성에 관한 연구」 (1) · (2), 『력사과학』 2 · 3, 1980.

박용운, 『고려시대 개경연구』, 일지사, 1996.

細野涉, 「고려시대의 개성—나성성문의 비정을 중심으로 한 복원시안」, 『조선학보』 166, 1998.

신안식, 「고려시대 개경의 나성」, 『명지사론』 11 · 12, 2000.

신안식, 「고려전기의 축성과 개경의 황성」. 『역사와 현실』 38, 2000.

한국역사연구회 편, 『고려의 황도 개경』, 창작과비평사, 2002.

김창현, 『고려 개경의 구조와 그 이념』, 신서원, 2002.

【原文】紫安門: 散職將相 二, 監門衛軍 二.

자안문紫安門[235]: 산직장상散職將相 2명, 감문위군監門衛軍 2명.

【原文】安和門: 散職將相 二, 監門衛軍 二.

안화문安和門[236]: 산직장상散職將相 2명, 감문위군監門衛軍 2명.

【原文】德山門: 散職將相 二, 監門衛軍 三.

덕산문德山門[237]: 산직장상散職將相 2명, 감문위군監門衛軍 3명.

【原文】鶯溪門: 散職將相 二, 監門衛軍 二.

앵계문鶯溪門[238]: 산직장상散職將相 2명, 감문위군監門衛軍 2명.

【原文】安定門: 散職將相 二, 監門衛軍 二.

안정문安定門[239]: 산직장상散職將相 2명, 감문위군監門衛軍 2명.

【原文】弘仁門: 散職將相 二, 監門衛軍 二.

홍인문弘仁門[240]: 산직장상散職將相 2명, 감문위군監門衛軍 2명.

---

235 紫安門 나성의 정북문으로 송악산 마루에 위치하였다.

236 安和門 나성의 북동문으로, 안화문을 지나면 靖國安和寺가 있었다(『고려도경』 17 祠宇 靖國安和寺).

237 德山門 나성의 동남문으로. 덕암봉 근처에 위치한 문이다(김창현, 『고려 개경의 구조와 그 이념』, 신서원, 2002, 96쪽).

238 鶯溪門 나성의 남서문으로, 용수산에서 흘러내려오는 鶯溪의 상류에 위치하였다(김창현, 앞의 책, 96쪽).

239 安定門 나성의 정동문인데, 예전에는 須恤門이라고 하였으며, 慶州 · 廣州 · 淸州 등 3주로 통한다고 하였다(『고려도경』 3 城邑 國城 및 『고려도경』 4 門闕 外門).

240 弘仁門 나성의 정동문이다.

【原文】成道門: 散職將相 二, 監門衛軍 二.

성도문成道門[241]: 산직장상散職將相 2명, 감문위군監門衛軍 2명.

【原文】崇仁門: 將校 一, 軍人 二, 散職將相 二, 監門衛軍 二
同門水口: 散職將相 二.

숭인문崇仁門[242]: 장교將校 1명, 군인軍人 2명, 산직장상散職將相 2명, 감문위군監門衛軍 2명
동문 수구同門 水口: 산직장상散職將相 2명.

【原文】靈昌門: 將校 一, 軍人 二, 散職將相 二, 監門衛軍 一.

영창문靈昌門[243]: 장교將校 1명, 군인軍人 2명, 산직장상散職將相 2명, 감문위군監門衛軍 1명.

【原文】宣旗門: 將校 一, 軍人 二, 散職將相 二, 監門衛軍 二,
同門 水口: 散職將相 二.

선기문宣旗門[244]: 장교將校 1명, 군인軍人 2명, 산직장상散職將相 2명, 감문위군監門衛軍 2명
동문 수구同門 水口: 산직장상散職將相 2명.

【原文】長覇門: 將校 一, 軍人 二, 散職將相 二, 監門衛軍 三
同門 水口 散職將相 二.

241 成道門 나성의 동북문이다.

242 崇仁門 나성의 정동문으로, 『고려도경』에는 日本으로 통한다고 하였다(『고려도경』 4 門闕 外門).

243 靈昌門 나성의 동북문이다.

244 宣旗門 나성의 동북문으로, 『고려도경』에는 宣祺門이라고 되어 있는데, 옛 이름이 金郊門으로 金나라와 통한다고 하였다(『고려도경』 3 城邑 國城 및 『고려도경』 4 門闕 外門).

장패문長覇門[245]: 장교將校 1명, 군인軍人 2명, 산직장상散職將相 2명, 감문위군監門衛軍 3명[246]

동문 수구同門 水口: 산직장상散職將相 2명.

【原文】 會賓門: 將校 一, 軍人 二, 散職將相 二, 監門衛軍 一.

회빈문會賓門[247]: 장교將校 1명, 군인軍人 2명, 산직장상散職將相 2명, 감문위군監門衛軍 1명.

【原文】 泰安門: 將校 一, 軍人 二, 散職將相 二, 監門衛軍 一.

태안문泰安門[248]: 장교將校 1명, 군인軍人 2명, 산직장상散職將相 2명, 감문위군監門衛軍 1명.

【原文】 永同門: 將校 一, 軍人 二, 散職將相 二, 監門衛軍 一.

영동문永同門[249]: 장교將校 1명, 군인軍人 2명, 산직장상散職將相 2명, 감문위군監門衛軍 1명.

【原文】 豐德門: 將校 一, 軍人 二, 散職將相 二, 監門衛軍 一.

풍덕문豊德門[250]: 장교將校 1명, 군인軍人 2명, 산직장상散職將相 2명, 감문

245 **長覇門** 나성의 동남문으로, 장패문에서 2리가량을 가면 興王寺가 있다(『고려도경』 17 祠宇 王城內外諸寺).

246 장패문에는 가장 많은 8명의 위숙군이 배치되었다. 그러나 나성문 중에서 가장 크고 중요한 문인 선의문에는 7명이 배치되었다(水口 제외). 이러한 점을 보면 위숙군의 숫자는 문의 중요도보다는 방어가 어려운 곳, 교통량이 많은 곳 등을 복합적으로 고려하여 정하였던 것으로 보인다(김창현, 『고려 개경의 구조와 그 이념』, 신서원, 2002, 94~96쪽).

247 **會賓門** 나성의 정남문이다.

248 **泰安門** 나성의 정남문으로 옛 이름은 貞觀門이었다(『고려도경』 3 城邑 國城).

249 **永同門** 나성의 정남문이다.

250 **豊德門** 나성의 남동문으로, 『고려사』 56 地理志 1 왕경개성부 조에 나오는 德豊門과 같은 문이 아닌가 한다(김창현, 앞의 책, 76쪽).

위군監門衛軍 1명.

【原文】 仙溪門: 將校 一, 軍人 二, 散職將相 二, 監門衛軍 二.

선계문仙溪門[251]: 장교將校 1명, 군인軍人 2명, 산직장상散職將相 2명, 감문위군監門衛軍 2명.

【原文】 宣義門: 將校 一, 軍人 二, 散職將相 二, 監門衛軍 一.

선의문宣義門[252]: 장교將校 1명, 군인軍人 2명, 산직장상散職將相 2명, 감문위군監門衛軍 1명.

【原文】 乾陽門: 將校 一, 軍人 二, 散職將相 二, 監門衛軍 一.

건양문乾陽門[253]: 장교將校 1명, 군인軍人 2명, 산직장상散職將相 2명, 감문위군監門衛軍 1명.

【原文】 保泰門: 將校 一, 軍人 二, 散職將相 二, 監門衛軍 一.

보태문保泰門[254]: 장교將校 1명, 군인軍人 2명, 산직장상散職將相 2명, 감문위군監門衛軍 1명.

【原文】 永平門: 將校 一, 軍人 二, 散職將相 二, 監門衛軍 二.

영평문永平門[255]: 장교將校 1명, 군인軍人 2명, 산직장상散職將相 2명, 감문

---

251 仙溪門 나성의 정남문이다.

252 宣義門 나성의 정서문으로, 나성문 중 가장 크고 화려하였는데 중국에서 온 사신들이 이 문을 통해 출입하였다(『고려도경』 4 門闕 宣義門).

253 乾陽門 나성의 서북문으로, 『고려사』 56 地理志 1 왕경개성부 조에 나오는 乾福門과 같은 곳이라 여겨진다(김창현, 『고려 개경의 구조와 그 이념』, 신서원, 2002, 76쪽).

254 保泰門 나성의 서북문이다.

255 永平門 나성의 서북문이다.

위군監門衛軍 2명.

【原文】狡猊門: 將校 一, 軍人 二, 散職將相 二, 監門衛軍 一.

교예문狡猊門[256]: 장교將校 1명, 군인軍人 2명, 산직장상散職將相 2명, 감문위군監門衛軍 1명.

【原文】仙巖門: 將校 一, 軍人 二, 散職將相 二, 監門衛軍 一.

선암문仙巖門[257]: 장교將校 1명, 군인軍人 2명, 산직장상散職將相 2명, 감문위군監門衛軍 1명.

【原文】光德門: 將校 一, 軍人 二, 散職將相 二, 監門衛軍 一.

광덕문光德門[258]: 장교將校 1명, 군인軍人 2명, 산직장상散職將相 2명, 감문위군監門衛軍 1명.

【原文】昌信門: 將校 一, 軍人 二, 散職將相 二, 監門衛軍 一.

창신문昌信門[259]: 장교將校 1명, 군인軍人 2명, 산직장상散職將相 2명, 감문위군監門衛軍 1명.

* 이상 위숙군이 배치된 장소와 군대의 편성내용을 표로 정리하여 제시하면 〈표 2〉과 같다.

---

256 狡猊門 나성의 정서문인 狻猊門의 잘못일 것이다(『고려도경』 3 城邑 國城).

257 仙巖門 나성의 서남문이다.

258 光德門 나성의 서남문이다.

259 昌信門 나성의 서남문이다.

〈표 2〉 위숙군衛宿軍의 편성과 배치

명칭	大將軍	將軍	將相	中郎將	將校	雜織將校	散職將相	散職將校	軍人	監門衛軍	합계
廣化門					職事1		6			5	12
同門事知					1					2	3
同門水口					1						1
通陽門							2			2	4
朱雀門							2			2	4
安祥門							2			2	4
延秋門							2			2	4
通德門							2			2	4
玄武門							2			2	4
金曜門							2			2	4
太和門							2			2	4
上東門							2			2	4
朝宗門							2			2	4
青陽門							2			2	4
宣仁殿											
東紫門	1	1									2
同殿				侍衛2							2
南紫門			加差1	1							2
同門 末門			1								2
康安殿											
南門			1								1
同殿 東末門			1								1
千齡門			1								1
同門西廊			後壁1								1
儲祥門			1								1
靜德宮 東門			1								1
景靈殿					1						1
同殿 屛障			1								1
集賢殿 東門			1								1
穆清殿 東門			1								1
奉元門			1								1
宣慶殿 北門					1						1

명칭	大將軍	將軍	將相	中郎將	將校	雜織將校	散職將相	散職將校	軍人	監門衛軍	합계
宴親殿					1						1
永壽殿			1								1
雲興門			1								1
儀鳳門			1								1
棣通門前		1	1				加差5				7
泰定門前		1	1 加差8								10
同門 水口					1						1
麗景門			1		1		加差5				7
安興門			1 加差5		1						7
向成門			1 加差5		1						7
宣教門			1		1		加差5				7
掖庭局					2	4					6
望雲樓					1						1
歸仁門					1			2		2	5
長平門					職事1		2			2	5
宣仁門					職事1		2			2	5
同門 水口										2	2
福源宮						2	2				4
承德宮							2				2
延德宮							2				2
興慶宮							2				2
永昌宮							2				2
玄德宮							2				2
福寧宮							2				2
明福宮							2				2
眞殿 安和寺							2				2
弘圓寺							2				2
興王寺							2				2
天壽寺							2				2
大雲寺							2				2

	重光寺							2				2
	弘護寺							2				2
	玄化寺							2				2
	國淸寺							2				2
	崇教寺							2				2
	乾元寺							2				2
	奉恩寺							4				4
	深陵							2				2
	良陵							2				2
	壽陵							2				2
	宣陵							2				2
	濟陵							2				2
	懷陵							2				2
	明陵							2				2
	隱陵							2				2
	德陵							2				2
	貞陵							2				2
	齊陵							2				2
	質陵							2				2
	宜陵							2				2
	永陵							2				2
	定陵							2				2
	豐陵							2				2
	成陵							2				2
	慈陵							2				2
	穆陵							2				2
	戴陵							2				2
	昌陵							2				2
	寧陵							2				2
	恭陵							2				2
	端陵							2				2
	莊陵							2				2
	玄陵							2				2
	夷陵							2				2
諸陵	幽陵							2				2

명칭	大將軍	將軍	將相	中郎將	將校	雜織將校	散職將相	散職將校	軍人	監門衛軍	합계
元陵							2				2
仁陵							2				2
翼陵							2				2
惠陵							2				2
堅陵							2				2
平陵							2				2
乾陵							2				2
崇陵							2				2
靈陵							2				2
容陵							2				2
和陵							2				2
節陵							2				2
悼陵							2				2
信陵							2				2
靜陵							2				2
匡陵							2				2
簡陵							2				2
肅陵							2				2
周陵							2				2
憲陵							4				4
順陵							4				4
義陵							4				4
景陵							4				4
顯陵							4				4
英陵							4				4
康陵							4				4
安陵							4				4
榮陵							4				4
泰陵							4				4
裕陵							6				6
綏陵							6				6
延陽門							2			2	4
紫安門							2			2	4

安和門							2			2	4
德山門							2			3	5
鶖溪門							2			2	4
安定門							2			2	4
弘仁門							2			2	4
成道門							2			2	4
崇仁門					1		2		2	2	7
同門水口							2				2
靈昌門					1		2		2	1	6
宣旗門					1		2		2	2	7
同門 水口							2				2
長覇門					1		2		2	3	8
同門 水口							2				2
會賓門					1		2		2	1	6
泰安門					1		2		2	1	6
永同門					1		2		2	1	6
豐德門					1		2		2	1	6
仙溪門					1		2		2	2	7
宣義門					1		2		2	1	6
乾陽門					1		2		2	1	6
保泰門					1		2		2	1	6
永平門					1		2		2	2	7
狻猊門					1		2		2	1	6
仙巖門					1		2		2	1	6
光德門					1		2		2	1	6
昌信門					1		2		2	1	6
합계	1	3	39	3	34	6	291	2	34	77	490

검점군撿點軍[260]

【原文】 市裏撿點: 將相 一, 將校 二, 軍人 十一.

시전市廛 골목(市裏)[261]의 검점撿點: 장상將相 1명, 장교將校 2명, 군인軍人 11명.

【原文】 街衢監行: 將校 二, 螺匠 十一, 都典 十一, 軍人 四十.

가구街衢[262]의 감행監行: 장교將校 2명, 나장螺匠[263] 11명, 도전都典[264] 11명, 군인軍人 40명.

【原文】 左右京裏撿點: 將相 各二, 將校 各二, 軍人 各八.

좌경리左京里 · 우경리右京里 골목(左 · 右京裏)[265]의 검점撿點: 장상將相 각

---

260 **撿點軍** 시장과 시내의 요소 지역이나 시설을 비롯하여 郊外의 요소를 정례적으로 巡檢하도록 배치된 부대. 2군 6위 중에서 경찰임무를 담당하던 金吾衛 소속의 精勇軍이 배치되었는데(이기백, 「고려군역고」, 『고려병제사연구』, 일조각, 1968, 135쪽), 간수군 · 위숙군과 함께 국왕 측근의 禁軍으로 파악하는 견해도 있다(송인주, 「고려시대의 禁軍」, 『한국중세사연구』 3, 1996).

261 **市裏** 개경의 대표적인 시장인 市廛은 도성 중심지인 十字街에서 廣化門으로 뻗은 南大街의 좌우연변에 자리잡고 있었다(서성호, 「고려시기 개경의 시장과 주거」, 『역사와 현실』 38, 2000, 94~100쪽).

262 **街衢** 街衢所, 街衢獄, 街衢里 중의 하나이든지 전체일 것이다. 문종 30년에 설치된 街衢所는 죄인을 잡아 다스리던 기관으로 街衢獄이 있었으며, 街衢里에 있었다(『고려사』 77 百官志 2 諸司都監各色 街衢所 및 『고려사』 53 五行志 1 火 원종 13년 정월 조 참고).

263 **螺匠** 刑官의 보조역을 맡는 雜類系 吏屬인 듯하다(오일순, 『고려시대의 役制와 身分制 변동』, 혜안, 2000, 60~62쪽). '巡軍螺匠'이라는 기록(『고려사』 72 輿服志 1 冠服通制 우왕 13년 6월 조 기사 참조)과 街衢의 監行에 11명의 인원이 배치되었다는 점을 보아, 순찰을 돌 때 소라(螺)모양, 또는 소라 고동으로 만든 나팔을 부는 임무를 맡았던 것이 아닌가 한다.

264 **都典** 都典의 임무는 확실하지 않으나, '西班 則攝郎將以上 准參上 散員以上 准參外 校尉隊正 准人吏 旗頭 · 都典 准掌固'(『고려사』 68 禮志 10 嘉禮 參上參外人吏掌固謁宰樞及人吏掌固謁參上參外儀)라는 기록에서 보듯이, 旗頭 · 掌固 등과 함께 언급되고 있으므로 武班의 雜類系 吏屬인 듯하다.

【原文】 右倉撿點: 將校 五, 軍人 二十五.

우창右昌[276]의 검점撿點: 장교將校 5명, 군인軍人 25명.

【原文】 金吾衛撿點: 將校 二, 軍人 四.

금오위金吾衛[277]의 검점撿點: 장교將校 2명, 군인軍人 4명.

【原文】 五正撿點: 將校 一, 軍人 三.

오정五正[278]의 검점撿點: 장교將校 1명, 군인軍人 3명.

【原文】 松岳 左右樵人 撿點: 將校 各一, 散職將相 各二, 軍人 各二.

송악松岳[279]의 좌左·우초인右樵人의 검점撿點[280]: 장교將校 각 1명, 산직장상散職將相 각 2명, 군인軍人 각 2명.

78쪽).

276 **右昌** 京倉의 하나로, 주로 왕실의 供上과 國用에 충당하기 위한 곡물을 보관하였다. 충렬왕 34년에 豊儲倉이라고 이름을 바꾸었다(『고려사』 77 百官志 2 豊儲倉 및 김재명, 앞의 글, 79~81쪽).

277 **金吾衛** 중앙군인 2군 6위의 하나로 경찰임무를 담당하였는데, 검점군 군인들은 금오위 소속이었다(이기백, 「고려경군고」, 『고려병제사연구』, 일조각, 1968, 70쪽 및 135쪽).

278 **五正** 五正과 관련되는 것으로는 五正門(宣義門의 별칭, 『中京誌』 2 城郭)과 西部 소속의 五正坊, 五正里가 있다(박용운, 『고려시대 개경연구』, 일지사, 1996, 106~111쪽 및 홍영의, 「고려전기 개경의 오부방리 구획과 영역」, 『역사와 현실』 38, 2000, 47~54쪽). 검점군의 임무로 볼 때 이 五正은 五正門보다는 五正坊 또는 五正里와 관련이 있지 않을까 한다.

279 **松岳** 松嶽과 같은 뜻으로 松嶽山을 말한다.

280 **左·右樵人의 점검** 金寬毅의 『編年通錄』에는 '송악산에 소나무를 심고 군을 옮기면 후삼국을 통일시키는 인물이 나올 것이라는 예언에 따라, 송악산에는 고려 건국 이전부터 소나무를 많이 심었다'라는 기록이 있다(『고려사』 高麗世系에 인용됨). 左·右樵人의 임무가 무엇인지 정확하지 않지만, 아마도 국가에서 신성하게 여기는 송악산의 소나무를 관리하거나 채벌할 수 있는 권한을 가진 벌목업자들을 말하는 것이 아닌가 여겨진다. 고려시대에도 일정한 지역의 수목 채취를 금지하는 禁標가 세워졌다는 사실은 다음 기록에서 확인할 수 있다.

· 兩京의 百官의 樵蘇地는 馬首嶺으로 한정하고 禁標를 세워서 위반한 자는 엄하게 다스리게 한다(『고려사』 8 世家 文宗 13년 5월 병진 制).

【原文】東郊 炭峴・禿山・狄逾峴・小梓尾 等生木立: 將校 各一, 散職將相 各一, 軍人 各六.

동교東郊[281]의 탄현炭峴・독산禿山・적유현狄逾峴・소재미小梓尾[282] 등의 수목 (감시를 위해) 세움: 장교將校 각 1명, 산직장상散職將相 각 1명, 군인軍人 각 6명.

【原文】西郊 藥師院・亐知岩・熊川・大峴・西普通亭之谷・馬川・高寺等生木立: 將校 各一, 散職將相 各二, 軍人 各六.

서교西郊[283]의 약사원藥師院・우지암亐知岩・웅천熊川・대현大峴・서보통정西普通亭의 골짜기・마천馬川・고사高寺[284] 등의 수목(감시를 위해) 세움: 장교將校 각 1명, 산직장상散職將相 각 2명, 군인軍人 각 6명.

【原文】爐谷生木立: 將相 一, 將校 一, 散職將相 二, 軍人 六.

노곡爐谷[285]의 수목(감시를 위해) 세움: 장상將相 1명, 장교將校 1명, 산직장상散職將相 2명, 군인軍人 6명.

【原文】惡迕生木立: 散職將相 二.

악오惡迕[286]의 수목(감시를 위해) 세움: 산직장상散職將相 2명.

---

281 **東郊** 『신증동국여지승람』에는 崇仁門과 保定門 밖의 靑郊와 籍田이 있는 일대가 東郊라고 하였다(『신증동국여지승람』 4 開城府 上 山川 東郊).

282 **炭峴・禿山・狄逾峴・小梓尾** 東郊에 있던 지명들이나 구체적인 위치는 알 수 없다.

283 **西郊** 『신증동국여지승람』에는 午正門 밖의 黃橋 등이 있는 곳이 西郊라고 하였다(『신증동국여지승람』 4 開城府 上 山川 西郊).

284 **藥師院・亐知岩・熊川・大峴・西普通亭・馬川・高寺** 西郊에 있던 지명들이나 구체적인 위치는 알 수 없다. 단 熊川은 『신증동국여지승람』에 개성부 남쪽 7리에 있다고 하였다(『신증동국여지승람』 4 開城府 上 山川 熊川).

285 **爐谷** 구체적인 위치를 알 수 없다.

286 **惡迕** 구체적인 위치를 알 수 없다.

【原文】 大廟撿點: 將校 二, 軍人 十.

대묘大廟[287]의 검점撿點: 장교將校 2명, 군인軍人 10명.

* 이상 검점군撿點軍이 배치된 장소와 군대의 편성내용을 표로 정리하여 제시하면 〈표 3〉과 같다.

〈표 3〉 검점군撿點軍의 편성과 배치

명칭		將相	將校	散職將相	螺匠	都典	軍人	합계
市裏撿點		1	2				11	14
街衢監行			2		11	11	40	64
左右京裏撿點	左京里	2	2				8	12
	右京里	2	2				8	12
五部撿點	東部	2	2				8	12
	西部	2	2				8	12
	南部	2	2				8	12
	北部	2	2				8	12
	中部	2	2				8	12
四郊細作立	東郊	2	1				7	10
	西郊	2	1				7	10
	南郊	2	1				7	10
	北郊	2	1				7	10
安和生木立		1	1				6	8
宮北撿點		1	1				6	8
選軍撿點			2				32	34
獄直撿點			4				45	49
地倉撿點			2				2	4
左倉撿點			2				15	17
右倉撿點			5				25	30
金吾衛撿點			2				4	6

287 **大廟** 역대 왕과 왕비의 위패를 모신 宗廟로, 太廟라고도 한다. 고려의 大廟는 성종 11년(992)에 지어졌는데, 원래 자리는 羅城의 東門 밖에 있었다(『고려도경』 17 祠宇 靖國安和寺 조 및 한국역사연구회, 『고려의 황도 개경』, 창작과비평사, 2002, 64~82쪽 참고). 고려 大廟에 대하여는 李康漢, 「14세기 고려 太廟의 혁신과 변천」, 『진단학보』 109, 2010 참조.

명칭		將相	將校	散職將相	螺匠	都典	軍人	합계
五正撿點			1				3	4
松岳	左樵人撿點		1	2			2	5
	右樵人撿點		1	2			2	5
東郊生木立	炭峴		1	1			6	8
	禿山		1	1			6	8
	狄逾峴		1	1			6	8
	小梓尾		1	1			6	8
西郊生木立	藥師院		1	2			6	9
	亐知岩		1	2			6	9
	熊川		1	2			6	9
	大峴		1	2			6	9
	西普通亭之谷		1	2			6	9
	馬川		1	2			6	9
	高寺		1	2			6	9
爐谷生木立		1	1	2			6	10
惡迮生木立				2				2
大廟撿點			2				10	12
합계		26	58	26	11	11	359	491

주현군州縣軍[288]

【原文】 高麗兵制 大抵 皆倣唐之府衛 則兵之散在州縣者 意亦皆屬乎六衛 非

288 州縣軍 조 『고려사』 편찬자들은 중앙군이 아닌 지방군이라는 입장에서 兵志에 주현군 조를 설정하고, 이를 북계·동계·교주도·양광도·경상도·전라도·서해도·경기라는 8개의 소항목으로 나누어 서술하였다. 그러나 이들 소항목을 보아 알 수 있듯이, 兵志 주현군 조는 크게 兩界 지방의 군대와 5道 및 京畿 지방의 군대로 나뉜다. 즉 고려의 지방군의 편성은 실제로는 북쪽의 국경에 배치된 군대와 남쪽의 지방행정구역에 배치된 군대로 나눠지는 것이다. 이기백은 양계의 지방행정단위를 州鎭이라고 부르고 남쪽(5道)의 지방행정단위를 州縣이라고 부른 예에 따라서, 이들을 州鎭軍과 州縣軍으로 구분하여 파악할 것을 주장하였다(이기백, 「高麗 兩界의 州鎭軍」, 『高麗兵制史研究』, 一潮閣, 1968, 239~

六衛外 別有州縣軍也. 然無可考 姑以此目之.

고려高麗의 병제兵制는 모두 당唐의 부위府衛를 모방하였으므로 주현州縣에 흩어져 있는 군대도 생각하건대 또한 모두 6위六衛에 속하였을 것이고, 6위 외에 따로 주현군州縣軍이라는 것이 있지 않았을 것이다.[289] 그러나 가히 살필 수가 없으므로 잠시 이로써 제목으로 한다.

242쪽). 한편 兵志의 이 주현군 조가 완성된 시기에 대하여, 주현군이 성립되었다고 생각되는 현종 이후 계속 작성되었을 것이고, 행정 구역의 개편에 따라 약간의 변화가 가해졌으리라는 견해가 있다(이기백, 「고려주현군고」, 앞의 책, 205쪽의 각주 3 참고).

289 『고려사』 편찬자들의 이러한 견해에 따르면 고려의 주현군은 唐의 지방 軍府의 府兵과 같은 존재가 된다. 『고려사』의 이와 같은 견해는 고려 초기의 병제가 당과 마찬가지로 府兵制였다는 견해의 주요한 논거의 하나가 되었다. 그러나 이기백은 이와 같은 견해가 고려의 역사상과 어긋난 것이라고 주장하고, 고려의 군사제도는 부병제가 아니라 전문군인에 의한 軍班制였다고 하였다(이기백, 『고려병제사연구』, 일조각, 1968). 앞의 각주 288에서도 언급한 바와 같이 『고려사』 兵志의 주현군 조의 내용은 실제로는 고려의 국경에 배치된 屯田軍的 성격을 가진 주진군과, 5도와 경기 지방에 배치된 주현군으로 나뉘는데, 이는 당의 부병제와는 크게 다른 모습이기도 하다

【참고】 고려의 주현군과 주진군에 대한 주요한 연구성과로는 다음과 같은 것들이 있다.

李基白, 「高麗 地方制度의 整備와 州縣軍의 成立」, 『趙明基博士 華甲記念 佛敎史學論叢』, 불교문화연구원, 1965; 『고려병제사연구』, 일조각, 1968.

李基白, 「高麗州縣軍考」, 『歷史學報』 29, 1965; 앞의 책.

李基白, 「高麗 兩界의 州鎭軍」, 앞의 책.

金塘澤, 「高麗 초기 地方軍의 形成과 構造－州縣軍의 性格－」, 『高麗軍制史』, 陸軍本部, 1983.

趙仁成, 「高麗 兩界 州鎭의 防戍軍과 州鎭軍」, 『高麗光宗硏究』, 일조각, 1981.

趙仁成, 「高麗 兩界의 國防體制」, 『高麗軍制史』, 陸軍本部, 1983.

趙仁成, 「주현군과 주진군」, 『한국사 13－고려전기의 정치구조』, 국사편찬위원회, 1993.

洪元基, 『高麗前期軍制硏究』, 혜안, 2001.

末松保和, 「高麗式目形止案について」, 『朝鮮學報』 25, 1962; 『靑丘史草』 1, 1965.

末松保和, 「高麗の四十二都府について」, 『學習院史學』 1, 1965; 『靑丘史草』 1, 1965.

江原正昭, 「高麗の州縣軍に關する一考察」, 『朝鮮學報』 28, 1963.

북계北界[290]

【原文】 西京: 精勇 一領內 都領別將 一人, 左右府別將 各二人, 校尉十人, 隊正 二十人, 旗頭·行軍 幷九百七十人, 保昌雜軍 十九隊內 行首·行軍 幷九百三十一人, 海軍一隊內 行首一人, 行軍四十九人. 元定兩班軍·閑人·雜類 都計九千五百七十二丁.

서경西京[291]: 정용精勇[292]이 1영領[293]인데, 이 안에 도령都領[294]별장別將[295]

---

290 『고려사』 地理志의 서술은 5도부터 시작하여 양계로 옮겨가고 있으나, 兵志 주현군 조에서는 거꾸로 양계부터 먼저 서술하고 있다. 이러한 점은 고려의 양계 군대의 중요성을 잘 말해준다(이기백, 「고려 양계의 주진군」 『고려병제사연구』, 일조각, 1968, 244~245쪽).

291 이 兵志 주현군 조에는 주현군의 군대 배치가 양계와 5도 모두 중앙에서 지방관이 파견되어 있는 행정구역을 단위로 해서 기록되어 있다. 이것은 주진군이나 주현군 모두가 중앙의 직접적인 지휘통제하에 들어 있었고, 그 인원도 중앙정부에 의해 파악되고 있었다는 것을 말해준다(이기백, 「고려 양계의 주진군」, 앞의 책, 245쪽).

292 **精勇** 정용은 중앙군인 6위에도 있는 부대인데 馬軍으로 추측되고 있다(이기백, 『高麗史 兵志 譯註 1』, 고려사연구회, 1969, 8쪽), 이로 미루어 주진군의 정용도 마군, 즉 기병으로 짐작되며, 左軍·右軍과 함께 주진군의 정예부대가 되었다(이기백, 「고려 양계의 주진군」, 『고려병제사연구』, 일조각, 1968, 253쪽). (→ 각주 308 참조)

293 **領** 1,000명으로 편성된 부대이다. (→ 兵志 1 각주 4 참조)

294 **都領** 도령은 주진군의 각 부대를 지위하는 최고지휘관으로 가장 관직이 높은 武官이 임명되었다. 예컨대 서경의 경우와 같이 최고의 무관으로 別將이 여러 명 있으면, 그중의 한 명을 都領別將으로 임명하였으며, 주현군 조의 安北部의 기사에서 보듯이 최고의 무관으로 中郞將이 여러 명 있으면, 그중 한 명을 都領中郞將으로 임명하였던 것이다. 도령은 무관 중 가장 관등이 높은 중랑장이 임명되는 것이 보통이었으며, 병마사에 의해 통제를 받고 있었다. 한편 도령은 歸化女眞人에게만 주어졌다는 견해도 있으나(江原正昭, 高麗の州縣軍に關する一考察」, 『朝鮮學報』 28, 1963), 이 직책은 중앙군에도 있었다(이기백, 「고려 양계의 주진군」, 『고려병제사연구』, 일조각, 1968, 254~255쪽 및 金甲童, 「고려시대의 都領」, 『한국중세사연구』 3, 1996, 73~77쪽).

295 **別將** 중앙군의 별장은 정7품의 무관직으로 200명으로 구성된 단위부대의 부지휘관이었을 것으로 짐작된다(→ 兵志 1 각주 114 참조). 그러나 주진군의 부대편성을 보면, 隊正 2명에 校尉 1명의 비례로 임명되었는데 전체 별장의 수가 교위의 반 정도이고, 별장과 郞將의 비례도 이와 비슷하다. 그렇다면 주진군의 隊正은 25명으로 이루어진 기본단위부대인의 隊의 지휘관이었고, 校尉는 50명 단위부대의 지휘관, 別將은 100명 단위부대의 지휘관, 郞將은 200명 단위부대의 지휘관이었을 것으로 추정할 수 있다(이기백, 「고려 양계의 주진군」, 『고려병제사연구』, 일조각, 1968, 254쪽).

1명, 좌左·우부右府[296]의 별장別將 각 2명, 교위校尉[297] 10명, 대정隊正[298] 20명이 있고, 기두旗頭[299]와 행군行軍[300]은 아울러 970명이다. 보창잡군保昌雜軍[301]은 19대隊인데, 이 안에는 행수行首[302]와 행군行軍이 아울러 931명이 있다. 해군海軍[303]은 1대隊인데, 이 안에는 행수行首 1명, 행군行軍 49명이 있다. 원정양반군元定兩班軍·한인閑人·잡류雜類[304]는 모두 계산하여 9,572

---

296 **左·右府** 좌·우부는, 左·右軍 또는 左·右營과 같은 뜻이 아닌가 한다. 『고려사』 77 百官志 2 外職 西京留守官 조에는 '명종 8년(1178)에 左右營을 兵曹에 속하게 하였다'는 기사가 있는데, 이 左右營과 주진군 조의 左右府가 같은 것이라고 짐작된다(→ 兵志 1 각주 151 참조). 좌우위는 정용과 함께 주진군의 정예부대였다.

297 **校尉** 중앙군의 校尉는 정9품의 무관직으로 일명 伍尉라고도 하였는데, 50명으로 조직된 伍의 지휘관이었다. 주진군의 교위도 50명으로 편성된 단위부대의 지휘관이었을 것으로 추정된다(이기백, 「고려 양계의 주진군」, 『고려병제사연구』, 일조각, 1968, 254쪽).

298 **隊正** 品外의 무관직으로, 중앙군에서는 25명으로 조직된 최소단위부대인 隊의 지휘관이었다. 주진군의 隊正도 25명의 行軍으로 구성된 隊의 지휘관이었다(이기백, 「고려 양계의 주진군」, 앞의 책, 254쪽).

299 **旗頭** 정용에 속한 말단의 지휘관이 아닌가 여겨진다.

300 **行軍** 주현군에 소속된 일반 군졸이었을 것이다.

301 **保昌雜軍** 兵志 주현군 조의 다른 기사에는 保昌으로만 나오는데, 西京에만 保昌雜軍이라고 되어 있다. 보창은 정용과 함께 주진군의 중요기간부대였는데, 정용이 馬軍인 데 비해, 보창은 步兵부대로 짐작된다. 중앙군의 6위에도 保勝이라는 보병부대가 있는데, 주진군의 保昌은 이 보승과 비슷한 존재로 보인다(이기백, 「고려 양계의 주진군」, 앞의 책, 253쪽). 한편 『고려사』 兵志 주현군 조에는 보창이 북계에만 나오고 동계에는 나오지 않으나, 대신 동계에는 寧塞軍이 나온다. 아마도 이들 동계의 영새군과 북계의 보창은 성격이 같은 부대로 보아도 좋을 것이다(이기백, 「고려 양계의 주진군」, 앞의 책, 253~254쪽).

302 **行首** 行軍 중 우두머리를 말하는 것이 아닌가 한다.

303 **海軍** 고려의 주진군 중 오직 西京에만 海軍 1대가 편성되어 있는 것으로 기록되어 있다. 아마 국왕이 서경에 행차하였을 때 대동강 같은 데서 시위하는 임무를 맡았던 특수부대였을 것으로 짐작된다(이기백, 「고려 양계의 주진군」, 앞의 책, 256쪽). 이 서경의 해군 기록 이외에 兵志 주현군 조에는 동계 元興鎭에 沙工 4隊가 있었다고 하는데, 이 사공도 해군부대임이 분명하다, 한편 중앙군의 千牛衛에는 海領 1領이 있는데, 해상이나 강에서 왕을 의장하는 임무를 맡은 부대로 짐작된다. (→ 兵志 1 각주 26 참소)

304 **元定兩班軍閑人雜類** 兵志 주현군 조에서 이들은 서경 조의 기록에만 나오므로 그 실체는 잘 알 수 없다. 이들을 '元定兩班軍閑人雜類'라고 읽는 경우도 있으나(이기백, 「고려 양계의 주진군」, 앞의 책, 255쪽)으나, '元定兩班·軍·閑人·雜類'로 파악하는 견해도 있다(조인성, 「주현군과 주진군」, 『한국사 13-고려전기의 정치구조』, 국사편찬위원회, 1993, 341쪽). 어떻든 주현군 조를 보면 다른 지역에는 이들 대신 神騎·步班·白丁 등의 부대가 나오는 것으로 미루어볼 때 이들은 서로 비슷한 성격의 부대가 아닐까 짐작해볼 수 있다.

정丁이다.[305]

【原文】安北府: 都領中郎將 一, 中郎將 二, 郎將 七, 別將 十四, 校尉 二十八, 隊正 五十八, 行軍 一千五百十五人, 抄軍 十六隊內 馬四隊, 右軍 四隊內 馬一隊, 左軍 二十六隊內 馬·弩 各二, 保昌 七隊, 白丁 二十七隊.

안북부安北府[306]: 도령중랑장都領中郎將 1명, 중랑장中郎將[307] 2명, 낭장郎將 7명, 별장別將 14명, 교위校尉 28명, 대정隊正 58명, 행군行軍 1,515명이 있다. 초군抄軍[308]은 16대隊인데, 이 안에는 마馬 4대隊가 있다. 우군右軍은 4대隊인데, 이 안에는 마馬 1대隊가 있다. 좌군左軍은 26대隊인데, 이 안에

그렇다면 아마도 兩班·閑人·雜類·白丁 등 다양한 신분층으로 이루어진 이들은 鎭城의 상비군이 아니라 위급한 때에 동원될 수 있는 예비부대였다고 생각된다(이기백, 「고려 양계의 주진군」, 『고려병제사연구』, 일조각, 1968, 249~252쪽).

305 兵志 주진군 조의 각 기사는 다음과 같은 세 부분으로 구분하여 서술되고 있다. 첫째 부분은 주진군의 지휘계통에 대한 것으로, 지휘계통은 대부분 中郎將 이하의 장교로부터 行軍에까지 이르고 있다. 둘째 부분은 주진에 소속된 군대의 부대별 기록으로 각 부대는 精勇·抄軍·左軍·友軍·保昌 등의 기간부대로 편성되어 있다. 이들을 조선 문종 때 李先濟가 인용한 「高麗式目形止案」에서는 諸城軍이라고 불렀다는 점에서(『문종실록』 4 문종 즉위년 10월 기묘 李先濟 上書), 핵심부대로서 주진의 성 안에 배치되어 있었던 것으로 짐작된다. 셋째 부분은 神騎·步班·白丁 등 여러 부대의 기록인데, 북계와 달리 兵志 주현군 조의 동계에는 工匠·田匠·投化·栍川隊·沙工隊 등의 부대 이름도 나오고 있다. 이들은 鎭城의 상비군이 아니라, 위급할 때에 동원될 수 있는 예비부대였을 것으로 짐작된다(이기백, 「고려 양계의 주진군」, 앞의 책, 245~246쪽).

306 安北府 본래 彭原郡이었으나 태조 14년(931)에 安北府를 설치하였다가, 성종 2년(983)에 寧州安北大都護府를 두었으며 현종 9년(1018) 安北大都護府가 되었다(『고려사』 58 地理志 3 安北大都護府 조). 지금의 평안북도 安州郡에 해당한다.

307 中郎將 중앙군의 중랑장은 정5품으로, 領의 부지휘관이었을 것으로 짐작된다. (→ 兵志 1 각주 112 참조)

308 抄軍 명칭만 다를 뿐 精勇과 같은 부대라고 생각된다. 兵志 주현군 조의 기록을 보면 초군이 있으면 정용이 없고, 반대로 정용이 있으면 초군이 빠져 있기 때문이며, 또 병주 주현군의 麟州 조 기사에는 抄精勇이라는 표현도 나오기 때문이다. 그리고 「高麗式目形止案」에도 『고려사』 兵志 주현군 조에 실려 있는 精勇 또는 抄精勇이라는 기록이 모두 抄軍이라고 기록되어 있기도 하다. 또 하나 주현군 조의 기록에서 주목되는 점은 抄軍 抄精勇 등의 부대는 인원수가 隊數로 기록되어 있다는 점도 주목된다(이기백, 「고려 양계의 주진군」, 앞의 책, 245~248쪽).

는 마馬·노弩 각 2대隊가 있다.[309] 보창保昌은 7대隊이고, 백정白丁[310]은 27대隊이다.

【原文】 龜州: 都領中郎將 一, 中郎將 二, 郎將 七, 別將 十五, 校尉 三十, 隊正 六十, 行軍 一千六百四十二, 抄軍 二十四隊內 馬四隊, 左軍 二十隊內 馬四·弩 二, 保昌 八隊.

구주龜州[311]: 도령중랑장都領中郎將 1명, 중랑장中郎將 2명, 낭장郎將 7명, 별장別將 15명, 교위校尉 30명, 대정隊正 60명, 행군行軍 1,642명이 있다. 초군抄軍은 24대隊인데, 이 안에는 마馬 4대가 있다. 좌군左軍은 20대인데, 이 안에는 마馬 4대·노弩 2대가 있다. 보창保昌은 8대隊이다.

【原文】 宣州: 都領中郎將 一, 中郎將 二, 郎將 六, 別將 十二, 校尉 二十五, 隊正 五十, 行軍 一千三百三十七人, 抄軍 二十六隊內 馬 四隊, 左軍 二十隊內 馬·弩 各二, 右軍 四隊內 馬一隊, 保昌 六隊, 白丁 七十六.

선주宣州[312]: 도령중랑장都領中郎將 1명, 중랑장中郎將 2명, 낭장郎將 6명,

---

309 馬·弩 抄軍과 左右軍에만 馬隊와 弩隊가 포함되어 있다는 사실은 곧 주진군에서 핵심이 되는 기간부대가 초군과 좌·우군이었음을 말해준다(이기백, 「고려 양계의 주진군」, 『고려병제사연구』, 일조각, 1968, 253쪽).

310 白丁 주로 성 밖의 촌락에 사는 농민들로 구성되었을 것으로 보인다(이기백, 「고려 양계의 주진군」, 앞의 책, 256쪽), 白丁隊는 평상시에는 屯田과 같은 토지를 경작하다가 유사시에는 성 안에 들어와 전투에 참가하는 예비부대였다고 생각되며, 상비부대라 할지라도 田丁과 같은 토지를 경작하였던 것으로 추측되는 둔전군적인 성격을 지니고 있었다(이기백, 같은 글, 266~267쪽). 한편 『고려사』 兵志 주현군 조의 북계에 기록되어 있는 백정대는 2,440隊인데, 1대는 25명으로 편성되었으므로 기록된 숫자만으로도 61,000명에 이른다(〈표 4〉 북계 수신군 일람표 참소). 그러나 주현군 소의 농계에는 백정에 내한 기록이 전혀 나오지 않지만, 동계에도 백정대가 있었을 것으로 짐작된다(이기백, 「군사조직」, 『한국사 5—고려 귀족국가의 사회구조』, 국사편찬위원회, 1975, 121쪽).

311 龜州 지금의 평안북도 龜城郡으로, 고려시대에는 安北大都護府의 防禦郡이었다(『고려사』 58 地理志 3 龜州).

312 宣州 지금의 평안북도 宣川郡으로, 고려시대에는 安北大都護府의 防禦郡이었다(『고려사』 58 地理志 3 宣州).

별장別將 12명, 교위校尉 25명, 대정隊正 50명, 행군行軍 1,337명이 있다. 초군抄軍은 26대隊인데, 이 안에는 마馬 4대가 있다. 좌군左軍은 20대인데, 이 안에는 마馬·노弩 각 2대가 있다. 우군右軍은 4대인데, 이 안에는 마馬 1대가 있다. 보창保昌은 6대이고, 백정白丁은 76대이다.

【原文】 龍州: 都領中郎將 一, 中郎將 二, 郎將 八, 別將 十九, 校尉 二十三, 隊正 六十, 行軍 一千七百七十八人, 抄軍 三十二隊, 左軍 三十二隊內 馬 四·弩 二. 右軍 四隊, 保昌六隊, 白丁 七十四.

沙比江: 別將 一, 校尉 二, 隊正 四, 行軍 九十九人.

용주龍州[313]: 도령중랑장都領中郎將 1명, 중랑장中郎將 2명, 낭장郎將 8명, 별장別將 19명, 교위校尉 23명, 대정隊正 60명, 행군行軍 1,778명이 있다. 초군抄軍은 32대隊이다. 좌군左軍은 32대隊인데, 이 안에는 마馬 4대隊·노弩 2대隊가 있다. 우군右軍은 4대隊이다. 보창保昌은 6대隊이고, 백정白丁은 74대隊이다.

사비강沙比江[314]: 별장別將 1명, 교위校尉 2명, 대정隊正 4명, 행군行軍 99명이 있다.

【原文】 靜州: 都領中郎將 一, 中郎將 二, 郎將 九, 別將 十九, 校尉 三十九, 隊正 七十九, 行軍 二千七十五人, 抄軍 三十六隊內 馬 六隊, 左軍三十隊內 馬·弩 各四, 右軍 四隊, 保昌 六隊, 白丁 二十八隊, 神騎 一百八人.

정주靜州[315]: 도령중랑장都領中郎將 1명, 중랑장中郎將 2명, 낭장郎將 9명,

---

313 龍州 지금의 평안북도 龍川郡으로, 고려시대에는 安北大都護府의 防禦郡의 하나였다(『고려사』 58 地理志 3 龍州).

314 沙比江 위치 미상이나, 『신증동국여지승람』 53 平安道 龍川郡의 山川 조에는 '沙爲浦在郡西三十里'라고 되어 있고, 烽燧 조에는 '沙爲浦烽燧 西應辰串 東應石乙串'이라는 지명이 나오는 것으로 보아 혹시 이와 관련이 있지 않을까 한다.

315 靜州 고려시대의 安北大都護府에 속한 防禦郡으로, 지금의 평안북도 義州郡에 있었다(『고려사』 58 地理志 2 靜州).

별장別將 19명, 교위校尉 39명, 대정隊正 79명, 행군行軍 2,075명이 있다. 초군抄軍은 36대隊인데, 이 안에는 마馬 6대隊가 있다. 좌군左軍은 30대隊인데, 이 안에는 마馬·노弩 각 4대隊가 있다. 우군右軍은 4대隊이다. 보창保昌은 6대隊이고, 백정白丁은 28대隊이다. 신기神騎[316]는 108명이다.

【原文】麟州: 中郎將 二, 郎將 九, 別將 十八, 校尉 三十六, 隊正 七十二, 行軍 一千八百九十三人, 抄精勇 三十六隊內 馬六隊, 左軍 三十四隊內 馬·弩 各 四, 右軍 四隊, 保昌 四隊, 白丁 三十六隊.

인주麟州[317]: 중랑장中郎將 2명, 낭장郎將 9명, 별장別將 18명, 교위校尉 36명, 대정隊正 72명, 행군行軍 1,893명이 있다. 초정용抄精勇[318]은 36대隊인데, 이 안에는 마馬 6대隊가 있다. 좌군左軍은 34대隊인데, 이 안에는 마馬·노弩 각 4대隊가 있다. 우군右軍은 4대隊이다. 보창保昌도 4대隊이며, 백정白丁은 36대隊이다.

【原文】義州: 中郎將 三, 郎將 六, 別將 十二, 校尉 二十四, 隊正 四十八, 行軍 一千二百四十九人.

---

316 **神騎** 兵志 주현군 조에 기록되어 있는 神騎의 수는 1,137명으로 그렇게 많지는 않은 것으로 보아(〈표 4, 5〉 『고려사』 兵志 소재 북계와 동계 주진군 일람표 참조), 상비군이 아니라 위급한 때에 동원되는 예비부대였을 것이다. 神騎는 말을 보유한 자로 구성되는데, 경제적 여유가 있는 계층, 즉 兩班 출신이 많이 포함되었으며, 尹瓘의 別武班에 포함되어 있는 神騎軍과 관련이 있는 것으로 보인다. 한편 兵志 주현군 조에는 神騎를 포함하여 步班·白丁에 대한 기록이 북계에만 나오고 동계에는 나오지 않는데, 이것은 동계에 이들 군대가 없었다는 의미가 아니라 기록의 누락으로 보아야 할 것이다(이기백, 「고려 양계의 주진군」, 『고려병제사연구』, 일조각, 1968, 252~256쪽).

317 **麟州** 고려시대에 安北大都護府의 防禦郡이었는데(『고려사』 58 地理志 3 麟州), 지금의 평안북도 義州郡 남쪽에 있었다.

318 **抄精勇** 兵志 주현군 조의 麟州에서만 나오는 유일한 표현이나, 抄軍과 精勇의 합성어로 추측된다. 즉 주현군 조의 기사를 보면 초군이 나오면 정용이 없고, 반대로 정용이 있으면 초군이 빠져 있다. 이러한 점은 초군과 정용이 서로 보완관계에 있으며, 동일한 부대의 상이한 호칭이었음을 짐작하게 해준다(이기백, 「고려 양계의 주진군」, 앞의 책, 245~248쪽).

의주義州[319]: 중랑장中郎將 3명, 낭장郎將 6명, 별장別將 12명, 교위校尉 24명, 대정隊正 48명, 행군行軍은 1,249명이 있다.

【原文】 朔州: 中郎將 一, 郎將 五, 別將 十, 校尉 二十二, 隊正 四十五, 行軍 一千二百九人, 精勇 十八隊內 馬 六隊, 左軍 十八隊內 馬 二隊, 弩一隊, 右軍 四隊內 馬一 隊, 保昌 五隊, 神騎 四十五人, 白丁四十八隊, 步班十二隊.[320]

삭주朔州[321]: 중랑장中郎將 1명, 낭장郎將 5명, 별장別將 10명, 교위校尉 22명, 대정隊正 45명, 행군行軍 1,209명이 있다. 정용精勇은 18대隊인데, 이 안에는 마馬 6대隊가 있다. 좌군左軍은 18대隊인데, 이 안에는 마馬 2대隊, 노弩 1대隊가 있다. 우군右軍은 4대隊인데, 이 안에는 마馬 1대隊가 있다. 보창保昌은 5대隊, 신기神騎는 45명, 백정白丁은 48대隊이고, 보반步班[322]은 12명(원문의 隊는 人의 誤記)이다.

【原文】 昌州: 中郎將 一, 郎將 四, 別將 九, 校尉 十八, 隊正 三十六, 行軍 九百七十一人, 精勇 十六隊內 馬二隊, 左軍 十隊內 馬·弩 各二隊, 右軍 三隊內 馬一隊, 保昌 四隊, 神騎 二十二人, 步班 二十一隊[323], 白丁 二十二隊.

---

319 **義州** 지금의 평안북도 義州郡으로, 고려시대에는 安北大都護府의 防禦郡의 하나였다(『고려사』 58 地理志 3 義州).

320 **隊** 원문에서 隊는 人의 잘못이다.

321 **朔州** 지금의 평안북도 朔州郡으로, 고려시대에는 安北大都護府에 속한 防禦郡이었다(『고려사』 58 地理志 3 朔州).

322 **步班** 兵志 주현군 조에 기록된 步班의 총수는 847명으로 그렇게 많지는 않다(〈표 4, 5〉 『고려사』 兵志 소재 북계와 동계 주진군 일람표 참조). 단, 兵志 주현군 조에는 신기를 포함하여 步班·白丁에 대한 기록이 북계에만 나오고 동계에는 나오지 않는데, 이는 동계에 이들 군대가 없었다는 의미가 아니라 기록의 누락으로 보아야 할 것이다. 步班은 尹瓘의 別武班의 神步軍과 관련이 있을 것으로 생각되는데, 일반농민인 白丁을 제외한 나머지 州鎭 거주 장정들로 구성된 예비부대였을 것으로 짐작된다. 그러나 북계에 거주하는 모든 장정이 상비군인 白丁隊에 포함되거나, 예비부대인 步班에 편성되었다는 점은 주목되어야 할 것이다(이기백, 「고려 양계의 주진군」, 『고려병제사연구』, 일조각, 1968, 255~257쪽).

323 **隊** 원문 중 隊는 人의 잘못이다.

창주昌州[324]: 중랑장中郞將 1명, 낭장郞將 4명, 별장別將 9명, 교위校尉 18명, 대정隊正 36명, 행군行軍 971명이 있다. 정용精勇은 16대隊인데, 이 안에는 마馬 2대가 있다. 좌군左軍은 10대인데, 이 안에는 마馬·노弩 각 2대가 있다. 우군右軍은 3대인데, 이 안에는 마馬 1대가 있다. 보창保昌은 4대이고, 신기神騎는 22명이다. 보반步班은 21명(원문의 隊는 인人의 오기誤記)이고, 백정白丁은 22대이다.

【原文】雲州: 中郞將 一, 郞將 三, 別將 八, 校尉 十六, 隊正 三十一, 行軍 九百二十六人, 精勇 十二隊內 馬·弩 各二, 左軍 十二隊內 馬 二, 弩 一, 右軍 四隊內 馬一, 保昌 四隊, 神騎 三十三人, 白丁 四十九隊.

운주雲州[325]: 중랑장中郞將 1명, 낭장郞將 3명, 별장別將 8명, 교위校尉 16명, 대정隊正 31명, 행군行軍 926명이 있다. 정용精勇은 12대隊인데, 이 안에는 마馬·노弩 각 2대가 있다. 좌군左軍은 12대인데, 이 안에는 마馬 2대, 노弩 1대가 있다. 우군右軍은 4대인데, 이 안에는 마馬 1대가 있다. 보창保昌은 4대이고, 신기神騎는 33명이며, 백정白丁은 49대이다.

【原文】延州: 中郞將 一, 郞將 四, 別將 九, 校尉 十八, 隊正 四十一, 行軍 一千五十二人, 精勇 十二隊內 馬二隊, 左軍 十隊內 馬·弩 各二, 右軍 三隊, 保昌 四隊, 白丁 五十隊, 神騎 二十六人.

연주延州[326]: 중랑장中郞將 1명, 낭장郞將 4명, 별장別將 9명, 교위校尉 18명, 대정隊正 41명, 행군行軍 1,052명이 있다. 정용精勇은 12대隊인데, 이 안에는 마馬 2대가 있다. 좌군左軍은 10대인데, 이 안에는 마馬·노弩 각 2대

---

324 **昌州** 지금의 평안북도 昌城郡으로, 고려시대에는 安北大都護府에 속해 있었다(『고려사』 58 地理志 3 昌州).

325 **雲州** 지금의 평안북도 雲山郡으로, 고려시대에는 安北大都護府에 속해 있었다(『고려사』 58 地理志 3 雲州).

326 **延州** 지금의 평안북도 寧邊郡으로, 고려시대에는 安北大都護府에 속해 있었다(『고려사』 58 地理志 3 延州).

가 있다. 우군右軍은 3대이다. 보창保昌은 4대이고, 백정白丁은 50대이며, 신기神騎는 26명이다.

【原文】博州: 中郎將 一, 郎將 五, 別將 九, 校尉 十九, 隊正 三十九, 行軍 一千三百八十七人, 精勇 十四隊內 馬二, 左軍 十四隊內 馬·弩 各五, 右軍 四隊內 馬一隊, 保昌 五隊, 白丁 一百二十隊, 步班 二十五人, 神騎 四十九人.

박주博州[327]: 중랑장中郎將 1명, 낭장郎將 5명, 별장別將 9명, 교위校尉 19명, 대정隊正 39명, 행군行軍 1,387명이 있다. 정용精勇은 14대隊인데, 이 안에는 마馬 2대가 있다. 좌군左軍은 14대인데, 이 안에는 마馬·노弩 각 5대가 있다. 우군右軍은 4대인데, 이 안에는 마馬 1대가 있다. 보창保昌은 5대이고, 백정白丁은 120대이다. 보반步班은 25명이고, 신기神騎는 49명이다.

【原文】嘉州: 中郎將 一, 郎將 五, 別將 十, 校尉 二十一, 隊正 四十三, 行軍 一千一百十九人, 精勇 十五隊, 左軍 十三隊內 弩 一隊, 右軍 二隊內 馬 一隊, 保昌 四隊, 白丁 百十三隊, 步班 四十人, 神騎 五十人.

가주嘉州[328]: 중랑장中郎將 1명, 낭장郎將 5명, 별장別將 10명, 교위校尉 21명, 대정隊正 43명, 행군行軍 1,119명이 있다. 정용精勇은 15대隊이다. 좌군左軍은 13대인데, 이 안에는 노弩 1대가 있다. 우군右軍은 2대인데, 이 안에는 마馬 1대가 있다. 보창保昌은 4대이다. 백정白丁은 113대이다. 보반步班은 40명이고, 신기神騎는 50명이다.

【原文】郭州: 中郎將 一, 郎將 四, 別將 九, 校尉 十八, 隊正 三十六, 行軍 九百六十六人, 精勇 十三隊內 馬 三隊, 左軍 十四隊內 馬三·弩一, 右軍 二

327 **博州** 지금의 평안북도 博川郡으로, 고려시대에는 安北大都護府의 防禦郡이었다(『고려사』 58 地理志 博州).

328 **嘉州** 지금의 평안북도 博川郡 嘉山面으로, 고려시대에는 安北大都護府의 防禦郡이었다(『고려사』 58 地理志 3 嘉州).

隊, 保昌 四隊, 神騎 五十三人, 步班 四十二人, 白丁 一百四十二隊.

곽주郭州[329]: 중랑장中郎將 1명, 낭장郎將 4명, 별장別將 9명, 교위校尉 18명, 대정隊正 36명, 행군行軍 966명이 있다. 정용精勇은 13대隊인데, 이 안에는 마馬 3대가 있다. 좌군左軍은 14대인데, 이 안에는 마馬 3대 · 노弩 1대가 있다. 우군右軍은 2대이다. 보창保昌은 4대이다. 신기神騎는 53명이고, 보반步班은 42명이며, 백정白丁은 142대이다.

【原文】 鐵州: 中郎將 一, 郎將 四, 別將 八, 校尉 十六, 隊正 三十二, 行軍 八百七十人, 精勇 十二隊內 馬二隊, 左軍 十二隊內 馬 · 弩 各二, 右軍 二隊, 保昌 四隊, 神騎 三十二人, 步班 二十九人, 白丁 六十二隊.

철주鐵州[330]: 중랑장中郎將 1명, 낭장郎將 4명, 별장別將 8명, 교위校尉 16명, 대정隊正 32명, 행군行軍 870명이 있다. 정용精勇은 12대隊인데, 이 안에는 마馬 2대가 있다. 좌군左軍은 12대인데, 이 안에는 마馬 · 노弩 각 2대가 있다. 우군右軍은 2대이다. 보창保昌은 4대이다. 신기神騎는 32명이고, 보반步班은 29명이며, 백정白丁은 62대이다.

【原文】 靈州: 郎將 四, 別將 七, 校尉 十四, 隊正 二十八, 行軍 七百二十九人, 精勇 十隊內 馬 一隊, 左軍 十隊內 馬 二 · 弩 一, 右軍 二隊, 保昌 四隊, 神騎 十五人, 步班 十七人, 白丁 二十五隊.

영주靈州[331]: 낭장郎將 4명, 별장別將 7명, 교위校尉 14명, 대정隊正 28명, 행군行軍 729명이 있다. 정용精勇은 10대隊인데, 이 안에는 마馬 1대가 있다. 좌군左軍은 10대인데, 이 안에는 마馬 2대 · 노弩 1대가 있다. 우군右軍

329 郭州 지금의 평안북도 定州郡 郭山面으로, 고려시대에는 安北大都護府의 防禦郡이었다(『고려사』 58 地理志 3 郭州).

330 鐵州 지금의 평안북도 鐵山郡으로, 고려시대에는 安北大都護府의 防禦郡이었다(『고려사』 58 地理志 3 鐵州).

331 靈州 고려시대에는 安北大都護府의 防禦郡으로, 현종 21년(1030)에 興化鎭을 승격시켜 靈州라고 하고 防禦使를 두었다(『고려사』 58 地理志 3 靈州).

은 2대이고, 보창保昌은 4대이다. 신기神騎는 15명이고, 보반步班은 17명이며, 백정白丁은 25대이다.

【原文】 猛州: 郎將 三, 別將 五, 校尉 十, 隊正 二十, 行軍 六百三十人, 精勇 十隊內 馬二隊, 左軍 八隊內 弩 一隊, 右軍 二隊內 馬 一隊, 保昌 四隊, 神騎 二十八人, 步班 二十五人, 白丁 九十六隊.

맹주猛州[332]: 낭장郎將 3명, 별장別將 5명, 교위校尉 10명, 대정隊正 20명, 행군行軍 630명이 있다. 정용精勇은 10대隊인데, 이 안에는 마馬 2대가 있다. 좌군左軍은 8대인데, 이 안에는 노弩 1대가 있다. 우군右軍은 2대인데, 이 안에는 마馬 1대가 있다. 보창保昌은 4대이고, 신기神騎는 28명이고, 보반步班은 25명이며, 백정白丁은 96대隊다.

【原文】 德州: 郎將 四, 別將 七, 校尉 十四, 隊正 二十八, 行軍 七百七十八人, 精勇 十隊內 馬 二隊, 左軍 十隊, 右軍二隊, 保昌 四隊 神騎 二十六人, 步班 二十三人, 白丁 五十五隊.

덕주德州[333]: 낭장郎將 4명, 별장別將 7명, 교위校尉 14명, 대정隊正 28명, 행군行軍 778명이 있다. 정용精勇은 10대隊인데, 이 안에는 마馬 2대가 있다. 좌군左軍은 10대이고, 우군右軍은 2대이다. 보창保昌은 4대이다. 신기神騎는 26명이고, 보반步班은 23명이며, 백정白丁은 55대이다.

【原文】 撫州: 郎將 四, 別將 七, 校尉 十四, 隊正 二十九, 行軍 八百一人, 精勇 十隊內 馬·弩 各一隊, 右軍 三隊, 保昌 三隊, 神騎 三十五人 白丁 七十八隊.

---

332 孟州 지금의 평안남도 孟山郡으로, 고려시대에는 安北大都護府에 속해 있었다(『고려사』 58 地理志 3 孟州).

333 德州 지금의 평안남도 德川郡으로, 고려시대에는 安北大都護府의 防禦郡이었다(『고려사』 58 地理志 3 德州).

무주撫州[334]: 낭장郎將 4명, 별장別將 7명, 교위校尉 14명, 대정隊正 29명, 행군行軍 801명이 있다. 정용精勇은 10대隊인데, 이 안에는 마馬·노弩 각 1대가 있다. 우군右軍은 3대이다. 보창保昌은 3대이다. 신기神騎는 35명이고, 백정白丁은 78대이다.

【原文】 順州: 中郎將 一, 郎將 二, 別將 七, 校尉 十三, 隊正 二十七, 行軍 七百五十五人, 精勇 十隊內 馬 二隊, 左軍 十隊內 馬·弩 各一隊, 右軍 二隊, 保昌 三隊, 神騎 四十人, 步班 二十人, 白丁 一百五十四隊.

순주順州[335]: 중랑장中郎將 1명, 낭장郎將 2명, 별장別將 7명, 교위校尉 13명, 대정隊正 27명, 행군行軍 755명이 있다. 정용精勇은 10대인데, 이 안에는 마馬 2대가 있다. 좌군左軍은 10대인데, 이 안에는 마馬·노弩 각 1대가 있다. 우군右軍은 2대이다. 보창保昌은 3대이다. 신기神騎는 40명이고, 보반步班은 20명이며, 백정白丁은 154대이다.

【原文】 渭州: 郎將 五, 別將 八, 校尉 十六, 隊正 二十, 行軍 九百十八人, 精勇 十二隊內 馬 二隊, 左軍 十二隊內 馬·弩 各一隊, 右軍 三隊, 保昌 五隊, 神騎·步班 各三十二人, 白丁 八十三隊.

위주渭州[336]: 낭장郎將 5명, 별장別將 8명, 교위校尉 16명, 대정隊正 20명, 행군行軍 918명이 있다. 정용精勇은 12대隊인데, 이 안에는 마馬 2대가 있다. 좌군左軍은 12대인데, 이 안에는 마馬·노弩 각 1대가 있다. 우군右軍은 3대이고, 보창保昌은 5대이다. 신기神騎·보반步班은 각 32명이고, 백정白丁은 83대이다.

---

334 撫州 지금의 평안북도 寧邊郡 撫山으로, 고려시대에는 安北大都護府에 속해 있었다(『고려사』 58 地理志 3 撫州).

335 順州 지금의 평안남도 順川郡으로, 고려시대에는 安北大都護府에 속한 防禦郡이었다(『고려사』 58 地理志 3 順州).

336 渭州 지금의 평안북도 寧邊郡으로, 고려시대에는 安北大都護府의 防禦郡이었다(『고려사』 58 地理志 3 渭州).

【原文】泰州: 郎將 四, 別將 七, 校尉 十四, 隊正 二十八, 行軍 八百九十五人, 精勇 十三隊內 馬三隊, 左軍 十隊內 馬 一隊, 保昌 三隊, 神騎 二十二人, 步班 三十九人, 白丁 五十七隊.

태주泰州[337]: 낭장郎將 4명, 별장別將 7명, 교위校尉 14명, 대정隊正 28명, 행군行軍 895명이 있다. 정용精勇은 13대隊인데, 이 안에는 마馬 3대가 있다. 좌군左軍은 10대인데, 이 안에는 마馬 1대가 있다. 보창保昌은 3대隊이고, 신기神騎는 22명. 보반步班은 39명이며, 백정白丁은 57대이다.

【原文】成州: 中郎將 一, 郎將 三, 別將 七, 校尉 十二, 隊正 二十七, 行軍 七百四十四人, 精勇 十隊內 馬·弩 各一隊, 左軍 九隊內 馬·弩 各一隊, 右軍 三隊, 保昌 五隊, 神騎 十七人, 步班 三十三人, 白丁 二百一隊.

성주成州[338]: 중랑장中郎將 1명, 낭장郎將 3명, 별장別將 7명, 교위校尉 12명, 대정隊正 27명, 행군行軍 744명이 있다. 정용精勇은 10대隊인데, 이 안에는 마馬·노弩 각 1대가 있다. 좌군左軍은 9대인데, 이 안에는 마馬·노弩 각 1대가 있다. 우군右軍은 3대이다. 보창保昌은 5대이다. 신기神騎는 17명이고, 보반步班은 33명이며, 백정白丁은 201대이다.

【原文】殷州: 郎將 五, 別將 八, 校尉 十八, 隊正 三十三, 行軍 九百十七人, 精勇 二十二隊內 馬·弩 各一隊, 左軍 十二隊, 右軍 三隊, 保昌 四隊, 神騎 三十四人, 步班 五十九人, 白丁 八十五隊.

은주殷州[339]: 낭장郎將 5명, 별장別將 8명, 교위校尉 18명, 대정隊正 33명, 행군行軍 917명이 있다. 정용精勇은 22대隊인데, 이 안에는 마馬·노弩 각 1

---

337 泰州 지금의 평안북도 泰川郡으로, 고려시대에는 安北大都護府의 防禦郡이었다(『고려사』 58 地理志 3 泰州).

338 成州 지금의 평안남도 成川郡으로 본래 沸流國 松讓王의 古都로 알려져 있으며, 고려시대에는 安北大都護府의 防禦郡이었다(『고려사』 58 地理志 3 成州).

339 殷州 지금의 평안남도 順天郡 殷山面으로, 고려시대에는 安北大都護府의 防禦郡이었다(『고려사』 58 地理志 3 殷州).

대가 있다. 좌군左軍은 12대이고, 우군右軍은 3대이다. 보창保昌은 4대이다. 신기神騎는 34명이고, 보반步班은 59명이며, 백정白丁은 85대이다.

【原文】 肅州; 都領郎將 一, 郎將 四, 別將 八, 校尉 十五, 隊正 三十二, 行軍 九十五人, 精勇 十二隊內 馬 二隊, 左軍 十二隊內 馬・弩 各二隊, 右軍 三隊, 保昌 四隊, 神騎 三十九人, 步班 五十人, 白丁 三十七隊.

숙주肅州[340]: 도령낭장都領郎將 1명, 낭장郎將 4명, 별장別將 8명, 교위校尉 15명, 대정隊正 32명, 행군行軍 95명이 있다. 정용精勇은 12대隊인데, 이 안에는 마馬 2대가 있다. 좌군左軍은 12대인데, 이 안에는 마馬・노弩 각 2대가 있다. 우군右軍은 3대이다. 보창保昌은 4대이다. 신기神騎는 39명이고, 보반步班은 50명이며, 백정白丁은 37대이다.

【原文】 寧德城: 中郎將 一, 郎將 四, 別將 八, 校尉 十六, 隊正 三十二, 行軍 八百三十二人, 精勇 十五隊內 馬 三隊, 左軍 十隊內 馬・弩 各二隊, 右軍 二隊, 保昌 三隊, 神騎 四十九人, 白丁 五十一隊.

영덕성寧德城[341]: 중랑장中郎將 1명, 낭장郎將 4명, 별장別將 8명, 교위校尉 16명, 대정隊正 32명, 행군行軍 832명이 있다. 정용精勇은 15대隊인데, 이 안에는 마馬 3대가 있다. 좌군左軍은 10대인데, 이 안에는 마馬・노弩 각 2대가 있다. 우군右軍은 2대이다. 보창保昌은 3대이다. 신기神騎는 49명이고, 백정白丁은 51대이다.

【原文】 威遠鎭: 郎將 四, 別將 六, 校尉 十二, 隊正 二十五, 行軍 六百八十九

340 肅州 지금의 평안남도 平原郡 肅川面으로, 고려시대에는 安北大都護府의 防禦郡이었다(『고려사』 58 地理志 3 肅州).

341 寧德城 지금의 평안북도 義州郡 동남쪽에 있던 고려시대의 鎭으로, 고려 현종 21년(1030)에 둘레 4,012척의 토성을 쌓았고, 문종 10년(1056)에 契丹 興宗의 諱를 피하여 寧德鎭에서 寧德城으로 이름을 바꾸었다(『고려사』 58 地理志 3 寧德鎭 및 『신증동국여지승람』 53 義州牧 古跡 古寧德鎭).

人, 精勇 十二隊, 左軍 七隊內 馬 · 弩 各二隊, 右軍 二隊, 保昌 四隊, 神騎 二十七人, 步班 二十四人, 白丁 五十二隊.

위원진威遠鎭[342]: 낭장郎將 4명, 별장別將 6명, 교위校尉 12명, 대정隊正 25명, 행군行軍 689명이 있다. 정용精勇은 12대隊이다. 좌군左軍은 7대인데, 이 안에는 마馬 · 노弩 각 2대가 있다. 우군右軍은 2대이다, 보창保昌은 4대이다. 신기神騎는 27명이고, 보반步班은 24명이며, 백정白丁은 52대이다.

【原文】 定戎鎭: 中郎將 一, 郎將 三, 別將 七, 校尉 十四, 隊正 二十八, 行軍 七百十三人, 精勇 十隊內 馬 四隊, 左軍 八隊內 馬 · 弩 各一隊, 右軍 四隊內 馬一隊, 保昌 五隊, 神騎 三十三人, 步班 十人, 白丁 五十六隊.

정융진定戎鎭[343]: 중랑장中郎將 1명, 낭장郎將 3명, 별장別將 7명, 교위校尉 14명, 대정隊正 28명, 행군行軍 713명이 있다. 정용精勇은 10대隊인데, 이 안에는 마馬 4대가 있다. 좌군左軍은 8대인데, 이 안에는 마馬 · 노弩 각 1대가 있다. 우군右軍은 4대인데, 이 안에는 마馬 1대가 있다. 보창保昌은 5대이다. 신기神騎는 33명이고, 보반步班은 10명이며, 백정白丁은 56대이다.

【原文】 寧朔鎭: 郎將 五, 別將 八, 校尉 十, 隊正 三十二, 行軍 八百五十一人, 精勇 十三隊內 馬 四隊, 左軍 十三隊內 馬 二隊 · 弩 一隊, 保昌 四隊, 神騎 二十九人, 步班 二十三人, 白丁 十五隊.

영삭진寧朔鎭[344]: 낭장郎將 5명, 별장別將 8명, 교위校尉 10명, 대정隊正 32명, 행군行軍 851명이 있다. 정용精勇은 13대隊인데, 이 안에는 마馬 4대가 있다. 좌군左軍은 13대인데, 이 안에는 마馬 2대 · 노弩 1대가 있다. 보창保

---

342 **威遠鎭** 지금의 평안북도 義州郡 남쪽에 있던 鎭으로, 『고려사』 地理志에는 옛 石城을 수축하고 興化鎭 서북쪽에 威遠鎭을 쌓았다고 하였다(『고려사』 58 地理志 3 威遠鎭).

343 **定戎鎭** 지금의 평안북도 義州郡에 있던 鎭으로, 『고려사』 地理志에는 옛 石壁을 수축하고 興化鎭 서쪽에 定戎鎭을 쌓았다고 하였다(『고려사』 58 地理志 3 定戎鎭).

344 **寧朔鎭** 지금의 평안북도 義州郡에 있던 鎭으로, 고려시대에는 安北大都護府에 속하였다(『고려사』 58 地理志 3 寧朔鎭).

昌은 4대이다. 신기神騎는 29명이고, 보반步班은 23명이며, 백정白丁은 15대이다.

【原文】安義鎭: 郎將 四, 別將 七, 校尉 十四, 隊正 二十八, 行軍 七百十一人, 精勇 九隊內 馬 二隊, 左軍 六隊, 保昌 七隊, 神騎 三十人, 步班 十七人, 白丁 五十四隊.

안의진安義鎭[345]: 낭장郎將 4명, 별장別將 7명, 교위校尉 14명, 대정隊正 28명, 행군行軍 711명이 있다. 정용精勇은 9대隊인데, 이 안에는 마馬 2대가 있다. 좌군左軍은 6대이다. 보창保昌은 7대이다. 신기神騎는 30명이고, 보반步班은 17명이며, 백정白丁은 54대이다.

【原文】淸塞鎭: 中郎將 一, 郎將 三, 別將 七, 校尉 十五, 隊正 三十一, 行軍 八百三十人, 精勇 十二隊內 馬 二隊, 左軍 十隊內 弩 一隊, 右軍 三隊, 保昌 五隊, 神騎 五十人, 步班 三十六人, 白丁 六十二隊.

청새진淸塞鎭[346]: 중랑장中郎將 1명, 낭장郎將 3명, 별장別將 7명, 교위校尉 15명, 대정隊正 31명, 행군行軍 830명이 있다. 정용精勇은 12대隊인데, 이 안에는 마馬 2대가 있다. 좌군左軍은 10대인데, 이 안에는 노弩 1대가 있다. 우군右軍은 3대이다. 보창保昌은 5대이다. 신기神騎는 50명이고, 보반步班은 36명이며, 백정白丁은 62대이다.

【原文】平虜鎭: 中郎將 一, 郎將 三, 別將 七, 校尉 十五, 隊正 二十一, 行軍 八百四十七人, 精勇 十三隊內 馬三隊, 左軍 十隊內 馬 二隊, 右軍 三隊, 保昌 四隊, 神騎 二十八人, 步班 四十二人, 白丁 四十二隊.

---

345 **安義鎭** 지금의 평안북도 龜城郡에 있던 鎭으로, 고려시대에는 安北大都護府에 속하였다(『고려사』 58 地理志 3 安義).

346 **淸塞鎭** 지금의 평안북도 熙川郡에 있던 鎭으로, 고려시대에는 安北大都護府에 속하였다(『고려사』 58 地理志 3 淸塞鎭).

평로진平虜鎭[347]: 중랑장中郎將 1명, 낭장郎將 3명, 별장別將 7명, 교위校尉 15명, 대정隊正 21명, 행군行軍 847명이 있다. 정용精勇은 13대隊인데, 이 안에는 마馬 3대가 있다. 좌군左軍은 10대인데, 이 안에는 마馬 2대가 있다. 우군右軍은 3대이다, 보창保昌은 4대이다. 신기神騎는 28명이고, 보반步班은 42명이며, 백정白丁은 42대이다.

【原文】 寧遠鎭: 郎將 四, 別將 七, 校尉 十三, 隊正 二十八, 行軍 七百八十三人, 精勇 十隊, 左軍 十隊內 馬·弩 各一隊, 右軍 一隊, 保昌 五隊, 神騎 二十三人, 步班 五十一人, 白丁 三十隊.

영원진寧遠鎭[348]: 낭장郎將 4명, 별장別將 7명, 교위校尉 13명, 대정隊正 28명, 행군行軍 783명이 있다. 정용精勇은 10대隊이다. 좌군左軍은 10대인데, 이 안에는 마馬·노弩 각 1대가 있다. 우군右軍은 1대이다. 보창保昌은 5대이다. 신기神騎는 23명이고, 보반步班은 51명이며, 백정白丁은 30대이다.

【原文】 朝陽鎭: 將 一, 副將 一, 中郎將 一, 郎將 五, 別將 八, 校尉 二十, 隊正 四十一, 行軍 一千一百四十三人, 精勇 十五隊內 馬二隊, 左軍 十五隊內 馬·弩 各二, 右軍 三隊, 保昌 五隊, 神騎 四十二人, 步班 四十四人, 白丁 六十七隊.

조양진朝陽鎭[349]: 장將[350] 1명, 부장副將 1명, 중랑장中郎將 1명, 낭장郎將 5

---

347 **平虜鎭** 지금의 평안북도 熙川郡 新豊面에 비정되며, 고려시대에는 安北大都護府에 속하였다(『고려사』 58 地理志 3 平虜鎭).

348 **寧遠鎭** 지금의 평안남도 寧遠郡으로, 고려시대에는 安北大都護府에 속하였다(『고려사』 58 地理志 3 寧遠鎭).

349 **朝陽鎭** 지금의 평안남도 价川郡에 있었으며, 태조 13년(930) 馬山에 성을 쌓고 安水鎭이라고 하였다. 현종 9년(1018)에 連州防禦使로 고치고 뒤에 朝陽鎭이라고 하다가 다시 价州로 고쳤다(『고려사』 58 地理志 3 安北大都護府 朝陽鎭).

350 **將** 鎭의 장관인 鎭將을 일컫는데, 鎭將에 대해서는 '諸鎭 文宗定 將 一人 七品以上 副將 一人 八品以上'(『고려사』 7 百官志 2 外職)이라는 기록이 있다. 일반적으로 진수군의 長으로는 都領이 임명되었지만 兵志 주현군 조에는 朝陽鎭을 비롯한 몇 군데의 鎭에는 도령 대신 將을 적어놓고 있다. 그러나 이러한 곳에서는 진장이 도령을 겸임하였다고 보는 것이

명, 별장別將 8명, 교위校尉 20명, 대정隊正 41명, 행군行軍 1,143명이 있다. 정용精勇은 15대隊인데, 이 안에는 마馬 2대가 있다. 좌군左軍은 15대인데, 이 안에는 마馬·노弩 각 2대가 있다. 우군右軍은 3대이다. 보창保昌은 5대이다. 신기神騎는 42명이고, 보반步班은 44명이며, 백정白丁은 67대이다.

【原文】陽嵒鎭: 將 一, 中郞將 一, 郞將 三, 校尉 七, 隊正 十四, 行軍 四百二十二人, 精勇 五隊內 馬 一隊, 左軍 五隊內 馬·弩 各一隊, 右軍 一隊, 保昌 三隊, 神騎 十一人, 步班 十二人, 白丁 三十隊.

양암진陽嵒鎭[351]: 장將 1명, 중랑장中郞將 1명, 낭장郞將 3명, 교위校尉 7명, 대정隊正 14명, 행군行軍 422명이 있다. 정용精勇은 5대隊인데, 이 안에는 마馬 1대가 있다. 좌군左軍은 5대인데, 이 안에는 마馬·노弩 각 1대가 있다. 우군右軍은 1대이다. 보창保昌은 3대이다. 신기神騎는 11명이고, 보반步班은 12명이며, 백정白丁은 30대이다.

【原文】樹德鎭: 將 一, 別將 一, 校尉 二, 隊正 五, 行軍 一百五十三人, 精勇 二隊內 馬 一隊, 左軍 二隊, 保昌 一隊, 神騎 十人, 白丁 二十二隊.

수덕진樹德鎭[352]: 장將 1명, 별장別將 1명, 교위校尉 2명, 대정隊正 5명, 행군行軍 153명이 있다. 정용精勇은 2대隊인데, 이 안에는 마馬 1대가 있다. 좌군左軍은 2대이다. 보창保昌은 1대이다. 신기神騎는 10명이고, 백정白丁은 22대이다.

타당할 것이다. 즉 도령과 마찬가지로 鎭將에도 武官이 임명되어, 상비군–抄軍·左軍·右軍과 保昌軍, 寧塞軍–을 지휘하는 동시에 鎭의 예비군이나 屯田 등 民政에 대해서도 책임을 가졌던 것이다(이기백, 「고려 양계의 주진군」, 『고려병제사연구』, 일조각, 1968, 256~258쪽).

351 **陽嵒鎭** 지금의 평안남도 陽德郡으로, 태조 21년(938)에 성을 쌓았으며, 安北大都護府에 속하였다(『고려사』 58 地理志 3 陽岩鎭).

352 **樹德鎭** 지금의 평안남도 陽德郡으로, 성종 2년(983)에 성을 쌓았으며, 安北大都護府에 속하였다(『고려사』 58 地理志 3 樹德鎭).

【原文】安戎鎭: 將 一, 郎將 一, 別將 二, 校尉 四, 隊正 八, 行軍 二百六人, 精勇 二隊, 左軍 三隊, 保昌 一隊, 神騎 十一人, 步班 二十七人, 白丁 三十三隊.

안융진安戎鎭[353]: 장將 1명, 낭장郎將 1명, 별장別將 2명, 교위校尉 4명, 대정隊正 8명, 행군行軍 206명이 있다. 정용精勇은 2대隊이고, 좌군左軍은 3대이다. 보창保昌은 1대이다. 신기神騎는 11명이고, 보반步班은 27명이며, 백정白丁은 33대이다.

【原文】通海縣: 郎將 一, 別將 二, 校尉 五, 隊正 十, 行軍 二百七十四人, 精勇 四隊, 左軍 三隊, 右軍 一隊, 保昌 一隊, 神騎 五人, 步班 十四人.

通海江: 校尉 一, 隊正 二, 行軍 四十三人.

통해현通海縣[354]: 낭장郎將 1명, 별장別將 2명, 교위校尉 5명, 대정隊正 10명, 행군行軍 274명이 있다. 정용精勇은 4대隊이고, 좌군左軍은 3대이다. 우군右軍은 1대이다. 보창保昌은 1대이다. 신기神騎는 5명이고, 보반步班은 14명이다

통해강通海江[355]: 교위校尉 1명, 대정隊正 2명, 행군行軍 43명이 있다.

【原文】永清縣: 郎將 三, 別將 四, 校尉 八, 隊正 十六, 行軍 四百三十二人, 精勇 六隊, 左軍 五隊, 右軍·保昌 各二隊, 神騎 二十八人, 步班 九人, 白丁 一百隊.

영청현永清縣[356]: 낭장郎將 3명, 별장別將 4명, 교위校尉 8명, 대정隊正 16

353 **安戎鎭** 지금의 평안남도 安州郡 立石面 일대로, 광종 25년(974)에 성을 쌓았으며, 安北大都護府에 속하였다(『고려사』 58 地理志 3 安戎鎭).

354 **通海縣** 지금의 평안남도 平原郡 永柔面에 있었으며, 태조 17년(934)에 성을 쌓았으며, 고종 43년(1256)에는 縣令을 파하고 安仁鎭 將이 鎭將을 겸하게 하였다(『고려사』 58 地理志 3 通海縣).

355 **通海江** 위치 미상이나 通海縣 주위의 강으로 여겨지며, 이 강을 지키기 위해 군대를 배치하였을 것이다.

356 **永清縣** 지금의 평안남도 平原郡 永柔面으로, 安北大都護府에 속하였다(『고려사』 58 地理志 3 永清縣).

명, 행군行軍 432명이 있다. 정용精勇은 6대隊이고, 좌군左軍은 5대이다. 우군右軍과 보창保昌은 각 2대이다. 신기神騎는 28명이고, 보반步班은 9명이며, 백정白丁은 100대이다.

【原文】咸從縣: 郎將 一, 假郎將 三, 別將 六, 校尉 十三, 隊正 二十六, 行軍 七百二十九人, 精勇 八隊, 左軍 十隊, 右軍 二隊, 保昌 四隊, 神騎 二十人, 步班 三十一人, 白丁 四十九隊.

함종현咸從縣[357]: 낭장郎將 1명, 가낭장假郎將 3명, 별장別將 6명, 교위校尉 13명, 대정隊正 26명, 행군行軍 729명이 있다. 정용精勇은 8대隊이고, 좌군左軍은 10대이다. 우군右軍은 2대이다. 보창保昌은 4대이다. 신기神騎는 20명이고, 보반步班은 31명이며, 백정白丁은 49대이다.

【原文】龍岡縣: 郎將 三, 別將 六, 校尉 十二, 隊正 二十四, 行軍 六百五十六人, 精勇 八隊, 左軍 八隊, 右軍 二隊, 保昌 四隊, 神騎 三十五人, 步班 四十人, 白丁 五十九隊.

용강현龍岡縣[358]: 낭장郎將 3명, 별장別將 6명, 교위校尉 12명, 대정隊正 24명, 행군行軍 656명이 있다. 정용精勇은 8대隊이고, 좌군左軍은 8대이다. 우군右軍은 2대이다. 보창保昌은 4대이다. 신기神騎는 35명이고, 보반步班은 40명이며, 백정白丁은 59대이다.

【原文】三和縣: 別將 一, 校尉 二, 隊正 五, 行軍 一百三十五人.

삼화현三和縣[359]: 별장別將 1명, 교위校尉 2명, 대정隊正 5명, 행군行軍 135

357 **咸從縣** 지금의 평안남도 江西郡 咸從面으로, 安北大都護府에 속하였다(『고려사』 58 地理志 3 咸從縣).

358 **龍岡縣** 지금의 평안남도 龍岡郡으로, 安北大都護府에 속하였다(『고려사』 58 地理志 3 龍岡縣).

359 **三和縣** 인종 14년(1136)에 西京畿를 나누어 6縣을 만들 때에 金堂·呼山·漆井 등 3 部曲을 합하여 三和縣으로 하고 縣令을 두었다(『고려사』 58 地理志 3 三和縣).

〈표 4〉 북계北界 주진군州鎭軍 일람표一覽表

部隊 / 單位 / 地名	都領	中郎將	郎將	別將	校尉	隊正	行軍	精勇(馬)(弩)	抄軍(馬)	左軍(馬)(弩)	右軍(馬)	保昌	〔小計〕	神騎	步班	白丁	
	人	人	人	人	人	人	人	隊	隊	隊	隊	隊	隊	人	人	隊	(25×隊)人
西京							1,950	40				19	(海軍)60	(元定兩班軍閑人雜類 9,572)			
安北府	中郎將 1	2	7	14	28	58	1,515		16(4)	26(2)(2)	4(1)	7	53			27	675
龜州	中郎將 1	2	7	15	30	60	1,642		24(4)	20(4)(2)	〈5〉	8	〈57〉52				
宣州	中郎將 1	2	6	12	25	50	1,337		26(4)	20(2)(2)	4(1)	6	56			76	1,900
龍州	中郎將 1	2	8	19	23	60	1,778		32	32(4)(2)	4	6	74			74	1,850
沙比江				1	2	4	99						〈4〉				
靜州	中郎將 1	2	9	19	39	79	2,075		36(6)	30(4)(4)	4	6	76	108		28	700
麟州		2	9	18	36	72	1,893	36(6)		34(4)(4)	4	4	78			36	900
義州		3	6	12	24	48	1,249										
朔州		1	5	10	22	45	1,209	18(6)		18(2)(1)	4(1)	5	45	45	12	48	1,200
昌州		1	4	9	18	36	971	16(2)		10(2)(2)	3(1)	4	33	22	21	22	550
雲州		1	3	8	16	31	926	12(2)(2)		12(2)(1)	4(1)	4	32	33		49	1,225
延州		1	4	9	18	41	1,052	12(2)		10(2)(2)	3	4	29	26		50	1,250
博州		1	5	9	19	39	1,387	14(2)		14(5)(5)	4(1)	5	37	49	25	120	3,000
嘉州		1	5	10	21	43	1,119	15		13 (1)	2(1)	4	34	50	40	113	2,825
郭州		1	4	9	18	36	966	13(3)		14(3)(1)	2	4	33	53	42	142	3,550
鐵州		1	4	8	16	32	870	12(2)		12(2)(2)	2	4	30	32	29	62	1,550
靈州			4	7	14	28	729	10(1)		10(2)(1)	2	4	26	15	17	25	625
猛州			3	5	10	20	630	10(2)		8 (1)	2(1)	4	24	28	25	96	2,400
德州			4	7	14	28	778	10(2)		10	2	4	26	26	23	55	1,375
撫州			4	7	14	29	801	10(1)(1)		〈10〉	3	3	〈26〉16	35		78	1,950
順州		1	2	7	13	27	755	10(2)		10(1)(1)	2	3	25	40	20	154	3,850
渭州			5	8	16	〈30〉20	918	12(2)		12(1)(1)	3	5	32	32	32	83	2,075

泰州			4	7	14	28	895	13(3)		10(1)		3	26	22	39	57	1,425
成州		1	3	7	12	27	744	10(1)(1)		9(1)(1)	3	5	27	17	33	201	5,025
殷州			5	8	18	33	917	〈12〉 22(1)(1)		12	3	4	〈31〉41	34	59	85	2,125
肅州	郎將 1		4	8	15	32	〈895〉95	12(2)		12(2)(2)	3	4	31	39	50	37	925
寧德城		1	4	8	16	32	832	15(3)		10(2)(2)	2	3	30	49		51	1,275
威遠鎭			4	6	12	25	689	12		7(2)(2)	2	4	25	27	24	52	1,300
定戎鎭			3	7	14	28	713	10(4)		8(1)(1)	4(1)	5	27	33	10	56	1,400
寧朔鎭			5	8	〈16〉10	32	851	13(4)		13(2)(1)		4	30	29	23	15	375
安義鎭			4	7	14	28	711	9(2)		6		7	22	30	17	54	1,350
清塞鎭		1	3	7	15	31	830	12(2)		10 (1)	3	5	30	50	36	62	1,550
平虜鎭		1	3	7	15	〈31〉21	847	13(3)		10(2)	3	4	30	28	42	42	1,050
寧遠鎭			4	7	13	28	783	10		10(1)(1)	1	5	26	23	51	30	750
朝陽鎭	將1 副將1	1	5	8	20	41	1,143	15(2)		15(2)(2)	3	5	38	42	44	67	1,675
陽嵓鎭	將 1	1	3		7	14	422	5(1)		5(1)(1)	1	3	14	11	12	30	750
樹德鎭	將 1			1	2	5	153	2(1)		2		1	5	10		22	550
安戎鎭	將 1		1	2	4	8	206	2		3		1	6	11	27	33	825
通海縣			1	2	5	10	274	4		3	1	1	9	5	14		
通海江					1	2	43						〈2〉				
永淸縣			3	4	8	16	432	6		5	2	2	15	28	9	100	2,500
咸從縣			1, 假郎將3	6	13	26	729	8		10	2	4	24	20	31	49	1,225
龍江縣			3	6	12	24	656	8		8	2	4	22	35	40	59	1,475
三和縣				1	2	5	135						〈5〉				
三登縣				假別將1	2	5	121						〈5〉				
〔計〕	11	31	174	341	680 〈686〉	1,387 〈1,407〉	39,870 〈40,670〉	451(64)(5)	134(18)	483(59)(49) 〈493〉	93(9) 〈98〉	187	1,349 〈1,370〉	1,137	847	2,440	61,000

* 이기백, 「고려 주현군고」, 『고려병제사연구』, 1968, 246~247쪽에 의함.

** 〈 〉안의 합계 숫자는 이기백이 계산한 것임.

명이다.

【原文】 三登縣: 假別將 一, 校尉 二, 隊正 五, 行軍 一百二十一人.

삼등현三登縣[360]: 가별장假別將 1명, 교위校尉 2명, 대정隊正 5명, 행군行軍 121명이다.

* 이상의 북계 주진군을 일람표로 정리하면 〈표 4〉와 같다.

동계東界

【原文】 安邊府: 都領 一, 郞將 二, 別將 四, 校尉 十二, 隊正 二十七, 抄軍 · 左 · 右軍 各八隊, 寧塞軍 三隊 五人 計百五十, 工匠 一梗, 計三十三人.

안변부安邊府[361]: 도령都領 1명, 낭장郞將 2명, 별장別將 4명, 교위校尉 12명, 대정隊正 27명이 있다. 초군抄軍 · 좌군左軍 · 우군右軍은 각 8대隊이다. 영새군寧塞軍[362]은 3대 5명으로 합계 150명이고, 공장工匠[363]은 1경梗[364]으로

360 **三登縣** 인종 14년(1136)에 西京畿를 나누어 6縣을 만들 때에, 成州 소속의 新城 · 藿平 · 狗牙 등의 3 部曲을 합하여 三登縣으로 하고 縣令을 두었다(『고려사』 58 地理志 3 三登縣).

361 **安邊府** 安邊都護府를 말한다. 고려는 성종 14년(995)에 지방제도를 개편하면서 국방을 위한 군사적 기지로서의 성격을 가진 도호부를 5군데 설치하였는데, 안변도호부는 동북면의 국경지방인 和州(지금의 함경남도 永興郡)에 두었다가, 현종 9년(1018)에 登州(함경남도 安邊郡)으로 옮겨왔다(『고려사』 58 地理志 3 東界 安邊都護府 및 이기백, 「고려 지방제도의 정비와 주현군의 성립」, 『고려병제사연구』, 일조각, 1968).

362 **寧塞軍** 고려사 兵志 주현군 조에는 保昌이 북계에만 나오고 동계에는 나오지 않는다. 대신 동계에는 寧塞軍이 나오는데, 아마도 동계의 영새군과 북계의 보창은 성격이 같은 부대로 보아도 좋을 것이다. 보창은 정용과 함께 주진군의 중요 기간부대였는데, 정용이 馬軍인 데 비해 보창은 步兵부대로 짐작된다. 중앙군의 6위에도 保勝이라는 보병부대가 있는데, 주진군의 보창은 보승과 비슷한 존재로 보인다(이기백, 「고려 양계의 주진군」, 『고려병제사연구』, 일조각, 1968, 253~254쪽).

363 **工匠** 명칭으로 보아 수공업과 관련된 특수부대일 것으로 짐작된다(이기백, 「고려 양계의 주진군」, 앞의 책, 256쪽).

364 **梗** 工匠 · 田匠 · 投化는 부대단위가 隊가 아니라 梗으로 표시되어 있다.

합계 33명이다.

【原文】 瑞谷縣: 別將 一, 校尉 二, 隊正 三, 左軍 一隊, 右軍 二隊, 寧塞 一隊, 三十一人, 工匠 一梗.

서곡현瑞谷縣[365]: 별장別將 1명, 교위校尉 2명, 대정隊正 3명이 있다. 좌군左軍은 1대隊이고, 우군右軍은 2대隊이다. 영새寧塞는 1대隊 31명이고. 공장工匠은 1경梗이다.

【原文】 汶山縣: 右軍 一隊, 工匠 一梗.

문산현汶山縣[366]: 우군右軍이 1대隊이고, 공장工匠은 1경梗이다.

【原文】 衛山縣: 校尉 一, 左軍 二隊, 右軍 一隊, 寧塞 一隊, 工匠 一梗.

위산현衛山縣[367]: 교위校尉 1명이 있다. 좌군左軍은 2대隊이고, 우군右軍은 1대이다. 영새寧塞는 1대이고, 공장工匠은 1경梗이다.

【原文】 翼谷縣: 校尉 一, 左軍 一隊, 寧塞 一隊.

鐵垣戍: 右軍 · 寧塞 各一隊.

凝川貢所: 左軍 · 寧塞 各一隊, 行軍四十六.

익곡현翼谷縣[368]: 교위校尉 1명이 있다. 좌군左軍은 1대隊이고, 영새寧塞는 1대이다.

---

365 **瑞谷縣** 지금의 함경남도 安邊郡 瑞谷面으로, 현종 9년(1018)에 安邊都護府의 屬縣이 되었다(『고려사』 58 地理志 3 瑞谷縣).

366 **汶山縣** 고려 현종 9년(1018)에 安邊都護府의 屬縣이 되었고, 뒤에 이름을 文山으로 고쳤다(『고려사』 58 地理志 3 汶山縣).

367 **衛山縣** 지금의 함경남도 安邊郡 衛益面 지역으로, 현종 9년(1018)에 安邊都護府의 屬縣이 되었다(『고려사』 58 地理志 3 衛山縣).

368 **翼谷縣** 지금의 함경남도 安邊郡 지역으로, 安邊都護府의 屬縣이었다(『고려사』 58 地理志 3 衛山縣).

철원수鐵垣戍[369]: 우군右軍과 영새寧塞는 각 1대이다.

웅천공소凝川貢所[370]: 좌군左軍과 영새寧塞는 각 1대이고, 행군行軍은 46명이다.

【原文】 孤山縣: 別將 一, 校尉 三, 隊正 七, 抄軍·左·右軍 各二隊, 寧塞 一隊.

고산현孤山縣[371]: 별장別將 1명, 교위校尉 3명, 대정隊正 7명이 있다. 초군抄軍과 좌군左軍·우군右軍은 각 2대隊이고, 영새寧塞는 1대이다.

【原文】 鶴浦縣: 別將 一, 校尉 二, 隊正 四, 抄軍 二隊, 左·右軍 各一隊, 寧塞 一隊.

壓戎戍: 校尉 一, 隊正 二, 左·右軍 各一隊, 寧塞 七人.

학포현鶴浦縣[372]: 별장別將 1명, 교위校尉 2명, 대정隊正 4명이 있다. 초군抄軍은 2대隊이고, 좌군左軍과 우군右軍은 각 1대隊이며, 영새寧塞는 1대이다.

압융수壓戎戍[373]: 교위校尉 1명, 대정隊正 2명이 있다. 좌군左軍과 우군右軍

---

369 **鐵垣戍** 『신증동국여지승람』 49 安邊都護府 고적 조에 '鐵垣戍 在府東波川社海口 有小石城 世稱戍城 在江原道歙谷縣境'이라고 되어 있다. 兵志 주현군 조에는 동계의 주진에 鐵垣戍 이하 3개의 戍가 더 설치된 것으로 기록되어 있으나, 주현군 조의 기사 이외에도 兵志 城堡 조에는 더 많은 戍의 존재가 확인되고 있다(『고려사』 82 兵志 2 城堡 靖宗 7년 조 및 靖宗 10년 조 참조). 이 3개의 戍는 모두 안변부에 설치된 것으로 안변 부근의 동해안에 돌출하고 있는 해상요로에 위치하고 있다, 또 城堡 조에 기록된 戍는 육지의 長城에 연한 鎭城에 설치되었다. 이러한 사실은 전방 일선의 州鎭(諸城)들이 외적의 침입에 대한 방어를 보다 효과적으로 수행하기 위해 戍를 설치했음을 말해준다. 戍는 적군의 동태를 탐지하여 그 정보를 본진에 보고하고, 적의 소규모 침입을 직접 격퇴하기도 하는 기능을 가지고 있었으며, 본진에서 교대로 파견된 병력이 상주하였을 것으로 추정된다(이기백, 「고려 양계의 주진군」, 『고려병제사연구』, 일조각, 1968, 261~263쪽).

370 **凝川貢所** 위치 미상.

371 **孤山縣** 고려시대 朔方道에 설치된 站驛 중의 하나였는데(『고려사』 82 兵志 2 站驛 조), 조선시대에 安邊府 남쪽 75리에 있던 高山驛과 같은 곳이 아닌가 한다(『신증동국여지승람』 49 安邊都護府 驛院 高山驛). 지금의 함경남도 安邊郡 衛益面에 있었다.

372 **鶴浦縣** 지금의 강원도 通川郡 歙谷面에 해당되며, 현종 9년(1018)에 安邊都護府에 來屬되었다(『고려사』 58 地理志 3 鶴浦縣).

373 **壓戎戍** 『신증동국여지승람』 49 안변도호부 고적 조에 '壓戎戍 卽壁戎串'이라고 되어 있

은 각 1대이고, 영새寧塞는 7명이다.

【原文】 霜陰縣: 校尉 一, 隊正 二, 左 · 右軍 各一隊, 寧塞 一隊.

禾登戍: 左 · 右軍 各一隊, 寧塞 五人.

福寧鄕: 校尉 一, 隊正 二, 左 · 右軍 · 寧塞 各一隊.

상음현霜陰縣[374]: 교위校尉 1명, 대정隊正 2명이 있다. 좌군左軍과 우군右軍은 각 1대隊이고, 영새寧塞는 1대이다.

화등수禾登戍[375]: 좌군左軍과 우군右軍이 각 1대이고, 영새寧塞는 5명이다.

복령향福寧鄕[376]: 교위校尉 1명, 대정隊正 2명이 있다. 좌군左軍 · 우군右軍과 영새寧塞는 각 1대이다.

【原文】 和州: 都領 一, 郞將 三, 別將 七, 校尉 十三, 隊正 三十二, 抄軍 · 左軍 各十隊, 右軍 八隊, 寧塞 四隊, 工匠 一梗.

화주和州[377]: 도령都領 1명, 낭장郞將 3명, 별장別將 7명, 교위校尉 13명, 대정隊正 32명이 있다. 초군抄軍과 좌군左軍은 각 10대隊이고, 우군右軍은 8대이다. 영새寧塞는 4대이고, 공장工匠은 1경梗이다.

【原文】 高州: 都領 一, 郞將 三, 別將 七, 校尉 十五, 隊正 三十二, 抄軍 · 左軍 各一隊, 右軍 八隊, 寧塞 二隊, 投化 · 田匠 各一梗.

으며, 지금의 강원도 通川郡 歙谷面 鶴皐里로 추정된다.

374 **霜陰縣** 지금의 강원도 通川郡 桑陰里에 해당되며, 고려 현종 9년(1018)에 安邊都護府에 來屬되었다(『고려사』 58 地理志 3 霜陰縣).

375 **禾登戍** 『신증동국여지승람』 49 안변도호부 고적 조에 '禾登戍 在府東四十里'라고 되어 있다.

376 **福寧鄕** 『신증동국여지승람』 49 안변도호부 고적 조에 '福令廢縣 令一作靈 在府西三十里 或稱福寧鄕 或稱福平鄕'이라고 되어 있다.

377 **和州** 성종 14년(995)에 和州에 安邊都護府를 설치하였다가, 현종 9년(1018)에 和州防禦使가 되었다(『고려사』 58 地理志 3 和州). 지금의 함경남도 永興郡이다.

고주高州[378]: 도령都領 1명, 낭장郞將 3명, 별장別將 7명, 교위校尉 15명, 대정隊正 32명이 있다. 초군抄軍과 좌군左軍은 각 1대隊이고, 우군右軍은 8대隊이며, 영새寧塞는 2대이다. 투화投化[379]와 전장田匠은 각 1경梗이다.

【原文】 宜州: 都領 一, 別將 三, 校尉 七, 隊正 十六, 抄軍 · 左軍 各五隊, 右軍 四隊, 寧塞 二隊, 工匠 一梗.

의주宜州[380]: 도령都領 1명, 별장別將 3명, 교위校尉 7명, 대정隊正 16명이 있다. 초군抄軍과 좌군左軍은 각 5대隊이고, 우군右軍은 4대隊이다. 영새寧塞는 2대隊이고, 공장工匠은 1경梗이다.

【原文】 文州: 都領 一, 郞將 二, 別將 四, 校尉 九, 隊正 二十二, 抄軍 六隊, 左軍 八隊, 右軍 五隊, 寧塞 一隊, 工匠 一梗.

문주文州[381]: 도령都領 1명, 낭장郞將 2명, 별장別將 4명, 교위校尉 9명, 대정隊正 22명이 있다. 초군抄軍은 6대隊이고, 좌군左軍은 8대이며, 우군右軍은 5대이다. 영새寧塞는 1대이고, 공장工匠은 1경梗이다.

【原文】 長州: 都領 一, 郞將 二, 別將 四, 校尉 九, 隊正 三十三, 抄軍 六隊, 左軍 八隊, 右軍 六隊, 寧塞 三隊, 銈川軍 四隊.

장주長州[382]: 도령都領 1명, 낭장郞將 2명, 별장別將 4명, 교위校尉 9명, 대

378 高州 원래 古德寧鎭이었으나, 성종 14년(995)에 高州防禦使가 설치되었고, 현종 19년(1028)에는 鳳化山 남쪽에 성을 쌓고 州의 治所를 옮겼다(『고려사』 58 地理志 3 高州). 지금의 함경남도 高原郡이다.

379 投化 여진인의 귀화부대일 것으로 짐작된다(이기백, 「고려 양계의 주진군」, 『고려병제사연구』, 일조각, 1968, 256쪽).

380 宜州 고려 초에 湧州라고 하였으나 성종 14년(995)에 防禦使를 두고, 뒤에 宜州라고 고쳤다(『고려사』 58 地理志 3 宜州). 지금의 함경남도 德原郡이다.

381 文州 성종 8년(989)에 文州防禦使를 두었으나 뒤에 宜州에 합쳐졌다(『고려사』 58 地理志 2 文州). 지금의 함경남도 文川郡이다.

382 長州 현종 9(1018)년에 長州 防禦使를 두었으나, 뒤에 縣으로 고치고 定州의 屬縣이 되

정隊正 33명이 있다. 초군抄軍은 6대隊이고, 좌군左軍은 8대이며, 우군右軍은 6대이다. 영새寧塞는 3대이고, 생천군銑川軍[383]은 4대이다.

【原文】定州: 都領 一, 郎將 四, 別將 八, 校尉 十六, 隊正 三十七, 抄軍 十四隊, 左軍 十三隊, 右軍 六隊, 寧塞 四隊.

정주定州[384]: 도령都領 1명, 낭장郎將 4명, 별장別將 8명, 교위校尉 16명, 대정隊正 37명이 있다. 초군抄軍은 14대隊이고, 좌군左軍은 13대이며, 우군右軍은 6대이다. 영새寧塞는 4대이다.

【原文】德州: 都領 一, 郎將 二, 別將 四, 校尉 八, 隊正 二十, 抄軍 · 左軍 各九隊, 右軍 四隊, 寧塞 六十六人.

덕주德州[385]: 도령都領 1명, 낭장郎將 2명, 별장別將 4명, 교위校尉 8명, 대정隊正 20명이 있다. 초군抄軍과 좌군左軍은 각 9대隊이고, 우군右軍은 4대이다. 영새寧塞는 66명이다.

【原文】元興鎭: 都領 一, 郎將 二, 別將 五, 校尉 十三, 隊正 二十九, 抄軍 · 左軍 各九隊, 右軍 四隊, 寧塞 四隊, 沙工 四隊.

원흥진元興鎭[386]: 도령都領 1명, 낭장郎將 2명, 별장別將 5명, 교위校尉 13명, 대정隊正 29명이 있다. 초군抄軍과 좌군左軍은 각 9대隊이고, 우군右軍

었다(『고려사』 58 地理志 2 文州). 지금의 함경남도 定平郡이다.

383 銑川軍 특수부대일 것으로 짐작되나, 그 실체는 알 수 없다. 『고려사』 地理志에는 '靖宗 10년(1044)에 銑川에 성을 쌓고 鎭으로 하였다.'(『고려사』 58 地理志 3 元興鎭)라는 기록이 있는데, 혹시 이 지명과 관련이 있지 않을까 한다.

384 定州 靖宗 7년(1041)에 定州 防禦使를 두고 關門을 설치하였으며, 공민왕 5년(1356)에 都護府로 승격시켰다(『고려사』 58 地理志 3 定州). 지금의 함경남도 定平郡이다.

385 德州 문종 9년(1055)에 처음으로 宣德城을 쌓고 鎭으로 삼았으며, 뒤에 德州防禦使라고 하였다(『고려사』 58 地理志 3 德州). 지금의 함경남도 德原郡이다.

386 元興鎭 靖宗 10년(1044)에 銑川에 성을 쌓고 鎭으로 하였다(『고려사』 58 地理志 3 元興鎭). 지금의 함경남도 定平郡에 있었다.

은 4대이다. 영새寧塞는 4대이고, 사공沙工[387]은 4대이다.

【原文】 寧仁鎭: 都領 · 郎將 各一, 別將 三, 校尉 七, 隊正 十六, 抄軍 四隊, 左軍 六隊, 右軍 四隊, 寧塞 二隊.

영인진寧仁鎭[388]: 도령都領과 낭장郎將 각 1명, 별장別將 3명, 교위校尉 7명, 대정隊正 16명이 있다. 초군抄軍은 4대隊이고, 좌군左軍은 6대이며, 우군右軍은 4대이다. 영새寧塞는 2대이다.

【原文】 耀德鎭: 都領 · 郎將 各一, 別將 八, 校尉 九, 隊正 二十, 抄軍 八隊, 左軍 四隊, 右軍 六隊, 寧塞 二隊, 工匠 一梗.

요덕진耀德鎭[389]: 도령都領과 낭장郎將 각 1명, 별장別將 8명, 교위校尉 9명, 대정隊正 20명이 있다. 초군抄軍은 8대隊이고, 좌군左軍은 4대이며, 우군右軍은 6대이다. 영새寧塞는 2대이고, 공장工匠은 1경梗이다.

【原文】 鎭溟縣: 都領 一, 別將 二, 校尉 六, 隊正 十一, 抄軍 五隊, 右軍 二隊, 寧塞 一隊, 田匠 一梗.

진명현鎭溟縣[390]: 도령都領 1명, 별장別將 2명, 교위校尉 6명, 대정隊正 11

---

387 沙工 명칭으로 보아 해군인 것이 분명하다. 특히 元興鎭에는 都府署가 설치되어 있었는데, 사공은 도부서와 관련이 있을 것으로 짐작된다. 『고려사』 兵志 주현군 조에서 사공에 대한 기록은 이 원흥진의 것이 유일하나, 도부서가 설치되어 있던 다른 지역에도 해군이나 사공대가 있었을 것으로 보아야 할 것이다(이기백, 「고려 양계의 주진군」, 『고려병제사 연구』, 일조각, 1968, 256쪽 및 金南奎, 「高麗의 水軍制度」, 『고려군제사』, 육군본부, 1983, 215~216쪽).

388 **寧仁鎭** 현종 22년(1031)에 鎭이 되었다(『고려사』 58 地理志 3 寧仁鎭). 지금의 함경남도 永興郡에 있었다.

389 **耀德鎭** 현종 3년(1012)에 처음으로 城堡를 쌓았는데, 일명 顯德鎭이라고도 한다(『고려사』 58 地理志 3 耀德鎭). 지금의 함경남도 耀德郡이다.

390 **鎭溟縣** 圓山縣이라고도 하고 水江縣이라고도 하는데, 현종 9년(1018) 鎭溟縣이라 고치고 縣令을 두었다가 뒤에 宜州의 屬縣이 되었다(『고려사』 58 地理志 鎭溟縣). 지금의 함경남도 元山市로 남동쪽 해안지역에 있었다.

명이 있다. 초군抄軍은 5대隊이고, 우군右軍은 2대이다. 영새寧塞는 1대이고, 전장田匠[391]은 1경梗이다.

【原文】 長平鎭: 都領 一, 別將 二, 校尉 六, 隊正 十三, 抄軍 · 左軍 各五隊, 右軍 二隊, 寧塞 一隊.

장평진長平鎭[392]: 도령都領 1명, 별장別將 2명, 교위校尉 6명, 대정隊正 13명이 있다. 초군抄軍과 좌군左軍은 각 5대隊이고, 우군右軍은 2대이다. 영새寧塞는 1대이다.

【原文】 龍津鎭: 都領 一, 別將 二, 校尉 四, 隊正 十, 抄軍 · 右軍 各二隊, 左軍 四隊, 寧塞 二隊, 工匠 一梗.

용진진龍津鎭[393]: 도령都領 1명, 별장別將 2명, 교위校尉 4명, 대정隊正 10명이 있다. 초군抄軍과 우군右軍은 각 2대隊이고, 좌군左軍은 4대이다. 영새寧塞는 2대이고, 공장工匠은 1경梗이다.

【原文】 永興鎭: 都領 一, 別將 二, 校尉 五, 隊正 十一, 抄軍 · 左軍 各四隊, 右軍 三隊, 寧塞 二隊.

영흥진永興鎭[394]: 도령都領 1명, 별장別將 2명, 교위校尉 5명, 대정隊正 11명이 있다. 초군抄軍과 좌군左軍은 각 4대隊이고, 우군右軍은 3대이다. 영새

391 田匠 명칭으로 보아 수공업과 관련된 특수부대일 것으로 짐작되나, 그 실체는 확실하지 않다(이기백, 「고려 양계의 주진군」, 『고려병제사연구』, 일조각, 1968, 256쪽).

392 長平鎭 광종 20년(969)에 처음으로 城堡를 쌓고 鎭將을 두었으며, 공민왕 6년(1357)에 鎭을 고쳐 縣으로 하고 縣令을 두었다(『고려사』 58 地理志 3 長平鎭). 지금의 함경남도 永興郡에 있었다.

393 龍津鎭 원래 古狐浦였으나 고려 초에 龍津鎭으로 이름으로 고치고 鎭으로 삼았으며, 목종 9년(1006)에 성을 쌓았으나 뒤에 文州의 屬縣이 되었다(『고려사』 58 地理志 3 龍津鎭). 지금의 함경남도 文川郡에 있었다.

394 永興鎭 옛 이름은 關防戍였으며, 문종 15년(1061)에 처음으로 城堡를 쌓았다(『고려사』 58 地理志 3 永興鎭). 지금의 함경남도 永興郡에 해당한다.

寧塞는 2대이다.

【原文】靜邊鎭: 都領 一, 校尉 五, 隊正 十一, 抄軍 四隊, 左軍 三隊, 右軍 四隊, 寧塞 四十人.

정변진靜邊鎭[395]: 도령都領 1명, 교위校尉 5명, 대정隊正 11명이 있다. 초군抄軍은 4대隊이고, 좌군左軍은 3대이며, 우군右軍은 4대이다. 영새寧塞는 40명이다.

【原文】雲林鎭: 校尉 一, 隊正 三, 左軍 二隊, 右軍 一隊, 寧塞 一隊.

운림진雲林鎭[396]: 교위校尉 1명, 대정隊正 3명이 있다. 좌군左軍은 2대隊이고, 우군右軍은 1대이다. 영새寧塞는 1대이다.

【原文】永豊鎭: 別將 一, 校尉 二, 隊正 五, 左·右軍 各二隊, 寧塞 一隊.

영풍진永豊鎭[397]: 별장別將 1명, 교위校尉 2명, 대정隊正 5명이 있다. 좌군左軍과 우군右軍은 각 2대隊이다. 영새寧塞는 1대이다.

【原文】隘守鎭: 別將 一, 校尉 二, 隊正 六, 左軍 三隊, 右軍 二隊, 寧塞 一隊, 工匠 一梗.

애수진隘守鎭[398]: 별장別將 1명, 교위校尉 2명, 대정隊正 6명이 있다. 좌군左軍은 3대隊이고, 우군右軍은 2대이다. 영새寧塞는 1대이고, 공장工匠은 1

395 **靜邊鎭** 현종 22년(1031)에 鎭을 두었다(『고려사』 地理志 3 靜邊鎭). 지금의 함경남도 永興郡에 있었다.

396 **雲林鎭** 현종 6년(1015)에 성보를 쌓았다(『고려사』 地理志 3 雲林鎭). 지금의 함경남도 文川郡에 있었다.

397 **永豊鎭** 목종 4년(1001)에 鎭을 두었으나 뒤에 縣으로 삼았다(『고려사』 地理志 3 永豊鎭). 지금의 함경남도 安邊郡에 있었다.

398 **隘守鎭** 성종 2년(983)에 성을 쌓았으며, 처음에는 文州에 예속되었으나 공민왕 9년(1360)에 高州의 속현이 되었다(『고려사』 地理志 3 隘守鎭).

경梗이다.

【原文】 金壤縣: 別將 二, 校尉 四, 隊正 十, 抄軍 四隊, 左·右軍 各三隊, 寧塞 一隊.

금양현金壤縣[399]: 별장別將 2명, 교위校尉 4명, 대정隊正 10명이 있다. 초군抄軍은 4대隊이고, 좌군左軍과 우군右軍은 각 3대이다. 영새寧塞는 1대이다.

【原文】 高城縣: 別將 一, 校尉 四, 隊正 九, 抄軍 一隊, 左軍 一隊, 右軍 三隊, 寧塞 二隊.

고성현高城縣[400]: 별장別將 1명, 교위校尉 4명, 대정隊正 9명이 있다. 초군抄軍은 1대隊이고, 좌군左軍은 1대이며, 우군右軍은 3대이다. 영새寧塞는 2대이다.

【原文】 杆城縣: 別將 一, 校尉 五, 隊正 十, 抄軍·左軍 各四隊, 右軍 二隊, 寧塞 一隊.

간성현杆城縣[401]: 별장別將 1명, 교위校尉 5명, 대정隊正 10명이 있다. 초군抄軍과 좌군左軍은 각 4대隊이고, 우군右軍은 2대이다. 영새寧塞는 1대이다.

【原文】 翼令縣: 別將 三, 校尉 三, 隊正 九, 抄軍·右軍 各四隊, 左軍 二隊, 寧塞 一隊.

---

399 **金壤縣** 고려 초에 縣令을 두었으며, 충렬왕 11년(1285)에 通州防禦使로 승격시켰다(『고려사』 地理志 3 金壤鎭). 지금의 강원도 通川郡에 있었다.

400 **高城縣** 신라 진흥왕 21년(560)에 軍主를 두었고, 경덕왕 때 高城郡이라 하였으며, 고려 초에 縣令官을 두었다(『고려사』 58 地理志 3 高城縣). 지금의 강원도 高城郡이다.

401 **杆城縣** 고려 초에 지금의 이름으로 고치고 縣令을 두었으나, 뒤에 郡으로 승격시키고 高城郡守를 겸임하게 하였다(『고려사』 58 地理志 3 杆城縣). 지금의 강원도 高城郡 杆城邑이다.

〈표 5〉 동계東界 주진군州鎭軍 일람표一覽表

部隊 / 單位 / 地名	都領	郎將	別將	校尉	隊正	行軍	抄軍	左軍	右軍	寧塞		〔小計〕	工匠	田匠	投化	銈川軍	沙工
	人	人	人	人	人	人	隊	隊	隊	隊	人	隊	梗	梗	梗	隊	隊
安邊府	1	2	4	12	27	675	8	8	8	3	5	27	1				
瑞谷縣			1	2	3	75		1	2	1		4	1				
汶山縣					〈1〉	〈25〉			1			1	1				
衛山縣				1	〈4〉	〈100〉		2	1	1		4	1				
翼谷縣				1	〈3〉	〈75〉		1		1		3					
鐵垣戍					〈2〉	〈50〉			1	1		2					
凝川貢所					〈2〉	46		1		1		2					
孤山縣			1	3	7	175	2	2	2	1		7					
鶴浦縣			1	2	4	100	2	1	1	1		5					
壓戎戍				1	2	50		1	1		7	2					
霜陰縣				1	2	50		1	1	1		3					
禾登戍					〈2〉	〈50〉		1	1		5	2					
福寧鄉				1	2	50		1	1	1		3					
和州	1	3	7	13	32	800	10	10	8	4		32	1				
高州	1	3	7	15	32	800	〈11〉 1	〈11〉 1	8	2		〈32〉12		1	1		
宜州	1		3	7	16	400	5	5	4	2		16	1				
文州	1	2	4	9	22	550	6	8	5	1		20	1				
長州	1	2	4	9	〈23〉33	〈575〉825	6	8	6	3		23				4	
定州	1	4	8	16	37	925	14	13	6	4		37					

德州	1	2	4	8	20	500	9	9	4	66	22				
元興鎭	1	2	5	13	29	725	9	9	4	4	26				4
寧仁鎭	1	1	3	7	16	400	4	6	4	2	16				
耀德鎭	1	1	8	9	20	500	8	4	6	2	20	1			
鎭溟縣	1		2	6	11	275	5		2	1	8		1		
長平縣	1		2	6	13	325	5	5	2	1	13				
龍津鎭	1		2	4	10	250	2	4	2	2	10	1			
永興鎭	1		2	5	11	275	4	4	3	2	13				
靜邊鎭	1			5	11	275	4	3	4	40	11				
雲林鎭				1	3	75		2	1	1	4				
永豊鎭			1	2	5	125		2	2	1	5				
隘守鎭			1	2	6	150		3	2	1	6	1			
金壤縣			2	4	10	250	4	3	3	1	11				
高城縣			1	4	9	225	1	1	3	2	7				
杆城縣			1	5	10	250	4	4	2	1	11				
翼令縣			3	3	9	225	4	2	4	1	11				
溟州			5	10	23	575	8	8	8	4	28	1			
三陟縣			1	8	16	400	4	4	9	1	18	1			
蔚珍縣			1	3	8	200	2	2	3	1	8				
〔計〕	16	22	84	198	459 〈463〉	11,521 〈11,571〉	131 〈141〉	140 〈150〉	125	56隊 123人	453 〈473〉	12	2	1	4	4

* 이기백, 「고려주현군고」 『고려병제사연구』, 1968, 250~251쪽에 의함.

** 〈 〉안의 합계 숫자는 이기백이 계산한 것임.

익령현翼令縣[402]: 별장別將 3명, 교위校尉 3명, 대정隊正 9명이 있다. 초군抄軍과 우군右軍은 각 4대隊이고, 좌군左軍은 2대이다. 영새寧塞는 1대이다.

【原文】 溟州: 別將 五, 校尉 十, 隊正 二十三, 抄軍 · 左 · 右軍 各八隊, 寧塞 四隊, 工匠 一梗.

명주溟州[403]: 별장別將 5명, 교위校尉 10명, 대정隊正 23명이 있다. 초군抄軍과 좌군左軍 · 우군右軍은 각기 8대隊이다. 영새寧塞는 4대이고, 공장工匠은 1경梗이다.

【原文】 三陟縣: 別將 一, 校尉 八, 隊正 十六, 抄軍 · 左軍 各四隊, 右軍 九隊, 寧塞 一隊, 工匠 一梗.

삼척현三陟縣[404]: 별장別將 1명, 교위校尉 8명, 대정隊正 16명이 있다. 초군抄軍과 좌군左軍은 각 4대隊이고, 우군右軍은 9대이다. 영새寧塞는 1대이고, 공장工匠은 1경梗이다.

【原文】 蔚珍縣: 別將 一, 校尉 三, 隊正 八, 抄軍 · 左軍 各二隊, 右軍 三隊, 寧塞 一隊.

울진현蔚珍縣[405]: 별장別將 1명, 교위校尉 3명, 대정隊正 8명이 있다. 초군抄軍과 좌군左軍은 각 2대隊이고, 우군右軍은 3대이다. 영새寧塞는 1대이다.

---

402 **翼令縣** 翼嶺의 잘못이라고 여겨진다. 현종 9년(1018)에 縣令을 두었다(『고려사』 58 地理志 3 翼嶺縣). 지금의 강원도 襄陽郡이다.

403 **溟州** 고려 태조 19년(936)에 東原京이라고 하였다가 20년(937)에 다시 溟州라고 하고, 성종 2년(983)에 河西府, 성종 5년(986)에 溟州都督府, 성종 11년(992)에 溟州牧, 성종 14년(995)에 溟州團練使라고 하였으나 뒤에 防禦使로 고쳤다(『고려사』 58 地理志 3 溟州). 지금의 강원도 江陵市이다.

404 **三陟縣** 성종 14년(995)에 陟州團練使라고 하였으나, 현종 9년(1018)에 縣令으로 강등시켰다(『고려사』 地理志 3 三陟縣). 지금의 강원도 三陟市다.

405 **蔚珍縣** 고려 초에 縣을 두었다(『고려사』 58 地理志 3 蔚珍縣). 지금의 경상북도 蔚珍郡이다.

* 이상의 동계 주진군을 일람표로 정리하면 〈표 5〉와 같다.

교주도交州道[406]

【原文】 春州道內: 合保勝 一百三十三人, 精勇 七百七十六人, 一品五百七十二人.

춘주도내春州道內[407, 408]: 보승保勝은 합하여 133명이고, 정용精勇은 776명

---

406 앞서의 북계와 동계에 대한 주현군 조의 기사가 고려의 북방 국경지대에 설치된 특수 행정지대인 양계에 배치된 군대에 관한 기사라면, 교주도 이하의 기사는 남도 지방에 배치된 군대에 관한 것이다. 이를 주진군과 주현군으로 나누어 파악한 이기백의 견해를 이 역주에서도 따르기로 한다.

【참고】 주현군에 대한 주요한 연구성과는 다음과 같은 것들이 있다.

이기백, 「고려군인고－附設 末松氏의 '高麗四十二都府考略'을 읽고」, 『진단학보』 21, 1960; 『고려병제사연구』, 일조각, 1968.

이기백, 「고려주현군고」, 『역사학보』 29, 1965; 『고려병제사연구』, 일조각, 1968.

이기백, 「고려 지방제도의 정비와 주현군의 성립」, 『조명기 박사 화갑기념 불교사학논총』, 조명기박사 화갑기념회, 1965; 『고려병제사연구』, 일조각, 1968.

이기백, 「군사조직」, 『한국사 5－고려국가의 사회구조』, 국사편찬위원회, 1975.

조인성, 「주현군과 주진군」, 『한국사 13－고려전기의 정치구조』, 국사편찬위원회, 1993.

김당택, 「고려 초기 지방군의 형성과 구조－주현군의 성격－」, 『고려군제사』, 육군본부, 1983.

강진철, 「군인전」, 『고려토지제도사연구』, 고려대학교 출판부, 1980.

홍원기, 『고려전기군제연구』, 혜안, 2001.

末松保化, 「高麗四十二都府考略」, 『조선학보』 14, 1959; 『청구사초』 1, 1965.

末松保化, 「高麗の四十二都府について」, 『학습원사학』 1, 1965; 『청구사초』 1, 1965.

407 **春州道** 이하 주현군 조 기사에서 주현군은 5도 및 경기 내의 보다 세분된 道를 단위로 배치되어 있다. 즉 춘주도 같은 것은 지방행정구역으로서의 道가 아니라 주현군의 배치를 위해 구획된 軍事道인 것이다. 이 군사도를 『고려사』 地理志의 기록과 대조해보면 지방관이 파견된 京·州·府·郡·縣이 단위로 되어 있고, 그 아래의 屬縣은 약간의 예외를 빼고는 제외되고 있다. 즉 주현군은 중앙에서 지방군이 파견되는 지방행정구역을 단위로 해서 배치되었던 것이다. 이러한 사실은 고려 중앙정부의 주현군에 대한 파악과 통제가 직접적이며, 전국적인 규모로 조직화되었다는 것을 의미한다. 그러나 동시에 고려되어야 할 점은 지방관이 파견되지 않은 속현에도 군대가 배치되었고, 그 밑의 村에도 2·3品軍이라는 村留하는 外軍이 있었다는 것이다. 이러한 사실은 중앙에서 지방군이 파견되건 그렇지 않던 간에 고려가 지방의 통제를 위해 구획한 京에서 村에 이르는 모든 행정단위에 주현군이 배치되었음을 말해준다. 즉 고려의 良人인 농민 壯丁들은 모두가 주현군이라는 광범위한 군

이며,[409] 일품一品[410]은 572명이다.

【原文】東州道內: 合精勇 九百七十一人, 一品 六百五十人.

사조직으로 묶여 있었던 것이다(이기백,「고려 주현군고」, 앞의 책, 203~208쪽).

408 **春州** 태조 20년(937)에 春州라고 하였고, 성종 14년(995)에 團練使를 두고 安邊府에 속하게 하였으며, 신종 6년(1203)에는 安陽都護府로 승격하였다가 뒤에 知春州使로 강등되었다. 屬郡 2, 屬縣 9개가 있다(『고려사』 58 地理志 3 春州). 지금의 강원도 春川 지역에 해당한다.

409 **保勝·精勇** 京軍의 6위 중의 보승과 정용과 마찬가지로 주현군에서도 보승과 정용이 핵심 전투부대였다. 그런데 주현군의 보승·정용과 경군과의 연결에 대해 몇 가지 주장이 있다. 첫째, 보승과 정용 이외에 일품군까지 모두 上京 侍衛해서 경군을 형성했다는 것이다(末松保和,「高麗四十二都府考略」, 앞의 책, 583~584쪽). 이 견해는 주현군 조의 5도 및 경기의 下部道(軍事道)가 42개이고, 그 평균 군사수가 1,000명인 것에 착안해서, 지방의 42하부도의 주현군이 番上해서 경군의 42領을 구성하였다는 것이다. 그러나 주현군의 1품군은 노동부대로서 6위와 연결되지 않는다는 문제점이 지적되었다(이기백,「고려 군인고」,『고려병제사연구』, 일조각, 1968, 126~130쪽). 한편 1품군을 제외하고 주현에 있는 보승과 정용이 번상하면 부병제의 원칙에 의해 바로 경군의 보승·정용이 된다는 견해가 있다(李佑成,「高麗의 永業田」,『역사학보』 28, 1965). 그러나 兵志 주현군 조의 기록에 의할 때 보승·정용의 수는 28,335명인데, 중앙 2군 6위의 병원수인 45,000명, 또는 6위 소속의 보승·정용의 수인 38,000명보다 훨씬 적다는 난점이 있다(이기백,「고려 주현군고」,『고려병제사연구』, 일조각, 1968, 210쪽). 이에 대해 주현군의 보승·정용은 국가에서 편제상으로 6위의 소속으로 파악하는 準京軍의 성격으로 이해하려는 견해가 있다(이기백,「고려 주현군고」, 앞의 책, 210~211쪽). 이와 같이 주현군의 보승·정용을 경군과 직접 연결시키기는 어렵지만, 적어도 이들이 중앙정부의 직접적인 지휘계통 아래에 있었다는 점은 분명하다. 특히 평상시에는 주현군이 설치된 단위행정구역의 장관들이 보승과 정용의 지휘를 맡았다. 주현군은 외적의 침입이나 내란의 진압과 같은 전투에 경군의 보조부대나 후원부대로 동원되는 이외에도 1년을 기한으로 하여 동서 양계에 대한 防戍 임무도 주어졌으며, 때로는 官船의 건조나 築城과 같은 군사적인 工役에도 동원되었다(이기백,「고려 주현군고」, 앞의 책, 213~220쪽).

410 **一品** 一品軍, 二品軍, 三品軍으로 나누어진 品軍의 하나. 품군은 무장한 군대라기보다는 주로 단순한 육체적인 노동을 제공하는 工役의 임무를 맡은 노동부대이다. 그러나 兵志 주현군 조 기사에 1품군의 兵額이 기록되어 있다는 점은 이들이 중앙정부에 의해 파악되고, 중앙정부의 명을 받고 공역에 동원되었다는 사실을 말해준다. 일품군은 2番으로 나뉘어 가을에 교대되어 동원되었으므로 工役軍이나 秋役軍, 또는 外方役軍, 役夫, 丁夫라고 불리기도 하였다. 1품군 소속의 군인은 그 지방의 토착 자영농민들로 구성되었으며 장교인 鄕吏의 긴밀한 통제를 받고 있었다(이기백,「고려 주현군고」, 앞의 책, 220~225쪽). 같은 노동부대라도 자영농민들인 1품군은 중앙정부에 의해 파악되고 동원되었지만, 2·3품군은 村을 단위로 조직되고 집단적으로 科田의 경작에 동원되는 佃戶와 같은 지위에 있었다(이우성,「麗代百姓考」,『역사학보』 14, 1961, 41쪽).

동주도내東州道內[411]: 정용精勇은 합하여 971명이고, 일품一品은 650명이다.

【原文】 交州道內: 精勇 四百七十七人, 一品 三百五人.

교주도내交州道內[412]: 정용精勇은 477명이고, 일품一品은 305명이다.

양광도楊廣道[413, 414]

【原文】 廣州道內: 保勝 二百五十八人, 精勇 五百四十六人, 一品 五百三十六人.

광주도내廣州道內[415]: 보승保勝은 258명이고, 정용精勇은 546명이며, 일품一品은 536명이다.

【原文】 南京道內: 保勝 一百三十三人, 精勇 八百六十四人, 一品 五百二十九人.

---

411 **東州** 후삼국 泰封의 수도 鐵圓을 고려 태조가 즉위한 뒤 東州라 고치고, 성종 14년(995)에 團練使를 두었다가 목종 8년(1005)에 파하였으며, 현종 9년(1018)에 知東州使로 고쳤다. 屬郡은 1개, 屬縣 7개이다(『고려사』 58 地理志 3 東州). 지금의 강원도 鐵圓 지역에 해당한다.

412 **交州道** 성종 14년(995)에 전국을 10道로 나눌 때 朔方道라 하고, 명종 8년(1178)에는 春州道라 하였다가 뒤에 東州道로 고쳤으며, 원종 4년(1263)에는 交州道라 하였다. 領郡이 8개, 領縣은 20개이다(『고려사』 58 地理志 3 交州道). 지금의 강원도에 지역에 해당한다.

413 『고려사』 兵志 주현군 조를 보면 주현군은 원칙적으로 중앙에서 지방관이 파견되는 州·府·郡·縣 등을 단위로 배치되지만, 『고려사』 地理志의 기록과 대조해볼 때 楊廣道의 경우 지방관이 파견된 天安府와 富城縣은 주현군의 배치기록이 없다. 이 지역이 군사적으로 특별히 다루어진 결과인지 아니면 기록의 누락인지, 그 이유는 알 수 없다(이기백, 「고려 주현군고」, 『고려병제사연구』, 일조각, 1968, 206쪽).

414 **楊廣道** 성종 14년(995)에 전국을 10도로 나눌 때 楊州·廣州 등 州縣을 關內道, 忠州·淸州 등 州縣을 忠原道, 公州·運州 등 지역을 河南道라 하였는데, 예종 원년(1106)에 합하여 楊廣忠淸州道라 하였다. 명종 원년(1171)에 2道로 나누었으며, 충숙왕 원년(1314)에 楊廣道로 정하였다. 京 1, 牧 1, 府 3, 領郡 27, 領縣 78이 있다(『고려사』 56 地理志 1 楊光道).

415 **廣州** 신라 경덕왕 때 漢州로 고친 것을 태조 23년(940)에 廣州라고 하였고, 성종 2년(983)에 牧을 두었으며, 성종 14년(995)에 節度使를 설치하여 奉國軍이라 하였으며, 현종 3년(1012)에 按撫使를 두었다가 현종 9년(1018)에 다시 牧이 되었다. 屬郡 4, 屬縣 3이 있다(『고려사』 56 地理志 1 廣州牧).

남경도내南京道內[416]: 보승保勝은 133명이고, 정용精勇은 864명이며, 일품一品은 529명이다.

【原文】 安南道內: 保勝 一百五十九人, 精勇 二百九十二人, 一品 二百八十二人.

안남도내安南道內[417]: 보승保勝은 159명이고, 정용精勇은 292명이며, 일품一品은 282명이다.

【原文】 仁州道內: 保勝 一百九十四人, 精勇 一百八十七人, 一品 二百二十七人.

인주도내仁州道內[418]: 보승保勝은 194명이고, 정용精勇은 187명이며, 일품一品은 227명이다.

【原文】 水州道內: 保勝 一百七十五人, 精勇 二百九十一人, 一品 三百七十二人.

수주도내水州道內[419]: 보승保勝은 175명이고, 정용精勇은 291명이며, 일품一品은 372명이다.

【原文】 忠州牧道內: 保勝 二百四十一人, 精勇 三百五十七人, 一品 五百二十人.

---

416 南京 고려 초의 楊州를 성종 14년(995)에 節度使를 두면서 左右神策이라 하였고, 현종 3년(1012)에 按撫使를 두었으며, 현종 9년(1018)에 知楊州使로 강등되었다가, 문종 21년(1067)에 南京留守官을 두었다. 屬郡 3, 屬縣 6, 領都護府 1, 領知事郡 2, 領縣 1이 있다(『고려사』 56 地理志 1 南京留守官).

417 安南 고려 초의 樹州를 성종 14년(995)에 安南都護府로 하면서 團練使를 두었다가, 목종 8년(1005)에 폐지하였으며, 현종 9년(1018)에 知樹州使가 되었다가, 의종 4년(1150)에 다시 安南都護府가 되었다. 屬縣 6개가 있다(『고려사』 56 地理志 1 安南都護府). 오늘날의 경기도 富川市 일대에 해당한다.

418 仁州 신라 경덕왕 때 邵城이라 이름을 정하였고, 현종 9년(1018)에 樹州에 속하게 하였으며, 숙종 때에 慶源郡, 인종 때에 仁州라 고치면서 知州使를 두었다. 屬郡 1, 屬縣 1이 있다(『고려사』 56 地理志 1 仁州). 오늘날의 仁川廣域市에 해당한다.

419 水州 태조 대에 水州라고 하였는데, 성종 14년(995)에 節度使를 설치하면서 團練使를 두었으나, 목종 8년(1005)에 폐지하였고, 현종 9년(1018)에 다시 知州事를 두었다. 屬縣 7이다(『고려사』 56 地理志 1 水州). 지금의 경기도 水原市에 해당한다.

충주목도내忠州牧道內[420]: 보승保勝은 241명이고, 정용精勇은 357명이며, 일품一品은 520명이다.

【原文】 原州道內: 保勝 一百二十二人, 精勇 二百三人, 一品 二百四十八人.

원주도내原州道內[421]: 보승保勝은 122명이고, 정용精勇은 203명이며, 일품一品은 248명이다.

【原文】 清州牧道內: 保勝 五百三十八人, 精勇 七百八人, 一品 八百五十人.

청주목도내清州牧道內[422]: 보승保勝은 538명이고, 정용精勇은 708명이며, 일품一品은 850명이다.

【原文】 公州道內: 保勝 三百二十六人, 精勇 五百五十三人, 一品 五百二十七人.

공주도내公州道內[423]: 보승保勝은 326명이고, 정용精勇은 553명이며, 일품一品은 527명이다.

【原文】 洪州道內: 保勝 三百三十八人, 精勇 四百九十七人, 一品 七百十三人.

---

420 **忠州牧** 신라 中原京을 태조 23년(940)에 忠州로 고치고, 성종 2년(983)에 牧을 두었으며, 성종 14년(995)에 節度使를 설치하면서 昌化軍이라 하고 中原道라고 불렀으며, 현종 3년(1012)에 按撫使가 되고, 현종 9년(1018)에 牧이 되었다. 屬郡 1, 屬縣 5, 領知事郡 1이 있다(『고려사』 56 地理志 1 忠州牧).

421 **原州** 신라 北原小京을 태조 23년(940)에 原州라고 하고, 현종 9년(1018)에 知州事가 되었다. 屬郡 2, 屬縣 5가 있다(『고려사』 56 地理志 1 原州).

422 **清州牧** 신라 西原京을 태조 23년(940)에 清州로 고치고 성종 2년(983)에 牧이 되었으며, 성종 12년(993)에 節度使를 두면서 全節軍이라 하고 中原道에 속하였으며, 현종 3년(1012)에 節度使를 폐지하고 按撫使를 두었다가 현종 9년(1018)에 牧이 되었다. 屬郡 2, 屬縣 7, 領知事府 1, 領知事郡 2, 縣令官 2가 있다(『고려사』 56 地理志 1 清州牧).

423 **公州** 신라 때의 熊州를 태조 23년(940)에 公州라 하고 성종 2년(983)에 牧이 되었다. 성종 14년(995)에 節度使를 두면서 安節軍이라 하고 河南道에 속하게 하였으나 현종 3년(1012)에 절도사를 폐지하였다. 현종 9년(1018)에 知州事로 강등되었다. 屬郡 4, 屬縣 8이 있다(『고려사』 56 地理志 1 公州).

홍주도내洪州道內[424]: 보승保勝은 338명이고, 정용精勇은 497명이며, 일품一品은 713명이다.

【原文】嘉林道內: 保勝 九十八人, 精勇 二百五十一人, 一品 二百一人.

가림도내嘉林道內[425]: 보승保勝은 98명이고, 정용精勇은 251명이며, 일품一品은 201명이다.

경상도慶尙道[426]

【原文】蔚州道內: 保勝 一百三十四人, 精勇 一百四十五人, 一品 一百八十一人.

울주도내蔚州道內[427]: 보승保勝은 134명이고, 정용精勇은 145명이며, 일품一品은 181명이다.

【原文】梁州道內: 保勝 五十七人, 精勇 一百四十七人, 一品 一百七十三人.

양주도내梁州道內[428]: 보승保勝은 57명이고, 정용精勇은 147명이며, 일품一品은 173명이다.

---

424 洪州 성종 14년(995)에 運州都團練使를 설치하고, 현종 3년(1012)에 知州事가 되었다가 뒤에 洪州라고 하였다. 屬郡 3, 屬縣 11이 있다(『고려사』 56 地理志 1 洪州).

425 嘉林 성종 14년(995)에 林州刺史를 두었다가 현종 9년(1018)에 嘉林縣으로 고쳤다. 屬郡 1, 屬縣 4가 있다(『고려사』 56 地理志 1 嘉林縣). 지금의 충청남도 扶餘郡 林川面이다.

426 『고려사』 兵志 주현군 조를 보면 주현군은 원칙적으로 중앙에서 지방관이 파견되는 州 · 府 · 郡 · 縣 등을 단위로 배치되지만, 이것을 『고려사』 地理志의 기록과 대조해보면 경상도의 경우 지방관이 파견된 지역 중 東京과 禮州에는 주현군의 배치기록이 없다. 이 지역이 군사적으로 특별히 다루어진 결과인지, 아니면 기록의 누락인지 그 이유는 알 수 없다(이기백, 「고려 주현군고」, 『고려병제사연구』, 일조각, 1968, 206쪽).

427 蔚州 신라의 河曲(또는 河西)를 고려 초에 蔚州라고 하였는데, 현종 9년(1018)에 防禦使를 두었다. 屬縣 2가 있다(『고려사』 57 地理志 蔚州).

428 梁州 신라의 良州를 고려 태조 23년(940)에 梁州라 고치고, 현종 9년(1018)에 防禦使를 두었다. 屬縣 2가 있다(『고려사』 57 地理志 梁州).

【原文】金州道內: 保勝 一百八十八人, 精勇 二百七十八人, 一品 四百三十一人.

금주도내金州道內[429]: 보승保勝은 188명이고, 정용精勇은 278명이며, 일품一品은 431명이다.

【原文】密城道內; 保勝 二百四十五人, 精勇 四百二十七人, 一品 五百三十二人.

밀성도내密城道內[430]: 보승保勝은 245명이고, 정용精勇은 427명이며, 일품一品은 532명이다.

【原文】尙州牧道內: 保勝 六百六十五人, 精勇 一千三百七人, 一品 一千二百四十一人.

상주목도내尙州牧道內[431]: 보승保勝은 665명이고, 정용精勇은 1,307명이며, 일품一品은 1,241명이다.

【原文】安東大都護道內: 保勝 五百九十一人, 精勇 九百五十三人, 一品 一千十八人.

안동대도호도내安東大都護道內[432]: 보승保勝은 591명이고, 정용精勇은 953

429 **金州** 신라의 金海小京을 태조 23년(940)에 金海府라 하였다가 뒤에 臨海縣으로 강등시켰다가 다시 臨海郡이라 하였다. 성종 14년(995)에 金州安東都護府라 하였으나, 顯宗 3년에 다시 金州라 하였다. 屬郡 2, 屬縣 3이 있다(『고려사』 57 地理志 2 金州).

430 **密城** 성종 14년(995)에 密州剌史를 두었고, 현종 9년(1018)에 知密城郡事가 되었다. 屬郡 2, 屬縣 4가 있다(『고려사』 57 地理志 2 密城郡).

431 **尙州牧** 신라의 沙伐州를 태조 23년(940)에 尙州라고 하고, 그 뒤 安東都督府라 고쳤다. 성종 2년(983)에 牧을 두었고, 성종 14년(995)에 節度使를 두면서 歸德軍이라 하고 嶺南道에 속하게 하였다. 현종 3년(1012)에 節度使를 폐지하고 安東大都護府로 하였으나, 현종 5년(1014)에 尙州按撫使를 두고, 현종 9년(1018)에 牧이 되었다. 屬郡 7, 屬縣 17, 領知事府 2가 있다(『고려사』 57 地理志 2 尙州牧).

432 **安東大都護府** 신라의 古昌郡을 고려 태조 13년(930)에 安東府라 하고 뒤에 永嘉郡으로 고쳤다. 성종 14년(995)에 吉州剌史라 하였다가 현종 3년(1012)에 按撫使가 되었고, 현종 9년(1018)에 知吉州事가 되었다가, 현종 21년(1030)에 安東府로 고쳤다. 屬郡 3, 屬縣 11이 있다(『고려사』 57 地理志 2 安東府).

명이고, 일품一品은 1,018명이다.

【原文】京山府道內: 保勝 五十四人, 精勇 八百一人, 一品 六百四十七人.

경산부도내京山府道內[433]: 보승保勝은 54명이고, 정용精勇은 801명이며, 일품一品은 647명이다.

【原文】晉州牧道內: 保勝 二百七十七人, 精勇 四百四人, 一品 七百三十人.

진주목도내晉州牧道內[434]: 보승保勝은 277명이고, 정용精勇은 404명이며, 일품一品은 730명이다.

【原文】陜州道內: 保勝 三百七十三人, 精勇 二百二十九人, 一品 四百四十八人.

합주도내陜州道內[435]: 보승保勝은 373명이고, 정용精勇은 229명이며, 일품一品은 448명이다.

【原文】巨濟道內; 精勇 五十人, 一品 一百二十八人.

거제도내巨濟道內[436]: 정용精勇은 50명이고, 일품一品은 128명이다.

【原文】固城道內; 保勝 二十六人, 精勇 五十三人, 一品 一百九人.

---

433 京山府 신라의 碧珍郡을 태조 23년(940)에 京山府라 하고, 경종 6년(981)에 廣平郡이라 하였다가, 성종 14년(995)에 岱州都團練使라고 하였다. 현종 3년(1012)에 團練使를 폐지하고, 현종 9년(1018)에 知京山府事로 고쳤다. 屬郡 1, 屬縣 14가 있다(『고려사』 57 地理志 2 京山府).

434 晉州牧 태조 때에 康州라고 하였고, 성종 12년(993)에 牧을 두었으며, 성종 14년(995)에 節度使를 두면서 晉州定海軍이라 하고 山南道에 속하게 하였다. 현종 3년(1012)에 節度使를 폐지하고 按撫使를 두었다가 현종 9년(1018)에 다시 牧을 두었다. 屬郡 2, 屬縣 7, 領知事郡 1, 縣令官 3이 있다(『고려사』 57 地理志 2 晉州牧).

435 陜州 현종 때에 知陜州事가 되었으며, 屬縣 12가 있다(『고려사』 57 地理志 2 陜州).

436 巨濟 현종 9년(1018)에 縣令을 두었다(『고려사』 57 地理志 2 巨濟).

고성도내固城道內[437]: 보승保勝은 26명이고, 정용精勇은 53명이며, 일품一品은 109명이다.

【原文】南海道內: 保勝·行首 幷十七人, 精勇 十七人, 一品 六十四人.

남해도내南海道內[438]: 보승保勝과 ·행수行首는 아울러 17명이고, 정용精勇은 17명이며, 일품一品은 64명이다.

전라도全羅道[439]

【原文】全州牧道內: 保勝 一百五十人, 精勇 一千二百十四人, 一品 八百六十七人.

전주목도내全州牧道內[440]: 보승保勝은 150명이고, 정용精勇은 1,214명이며, 일품一品은 867명이다.

【原文】南原道內: 保勝 二百五人, 精勇 八百人, 一品 六百三十六人.

남원도내南原道內[441]: 보승保勝은 205명이고, 정용精勇은 800명이며, 일품

437 固城 성종 14년(995)에 固州刺史를 두었으나 뒤에 縣으로 고치고, 현종 9년(1018)에는 巨濟에 속하게 하였다가, 뒤에 縣令을 두었다(『고려사』 57 地理志 2 固城縣).

438 南海 현종 9년(1018)에 縣令을 두었다. 屬縣 2가 있다(『고려사』 57 地理志 2 南海).

439 『고려사』 兵志 주현군 조를 보면 주현군은 원칙적으로 중앙에서 지방관이 파견되는 州·府·郡·縣 등을 단위로 배치되지만, 『고려사』 地理志의 기록과 대조해볼 때 전라도의 경우 지방관이 파견되는 지역 중 金堤縣·金溝縣·長興府·靈巖郡·海陽縣·珍島縣·陵城縣·耽羅郡에는 주현군의 배치기록이 없다. 다른 지역에 비해 전라도의 누락이 가장 많은 편인데, 기록의 미비인지 그 이유는 알 수 없다(이기백, 「고려 주현군고」, 『고려병제사연구』, 일조각, 1968, 206쪽).

440 全州牧 고려 太祖는 후백제를 멸망시킨 뒤 全州를 安南都護府로 개칭하였으나 태조 23년(940)에 다시 전주라고 하였다. 성종 12년(993)에는 承化節度按撫使라고 하고, 성종14년(995)에 節度使制를 시행하면서 順義軍이라 하고 江南道에 속하게 하였다. 현종 9년(1018)에 安南大都護府로 승격하였으나, 현종 13년(1022)에는 다시 全州라고 하였다. 屬郡 1, 屬縣 11, 領知事府 1, 領郡 1, 縣令官 4가 있다(『고려사』 57 地理志 2 全州牧).

441 南原 신라의 南原小京을 고려 태조 23년(940)에 南原府라고 하였다. 屬郡 2, 屬縣 7이

一品은 636명이다.

【原文】古阜道內: 保勝 五十四人, 精勇 六百十人, 一品 五百四十五人.

고부도내古阜道內[442]: 보승保勝은 54명이고, 정용精勇은 610명이며, 일품一品은 545명이다.

【原文】臨陂道內: 精勇 三百四十一人, 一品 二百人.

임피도내臨陂道內[443]: 정용精勇은 341명이고, 일품一品은 200명이다.

【原文】進禮道內: 精勇 二百十一人, 一品 一百五十二人.

진례도내進禮道內[444]: 정용精勇은 211명이고, 일품一品은 152명이다.

【原文】羅州牧道內: 保勝 四百五十四人, 精勇 八百四十八人, 一品 九百二十二人.

나주목도내羅州牧道內[445]: 보승保勝은 454명이고, 정용精勇은 848명이며, 일품一品은 922명이다.

【原文】靈光道內: 精勇 四百一人, 一品 三百六十八人.

있다(『고려사』 57 地理志 2 南原府).

442 **古阜** 태조 19년(936)에 瀛州觀察使라 하고, 광종 2년(951)에 安南都護府라 하였으나, 현종 10년(1019) 다시 古阜라는 옛이름을 썼다. 屬郡 1, 屬縣 6이 있다(『고려사』 57 地理志 2 古阜郡).

443 **臨陂** 신라 경덕왕 때 臨陂郡이 되었으나, 고려에 항복한 이후 縣으로 강등되었다(『고려사』 57 地理志 2 臨陂縣).

444 **進禮** 신라 경덕왕 때 進禮郡이 되었으나, 고려에 항복한 이후 縣으로 강등되고 縣令官을 두었다. 屬縣 4가 있다(『고려사』 57 地理志 2 進禮縣). 지금의 충청남도 錦山郡이다.

445 **羅州牧** 성종 14년(995)에 鎭海軍節度使라 하고 海陽道에 속하게 하였으며, 현종 9년(1018)에 羅州牧이 되었다. 屬郡 5, 屬縣 11, 領知事府 1, 領郡 4, 縣令官 4가 있다(『고려사』 57 地理志 2 羅州牧).

영광도내靈光道內[446]: 정용精勇은 401명이고, 일품一品은 368명이다.

【原文】 寶城道內: 保勝 三百二十二人, 精勇 四百十二人, 一品 五百十三人.

보성도내寶城道內[447]: 보승保勝은 322명이고, 정용精勇은 412명이며, 일품一品은 513명이다.

【原文】 昇平道內: 保勝 二百四十人, 精勇 一百八十四人, 一品 四百十五人.

승평도내昇平道內[448]: 보승保勝은 240명이고, 정용精勇은 184명이며, 일품一品은 415명이다.

서해도西海道[449]

【原文】 黃州道內: 保勝 二百十四人, 精勇 三百二十人, 一品 二百七十七人.

황주도내黃州道內[450]: 보승保勝은 214명이고, 정용精勇은 320명이고, 일품

---

446 靈光 신라 경덕왕 때 武靈郡이라 하였으나, 고려시대에 靈光郡으로 고쳤다. 屬郡 2, 屬縣 8이 있다(『고려사』 57 地理志 2 靈光郡).

447 寶城 신라 경덕왕 때 寶城郡이라 하였고, 고려 성종 14년(995)에 貝州刺史라 하였으나, 뒤에 다시 寶城郡이라 하였다. 屬縣 7이 있다(『고려사』 57 地理志 2 寶城郡).

448 昇平 신라 경덕왕 때 昇平郡이라 하였으나 고려 성종 14년(995)에 昇州 豥海軍節度使가 되었다가 靖宗 2년(1036)에 다시 昇平郡이 되었다. 屬縣 4가 있다(『고려사』 57 地理志 2 昇平郡).

449 西海道 『고려사』 兵志 주현군 조를 보면 주현군은 원칙적으로 중앙에서 지방관이 파견되는 州·府·郡·縣 등을 단위로 배치되지만, 『고려사』 地理志의 기록과 대조해볼 때 서해도의 경우 지방관이 파견되는 지역 중 平州와 白翎鎭에는 주현군의 배치기록이 없다. 백령진은 將이 임명되는 특수한 행정구역이었으므로 특별하게 나누어졌을 가능성도 있지만, 平州의 경우는 기록의 누락인지 다른 이유가 있는지 알 수 없다(이기백, 「고려 주현군고」, 『고려병제사연구』, 일조각, 1968, 206쪽).

450 黃州 성종 2년(983)에 黃州牧이 되고, 성종 14년(995)에 節度使를 설치하면서 天德軍이라 하고 關內道에 속하게 하였다가 현종 3년(1012)에 폐지하고 按撫使를 두었다. 현종 9년(1018)에 黃州牧이 되었다. 屬郡 2, 屬縣 1, 領知事郡 2, 縣令官 1이 있다(『고려사』 58 地理志 3 黃州牧).

一品은 277명이다.

【原文】 谷州道內: 保勝 二百九十五人, 精勇 二百九十三人, 一品 二百九十一人.

곡주도내谷州道內[451]: 보승保勝은 295명이고, 정용精勇은 293명이며, 일품一品은 291명이다.

【原文】 安西大都護道內: 保勝 四百五十人, 精勇 八百七十四人, 一品 八百三十八人.

안서대도호도내安西大都護道內[452]: 보승保勝은 450명이고, 정용精勇은 874명이며, 일품一品은 838명이다.

【原文】 豐州道內: 保勝 三百三十三人, 精勇 四百五十五人, 一品 二百三十五人.

풍주도내豐州道內[453]: 보승保勝은 333명이고, 정용精勇은 455명이며, 일품一品은 235명이다.

【原文】 瓮津道內: 精勇 二百十人, 保勝 一百七人, 一品 六百十二人.

옹진도내瓮津道內[454]: 정용精勇은 210명이고, 보승保勝은 107명이며, 일품

---

451 谷州 신라 경덕왕 때 鎭瑞라 한 것을 고려 초에 谷州라 고치고, 성종 14(995)년에 防禦使를 두었으며, 현종 9년(1018)에 知郡事가 되었다. 屬縣 2가 있다(『고려사』 58 地理志 3 谷州).

452 安西大都護府 신라 경덕왕 때 瀑池郡이라 한 것을 고려 태조 때 海州라 고치고, 성종 2년(983)에 海州牧이 되었으며, 성종 14년(995)에 節度使를 설치하면서 右神策軍이라 하였으나 현종 3년(1012)에 폐지되었다. 현종 9년(1018)에 海州安西都護府가 되고, 예종 17년(1122)에 大都護府로 승격하였다가 고종 34년(1247)에 海州牧이 되었다. 屬縣 3, 領防禦郡 1, 縣令官 1, 鎭 1이 있다(『고려사』 58 地理志 3 安西大都護府 海州).

453 豐州 고구려의 仇乙縣을 고려 초에 豐州라 고치고, 성종 14년(995)에 都護府로 승격시켰으며, 현종 9년(1018)에 防禦使를 두었다. 屬郡 1, 屬縣 5가 있다(『고려사』 58 地理志 3 豐州).

454 瓮津 고구려의 瓮遷을 고려 초에 瓮津으로 고치고 현종 9년(1018)에 縣令을 두었다. 屬縣 2가 있다(『고려사』 58 地理志 3 瓮津縣).

一品은 612명이다.

경기|京畿

【原文】開城府道內: 保勝 五十二人, 精勇 二百四十人, 一品 一百九十人.

개성부도내開城府道內[455]: 보승保勝은 52명이고, 정용精勇은 240명이며, 일품一品은 190명이다.

【原文】承天府道內: 保勝 五十人, 精勇 一百六十人, 一品 一百十三人.

승천부도내承天府道內[456]: 보승保勝은 50명이고, 정용精勇은 160명이며, 일품一品은 113명이다.

【原文】江華道內: 保勝 一百九十九人, 精勇 五十四人, 一品 一百七十一人.

강화도내江華道內[457]: 보승保勝은 199명이고, 정용精勇은 54명이며, 일품一品은 171명이다.

【原文】長湍道內[458]: 保勝 一百三十四人, 精勇 三百四十三人, 一品 三百三人.

장단도내長湍道內: 보승保勝은 134명이고, 정용精勇은 343명이며, 일품一品은 303명이다.

---

455 **開城府** 성종 6년(987)에 開京을 開城府라 고치고 赤縣 6, 畿縣 7을 두었으며, 문종 16년(1062)에는 11縣을 관장하게 하였다(『고려사』 56 地理志 1 王京 開城府).

456 **承天府** 昇天府의 잘못이 아닐까 한다. 昇天府는 지금의 경기도 開豊郡으로, 貞州를 예종 3년에 昇天府라고 고쳤다가 충선왕 2년에 海豊郡 이라고 하였다(『고려사』 56 地理志 1 貞州).

457 **江華** 신라 경덕왕 때 海口郡이라 한 것을 고려 초에 江華라 고치고, 현종 9년(1018)에 縣令을 두었다. 屬縣은 3이다(『고려사』 56 地理志 1 江華縣).

458 **長湍** 지금의 坡州市 長湍面으로, 고구려의 長淺城縣을 신라 경덕왕 때 長湍縣으로 고치고 고려 목종 4년에 湍州라고 하였다가 현종 9년에 다시 長湍縣으로 삼았다(『고려사』 56 地理志 1 長湍縣).

* 이상의 주현군을 일람표로 정리하면 〈표 6〉과 같다.

〈표 6〉 남도南道 주현군州縣軍 일람표一覽表

道	軍事道	保勝	精勇	一品	計
交州道	春州道	133	776	572	〈1,481〉
	東州道	–	971	650	〈1,621〉
	交州道	–	477	305	〈782〉
	계	〈133〉	〈2,224〉	〈1,527〉	〈3,884〉
楊廣道	廣州道	258	546	536	〈1,340〉
	南京道	133	864	529	〈1,526〉
	安南道	159	292	282	〈733〉
	仁州道	194	187	227	〈608〉
	水州道	175	291	372	〈838〉
	忠州牧道	241	357	520	〈1,118〉
	原州道	122	203	248	〈573〉
	清州牧道	538	708	850	〈2,096〉
	公州道	326	553	527	〈1,406〉
	洪州道	338	497	713	〈1,548〉
	嘉林道	98	251	201	〈550〉
	계	〈2,582〉	〈4,749〉	〈5,005〉	〈12,336〉
慶尙道	蔚州道	134	145	181	〈460〉
	梁州道	57	147	173	〈377〉
	金州道	188	278	431	〈897〉
	密城道	245	427	532	〈1,204〉
	尙州牧道	665	1,307	1,241	〈3,213〉
	安東大都護道	591	953	1,018	〈2,562〉
	京山府道	54	801	647	〈1,502〉
	晋州牧道	277	404	730	〈1,411〉
	陜州道	373	229	448	〈1,050〉
	巨濟島	–	50	128	〈178〉
	固城道	26	53	109	〈188〉
	南海道	(行首幷)17	17	64	〈98〉
	계	〈2,627〉	〈4,811〉	〈5,702〉	〈13,140〉
全羅道	全州牧道	150	1,214	867	〈2,231〉
	南原道	205	800	636	〈1,641〉
	古阜道	54	610	545	〈1,209〉
	臨陂道	–	341	200	〈541〉
	進禮道	–	211	152	〈363〉
	羅州牧道	454	848	922	〈2,224〉
	靈光道	–	401	368	〈769〉

道	軍事道	保勝	精勇	一品	計
	寶城道	322	412	513	〈1,247〉
	昇平道	240	184	415	〈839〉
	계	〈1,425〉	〈5,021〉	〈4,618〉	〈11,064〉
西海道	廣州道	214	320	277	〈811〉
	谷州道	295	293	291	〈879〉
	安西大都護府	450	874	838	〈2,162〉
	豊州道	333	455	235	〈1,023〉
	甕津道	107	210	612	〈929〉
	계	〈1,399〉	〈2,152〉	〈2,253〉	〈5,804〉
京畿	開城府道	52	240	190	〈482〉
	承天府道	50	160	113	〈323〉
	江華道	199	54	171	〈424〉
	長湍道	134	343	303	〈780〉
	계	〈435〉	〈797〉	〈777〉	〈2,009〉
	總計	〈8,601〉	〈19,754〉	〈19,882〉	〈48,237〉

* 이기백, 「고려 주현군고」, 『고려병제사연구』, 일조각, 1968, 204~205쪽에 의함.
** 〈 〉안의 합계 숫자는 이기백이 계산한 것임.

선군船軍[459]

【原文】 忠烈王 三十四年 忠宣王 卽位 下敎曰: "船軍 旣屬本司 如有冒受鈞旨 以圖免役者 卽便斷罪配島."

459 **船軍** 고려의 水軍을 말한다. 고려의 수군은 泰封의 수군을 계승하여 성립된 것으로 생각하는데, 중앙군인 千牛衛에 소속된 海領(1領, 1,000명), 주현군의 하나로 西京에 편성되어 있던 海軍, 兩界와 동남해 지방에서 수군을 관장하였던 都府署 등을 통해 고려 전기의 수군의 존재를 확인할 수 있다. 그러나 兵志 선군 조에는 고려 후기의 기사만 나오고 있으므로 앞으로 좀더 세밀한 연구가 필요하다.

【참고】 고려의 수군에 대하여는 다음과 같은 연구가 있다.

김남규, 「고려의 수군제도」, 『고려군제사』, 육군본부, 1983.
권영국, 「고려말 지방군제의 변화」, 『한국중세사연구』 창간호, 1994.
노영구, 「조선초기 水軍과 海領職의 변화」, 『한국사론』 33, 1995.
이창섭, 「고려 전기 수군의 운영」, 『사총』 60, 2005.

충렬왕忠烈王 34년(1308)에 충선왕忠宣王이 즉위하여 교敎를 내려, "선군船軍은 이미 본사本司(軍簿司)에 소속되었으니, 만약 함부로 균지鈞旨를 받았다고 하며 군역軍役을 면하기를 꾀하는 자가 있으면 곧 단죄하여 섬에 유배하라."고 하였다.

【原文】恭愍王 二十二年 五月 諫官禹玄寶等 上䟽曰: "議者以爲[460] 賊善舟楫 不可以水戰 若造戰艦 是重困吾民 是不然. 水賊不可以陸攻 其勢明甚 且攘賊禁暴 本欲爲民 其可念小弊於民 而貽大患於國乎. 今東西江 並置防守 賊泛海揚揚而來 我軍臨岸拱手而已 雖精[兵][461]百萬 其如水何哉. 宜作舟艦 嚴備器仗 順流長驅 塞其要衝 賊雖善水 安能飛渡. 儻得勢便 擒捷掃蕩 亦可必也."

공민왕恭愍王 22년(1373) 5월에 간관諫官 우현보禹玄寶[462] 등이 소䟽를 올려 말하였다.[463] "논의하는 사람들이 말하기를 '적賊은 배를 잘 타므로 수전水戰으로는 당할 수가 없으니 만약 전함戰艦을 만들면 이는 우리 백성을 거듭 괴롭히는 것이다'라고 하지만, 이는 그렇지 않습니다. 바다의 적을 육지에서 공격할 수 없는 것은 그 형세가 매우 분명한 일이고, 또한 적을 물리치고 포악함을 막는 것은 본래 백성을 위하고자 하는 것인데, 가히 백성의 적은 폐해만을 생각하여 나라에 큰 걱정을 끼치겠습니까. 지금 동東 · 서강西江에 모두 방수防守를 두었으나 적賊이 바다에 떠서 의기양양하게 오게 되면, 아군我軍은 연안에서 두 손을 마주 잡고 있을 뿐이니, 비록 정예精銳 100만이 있다 하더라도 물에서야 어찌 할 수 있겠습니까. 마땅히 주함舟艦을

460 爲 『고려사』 115 禹玄寶傳에는 '謂'라고 되어 있다.

461 [兵] 『고려사』 115 禹玄寶傳에 따라 보충한다.

462 **禹玄寶** (충숙 복위 2~조선 정종 2, 1333~1400) 본관은 丹陽, 공민왕 4년(1355)에 과거에 급제하고 左司議大夫 직에 올랐으며, 우왕 때에는 政堂文學 등을 거쳐 門下贊成事에 올랐다. 우왕 14년(1388) 李成桂가 위화도에서 회군하자 左侍中이 되어 이를 막으려 하다가 파직되었으나, 공양왕 즉위 후 단양부원군이 되었고 鄭夢周가 살해당하자 시신을 거두어 장례를 치러주기도 하였다(『고려사』 115 禹玄寶傳).

463 이 상서문은 左司議大夫인 禹玄寶와 동료 金允升, 徐鈞衡, 崔積善, 盧崇 등과 함께 올린 것인데, 『고려사』 115 禹玄寶傳에 더 자세한 내용이 실려 있다.

만들어 무기(器仗)를 엄하게 갖추고 물길을 따라 멀리 적을 쫓으며 그 요충을 막으면, 적이 비록 수전水戰을 잘 한다 하더라도 어찌 능히 (바다를) 날아서 건너오겠습니까. (그리하여) 형세가 유리해지면 또한 반드시 빨리 잡고 소탕할 수 있을 것입니다."[464]

【原文】二十三年 正月 檢校中郎將李禧 上書曰: "今倭寇方熾 乃驅烟戶之民 不習舟楫者 使之水戰 每至敗績. 臣生長海邊 曾習水戰 願率海島出居民 及自募人 慣於操舟者 與之擊賊 期以五年 永淸海道." 中郎將鄭准提 亦上書獻策 王大悅 以禧 爲楊廣道安撫使 准提 爲全羅道安撫使 兼倭人追捕萬戶 以禧伴倘[465]六十七人 准提伴倘[466]八十五人 皆授添設職 又令密直司 晝給空名千戶牒二十 百戶牒二百. 初 六道都巡察使崔瑩 造船二千 欲以六道軍 騎船捕倭 百姓畏懼 破家逃役者 十常五六 及准提等建議 事遂寢.

(공민왕) 23년(1374) 정월에 검교중랑장檢校中郎將 이희李禧[467]가 글을 올려 이르기를, "지금 왜구倭寇가 바야흐로 치열한데, 연호烟戶의 백성으로 배 타는 것을 익히지 않은 자들을 다그쳐 수전水戰을 하게 하면 매번 패적敗積하고 맙니다. 신은 바닷가에서 태어나고 자라서 일찍이 수전을 익혔습니다. 바라건대, 해도海島에 나가 사는 사람과 스스로 응모한 사람으로 배를 부리는 데 익숙한 자들을 거느리고, 이들과 더불어 적을 치되 5년을 기약하면 바닷길을 영구히 맑게 하겠습니다."라고 하였다. 중랑장中郎將 정준제鄭

464 고려 말에 왜구의 침입이 점차 본격화하고, 그에 따른 피해가 커짐에 따라 그동안의 육지에서의 연해 진수군 중심의 방어에 대한 비판이 일어나면서 수군에 의한 보다 적극적이고 효과적인 해상 방어의 필요성이 제기되었다. 특히 공민왕 때 왜구의 피해가 더욱 심해지자 수전에 의한 왜적 방어가 중요한 수단으로 제시되기 시작하였다(권영국, 「고려말 지방군제의 변화」, 『한국중세사연구』 창간호, 1994, 257~259쪽).

465 伴倘 『고려사』 113 鄭地傳에는 '伴倘'이 아니라 '麾下士'라고 되어 있다.

466 伴倘 각주 465와 동일함.

467 李禧 생몰년 미상, 『고려사』 113 鄭地傳에는 공민왕 23년(1374)에 草野之臣인 李禧가 水戰을 익힐 것을 청하는 글을 올리자 왕이 기뻐하고 楊廣道按撫使 兼 倭人追捕로 삼았다는 기록이 있다.

准提[468]도 또한 글을 올려 계책을 바치니, 왕이 크게 기뻐하여 희禧를 양광도안무사揚廣道安撫使로, 준제准提를 전라도안무사 겸 왜인추포만호全羅道安撫使 兼 倭人追捕萬戶를 삼았다.[469] 희禧의 반당伴倘[470] 67명과 준제准提의 반당伴倘 85명도 모두 첨설직添設職[471]을 받았으며, 또 밀직사密直司에게 명하여 공명空名[472] 천호[473]첩千戶牒 20장과 백호[474]첩百戶牒 200장을 나누어주었

468 鄭准提 (충목 3~공양 3, 1347~1391) 羅州 출신으로 뒤에 이름을 鄭地로 고쳤다. 공민왕 23년(1374)에 검교중랑장으로 수전에 대한 글을 올려 전라도 안무사 겸 왜인추포가 되었다. 우왕 때 여러 차례 왜구를 격퇴하였고, 공양왕이 즉위하자 우왕 복위운동에 연좌되어 유배되었다가 풀려난 뒤, 공양왕 3년에 사망하였다(『고려사』 113 鄭地傳).

469 고려 말에 재건된 수군은 萬戶府 체제로 정비되어간 것으로 추정된다. 이 수군만호부는 楊廣·全羅·慶尙 등 道를 단위로 설치되었던 것 같다(권영국, 「고려말 지방군제의 변화」, 앞의 책, 259쪽).

470 伴倘 고려 말 權臣에게 예속된 私兵. 공민왕 때부터 등장하기 시작하는 것으로 보이며, 주로 良人 중에서 선발되어 호위 및 使行의 수행인 역할을 담당하였다. 조선시대에는 使喚軍으로서, 병조에서 각 官衙와 王子, 功臣, 堂上官 등에게 일정한 수를 지급하였다(韓嬉淑, 「朝鮮初期의 伴倘」, 『역사학보』 112, 1986, 10~16쪽).

471 添設職 첨설직은 고려 후기에 군공을 세운 군사들에게 기존의 관직체계에 추가하여 職을 지급하는 제도로 운영되었는데, 우왕 대가 되면 첨설직 수효도 급격하게 늘어나고 제수대상 범위도 상당히 넓어졌다(정두희, 「고려말 신흥무인세력의 성장과 첨설직의 설치」, 『이재룡박사환력기념 한국사학논총』, 한울, 1990). 본문기사에서 보이는 첨설직 제수 조치는 지방유력층에게 첨설직을 주어 수군으로 편입시키고 연해지역 주민의 모집이나 연해지역의 개간에 도움을 주는 효과를 기대하고 있다(노영구, 「조선초기 수군과 해령직의 변화」, 『한국사론』 33, 1995, 91~92쪽).

472 空名帖 수취자의 이름을 기재하지 않은 백지임명장인 공명첩은 조선시대에는 임진왜란 중에 軍功을 세우거나 納粟을 한 사람들에게 그 대가로 주면서 나타난 것이다. 뒤에는 국가의 재정이나 군량이 부족하거나 진휼이 필요할 때, 심지어는 사찰을 중수하는 비용을 얻기 위하여서도 공명첩이 남발되었는데, 지방관과 下吏들의 작폐가 심하였고, 위조·남수 등의 여러 가지 폐단이 나타나면서 조선 후기 신분제가 문란해지는 원인의 하나가 되었다(최승희, 「공명첩」, 『한국민족문화대백과사전』 2, 한국정신문화연구원, 1991), 본문의 이 기사는 고려의 공명첩에 대한 유일한 기록인데, 앞으로 좀더 구체적인 검토가 필요하다.

473 千戶 고려 후기에 몽고의 영향을 받아 설치된 만호부의 관직이나, 공민왕 5년(1356) 반원개혁으로 고려의 독자적인 무관직으로 성격이 변하였다. 공민왕 말엽에 수군이 재건되면서 천호는 만호와 영선두목인 사이에 위치하여 각 도에 배치된 수군의 지휘체계를 구축하였고, 우왕 4년(1378)에 익군이 조직될 때에는 각 익군을 통솔하는 지휘관으로서 전국에 배치되었다. 이때 품계는 奉翊大夫로부터 4품 이상이었으며, 1,000명의 군사를 지휘하였다(이익주, 「千戶」, 『한국민족문화대백과사전』 21, 한국정신문화연구원, 1991). (→ 각주 475 참조)

474 百戶 원래 만호, 천호 등과 함께 만호부의 관직이었는데, 우왕 14년(1388)에 수군만호

다. 처음에 6도 도순찰사六道 都巡察使 최영崔瑩[475]이 배 2,000척을 만들어 6도군六道軍으로 배를 타고 왜구倭寇를 잡고자 하였으나 백성들이 두려워하여 집을 헐고 군역을 도피하는 자가 10명 중 5~6명이나 되었었는데, 준제准提 등이 건의하자 일이 마침내 중지되었다.

【原文】 辛禑 三年 十月 出市廛商賈 以充海道之軍.

우왕禑王 3년(1377) 10월에 시전市廛의 상인들을 내어 해도海道의 군軍으로 충당하였다.

【原文】 四年 二月 僉五部坊里軍 令乘船捕倭.

(우왕) 4년(1378) 2월에 5부방리군五部坊里軍을 뽑아 배를 타고 왜적을 잡게 하였다.

【原文】 十三年 四月 僉京圻左右道軍人 爲騎船軍 以防東西江倭寇.

(우왕) 13년(1387) 4월에 경기 좌·우도京畿 左·右道의 군인軍人을 뽑아 기선군騎船軍으로 삼고 동·서강東·西江의 왜구倭寇를 막게 하였다.

【原文】 恭讓王 元年 十月 以朴麟祐 爲楊廣左右道水軍都萬戶 下旨曰: "領道內兵船 察其萬戶·千戶·領船頭目人等能否 有不能者 擇有才幹威望者 代

부가 두어지면서 5·6품의 관직으로 각 만호부의 하급지휘관으로 설치되었을 것으로 추측된다(이익주, 「百戶」, 『한국민족문화대백과사전』 9, 한국정신문화연구원, 1991). (→ 각주 475 참조)

475 崔瑩(충숙 3~창왕 즉위년, 1316~1388) 본관은 昌原(강원도 철원). 왜구와 홍건적을 격퇴하고, 공민왕 12년(1363) 공민왕을 살해하려던 흥왕사의 난을 진압한 공로로 1등 공신이 되었으며, 우왕이 즉위한 뒤 판삼사를 거쳐 문하시중과 판문하부사에 올랐다. 우왕 14년(1388) 요동정벌에 나섰으나 이성계의 회군으로 축출되었으며 그해 12월에 참수형에 처해졌다. 『고려사』 최영전에는 '공민왕 26년에 6도 순찰사가 되어 軍戶를 編籍하여 전함을 만들게 하고 (중략) 나이 70 이상인 사람들에게 쌀을 차등 있게 거두어 軍需에 보충하게 하니 백성이 많이 도망하고 원망이 크게 일어났다.'라는 기록이 있다(『고려사』 113 崔瑩傳).

之 令預備器械 追捕倭賊 若各船萬戶等 擅自放軍 以營己私 隱泊深浦 不及應變者 各船大小軍官 及都萬戶 依軍法斷罪."

공양왕恭讓王 원년(1389) 10월에 박인우朴麟祐[476]를 양광좌우도 수군도만호楊廣左右道 水軍都萬戶를 삼고 지旨를 내려 말하였다. "도내道內의 병선兵船을 거느리고 만호萬戶 · 천호千戶 · 영선두목인領船頭目人 등의 능부能否를 살펴서 능력이 없는 자가 있으면 재간과 위망威望이 있는 자로 이를 대신하게 하고, 기계器械를 미리 갖추게 하여 왜적倭賊을 추포追捕하게 하되 만약 각 선船의 만호萬戶 등이 자기 마음대로 군인軍人을 풀어 개인의 욕심을 채우려 하거나 깊은 포구浦口에 은밀히 정박하여 응변應變에 미치지 못하는 자는 각 선船의 대소군관大小軍官과 도만호都萬戶가 군법軍法에 의거하여 단죄하라."[477]

【原文】 三年 都堂啓曰: "召募海邊人民 三丁爲一戶 定爲水軍 諸道濱海之田 不收租稅 以養水軍妻子." 從之.

(공양왕) 3년(1391)에 도당都堂이 계啓하여, "바닷가의 인민을 불러 모으되, 3정丁을 1호戶로 삼아 수군水軍으로 삼도록 정하고,[478] 모든 도道의 바닷가의 전토田土는 조세를 거두지 말고 수군水軍의 처자를 부양하게 하십시오."라고 하니, 이에 좇았다.

476 朴麟祐 본문 이외에 다른 기록이 없다.

477 이 사료는 고려 말에 재건된 水軍萬戶府의 지휘계통을 보여주는 중요한 사료라고 여겨진다. 이 자료에서 그 지휘계통은 都萬戶－萬戶－千戶－營船頭目人 등의 체제로 되어 있다. 도만호는 1도내 수군의 최고지휘자로 도내의 전 수군과 병선을 지휘하고, 그 아래 만호, 천호는 도내의 포를 중심으로 한 요해처에 배치된 수군과 병선을 지휘하고, 영선두목인은 각 병선을 지휘했던 것으로 보인다(권영국, 「고려말 지방군제의 변화」, 『한국중세사연구』 창간호, 1994, 259~260쪽).

478 水軍 수군 이외의 兵種에 대하여는 공민왕 5년(1356)에 1家에 1丁씩만 軍戶에 편입하는 '3家1戶'의 편성원칙이 제시된 바 있다(『고려사』 81 兵志 1 병제 우왕 9년 8월조 기사 참조).

공역군工役軍[479]

【原文】明宗 二十一年 八月 分外方役軍 爲三番. 舊制 諸州一品軍 分爲二番 當秋而遞 使之循環 比緣營造 合而役之 至是分焉.

명종明宗 21년(1191) 8월에 지방의 역군役軍을 나누어 3번番으로 하였다. 옛 제도에 각 주州의 일품군一品軍은 나누어 2번番으로 삼고 가을이 되면 교체하며 이들을 순환하게 하였는데, 근래에 토목공사(營造) 때문에 합하여 일을 시키다가 이에 이르러 나눈 것이다.[480]

【原文】忠宣王 元年 三月 重新康安·延慶二宮 令郡縣 送民爲夫 其數不可紀. 宰臣 議發兩宮營造夫 見任宰相及諸君 日出三名 致仕宰相 及見任三品 日出二名 四品以下 出有差 是謂品從. 又以其人爲夫 其人者 主宮室修營·官府使令之役. 郡縣吏之子 必經是役 然後得補吏職.

충선왕忠宣王 원년(1309) 3월에 강안康安·연경延慶의 2궁宮을 중신重新하는데, 군현郡縣에 명하여 백성을 보내게 하여 역부役夫로 삼으니 그 수를

---

479 工役軍에 대한 전문 연구는 아직 없으나 다음의 논문이 참고가 된다.

【참고】이우성, 「麗代百姓考—고려시대 촌락구조의 일단면—」, 『역사학보』 14, 1961.
오일순, 「고려전기 부곡민에 관한 일시론—전시과제도, 일품군과의 관련을 중심으로」, 『학림』 7, 1985.
이기백, 「고려 주현군고」, 『역사학보』 29, 1965; 『고려병제사연구』, 일조각, 1968.

480 **一品軍** 一品軍은 무장한 군대라기보다는 주로 단순한 육체적인 노동을 제공하는 工役의 임무를 맡은 노동부대이다. 그러나 兵志 주현군 조 기사에 1품군의 兵額이 기록되어 있다는 점은 이들이 중앙정부에 의해 파악되고, 중앙정부의 명을 받고 공역에 동원되었다는 사실을 말해준다. 일품군은 2番으로 나뉘어 가을에 교대되어 동원되었으므로 工役軍이나 秋役軍, 또는 外方役軍, 役夫, 丁夫라고 불리기도 하였다. 1품군 소속의 군인은 그 지방의 토착 자영농민들로 구성되었으며 장교인 鄕吏의 긴밀한 통제를 받고 있었다(이기백, 「고려 주현군고」, 앞의 책, 220~225쪽). 같은 노동부대라도 자영농민들인 1품군은 중앙정부에 의해 파악되고 동원되었지만, 2·3품군은 村을 단위로 조직되고 집단적으로 科田의 경작에 동원되는 佃戶와 같은 지위에 있었다(이우성, 앞의 글, 41쪽).

다 기록할 수가 없을 정도였다.[481] 재신宰臣들이 2궁의 영조부營造夫 징발을 의논하여 현직 재상宰相과 제군諸君은 하루에 3명을 내고, 치사致仕한 재상宰相과 현직 3품은 하루에 2명을 내고, 4품 이하의 (관리)는 차등 있게 내도록 하였는데, 이를 일러 품종品從[482]이라 하였다. 또 기인其人을 역부를 삼았는데, 기인이란 궁실의 수영修營과 관부의 사령의 일을 주로 맡는 군郡·현리縣吏의 자식으로, 반드시 이 공역工役을 거친 뒤에야 이직吏職에 보임될 수 있었다.[483]

【原文】 忠惠王 後四年 五月 新宮別造成都監 令出諸君·宰樞 品從五名 三品四名 四品三名 五六品二名 七八品一名 九品·權務幷一名 各限五日 輸材木 違者重罰. 又令各司 納鍮·銅 諸君役夫 日役三十人 大君四十人 其下有差. 若闕一日 卽徵布如 其人例.

충혜왕忠惠王 복위 4년(1343) 5월에 신궁별조성도감新宮別造成都監이 제군諸君·재추宰樞에게 품종品從 5명을 내게 하고, 3품은 4명, 4품은 3명, 5·6품은 2명, 7·8품은 1명, 9품과 권무權務는 함께 1명을 내게 하여 각기 5일을 기한하고 재목을 옮기게 하되, 위반한 자는 무거운 벌을 주게 하고 또 각 관청으로 하여금 유동鍮銅을 납입하게 하였다. 제군諸君의 역부役夫는 하루에 30명씩, 대군大君은 40명씩 부리게 하고, 그 아래는 차등이 있게 하였는데, 만약 하루라도 빠지게 되면 베(布)를 징수하되 기인其人의 예와 같게 하였다.

481 충선왕 복위 원년(1309) 3월에 檢校中護 裴挺과 內府令 姜融에게 명하여 강안전과 연경궁의 重新을 명령하였는데, 殿宇와 廊廡가 410楹이나 되었다(『고려사』 33 世家 충선왕 복위 원년 3월 계사).

482 品從 본문 기사에서 보듯이 국가의 力役에 충당하기 위해 양반관리가 차출하는 役夫를 말하는데, 이들은 주로 노비였을 것이다.

483 其人 『고려사』 75 選擧志 3 전주 其人 조에는 '개국 초에 鄕吏의 자제를 뽑아 서울에 볼모로 삼고, 또한 출신지의 일에 대한 고문에 대비하게 하였는데 이를 기인이라 한다.'라고 하였다. 즉 기인은 지방향리세력을 견제하기 위해 만든 제도인데, 고려 후기가 되면서 기인의 지위는 하락하여 본문 기사에서 보듯이 궁실을 고치거나 관부의 사령 역을 맡아보기도 하였다. 기인에 대하여는 김성준, 「기인의 성격에 대한 고찰」(상·하), 『역사학보』 10·11집, 1958·1959; 『한국중세정치법제사연구』, 일조각, 1985 참조.

찾아보기

ㄴ

ㅂ

ㅇ

ㅈ

ㅊ

『고려사』 병지 역주

1판 1쇄 펴낸날 2011년 6월 2일

지은이 | 이기백 · 김용선
펴낸이 | 김시연

펴낸곳 | (주)일조각
등록 | 1953년 9월 3일 제300-1953-1호(구 : 제1-298호)
주소 | 110-062 서울시 종로구 신문로 2가 1-335
전화 | 734-3545 / 733-8811(편집부)
733-5430 / 733-5431(영업부)
팩스 | 735-9994(편집부) / 738-5857(영업부)
이메일 | ilchokak@hanmail.net
홈페이지 | www.ilchokak.co.kr

ISBN 978-89-337-0610-7 93910
값 35,000원

* 지은이와 협의하여 인지를 생략합니다.
* 이 도서의 국립중앙도서관 출판시도서목록(CIP)은
e-CIP홈페이지(http://www.nl.go.kr/ecip)와
국가자료공동목록시스템(http://www.nl.go.kr/kolisnet)에서
이용하실 수 있습니다.
(CIP제어번호 : CIP2011002490)